中华传世藏书

【图文珍藏版】

大清十二帝

马 博⊙主编

第五册

线装书局

目　录

大清十二帝

咸丰帝奕詝

线装书局

名人档案

咸丰帝：名爱新觉罗·奕詝。清朝入关后第七位皇帝，道光帝第四子，属兔，其母孝全成皇后钮祜禄氏。生于北京圆明园之澄静斋，20岁继帝位，年号咸丰。在位十一年（1850年~1861年），崩于承德避暑山庄烟波致爽殿，享年31岁。

生卒时间：公元1831年~公元1861年

安葬之地：葬于定陵（河北遵化市清东陵）。

历史功过：在位期间爆发太平天国运动及第二次鸦片战争，签订卖国条约，丧权辱国。

名家点评：奢侈无度，纵情声色，朝政腐败，致使清朝病入膏肓，无可救药。

道光立储

以"思上干天和"的花言巧语，巧妙地掩饰了武功不及六弟的弱点。

以"俯地痛哭唯思孝"的政治作秀手法，使皇储地位得已稳定。但继位后既有心无力孜孜求治，又不能翻云覆雨残杀政敌、统驭天下，看来这一代文弱之主，资质毕竟过于懦弱。

（一）年过花甲道光帝

道光帝旻宁是十六周岁那年被皇父秘密确定为皇位继承人的。但他自己做了二十二年皇帝，年届六十，仍未确定继位人。

按照雍正帝秘密建储家法，确定皇储是皇帝一个人的事，他人绝对不允许过问，更不允许瞎掺和。谁不识时务，谁就没好果子吃，这方面已有许多足以警示后人的血腥先例。王公大臣对道光帝迟迟不确定继位人之事，只能暗自着急，徒唤奈何。

大清国自开国以来，论确定继位人时皇帝自身的年龄（开国皇帝皇太极除外，他去世时按父亲努尔哈赤的政治嘱托，未指定继位人），数道光帝最大：

咸丰

——清世祖福临临死前指定继位人时，差一个月二十三周岁；

——清圣祖玄烨第一次册立皇太子时，年仅二十一周岁；

——清世宗雍正帝创立秘密建储制度并秘密确定继位人时，差两个月四十五周岁；

——清高宗乾隆帝首次秘密确定继位人时，差一个月二十五周岁；

——清仁宗嘉庆帝内定继位人时，三十八周岁半。

是不是道光帝觉得皇子还太小？皇子年龄的确不大，但这不是充分理由。道光帝旻宁生于乾隆四十七年八月初十（1782 年 9 月 16 日），他六十周岁那年，健在的皇四子奕詝已十一周岁零两个月，按当时算法，他已经十二岁。清朝历代皇帝，除道光帝旻宁当年被确定为皇太子时年龄稍大一些——十六周岁零八个月外，其他被指定或秘密确定为继位人时的年龄，都比奕詝年龄要小或基本相仿：清世祖福临死前指定的继位人玄烨，年仅六周岁；康熙帝首次册立的皇太子胤礽，年仅一周岁零七个月；弘历被雍正帝秘密确定为皇太子时，年仅十二周岁；乾隆帝初次秘密确定的皇太子永琏，年仅六周岁。

道光帝迟迟没有确定皇太子，有三个重要原因。首先，他深知当皇帝是天下第一份苦差事，尤其想当个好皇帝更不容易，祖宗打下的江山绝不能随便交给哪位皇子。他是在大清帝国急剧衰败之时坐上龙椅的。执政以来，勤政图治，事必躬亲，力倡节俭，甚至穿破裤临朝，想干出一番辉煌业绩，但诸如吏治、河工、禁烟、漕运、盐政等方面均无明显起色，到头来反落下遗恨无穷的内忧外患。尤其是鸦片战争，使他暴得名声，就知名度而言，超过大清国有史以来任何一位皇帝。然而，鸦片战争给他带来的不是什么好名声，这场战争使他蒙受永远洗刷不掉的耻辱。战后签订的《中英南京条约》，是爱新觉罗氏自满洲崛起到入主中原以来二百多年间前所未有的奇耻大辱，它使天朝颜面丢尽，皇帝尊严扫地。他欲收拾祖宗留下的危机四伏的烂摊子，颇想炼石补天，但回天乏力，眼看江山一天天破败，社稷一天天腐朽。备尝守业艰难的道光帝，满心想把屁股底下的龙椅交给最优秀的一位皇子。然而，担得起江山社稷沉沉重担的皇子到底是哪一位呢? 这太值得他好好思量了!

另一个重要原因是，头三个皇子先后夭折，使他精神备受打击，希望一再落空，而其他儿子都是在二十四虚岁的长子死后才出生的。道光帝一生有许多后妃，生了很多子女，确切数字，史家说法不一。著《道光帝》传的孙文范、冯士钵、于伯铭先生认为，旻宁自嘉庆元年（1796年）成婚至道光三十年（1850年）去世，先后册封过十六位后妃：（1）孝穆成皇后钮祜禄氏，户部尚书、一等子布颜达赉之女；（2）孝慎成皇后佟佳氏，三等承恩公舒明阿之女；（3）孝全成皇后钮祜禄氏，二等侍卫、一等男颐龄之女；（4）孝静成皇后博尔济特氏，刑部员外郎花良阿之女；（5）庄顺皇贵妃乌雅氏；（6）彤贵妃舒穆禄氏；（7）和妃那拉氏；（8）祥妃钮祜禄氏；（9）佳贵妃郭佳氏；（10）成贵妃钮祜禄氏；（11）常妃赫舍里氏；（12）顺嫔失其氏；（13）恒嫔蔡佳氏；（14）豫妃尚佳氏；（15）贵人李氏；（16）贵人那氏。道光帝虽然妻妾成群，但有九位后妃没有生育子女。其他七位后妃为他生下九个儿子、九个女儿。著《同治帝咸丰帝》的徐立亭先生也持这一说。但著有《道光帝旻宁》传略的潘振平先生则认为，道光帝妻妾共达二十人，为他生下了九男十女。此两说不仅后妃数量不同，皇女数量也有差异。《清史稿·公主表》明确记载，道光帝共有女儿十位，她们是：长女端悯固伦公主；二女出生不久就死去，未留下姓名；三女端顺固伦公主；四女寿安固伦公主；五女寿臧和硕公主；六女寿恩固伦公主；七女早夭，名字不可考；八女寿禧和硕公主；九女寿庄和硕公主；十女出生十个月死去，没有留下姓名。不论是十位还是九位，公主与皇位沾不上边。皇子可大不相同，按照清朝祖制，都有当皇太子的可能。道光帝的九个儿子是：

皇长子　奕纬

皇二子　奕纲

皇三子　奕继

皇四子　奕詝

皇五子　奕誴

皇六子　奕䜣

皇七子　奕譞

皇八子　奕詥

皇九子　奕譓

长子奕纬生于嘉庆十三年（1808 年），十一周岁那年被封为贝勒。按清宗室设立的十二个爵位，这个封爵仅次于和硕亲王、多罗郡王，处于第三等，对于没有什么建树的皇子来说，这个爵位不算低了。可见皇父对他很喜爱，也寄予很大希望。不幸，他于道光十一年（1831 年）死去，按当时习惯算法年仅二十四岁，而且没有为道光帝留下皇孙。在此期间，道光帝喜得皇二子奕纲、皇三子奕继，可两位皇子先后于道光七年（1827 年）、道光九年（1829 年）死去。这就是说，自道光七年至道光十一年，每隔两年就死一个儿子。道光帝饱经失子的哀痛，满心希望一一落空。至道光十一年四月，已届五十虚龄的道光帝三个儿子全部死光。膝下无子，龙脉断绝，道光帝不胜凄凉。他迟迟没有确定继位人，不能说与此没有关系。

再一个重要原因是，道光帝老气横秋的目光在自己晚年生育的几个娃娃皇子身上来回梭巡，他尚拿不准谁更适合于继承皇位。就在道光帝痛失长子奕纬以后两个月，皇四子呱呱坠地，没过多少天，皇五子又来到人间，第二年皇六子降生，接着皇七子、皇八子、皇九子相继出生，五十虚龄之后竟得六个儿子。这使道光帝得到很大慰藉，他可以在皇子中间好好选拔一番，看谁更有资格做皇太子，来日君临金銮殿，统治大清江山。经过日复一日用心审察，他将青睐的目光落在皇四子奕詝和皇六子奕䜣身上。这两个皇子哪个更适合接班呢？道光帝左思右想，盘算来盘算去，就是拿不定主意。

皇四子奕詝与皇六子奕䜣相比，各有优势，也各有劣势。

皇四子奕詝的优势主要有两条。首先，他是皇后之子，皇六子奕䜣则不是。道光十一年六月初九（1831年7月17日），时为全贵妃的钮祜禄氏在紫禁城承乾宫生下皇四子。张习孔、田珏先生在其主编的《中国历史大事编年》中称，道光帝第四子奕詝生于初五日，比前一种说法提前四天。对此，《清史稿·文宗本纪》载：道光帝第四子十一年六月初九日生。初九也好，初五也好，皇四子的诞生给道光帝灰暗忧伤的心田射进了一束希望之光，他的精神为之一振，喜悦之情难以言表。皇四子的生母全贵妃钮祜禄氏，顿时成为后宫一颗耀眼的明星。钮祜禄氏，系满洲八大姓之一。满洲世族以八大家最高贵：一是瓜尔佳氏，直义公费英东之后；二是钮祜禄氏，宏毅公额亦都之后；三是舒穆禄氏，武勋王杨古利之后；四是那拉氏，叶赫贝勒锦台什之后；五是董鄂氏，温顺公何和里之后；六是马佳氏，文襄公图海之后；七是伊尔根觉罗氏，敏庄公安费古之后；八是辉发氏，文清公阿兰泰之后。这些人都是追随努尔哈赤创立基业的开国勋臣，其后代也随之荣华富贵。拥有贵族姓氏的全贵妃，进宫之初被册封为嫔，按照清后宫的等级制度，嫔的地位在答应、常在、贵人之上，在皇后、皇贵妃、贵妃、妃之下，是皇帝的第五等妻子。因为生育了皇四子奕詝，道光帝对她宠爱有加，她在后宫的地位很快攀升。道光十三年（1833年），晋封为皇贵妃，并统摄六宫事。第二年，她跃上皇后宝座。可是，红颜薄命，她才做了七年皇后，于道光二十年（1840年）正月死去，年龄才三十岁出点头。皇六子奕䜣生于道光十二年十一月二十日（1832年1月11日），生母博尔济特氏，从姓氏就可以看出，她不是满洲贵族的后代。她生皇六子时的身份为静贵人，论宫内地位，与皇四子生母全贵妃平起平坐。然而，全贵妃生龙子后时来运转，步步高升，做了皇后，同样生了龙子的静贵妃地位却没有提高。直到孝全皇后死后，静贵妃才被晋封为静皇贵妃，统摄六宫事。但因道光帝严格遵循皇帝一生只能册封和追封三位皇后的祖制，一直没有将静皇贵妃推上皇后宝座。她终于得到皇后头衔，那是死后哀荣。其次，奕詝比奕䜣早出生一年零五个月，身为兄长。处在封建宗法和礼教的汪洋大海里，即便满洲皇室，也不能不对嫡庶、兄弟之别视而不见，绝对超然。

皇四子奕詝也有明显劣势：其一，他是一个瘸子。为尊者讳，官家正史对这一有损皇帝光辉形象的生理缺陷不予涉及。据私家笔记，有一年，奕詝到南苑打猎，从马上重重摔下来，伤及骨头。上驷院正骨御医用尽一切手段，妙手无法回春，奕詝从此落下后遗症，走路不能如常。在相信天命的时代，瘸子似乎不合真命天子之相。其二，生母孝全皇后病逝，奕詝才八周岁多一点，道光帝将他交给皇六子奕訢生母静贵妃抚养。这一事件，不仅意味着奕詝由生母地位带来的微妙优势的丧失，而且意味着道光帝对静贵妃的信任和宠爱，命运的天平开始向皇六子倾斜。

皇六子奕訢的优势在于：一是天资聪颖，很讨人喜欢，道光帝非常宠爱。一位叫芮尼的洋人，记述了奕訢的形象："恭亲王表情很和善，是个典型的鞑靼人。他的右颊上长了两个伤疤，显得有点脏，可能是两个小疡肿伤疤。他的脸和手很小，手指纤细，有点女人气。右手拇指上戴着一枚硕大的白底红面的玉石戒指。他中等身材，体形瘦削。他身着海獭皮皮袍，外罩紫色马褂。他的帽子是普通的那种鞑靼帽，上翻的部分衬有黑丝绒，帽子上端是一个深红色的丝球，而不是顶子或贵族们所戴的孔雀翎。亲王脖子上戴着两串项链，其中一串是琥珀色的珍珠，另外一串是红珊瑚色的大珍珠。每串项链上都缀有精美的玉石，随辫子垂向身后。他脚蹬一双黑缎靴。"这大概是成年奕訢的形象。可以看出芮尼是不太欣赏这位东方皇子的。但不管怎么说，皇六子生理上只有一点小缺陷——脸上长了两个小伤疤，要比瘸子皇兄的形象强多了。二是皇六子奕訢工于骑射，皇四子奕詝则稍逊一筹。每次行围打猎，奕訢都有很多猎物。骑射水平如何，对马背上得天下的满洲民族来说，尤为看重。三是生母博尔济特氏健在，而且深受道光帝宠爱。特别是在奕詝生母孝全皇后去世后，她在后宫的地位上升至第一，统摄六宫事，道光帝把皇四子奕詝也交她养育。生母在皇父心目中的独特地位，对奕訢是一笔重要的政治资本。确定皇太子之事，历朝历代本来不乏爱屋及乌的先例，何况皇六子很能干，很讨皇父喜欢，绝非乌鸦之辈。

奕訢的劣势，除了庶出、为弟之外，在玩弄权谋方面，也远不是其兄奕詝的对手。在角逐皇冠的道路上，权谋心计恰恰是断断乎少不得的。

江山社稷交给哪个皇子好呢，奕詝抑或奕訢？

道光帝心中的天平左右摇摆。

就在这左右摇摆之中，道光帝日复一日走向衰老。

（二）两强相争智者胜

皇子虚六岁进上书房读书。按照清廷这一规定，皇四子奕詝与皇六子奕訢相继读书就学，步上十分严格、正规的学习生涯。两个尚挂鼻涕的学童，读书时间在师傅威严的目光下一道苦苦用功，课余时光一起娱乐玩耍，童真无邪，全无你争我斗的心思。

道光十六年（1836年）的一天，位于乾清宫左侧的上书房，正举行庄严的拜师仪式。

这一天，虚龄六岁的皇四子奕詝入上书房读书，按规矩行拜师礼。他先到上书房东次西向室所向孔夫子牌位行礼，再向总师傅和师傅行拜师礼。总师傅和师傅不敢受皇子行礼，一概推辞。皇子就向摆在室内的师傅座位行礼，权当拜师。接着，师傅们向新收的学生赠送文绮笔砚。于是，师生关系宣告正式建立起来。

上述学生拜师礼始于雍正年间。对此，雍正元年专门发布规章做出规定："诸皇子入学之日，与师傅备杌子四张，高棹四张，将书籍笔砚表里安设棹上。皇子行礼时，尔等力劝其受礼。如不肯受，皇子向座一揖，以师傅之礼相敬。如此，皇子知隆重师傅，师傅等得尽心教导，此古礼也。"设此拜师之礼，用意颇深。

上书房亦称尚书房。道光年间，皇子读书之处统一称上书房。上书房之名，最早见于康熙年间。康熙三十二年，皇帝召学问优裕、兼通满汉文义的名臣徐梦元，"命入上书房，课皇子读书。""上书房之名，始见于此。"上书房开始没有固定地点，雍正年间南薰殿、西长房、兆祥所、咸福宫等处均设有上书房，圆明园、畅春园等处也有上书房，但其主要场所则设于乾清宫左侧。将上书房主要场所设于乾清宫左侧，体现了皇帝对皇子学习的重视，也可以说体现了皇帝对培养继位人的用心良苦。上书房坐南向北，同皇帝办事的南书房并列，便于皇帝随时了解考查龙子龙孙的读书情况。

皇子师傅，绝非等闲之辈可以充任。皇帝对进上书房的师傅都要进过严格挑选。清一代，皇子师傅最初由翰林院掌院学士进行挑选，自乾隆五十五年（1790年）起由大学士共同遴选。后来，有时师傅由总师傅保荐，有时甚至由皇帝亲自挑选。上书房总师傅由贵臣担任，有时一个人，有时二三人，没有定制。他们所享受的礼遇，有的方面超过王公大臣。譬如，王公大臣们见到皇子，必须下跪行礼，而上书房总师傅、师傅则以捧手为礼，不必下跪。

道光帝为皇四子奕詝挑选的总师傅是穆彰阿和潘世恩。穆彰阿，满洲镶蓝旗人，嘉庆三年（1798年）进士，授翰林院庶吉士，道光七年（1827年）以工部尚书在军机大臣上学习行走，后曾任兵部尚书、户部尚书等职，官至武英殿大学士。潘世恩，江苏吴县人，乾隆五十八年（1793年）一甲一名进士，授翰林院修撰，道光十四年（1834年）正月以体仁阁大学士在军机大臣上行走，后官至东阁大学士。上书房总师傅大致相当于皇家学院的负责人，不直接给皇子上课，也不必天天到上书房去，每月到上书房二三次，或到各屋稽查功课，或与他师傅闲谈数刻。穆彰阿和潘世恩虽是总师傅，但对皇四子的影响还不如直接讲课的师傅大。

对皇四子奕詝影响最大的是师傅杜受田。

杜受田，字芝农，山东滨州人。道光三年（1823年）进士，会试第一，殿试二甲第一，选翰林院庶吉士，授编修。后晋升为中允，迁洗马，督山西学政。道光十五年（1835年），特召还京，直上书房，授文宗读。四迁任内阁学士。为了让他在上书房专心教育皇四子，道光帝命他不必到阁批本。之后，他仕途得意，步步高升：十八年，擢工部侍郎，调户部；二十四年，连擢左都御史、工部尚书，寻充上书房总师傅。但他未到左都御史、工部尚书岗位上任职，奉命一直呆在上书房，一门心思教授皇四子奕詝，传道、授业、解惑，诚心履行为师之职。奕詝接受杜受田"朝夕纳诲，必以正道"。十几个春秋过去了，在琅琅的读书声中，奕詝由不懂世事的少年，成长为饱读诗书的青年。

杜受田对皇四子夺得皇帝宝座，起到非常重要的作用。他所传授的知识学说，"悉本唐虞三代圣圣相传之旨"，均以儒家思想为主体，摒弃一切可能扰乱正统观念的旁门左道。他教授的帝王之道，具有很强的实用性，能够启迪心智，使皇四子大受其益。以至咸丰二年他离京赈济水灾染病去世后，身为皇上的奕詝为之震悼，赠他为太师、大学士，赐其入贤良祠，赐金五千两治丧，并特颁发诏书，称赞他"品端学粹，正色立朝，皇考深加倚重"。咸丰帝奕詝将杜受田与嘉庆帝师傅、大学士朱珪相提并论，特谥"文正"，并说"其公忠正直足当'正'字而无愧"。杜受田灵柩运抵京城，咸丰帝亲自祭奠，抚棺而哭，非常哀伤，并晋杜受田之父为礼部尚书衔。杜受田极尽死后哀荣，主要是因为他对咸丰帝有教授辅导之功。咸丰帝感激涕零，多半出于饮水思源。

道光帝为皇六子奕诉选定的师傅是卓秉恬。他是四川华阳人。嘉庆七年考中进士，此后十一年任御史。道光四年调任奉天府丞；十一年后晋升为礼部侍郎，调吏部、督浙江学政，擢左都御史，召还京师兼管奉天府尹事。后历任兵部、户部、吏部尚书、协办大学士。道光二十四年拜文渊阁大学士、晋武英殿大学士。此人德才兼优，有丈夫豪气，不耍弄政治手腕。他曾担任皇六子师傅，因皇六子是皇子潜在的头号政敌，皇四子奕詝对他也颇有怨嫌。皇四子奕詝后来做了皇帝，仍让他担任大学士，做一品大员，咸丰元年正月初二，还令他管兵部事，这非奕詝大度海量，而是因为当时列强侵扰、内乱烽起，非用卓秉恬这样真本实领的人不可。

上书房是较量智谋的角斗场。在皇子们童真稚嫩的读书声中，看上去师傅们不露声色，实际上却在暗中较劲，试图将自己的学生辅导成未来的天子。但他们深知结局的残酷：无论如何，天子只能有一个！

应该立皇四子奕詝为皇太子，还是立皇六子奕䜣为皇太子？道光帝一直决断不下。他在赐奕詝锐捷宝刀的同时，又将白虹宝刀赐予奕䜣。这两个儿子各有可爱之处。自己万年之后，该将皇冠交给谁呢？他自问过千百遍，却总也决断不下。

道光帝一直未能确定继位人这份深宫秘密，杜受田与卓秉恬无疑都探得在心。淡然的外表下，杜受田与卓秉恬心智勃然，他们默默地砥砺智慧之剑，进行无声无息地拼斗，希望道光帝游移不定的目光最终落在自己学生身上。

台面之下的较量很多很多，那都是无足轻重的或不作数的。台面之上的较量只有屈指可数的那么几个回合，却决定着成败与生死。

道光二十六年（1846 年）春天，道光帝旻宁无奈批准西方列强强加的一系列屈辱条约之后，带着毁损祖宗基业的愧疚心情，踏上祭祖之路。三月初八，他启程拜谒距京一百二十余公里、位于今河北易县城西郊永宁山下的西陵，第五天抵达目的地。西陵南临易水河。奔腾而去的易水河，令人想起著名历史故事荆轲刺秦王，依稀听到"风萧萧兮易水寒，壮士一去兮不复还"的千古绝唱，胸中激荡起为信念和事业慷慨赴死的汹涌豪情。道光帝想必是看到了教人感慨万千的易水河的。这动人心魄的流水，不知勾起他什么感想，史无所载，不得而知。但他在拜谒泰陵、泰东陵、昌陵、慕陵时，面对九泉之下的高祖、父亲和故妻，那种沉重、惴然的悔省之心是完全可以想见的。祭祖，对道光帝来说是孝举，更是心灵的自慰，这使他得以一时卸去败家之子的内心重负，抛开国事衰败的重重忧虑。三月十五（4 月 10 日），他似乎一身轻松，在一行车马的簇拥下，顺道来到皇家猎场南苑。他要跃马挽弓，好好过一番骑射之瘾了。

南苑，成了具有重要历史意义的角斗场。较量的一方是皇四子奕詝和他的师傅杜受田，另一方是皇六子奕䜣和他的师傅卓秉恬。

野史笔记《清人逸事》对此做了生动记载：身为皇四子奕詝之师的杜受田，早有拥戴奕詝成就帝业之心，他十分注意窥探揣摩道光帝的思想。这天，道光帝命各位皇子校猎南苑。按照当时规矩，正在读书的皇子要奉命外出，临走时必须向师傅请假，以体现尊师之道。皇四子走前到上书房请假，见只有师傅杜受田独坐斋中。皇四子照例向师傅施了一长揖。杜受田问："你要去哪里？"皇四子道："我奉命准备赴南苑校猎。"杜受田示意皇四子近前，对他耳语道："阿哥到围场之中，只管别人跃马射猎就是了，千万不要出一枪发一箭。不仅你自如此，并且一定要指挥你的随从也不要捕杀任何一只生物。围猎结束皇上如果问及此事，你应当这样回答：时下是春天，正值鸟兽怀春生育之际，不忍心猎杀它们以干天和；而且，我亦不想用马弓一日之长与各位弟弟争你高我低。阿哥如此回答皇上，必定能够符合皇上心意。这是关系你一生成败的关键，一定要切记在心，不可疏忽忘记。"皇四子奕詝果然按师傅所嘱行事。南苑校猎之日，在众皇子中数皇六子奕䜣猎杀禽兽最多，他因此顾盼左右、沾沾自喜。见皇兄奕詝默坐一边，随从都垂手侍立，一无所获，奕䜣颇为奇怪，追问其中缘故。皇兄奕詝答道：没什么，只不过今天身体不舒服，不敢纵马逐猎罢了。夜幕降临，诸皇子回去向父皇复命，只有皇四子一无所献。皇上便询问皇四子为何这样，奕詝按照师傅杜受田所教一套言辞做了回答。道光帝听了不禁大喜道："其所思所为，真乃符合人君的标准啊！"于是，在继位人问题上一直左右摇摆的天秤，终于倒向皇四子奕詝一边。

无疑，皇六子临行前也要向师傅请假，师傅卓秉恬也会对他面授机宜。卓秉恬嘱咐些什么，不得而知。然而，结论是显而易见的：斗智者上，斗勇者下；皇四子与皇六子之成败，定局于猎场之外。

野史笔记虽然生动，总让人怀疑其真实性。但南苑校猎时皇四子与皇六子一争高下的故事，基本上是真实的。《清史稿·杜受田传》对此做了简略的记载：

至宣宗（道光帝）晚年，以文宗（指皇四子奕詝）长且贤，欲付大业，犹未决。会校猎南苑，诸皇子皆从。恭亲王（指皇六子）奕䜣获禽最多·文宗未发一矢。（道光帝）问之，对曰："时方春，鸟兽孳育，不忍伤生以干天和。"宣宗大悦，曰："此真帝者之言！"立储遂密定，受田辅导之力也。

还有一则经典的权力角逐故事。道光帝晚年体衰多病，有一天，召皇四子与皇六子策问时政，以最终决定谁为大清国皇位继承人。两位皇子大概都已懂得讨好父皇的重要，进见之前分别间计于自己的师傅。卓秉恬教皇六子说，皇上如询问什么，你应知无不言，言无不尽。杜受田则对皇四子道："阿哥如条陈时政，知识万不敌六爷。唯有一策：皇上若自言老病，将不久于此位，阿哥唯伏地流涕，以表孺慕之诚而已。"皇四子进见皇父时依计行事。道光帝听罢果然龙心大悦。摇摆不定的继位人问题，至道光二十六年（1846年）六月，终于做出最后决断。对此，《清史稿》做了如下记载："二十六年，用立储家法，书名缄藏。"《清皇室四谱》也做了类似记载："二十六年六月，宣宗密定皇储，缄其名于鐍匣。"

就这样，角逐大清国最高统治权力之大计，在两位师傅短促过招之后成为定局。

道光二十六年六月十六日，正是立秋。道光帝终于拿起朱笔，写下两道御旨：

皇六子奕䜣封为亲王

皇四子奕䜣立为皇太子

综观整个清代，秘密建储一匣二谕，同时对两位皇子的政治地位做出交代，仅此一例。

在强烈的矛盾心理驱使下，道光帝在御书中竟然先晋封了奕䜣。他宠爱皇六子，觉得不能让这个宝贝儿子太吃亏，在确立奕詝为皇太子之前，首先对他有个交代。而且，这么做还出于对身后政治格局的考虑，可谓用心良苦，意味深长。

在这个秋意袭人的日子里，竭力守成的王朝最高统治者道光帝，思想冲突达到前所未有的高潮。两道御书放在眼前，他的心还像西洋钟的钟摆，晃来悠去。立秋之日的长夜过去了，他才将这两道御书装入鐍匣。

角逐继位人之役至此告一段落。密定皇储尘埃落定之时，道光帝旻宁已近六十四周岁，皇太子奕诗再过一个月就满十五周岁了。

皇四子奕詝，成为这场悄无声息的最高权力争夺战的胜利者。

在这场决定谁主沉浮的历史性角逐中，真正的胜利者是谁，是不言而喻的。帝师太重要了。尤其在尚无多少主见的幼小皇子们争宠夺权的年代！

未来表明，奕詝是个平庸之主。杜受田可以帮他推上皇位，但无法代他当皇帝。杜受田的高明，是中国的不幸。但是，如果杜受田是皇六子奕䜣之师，而不是皇四子奕詝之师，十九世纪中国的一些历史将会改写。

（三）继位人与狼共舞

道光三十年正月十三（1850年2月24日），军机大臣、大学士祁寯藻、杜受田，尚书何汝霖，侍郎陈孚恩、季芝昌五人，先后匆匆步入圆明园内的慎德堂。身罹重病的道光帝，紧急召见五大臣。很久之后，他们才神色凝重地走出慎德堂。道光帝召见他们干什么，君臣间说了些什么，史无所载，《清宫遗闻》仅记述"语良久"三字。这次会见，因此罩上浓重的神秘色彩。

人们猜测，这与道光帝作大清国最高统治权力移交有关。上年开春以来，道光帝多次身染沉疴。至十二月初八，皇太后病倒了，道光帝硬撑着天天到慈宁宫问安，风雨无阻。第三天，虚龄七十四的皇太后死去。已届六十七周岁的道光帝，本来就年迈体衰，遭此打击，一病不起。万不得已，他只好召皇四子奕詝代为处理国家大事。道光三十年正月初四（1850年2月15日），皇四子奕詝开始代阅章奏，召见大臣。疾病日重的道光帝，再也握不住大清国的最高权杖。皇四子终于获得相当于实习皇太子的权力。

这一天，杜受田一定很兴奋，卓秉恬一定很泄气。

然而，中国宫廷政治历来变幻莫测。到底谁能笑在最后，他们尚拭目以待。

神秘的帷幕很快揭开了。神圣的光环落在皇四子奕詝身上。道光三十年正月十四（2月25日）清晨，慎德堂御榻上的道光帝奄奄一息，生命垂危。他急召宗人府宗令载铨，御前大臣载垣、端华、僧格林沁，军机大臣穆彰阿、赛尚阿、何汝霖、陈孚恩、季芝昌，总管内务府大臣文庆，公启鐍匣、宣示建储御书。大概预感自己将不久于人世，道光帝艰难地挣扎起来，草乱写下生命中最后一道御书：皇四子奕詝著立为皇太子，尔王大臣等何待朕言，其同心赞辅，总以国计民生为重，无恤其他。道光帝千叮咛万嘱咐，对移交最高权力终不放心。如此宝贝的皇权，到底能否按既定方针落入钦定继位人之手？他似欲亲眼看到这一切成为现实，迟迟不肯闭上眼睛。至中午时分，奕詝奉召赶到慎德堂，跪地悲恸不已，涕泪纵横。道光帝在继位人的哀哭声中，终于闭上昏花无神的老眼。从此，奕詝步上独把朝纲的政治生涯。

正月二十六（3月9日），举行新皇帝登基大典。年逾十八周岁的奕詝登临紫禁城太和殿，正式即皇帝位。王公百官朝贺如仪。奕詝颁布覃恩，改明年为咸丰元年。追封亡兄贝勒奕纬、奕纲、奕继为郡王；封弟奕䜣为恭亲王，奕譞为醇亲王，奕詥为钟郡王，奕譓为孚郡王。为了祭奠皇父亡灵，宣布定缟素百日，素服二十七个月。就这样，大清国开国以来第八位皇帝在大喜大悲之中登上历史舞台。

历史进入咸丰时代。

因为秘密建储制度的制约，皇四子奕詝与皇六子奕䜣的皇权之争，犹如冰层下两股冲突的激流，表面上很平静，暗地里却是有你没我。奕詝登上金銮殿后，迫于皇权制度和正统观念的巨大压力，皇六子奕䜣和站在他背后的师傅卓秉恬，不得不俯首称臣，在竞争的道路上戛然止步。但是，两兄弟并没有在登基大典上相逢一笑泯恩怨。

咸丰帝与恭亲王奕䜣的怨隙，明眼人都是一目了然的。封奕䜣为恭亲王，这是大行皇帝遗命，而且是他深思熟虑后写入建储密御之中的，咸丰帝即位之时不得不遵照执行。但他心里很不情愿，迟迟不举行册封仪式。直拖了三年多，至咸丰三年（1853年），他才举行封奕䜣为恭亲王的仪式。

但到咸丰三年的秋天，两兄弟之间的感情和信任危机，似乎有了关键性的转变。咸丰帝初授奕䜣管理京师巡防处，负责京师安全。这年十月初七（11月7日），特命奕近在军机大臣上行走。军机大臣系朝廷要职，非同寻常。恭亲王奕䜣在军机处的排名虽在祁寯藻、彭蕴章、邵燦、穆荫之后，职称"军机大臣"后面还缀着"上行走"三字，只是个见习军机大臣，地位只高于与他同时进军机处的户部左侍郎瑞麟，但能让他进入这个要害部门，表明皇兄与王弟的关系有了重要转机。清代自从设立军机处以来，一般情况下不让亲王、皇子等宗室和亲贵担任军机大臣，以防他们擅权生事，削弱皇室权力。当然，雍正帝创设军机处之初，曾委任十三弟、怡亲王允祥为军机大臣，这是一个特例，但与咸丰帝令弟弟、恭亲王奕䜣出任军机大臣相比，两者大相径庭，雍正帝是十分信任皇弟允祥的，而咸丰帝与恭亲王奕䜣之间却有着感情鸿沟。但似乎咸丰帝对奕䜣的信任度与日俱增，发展很快，不到两个月，时光进入咸丰四年（1854年），奕䜣就跃居首席军机。不仅如此，咸丰帝还先后授奕䜣为都统、宗人府右宗令、宗令等职，将军权和族权一并交给他。

依靠"两杆子"统治国家，是封建专制政权的主要特征。所谓"两杆子"，一为枪杆子，二为笔杆子。尤其是枪杆子，更是皇权专制赖以维系的强力专政支柱。而族权，这种人力难为的血缘统治权，对于满洲贵族来说，具有特殊的统治意义。咸丰帝为何一下会将枪杆子和血缘统治权一并交给恭亲王？是不是意味着他尽捐前嫌，兄弟俩的关系由阴霾满天变为云开日出了呢？

其实，这是无可奈何之举。咸丰帝虽受过相当厚实的儒学教育，论文才居清代诸帝前列，但政治才能平平，对于军政民情，既缺乏深刻了解，更谈不上什么治理经验，如若太平年头，尚能勉强维持；遭遇内忧外患，兵祸连结，就难为他那点点才智了。在灭顶之灾行将降临之际，他不得不起用才识过人、颇有能耐的奕䜣。

咸丰帝奕詝登上皇帝宝座时，大清政局内外交困。

内政乏力

（一）征言求谏

咸丰皇帝登极之时刚好二十岁，恰是血气方刚、风华正茂的年龄。当上皇帝之初，他想施展才能，有所作为，于是，他颁诏求言。集思广益。许多朝臣应诏陈言，直谏流弊，纷纷入奏，改变了道光时期"十余年间无一人陈时政得失，无一折言地方利病"的那种"万马齐喑"的局面。道光皇帝不能任人唯贤，"尤虑大权旁落，必择谨善之士佐治。故一时才臣半遭废斥"，唯与曹振镛、穆彰阿"有水乳之合"。咸丰皇帝"求治之心甚切"，登基以后立即求言求贤，应该说是一种进取的表现。

道光三十年二月二十九日（1850年4月11日），大理寺卿倭仁"应诏陈言，上嘉其直谏"。三月初十日（4月21日），通政使罗惇衍"应诏陈言，上伏诏答之。"三月十一日（4月22日）左副都御史文瑞"疏陈四事，并录进乾隆元年故大学士孙嘉淦《三习一弊疏》，礼部侍郎曾国藩疏陈用人三事，均嘉纳之。"四月初七日（5月18日），内阁学士车克慎"疏陈敬天继志、用人行政凡十条，优诏答之。"咸丰皇帝重视群臣的意见。

倭仁，字艮斋，乌齐格里氏，蒙古正红旗人，是道光九年的进士，二十四年升大理寺卿。大理寺是清代的一个司法衙门，与刑郎、都察院合称"三法司"。倭仁在应诏陈言折里，重点讲了用人的重要性。他说："行政莫先于用人。用人莫先于严辨君子小人。夫君子小人藏于心术者难知，发乎事迹者易见。"他从不同角度总结了君子与小人的特点，论述可谓淋漓尽致，勾画得形象逼真。久经官场的倭仁对清政府内部两种不同人物研究是透彻的。

（一）从性格方面看，"大抵君子讷拙，小人佞巧。君子淡定，小人躁竞。"

（二）从对人方面看，"君子爱惜人才，小人排挤异类。"

（三）从志向方面看，"君子图远大，以国家元气为先。小人计目前，以聚敛刻薄为务。"

（四）从气质方面看，"刚正不阿，无所阿向者君子也。依违两可，伺候人主喜怒，以相趋避者小人也。"

（五）从侍君方面看，"谏诤匡弼，为朝廷补阙拾遗者君子也。迁就逢迎，导人主遂非长傲者小人也。"

（六）从奏疏方面看，"进尤危之议，悚动人主之警心者君子也；动言气数，不畏天变，以滋长人君之逸志者小人也。"

倭仁的这段分析，对比妥帖，点中要害，咸丰皇帝阅后认为十分精彩。"疏入，上称其辨君子小人之分，言甚切直。谕嗣后大小臣工，有所见闻，剀切直陈，宜以倭仁为法。"倭仁的陈言直谏，受到咸丰皇帝的充分肯定，而且将他树为各级官吏数法的样板。这对当时的官场显然是很大的震动，鼓励更多人关心国家命运。

罗惇衍，字星斋，号椒生，广东顺德人，道光十五年进士，二十九年迁通政使司通政使。通政使司是掌收各省题本的机关。罗惇衍在道光三十年三月，向咸丰皇帝所陈《端本善俗疏》，主要倡导官场风气的改革。他说："古帝王立纲陈纪，根源祇在一心。检摄此心，莫先于居敬穷理。居敬穷理，莫先于勤省察。勤省察莫先于观览载籍。圣祖仁皇帝御纂《性理精义》一书，其总论为学之方，立志之要。"他主张以理学治天下，"唯在皇上万几之余，讲习讨论，身体力行之耳。"同时，他倡导广开言路，希望咸丰皇帝敕令直省督抚，才是镇学政，"皆得犯颜直谏，指陈天下利病，无所忌讳。即藩臬中有能披沥肝胆，畅所欲言者，亦许自行密封，令督抚代为呈递。"如果说前一项建议是重视理论指导管理国家的话，后者则是树立一种敢于批评皇帝的风气。"犯颜直谏"可以说是封建时代君臣关系的最佳典范。无论能不能在实际中贯彻执行，咸丰皇帝还是欢迎罗惇衍的奏章。"疏入。上嘉其爱君之诚。并饬谕中外大臣，实力奉行。"咸丰皇帝的态度是积极的。

曾国藩，字涤生，号伯涵，湖南湘乡人。道光十八年进士。三十年三月，他应诏陈言，集中论证"今日急务，首在用人"的道理，呼吁皇帝要重视人才的培养和选拔。曾国藩奏疏称："今日当讲求者，唯在用人。人才不乏，欲作用而激扬之。则赖皇上之妙用，有转移之道，有培养之方，有考察之法。三者不可废一。"

他首先直截了当地指出政府官员中存在的问题："臣观今日京官办事通病有二，曰退缩，曰琐屑。外官办事通病有二，曰敷衍，曰颟顸。习俗相沿，但求苟安无过，不肯振作有为。"曾国藩总结的京城内外官场通病，可以说言简意赅，入木三分。

他提出了"转移之道"，使官员成为有用之才的办法，"莫若使从事于学术"。在官员中树立学习与研究的风气。"又必皇上以身作则，乃能操转移风化之本。"他建议咸丰皇帝像当年康熙皇帝那样，"勤于学问，儒臣逐日进讲，寒暑不辍。召见廷臣，辄与往复讨论。"皇帝为群众做学习的榜样，督促各级官吏重视学习。"见无才者，则劝之以学，以痛惩模棱罢软之习；见有才著，则愈劝之以学，以化其刚愎刻薄之偏。"他认为通过学习文化，提高官员素质。"十年以后，人才必大有起色。"这就是他的"转移之道。"

其次，他提出培养官员的具体方法。"所谓培养有数端，曰教诲，曰甄别，曰保举，曰超擢。"各衙门的主管官员要对下属官员经常表扬和批评。"堂官于司员一言嘉奖，则感而图功，片语责惩，则畏而改过。此教诲不可缓也。"对于政府官员中有问题的不称职官员要及时审查清理。"榛棘不除，则兰蕙减色，害马不去，则骐骥短气。此甄别不可缓也。"对于有才能的官员，可以通过"部院各保司员"办法选拔人才。皇帝还可以破格提拔，越级重用官员。他进一步强调培养官员的重要性。"盖尝论之，人才譬若禾稼，堂官之教诲，犹种植耘籽也，甄别犹去稂莠，保举犹灌溉也，皇上超擢，譬之甘雨时降，苗勃然兴也。"他明白地指出当时政府纪律松散，人浮于事，互不负责的严重问题。"今各衙门堂官，多内廷行走之员，或累月不到署，自掌印主稿外，司员半不识面。譬之嘉禾稂莠，听其同生同落于畎畝之中，而农夫不问。教诲之法无闻，甄别之例亦废。"还有的问题更为严重，"顷岁以来，六部人数日多。或廿年不得补缺，终身不得主稿。内阁翰林院人数亦三倍于前。往往十年不得一差，不迁一秩。"他建议各衙门堂官，"日日到署"，了解司员情况，"务使属官之性情心术，长官一一周知。"皇上也经常询问官员的情况，使八衙门的人才心中有数。偶有破格使用，"而草木之精神皆振"。

接着，曾国藩提出考察官员的方法。他认为了解官员最好通过"奏折"形式。虽然"国家定例，内而九卿科道，外而督抚藩臬，皆有言事之责，各省道员，亦许专折言事。"但是，道光末年官场风气变化异常。"乃十余年间，九卿无一人陈时政得失，司道无一折言地方利病，科道奏疏，无一言及主德隆替，无一折弹大臣过失。"他对于道光末年"万马齐喑"的政局是不满意的，却又不便指责先帝，只好说："一时风气，不解其所以然。"然后，他列举本朝以来，"匡言主德者，如孙嘉淦以自是规高宗；高铣以寡欲规宣宗，皆优旨嘉纳。纠弹大臣者，如李之芳劾魏裔介，彭鹏劾李光地。"这些前朝的直谏事例"至今传为美谈。直言不讳，未有盛于我朝者也。"他希望咸丰皇帝能坚持"求言甚切"的作风，"借奏折为考核人才之具，永不生厌鹖之心。涉于雷同者，不必交议而已，过于攻讦者，不必发钞而已。此外但见有益，不见有损。""若人人建言，参互质证，岂不更为核实乎？"

曾国藩当时为礼部右侍郎，兼署兵部右侍郎，虽然职位不算太低，却也不算太高。他极力呼吁皇帝重视人才，反映汉族官僚中职位不高的人的晋升心理，当然也说明咸丰初年封建官吏中的腐败、堕落，人才缺乏的严重问题。

咸丰皇帝对他的奏折评价很高。"奏入。谕称其剀切明辨，切中事情。"他很快采纳曾国藩的意见，"命百日后，举行日讲"。他又命儒臣缮写《朱子全书》及《贞观政要》，"朝夕讲求"。他在效仿前贤，力图寻求"理学"大师朱熹的深奥哲理，把唐朝开国皇帝唐太宗视为楷模。

咸丰元年，曾经命令部下编写学习材料，"诏翰、詹诸臣分撰讲义进呈。"咸丰二年三月，他又下诏求直言，四月，太仆寺少卿徐继畲疏陈释服之后，宜防三渐：一、土木之渐，一宴安之渐，一壅蔽之渐。咸丰皇帝"置诸座右，时时省览。"他对于某些意见，采取积极态度。这是一个年轻皇帝难得的作风。

当然，对于咸丰皇帝征言求谏也不能估价过高。事实上，他纳谏是有限度的。自颁诏求言以来，廷臣献纳不下百余章。咸丰皇帝对于这些奏章，"或下所司核议，以'毋庸议'三字了之；或通谕直省，则奉行一文之后，已复高阁束置，若风马牛不相与。"对于锋芒指向自己的官员，则大动肝火，反目成仇，甚至于摔折于地，"立召军机大臣欲罪之"。事实教育了犯颜直谏的官员，认识到批评皇帝是危险的。

（二）信任智囊

咸丰皇帝从前朝谀臣误国的教训中认识到，维持王朝政权，巩固自己的地位，必须有得力的助手，有自己的智囊团。他们应该是忠于王室，刚直不阿，有勇有谋，精明能干的人才。在他周围逐渐地涌现几个这样的"智囊"，协助他赞画枢务。

祁寯藻是咸丰皇帝任命的第一个大学士。祁寯藻，字春圃，山西寿阳人。嘉庆十九年成进士。道光元年直南书房，历任学政、侍郎、尚书、军机大臣、协办大学士。文宗即位，拜体仁阁大学士，仍管户部。他"历事四朝，久参密勿，侃侃持正论，不少阿附取容同列多忌之。"在鸦片战争中，他反对权相穆彰阿的卖国政策，主张积极防御，抵抗侵略者。"寯藻自道光中论洋务，与穆彰阿不合。至是文宗锐意图治，罢穆彰阿，寯藻遂领枢务，开言路，起用旧臣，寯藻实左右之。"他提倡朴学，延纳寒素，士林归之。他保举许多知名寒士，主张"保举循吏及优处潜修之士，以备任用。"咸丰初年重新起用受穆彰阿排挤的官员，在很大程度上吸取了祁寯藻的意见。

另一个重要"智囊"是杜受田。"文宗初政，杜受田以师傅最被信任，赞画独多。"咸丰皇帝给杜受田加太子太傅，兼署吏部尚书，调刑部尚书、协办大学士。"受田虽未入枢廷，国家大政及进退大臣，上必咨而后行。"杜受田应咸丰皇帝登极求贤诏，疏荐起用林则徐。"杜受田疏陈整军威，募精勇，劝乡团，察地形四事，发军前大臣。"他认真研究历史经验，了解社会问题，"咨访古今政治利弊，暨民生疾苦，无不尽心匡弼，献纳嘉谟。"他是咸丰皇帝最尊敬、最信任的"赞襄帷幄"的得力军师。"每召见时，于用人行政，国计民生，造膝敷陈，深资匡弼。"可惜的是，杜受田辅佐皇帝为时太短，咸丰二年（1852）病逝。咸丰皇帝如同失去一只右臂，"不觉声泪俱下，悲痛实深！"他的良师、益友兼智囊从此分手，悲痛的感情是真实的。

咸丰皇帝的主要智囊有满洲大臣文庆。他的字孔修，费莫氏，满洲镶红旗人，道光二年进士。历任通政使，左副都御史、内阁学士，而后至侍郎、尚书、军机大臣，后因事革职。咸丰元年重新起用，赏五品顶戴，五年开始青云直上，复为军机大臣、协办大学士，加太子太保，拜文渊阁大学士，晋武英殿大学士，管理户部，充上书房总师傅。"文庆醇谨持大体，宣宗、文宗知之深，屡踬屡起，眷倚不衰。"他成为咸丰皇帝政治决策方面依靠的谋略家。

文庆对咸丰皇帝提出一项战略措施，就是重用汉臣。他说："当重用汉臣。彼多从田间来，知民疾苦，熟谙情伪。岂若吾辈未出国门，懵然于大计者乎?"他和守旧的满洲贵族不同，有政治远见，"常密请破除满汉畛域之见，不拘资格以用人。"文庆善于采纳汉族官员的意见，尽管不是他主管部门的部下，也能认真地听取意见。他在咸丰六年（1856）去世前的"遗疏"中，还向皇帝指出有几个地方督抚"皆不能胜任，不早罢，恐误封疆。"可见他深谋远虑，才识过人。咸丰皇帝评价文庆："人品端粹，器量渊深，办事精勤，通达治理。"对他十分信任，"纶扉襄赞，夙夜宣劳，深资倚畀。"文庆是咸丰初年杰出的政治家。

文庆去世后，咸丰皇帝在满洲大臣中最信任的是肃顺。肃顺，字豫亭，满洲镶蓝旗人，郑亲王乌尔恭阿第六子，清朝皇帝的远房宗室。道光十六年授三等辅国将军。以后几年，虽充任前引大臣等职，却是无足轻重的闲散差事。咸丰皇帝继位后，肃顺才得以发挥他的政治才能。肃顺步步高升，由内阁学士、礼部侍郎、兵部尚书、理藩院尚书，乃至御前大臣，协办大学士，成为咸丰皇帝最重用的"智囊"。

肃顺是个具有远见卓识的政治家。他虽然有些缺点，为人议论，"然其才识，在一时满大臣中，实无其比。"他注重人才的选拔，"优礼贤士，而又有知人之鉴"，善于结纳贤士。在肃顺门下集聚了一批有才华的汉族"文士名流"，如郭嵩焘、龙湛霖、王闿运、邓辅纶、尹耕云、高心夔、李篁仙等，时称"肃门七子"。他礼贤下士，认真听取有学识的文人意见，"采取言论，密以上陈"，从众人的政治见解中吸取营养。

有的史料记载："肃顺秉政时，待各署司官，眦睢暴戾，如奴隶若，然惟待旗员则然，待汉员颇极谦恭。尝谓人曰：咱们旗人浑蛋多，懂得什么，汉人是得罪不得的，他那支笔厉害得很。""汉人有才学者，必罗而致之，或为羽翼，或为心腹。""肃顺极喜延揽人才，邸中客常满"，"而独不喜满人，常谓满人糊涂不通，不能为国家出力，唯知要钱耳，故其待满人不如其待汉人之厚，满人深恶之。"这是应该从当时社会环境来说明、来认识的。

肃顺的思维敏捷，作风雷厉风行。他"治事之猛，识别之精，不避权贵，尤不顾八旗贵胄，故宗室旗人，恨之尤甚。"肃顺敢于触动最得势、最腐败的八旗贵胄、宗室旗人，足以证明其胆识不凡，主持正义，站在社会进步力量方面。因而受人疾恨也是自然的事。"名满天下，谤也随之。"历史人物中的佼佼者往往是在相反评价的交织中涌现的。

《清史稿》对于咸丰皇帝信任智囊，重用肃顺，励精图治的评论是较客观的："文宗厌廷臣习于因循，乏匡济之略，而肃顺以宗潢疏属，特见倚用，治事严刻。其尤负谤者，杀耆英、柏葰及户部诸狱，以执法论，诸人罪固应得，第持之者不免有私嫌于其间耳。其赞画军事，所见实出在廷诸臣上，削平寇乱，于此肇基，功不可没也。"咸丰皇帝信任智囊，赞画枢务，有益于清朝的统治。

（三）人浮于事

咸丰皇帝接手的清政府是一个烂摊子。满朝文武，无所用心，人浮于事。各级大小官僚都"以模棱为晓事，以软弱为良图，以钻营为进取之阶，以苟且为服官之计。"京城里的官员抱残守缺，不负责任，"在内部院诸臣事本不多，而常若猝猝不暇，汲汲顾影，皆云多一事不如少一事。"各省的官员自私自利，营私舞弊，"在外督抚诸臣，其贤者斤斤自守，不肖者亟亟营私。国计民生，非所计也，救目前而已；官方吏治，非所急也，保本任而已。"一股股腐败无能的势力把持了官场。

大学士穆彰阿依仗手下有一伙人，控制各级衙门，对刚刚即位的咸丰皇帝采取不支持态度。他先消极对抗，"遇事模棱，缄口不言。"继而玩弄权术，妨贤病国。"迨数月后，则渐施其伎俩。如英船至天津，伊犹欲引耆英为腹心以遂其谋，欲使天下群黎复遭荼毒。其心阴险，实不可问！"他已经堕落到出卖国家利益，勾结敌人的地步。当许多正直的官员极力保荐林则徐的时候，穆彰阿从中阻挠。"伊屡言：'林则徐柔弱病躯，不堪录用。'"咸丰皇帝已经起用林则徐，派往广西，穆彰阿又屡言："林则徐未知能去否。"伪言荧惑，企图使咸丰皇帝"不知外事"，将年轻的皇帝架空。

咸丰皇帝为了"申国法"，"肃纲纪""正人心"，下令将穆彰阿革职，"永不叙用"。这一重大决策宣布后，"天下称快"，受到朝野内外的普遍拥护。

另一个高级官员耆英，因签订《中英江宁条约》《中法黄埔条约》《中美望厦条约》，举朝内外，恨之如仇。咸丰皇帝即位后，耆英入奏用人、行政、理财三策，胡说什么"人有刚柔，才有长短。用违其才，虽君子亦恐误事；用得其当，虽小人亦能济事。"他的这个贬君子、举小人的谬论，是咸丰皇帝不能容忍的，当即予以训斥。咸丰皇帝"砵笔罪耆英"，宣布他"畏葸无能"，"抑民以媚外，罔顾国家。""降为五品顶戴，以六部员外郎候补"这个决定也受到朝野上下普遍称赞，"当时上谕一出，人人颂祷圣德英武，迈古腾今。"咸丰皇帝做了件大快人心的事。

咸丰八年四月，英国兵船侵入天津。咸丰皇帝派大学士桂良，吏部尚书花纱纳"驰往查办"，又派耆英以侍郎衔，"前往办理洋务"。由于英法联军以武力威胁清朝，耆英贪生怕死，"同桂良、花沙纳商允照会，相对泣于窗下"。耆英擅离职守，私自回京，"借称面陈极要"，不候谕旨。这是一种临阵脱逃的叛逆行为。有的大臣拟请判处耆英"绞监候"。

肃顺认为这个处分太轻了，奏请对耆英即行正法，"以儆官邪而申国法"。咸丰皇帝认为"亦未为是"，"尤觉不忍弃之于市"。于是，他"不得已思尽情法两全之道，著派左宗正仁寿、左宗人绵勋、刑部尚书麟魁迅即前往宗人府空室，令耆英看朕砵谕，传旨令伊自尽。"耆英受到应得的惩罚。

咸丰皇帝尽管没有雄才大略，但是头脑清醒。他懂得"治乱世，用重典"的历史经验，铲除奸宄，惩治国贼，是符合朝野多数人的愿望，是坚持正义立场的重大决策。

耆英由判处"绞监候"到改为自尽，是肃顺坚持"申国法"的结果。也许有人认为太过分了，咸丰皇帝都不大同意，不是肃顺"冷酷"吗？其实，在政治斗争中的宽容、仁慈都是幼稚的东郭先生。铁腕人物是政治舞台不可缺少的。

肃顺为人极有胆识，其治事极有魄力，而颇深刻。他"佐文宗申国法以救积弊"，主张"严禁令，重法纪，锄奸宄"，力图革除政府官员中种种腐败的弊端。例如，当时户部在财政管理上有问题，"钞币大钱无信用，以法令强行之，官民交累，徒滋弊窦。"这是危及政府财政收入，又影响全国群众切身利益的大事。"肃顺察宝钞处所列'字'字号欠款与官钱总局存档不符，奏请究治，得朦混状，褫司员台斐音等职，与商人并论罪，籍没者数十家。又劾官票所官吏交通，褫关防员外郎景雯等职，籍没官吏亦数十家。"这就是咸丰九年、十年间的"钞票舞弊案"。

在封建专制时代的官场上，"褫职"与"籍没"不是罕见现象。肃顺既然要整顿财政，势必打击那些"将官款化为私欠"的贪污犯。这是严肃的政治斗争，并非无原则的人事纠纷。

咸丰八年（1858），肃顺整顿科场，对清朝科举考试中的营私舞弊行为做了坚决的斗争，时称"戊午科场之案"。

清代的科举考试制度是选拔官员的重要途径。自道光朝以来，科场舞弊现象日趋严重。有的考生以"条子"呈递考官，记明暗语。"条子"上加三圈、五圈，如果中试则赠三百银两、五百银两给考官。考场成为公开贿赂场所。这种"不正之风"，在咸丰初年更为盛行，大庭广众不以为讳。有的考官竟公开对落第考生说："何以不递条子？"走后门，写条子，司空见惯，"世风之下，至斯极矣。"

咸丰八年，顺天乡试揭榜，唱戏的优伶平令得中高魁，考在前十名。社会舆论大哗。咸丰皇帝闻奏谕令大臣调查原因。原来是主考官大学士柏葰的门丁靳祥从中为平令经营，使其中式，而且涉及柏葰之妾。另一考官程庭柱接条子"不下百余条"。这一案件涉及二十余人。

咸丰皇帝特命肃顺会同刑部审讯。肃顺乃就各嫌犯供状上陈，力言取士大典关系至重，亟宜执法以惩积习，请将柏葰等人斩决。咸丰皇帝批准肃顺奏请，处斩柏葰、平令等七人，其他诸人革职治罪有差。从此以后，"遂无人敢明目张胆显以'条子，私相授受者。"肃顺整顿科场，纠正考试中的不正之风，确实取得显著效果。

有人说戊午科场之狱是肃顺"快私憾而张权势"，这是一种臆测之词。在封建时代官场上钩心斗角行为，不能说对肃顺绝无影响。但是，肃顺执法严正却是事实。例如，户部主事李篆仙曾为"肃门七子"之一，后来因事下狱。时人估计肃顺一定以私交而偏袒他，"以肃善李，必可宽也"。然而，这种估计并未应验。肃顺秉公执法改变了人们对他的错误判断。后人评论说："观李氏之事，亦颇见肃顺之铁面无私，不事阿徇。"在晚清官场上，象肃顺一样"铁面无私"的官员是少有的。

（四）经济严峻

咸丰皇帝初期的经济形势是严峻的。自从中英《江宁条约》订立后，清政府的财政危机日趋加剧。战后十年内，仅鸦片走私，中国白银外流量竟达三亿两。战争赔款和军费开支多达七千万两，已经超过了政府库存总数。"入款有减无增，出款有增无减。"政府的国库收支入不敷出，"日甚一日"。在道光二十九年（1849年），各地欠国库白银共八百六十余万两。咸丰皇帝即位的这一年，即道光三十年（1850年）头十个月的国库收入尚不敷以后五个月的预算支出。咸丰元年（1851），太平天国农民革命爆发后，清政府调动大批军队镇压群众，军费开支急剧增加。清政府从北方各省抽调库存银两，引起地方货币短缺，财政吃紧。大批清军集结京师内外，使京畿地区负担过重，国库亏空，甚至国家机关的官员薪俸都发不下来。

官方货币严重短缺，各地流行许多"私帖"。清政府不仅没有取缔，反而仿效私帖，发行银钱票。早在道光年间，内务府在京城设立天元、天亨、天利、天贞、西天元等五官号，"行使银钱各票，所得利息，作为内务府进款"，补充皇室经费开支的不足。鸦片战争形势的紧张，造成私帖挤兑风潮的形成。军队官兵大量抢夺银钱，地方官员拼命搜刮百姓银钱，私帖大肆泛滥套兑银钱，因而出现了"银钱亦倍形短绌"。清政府的财政经济已经到了山穷水尽的地步。

国库空虚，财政混乱的严重局势，最敏感的是中央政府的主管机关。咸丰皇帝一上台，就收到财政主箭部门紧急报告。"户部疏陈整顿财政，胪陈各弊，得旨：实力革除。"由此可见，咸丰皇帝在经济政策上并非恪守祖制，一成不变。他正视现实，因势利导，发动朝野官民商讨对策，集中各种建议，"在艰难险阻之中，力求通变权宜之法。"他整顿财政决策是：其一"开源节流"，其二"变通钱法"。

关于"开源节流"，主要通过推广捐例，举借内外债，增加税收，变卖旗田，削减薪饷等方法，增加政府收入，减少支出，解决财政亏空问题。这是属于权宜之计。

（一）捐纳和捐输是清代财政收入的补充方式。所谓"捐纳"就是朝廷卖官鬻爵。各省绅士、商民、游幕，官员子弟，候补、试用各官，只要按照捐例交银，即可得到某项官职。如只愿得到某项官阶职衔，或捐文武监生、贡生等，也可指项报捐。公开卖官的收入作为政府财政来源之一。

咸丰元年（1851），清政府颁发《筹饷事例条款》，宣布"卖官大减价"，捐纳京官、外官、武官各种职衔，按照道光二十六年（1826）条例所载银数核减一成，即九折收捐。这是第一次降价。

咸丰三年（1853），清政府又制定《推广捐例章程》，规定照定例银数核减二成，即以八折收捐，并由户部预颁空白文武职衔及贡监执照，发交各省军营粮台，随时填发。这是第二次降价。

咸丰四年（1854），捐纳官职的实际价格减到二成半，即以七五折收捐。这是第三次降价。

咸丰七年（1857），又规定按半银半票收捐，由于票钞贬值，捐纳银数不及原额的六成。这是第四次降价。

后来，户部无款拨给各省军需，遂准许各省开捐。这个口子一开，如洪水决堤，不可阻挡，造成官吏队伍急剧膨胀，"流品日杂"，"市侩无赖滥厕其间"。由于买官花钱，得官后拼命搂钱捞本。政府官员腐败的恶性循环，甚嚣尘上。

所谓"捐输"，是清政府给予报效商民的某种奖叙。咸丰三年（1853），朝廷下令鼓励"劝捐助饷"，规定根据个人捐输银数，分别赏给盐运使衔、或副将衔、或另赏花翎；或赏给举人，一体会试。在《捐输广额章程》中，对地方政府捐输的优待条件明文规定，准许在各级科举考试中，增加名额。这样的章程，为地主富商及其子弟铺设了进身之阶。

（二）借债筹饷是又一项应急措施。咸丰三年（1853），创议举借内债。最初只在山西、陕西、广东等省向"殷实之家""饶富之家""暂时挪借，以助国用"。政府出给印票，分年按期归还。其他省份是陆续推广的。在名义上是"劝借"，实际上是强借，结果变成了"绅富捐"。从咸丰三年（1853）开始，清政府举借外债。由苏松太道吴健彰经手，向上海洋商借债，数额不详。咸丰五年（1855）和咸丰六年（1856），在江海关洋税中加还白银十二万七千七百八十八两。这是清政府为攻打小刀会起义军偿还雇募外国船炮的债务。

（三）增加赋税是"就地筹饷"的财政措施。主要增收商业税和加征农业税。关于商业税，后面有一节专谈此事，这里先说农业税。咸丰年间，对农业土地税的加征，包括对田赋采取附征和漕粮勒折浮收。在四川按粮津贴和捐输；在云南、贵州按亩抽收"厘谷"或"义谷"；在江苏、安徽等省亩捐加征；在广东沿海有"沙田捐"。用各种手段，巧立名目，加征田赋。

咸丰三年（1853）以后，开始实行漕粮折色，即用银两代替实物折纳。由于当时银贵钱贱，对纳税人是"无形重敛"。

田赋预征，更为严重。咸丰三年（1853）令四川、山西、陕西三省预征一年的钱粮。如遇到自然灾害，农民难以纳赋。"预征累民"。劳动群众生活陷入水深火热之中。

（四）奏减八旗俸饷是咸丰年间节省财政支出的又一措施。八旗俸饷是清政府的沉重负担。有识之士早已看到改革的必要性。咸丰二年（1852），朝廷公布了《旗民交产章程》，正式允许"旗田"出售，减轻政府负担，解决"旗民生计维艰"问题。咸丰三年（1853），清政府又下令削减兵饷，折发制钱，将文武高级官员的"养廉"抽出部分充军饷。咸丰皇帝"敕文臣三品以上养廉以四成、武臣二品以上以二成充军饷。"咸丰十年（1860），又减成发饷。从八旗俸饷中节省政府的开支，缓和国库的财政紧张状况。

关于"变通钱法"的建议很多，主要是发行纸币和改铸大钱。咸丰元年（1851）御史王茂荫向皇帝提出《条议钞法折》，主张发行纸币，控制数量，并以库银为抵押，可由民间钱庄认购发行与承兑。咸丰二年（1852），皇帝任命王茂荫为户部侍郎，兼管钱法堂，主持新设的官票厅，专司官票的发行筹备事宜。

咸丰三年（1853）正月，御史蔡绍洛上奏《请铸大钱》，主张以钱代银，钱乏应由铸大钱来补。"户部奏铸当十、当五十大钱，王公大臣又请增铸当百、当千，谓之四项大钱。当千者，以二两为率，余递减。"咸丰三年初，户部调大理寺恒春会同户部主持大钱的铸发事宜。

咸丰三年二月，大学士祁寯藻管理户部事务时，奏请设立官钱总局，"将宝泉、宝源二局，每月鼓铸卯钱，全行运解，作为票本。并由部库应放款项内，酌提见银，藉资转运。总计辘轳收发，以见银一百万两，见钱一百万串为率。凡官俸兵饷，及各衙门支用杂款，分成搭放。"咸丰皇帝批准这个计划方案，"诏如所请"。这是银与钱搭配使用，作为官俸兵饷。

同年二月十七日（1853年3月26日），咸丰皇帝上谕批准由户部拟定的《试行官票章程》，决定以京师为试点发行官票，按照银八票二的比例，给文职二品，武职三品以下的朝廷官员发放奉俸及各衙门的办公费。余下二成实银，拨给京城天元、西天元、天利、天亨、天贞等五家官号为本兑现官票。

清政府又熔化宫中金钟和动用宫中金条，给驻防京城外的蒙古八旗军发军饷。同时，在内务府设立捐铜局，搜缴京师民间的铜器、铜斤，并封存铜铺。在皇宫里收集了大量铜物，熔化花园里的铜屋，作为铸钱原料。同年三月，宝泉局铸造"当十"铜大钱，五月又铸发"当五十"大钱。十一月又铸成"当百""当五百"以至"当千"的大钱。咸丰年间还有"当二百""当三百""当四百"等大钱。咸丰皇帝正式批准由户部公布《官票章程》和《宝钞章程》向全国发行宝钞。百姓对官票"相约不收"，使官票"几成废纸"，而对大钱非常欢迎。

咸丰皇帝实行的变通钱法，使政府渡过了财政危机。"战时国库收入总额能够维持在平均每年957万两左右，一方面是从1853年起，主要靠发行银票、钱票，铸造大钱、铁钱；另一方面是从1856年起，把京饷原由各省预拨改为临时定额摊派解款的结果。"实际上，这都只能做到勉强维持封建朝廷的苟延残喘而已。

太平军兴

道光帝遗下的摊子之烂，咸丰帝第二天便感受到了。

1850年2月26日，即道光帝去世次日，咸丰帝接到的第一件公文，就是广西巡抚郑祖琛关于李沅发起义军入广西的奏报。

造反是专制社会的非常之事，顶危险，顶难办，统治者只有坚决地毫不手软地强力压之。造反者也自知命运如丝，非逼上绝路而不轻易为之。李沅发是湖南新宁县水头村的农民，1849年秋，因富绅重利盘剥遭水灾的贫民，讨生无计，便伙众抢夺，杀富济贫。然因同伙被县官捕去，便杀入县城劫大狱，正式举旗造反，与官军相抗，由湖南入广西进贵州，部众最多时有四五千人，搅得西南大不太平。

就是这次小小的造反，湖广总督亲自赶到长沙坐镇指挥，湘、桂、黔三巡抚亲自操办，动用了4省的军队，仅广西便花军费24.7万两银子，咸丰帝更是忙得不亦哀乎。到了6月2日，总算抓住了"匪首"李沅发，下旨槛送北京，于9月用最最残忍的凌迟刑法处死。为了警告那些怠玩政务的地方官，咸丰帝还将湖南巡抚、湖南提督、永州镇总兵等高官统统革职，统统发配新疆，为此受处分的官员不下数十人。

李沅发受戮弃市后，咸丰帝似乎感到一丝轻松，自己的本事原来也足以告慰祖先。他哪里想到，更大的风暴已经降临。这就是持续14年，兵战18省，以洪秀全、杨秀清为领袖的，让咸丰帝此后日日不太平的太平天国。

洪秀全，小名火秀，族名仁坤，1814年出生于广东花县（今花都区）一个农民家庭，为家中的小儿子，大咸丰帝17岁。1820年，入村塾读书，教材与咸丰帝一样，都是古代圣贤经典。

科举时代的读书人，大多本非为求知，非为个人情操的升华，而是非常功利的。读书→做官，既是他们的出发点，也是他们心中的归宿。不然那几本哲人眼中充满哲理，凡人眼中十足乏味的古书，怎么会引得那么多凡人由童年至少年至青年至中年甚至老年孜孜不倦地苦读？还不是为了书中的黄金屋和颜如玉。在一个农民家庭中，洪秀全能得到读书机会，是族人家人觉得此子可大器，父兄们也当作投资机会。

1828年，洪秀全第一次赴考，县试高中了，但府试失败了。此一结果使人沮丧，但也使人感到还有希望。于是，他在获得一村塾师职位后，仍继续苦读，准备再考。

1836 年、1837 年、1843 年他又去考了 3 次，皆落第。此时，他已近 30 岁，终于失望了，愤愤不平：等我自己来开科取天下士罢。数年后，此言成真。

有不少后人指责那几年的广州知府和广东学政全都瞎了眼，若是让洪秀全中一个秀才，就不会去造反。这种说法本属历史的臆测，无足深论，但考官们的确没有冤枉洪秀全。虽然洪氏后来做成了一番大事业，然他留今的诗文，以八股策论的标准来衡量，也只是一个三家村先生的水平。而他对古代圣贤经典的了解和理解，比起名师指点的咸丰帝，也明显地差了一截。

圣贤的书再也读不下去了，洪秀全找来 1836 年他在广州街头得到的一部基督教布道书《劝世良言》。研读之中，又联想到 1837 年他落第后大病 40 余日梦中的种种异象，突然发现自己就是天父上帝赐封的"太平天王大道君王全"，受命降世斩邪留正。于是，他便自施洗礼，自行传教了。拜上帝。

洪秀全在广州一带的传教活动，看来并不出色，皈依者仅为他的家人和少数密友，大多数人都觉得他出了毛病。但这小小一群信徒中，却有两个人非常重要，一位是冯云山，另一位是洪仁玕。

1844 年，洪秀全与冯云山等人，离家结伴远游，在广东省几乎转了一圈，然皈依受洗者寥寥。而当他们转到广西，事业的局面打开了。尤其是冯云山孤身入桂平紫荆山区长达 3 年的活动，皈依的信徒达 2000 余人，使这一地区成为拜上帝会活动的中心。在信徒的队伍中，又有两人后来极为有名，他们是杨秀清和萧朝贵。

杨秀清，广西桂平人，1823 年生于一贫苦农家，小洪秀全 9 岁，大咸丰帝 8 岁。他 5 岁丧父，9 岁失母，靠伯父拉扯长大，以烧炭种山为生。艰苦的生活养成其坚毅的性格，虽然没有读过书，但才识异常，在山民中也小有威望。

冯云山在紫荆山区传教时，那种人人都是上帝所养所生、大家都是兄弟姐妹的平等思想，显然打动了他的心。他也随众人入会，但一直是个普通信徒，未受冯、洪的重视。

1847 年，冯云山被捕，洪秀全出奔广东谋求营救，紫荆山拜上帝会众一时群龙无首，陷于瘫痪。杨秀清挺身而出，控住了局面。

1848 年 4 月 6 日，杨秀清突然跌倒，不省人事，未几在昏迷中站起，满脸严厉肃穆：众小子听着，我乃天父是也！今日下凡，降托杨秀清，来传圣旨。一番天父无所不在无所不能的说教，一下子震慑了信徒们的心，没有想到遥遥太空的皇上帝亲临身边，可见法力无穷。这一天，后来被太平天国定为神圣的节日"爷降日"。既然天父选择杨秀清，杨氏也天然地成了领袖。

这种装神弄鬼的还不止一人。就在这一年10月，天兄耶稣也降托萧朝贵下凡了。这位天兄怕众人不认识，便自报家门，朕是耶稣！今人在英国发现的太平天国印书《天兄圣旨》，记录了萧朝贵在3年多中120多次扮耶稣下凡事。而耶稣对拜上帝会特别关注，最频繁时一日几次下凡，给予指示。萧朝贵是杨秀清的密友，由此也进入了领导层。

洪秀全的基督教知识，得自《劝世良言》这一蹩脚小册子，后虽随美国传教士罗孝全（I. J. Roberts）学过一阵子，但离掌握基督教的真谛甚远。但是，洪秀全充满自信。他认为自己是天父皇上帝耶和华的次子，天兄基督耶稣的二弟，而冯云山、杨秀清也成了天父的三子、四子，萧朝贵在尘世间娶了杨秀清的干妹杨宣娇，称兄道弟几乎乱伦，结果成了天父的女婿。这种礼教中的君权神授和江湖上的兄弟结义，构致了拜上帝会领导层天人合一的小家庭。

没有理由认为洪秀全、冯云山真相信下凡这类巫术。但他们回到紫荆山区时，却没有办法不相信此类巫术的神奇，不得不承认现实。于是，下凡成了洪、冯也必须恭顺承教的圣事。萧朝贵甚至借天兄下凡，滑稽地带着洪秀全会见去世多年的元妻。从洪秀全的诗中，我们可以看出杨秀清因天父下凡大战群妖而损伤了颈脖。而这种演出场面，在《天兄圣旨》中又有着详细的描写：

冯云山问："天兄，现今妖魔欲来侵害，请天兄做主。"天兄答："无妨"……突然，天兄对冯云山叫道："拿云中雪（剑名）来。"冯云山递云中雪。天兄挥之大战妖魔，口中振振有词："左来左顶，右来右顶，随便来随便顶。"又喊道："任尔妖魔一面飞，总不能逃过朕天罗地网也。"又喊道："红眼睛，是好汉就过来，朕看你能变什么怪！"战毕，天兄对冯云山道："你明天回奏洪秀全，天下已经太平，阎罗妖已被打落十八层地狱，不能作怪矣……"

萧朝贵主演的斩妖杀怪的剧情，与民间驱赶病魔的套路，并无二致。此让今人看来觉得可笑，但在山民的心中有着超乎自然的魅力。

在蒙昧的社会里，迷信比科学更有力量。

来自西方的基督教，在洪秀全手中已与中国的儒学传统和民间宗教嫁接，在杨秀清手中又与巫术相连，这使得下层民众对外夷舶来货多了一分故家旧物的认同，更易接受，更易景仰。于是乎，天父耶和华顺理成章地有了"天妈"，天兄耶稣也有了"天嫂"。按基督教教义应为神灵的上帝，在洪秀全那儿有了具体的形象："满口金须，拖在腹尚（上）"。尽管西方人认定，拜上帝会供奉的只是一个不伦不类的野菩萨，但洪秀全等人认为，上帝与他们独亲，他们的基督教知识已超过了西方，以致不免得意扬扬地向西方人诘难：

"尔各国拜上帝咁久，有人识得上帝腹几大否？"

"尔各国拜上帝、拜耶稣咁久，有人识得耶稣原配是我们天嫂否？"

"尔各国拜上帝、拜耶稣咁久，有人识得天上有几重天否？"

这样的问题共有 50 个，完全是老师考考学生的气派。

然而，最能打动下层民众心思的，当为洪秀全设计的"天下为公"的"大同"理想社会。在这个社会中，没有相凌相夺相斗相杀，天下男人皆为兄弟，天下女子皆为姐妹。与遥远的天堂相对应，又有人间的尽可享乐的"小天堂"。一切财产归公、人无私产的"圣库"制度，更换来物质上的人人平等。尽管这种超越现实可能的"圣库"必不能长久，但在最初实施时期，又吸引了多少贫困无告的民众。

而要实现这一切，须与人间的"阎罗妖"拼斗。清朝统治者被宣布为"满妖""鞑妖"，其祖先是白狐赤狗交媾所生。洪秀全、杨秀清等人决定推翻清朝了。

1850 年 4 月 9 日，即咸丰帝正式登基后的整整一个月，萧朝贵扮天兄下凡，传达天意，决定起义。

1850 年 9 月，即咸丰帝下旨将李沅发凌迟处死之时，拜上帝会领导层下令各地会众"团方"，即全数开往金田村一带团集。

1851 年 1 月 11 日，洪秀全、杨秀清等人在金田村宣布起义，组成一支有 2 万人的太平军。

1851 年 3 月 23 日，太平军进至武宣县东乡，洪秀全登基，称太平天王，正号太平天国。

所有这一切，咸丰帝当时一无所知。

从后来揭露出来的情况来看，早在道光后期广西社会已经很不平静了。天地会山堂林立，有着很大的号召力，小规模的抗官起事不断。1849 年，正值广西大荒年，各处暴动，较大规模的就有 10 余起。然在首席军机穆彰阿的授意下，广西巡抚郑祖琛匿情不报，粉饰太平，下级官吏更是贪赃姑息。我在前面提到冯云山曾被捕，罪名是谋反，这在当时罪列"十恶"之首，不仅本人将处极刑，家属都得连坐，即极有可能满门抄斩。可桂平县的县太爷收到一大笔贿款后，竟轻判这位太平天国的重要领袖"押解回籍管束"，致使冯云山重返紫荆山。清廷中枢在蒙骗中对广西的形势未有丝毫的觉察。

1850 年 6 月 15 日，咸丰帝收到郑祖琛等人以 600 里加急送来的捉住李沅发的捷报，而另一份戳穿广西"会匪"大作的奏折也送到咸丰帝案前。对于前者，咸丰帝加郑祖琛太子少傅衔，对于后者，严旨郑祖琛督率文武缉拿，"切勿稍存讳饰"。

可盖子一揭开后，关于广西地方不靖的报告雪片般地飞来。咸丰帝意识到问题的严重性，命令他的爱臣两广总督徐广缙带兵入桂剿办。可广东境内的天地会反叛使徐广缙无法脱身。于是，咸丰帝又想起杜受田等人多次推荐的能臣林则徐，10 月 17 日，授林为钦差大臣，迅赴广西。由于他还不知道洪秀全和拜上帝会，谕旨中只是泛泛地称"荡平群丑"。他对这位名臣抱有极大的期望，先后又颁布 10 道谕旨，并将郑祖琛革职，让林氏署理广西巡抚。

林则徐在此之前曾两次奉旨召京，他都不为所动，以病相辞了。此次于 11 月 1 日奉到谕旨，忠烈臣子的责任感使他不顾病体，于 5 日起程，但 17 天后，即 22 日，行至广东普宁便去世了。咸丰帝闻此，于 12 月 15 日改派前两江总督李星沅为钦差大臣，前漕运总督周天爵署理广西巡抚。李星沅是当时的能臣，但办事不免手软，周天爵是有名的酷吏，为政不免暴烈。咸丰帝一下子派去两人，用意似乎是各取所长，刚柔互济。

李星沅于 1851 年 1 月 3 日赶到广西当时的省城桂林。他的经验和眼力，使他在广西数十股叛乱中，一下子就盯住了桂平金田村的一支。为此，他上奏道：

"浔州府桂平县之金田村贼首韦正、洪秀全等私结尚弟会，擅帖伪号、伪示，招集游匪万余，肆行不法……实为群盗之尤，必先厚集兵力，乃克一鼓作气，聚而歼之。"

看来李星沅还不太清楚太平天国的实情，将拜上帝会误作"尚弟会"，将韦正（即韦昌辉）误作第一号首领。

我在上面引用的这份文件，是据档案的今排印本，而在李星沅的私人文集中，韦正作"韦政"，洪秀全作"洪秀泉"，另在《清实录》中，韦正不变，洪秀全仍作"洪秀泉"。造成这种人名混乱的原因不详，很可能出自后人的改动，但清方没有弄清太平天国的首领是真。

李星沅的这份奏折于阴历正月初五（1851 年 2 月 5 日）送到北京，正恰北方民俗的"破五"。咸丰帝刚刚度过在自己年号下（咸丰元年）的第一个春节，刚刚将自己在上书房中的旧作，交给杜受田编辑加工整理结集，看到李星沅的报告，立即予以批准，并加了一句话，"朕亦不为遥制"。咸丰帝此是第一次听到洪秀全的名字，但似未意识到这位敌手的厉害。

后来的情报似乎越来越乱。

周天爵于1月底到达广西后，也同意金田的一支为首要对手，但在奏折上讲了一句更糊涂的话：

"……其最凶无如大黄江一股，为尚地会之首逆韦元蚧等……"

拜上帝会由"尚弟会"再作"尚地会"，"韦元蚧"可能是韦元玠，那是韦昌辉的父亲。

再过了一个月，情报更乱了。李星沅、周天爵奏称：

"金田大股逆匪连村抗拒……西匪韦正、韦元玠，东匪洪秀全即洪云山，传为逆首……"

1851年4月21日，李、周又奏称：

"访闻金田匪首洪泉即洪秀全，乃传洋夷天竺教者……"

"天竺教"当为"天主教"，比起"尚弟会""尚地会"说来，似为距事实更近，但"洪泉即洪秀全"一语，似乎自己把自己搅乱了。两天后，周天爵又奏：

"现在贼情形势，惟韦正、洪泉、冯云山、杨秀清，胡一洸、曾三秀头目数十百人，而洪泉、冯云山为之最。洪泉，西洋人传天竺教者……洪非其姓，乃排辈也……"

此奏折应当说距真实相当近了。可是，洪秀全的身份，一下子却变成了"西洋人"。咸丰帝至5月10日收到此折，此时距其初派林则徐已经半年多了。清方的统帅如此不明前线的敌情，调度指挥也不能不手脚错乱。

尽管咸丰帝并不了解对手的情况，但对造反者仍展示出毫不手软的决心。前面我已谈到了他的命将，都是当时朝野呼声很高的干臣，这里，再看看他的调兵：

1850年10月12日

调湖南兵2000名入桂

1850年10月22日

批准新任广西提督向荣率亲兵600名入桂

1850年10月28日

调贵州兵2000名入桂

1850年10月31日

调云南兵2000名入桂

1851年2月5日

调贵州兵 1000 名入桂

1851 年 4 月 6 日

调贵州、云南、湖南、安徽兵各 1000 名入桂

1851 年 4 月 25 日

调四川兵 1000 名入桂

1851 年 5 月 6 日

调贵州兵 1000 名入桂

以上共计调兵 13600 名。当然，由于地理的远近等因素（详见第五章），这些援军赶到战场尚须时日。

打仗是世界上最最花钱的事。对于军费的拨出，咸丰帝与他苟俭抠门的老子道光帝相反，毫不心疼。自 1850 年 10 月 12 日由湖南拨银 10 万两、户部再拨银 20 万两为始，至 1851 年 4 月 26 日，已放银超过 160 万两。咸丰帝不待地方官请求，拿出皇室的私房钱，从内务府拨银 100 万转输广西，以求饱腾之效。

据今日史家估计，金田起义时，洪秀全、杨秀清的部众大约两万人，除去妇女老弱，能打仗的男子不过四分之一。再说这些毫无军事经验的农民，也本不应是马步娴熟的官军的对手。这么多的兵将银两堆上去，咸丰帝心想，即使不可一鼓荡平，总可扼制其蔓延之势吧。

谁知情况恰恰相反。

李星沅是个懦弱的人，周天爵根本不把这位钦差大臣放在眼里；新任广西提督向荣自恃镇压李沅发有功，也无视这两位只会耍嘴皮子的文官上司。三个人三条心。花在对付"尚弟会"或"尚地会"叛乱上的心思，似乎少于他们互相之间的钩心斗角。尽管从他们的奏折上看，清军获得了一个又一个的胜仗，可贼越杀越多，局势越来越坏。李星沅一面上奏"广西会匪多如牛毛"，要兵要将要钱；一面也不掩饰内部矛盾，承认自己没有本事，再四要求咸丰帝派出"总统将军"前来。

咸丰帝原来设想的刚柔相济，结果成了窝里斗。

太平军却在此期间越战越强。

清军小胜大败。

到了这个份上，再傻的人也看出来广西的军政班子非做调整不可。咸丰帝也决计换马了。这一次，他派出了一个顶尖人物，文华殿大学士、军机大臣、管理户部事务赛尚阿。

赛尚阿最初的任务是到湖南组织防御，阻止太平军北上。广西的内争使咸丰帝将赛、李对调，派赛尚阿入广西主持攻剿，调李星沅回湖南协调防堵。为了防止再出现将弁内争而不听命的局面，咸丰帝在赛尚阿临行前还举行了一个特别的仪式，授其遏必隆神锋必胜刀，许以军前便宜行事，将弁违命退缩可用此刀斩之。此刀象征着王命。

　　1851年7月2日，赛尚阿抵达广西壮族自治区桂林，前任钦差大臣李星沅在几个月的焦灼中病死，傲慢无人的周天爵亦奉旨回京。然而，赛尚阿手下强将如云，咸丰帝又在兵、饷上尽力满足。朝野上下，都认为此次大功必成。咸丰帝得知赛尚阿抵达广西，那颗紧揪了几个月的心顿感轻松，立即发去了黄马褂、大荷包、小荷包等御赏物品，颁旨："迅扫妖氛！"

　　只是后人们在多少年后才发现了一条材料：赛尚阿临行前就不那么自信，在与同僚武英殿大学士卓秉恬相辞时，居然对之落泪。

　　洪秀全、杨秀清自金田起义后，入武宣，转象州，折回桂平，根本不在乎清军的围追堵截。他们似乎也听说了赛尚阿的到来，知道清军将大兵压境，萧朝贵于是扮天兄下凡，大战妖魔三场，宣布了天意，那姓尚的大妖头被杀绝了，尚妖头之首级及心胆俱皆取开了。天兄旨意即刻遍传于全军：要大家宽心、放心。7月2日，就在赛尚阿到达桂林的那天，洪、杨动员全军讲击，果然数败"清妖"。9月25日，太平军攻占了广西东部的永安州城（今蒙山县城），这是他们夺取的第一个城市。

　　太平军占领永安后，开始其一系列的军政建设：

　　——天王洪秀全封杨秀清为东王（九千岁）、萧朝贵为西王（八千岁）、冯云山为南王（七千岁）、韦昌辉为北王（六千岁）、石达开为翼王（五千岁）。所封各王均受东王节制。由此，杨秀清以东王、正军师执掌太平天国的实权，洪秀全有如精神领袖。

　　——废除清王朝的正朔，颁布天历，于壬子二年（即咸丰二年、1852年）实行。

　　——颁刻《太平礼制》《太平条规》《太平军目》，并重颁了《天条书》，规定了等级制度、军纪军规、部队编制。

　　——严别男行女行。自金田起义后，太平军即拆开家庭，按性别、年龄编伍。此次重申后，更规范化、制度化。

　　然而，最能打动人心的消息却是日后"小天堂"的封赏。洪秀全颁布诏书：

　　"上到小天堂，凡一概同打江山功勋等臣，大则封丞相、检点、指挥、将军、侍卫，至小也军帅职，累代世袭，龙袍角带在天朝"。

　　这种打天下、坐天下的江湖做派，最适应下层民众之心。按照《太平军目》，就是最小的"军帅",也是统辖万人的赫赫将领。为了功赏罪罚严明,洪秀全还下令,每次杀妖后,记录每一个人的功过,逐级上报,"俟到小天堂,以定官职高低,小功有小赏,大功有大封"。

永安城外的清军,密密麻麻。"尚妖头"带来的"妖兵",由两万升至4万。英勇的太平军将士毫不畏惧。有天父天兄保佑,有天王德福赏赉,他们视死如归,即使升天,也"职同总制世袭"。赛尚阿迷惑不解地向咸丰帝报告:

"(太平军)一经入会从逆,辄皆憨不畏死。所有军前临阵生擒及地方拿获奸细,加以刑拷,毫不知惊惧及哀求免死情状,奉其天父天兄邪谬之说,至死不移。睹此顽愚受惑情况,使人莫可其哀矜,尤堪长虑。"

这是一种来自内心的宗教信仰的力量。

然而,皇上帝的信仰,只能鼓足勇气,兵战的胜负又往往取决于指挥员的高下。杨秀清,这位年仅27岁未曾读书据说不识字的农民儿子,在实战中显示出高于清方将帅的非凡军事才能。他在这一时期制定的《行军总要》,被后人视作中国近代优秀兵书之一。

赛尚阿出京的日期随着星辰移转而在咸丰帝心中模糊,可赐刀壮行的威严场面仍历历在目。他身在北京,心念广西,每天详细阅读前方的军报,每次均予以详细的指示。他已将自己的主要精力,转移到对付这支巨匪之上。虽然前方的军情不太妙,但他相信一定会好转。为此,他还做了两首诗,题为《盼信》,随谕旨一同寄给前线的赛尚阿,激励臣子们激发天良:

> 狼奔豕突万山中,负险紫荆必自穷。
>
> 峡界双峰抗难破,兵分五路锐齐攻。
>
> 壮哉乌向谋兼勇,嘉尔赛邹才济忠。
>
> 权有攸归师可克,扬威边徼重元戎。
>
> 罗刿吾民堪浩叹,冥顽梗化罪难宽。
>
> 因除巨憝武非黩,迥思庸臣心可寒。
>
> 默吁苍天事机顺,速望黔庶室家完。
>
> 未能继志空挥泪,七字增惭敢慰安。

诗后,咸丰帝还附有一篇非常动感情的朱谕。为了集中力量保重点,咸丰帝派兵增将拨银,前方将帅要什么就给什么,光银子就给了1000万两;可他要的东西——获胜擒首班师的捷报,赛尚阿却没有送来。尽是那些言辞含混、初看似为胜利、细思则是失败的报告，咸丰帝一次又一次的扫兴失望。

为了弄清敌情，咸丰帝不惜放下架子垂询：

"据单开获犯供词，有太平王坐轿进城（指永安城），大头人俱往城内之语。究竟系何头目？是否即系韦正？"

而赛尚阿对此的答复，仍使他不得要领：

"准金田逆匪自称太平天国，确有历次所获犯供及伪示、伪印可凭。其匪首确系称太平王，唯其伪太平王究系韦正，抑系洪秀全，供词往往不一。臣等各处密发侦探，适有报称匪洪秀全以下八人，称二哥至九哥，其大哥即贼所妄称上帝，又曰天父者。……缘此会匪本由洪秀全、冯云山煽惑，韦正倾家起衅，始推韦正为首，后仍推洪秀全为首。而洪秀全又一姓朱，则向有此说，乃其诡称前朝后裔，洪字即混洪武字样……"

赛尚阿还称，这些传闻之词，他也难以确认，以致未及时上奏。为了激励将帅用命，咸丰帝还于1852年2月6日下了一道严旨发给永安前线：

"以后如不能迅速攻剿，徒延时日，朕惟赛尚阿是问！

若或防堵不周，致贼匪溃窜，再扰他处……朕惟乌兰泰、向荣是问！其能当此重咎耶？"

这是一道不留余地的死命令。两天后，他又提醒赛尚阿，别忘了那把遏必隆刀，遇有临阵退缩或守御不严者，"立正典刑，以肃军纪"！

永安城的围攻战，持续了半年。在赛尚阿的统率下，向荣、乌兰泰两路夹击，大小数十仗。到了4月5日，眼看大功告成，永安即将得手，洪秀全、杨秀清又率军间道突围，直奔省城桂林了。

如此损兵折将，只赚得一座空城，赛尚阿自知罪孽重大。为了对付主子的圣怒，他将一名太平军俘虏，捏称为太平天国的天德王洪大泉。在奏折中大肆渲染此人是洪秀全兄弟，同称万岁，所有谋划皆由其主掌，洪秀全只享其成。这一名"首要逆犯"被赛尚阿一路秘密押解，"献俘"北京。

"洪大全"于1852年6月押至北京，咸丰帝似

遏必隆

乎已觉察出此人非"首逆"，但为了自鼓士气，仍下令凌迟处死。

不能说咸丰帝一无所获，他此时总算弄清了对手的实情。"洪大泉"的供单，明确开列了洪、杨、萧、冯等人的地位称号。可咸丰帝读到这份情报时，为1852年5月9日，距金田起义已经848天了。

洪秀全、杨秀清决计突围永安，确实因兵事陷于危局。但当他们一旦出了这座小小的山城，反倒是蛟龙入海，造就出更大的形势。

永安突围有如一座里程碑。在此之前，洪、杨取战略防御之策；在此之后，他们开始了战略进攻。

1852年4月17日起，太平军攻广西壮族自治区桂林，作战33天，接仗24次，虽未破城，但也把广西的军政大员吓个半死。

1852年5月19日，太平军撤桂林围北上，克全州，于6月9日打出广西，进军湖南。

1852年6月12日，太平军兵不血刃地占领道州（今道县），休整月余，遂东进、北上，一路攻城略地，9月11日起进攻湖南省城长沙。

长沙的战事胶着持续了两个多月，杨秀清以久攻坚城非计，于11月底撤兵，北占岳州（今岳阳），随后水陆开进湖北。

1853年1月12日，太平军攻入武昌。这是他们攻占的第一座省城。天国的将士们在这座历史名城中度过了天历的新年。2月9日，洪、杨放弃武昌，率军沿长江而下，目标是他们的"小天堂"——南京。

在此10个月的征战中，太平军的人数急剧扩大。受尽压迫却生计无出的下层民众，山洪暴发般地涌入其行列。杨秀清以他的组织天才，几乎在一夜之间便将涣散的民众部勒成伍。在道州得挖矿工人而建土营，至岳州得船艘而编水军。总兵力在湘南即达5万，入湖北已近10万，而离开武昌时，已成为旌旗蔽日，征帆满江的50万大军（包括妇女老弱），对外号称"天兵"百万。

已经没有什么力量可以阻挡他们了。人间的"小天堂"召唤出他们近乎无穷的创造力。

迅猛发展的造反浪势，使京师龙廷中的咸丰帝坐卧不安。他一直在发怒生气，一直埋怨前方将帅不肯用命。可他并没有新的招术，其频频出手的王牌，仍是罢官、换马。

位于人臣之端的钦差大臣、大学士、军机大臣赛尚阿，先是被咸丰帝降4级留任，命其赶至湖南主持攻剿。但赛尚阿的军务越办越糟，于是，咸丰帝便调派其最为赏识的、刚刚镇压广东天地会颇有成效而晋太子太傅的两广总督一等子爵徐广缙入湖南，接任钦差大臣，并署理湖广总督，将赛尚阿革职拿问送京审决。

徐广缙又是个银样蜡枪头，受命后一直在磨延时日，不能组织起大规模的军事行动。湖北战场的失败，又使咸丰帝再次拿徐广缙开刀，革职逮问送京审判。

两湖战场的一败涂地，使咸丰帝的目光不再注视那些位尊名高的重臣，开始寻找那些有实战经验和统兵能力的战将。向荣，这位自参与镇压太平军起曾 6 次被他惩黜，差一点发配新疆的署理湖北提督，于 1853 年 2 月 3 日被破格提拔为钦差大臣，"专办军务，所有军营文武统归节制"，成为两湖地区的最高军政长官。而他先前一向痛恨的在鸦片战争中对"夷"软弱、1852 年 6 月藉故发配吉林的前陕甘总督琦善，因办事干练，也于是年底召回，以三品顶戴署理河南巡抚，1853 年 1 月 12 日授钦差大臣，带兵南下防堵太平军。至于官声一直不错的两江总督陆建瀛，也于 1853 年 1 月 12 日授钦差大臣，带兵西进防堵太平军。

三位钦差大臣，分布在三个方向。咸丰帝的如意算盘是，三路合击，消灭太平军于湖北战场，至少也不能让其四处流窜。

向荣出身于行伍，征战 40 年，又与太平军交手 3 年，深知对手的厉害：若发动大规模的军事进攻必自取其败。于是，他采取的作战方针是等距离追击。既不要突得太前，惹急了对手，也不要靠得太后，以能应付主子。他打的是滑头仗。

由于太平军并没有北上，且琦善手中的兵力也不足，于是，琦善的"战法"是在江北随太平军的东进攻势平行向东移动监视。这自然也无仗可打，有如远距离间隔的护送。

这下子可苦着了陆建瀛。

钦差大臣陆建瀛奉旨后率 5000 兵马西上，于 1853 年 2 月 9 日到达江西九江，随后遣兵 3000 名前出，扼守鄂赣交界广济县境内的老鼠峡，自将 2000 兵扎营于龙坪。这么一点兵力，又何挡于雷霆之力。

1853 年 2 月 15 日，太平军进抵老鼠峡，一夜尽覆陆建瀛前遣之军。躲在 30 里后的陆钦差闻败，急乘小船逃九江，又逃当时的安徽省城安庆。安徽巡抚苦求其留守此地，他仍不顾而去，只身逃归南京。

陆建瀛的逃跑开创了一大恶例，长江沿岸的清军纷纷效法，闻风即溃。东进的太平军一帆千里，如入无人之境，轻取九江、安庆、铜陵、芜湖。南京已成了风前之烛。

陆建瀛逃到南京后，同城的江宁将军祥厚力劝其再赴上游督战。可陆氏已经吓破了胆，自闭在总督衙署内堂中三日不见客。原来奉旨赶至南京协防的江苏巡抚杨文定，见势不妙，不顾同僚垂泪哀求，也出城逃命，理由是防守南京后方的镇江！

陆建瀛的做法使咸丰帝暴跳如雷。他于1853年3月6日收到江宁将军祥厚弹劾陆、杨的奏折，立即下旨将陆建瀛革职逮问送刑部大堂治罪，授江宁将军祥厚为钦差大臣署理两江总督，组织南京城的防御。几天后，仍觉心气难平，又下旨抄没陆建瀛的全部家产，并将其子刑部员外郎陆钟汉革职。

然而，这一份威严无比的谕旨却无人接收，无人执行了。

1853年3月8日，太平军前锋进薄南京，19日攻入城内，20日尽荡城内之敌。已被革职尚未拿问的前任钦差大臣陆建瀛、已经授职尚未奉旨的继任钦差大臣祥厚，统统死于太平军的刀下。在天国的军威之下，懦却的与胆壮的无分别地魂归一途。

当石头城易帜巨变的报告传到北京时，咸丰帝流泪了，当着众臣的面⋯⋯

1853年3月28日，太平天王洪秀全在万军簇拥下进入南京城，仪卫甚威，路人跪迎。南京被定为太平天国的首都，改名天京。中国出现了南北对立的两个都城。

紫金山下玄武湖畔号为虎踞龙盘的名城，曾为六朝故都。明太祖朱洪武元璋在此开基立国，明成祖朱棣迁都北京后，仍以此为陪都。清代以北京为首都，以盛京（今沈阳）为陪都，改南京为江宁。当时的文人墨客又多用古名金陵。但南京这个名词，一直没有在老百姓的口中消失。去掉一个名称容易，抹去一片记忆颇难。这个在当时南中国最大的城市，为清代管辖苏皖赣三省、兼理漕河盐三务的两江总督的驻所，是中国最重要的政治、经济中心之一。

杨秀清由此看中此地，太平天国由此号其为"小天堂"。尽管今日历史学家，对太平天国定都南京的得失众说纷纭，但它在当时许多人心目中具有帝王气象。

定都伴随着封爵加官。广西而来的"老兄弟"成了管理城市的主人。王朝的典仪建立了，天国的规制大定了。天王洪秀全兴奋地颁布诏书：

"地转实为新地兆，天旋永立新天朝"。

"一统江山图已到，胞们宽草任逍遥"。

这道在今日文士眼中不够雅致的七律格式的诏书，看来系洪本人的手笔。东王杨秀清也颁下诰谕：

"⋯⋯兹建王业，切诰苍生，速宜敬拜上帝，毁除邪神，以奖天衷，以受天福，士农工商，各力其业。自谕之后，尔等务宜安居桑梓，乐守常业，圣兵不犯秋毫，群黎

毋容震慑，当旅市之不惊，念其苏之有望。为此特行诰谕，安尔善良，布告天下，咸晓万方……，

为这位不识字的"真天命太平天国禾乃师赎病主左辅正军师东王"杨秀清撰此诰谕的书手，今已无从考其姓名，但文笔颇为古朴。洪秀全的诏书也罢，杨秀清的诰谕也罢，说的都是一个意思，即新朝已建，王业已立，"妖胡"行将扑灭。

位于今南京市汉府街的两江总督衙署，此时被改为天王府。许多年后，它又成了继洪秀全反清革命的孙中山、号实行国民革命的蒋介石的总统府。此为后话。但从1853年3月直至咸丰帝病死，太平天国的天王洪秀全在此牢牢地坐在他的王位上。

正当洪、杨据南京为都时，北京的咸丰帝也陷于苦思：登极以来，日夜操劳，为的就是求天下平治，可为何局势却坏到这般田地？

面对着一次次的失败，咸丰帝似乎也承认自己用人不当。林则徐出师未捷身先死，丧失了两个月的时机；李星沅名高却不足以当大任，但操劳过度死于疆场还算是尽忠了；赛尚阿在召对时颇有对策，谁知一至前线反束手无策；徐广缙在反英人入城、平广东"会匪"时表现上乘，谁知到头来竟敢欺朕；陆建瀛负恩昧良，厥罪尤重，本死有余辜，但此时毕竟战死了，总不能再加罪死人，于是还得开恩按总督例治丧；眼下一个向荣，已进至南京东的孝陵卫，扎下江南大营，一个琦善，亦赶至扬州，扎下江北大营，可天晓得他们能否不辱君命，击灭这股不肯剃头的"发逆"。

想来想去，除了用人不当外，咸丰帝也实在看不出来自己的举措又有何失当。对于布兵攻剿的方略，已详尽到何处设防何处进兵；对于逆匪处置的指示，也已具体到如何收买如何反间。总不能让朕亲赴前敌，事事办理妥当吧！前方传来的军报，从来都不过夜，当日便予以处置；前方将帅要兵，便调动18行省精兵10万，就连关外龙兴之地的部队都动用了，更何况各地又大量雇勇；前方粮台要饷，便倾出家底搜罗近3000万两，户部的银库空了，各地的储备尽了，就连内务府的开支也十分紧张。还有那些没良心的地方官，嫌户部指拨的银两到达太慢，居然点着名要拨内务府银两150万，朕也忍了，未加究治。只有臣子以天下养朕，哪有臣子敢掏皇帝的私房腰包。至于用兵之道，古训煌煌：在于赏罚严明。军兴三载，各地督抚换了个遍，桂、湘、鄂、赣诸省的军政官员换了一茬又一茬，被革发遣的不力将弁何至数十员。就说向荣，6次惩黜，稍有微劳，即予开复。朕不惜于典刑，不苟于赏赉，可是这批臣子也太没有天良了！由此越想越气，将革职拿问的赛尚阿、徐广缙统统定为斩监候，并把赛尚阿的家产抄了，其4个儿子统统罢官！

可在眼下,不用这批人又用谁呢?恩师杜受田撒手仙逝,满朝的文武,谁又能帮朕出出主意,挽汪澜于既倒!

咸丰帝的这番反思是永远找不到出路的。社会动乱的根源之一,在于乾隆末年起半个多世纪的政治腐败。文官爱钱,武官惜命。拼命做官,无心做事。见利竭力钻营,见难弥缝逃避。绝大多数的官员已经不能在政治目标上与朝廷中枢保持一致。在李星沅、周天爵先后劳累病死之后,在广州副都统乌兰泰、湖北巡抚常大淳、安徽巡抚蒋文庆以及前面提到的陆建瀛、祥厚兵败自杀或被杀之后,在赛尚阿、徐广缙判处死刑缓期执行之后,当官已成了危途。捞不到钱,却要送命,做官还有什么意思?湖北巡抚龚裕,见太平军盛,居然自行上奏,诡称其患病且不知兵,请求开缺!在升官不能打动心思、罢官反觉释然的时候,咸丰帝又用何来鞭策、激励臣子们的效忠呢?

在万般无奈之际,咸丰帝多次地想到天意,难道上天偏向于“天国”而不再倾斜自己?从1850年冬至1853年春,他曾9次亲承大祀,每次都祈求上天祖宗的保佑。他甚至下令地方官将洪秀全、杨秀清、冯云山、韦昌辉等人三代祖坟彻底掘毁,并明确指示将坟后“坐山后脉概行凿断”,以坏其风水。在军事不利的危急关头,他还两次下了《罪己诏》,一次在1852年5月17日,另一次在1853年2月15日,求上天宽宥,民众原谅,臣子尽心用命。可局势没有丝毫的好转,反是更坏。《罪己诏》本是皇帝的最后一招,此招出手无效,难道真是天命终绝?上天哪,祖宗哪,你们既然择我为天子,选我继帝位,为何不给我指明一条能走的道?

勤政的咸丰帝,此时愁肠百转,渐渐地倦怠于政务了⋯⋯

重用汉臣

(一) 重用曾国藩

曾国藩出场了。

曾国藩在近代中国是一个非常人物。誉之者说他是理学大师、大儒,是一代名臣;毁之者说是卖国贼、刽子手。正如章太炎说:誉之则为圣相,谳之则为元凶。

他也是一个非常有争议的人物。

但对付太平天国，他的确是两者兼而有之，是能臣也是刽子手。

曾国藩是进士出身的。因为有学问，又能依附穆彰阿、倭仁等当朝权臣和理学权威的门下，使他春风得意、机遇迭生，从1840年（道光二十年）的一个从七品的翰林院检讨，不到十年连升十二级为正二品侍郎了。他在大清王朝六部中先后出任礼部、兵部、工部、刑部和吏部的侍郎，人称"侍郎专家"。由此他于政府职能和官场升浮都是非常熟悉的。

原来曾国藩初登宦途时，曾有几年一直停步在翰林院检讨的座次。有年大考翰詹，从翰林院选拔人才，穆彰阿任总考官，交卷后，他向曾国藩面索应试诗赋，曾国藩立即赶回住处仔细誊清，又是亲自送往穆府。穆彰阿见曾国藩如此恭敬，心中大喜。两人的师生之谊深化了。从此之后，曾国藩因穆彰阿美言，几乎年年升迁，就在1847年，三十七岁那年，升授内阁学士兼礼部侍郎衔。

曾国藩的官运亨通，穆彰阿是帮了大忙的。

有一个说法是：有天，曾国藩忽然接到次日进宫召见的谕旨，当晚先在穆彰阿府中安歇。第二天应召到了皇宫某殿，却发现该处并非往日等候召见之地，结果等了很久，却无召见之事，只好悻悻回到穆府，准备翌日再去应召。晚上，曾国藩谈及此事时，穆彰阿问道："你有否见到壁上所悬的字幅吗？"曾国藩无以回答。穆彰阿为他懊悔，连声说道："坐失良机，坐失良机，可惜！可惜。"他反复思想了很久，就唤心腹家丁过来，偷偷地关照："你拿四百两银子去找内监某某，请他速去某殿，就是点着蜡烛也要将壁上所写的字幅抄录下来，这四百两就是给他的劳务费。"第二天清晨，曾国藩觐见皇帝，皇帝所问及的就都是壁间所悬挂的先代皇帝语录。曾国藩对答如流，奏对得体。皇帝极为高兴，对穆彰阿说："你曾经说过曾国藩此人遇事留心，诚然。"

所以做官升官是要抱好大腿。曾国藩总算找准了门路。

当然，曾国藩更是有才学。十年京官，他交结了不少朋友，人以群分，这些人也多是有才学的，如邵懿辰、郭嵩焘、何桂珍。他们讲究实际，经常商及国家政治大计、经济得失，有时还联系实际进行考察，如曾国藩在工部侍郎任上，就研究舆地学，对各地地理设置非常注意。

曾国藩以读书为本，居官操守廉洁，生活俭朴，为此并以"求缺于他事，而求全于堂上"为勉，自书自居为"求阙斋"。

鉴于长期的与各界人士交往，使曾国藩具备有善于识人、知人善任之才干。

有如江苏忠源不拘小节，"任侠自喜，不事绳检"。曾国藩和他作了几次闲谈，认为他颇有才干，说"是人必立功名于天下，然当以节义死"。塔齐布是绿营游击，曾国藩发现他每次训练士卒，必自执旗指挥，虽然暴风骤雨，亦如同平时，就认为他出类拔萃，大加信用。此外如湘军名将鲍超、杨载福出身行伍，彭玉麟是一个穷秀才，曾国藩在他们穷途潦倒时，就发现他们都是将才，加以提拔、选任。相传，李鸿章组建淮军时，带着刘铭传、潘鼎新等四个部属去叩见曾国藩。曾国藩躲在屏风后观察，故意迟迟不见，等了多时，他人只得耐心，而刘铭传就不耐烦了，即离开座位走来走去，大骂山门。曾国藩看在眼中，后来他对李鸿章说：四个都是将才，而此人（刘铭传）更是帅才，切不可等闲视之。后果应验。

曾国藩确有他的人才鉴定，讲实学，多以诚朴为准，比如他所定的湘军带兵之人，须具备所谓的四条标准：（一）才堪治民；（二）不怕死；（三）不急名利；（四）耐辛苦。所以湘军统兵的营官，多数是读儒书的知识分子和绿营偏裨。他们是湘军的骨干。

因而在他任两江总督期间，幕府人才之盛，湘军将帅之精，据统计后来得以成名的就有182人，其中做到一二品官的，即总督有十四人，巡抚十三人，提督、总兵各有二十人。

这是一个集人才的群体，因而湘军前期在与太平军作战时虽然是屡战屡败，却能屡败屡战，败而仍能凝聚不散。

1852年7月，太平天国进军湖南时，曾国藩被派为江西正考官出京，中途得悉母丧回到湘乡老家。翌年初，咸丰皇帝因武昌失陷，采纳周天爵意见，命湖南和山东、江苏等九省在籍官绅、曾任二三品文武官举办团练。曾国藩是最早从湖南巡抚张亮基处接到谕旨的，开始他推卸，但经好友郭嵩焘和兄弟曾国荃等劝说，终于应邀到长沙筹办团练。

曾国藩到了长沙，就提出要设一大团，把周边各县农民，择其壮健而又头脑单纯的招募来省城编队训练；他还成立了所谓的"审案局"，拿到造反农民，即使有造反嫌疑的，也不作审讯，就借巡抚令旗，重则斩首，轻则亦立毙杖下。他主张对付任何造反的民众，只有用杀才能干净利落。所谓是官府杀人不必拘守常例，乡绅捕人不必一一报官，无限制地扩大杀人权限。其中多遍及无辜。据说曾国藩办团的第一天，带领团丁外巡到某村，见有买桃人和卖桃人争吵，问讯原因，买桃人说，我已付了钱，他说没有付。卖桃人说，他没有付钱，想赖我桃子。经审明后，乃是卖桃人说谎。曾国藩命团丁将他捆缚立即杀头。

非杀何以立威，曾国藩就奉行了这样的信条，也为其他官衙和团练做出榜样。

杀人如草不闻声。因而他被称为"曾剃头""曾屠胡子",意思是杀人如剃头发、剃胡子。

曾国藩的作为,咸丰皇帝却极为赞赏,说是"办理土匪,必须从严,务期根株净尽"。

曾国藩的两重性人格,诚朴和残忍兼而有之,王道和霸道交替使用,他的手段高明、认识睿远,这是太平天国远远不能及的。洪秀全、杨秀清等人从此遇到了最强大的对手。

(二) 组建湘军

曾国藩久历官场,明察时弊。

当时像他那样有经历有识见的高级官员是不多的。

他深知大清王朝的军事支柱绿营已经腐败,所谓是将与将不和,卒与卒不习,胜则相忌,败不相救,各怀携贰,离心离德,因而在与太平天国作战两年有余,所消耗军饷不可说不多,调集将士不可不众,而往往未战先遁,从后尾追,而从来没有与之拦头一战的。所以他要建立一支新的武装部队。

它就是后来人称的"湘军"。

曾国藩的湘军,纯属私人军队性质。湘军只听命于曾国藩。他亲自选拔、擢用与己有关的血缘、亲缘、乡缘和业缘等关系的亲戚故旧、同乡好友、师生门徒出任各军统领、营官。如罗泽南、胡林翼、左宗棠是学友;彭玉麟、李鸿章是门生;湘军高级将领,仅鲍超是四川奉节人。鲍超出身行伍,因在重围中拼死救出胡林翼,由此受到青睐。他所率领的霆军,也被曾国藩视为湘军正宗部队。

湘军基层也很讲究地域观念。曾氏兄弟的直属部队,尤讲究籍贯。曾国荃的吉字中营,不仅是选用湘乡人,且尽用以曾家大院周边十里内的人丁,同乡风俗习惯语言相近,不易隔膜,而更大因素是便于指挥、调拨。曾国藩还规定凡当兵的,都须取具保结,造具府、县、里居、父母、兄弟、妻子、名姓、箕斗清册,各结附册,以便清查,便于控制。所以湘军作战,即使面临困境,也从未出现有临阵叛变的。

曾国藩也很懂得政治宣传传媒的功能。

1854年,湘军出省作战,曾国藩写了《讨粤匪檄》,向太平天国宣战。

《讨粤匪檄》是很有煽动性的。它以"名教""人伦"为名,号召全国地主士绅和其他民众群起为"卫道"而战。说太平天国所过之地贫富都受洗劫,被掳者银钱满五两不献出即斩首，妇女不肯放足者即斩其足；又说太平天国崇洋教，弃孔子，将中国几千年礼义、诗书扫地荡尽，还说太平天国到处破神像，毁庙宇，甚至孔庙学宫、关帝岳王，都要焚毁，所谓"无庙不焚，无像不灭"。以此挑动人们对太平天国的仇视。

太平天国领袖们讲究天父上帝，神化自己，如醉如痴，真是走火入魔，他们企图用自己织编的基督教文化替代中华固有的本土文化，这种愚昧、无知，致使当时的人们，只要稍有些文化常识，也会认为是幼稚得可笑。这就为曾国藩代表的卫道者钻了空子。

《讨粤匪檄》也是湘军的政治总纲。它用维护封建伦常组织湘军，也用它攻击、否定太平天国的制度和政策。

为了战胜太平军，曾国藩也很注意湘军基层士兵的伦理教育，他要士兵知道自己是在卫护封建秩序而战。由此，作为一代大儒的曾国藩，竟为士兵需要，编写了《爱民歌》。在湘军建立水师、陆师后，他在南昌又写了通俗易懂易记的《水师得胜歌》《陆师得胜歌》，要士兵天天背诵，能说能唱，以此宣扬湘军的优势，鼓动他们勇敢作战。

（三）太平军北伐西征

1853年，太平天国在派军北伐同时，又派军西征。

西征的目的是为巩固天京安全，夺取安庆、南昌、庐州（合肥）和武昌等长江上游重镇。

本年5月，由春官正丞相胡以晃、夏官副丞相赖汉英和检点曾天养、林启容、陈宗胜等首批西征军，乘船千艘，溯江而上，先后占领安徽和州、芜湖、安庆等地。当时太平军水师有绝对优势，所谓是往来如飞、飘忽莫须，江面上几乎看不到清军的一舟一筏。

6月，西征军由胡以晃、陈宗胜等留守安庆；赖汉英等万余人继续乘船向江西省会南昌挺进，先后攻占江西彭泽、湖口，横渡鄱阳湖。所到之处，当地民众箪食壶浆，送来钱米，前来犒师，使西征军不须运输，不事野掠，足可保证行进。西征军纪律严明，受到沿途民众拥护，南康府民众还将知府恭安、知县罗云锦捆绑了，押送前来。

6月24日，西征军直扑南昌城下。南昌守兵仅千人，江西巡抚张芾见战火逼近，飞檄请求正在九江、拟赴援安徽庐州的已升任湖北按察使江忠源前来解救。江忠源来不及向北京请示，即率军三昼夜疾走四百里，先于太平军前两天到达南昌，与张芾和办理团练的在籍刑部尚书陈孚恩合力防守，全城兵力有五千人，由江忠源统一指挥。

江忠源进入南昌后，对全城作了严密布防，将自己的军队布防在首当其冲的德胜门和章江门，他白日巡城，夜间宿在谯楼，且为整顿军纪，将怯战缒城逃跑的兵勇格杀不论，还将附城民房尽数焚毁，以至将壮丽的滕王阁也夷为平地了。

西征军抵达南昌城下时，方知江忠源部队已抢先一步，立即组织攻城战斗。江忠源在城头督战，强烈的炮火把他的随从都打死了，仍督军不退。几天后，江忠源还分军出城反扑。西征军多日攻城不下，便下船于德胜门、章江门外立栅筑营，开挖地道，深埋地雷。7月9日，德胜门月城地雷爆发，炸塌城墙六丈余，攻军蜂拥而上，江忠源弟江忠济督军几百奋力堵住缺口，破城未遂。

在此期间，西征军多次深挖地道，但又多次为江忠源指挥守军灌水破坏。

7月底，西征军又用地雷炸毁德胜门、章江门城墙二十丈，仍为江忠源率军堵住缺口。

杨秀清闻悉南昌久围不下，由天京派出第二批西征大军，由国宗石祥桢、韦志俊、石镇仑等率领溯江而上，沿途多有民众参加部队。太平天国后期的名将陈炳文、汪海洋都是在此时分别参军的。

陈炳文当时是芜湖茶馆的一个跑堂，他气力过人，可以用一只手抡起满装二三十斤的开水壶，对准碗口浇茶，远距一二尺，了无一失；汪海洋小名二虎，家贫，浪迹江湖，在安徽定远山中为盗。这时来到和州，与兄弟、同伴投奔太平军，隶国宗石镇吉部。

8月4日，第二批西征军二万余人来到南昌城下，与赖汉英合力攻城，仍未得手。于是西征军分出一军，由曾天养带领在南昌周边地区，攻城掠地，堵截敌援。

曾天养勇敢善战，先后攻占丰城、瑞州（高安）、饶州（波阳）、景德镇等州县，各地会党团体，农民造反队伍纷起响应。曾天养军从占领区获得几万石糟粮和军需物质，大力支持了南昌西征军，还源源不断运往天京。曾天养因为作战神速，由此获得了"飞将军"绰号。同年10月，他在安庆被晋升为秋官又正丞相。

南昌久攻未下，而清方援军陆续到达南昌，再要夺取更是困难了。杨秀清便下令撤围南昌。

9月24日夜，西征军扬帆北去，占领九江，由林启容镇守，石祥桢、韦俊等率军进军湖北，开辟新战场，赖汉英就因主持围攻南昌九十三天师劳无功，耽误了整个西征战略部署，被调回天京，革职，命入删书衙删改六经。

（四）庐州之战

南昌城下，太平军鏖战正急时，石达开已由天京来到安庆，主持安徽战事。

石达开很有战略思想，他认识到安庆地居天京上游，位置极为再要，就努力经营，把城墙加高五尺，周边普筑炮台、望楼，分兵把守，安庆就此成为天京上游第一重镇。

为了巩固安徽地区，石达开还在占领州县推行乡官制度，所谓乡官就是在乡镇也按军队编制，五家为伍，二十五家设一两司马，百家设卒长，以上设旅帅、师帅和军帅，对民众作军事化管理，亦农亦兵，兵农合一。各级乡官直接包办了所属民众的衣食住行，生老病死。太平军每到一地，就设立乡官制度，挨家挨户登记造册，制作门牌，这份门牌对每家的人口、姓氏、性别和户主关系都分别作有详细记录，它其实就是贴在门上的"户口簿"。乡官和门牌，在中国过去是没有的，它正是太平天国农民的创造思维结晶。

一要巩固，二要发展。当西征军由南昌回撤后，分军两路，东路由胡以晃为主帅，向庐州（安徽合肥）进发。

庐州是清王朝在安庆失陷后所设的临时省会。

胡以晃凯歌行进，由集贤关、练潭攻取庐州南面的桐城，击溃侍郎吕贤基所办的团练；胡以晃愤于吕贤基的顽抗，当夜进城时就传令搜杀"吕妖"。传令官一层层地传令下去，"吕妖"竟被误听为"女妖"了。

于是，第二天拂晓，居民还多在睡梦里，很多妇女就被搜获，莫名其妙地惨遭搜捕杀戮，到正午发现差错下令封刀时，无辜妇女已有三千五百多人死于刀下。战争的残酷，倒霉的仍是民众。

太平军乘胜攻打庐州。

新任巡抚江忠源闻讯抱病自六安州星夜赶到庐州。两天后，胡以晃大军才赶到，分兵围攻庐州七门。江忠源亲临城楼督战，晚间也睡在水西门上，他还特制了一面"迅扫妖气"的红底黑边大旗，号令全军，稳定人心。

胡以晃下定决心要攻下庐州，在围城外遍筑木城土垒，向城里发射炮弹。庐州守军主要是江忠源带进城的一千多名湘军和临时招募的乡勇。江忠源向各处求援，各处清军纷纷前来，其中有江南大营的总兵和春和江忠源的兄弟江忠濬。太平军士气旺盛，他们都无法接近庐州城墙。

江忠源严加防守，但庐州知府胡元炜却动摇了。

胡元炜和太平军谈判，打算开门投降。

对于胡元炜的投降，转变立场，有几种说法：一说是因为受到江忠源讥讽；江忠源是听了胡元炜说庐州兵饷已办齐始敢进城的，但却发现并非如此，很不高兴，就假胡元炜身胖，揶揄他说，"你既如此多虑，何以仍长此一身的肉？"也有说江忠源点卯，发现胡所部练勇应有五百，实数却只有一百五十，由此延及；另说是胡元炜捐官的银子，原是太平军给他的，他是因此而献城的。但无论如何，像胡元炜那样的四品知府打出白旗，主动投降，这在太平天国时期是罕有的。

经过三十四天激战，太平军终于夺取了庐州城。

江忠源由亲兵护卫出奔，途中拔剑自杀未成，至金斗门抽隙跳池自杀。

几天后，胡以晃得意扬扬举行了隆重的入城仪式：

开道的是四五十个骑马的军官，一式黄巾黑衫青裤，每人前张黄伞，紧跟的是仪仗队，有杏黄绸蜈蚣旗十对，白心红边，中嵌黑白相间太极图的方旗五对，丈高阔大黄布旗十对，上有胡以晃的官衔，接着是大锣四面，打二十四锤，吹手两班，锣鼓四班，黄绣龙旗一把，在无数刀枪簇拥下，胡以晃乘着八人抬的大红绸绣花玻璃大轿。胡以晃白面有须，戴似财神用的帽式，穿无领大袖红绣花袍，足蹬缎靴。轿后所跟四五十名军官，亦是一式黄巾，着黄马褂红绸裤，每人持蓝绸旗；胡以晃后，是曾天养，也是坐轿，旗帜仪仗。

太平天国的各级官员非常讲究自己的身份，为了要达到让大家都知道他持有的身份显赫、特殊，最引人注目的就是突出表现在日常生活的衣食住行。

庐州民众夹道观看，人们从来没有见过这样的排场，似乎比之大清巡抚、总督出巡也要奢侈、威风得多。当时目击者就记录了这样的场面。

庐州之战，太平军也遭到不小损失，也许是这个原因，石达开从天京、安庆抽调了若干得力干部前来补充，如在安庆巡查民务和带兵的殿右二十指挥李秀成，当时叫李寿成，就是这时派往庐州的。

庐州是兵家必争之地。半年后见于清江南大营和春等军围攻庐州，杨秀清派夏官又正丞相周胜坤和秋官副丞相陈宗胜率军来援。胡以晃因治军不力，又丢掉了庐州西边的六安州，被削去豫王爵，调离庐州，发在石达开麾下听用。

1855年3月，清军和春等部反扑庐州，陈宗胜战死。庐州围急，太平天国几次派出援军，石达开、陈玉成也曾先后前来解围，未能奏效。同年10月，潜伏在城里的士绅打开城门接应，庐州陷落。

（五）靖港之战

1854 年，西征军韦志俊、石祥桢部鏖战武昌城下，久攻不克，就分军向湖南挺进，开辟第二战场。

湖南战场上，他们遇到了强大的对手，即曾国藩新建的湘军水陆师。

进入湖南的西征军的两支主力部队：春官又副丞相林绍璋的前军；国宗石祥桢的后军。

凯歌行进。开始，两军旗开得胜，马到成功。2 月 27 日，林绍璋部占领岳州，西渡洞庭，攻占湘阴，于是溯湘江而下，攻占仅离省城长沙六十里的靖港、新康。长沙城门紧闭，进入一级战备紧急状态。3 月 11 日，西征军攻占长沙城西宁乡，他们的战略是占据长沙周边城镇而后全面围攻长沙。当时曾国藩新编的湘军已北上，因宁乡失陷赶来反扑，西征军失败，北撤。曾国藩派王鑫、塔齐布等追击，取湘阴、岳州。

湘军初战获胜，得意之至，岂料西征军退出岳州后，即调动第二梯队，大举反攻。4 月 4 日，在湘鄂边境的羊楼司与乘胜北上的湘军王鑫军相遇，湘军败溃，王鑫及曾国葆等部均退入岳州城。他军因城空无粮均离城它去，王鑫部独留城中，后果然缺粮而人心混乱，王鑫急缒城逃走。西征军再占岳州。

西征军继续南下。4 月 22 日，再次占领靖港。他们仍采取一个月前的陈规旧例，由石祥桢率水师守靖港，林绍璋率陆师南下，以攻取长沙周边卫星城市孤立长沙。4 月 24 日，林绍璋军在宁乡大破湘军三营，攻占湘潭和株洲渌口，即在湘潭城外修筑防御工事，筑垒自固，并在湘江上游水面麇集几十艘民船建立了木城，阻击援军。

形势大好。长沙已陷入太平军的南北围攻中。

曾国藩调兵遣将，他以塔齐布、王鑫等湘军水陆师主力攻湘潭，自引水师攻靖港作为牵制。

4 月 25 日，塔齐布等部来到湘潭战场。

4 月 26 日，林绍璋部主动出击，失败。

4 月 27 日，湘军水陆并进。西征军水师先败。陆军摆开阵势迎战。此时，统率陆师的参将塔齐布，身先士卒，独自驰马陷阵，湘军将士随之跟着冲锋。太平军与敌多年鏖战，却从未见有敢于短兵相接、作肉搏战的清军，不禁惊愕，后队忽然望见周围山冈出现不少肩挑的行人，心理负担更为沉重，以为湘军大至，就先撤走；前军也退，相互拥挤、践踏，湘军大声呼喊杀敌，山冈上的行人也相呼应，太平军不战而溃，湘军乘势追至城下。

4月28日，西征军水师在湘江水面被焚毁百余艘。

4月29日，西征军陆师又败。林绍璋收队回城时，广西籍老兄弟和两湖籍兄弟因战争失利、互相指责，五十步笑百步，竟引起械斗，自相残杀，死去几百人。

4月30日，西征军水师又在湘江水面被焚毁几百艘船只。

5月1日，林绍璋放弃湘潭，北走。

五天战斗，林绍璋五战五败，据称将士阵亡超过万人。这是太平军自金田起义后最大的一次溃败。也是湘军创建后首次大捷。湘军就此声名远扬，士气振奋，始为朝廷器重，且作为正规军由内线转入外线作战。

湘潭之战，主要是林绍璋不懂得打仗，不会管束将士。当时从双方实力比较，太平军是处于上风，完全有把握打败湘军、攻占长沙的。这一仗如果打得好，刚筹建的湘军很有可能在萌芽时就被拔掉。

这一仗，为曾国藩出山捞到了一笔极大的政治赌注。他由是对林绍璋其人记忆犹新，十年后，他还和被俘的李秀成谈及"林绍璋于咸丰四年在湘潭战败，其人并无本领。"

太平天国自此之后，再也无力进图湖南。

因此后来李秀成总结失败教训，把它列为"天朝十误"之一，说，"误不应发林绍璋去湘潭，此时林绍璋在湘潭全军败尽"。

与此同时，曾国藩所率水师在靖港打了败仗。

原先曾国藩根据情报，以为靖港石祥桢部只有几百将士，而且未做成备，可以一举成功，就带了战船四十号，兵丁八百前往，向靖港驶进，在接近西征军营地时，望楼上哨兵就发现了，守军开炮轰击。这时正好风高浪急，湘军水师逆风行船，速度缓慢，曾国藩求胜心切，派遣勇丁上岸牵纤。石祥桢遣将士杀尽牵纤者，又命两百多只小划子顺风而上，攻击敌船，乘风纵火，火顺风势，风助火威，敌船纷纷起火。湘军陆师闻讯水师失利，会同团丁前来援救，石祥桢引军反击，团丁不战逃命，牵动陆师溃退，争渡浮桥，桥塌，溺死百余人。曾国藩见危急状，亲自仗剑督阵，命令立令旗于岸上："过旗者斩。"但团丁不听，都绕过令旗奔逃。曾国藩自领的湘军水陆师全败，辎重船艘尽毁。他顿足捶胸，羞愤之至，逃到靖港对岸铜官渚投水自尽；投了水被救起来后，又投了水，也有说当时曾国藩先后共投了三次水想自尽。在救回到长沙妙高峰时，他想起兵败之惨，又想寻死，连夜写了遗疏和遗嘱二千言。正在痛苦绝望的时候，忽然从湘潭前线传来塔齐布等大捷的喜讯，方才取消寻死的念头。

太平军靖港之战只是小胜。湘军水师虽败，但由于左宗棠赞画湖南巡抚骆秉章幕，于人力物力不断充实，致使湘军水师重新获得配备，士气振奋。

1854年6月，曾国藩指挥水陆师二万余人北上进攻岳州。

秋官又正丞相曾天养由常德赶回岳州组织反攻。湘潭惨败，元气大丧，太平军水陆都败，曾天养退出岳州，在城陵矶继续阻击湘军北上。

曾天养再次组织水陆军反攻，仍失败。

几天后，曾天养得到湖北援军，第三次组织反攻，却因湘军守备杨载福乘风纵火，又遭失败。

湘军水陆师乘胜前进。此时南风大作，水师船队行驶飞速，直至城陵矶。

曾天养虽屡战屡败，仍豪气不衰，他见湘军骄傲轻敌，先以偏师诱敌，而主力潜伏在旋湖港，敌人中计追击前来，游击沙镇邦领头队，总兵陈辉龙率二队，船大体重，被诱进浅滩搁浅起来，正是进退两难。曾天养就指挥伏船出击，全部、彻底歼灭陈辉龙、沙镇邦所带的水师船只。水师总统、知府褚汝航、同知夏銮闻警来救，也因陷入重围，被一一打死。曾国藩湘军水师开始装备就很精锐，配备有从澳门向葡萄牙购置的大炮，水师将士也是经过挑选，现在仅在一天战斗中就都毙命，曾国藩又是伤心极了。

两天后，曾天养率军三千从城陵矶登岸，打算安寨扎营，忽见南面烟尘大起，原来是破格擢升的新授署湖南提督塔齐布率领的湘军陆师赶到。曾天养来不及布阵调遣兵将，竟然跨上黑马，手执长矛，直冲塔齐布而来；塔齐布来不及遮挡，被一矛刺中坐马，准备抽矛再刺，不料塔齐布亲兵黄明魁急以长矛反刺，曾天养来不及转身，被一矛刺中，跌于马下，惨遭杀害。

曾天养之死是西征太平军一大损失，太平天国从来宣扬人死是"升天"，不能哭，不能做丧事，但对曾天养之死却破例，两湖太平军连续吃素六日，以悼念他。曾国藩也因率湘军出境时吃过曾天养的亏，此后牢记不忘。后来还几次与被俘的李秀成谈及说，"其人是一好手，资格最深。"

（六）争夺武昌

西征军由南昌撤回后，由胡以晃率领的部队攻占了安徽庐州，另支由国宗韦志俊、石祥桢等率领西进湖北。

1853年10月1日，西征军进入湖北，占领长江北岸的武穴（广济），即溯江西上，打响了第二次攻打武汉的炮声。十七岁的左四军正典圣粮、职同监军陈玉成也别领一军，占领了漕河。

这年陈玉成刚由牌尾（童子兵）脱籍，成为正式的牌面。他年过十六，身材不过中人，容貌秀美、潇洒，颇见虎虎生气。据说他两眼下长有黑痣；也有说是小时候患有眼疾，用草艾熏眼夹，以致愈后在眼下留有疤痕，因而乡人谑呼为"四眼狗"。此后，这个诨号也为敌方借用，作为诬骂陈玉成的代名词了。

西征军势如砍竹，年底占领了鄂东重镇黄州（黄冈）。

曾国藩

湖广总督吴文镕是曾国藩坐师，资格颇深，亦很有官场阅历，但毕竟是儒门中人，不会带兵领将，他率领的军队纪律松懈，也无力约束。时值天寒地冻，将士就驻地堵城附近村庄，拆毁民房，掠取燃料，用作兵营生火取暖，民众被迫流离失所、无家可归，怨声载道。也有民众投奔了太平军，或为太平军通风报信，传递清军活动。

吴文镕也在注意黄州太平军动态。

这天，吴文镕获得消息，说是黄州城里的太平军将士正热烈地欢度天历春节，毫无戒备。

吴文镕心中大喜，以为是求胜良机，亲自带领人马连夜启程，向太平军防线发起偷袭，但接连三次，均未成效。堵城滨江临壑，三面都是水，吴文镕在此处连营十三座，本已犯兵家之大忌，加之连日雨雪，将士给养受阻，多有冻馁。韦志俊、石祥桢摸清对方实况后，分军绕至敌军大营后，设伏于林麓冈峦，而吴文镕和大营将佐毫无觉察。几天后，太平军主力出黄州猛扑敌营，伏兵从后侧纵火焚烧，清营前后受囷，全军不战溃散，吴文镕跳入池塘自杀。

西征军乘胜直进，第三次攻战汉口、汉阳，逼近武昌省城。

西征军取得新的胜利后，即采取分兵掠地的战略：韦志俊率领一万人马，围攻武昌；石祥桢、林绍璋率领主力两万余人进略湖南；曾天养率万人转向湖北西部，攻城掠地，扩大战果，陈玉成率几千人扫荡鄂北。此中最为活跃的是曾天养和陈玉成两军。

曾天养是在攻占庐州后调赴湖北战场、增加西征军力量的，他在占领汉口、汉阳后，为削弱、孤立武昌，就引军扫荡湖北各处清军，先后攻占孝感、云梦、安陆、随州、钟祥和荆门等地，他的主攻目标是荆州（江陵）。因受敌阻挡未成，旋又转赴上游，攻占宜昌、宜都和枝江各地，两月之间，连下十余府县、沿途所至之地，尽焚毁府衙、学宫和佛庙道观。尽管太平天国领袖和广大将士熟悉《三国演义》故事，洪秀全、杨秀清还常以关羽、张飞和赵云的英勇作为激励将士的最佳模式，但他们对明清以来各府县以至乡镇都置有的关帝庙，仍属必毁无疑。它并不全是出自对神佛的鄙视和否定，更主要这是太平天国的国策，是为大树特树上帝和其一家为唯一真神，即天王东王等所谓上帝诸子的绝对权威。

6月，曾天养军在两次进攻荆州（江陵）未成，引军南下入湖南岳州境，不久，曾天养战死。

另一支是陈玉成军，他们在与曾天养合军破云梦后，分手北上占应城。

5月初，林绍璋军在湘潭惨败。韦志俊军却屯扎武昌周边的金口、白湖镇等地，采取断敌接济、围而不攻的战略。6月，太平军扫除武昌外围清军，韦志俊得各处援军会合，从梁子湖西攻，攻破清军洪山营垒，逼近武昌城根。

6月26日，太平军水师从汉口出发攻武昌城西，吸引守城军；而由陈玉成率五百将士，从梁子湖转武昌城东，缒城而上，遍插黄旗，守军惊散。

太平军占领全城。

这是太平天国第二次攻占武昌省城。

捷报传到天京，对西征将士论功行赏。这时已是殿左十八指挥的陈玉成，又被提升为殿右三十检点。检点是仅次于六官丞相的高级官员，按编制仅设三十六员。一年后，冬官正丞相罗大纲在九江战死，陈玉成即受补罗的官缺。他在前期就是领兵大员了，因而后来遂成为一方诸侯，被定位在领导核心圈，良以有也。

在湖北战场，陈玉成发挥了自己的卓越才干和勇敢精神。

养兵千日，用在一朝，在无日不战的太平天国战场，陈玉成非常注重将士的平素训练。他的部队是太平天国最有战斗力的。相传他很能用兵，行军神速，出奇制胜；面遇强大、人数众多的敌军，经常采取以小部队牵制、吸引对方，或断敌后路或断其粮道，争取战争的主动权，使敌人难以应付，陷于被动格局，然后突然集中优势兵力将它歼灭。因此当他驰骋江淮大平原时，当地就传遍了"三十检点回马枪"的故事了。

陈玉成也注重读书，比较尊重读书人，在军中也读了些书，可能也不仅是那些为天王东王制作宣扬上帝政治的本本，还有其他。人们说他"吐属风雅，熟读历代兵史，侃侃而谈，旁若无人"。可见他有些知识。这在太平天国将帅中也是凤毛麟角的。他和李秀成有一定文化，能直接理解天京诏旨，自己也会写信和露布，这或也是被洪秀全器重的另个原因吧！

1854年10月，武昌又为湘军主力攻陷。湘军依仗强大的水师先将长江汉水江面由民船改装的太平军水师歼灭，完全控制了长江水面，守将石凤魁、黄再兴匆忙撤退。

（七）湘军失利

湘军攻陷武汉三镇后，清王朝赏了曾国藩一个兵部持郎衔，办理军务。曾国藩踌躇满志，与新任湖广总督杨霈商议水陆三路东进路线。

东进的第一目标是田家镇。

田家镇在湖北境内长江北岸，它和南岸的半壁山对峙，是湘军夺取九江必争之地。

太平天国燕王秦日纲奉命主持田家镇防务。

秦日纲在北岸蕲州和田家镇之间，沿岸遍筑土城；在田家镇和半壁山之间江面，横江系大铁索三道，篾缆七道，江面上布置五座大木筏，筏上密架枪炮。铁索、篾缆、木筏和土城，星罗棋布，布置严密，自以为万无一失。其实这种原始的单纯防御，是处处被动，处处挨打。他们想不出很好的战略战术，只能从《三国演义》抄袭，即模仿三国后期吴人防晋将王濬水军溯长江东下的办法。

果然如此，太平军水陆师均败。湘军水师用烘炉大斧砍断拦江铁索和竹缆，学的也是当年王濬的一套，正好十一月东南风大作，风助火威，木筏尽成飞灰，太平军水师船只四千多艘也都被焚烧，百里内外，火光烛天。湘军的强大攻势，致使太平军放弃了田家镇等，战场被迫转移到了九江。

西征战场危急。翼王石达开率军自安庆赶来湖口，主持九江战事。已革豫王胡以晃由庐州、冬官正丞相罗大纲由饶州（波阳）分别带领人马前来助阵。转战江北蕲州、黄梅等处的检点陈玉成也引军进入九江，强化九江城防。

湘军水师歼灭了剩存的太平军全部水师后，完全控制了江面，从北面威胁九江。湘军陆师主力塔齐布、罗泽南等也来到力江城下。

曾国藩也乘船来到九江长江江面。

湘军气焰嚣张。水师在肃清九江、小池口间的太平军船排，全军分泊于鄱阳湖口内及口外的梅家洲、八里江，陆师在攻陷小池口后，移营九江南门外，分军为四，围攻九江四门。

石达开以逸待劳，严密扼守。他以原湖口守军黄文金熟悉地形，命他南攻吴城等地，以罗大纲军守西岸梅家洲，自守东岸湖口县城。分别严密扼守鄱阳湖；于营外广布木桩竹签十余丈，掘壕数道，内埋地雷，上用巨木横斜搭架，钉铁蒺藜于上面，可谓是防务严密，固若金汤。太平军且以守为攻，不时出击、骚扰敌人，每天深夜还以火球火箭开导，顿时金鼓齐鸣，摆出一副像煞要出营作战的姿势。湘军水陆师只得戒备待发，枕戈达旦，难以安眠，弄得疲惫不堪，但当几次到营边挑战，却因为守军坚拒不出，未得收效。

石达开也是运用了《三国演义》诸葛亮在定军山，命赵云带兵五百，每夜锣鼓惊扰曹营的故事。

七天后，即1855年1月29日，湘军水陆师大举进攻梅家洲罗大纲军阵地。石达开根据湘军水师求胜心切的骄躁心理，故意把扼守鄱阳湖口的部队撤往梅家洲，湘军水师见有机可乘，就由都司萧捷三等领兵二千、轻舟一百二十余号冲进湖内。石达开在它们驶进后，即重新调兵遣将封锁湖口，断其归路。强大的湘军水师遂被斩割为湖内湖外两支，实力大为减弱。

当晚，月黑风高，石达开会同罗大纲，以轻舟偷袭停泊在湖口的湘军水师李孟群、彭玉麟等，焚烧大船九号，小船三十余号，获得胜利。李孟群等侥幸逃脱，急率残部遁驶上游。这是湘军水师组建以来又一次惨败。

太平军复夺回九江对岸要镇小池口。

曾国藩派副将周凤山带军渡江前来攻打小池口，被罗大纲部击退。围攻九江湘军转陷危地。

风水流转。太平军开始转入主动。

曾国藩也觉察到了，命水师，包括由上游武穴前来的杨载福部水师会集后退扎在九江长江江面。

在此之际，石达开等正策划一场歼灭湘军的战斗。

2月11日，又是一个月黑迷漫的夜晚，石达开指挥的太平军会同小池口的罗大纲军、林启容的九江守城军，两岸同时并举，以轻舟百余艘冲向湘军水师，顿时火弹喷筒齐发，杀声震天，当场焚烧湘军战船百余号，俘获曾国藩的坐驾船，即水师主帅所乘的旗舰，杀管驾官、监印官等多员，尽得船中的文卷册牍。其余战船纷纷向武穴上游逃去。这一仗，湘军水师被打得辎重尽失，不复成军。曾国藩于事急时先改乘小船逃到陆师罗泽南营，他瞭望江心火光烛天，想及自己经年心血、赖以成不世之功的水师一败再败，痛不欲生，竟当着罗泽南面，又做出一出要跳水自杀的闹剧。

二十四岁的石达开打败了五十四岁的曾国藩。

太平军乘胜反攻。在湖北广济，秦日纲、韦志俊乘除夕之夜，湖广总督杨霈在大营欢宴之际，突然出千军袭击，杨霈得报，慌忙逃跑，全军万余不战瓦解。秦日纲等循杨霈逃跑路线尾追，连占蕲州、黄州和汉阳，与前来援救的胡林翼部湘军对峙。4月，秦日纲、韦志俊等攻占武昌省城。这是太平军第三次攻占武昌。

三克武昌标志太平军西征战场的胜利。

武昌扼江汉枢纽，为兵家必争之地。新任湖北巡抚胡林翼、湖北提督杨载福和罗泽南等湘军主力都分路前来争夺。

未几，秦日纲调走，由韦志俊主持武昌战事。双方势均力敌，互有胜负。

与此同时，江西战场太平军形势很好。九江城下，湘军第一号悍将塔齐布因屡次失利，气愤呕血而死；在湖口，黄文金军击毙湘军勇将萧捷三；石达开更在接纳由广东北上的天地会十余万众后，占领了江西八府五十余县。曾国藩十分恐惧，飞檄接替塔齐布的副将周凤山撤九江围，前来南昌孤城布防。周凤山军至樟树镇（清江），遭到石达开军痛歼，全军覆没，周本人逃回湖南家乡去了。曾国藩只得派心腹家丁装扮乞丐持密函要罗泽南回救。罗久攻武昌不下，为早日回援江西，求胜心切，急欲攻下武昌，自在洪山布阵，被伏兵流弹击中左额要害，当即毙命。也有一种说法是，罗泽南出于轻敌，一马当先，被参加太平军的兴国州（阳新）少年童子用鸟枪击毙了的。

太平军在湖北、江西战场取得一系列的胜利，于是当时在军中流行了一首歌谣："破了锣（罗泽南），倒了塔（齐布）、杀了马（济美，在南昌战死），飞了凤（周凤山），徒留（刘于浔领水师驻南昌）一个人也无用。"

梦断天国

（一）天京事变

1856年9月，北王韦昌辉起兵杀死东王杨秀清，这就为太平天国史上有划时代影响的天京内讧拉开了帷幕。

天京内讧，也有称"杨韦内讧""洪杨内讧"，其实都不甚确切，因为这场内讧波及太平天国领导集团和高层次的所有人物。共患难易，同富贵难。它也是小农固有的本性的必然走向和终结。

1856年6月，杨秀清查接指挥的太平军，在江西战场凯歌行进，控制了全省二十五个府州，湘军头子曾国藩躲在南昌孤城，岌岌可危；天京外围战场，顶天燕秦日纲和冬官正丞相陈玉成、地官副丞相李秀成的部队与镇江守将吴如孝内外夹攻，打败围城敌军，乘胜北上，打垮江北大营；接着石达开从西征战场回师，与秦日纲等军会师，摧毁江南大营，向荣又悲、又恐、又气、又急，走投无路，上吊自杀，于是解除了自建都天京以来的威胁，形势大好，太平天国的伟大胜利，达到了顶峰。杨秀清更是得意扬扬，以为都是他一个人的功劳。这时他对天王老兄越来越看不上眼了。

几天后，杨秀清假托天父下凡，召洪秀全到东王府问话。

他严厉责问洪秀全："尔与东王均为我子，东王有这样大功劳，何止称九千岁？"洪秀全无可奈何，只得顺着他口气回答说："东王打江山，亦当是万岁。"假天父得寸进尺，又说，"东世子岂止是千岁？"洪秀全也拎得清杨的用意，就顺着他的话答："东王既称万岁，世子亦便是万岁，且世代皆万岁。"

杨秀清头脑简单，自以为"居功逼封"已得逞了，心中大喜，放松了戒备。他选择了9月23日（阴历八月二十五日）生日那天正式称万岁。

天无二日。洪秀全是天王，天王其实就是皇帝，称万岁。他当然是不允许有另个称万岁的"皇帝"出现的。

杨秀清的假天父传言、欺凌、威震人主，飞扬跋扈不知所忌，洪秀全早就怀恨在心了。就在此后不久，又有那位在东王府干事的佐天侯陈承瑢悄悄地赶来告密：杨秀清要在称万岁那天，废除、软禁洪秀全，取而代之。他也是懂得"天无二日"的。

洪秀全终于下定决心，抛出最后的一着棋：铲除杨秀清。

天王送出密诏，要正在江西督师的韦昌辉和近在金坛前线的秦日纲星夜回京。他是知道韦昌辉、秦日纲常受到杨秀清莫名其妙的人身侮辱，敢怒不敢言。

杨秀清不学无术，凭小聪明，侮辱、欺凌天王和韦昌辉、秦日纲等。杨秀清常假托天父下凡要打洪秀全屁股，不给他一点面子；有次韦昌辉兄与杨秀清的一个妻舅争夺房屋，触犯了杨，要杀韦兄，韦昌辉只得装矮子认罪，甚至建议以五马分尸的酷刑，说不如此，不足以儆众；秦日纲的牧马人因见到杨秀清同庚叔没有起身行礼，即被鞭挞二百，同庚叔仍未息怒，竟要掌管刑部的翼贵丈黄玉昆加杖。黄打圆场，好心劝慰："既鞭可勿杖。"同庚叔不服，向杨秀清诉说。打狗看主人。杨以为是触犯了他的威信，令石达开捕拿黄玉昆。黄闻而辞职，秦日纲、陈承瑢闻悉也相继呈文辞职。杨秀清大为发怒，下令杖秦日纲一百，陈承瑢二百，黄玉昆三百，牧马人五马分尸。杨秀清喜怒无常，莫名其妙地发火，凭个人的感觉，就可定一批高干的罪。这件实在是不上台面的琐细事，因处理得如此荒唐如此草率，竟闹得满城风雨，以致城外的敌人也知道了。洪秀全当然也是一清二楚的。他对韦昌辉、秦日纲在诛杨中能站在自己同一战线上是深信不疑的。

韦昌辉在江西前线，因出师不利，屡战屡败。有次甚至连北王坐的黄轿子和黄罗伞都丢了，生怕杨秀清重罚，此时正坐立不安，刚巧接到天王密诏，正合心意，当即带三千将士昼夜兼程。9月1日，他在天京城外遇到奉诏回京的秦日纲。两人深夜抵达城下。当时，杨秀清有规定，出征兵将非要持有东王符信方能入京。但主持城防的陈承瑢擅自开了城门，也有说是天王直接下命令开门放进了韦昌辉及三千将士。

韦昌辉进城后就接到大驸马钟万信送来的天王诛杨密诏。很短时间里，韦部将士就控制了通往东王府的大街小巷，把东王府围困得水泄不通；随后，杀进东王府，将杨秀清家属和府中官员、卫士全部杀死，无一漏网，其中包括杨秀清的几十个妻子。

东王杨秀清是怎样被杀的，当时人记述，就有几种版本：

一说是韦昌辉由江西回来，"亦不准人，颇怀愤怨，得洪贼函，即晚率三千余人遽入南门，趋围东贼宅。自携数贼入杀东贼及其妻小"（《金陵省难纪略》）。

二说是韦昌辉率众见杨秀清，杨秀清告以洪同意他称万岁，韦以手加额，前席跪贺，杨大喜，赐宴。"北贼从者环侍左右。东贼问曰：若辈何人也？北贼以麾下立功之众对。东贼遍赐以酒。群前叩谢。北贼以目示意，咸拔刀砍东贼，诛其首"（《瓮牖余三说是韦昌辉回到天京，以兵围东王府，"时东贼方屏人独自登台，仅守以一童子，盖视台度下偃，即东贼所谓天父下凡时也。唯东贼得以升台与语，乃即就台中斩其首。"此说源自外国人说，为王韬《瓮牖余谈》所记。

四说韦昌辉在率兵包围东王府后，与秦日纲率死士闯入府中，由秦下手将杨秀清当场刺死（《贵县志》）。

五说是杨秀清命亲信扎屯于前街，但韦昌辉却从后街攻进东王府，东贼急避登望楼，自去其梯，并在楼顶擂鼓，意在调党羽回巢自卫。北贼随目有伪北殿右二十承宣许宗扬者，即许十八，带刀缘楼柱而上。东贼见逼急，遂跳而下，潜匿厕坑间，许追至见履，捉缚北贼前，杨云：尔我金田起首，尔此时不能杀我。韦答云：尔欲夺位，我奉二哥令杀尔。今日之事不能两全；不杀尔，我即当死。乃拔剑欲自杀。随目环夺其剑，乱砍，遂将东贼杨秀清即时戕毙。（《金陵杂记》）

迅雷不及掩耳。当时夜袭东王府，杀死杨秀清，乃是乘其毫无警戒、突然袭击而完成任务的。可以肯定，此时此刻的杨秀清，是无论如何没有想到二兄洪秀全召来五弟韦昌辉等前来向他下毒手的。当时内情，讳莫言深，参与者或因多死去而失载。此处五说都只是时人所记道听途说，但也为后来者写意抒情提供了素材。

翌日清晨，即杨秀清被杀后几小时，韦昌辉把杨头送到天王府验证，并请标为"老奸头"以示众。此时洪秀全是何种心情呢？语焉不详。但他随即下诏，张贴四方，内称"杨逆窃据神器，妄称万岁，已遭天殛"（《吴煦档案》）；并贬骂杨秀清为"东孽"，这意味着要永远开除他的神籍人籍，打倒在地，踏上一只脚，叫他永世不得翻身。

天京内讧的第一回合，是天王指使北王杀了东王。

消息传来，不胫而走，全城军民有欢庆的，有难以理解的，当然也有黯然的，那就是东王的部属。

天王也曾降诏，说杨秀清逆谋是上天泄露的，余党一概赦宥不问。

可是，当年在杨秀清专政时，东王部属多有仰仗杨的权威，欺凌他人的，现在靠山倒了，报复性的杀戮是难以控制的。

洪秀全、韦昌辉等对杨的部属也是不放心的。由韦昌辉出面主持肃清所谓"余孽"事。当时，杨秀清在天京的部属为了图生存，由东殿礼部一尚书傅学贤率领，自峨眉岭扎营至虎贲仓，韦昌辉即率党羽扎营于小仓至大行宫，两军对垒，巷战三天，不分胜负。

韦昌辉不能取胜。

这也使洪秀全不寒而栗。洪、韦大概此时又作密谋，仍由韦昌辉出面应付。

一个阴谋出笼了。

9 月 4 日，即杀杨后的第三天，天王府女宣诏在天王宫殿前栏杆里宣布天王诏旨，因为韦昌辉、秦日纲血洗东王府，杀戮无辜，特惩罚其罪，令受鞭刑四百，由是东王部属都允诺前往观看韦、秦受罪行刑；在行刑时，行刑者故意尽力打击，响声可闻四方，木棍当场打断；东王部属五千人不知是假，全都徒手前来观看。他们都被关进两间大屋，接着就进行惨无人道的大屠杀，而且还涉及他们的家属，连婴儿都不放过。尸体随即抛进江中，其中很多是穿黄袍和红袍的中高级干部。

杀人如草不闻声。如此草菅人命，其规模之大，用心之恶，在太平天国史上是没有的。韦昌辉深知动用本部将士行刑，毕竟出于同根生，不甚利落。他就全都换了童子兵充作行刑队，"行刑者辄为小童，以杀人为嬉戏乐事"（《禅治文通讯》）。韦昌辉等就是利用头脑简单、天真无邪的童子兵张大他的屠杀力度的。

壮丽的东王府也在洗劫一空后，化为瓦砾场。

有人说这是韦昌辉假传天王诏旨设下的陷阱，不确。洪秀全对韦昌辉血洗东王府没有指责，以至此次扩大暴行没有制止。当时他是唯一能左右局势的人。

天京事态仍在继续，每天仍有人被指责为东王的余孽而处死。

9 月中旬，督师湖北的石达开闻有内乱之信，赶回天京。石达开也曾与韦昌辉商量杀杨和他的三个兄弟。洪秀全有否召石回来杀杨，语焉不详。石达开回京后，即对韦昌辉规劝，要他停止暴行；韦昌辉不听，反而对石产生怀疑，有杀戮之心。石达开风闻有杀身之祸，急忙和随员曾锦谦、张遂谋连夜缒绳吊城而出，回到安庆去了。杀红了眼睛的韦昌辉，就将翼王府亲属满门抄斩，无一幸免。

半月后，韦昌辉又命秦日纲率一万五千人乘船溯江西上，讨伐石达开。他在西梁山还歼灭了忠于石达开的一支小部队，但当得悉天京之外的太平军将士都同情、支持石达开，才掉转枪口对清军作战。

石达开在安庆，从武昌洪山前线抽调四万将士，连同安徽驻军，东进至安徽宁国，上奏天王要求处死韦昌辉、秦日纲等。否则他将清君侧，班师回朝平息内乱。韦昌辉负隅抵抗。他怕石达开军凭借聚宝门外的报恩寺塔作攻城的炮垒，竟然下令把这座建于明初，规模宏大向来有天下第一塔之称，并被欧美人誉为世界七大奇迹之一的建筑彻底毁灭。他真是已到了自作孽不可活的地步。

韦昌辉血腥屠杀，且殃及满朝非杨系文武，这使洪秀全局促不安，石达开讨韦上表，他没有驳斥，而对韦讨伐石持暧昧态度，不做赞同和支持，于是引起了韦昌辉的不满。他竟然怀疑洪石联盟。最后终于祭起了要杀洪秀全的屠刀。

11月中旬，韦昌辉利令智昏带领本部军队进攻天王府，天王府围墙高大，没有能攻下，他扬言要火攻。不料，天王府里随着一阵阵冲锋号声，墙头上突然升起翼王的红字蓝边四方军旗，旗帜飘扬下一群群雄赳赳气昂昂的将士荷刀持枪，装出一副准备出击的姿态，韦昌辉不禁胆战心惊，他的将士不明虚实，以为是石达开军队已经进入天王府守卫，一哄而散。其实他们乃是天王府里服役的广西客家妇女所扮装的。韦昌辉孑然一身，东躲西藏。洪秀全趁机发动合朝文武处理韦的罪行，传令北王部属一律不问罪，但在搜查北王府时，却把玠也杀死了；并严加把守各城门，张贴捉拿韦昌辉的布告。每日搜查各馆衙，各街巷口设木栅栏，至黄昏后派人看守，往来者必须张灯点烛，经口号属实方准通行。三日后，桥栅口有人偷偷在张望，引起了守栅人警觉，就问道是谁，要上哪里去？回答说："往铅码街。""为什么没有张灯？"回答说："出来时候天色还早哩！""今日口号是什么？"回答说："馆长还没有告诉我。"守栅人感到奇怪，用灯火照亮，发觉来人有些像韦昌辉，大声呼唤多人前来捉拿，来人急忙腾身跳上屋脊，四街守栅人都赶来了，经多人团团围住，终于把他捉住，果然是韦昌辉。

洪秀全得悉韦昌辉被捉获，不做任何审讯，就下令将他五马分尸，他的党羽前后有两百人被杀。韦昌辉在死前，曾愤懑地说："我为渠（洪秀全）除大害，今反责我而欲沽名耶！"（《金陵省难纪略》）他被贬为"北孽"，还将他的尸体分割为方二寸许的一块块，悬挂城中各栅上，告示说："北奸肉，只准看，不准取。"

秦日纲也被天王诏旨召回天京和同谋的陈承瑢一起处斩。

韦昌辉的首级被贮放在盐箱里，飞马解递到芜湖附近某村的翼王驻地，石达开亲视果然是真的。他便于11月底回到天京。

天京内讧历时两个月。

洪秀全及其家族是天京内讧最大受益者，他们成为太平天国最高的军国统治者，宗教的绝对权威，皇上帝唯一的代言人和化身。但是，自此之后，"人心改变，政事不一，各有一心"（《李秀成供词》），致使它所肇成的信仰危机，必然引起政治、军事危机的连锁反应。

（二）石达开出走

石达开出走是天京内讧后期的一件大事，也可以说是内讧的继续。

石达开是太平天国出类拔萃、才华出众的农民军事家、政治家。后来陈玉成在囚中，当问及太平天国人物时，他说："皆非将才，唯冯云山、石达开差可耳。"李秀成被俘时也曾表示太平天国军政首领多属"中中，而独服翼王，言其谋略甚深。"因此敌对阵营诸帅，如曾国藩说"逆首石达开狡悍为诸贼之冠"，左宗棠说，"石逆狡悍著闻，素得群贼之心，其才智出诸贼之上。"

而且石达开也很有器识。杨秀清欺凌洪秀全、侮辱韦昌辉及其他高层干部，但对石达开却比较信任、尊重，对他也放得开。尽管石达开比杨秀清要年轻六七岁，是小阿弟。今存太平天国文书、包括所谓天父圣旨等记载中，也没有石达开挨整的文字。韦昌辉比石达开多一千岁，但两人关系也还可以。石达开左右逢源，他的高层人际关系是不错的。

1856 年 11 下旬，天京内乱平息，石达开由安徽宁国回到天京。他以天国安危、大局为重，没有诛杀任何一个有悖与他的异己分子。

他受到欢迎。

当石达开风尘仆仆来到天王府议事大厅时，在那儿聚集的朝臣把他环绕起来，大家寄以很大的希望，尊称他为"义王"。中化几千处的儒家文化和伦理道德，使太平天围当家的农民群体很注视和讲究若干包含美好意思的文字，其中一个就是"义"，它是维系农耕社会人际第一道德要素。因而尊称石达开为"义王"，也是对他的行为崇高评估。

太平天国全朝同举石达开提理政务，辅佐洪秀全，主持朝政，总理军国大事。

石达开没有接受"义王"。

但天王是被动的。石达开有这么高的威望，这是他未能料到的，也是为他不高兴的。囿于群臣推举，才同意改封他为"义王"的。在这年编印的太平天国戊午八年天历，石达开所系爵号即是义王；后来太平天国创设六爵最高级时，始也定名为"天翼"；"天翼"还没有公布几个月，因石达开坚持不接受"义王"，仍称翼王，于是改"天翼"为"天义"。

天京内讧后，金田时期所封的四位军师中仅存的两位军师（杨秀清、韦昌辉）都死了。洪秀全再也不肯大权旁落，乃自兼军师，所谓"主是朕做，军师也是朕做"。集决策和行政大权于一身。他封石达开为通军主将，通军，全军也，石达开原是左军主将，是在杨秀清等四人升了军师后所剩下的唯一的左军主将。

由左军主将到全军主将，都是位列天王之下，万人之上的。他仍是原地踏步。

权归天王。但石达开在天京半年，以自己的行为，安定人心，团结臣民，逐渐淡化和消除天京内讧带来的负面因素。太平天国是马上争天下的，在无日不战的大江南北几个战场，石达开又以高明的以守为攻的战略方针，重振军威，粉碎了湘军主力对九江等重镇的围攻，强化了拱卫天京的句容、溧水和镇江等卫星城镇的防御，特别是积极支持陈玉成、李秀成在两淮团结、联络十万捻军主力部队，使他们接受太平天国领导和封爵，联合作战。这年夏天，陈玉成还与张洛行、龚得树的捻军部队合军深入鄂东腹地，在蕲州大败清军，为保卫天京上游的重镇安庆做出贡献。

太平天国因内讧所损伤的元气在恢复。

共患难易，同富贵难。

洪秀全的家天下思维和设计是不愿意不允许石达开和他并肩而坐的。

按照拜上帝会时期所编造的所谓天父诸子婿，现在只剩下老二洪秀全和第七子石达开了。他的资格、功勋、才德、威望等软硬件都堪称首屈一指，深孚众望，而且若干软件要超过内讧后的洪秀全。这是深为洪秀全所忌的。

重重生疑忌。洪秀全以他从古史中所学到的帝王学权术，对石达开下手了。

一是改革官制。在天国中枢的天王府，增设了掌率（总司令官），并取消了六官二十四个正副丞相，改为天王府主持吏户礼兵刑工等六部的六个侯爵级丞相，他把亲信尽量超擢，放在这些重要位置上，如正掌率是弄臣蒙得恩，副掌率是姐夫钟芳礼。钟芳礼原是织匠，管理天京织造和杂匠行。他们名义上在石达开之下，但有职有权，不像石达开位高望重却无名义，名不正则言不顺，难在天京发号施令。

二是封两兄为王。他封长兄洪仁发为安王，次兄洪仁达为福王，让他们参政议军，和石达开并起并坐。这是为洪氏亲族当家的起步，也是打破唯所谓天父诸子婿封王的尝试，洪氏兄弟是朝野以至敌国皆知的庸才。据称有年东王府开会，洪仁发迟到，杨秀清有点不高兴。洪秀全知道了，命老兄主动向杨肉袒请罪，并请以打屁股；杨秀清故意不肯，洪仁发连声恳求；在打了屁股后，还很是得意，以为是达到了目的。他也不懂得打仗。1857年秋天，洪秀全提拔老兄为统帅去解救镇江之围。他未到镇江，就被张国梁部清军打得大败，团团围住。后来还亏李秀成军远途前来解围，方才脱身回天京。此后他再也不出征了。躲在府第，饱食终日，花天酒地。他的七个儿子，有五个就是在天京出生的。老二洪仁达，似乎比较灵巧些，很懂得操纵朝政、抓实权的要紧。曾经有段时间，天京要积粮备战，他却借机以发粮票大发国难财，所谓"欲实粮者，非我洪之票不能，要票出京者，亦要银买方得票行，无钱不能发票也。得票买粮回者重税"（《李秀成供词》）。

洪仁发、洪仁达没有才情，他们只是天王的影子，抑制石达开，常与他抬杠、推横车。但他们也实在是贪劣、恣横和无能兼而有之，没有群众基础，为人鄙视。每当见兄弟俩在会上阔谈政务国事，无人要听；而当石达开每论时务时，人们全神贯注，环绕面听。于是两人更为嫉恨，以至发展到排挤、打击，有阴图谋害之意。

这也是洪秀全玩弄权术的终结。

石达开的日子很难过。

当时石达开部属张遂谋建议他闹一次宫廷政变，他不同意：同室操戈，不能重蹈旧路；石达开是深知天王老兄心理行为的，他也难以委曲求全；至于所谓解甲归林，那更是幻想，石达开确有些黄老思想，可在四郊多垒、烽火遍野的太平天国，是没有一块能安谧的干净地的。

狡兔死，走狗烹，是马上皇帝夺得天下后的一大措施。洪秀全似乎低能得多，他只占有南京和若干沿江城镇，却已容纳不了与他并肩打天下的石达开。

洪秀全的最终目的，是要建立一个洪氏家族为核心圈的理想国。

合则留，不合则去。石达开的最佳方案，就只能是离开天京。在他看来，这是避免、淡化内祸的唯一可行的途径。

1857 年 5 月下旬，石达开决定离京出走。

6 月 2 日，石达开借口赴南门外雨花台太平军驻地"讲道理"，就与曾锦谦、张遂谋等人离开了天京，经铜井镇渡江，取道无为州往安庆，沿途遍贴告示：

> 为沥剖血陈，谆谕众军民。
>
> 自愧无才智，天恩愧荷深。
>
> 惟矢忠真志，区区一片心，
>
> 上可对皇天，下可质世人。
>
> 去岁遭祸乱，狼狈赶回京，
>
> 自谓此愚衷，定蒙圣鉴明；
>
> 乃事有不然，诏旨降频仍，
>
> 重重生疑忌，一笔难尽陈。

疑多将图害，百喙难分清。

惟是用奋勉，出师再表真，

力酬上帝德，勉报主恩仁。

惟期成功后，予志复归林。

为此行谆谕，谆谕众军民，

依然守本分，各自立功名，

或随本主将，亦一样立勋。

一统太平日，各邀天恩荣。

布告用五言韵文，简明扼要，通俗易懂，且语气要扼，词句深沉，表达了继续效忠太平天国的愿望，它有纯朴的感情，富有号召力，以致为天京和各地官员和将士的认同，心向往之。

但它毕竟是石达开和洪秀全不合作的公开亮相。

大清王朝也感到了，咸丰皇帝要曾国藩设法招安，福济、李元度还分别写信予石达开劝降，福济信一千二百字，李元度信竟写了四千五百字，千篇一律，都是以威胁利诱来打动石达开的，但也都流露出对他才华出众的钦佩。

石达开没有理睬它。

洪秀全有石达开，不安，石达开跑了，也不安。朝野还多有议论，两位老兄成事不足，败事有余，主要还是洪氏家族全掌太平天国还未成气候。远在淮南战场的李秀成也甘冒不大韪上表，要求黜安王、福王爵，再启用翼王。而各路清军，尤其是江南大营在石达开离京后卷土重来，先后攻陷了溧水、句容，围困了镇江。天京内外交困。

洪秀全不得不听取众见，削去两位兄长的爵位，将爵号另设新爵，即六爵的天安、天福。并镌刻义王金牌一道及天京朝臣联合签名的求救表送往安庆，请石达开回京主政。石达开不接受封爵义王，也不表示回京。在杨秀清被杀后，他已两次奉天王旨进京的，但两次却又都是逃出来的，前车之鉴，风浪险恶，他是再也不愿第三次进京，和洪秀全合作了。

石达开在安庆的五个月，招聚安徽和天京的各路人马。

他传檄各地。

天京确是有一些官员、兵将跑了出来，志愿跟他去。有的说有六七万，有的说二十万。李秀成说石达开"将合朝文武将兵带去"。但按实证，却不会很多。原因是在后来跟随石达开远征、源自天京高官有姓有名的，仅是夏官丞相蔡次贤一人而已；1855

年太平天国已允许男女婚嫁、恢复家庭生活，盖多人已安居乐业，不可能甘冒险境，浪迹江湖了的。况且天京内讧已死了成千上万的将士。

安庆周边太平军将士很多没有跟他走。

当时李秀成驻军淮南，联合捻军在六安、舒城一带作战；陈玉成正挺进鄂东黄梅、蕲州对抗湘军东犯，九江守将林启容、湖口守将黄文金都分别与兵临城下的湘军主力鏖战，剑拔弩张，寸步难行。他们当然不可能有暇前往安庆赴会的，更不会放弃阵地，脱身随石达开出走的。

就连安庆守将张朝爵、陈得才也坚守岗位，没有随他行动。

他失望了。

在战火正红的日日夜夜，他不可能也不会在安庆或在某地再召开高干会议，做动员报告，然后让诸将就去留的路线问题做政治表态。当然，这时还没有这种格调的会。

石达开是通过传檄和率军会合的方式，聚集队伍的。他的主力部队有两支：一支是原先屯扎在天京上游，由石氏家族控制的部队，如石镇吉、石镇常、石镇仑等。汪海洋就是石镇仑部的军官。一支屯扎在江西各府县，也是他的亲友、同乡挂帅的，如他的丈人、名为翼贵丈的黄玉昆、剃头匠傅忠信。

1857 年 10 月，石达开离开安庆南下江西。他的既定方针是经营江西。

当时湘军已攻陷瑞州（高安），包围临江、吉安和九江等地。石达开在抚州（临川）设立司令部，这时不甘寂寞的翼王已组建了新家庭，他同时拥有十六个妻子，都称王娘，也是按数目字编号的。

可是他组织的几次战役，都因缺乏统一的战略部署，挡不住湘军两栖部队的阻击，都失败了。

在援吉安的一次不大的战役中，连翼贵丈黄玉昆也战死了。据称黄玉昆是身着绣花龙袍、戴红缎绣龙凤帽，著红绣鞋，乘黄呢大轿，在后督战时，正遭前面打了败仗，轿夫和护卫都跑散了，他却毫不知晓，而被湘军乱矛刺杀了的。

石达开只得放弃江西基地，进军浙江、福建，长时期在穷山僻角中运作，孤军奋斗，给养困难。他越走越远，越走越走进更为封闭的南方腹地里去了。此后，他和他的部队，流动作战，很少打过好仗，而是屡打败仗，尤其是围攻浙江衢州和湖南宝庆（邵阳）的两次攻坚战，屯兵城下，冗日持久，以致损失巨大，显示了他的指挥失误和无能，一筹莫展。

石达开的威信降温了。

在他转战福建、湖南和广西等地时，麾下先后就有九批人马卷起了翼殿大旗，分道扬镳。

其中一路人马是杨辅清率领的，杨辅清是天京内讧前两个月，出天京到江西。内讧发生，他害怕天王罗织罪名，引军入福建，后来加入石达开的部队编制。1858年，他率先脱离石达开，折回江西、皖南，上奏洪秀全表示拥护。洪秀全这时正在为杨秀清恢复名誉，大为欢喜，立即授他为中军主将，替代不出国门的蒙得恩。但杨辅清不是帅才，也不会较好处理同僚关系，由于杀兄之怨与韦志俊交恶，这也是加速韦志俊叛降的一个因素。这是后话了。

石达开

还有一路人马乃是1860年秋天从广西脱离石达开的。这是翼王部的精锐部队。它分两支：一支是张志公、郑忠林和汪海洋等分别率领的，由柳州、桂林东走，有六七万众。张志公等在灵川投降，只有汪海洋坚贞不屈，率部由灵川攻占兴安，入湖南、江西，并入李秀成部；另支是彭大顺、吉庆元、董容海和朱衣点率领的部队，也有四五万众，在辗转年余后，由福建至江西，并入李秀成部，这时它已扩展到二十万人众了。洪秀全大为高兴，将这支人马，赐以"扶朝天军"番号。

石达开众叛亲离，兵势衰竭。他的嫡系只剩了赖裕新等几万人众，幸得有广西天地会和广东天地会陈开余部投奔前来，否则是很难落脚下去的。

但石达开仍对太平天国事业忠贞不渝，他打的是太平天国通军主将翼王旗号，从不逾越，别树一帜。他和他的部众敬仰上帝、遥奉天王。洪秀全也没有排斥石达开于领导圈外，他每次下诏，仍列"达胞"；在重设军师职后，遥封石为公忠军师。

石达开出走与否，诸说不一，至今仍供后来者评说。

（三）起用新人

石达开出走后，面对危局，洪秀全不得不采纳李秀成等人的建议，削去洪仁发洪仁达的王号，并且镌义王金牌一道及合朝文武求救的表章一起送往安庆，但石达开既不受物，又不来援，洪秀全一下就病倒了。

九江失守后，洪秀全的病愈来愈重了，国医院里的高手们一一给他看过，可大家都说不出天王得的是什么病，只有洪秀全自己清楚，他得的是心病。

石达开的出走，就像在洪秀全的心上狠狠地戳了一刀。这些年，在高层的倾轧中，洪秀全都是有惊无险地过来了，而石达开却是例外。他不就范，居然另立山头，差一点拉垮了太平军的根基。如果没有陈玉成、李秀成、林启蓉这些人支撑危局，他真不知会怎么样呢。

眼下九江失守，镇江告急，太平天国的地盘大大缩小，被迫从战略进攻转为战略防御。东线清军重建了江南、江北大营，掘长壕围困天京。当此之时，太平天国面临险境，但首要的是重建领导核心。

洪秀全毕竟不是等闲之辈，他也清楚地看到了困境中的有利因素。在江南，天地会发展迅猛异常，江北又有捻军驰骋江淮之间，这些力量，无疑可以为太平天国扭转危局提供有利条件。于是，他积极采纳了百官的意见，封蒙得恩为正掌率，主持政务，陈玉成为又正掌率、李秀成为副掌率，主持军事。

杨、韦之乱平定以后，傅善祥在洪宣娇的劝说下，来到了天王府。起初她不愿意充当那名不正言不顺的角色，后来见天王答应她与谭绍光结婚，知道天王是真心请她出山，很快她就从东王府的阴影中走了出来，成了洪秀全身边唯一敢说真话的人。这次见天王这样安排她也没说什么。蒙得恩虽然平庸，可毕竟还有陈玉成、李秀成撑着。

一八五八年九月，一支队伍行进在从安徽全椒通往乌衣的大路上。虽是急行军，不要求队容怎么整齐，但是从将士们的神气上，一眼就可以看出，这是一支斗志昂扬的队伍。这是陈玉成号称二十万的大军。

两个月前，他刚刚在安徽枞阳召集了军事会议，与李秀成等将领研究了解除天京之围的作战方略，确定了避实就虚，首先集中兵力攻击江北大营的计划。会后，各路大军都神速地行动起来，李秀成率东路大军，牵制庐州东线清军，并切断江北大营进援庐州；西路大军由陈玉成亲率，与左军主将李世贤、右军主将韦俊合兵，先攻占了庐州。在乌衣、水口一线，陈玉成与强大的李秀成部会师后，太平军兵威大振。

两个统帅从马上下来，一人手里拿一根随手拣来的木棍，在河边沙滩上勾画出一幅地图，分析起敌情来。

陈玉成说："清廷已经派重兵集结在乌衣，除了江北大营的都统德兴阿派来的援军之外，还有蒙古都统胜保的军队。蒙古人惯善骑马射箭，他的骑兵不可小视。"接着，他便请教李秀成有什么好计可施。

李秀成早已成竹在胸，他对陈玉成的提问笑而不答。

陈玉成便转移话题，他说："你听说了吗？杨辅清、杨宜清，还有石镇吉、石镇常，都脱离石达开了，眼下正返回天朝，回保天王了。"

李秀成说："石达开不得人心，以后会被更多的将士看清。这是好事，天朝中兴有望了。"

陈玉成扔掉木棍，信心百倍地说："只要我们能拿下江北大营，天朝的被动局面即可扭转。"

九月二十五日，胜保终于按捺不住了，率领兵马前来叫阵。骁勇的蒙古兵挥刀跃马，尘土蔽日，着实有锐不可当之势。正当他们横冲直撞之际，突然，战鼓喧天，只见无数头包红巾的牌刀手铺天盖地而来。他们一手用盾牌护身一手持大刀砍削敌人的马腿，那些烈性战马的腿一受伤，便乱踢乱窜开来。这下可乱了套，不多时，胜保的骑兵便溃不成军。太平军乘胜追击，两路人马对败军猛烈夹攻，不多时就全歼了胜保的骑兵，清军损失三四千人，胜保单骑落荒而逃。

二十六日，陈、李率部乘胜进军江苏江浦小店，击溃了由江南大营派来增援的冯子材军。

这一天，陈玉成、李秀成联军以迅雷不及掩耳之势，向浦口江北大营发起声势浩大的总攻。德兴阿已成瓮中之鳖，愁急交加。次日，他舍出老命东拼西突，有一万人为之阵亡，才得以突出重围，狂奔一百多里，一直到了扬州方敢喘息。

江北大营走了主帅，清军已无力再战，丢下遍地的粮草、弹药四散奔逃，太平军则如风卷残云一般，把江北大营彻底摧毁了。

陈玉成、李秀成拿下江北大营后，又连破江苏江浦、六合、仪征，安徽天长。这几仗下来，打通了天京和长江以北的通道，江北粮米从此源源不断地运往天京。天国在江浦地区设立天浦省，派重兵把守，太平天国的被动局面从此开始扭转。

二破江北大营，自然是天朝中兴的征兆，它标志着太平天国已从内讧和石达开出走的阴影中走了出来，这让洪秀全的病一下全好了。洪秀全近来心情格外地轻松，他又有了那种做天王的美好感觉。就在这时，更好的消息又传来了：继杨辅清、杨宜清之后，石镇吉、石镇常等几个将领，也先后脱离了石达开的队伍，返回天朝来护主了。

洪秀全激动地看着他们的勤王表，连说："浮云岂能永远蔽日？这不是都回来了吗？"

傅善祥说："天王应对他们下诏嘉奖才是。"

洪秀全说："朕正有此意。总算云开日出，天国重又兴旺发达了。你马上草拟嘉勉令吧。他们也该重新加封，该封什么，你也先拿出个章程来。"

傅善祥答应了一声，又说："天王既在江浦设省，该选一个能征善战又可靠的人当守将才是，浦口是天京北面的门户啊。"

说起此事，洪秀全就说："李秀成不是推荐了个叫薛之元的吗，朕不知此人到底怎么样？"

傅善祥说："据我所知，他是捻军的首领，与降了清妖的李昭寿过往甚密。"

"那李秀成不知道这一层关系吗？"洪秀全问。

"他不可能不知道。"傅善祥说。

洪秀全说："既然李秀成没说他不行，我看就用他吧。"

傅善祥不好再说什么了，她说："陈玉成有个奏折。"

傅善祥拿起陈玉成的奏折告诉天王：陈玉成原想再克江南大营，而皖北连失州县，一天发来五份紧急求救文书告急。陈玉成的意思请调李秀成大军西援，他直出巢县，目前他已进抵白石山、金牛镇，想包抄湘军李续宾、曾国华的后路。

洪秀全说："既然如此，让李秀成后援就是了。将在外君命有所不受，让陈玉成相机处事，不必事事奏报，以免贻误大事。"

接着，洪秀全又问，天国将士对陈玉成有何评价。傅善祥说："陈玉成与广西的老兄弟不同，从枞阳会议起，事事奏报，倒没有自专之嫌。有人说，他兼具了东王、翼王的才干。为人平和，不抢功，又是任何人不具备的。"

洪秀全感叹道："天父不弃，所以才赐朕一个陈玉成，还有一个李秀成。朕早就看上了陈玉成，那时他才是个童子军啊。"

洪秀全的这番感慨是有来由的，几年前他想招陈玉成为驸马时，陈玉成没有答应，惹得仪美公主离家出走，至今杳无音讯。傅善祥见天王有些伤感，就转移话题，说："我马上派人给陈玉成送信，让他按计划行事。"

洪秀全问："对手又是湘军？叫玉成小心。朕不怕满洲八旗，可曾妖头的湘军确实让我们吃了几次大亏呀。"

傅善祥说："是那个叫李续宾的，曾国藩的弟弟曾国华也在那里。"

太平军东线的连连胜利，却给了敌人可乘之机。湘军乘陈玉成的大队人马不在，向太平军控制下的安徽大举进犯，已经占据了太湖。总兵鲍超率部直扑重镇安庆。李续宾所部湘军连续攻陷潜山、桐城、舒城，正在围攻三河镇，直逼庐州。

说起李续宾，那可算是个人物。他从跟曾国藩办团练起家，靠着与太平军的作战功绩，由知县一步步升为浙江巡抚，乃是湘军中的一员悍将。这次所部六千余人，都是湘军的精锐。

接连的胜利让李续宾犯了个错误，那就是他已经单兵深入到了太平天国的腹心地带。这是兵家大忌，但李续宾却只看到了三河镇的重要性，非一取不可。

三河是太平军屯粮之所，又是庐州的咽喉，太平军在这里修筑了一座大城，外面又有九座小城环绕。李续宾认为，守城的长毛将吴定规不算是骁将，可一鼓而破之。正当李续宾踌躇满志的时候，他做梦也不会想到，太平军已将他团团围住了。

陈玉成接到吴定规的告急文书后，星夜启程。他采取的是迂回战术，经巢县、庐江，直趋三河东南的白石山和西南的金牛镇。陈玉成在此地连营数十座，抄了湘军的后路。又命庐州守将吴如孝和捻军一起南下，切断舒城方面援军的进路。此时，李秀成也领兵前来，屯驻在白石山作为后援。这样，三河之敌便处于四面被围境地。

一场惊心动魄的歼灭战打响了。太平军斗志昂扬奋勇杀敌，而敌方却是困兽犹斗，冒死冲杀。战斗空前激烈残酷。

十一月七日，李续宾先取攻势，双方互有伤亡。十四日，陈玉成率军逼攻三河湘军大营。次日凌晨，一股湘军袭击太平军营地金牛镇，妄图抄其后路。这时大雾弥漫，湘军悄悄地行进，以为万无一失。突然，一阵鼓响，杀声震天，陈玉成督军从敌后杀出，敌军顿时大乱。这时，李秀成赶来助战，三河守将吴定规也率军冲出城外。太平军斗志更加旺盛，潮水般地冲向湘军。到十八日，尽破残存敌营。紧接着，陈、李两部再度联手，乘势夺回了舍城、桐城。

此战湘军六千余人全部被歼灭，李续宾、曾国华也被打死。接着，陈玉成又指挥大军，乘胜收复潜山、太湖。包围安庆的湘军见势不妙，撤围而去，安庆之围不战而解。

太平军虽然摧毁了江北大营，可江南大营仍然威胁着天京的安全。自从一八五八年江南大营被击破，向荣兵败死去后，清廷派江南提督和春继任钦差大臣，督办江南军务，和春乘天京内讧之机复活了江南大营。提督张国梁于一八六〇年二月，占领了九洑洲后，又增添了堡垒，在天京城西、城南、城东增掘长壕，绵延百余里，加紧围困天京。因此，彻底摧毁江南大营，解除天京肘腋之患，成了当务之急。正在这个时候，偏偏出了差错。

一日，浦口守将薛之元巡城回营时，遇到了扮成道士的李昭寿。此二人先前同在捻军，又是从小换过帖子的拜把子兄弟，李昭寿降了清妖后，薛之元与他并无来往，这次李昭寿乔装打扮混入浦口是受张国梁之命来劝降的。李昭寿没费什么功夫就把薛之元说动了。一八五九年二月二十八日，薛之元与张国梁、胜保分别通过信后，先剃掉头发蓄起了辫子，来到沙洲指定地点向张国梁投降。张国梁欣喜若狂，他对薛之元说："我将保举你，皇上不会亏待你的。"薛之元也表示，他已做好了献城准备。

浦口危在旦夕，可李秀成丝毫没有察觉。

李秀成在巢县得知浦口被叛将献城的消息，已是两天后的事了。李秀成一面给天王写表请罪，一面积极调兵，准备夺回浦口。浦口一失，太平天国的江北粮道就等于断了，这还得了，洪秀全能不发火？

洪宣娇充当特使来见李秀成，一见面，洪宣娇就说："你犯了什么过失，你知道吗？"

"用人失察。"李秀成说："薛之元这个反贼，我没想到一个四品顶戴就把自己卖了。"

洪宣娇说："失察两个字就能搪塞过去吗？李昭寿是在你手下叛降的，他与薛之元是拜把子兄弟你不知道吗？为什么不用谭绍光来守浦口？"

李秀成说："我知罪了。现在说什么电晚了，我拼力夺回来就是了。"

浦口一失，天王很是着急，蒙得恩又有病，洪仁发去看过后对洪秀全说，蒙得恩怕是没有几天活头了。洪秀全叹息道："真是多事之秋啊。"

就在洪秀全心力交瘁，深感身边没有一个杨秀清这样的人物时，洪仁玕风尘仆仆地来了。

这可恰似天上掉下来的人才，洪秀全高兴得几乎跳起来，他大呼小叫，一反他平日稳健的做派。急令人备宴给洪仁玕接风洗尘。傅善祥等人摸不着头脑，不知这洪仁玕有何德何能居然让天王高兴成这样。

早年，这位洪仁玕与洪秀全一道砸了村塾中的孔子牌位后，便被其兄长赶出了家门。金田起义之后，在清远教村塾的洪仁玕，约了五十人去广西浔州追奔太平军，因途中清兵所阻，只好折回。后来，洪氏家族被清廷追捕，洪仁玕流落到香港，给传教士瑞典人韩山文教汉语。韩山文听了他讲述的拜上帝会起义经过后写了本很有影响的书，这就是《太平天国起义记》。一八五四年春天，洪仁玕由香港到上海，他想由上海到天京，在上海他见到了小刀会的首领刘丽川，可空口无凭，人家见他又会说洋文，还怀疑他是奸细呢。洪仁玕去留无计，身上又分文皆无，只好在上海靠教洋文过活，八个月后仍回香港。这一次能来天京，一路上也是充满了说不尽的曲折。

洪仁玕说完自己的经历后，洪秀全感慨道："你我一别八年，天下已大变了。"他想起了杨、韦之乱，想起了石达开的不辞而别，洪仁玕若是早些来辅佐他，也许天京就出不了那么多令人痛心疾首的悲剧了。

洪仁玕说："这些年一想起年轻时我与天王巷里相接、长年交游起居的情谊，也是常常感叹啊。"洪仁玕感叹的是自幼熟读四书五经，经考五科不中，才追随洪秀全另辟通途，而今洪秀全大业已成，他却经过八年飘零，才算叶落归根。

一旁的洪宣娇说："仁玕兄来了就好了，天朝正需要经国治世大才时，仁玕兄就飘然而至，这岂不是天朝之福吗？"

洪秀全说："你来到天国，朕如获至宝，你是天国的柱石啊。"他想了想，又说："朕封你为干天福吧，福爵仅低于义爵。你知道，自从出了诸王之乱朕已决心不再封王。但你就不同了，朕决定破个例。"

洪仁玕说："这不好吧，弟刚来天朝，尺寸之功未立，便有此高位，恐众人不服。"

洪秀全说："有什么不服？若论资历，你是天国和拜上帝会的创始者，在朕倡言拜上帝教时，你赞助甚力，理应加以重用，更何况你有经天纬地之才呢。"

尽管洪仁玕再三推辞，洪秀全执意授他以王，这自然就引起了天朝将领们的不满。为了缓和这种情绪，洪秀全采纳傅善祥的意见，也加封陈玉成为英王、李秀成为忠王。

洪仁玕以他的才学和口才，很快在太平军中树立起了威信。夺下浦口之前，他令陈玉成绕道天长、扬州假道渡江，直捣清军江南大营。这样的安排让陈玉成等人心服口服，觉得他在军事上也不是个外行。因此，将领们对洪仁玕也有了新的认识。

太平军重新夺浦口后，洪仁玕又制定出了皖北作战计划，并交于陈玉成审看，他对将领们的尊重，也赢得了太平军将士对他的信任与信心，就连洪秀全都说：将相和则国安，干王是蔺相如啊。

（四）洪仁玕主政

洪仁玕的到来，使太平天国的领导中心重新形成了。干王、英王、忠王年轻有为，才能出众，更重要的是，这三人能够一门心思对敌，这样，就起到中流砥柱的作用。

重新夺回浦口后，天京的形势仍不容乐观。目前，英王陈玉成在皖北被曾国藩牵制着，不能移动，韦俊在池州受曾国藩的离间计降敌后，余部已无多大战斗力，杨辅清在池州、东流一线也被曾国藩困住了手脚，左军主将李世贤此时在南宁、湾址一带，现在天京四门皆为和春、张国梁两部重重围困，朝内已无多少存粮，仅浦口一线粮道可解燃眉之急，必须找出解救天京，打破重围的办法才行。为了彻底解决江南大营，洪仁玕提出围魏救赵的作战计划。

洪仁玕召来陈玉成、李秀成讨论作战计划，他分析了形势，说："我们可东取苏州、杭州、上海，一待下路既得，我们可买小火轮二十个，沿长江上取湖北，一旦取得了苏杭，则敌必救苏杭，这叫攻敌之必救。"

李秀成见洪仁玕分析得丝丝入扣，不禁赞道："好一个围魏救赵！我赞成打苏杭，这确是攻敌之必救，可分散清妖的兵力。一旦占了苏杭，我们再返师自救，天京之围可解。这应是第二步。"

陈玉成说："那就移兵苏杭吧。我部可虚援安徽，牵制上游湘军，不让他们东下。"李秀成决定在芜湖会齐谭绍光、陈坤书，然后星夜东进，奇袭苏杭。

洪仁玕说："这就周全了，若没有异议，就呈报天王。"陈玉成、李秀成十分赞成。

一八六〇年二月二十四日，李秀成率轻骑快速攻下广德州，留下陈坤书、陈炳文驻守，自率谭绍光、陆顺德、吴定彩几只大军突入浙江。二十七日攻取泗安镇、虹星桥。二十九日与李世贤合兵，占安吉县，又攻下长兴县。尔后，李秀成率精兵八千，奇袭浙江首府杭州。

这下把浙江巡抚罗遵殿吓坏了，急调各路兵马来守城。兵力有限，除衢州镇总兵李定太的两千兵，杭州将军瑞昌只能拼凑五百人上城防守，这五百兵对太平军早已是闻风丧胆了，哪堪一击？

三月十日，谭绍光率一千余名先锋军赶到杭州西北之良渚，士兵一律着清兵号衣，冒充来援的提督郑魁士的兵，就快要成功时，为杭州守军识破，故而没能马上攻下杭州。随后李秀成赶到，猛攻武林门、钱塘门。至二十九日，清波门被轰开，李秀成率部一举攻人杭州。巡抚罗遵殿、布政使督粮道王友瑞等高官全部自尽。

江南大营统率和春，接到杭州守军的急报后，立即派张玉良统兵一万三千多人，救援杭州。

张玉良率部苦苦行进，花了几天功夫才赶到杭州城下，只见城内无数大小黄旗如林而立，却不闻车马喧器之声，疑是有伏兵在此，不敢贸然进城。等他们发现这是李秀成布下的疑兵阵时，李秀成早已率部离开杭州回师南京了。

李秀成部只在杭州呆了四天，围魏救赵之策已初见成效。

在回师天京的路上，谭绍光明知故问地对李秀成说："围魏救赵之计是忠王殿下出的吧？"

李秀成说："这是干王所定，我不过是附议而已。"李秀成现在对干王真的是心服口服了，他不再以为洪仁玕和洪仁发、洪仁达是一样的酒囊饭袋了。

其实，洪仁玕的本领谭绍光早已从夫人傅善祥那里听说了，他这是在与忠王开玩笑呢。快到天京时，谭绍光问："这下我们该打江南大营了吧？"

李秀成说："等着吧，用不了多久，江南大营还得被我们拿下。"

攻击江南大营的日子比李秀成想象的还要早。

四月底，李秀成、陈玉成、李世贤等五路大军一起向江南大营发起猛攻。此役是太平军将士憋了许久的战斗，开战以后，各路大军的将士都争先恐后地向前冲，清军拼力抵抗也无法挽回败局。五月初，江南大营全部被摧毁，和春、张国梁等清军头目败退丹阳，太平军迅猛追击。张国梁在飞马出逃时，慌不择路，落水而死，和春逃到无锡浒墅关时，见已无路可逃，绝望中自缢身亡。

这次战役出奇制胜，暂时解除了天京的肘腋之患，结束了清兵对天京的三年长围，并为远征苏杭开辟了道路。同时，营内存银十多万两，还有无数枪炮等军需，都成了太平军的战利品。江南大营从此再也不能重建。

二破江南大营，天王洪秀全设宴庆功，并利用这一机会召开高级将领会议，商讨下一步的行动计划。

因是胜利之后的会议，将领们个个意气风发，畅述己见。陈玉成主张救援安庆，李秀成、李世贤等想攻取闽浙，洪仁玕则主张先攻苏、杭、沪，然后再行西征，成功之后，溯长江向南攻江西，向北进蕲黄，合取湖北。洪仁玕还激动地说，这样，长江两岸就都归我们所有了。

李秀成听了洪仁玕的计划，立刻竭力赞成。洪秀全斟酌一番，也觉得这个方案最为可行，当即批准。先东进、后西上的方针就这样定了。

这个胜利之后的作战方案，取得了相当大的成功，对维持太平天国的后期斗争奠定了基础。

然而，洪秀全和众将领们怎么也不会想到，此方案实施四年之后，就把天国的英雄们推向了末路。

（五）安庆之围

一八六〇年六月军事会议以后，李秀成即刻率部挥师东进，一路上攻城夺池，犹如秋风扫落叶，直逼苏州城下，进而又轻而易举地拿下了杭州，接着，太平军又分路进军，迅速攻克苏南各重镇。

拿下杭州后，忠王李秀成就开始着意经营苏州了。

李秀成虽没有多少文化，但他却一下子喜欢上这个充满诗情画意而又古色古香的小城了。他把忠王府选在了这里，并且在石益阳的帮助下自己动手设计了一些忠王府的布局、构造。李秀成在天京也有王府，但那是他无心也无时间居住的王府，所以显得很粗糙，比起别的王府来，甚至有点寒酸。这一次不同了，他要好好地建一座王府了。

李秀成之所以有心为自己建造一个像样的王府，是因为他的运气和战功使他有了这样的闲情逸致。

李秀成开创了苏南基地，李世贤进军浙江，也打出一片大好形势。而在安庆，陈玉成却一再苦战。

从一八五九年年底开始，曾国藩就率一万余名湘军围攻安庆，但因城内守将指挥有方，始终没能将安庆攻破。一八六〇年一月，陈玉成率十万大军进至桐城，揭开了安庆大战的序幕。这一仗时断时续地打了一年多，但安庆始终在太平军的手里。

这安庆本是长江中游的重镇，又是天京的西大门，它对于地处长江下游的天京之安危，具有十分重要的作用。曾国藩正是看准了这一点，他一直把攻破安庆视为破金陵的前奏。曾国藩采取先拔枝叶后去其根的手段，他把湘军主力摆在了安庆外围和与安庆隔江相望的皖南，同时又不放弃对安庆的进攻，甚至不惜违抗咸丰调他去苏杭的命令，力破安庆一门。

为了解安庆之围，洪秀全在洪仁玕的劝说下，决定执行第二步计划，派陈玉成、李秀成率大军沿长江两岸向西挺进，奔袭武汉，以达到救援安庆的目的。

打武汉避实就虚，这本是一步相当英明的举措，此时的湘军主力集中在安庆一线，大后方湖北却是兵力空虚的地方。如果此举成功，不仅击中了曾国藩的要害，也可望歼灭湘军主力，使太平天国的形势进一步好转。但此时的太平天国已不能像初期那样军令如山了，大家都忙着经营自己的小地盘，很少有人能从全局着想。

此次西征，太平天国的两大主帅陈玉成、李秀成，对这次事关全局的行动，都不怎么积极。陈玉成过于看重安庆一点，他率领北路军西进的途中，还想顺道去解安庆之围。太平军在桐城西南的挂车河与湘军交战失利，这时候，陈玉成才决意西进，他在攻克离武汉只有八十里的黄州后，忽闻报有英国参赞巴夏里求见。

陈玉成在黄州的大营里接见了巴夏里。巴夏里刚一坐下就威胁说：你们攻取武汉，损害了大英帝国的贸易，破坏了大英帝国的商业利益，我们奉劝你们，必须远离武汉。

当时，外国侵略者还没有撕下中立的面纱，太平天国还同这些所谓的洋兄弟保持着礼尚往来的外交。所以，陈玉成对巴夏里的话就得有所考虑。陈玉成沉吟片刻，回答说："此事待上奏天王后再议。"

巴夏里又乘机造谣说："南路西征军至今尚未进入江西，你现在进兵汉口，势将陷入孤军作战，必将受到武昌守军和安徽援军的夹击。"

巴夏里走后，陈玉成思考再三，终于决定停止对武汉的攻击。他一面派人回天京请示，一面派赖文光留守黄州，自己率大军转攻麻城、黄安、孝感、应城，又北上德安、随州。至此，仍不见李秀成的南路军到来。

李秀成对解救安庆和攻取武汉，都不是很积极，他片面强调江浙基地的重要性。他十月率南路军从天京出发，十二月逼近曾国藩的祁门大营，曾国藩大惊失色，连遗嘱都写好了。然而，李秀成并不知道这里是曾国藩的要害所在，轻易放过祁门，丧失了这一良机。李秀成又过高地估计了湘军的实力，因而绕道徽州，进入浙江，再转江西，直到次年六月才逼近武昌，却也和陈玉成一样没有进攻。

却说曾国藩闻知陈玉成进逼武汉，虽惊呼"贼之善用兵，比昔年更狡黠"，但又坚持力破安庆，督军猛攻安庆。

陈玉成不等天京指示到来，便匆匆撤军回援安庆。到了一八六一年八月，安庆的形势已经相当危险了。杨辅清、黄文金各部试图来解安庆之围，但都没有成功，到了八月十七日，曾国荃攻破了安庆北门外的太平军营垒，守军唯一的退路也被堵塞了。

这时安庆城里已难以为继了，守将张朝爵、叶芸来派人出城给陈玉成送信，说城里又一次断粮了。以前他们断粮时还能从外国商人手里买，后来，曾国藩通过朝廷与外国人交涉，不准城里的外国人卖粮给太平军，这样一来，他们就真正地弹尽粮绝了。

杨辅清对陈玉成说："看来，我们唯一的指望就是等忠王在武昌发动攻势了，那样可以吸引曾国藩回援。"

陈玉成此时才意识到自己犯了错误，但同时他对李秀成也充满怨气。一向沉稳的陈玉成说："别指望了，忠王已东返江浙了，路过这里也没有来助我们解安庆之围。"

黄文金说："现在大家都忙着扣自己的地盘了。"

陈玉成说："说这些已没有用了，我们为解救安庆尽最后的努力吧。"

陈玉成重新布置了兵力，他和辅王杨辅清由清河、三桥头一带出击，林绍璋、吴如孝一路从桐城西进挂车河，黄文金部从东路绕到鸡公庙、麻子岭，三路同时向安庆外围之敌攻击。

曾国藩在安庆也做出了孤注一掷的决定，他把粮食看得尤其重要，他对众将领说："饿也要饿死城里的长毛。"

安庆城里早已闹开了粮荒，守城的士兵全都集中在城墙上，个个饿得站都站不直，他们已经吃了好几天树皮了。

九月的一天，湘军往挖好的地道里放入火药，不一时，只听轰隆隆一声巨响，待硝烟散去，只见城墙倒了十几丈，湘军从倒塌处蜂拥而入。太平军与湘军在北城展开白刃战。守城的士兵虽勇气可嘉，但湘军却越战越勇，已经几天没吃粮食的太平军将士纷纷倒下。

安庆失陷了。

洪秀全一得到安庆失陷的消息，急得一连几顿饭都没吃，他把洪仁玕叫到天王府，脸色难看地质问洪仁玕："安庆丢了，怎么办？安庆是天京的钥匙，是安徽的屏障啊！"

洪仁玕也很沉痛，他知道，安庆一落入敌手，天京立即危急，安庆一日无恙，天京一日无险。如今他只能回答知罪，只能令英王他们再想法夺回，但洪仁玕也深知，这已是不可能的了。洪仁玕知道洪秀全对他已经失望了，他伤心自己未能力挽狂澜。

洪秀全说："失了安庆，我得有所重罚。这样吧，军师你先别当了。"当即降洪仁玕为精忠又副军师，他认为不这样无以公平治天下。

洪仁玕心悦诚服地接受了洪秀全对他的处罚，他还在为天国的未来着想，于是就问："不知陛下想用谁来主持军政大事？"

洪秀全试探地反问道："你看呢？"

洪仁玕说："陈玉成吧，非他莫属。"

洪秀全哼了一声说："非他莫属？丢了安庆的事我还没有追究呢，怎么能让一个败将来提理军政大事呢？让林绍璋进京吧。"

洪仁玕大为意外。无论从哪方面来考虑，也轮不上林绍璋呀。洪仁玕对林绍璋并不了解，但他也听人说起过。当年，林绍璋带两万精兵守湘潭，结果让塔齐布、王鑫打得惨败，只带几百人逃到靖港。这是太平军与刚刚出世的湘军打的第一仗，以林绍璋大军的全军覆没为终结，石达开当时就想杀了他，后来因为靖港小胜，才只是免了他的职。这个人岂能总揽太平天国的军事大权？这可真是山中无老虎，猴子称大王了。这话洪仁玕当然不敢对洪秀全说出来，他心灰意冷了。他的灰心不在于安庆的失守，而在于天王用人只看一时一事，这是最让他伤心的。更让洪仁玕瞠目结舌的是洪秀全对陈玉成失去了信心，天王不但要对陈玉成革职，还要从陈玉成的部将里选一些人封王。

主将要为战败而革职，部将却要加官晋爵乃至封王，这怎么说得过去呢？

洪仁玕力劝无效，甚至危言耸听地提示了滥封王的后果不堪设想。但洪秀全有他的道理，他想让皖北重振雄风，就要重新招兵买马。不给一个王的封号，谁肯卖命？没有王的旗号，有什么号召力？

洪仁玕知道劝也没有用了，不禁暗自叹息。他看着要被封王的名单说："有些人是不够封王的，骤然封王，我以为弊大于利。还请天王三思。再说英王部下一下封了这么多，那忠王手下封不封？这会不会引起新的震荡？"

洪秀全说："安庆一战，陈玉成所部精锐死伤殆尽，部下又流言四起，不广施爵赏，无法安定人心，也许这些人里有后起之秀能替代陈玉成。"

洪仁玕说："恐怕无人能替代陈玉成。这次安庆失利，不能只让陈玉成一人受过，这里有很多因素……"

洪仁玕的话还没说完，洪秀全就显得不耐烦了。在洪秀全看来，洪仁玕这个书生实在担当不起大任，他哪知道我封王的真实意图呀。等到洪秀全给李秀成的部下封王时，洪仁玕才看出王号在天王心目中只是一张张牌罢了。

一日，洪秀全刚走进便殿，傅善祥就拿来一份表章，他以为又是什么让他头痛的事，没想到傅善祥说："这是朱衣点、吉庆元联合六十八位跟石达开出走的将领们给天王上的表章。"

原来这六十八位将领跟石达开走到广西后，对他那种东一下西一下的打法再也不能忍受了，他们离开石达开万里回朝，已先后到了陈玉成、李秀成麾下。表章上说，他们愿听天王驱策，无不竭尽心力，永不图报。

洪秀全当即对傅善祥说："下诏嘉许，将朱衣点、吉庆元部命名为天扶军，统归李秀成指挥。"

傅善祥答应马上拟旨后，洪秀全又问："石达开现在还有多少人马？"

傅善祥说："只有天台宰赖裕新所部一万余人了，石达开自己有亲兵万余。现在清兵在后面穷追不舍，石达开正一步步走向绝地了。"

洪秀全得意地说："你看见没有，这就是背主的下场。"

朱衣点等率部万里回朝，当然是件让洪秀全高兴的事，可在高兴之余，他不免生出些担心。

洪秀全说:"你知道'众建诸侯而少其力'的道理吗?"

傅善祥当然明白。她知道,这下天王该给李秀成的部下封王了,封王不过是为了分李秀成的权势。但她没想到,洪秀全一下子会封那么多王。傅善祥认为,这些要封的人里,大多数都不够封王的资格,她想让天王再斟酌一下。

洪秀全说:"有先例的嘛,陈玉成部下不都封过了吗?"

洪秀全认为,权力过于集中就是祸患之源。而今李秀成、李世贤兄弟拥兵百万,占据苏、浙富庶之地,他又听说,李秀成在苏州的忠王府比天王府还阔气,这不都是要出事的先兆吗?

傅善祥的心也凉了。说来说去,还不是对李秀成不放心。这个天王啊,杨韦之乱以后他再也不相信任何人了。想到此,傅善祥在心里说不知道石达开部将的返朝,是不是给李秀成带来了祸患。

谁也没有想到,洪秀全的滥封王位自此一发不可收拾,至他死去,竟为太平天国前后封了两千七百多个王。洪秀全起初是为了削弱英王、忠王的势力,让他们彼此受牵制,但他忘了这样势必造成内部矛盾,离心倾向严重,致使军令政令都不能统一实施。

(六) 石达开兵败

今日之局面,是石达开怎么也没有料到的。

当初,百官上表也好,天王下五道金牌召他也好,都不能打动石达开的心。那时,追随他的各路大军到达安庆时,总数达二十余万众。那时,石达开的内心是充实的,他为自己有如此大的号召力兴奋不已,他自信他能把将士们引入真正的天国。然而,连他自己也没有想到,由于远离太平军的主战场,他的精兵悍将从此陷于没有后方的流动作战的困境中。从江西而至浙江、福建,屡战屡败,军威从此不振,跟从者愈来愈少。他知道他面临的处境是他一手造成的,可他宁愿当一个铁骨铮铮的末路英雄,也绝不走回头路。一些人回去保洪秀全是因为看到他已是穷途末路了,既然这样那就各奔前程吧。石达开对此并不太在意,他伤心的是,跟了他十几年的牌刀手汪海洋也随大军离去了。

一八六三年五月,石达开为了实现在四川称雄的计划,率部到达四川西昌马道子,他想从马道子直接向大渡河挺进。此时的石达开已经是强弩之末了,兵越打越少,人心越打越散,想过河,没有战船,没有水师,困难重重。而这时四川总督骆秉璋已派各路追兵在后面追来，为了甩掉追兵，他们每天都在疲于奔命。

部将们一听说要过大渡河，都面有难色。大渡河与凶险、死亡是紧紧相连的。这条湍急的大河，从雪山奔腾而下，向南流经泸定再折而东流，由乐山流入岷江，它的两岸全是险峻的石崖峭壁，在后面的追兵紧咬着不放的情况下，过大渡河无疑是一次历险。

石达开以为，越是奇险，才越能出敌不意，发挥石达开部"善涉奇险、蹑幽径"的特长。他不顾部下的再三反对，执意要过河。

石达开选定的渡河地方叫紫打地，属于土司王应元所管辖，前有大渡河，左有松林河，右临老鸦漩河，东南是高山峻岭，可以说四面皆为天险。在这里过河，过去是侥幸，一旦不能快速过河，则必陷入绝路。石达开用兵多年，这一点会看不出来吗？但他正是有意挺进奇险之地的。他对部下们说，大渡河自古就是难以逾越的天险，越险，清妖越不设防，我们便可长驱直进，从大渡河北岸直取川西，攻占成都。有了都江堰富裕之地，便有了基地，那时再图向内地进攻。

石达开的话说服了部下，可他却没有料到，骆秉璋早已侦知了他的计划，骆秉璋紧急调动各路人马，在大渡河沿线十三处渡口统统设防，只等着石部前来受死了。此时，张遂谋再次对石达开说："对岸清妖已层层布防，我们抢渡这样的天险怕不易成功。"

石达开对此仍不改初衷，他说："当此之际，唯有渡河才是生路。"他指挥大家造船扎筏，但几次抢渡都没有成功，死伤一万多人。到了这个时候，石达开只好想法突围了。清兵见石达开的大势已去，竟越战越勇，石达开部队的突围连遭惨败。这时兵马死伤大半，弹尽粮绝，将士们始而杀马而食，继而用桑叶充饥，而追兵又破了石达开的大营，石达开妻妾五人，抱着两个孩子，手挽手一起投河自尽了。

进退无路时，敌军竖起了"投降免死"的大旗，并派杨应刚、王松林出面劝降。

杨应刚奉骆秉璋的意旨，对石达开说了招降的条件。说是只要放弃抵抗，翼王就可以回原籍退隐，所部将士遣散为民，回家安居乐业。

石达开的心里很乱，他望着咆哮的大渡河水，喃喃自语道：真的是到了绝路了吗？

骆秉璋最怕的是与石达开对峙下去。他与太平军打了七八年的交道，深知太平军的顽强，他抛出劝降的诱饵是有针对性的。他听被俘的太平军士兵说，石达开最讲义气，吃软不吃硬。既如此，他就不会让陷入绝境的士兵尽数战死。他派杨应刚劝降，也不过是为了试一试，没想到，他的诱降计划意外地得到了回应。

石达开在信中说，他愿意自身一死，以换取三千残余将士的性命。

骆秉璋立刻指示杨应刚，告诉石达开，洗马姑清营是受降地点。

石达开带着他五岁的儿子石定忠等人来到了清营。石达开没想到骆秉璋会言而无信，余下的不足三千将士，竟被清兵一概屠戮，石达开被押解到了成都。在被审讯时，他谈到起义斗争的情形，历历如绘，英雄之气溢于言表。年仅三十一岁的石达开，在成都被凌迟处死时，神色怡然，枭杰之气见诸眉宇。

（七）陈玉成牺牲

安庆失陷以后，陈玉成退守庐州，打算死守庐州，作为天京的犄角。

安庆之役，使曾国藩和他的湘军名噪天下了，坐镇安庆的曾国藩把下一个目标定在了庐州。他知道胜保正在加紧围攻庐州，想抢头功。曾国藩不能让胜保坐收渔人之利，他不动声色地运兵过去，他觉得，自己在安徽大战中九死一生，还搭上了六弟的性命，陈玉成最后的覆灭只能由他来完成。

除了军事上的进攻外，曾国藩又运用了反间计。他诱降韦俊，已领略到了不战而胜的滋味，这一次他利用的是苗沛霖。

早年苗沛霖是安徽凤台山的一个落第秀才，以办团练起家，当过清廷赏给的候补道，后来投奔了太平军，在陈玉成手下供职。陈玉成对他非常信任，还亲自写奏章为他请封，洪秀全真的封了他个奏王，又赏了他三个王娘。按说，苗沛霖该知恩图报，但这个势利小人见陈玉成大势已去，早与胜保、曾国藩眉来眼去了。

曾国藩一下选中苗沛霖，这是因为他看出来，苗沛霖是个利欲熏心、反复无常的小人，小人不可信任，但可以利用。曾国藩对他许下重金高官后，他就对陈玉成抛下了诱饵。

苗沛霖

原来，苗沛霖给陈玉成出了个主意，说庐州是孤城难守，兵家大忌，还说他在寿州能招募几万兵马，一旦陈玉成来到寿州他还可进击汴京。这对急于重整旗鼓的陈玉成来说，的确太有诱惑力了。

此时，坐困危城的陈玉成并没有消沉。他虽然被革去职权，可虎威仍在，皖省太平军将领还都能自觉地听他提调。此前陈玉成已派几个部将率部北上，去会合征北主将、由捻军过来的张乐行，一起攻打颍州府，同时又令赖文光等几路人马渡淮河向豫陕作战。陈玉成选择的是清廷防守薄弱的地方，以图有所发展。但他守的庐州却为胜保和荆州将军多隆阿马队、步军团团围困。他也曾想过让张乐行、陈得才等人回兵救他突围，这又与他向天王表示的"愿老于庐城"的决心相悖，而且那几支兵也因受清兵所阻，未能接近庐州。

就在这时，苗沛霖建议英王退出庐州去守寿州。陈玉成马上召集紧急会议。

陈玉成太急于破围而出了，他一开口就说"苗沛霖真有韬略，我非到寿州不可。"

既然如此，还有什么可议的？众将领都把目光投向了曾晚妹。那是无声的语言，他们想，只有曾晚妹说话有分量，显然没有人同意放弃庐州。这不是因为庐州坚不可摧，也不是寿州有什么危险，只是对苗沛霖不信任。

曾晚妹说："苗沛霖这人反反复复，不可信。"

陈玉成说："怎么能这样说人家，我不问从前，只论今天，他是太平天国的奏王！"

曾晚妹一带头，众人都说这个苗沛霖近来行动鬼鬼祟祟，对他的建议不可不防。陈玉成被大家你一言我一语地弄得有点不耐烦了，他大声地说："我陈玉成用兵以来，战必胜，攻必取，虽虚心听受良言，但此次你们所说，完全没有根据，我已决心去寿州。"

陈玉成鬼使神差地放弃了庐州。

一八六二年五月十五日，陈玉成赶到了寿州城下。为防万一，曾晚妹率一千人马故意与陈玉成拉开一段距离。

苗沛霖和侄子苗景升开了城门，在城门口相迎。苗沛霖满脸堆笑地说："英王辛苦，快请入城。"

陈玉成高兴地说："有了寿州，得图大业，首功是你苗沛霖的。"

苗沛霖说："同是为了太平天国嘛。"

当陈玉成率亲随百余人走过吊桥，大队人马正待入城时，忽然听咔啦啦一阵巨响，吊桥撤除了。陈玉成大惊，厉声喝问："苗沛霖，你想干什么？"

直到此时陈玉成才知中计，可已经太迟了。就在陈玉成的牌刀手们拉开阵势准备与敌决斗时，城内伏兵四起，杀声震天，顷刻之间陈玉成的亲随都倒在了血泊之中。城外，曾晚妹等人一见大事不好，立刻攻城，可苗沛霖早有准备，只见乱箭齐发，火药向城下猛掷，他们已无法取胜入城了。

苗沛霖望着陈玉成大笑道："对不起了英王，我想立功，只有拿住你才是最大的功！"

陈玉成厉声骂道："苗沛霖，你这个无耻小人，众人都看出你是个卑劣之徒，唯独我陈玉成瞎了眼，想不到我英名一世，叫你暗算了。"

苗沛霖不敢把陈玉成等人押在寿州，他怕太平军皖省各部与他拼命，连夜就把陈玉成用重兵押往颍州请功。

胜保终于有了露脸的机会，他乐不可支地立刻提审陈玉成。他没有想到陈玉成这么年轻，又这么英俊。他见陈玉成昂首阔步地走进来，就想给他个下马威，一拍桌子大叫："长毛成天豫，跪下！"

陈玉成轻蔑地一笑，说："我不是成天豫，我是太平天国的英王，岂能给你下跪？何况，你胜保向来是我手下的败将，我偶为小人所害，落入你手中，并非败在你手下，我为何要跪你？"

陈玉成那双犀利的眼睛在几十个翎顶辉煌的官员中看到了苗沛霖，陈玉成向他走了几步，大声说："苗沛霖，你这条走狗，迟早有人来收拾你的。"

曾国藩一听说陈玉成被俘，急忙从安庆来到颍州，并对胜保说，他想单独审陈玉成。胜保对曾国藩的到来并不高兴，可又不敢这惹这位权力炙手可热的人物，他已抢先向朝廷奏报过了，所以也不怕曾国藩抢功，就顺水推舟地说："也好，我也懒得与陈玉成磨嘴皮了。就有劳曾大人去审了。"

陈玉成被带来后，曾国藩立刻将打手们全打发了，他对陈玉成拱拱手说："英王别来无恙啊？"

这令陈玉成大为吃惊，举目细看，才认出是曾国藩，同时发现他已换了仙鹤的官服，头上也拖了少见的三眼花翎，今非昔比了。陈玉成说："是你呀。你脑后都插上三眼花翎了？这是你杀太平军杀得太多，清妖皇上对你的奖赏吧。上次高河埠见面，我还讽刺你说，满主子并不把你当回事，这回不一样了，你节制四省，顶两个总督了，真是今非昔比了。"

那年，三河镇一役，曾国藩的六弟曾国华被打死，陈玉成把曾国华和李续宾的尸体在高河埠交还给了曾国藩。那时，曾国藩就对陈玉成有极好的印象，他以为陈玉成没有借机杀他，是为了将来留一条后路，如今，曾国藩觉得是陈玉成用那条后路的时候了。

曾国藩没有在意陈玉成对他的讥讽，还搬来椅子让他坐下。曾国藩说："我敬你是个英雄，也有惺惺惜惺惜之意，你相信我说的是真的吗？"

陈玉成说："你想招降我，是吧？你存了这个心，那可能是对我好，为的是拿我当诱饵，再去诱降别的太平军将士，是不是这样？大帅的算盘打得够精明，可你失算了。你把陈玉成看得太有价值了。我所以有价值，那是因为我身上有太平天国人的浩然正气，有天朝人的硬骨头，我若降了你，就像一条抽去了脊梁的狗，太平天国的人都会唾弃我，提到我的名字都会恶心，我去招降他们，他们会来吗？"

曾国藩被说得哑口无言，半天才说："我真是希望为你留条后路。"

陈玉成说："你是读书人，岂不知文天祥的正气歌吗？人生自古谁无死，留取丹心照汗青。你该成全了我的名节。"

审完陈玉成，曾国藩不想与人说话，胜保招待他吃饭时说："看曾大人的神色，那陈玉成依然不识好歹，是不是？"

曾国藩没有回答，他说："长毛失去了陈玉成一人，江山也算丢了一半了。"

胜保及在座的官员，对曾国藩这句话不胜惊讶。

处斩陈玉成那天，颍州大校场如临大敌，城墙上布满了清兵，校场四周也是重兵把守。当陈玉成的囚车从大街上经过时，陈玉成谈笑自如，他昂着头大声说："皖北的父老兄弟们，多年来，你们为太平军提供了诸多帮助，陈玉成在此多谢了。我陈玉成虽死，可太平军还会打回来，耕者有其田、人人幸福的天堂一定会到来……"

行刑前，陈玉成接过刀斧手递给的一碗酒，一扬脖一饮而尽。他把空碗抛向了空中，空碗落地前陈玉成高喊了一声："愿天国昌盛！"

这位太平天国顶天立地的英雄，牺牲时年仅二十六岁。

（八）撤离天京

你拥有他，不一定知道他的价值，失去了他的时候，才猛然惊觉，你的损失是不可弥补的。陈玉成的被俘、被杀，对于洪秀全来说，就是这种感受。

洪秀全在上书房里骂人，先骂李秀成"拥兵自重，只顾看守自己的地盘"，接着骂捻军的张乐行见死不救，他清楚，失去陈玉成，对太平天国意味着什么。他沮丧地说："这不是北天折柱吗？没有陈玉成，朕倒了一面屏障啊！"

洪秀全心里一阵阵后悔，他哭了，他是真心地哭了。

安庆失守、陈玉成被杀，太平军在西线的精锐丧失殆尽。湘军乘机向天京进逼，外国侵略者也加紧了向太平军的进攻。太平天国面临着极其严峻的局势。

曾国藩掌握了苏、浙、皖、赣四省军政大权之后，更加热衷于报效清王朝，决心掀天揭地做一番大事业。他自己坐镇安庆，指挥全局，派出三路大军向太平军的最后基地——苏浙地区大举兴兵。第一路，是他的弟弟曾国荃率领的湘军主力，进攻天京；第二路是左宗棠率领的楚军，进犯浙江；第三路是李鸿章的淮军，进驻上海，以图苏州、常州。

天京在曾国荃的围攻下，几度告急，但各路战火正酣，又抽不出多少人马来援助。洪仁玕分析了天京和苏浙一带的形势，他向李秀成传达了洪秀全的旨意，不能置天京的安危不顾。李秀成此时正攻打上海，他讲了一大堆的困难，最后才答应说，待新购的一批洋枪洋炮一到，马上来解天京之围。洪秀全心里很不痛快，不禁感慨万分。如今封王也封了一大堆，太平军号称百万大军，却总是四处告急，而当初起义时，才几万人，所到之处如摧枯拉朽，而今连个李秀成都不听指挥了，这到底是什么原因呢？洪秀全真是弄不懂了。

其实，李秀成并非像洪秀全想的那样对他不忠，他一回到前线，李鸿章就联合英法士兵的洋枪队，攻打苏浙太平军所占城市，其势凶猛，如果他此时回援天京，苏浙各城就有可能丢了。为表白自己对天王的一片忠心，他叫族弟把家眷，包括老母亲在内，全都送回天京了，那意思是说，天王信不着我，有我的家眷为人质。

苦苦等着李秀成援兵的洪仁玕和傅善祥，在城楼看到来的是一群妻儿老小，就明白李秀成来不了啦。他们心照不宣地都有了几分寒意。为挽回面子，他们对李秀成派来的人说："忠王太多心了，天王既然封他'万古忠义'，断无不信任之理。"

洪秀全又骂洪仁玕指挥不当，命他到安徽奔走，希望能调来一支生力军援救天京。

此时，李秀成所部着实吃紧，他正面临四处救急的关头，同时他又认为，只有把外围战打好，天京的压力自然就会减轻。但他面临的却是强大的敌人。

英、法公使与清廷达成联合镇压太平军的协议后，驻上海的英军、法军以及华尔的洋枪队向太平军驻地猛烈进攻。一八六二年六月九日，英国海军司令和华尔带着增援部队抵达青浦，谭绍光领兵与洋枪队激战。

谭绍光怕他的士兵叫洋人的阵势吓住，就组织了二百人的敢死队，把新购进来的洋枪集中起来。谭绍光集合起来的这支队伍全是指挥官。他赤膊上阵，号召太平军不要畏惧洋枪队的猛烈炮火，他举着一条长枪说："打下青浦我给各位请功，谁后退半步，我可不客气。"

敢死队在主将谭绍光的率领下冲向了青浦城，慕王的大旗引导着这支冲锋队勇敢向前。守青浦的洋枪队胆怯了，城外法国海军的第一道防线很快就土崩瓦解了。谭绍光的敢死队一路呐喊着冲进敌人的营垒，法国兵、英国兵，四散而逃。这一战，击毙了法国海军上校卜罗德，还俘虏了洋枪队副统领法尔斯德，而谭绍光的部队伤亡却出奇地少。谭绍光得意地说："这就叫软的怕硬的，硬的怕不要命的，对付洋枪洋炮就得这么干。"

打下青浦，上海也就指日可待了，可此时李秀成调集了十几个王的军队要赶回天京，只留下谭绍光、陈坤书稳住上海。谭绍光只得守住青浦、嘉定、太仓一线，暂与洋兵对峙。谭绍光为功亏一篑没能拿下上海而深深叹了一口气。

原来，洪秀全并没有因李秀成把一家老少送回天京而收回成命，他以前所未有的口气，令李秀成星夜赶回解天京之围，如再抗命，则要处死他。李秀成还能说什么呢？他不得不错过了攻下上海的有利时机，率军回援天京。

李秀成挥戈西指，不日，兵临天京城下。他联合十三个王的部队，督率四五十万大军，在天京城下展开了一场大会战。这场会战从十月十三日开始，到十一月二十六日结束，共持续了四十六天。这场会战，一方是太平军的重兵，兵锋正锐；一方是湘军主力，将悍兵凶，所以，从开始就打得空前激烈。

太平军在五六十里的广阔阵地上，环攻曾国荃的湘军。这个时候太平军不仅在人数上占优势，也拥有一些洋枪洋炮，因此战斗的攻势相当猛烈。昼夜的环攻，更迭进击，湘军往往只有招架之功，没有还手之力，曾国荃面部受伤，险些送命。然而，这时太平军也面临着极大的困难。大军云集，粮草奇缺，加上诸王各争雄长，指挥不灵，难以持久攻坚。湘军虽一败再败，却仍有锐不可当之势。曾国荃执意要拿下天京立头功，甚至连援军都不想让来。曾国藩明白他九弟的心思，便把银两及粮草源源不断地往天京城外送，同时，还为曾国荃置备了洋枪洋炮，这下攻打天京的湘军更是如虎添翼了。

李秀成见此情形，恐再战仍无结果，便让大军主动撤离天京。

一八六二年十一月二十六日，李秀成分兵几路退走，为此洪秀全大骂李秀成无能，他让洪仁玕赶紧拿出个办法来。洪仁玕知道李秀成的难处，他对傅善祥说："现在苏州那面也吃紧，清妖又勾结洋人对付我们，忠王天京、苏州两面奔命，也够难的了。"

傅善祥知道这是各自为政的结果，就劝天王把王分成几等，洪秀全接受了她的建议，可洪仁玕认为这已是亡羊补牢了。

苏州的确到了紧要关头。戈登的常胜军和李鸿章的淮军一齐攻陷太仓、昆山、吴江等地后，常熟守将又向李鸿章献城投降。李秀成明白，常熟一丢，苏州北部就等于撕开了一个口子，他决定亲自去攻打常熟。由于淮军和"常胜军"的支援，李秀成久攻常熟不下，西线战场又告急，李秀成不得不奉天王令又一次返回去保卫天京。天京形势稍有好转他又折回危在旦夕的苏州。李秀成在刚刚建成的忠王府里召开了第一次也是最后一次的军事会议。他坐在大殿正面高悬着的"热血千秋"的匾下，心情极其复杂地对将领们说："大兵压境，苏州已成了孤城，已无法再守，何况天京危难，天王一天几个诏旨下来，我只能将太平军悉数撤走。"话是这么说，可李秀成并不想放弃苏州，他想征求各位的意见。

慕王谭绍光说："我愿死守苏州，战死为止。"

李秀成说："好吧，你留下，其余各王均归你节制。"

一八六三年十二月一日，苏州下了一场罕见的大雪，李秀成在这一天带兵离开了苏州，他对来送他的谭绍光说："我本不想让你留下，我明知你守不住，这是在难为你呀。"

谭绍光说："苏州再丢了，天京更危险了，李鸿章就会长驱直入，与曾国藩合兵一处攻打天京。我愿守到一兵一卒，城破玉石俱焚，誓不生还。"

李秀成抱住谭绍光，两人失声恸哭。

谭绍光抱了誓与苏州共存亡的信念，可他却没有想到他会死在忠王府里，而不是战场上。

李秀成留下的其余八个王早已对太平天国失去了信心，郜永宽等人已与李鸿章在城北阳澄湖上会了面，商议将苏州献出。他们联合起来去劝谭绍光时，谭绍光勃然大怒，他大义凛然地说："我生是天国人，死是天国鬼，岂能与你们这班鼠辈为伍，玷污了我一世的清白！"

"那就对不起了！慕王。"说着，汪安均第一个向谭绍光开了枪，接着，几个人同时向谭绍光开枪。谭绍光的血溅在了"热血千秋"的金匾上。

苏州城不攻自破。

李鸿章进入苏州后，郜永宽、汪安均等人紧随其后，热情地为李鸿章介绍各处的防务。他们一行人来到忠王府时，郜永宽谄媚地说："谭绍光就是在这儿被打死的。"汪安均急忙说："是我先向他开的枪。"他们急于表功是想得到新主子的赏赐，没想到李鸿章看着"热血千秋"匾上的血迹，嘴角一抽说："你们怎么不学学谭绍光呀？"汪安均等人还没明白李鸿章这话是什么意思，只听李鸿章对手下人说："把这几个降将拉出去斩了。"郜永宽、汪安均等人大喊冤枉，李鸿章连眼皮都没有眨一下，并且命手下人选个好地方厚葬了谭绍光。

天京方面，为了摆脱困境，李秀成提出了"让城别走"的建议，劝洪秀全放弃天京，取道江西和湖北，会合陈得才、赖文光率领的太平军，攻取中原，复兴大业。这显然是一个明智的建议，可洪秀全却不愿意采纳，并且骂李秀成无能。在这种情况下，李秀成只得被动守城。

天京城一直扭转不了缺粮的局面，洪秀全为了鼓励城中军民，竟然带头吃起"甜露"来，他声称这是上帝天父的昭示。什么是甜露呢？是一种叫菊花脑的植物，这种东西连房檐上都长。

（九）洪秀全病亡

自从吃了甜露，洪秀全原有的病就更重了，他又不肯服药，几个月下来，便无药可治了。

一八六四年六月一日，天王洪秀全终于被天父收去了。

洪秀全死后，太平天国的形势急转直下，七月三日，湘军攻破太平军在城外的最后一个堡垒——龙脖子，也就是紫金山上的地保城。天京完全处于敌军的包围之中了，此时，再想让城别走已是不可能的了。

湘军在龙脖子山和南京城墙之间用大量的蒿草、灌木填上，同时，还分别从几处挖掘地道，企图为轰塌城墙做准备。

李秀成、洪宣娇为阻止敌人挖地道，几次冒险冲出去破坏，都因寡不敌众又退缩回去。七月十八日晚上，李秀成对洪宣娇等人说："天京城破就在这一两天了，做好准备吧。"

做什么准备呢？与天国共存亡是他们每个人唯一的选择。但洪宣娇和傅善祥对李秀成说，你必须保护幼天主逃出去，去找洪仁玕，丢了天京不能倒了太平天国的大旗。洪宣娇让李秀成率机动兵力准备突围，她带女营接过了全部城防。

七月十九日，湘军通过地道埋放火药，曾国荃一声令下，城墙被炸开二十多丈。湘军潮水般地冲了过来。洪宣娇率领的女兵一排排地冲向豁口处，与清兵展开格杀。一时间杀声震天，女兵们的兵刃直砍得湘军的大炮都失了声，兵勇们团团围住所剩无几的女兵后，斜刺里又杀出一队女兵，把湘军兵勇砍倒无数。毕竟是寡不敌众，不多时，二十几丈的豁口填满了女兵的尸体。

城外，曾国荃看呆了，下令："大炮猛轰，我就不相信这些女人比城墙还抗打！"

洪宣娇见大势已去，就和女营剩下的士兵一起跳到早就准备好的干柴上，一把火让她们的身体和天京城一起消失了。

天王府里，傅善祥静静地服下毒药。这个被人称为太平之花的女状元，听着湘军杀人的声音，慢慢地让她的躯体离开了天国。

公元一八六四年七月十九日，潮水般的清兵终于攻占了天京城。

湘军破城之后，对天京军民进行了疯狂的报复。曾国荃纵兵烧杀抢掠，太平天国经营了十余年的天京，数日内便成了一片废墟。

天京破城之后，李秀成舍家别母，保护着幼天王冒死突围。李秀成见幼天王少不更事，且骑的又不是战马，就把自己的马让给幼天王，三更后他们从倒塌的城墙处冲出城外。湘军见有人冲了出来，拼死追击，一时营营发炮，处处喊声不绝，混乱中，李秀成与幼天王被冲散了。

幼天王乘骏马冲出重围，逃到安徽广德与洪仁玕会合。李秀成则因马不能行，未能逃离险境。他看天色已明，便弃马逃到山顶一座庙里。

李秀成又累又饿，一进庙便昏了过去。这时附近的百姓发现了他，百姓见他身着绣有忠王字样的太平军服，就知道这是他们早有所闻的李秀成，于是把他藏了起来。同是百姓，却有人为了那几个赏钱，把李秀成的下落告诉给了清兵。

李秀成被俘后，曾国荃让兵勇割了他的腿和胳膊，一时鲜血淋漓，李秀成却神色自若，一动不动。

活捉李秀成时曾国藩来说自然是天大的好事，他一时高兴，急忙上奏了朝廷。刚刚当政的慈禧太后接到奏章后也是高兴得不了，她与大臣们商定，让曾国藩将李秀成押送北京受审。此时曾国藩开始后悔了，他害怕李秀成在京受审时，拆穿他这些年夸大的战绩，就将李秀成暂时押在牢里。

在曾国藩的囚笼里，李秀成写了数万言的《李秀成自述》。

李秀成在自述里详细记述了太平天国的历史及他本人的经历，总结了天国失败的原因，称为十大错误。并提出了搜集太平军余部归降曾国藩的十种办法，称作招降十要。他以为曾国藩会因此放他一条生路，以图东山再起。可这个叱咤风云的英雄万没有想到，就在他写完《自述》的当晚，曾国藩竟秘密地把他杀害了。

李秀成被押到了燕子矶巨石上，他望着满天的星斗，觉得没有什么可遗憾的，甚至还有一种无以名状的高兴，仿佛这是他的新生。他唯一后悔的是自述里的那几句话，也许会给自己留下千古骂名，可他却从没有跪下乞求活命，他从天京危机开始就下定决心与太平天国共存亡了。他问心无愧。

曾国藩问他还有什么话说。

李秀成仰天说道："我活了四十一岁，不算短了。若是真有来世的话，我不会让太平天国犯那十个大错。"可他知道，不会有来世了，今生的缺憾必定是永恒的，无法弥补的。尽管如此，他的笑还是那么从容。

刀斧手挥刀的那一刻，惊飞了无数鸥鸟，与此同时，宽阔的江面仿佛凝固成一面巨大的镜子，映射着李秀成如柱而喷的鲜血。英雄倒下时，江面轰然炸响，继而又滚滚向东流去。

长江的流水记住了李秀成，记住了所有死去的英雄，把太平天国隽永地写进了历史。

第二次鸦片战争

历史的长河奔流到 19 世纪，大清王朝的命运已如落日西沉。

如果说鸦片战争的炮火，并没有完全打掉清朝统治者虚骄自大的心理，年轻的咸丰皇帝对外还没有完全服气和认输，但"弧矢威天下，威棱震寰海"的时代毕竟已成过去。船坚炮利的西方侵略者给道光帝造成的痛苦和耻辱，咸丰还记忆犹新，所以仇恨与疑惧之中，他对一切西方人都保持着高度的警惕。他曾幻想"万年和约"（时人对中英《南京条约》的称谓）能维持中外相安，待国运中兴后，他是不会忘记要为皇父报仇雪耻的。

然而，腐败的清王朝既然没有在鸦片战争的炮声中惊醒，那贪婪的西方殖民者，更不会因一纸条约而满足。

咸丰四年（1854 年）夏，英、法、美三国借清政府在各地农民大起义的烽火中焦头烂额之际，相互勾结起来向清廷提出了"修约"要求，主要内容为：一、中国全境开放，否则，至少要开放镇江、南京、杭州、温州，并准许长江通航；二、承认鸦片合法贸易；三、废除内地子口税；四、外国公使驻北京，如不可能则应允许外国使节与中国总督直接会晤，并规定外使与清政府之间公文往来办法。其中，美国公使麦莲还以协助清王朝镇压太平军为诱饵，游说沿海地方大吏。咸丰对此疑而不信，认为夷人犬羊，居心叵测，当此江南不靖，难保不是趁火打劫。于是，他对列强要求改约一事，提出了应对的原则，即：

仍当坚持定约，杜其妄念。既不必激其另生枝节，也不准迁就了事，更不能示之以弱，露有羁縻之形，总宜不亢不卑。

并反复诏谕负责对外交涉的两广总督叶名琛："断不容以十二年变通之说，妄有觊觎。接见洋官等仪文，仍当恪守旧章，不得以洋官等有相待稍优之请，少涉迁就，以致驰其畏惮之心。"

在此之前，为防备上海小刀会起义军与外人勾连，咸丰还密谕江苏巡抚许乃钊等人，"严饬各员弁，明攻'逆匪'，暗防外夷，星速督兵进剿"，尽快平息小刀会起义。结果，许乃钊未能按咸丰的旨意办事，降旨革职；苏松太道吴健彰"通夷养贼，罪情重大"，被革职拿问；后继者江苏巡抚吉尔抗阿认为三国修约难以拒绝，奏请皇帝"略为变通"，亦遭到咸丰帝的严词批驳。

当时，最让咸丰帝满意的"外交人才"，是两广总督叶名琛。叶名琛是湖北汉阳人，进士出身，累迁至广东布政使，道光二十八年（1848 年），升任广东巡抚。因与两广总督徐广缙一起积极支持广东绅民抵制英人的入城斗争，而受到道光皇帝的嘉奖被封为男爵。广州人民反入城斗争的胜利，在道光晚年是一件极为欣慰的事情，时为皇子的咸丰对领导这次斗争的徐、叶二人亦十分感佩。所以咸丰即位后不久，便提拔45 岁的叶名琛为两广总督兼办理外交事务的钦差大臣。叶名琛的外交思想与清廷的对外政策不谋而合，他以雪大耻，尊国体为己任，坚决支持广东人民的反入城和反租地斗争。他在抵制外国侵略者的态度上尽管十分明显，但却从不主动向外人挑起衅端，同时在拒绝外国侵略的前提下，注意避免与之发生不必要的纠纷和冲突。因此，有人把叶名琛的广东外交称之为"防御型"的。其实，这正是咸丰帝不卑不亢的对外原则。咸丰五年八月，叶名琛在奏折中指出列强的修约内容为无厌之求后，咸丰为他打气说："览卿所奏各夷情状，实属明晰，亦能善体朕意，示以镇静，不但杜其无厌之求，并免另生不测，以致扰乱大局。卿其永励斯志，忍待军务悉平，彼时饷裕气复，断不任其狡狯尝试，时存窥测。"并赞扬他，虽远在东南一隅，但功勋卓著，与辅佐皇帝的近臣一样，"朕虽未与卿谋面，第往返批答，不啻千里论心。"

君臣二人都主张对外强硬，在内患未除的情况下，对外暂时隐忍不发，采取坚守成约，杜绝妄求的政策。但这种理直气壮，冠冕堂皇的对外政策，在弱肉强食的殖民主义时代是根本行不通的。要进一步打开中国的大门，用比《南京条约》更为有效的新条约来控制清政府，是资本主义列强既定的目标，而要实现这一阴谋，侵略者早已懂得：仅用孤单的行动而不伴以强大的军事压力，就没有希望从中国取得任何重要的让步。而以咸丰为首的清朝统治阶级，虽不乏对外强硬的抵抗态度，但却不谙世界大势，不研究外来的对手，更没有行之有效的防御措施，依然停留在"尊王攘夷""夷夏大防"等传统的思维定式中。在咸丰帝和大多数官绅心目中，中国是文明礼仪之邦，居大地之中，自古神圣皆成此地，而四裔皆为荒昧，西洋等国不过是海陬荒岛上的蛮夷之辈，只有中国皇帝才是天下万国的君主。"华尊夷卑"的思想，在咸丰的头脑中根深蒂固，所以他横竖放不下万乘之尊的架子。而把对外交涉的棘手差事，推到了远离京师的叶名琛头上，相信他"久任粤疆，熟悉夷情，必能设法驾驭，操纵得宜"。但常以雪大耻，尊国体为言的叶名琛，既不屑讲交邻之道，与通商各国相联络，又不曾考察各国之虚实向背，以求对应之法。而只是采取一避、二推、三拖延的消极办法。

咸丰六年（1856 年）二月，英、法、美三国再次提出无理的"修约"要求。咸丰只同意择其事近情理，无伤大体者变通一、二，其大段断无更改，以绝其觊觎之心。欲壑难填的侵略者见讹诈不成，于是图穷匕首见，同年十月，英国借口"亚罗号事件"，派军舰进攻广州沿江炮台。

第二次鸦片战争爆发。

内忧未靖，外患复来。同年三月、六月，在太平军凌厉的攻势下，围困天京的清政府江北、江南大营相继溃败，沿江处所，在在堪虞。咸丰既怕太平军再度北上，威胁京畿；又怕沿海骤起风波，影响军队饷源，所以他希望早泯争端，先挽救江南战局。但侵略者的无厌之求又使他无法接受，两难之中，咸丰束手无策，只是告诫叶名琛："不胜固属可忧，亦伤国体，胜则该夷必来报复，当此中原未靖，岂可沿海再起风波，宽猛两难之间，总宜计深虑远，弭此衅端，既不可意存迁就，止顾目前，又不可绝之己甚，复开边衅，如其仍肆器张，断不可迁就议和，如着英辈误国之谋"。

这仍是个无法执行的圣旨。但叶名琛依然忠实地执行了咸丰帝不卑不亢的对外态度，既没有向英国人妥协投降，也没有认真备战坚决抵抗，而是尽量避免对外战争。所以时人讽刺他是"不战不和不守，不死不降不走，相臣度量，疆臣抱负，古之所无，今亦罕有"。如果以此作为对叶名琛的评价，自然有欠公允，但如果以此对照咸丰的历道旨意，则它恰恰说明了在内忧外患当中，咸丰皇帝既要维护国体，又想安内攘外的一种首鼠两端、矛盾难为的外交路线。

咸丰七年（1857 年）十一月十四日，英法联军攻陷广州城，扶植广东巡抚柏贵，建立了中国近代史上第一个傀儡政权。深为英人所忌的叶名琛被俘后，颇具民族气节，他被英军押往印度加尔各答后，不改清朝服饰，拒绝英方供给，最后所带粮食告罄，绝食而亡。叶名琛是咸丰对外政策的忠实执行者，也是第二次鸦片战争当中，清王朝的第一个替罪羔羊。但咸丰帝在得知叶名琛失城被俘之后，气急败坏，往日的赏识、信任之情顿时烟消云散，他觉得广州失陷是由于叶名琛失之太刚，激成事变，而他的被俘又有损于大清王朝的尊严，所以，对外态度又由软变硬。一方面咒骂叶名琛"辱国殃民，生不如死，无足顾惜"。一方面斥责柏贵，失之太弱，"竟在夷人掌握之中，既不能抽身出城，带兵决战，又不思激励绅团，助威致讨，自取坐困，毫无措施，其畏葸无能，殊出意外"。

　　年轻气盛的咸丰皇帝对英法联军攻陷广州，掠走钦差大臣一事，非常恼恨。但内乱未除，兵饷奇缺，既不敢与洋人公开宣战，大张挞伐，又觉得有损天朝尊严，咽不下这口气。一筹莫展之中，咸丰又搬出了前朝"招民团练，辑民攘夷"的杀手锏，他想利用广东绅民的排外情绪，给洋鬼子们一点颜色。

　　咸丰八年初，不谙大局的咸丰帝一面密谕新任两广总督，钦差大臣黄宗汉对外采取"先剿后抚"的办法，调集兵勇，准备先与伊侵略者一战，然后再相机议和；一面通过湖南巡抚骆秉章转递上谕一道，命令正在广州原籍的前户部侍郎罗惇衍、前太仆寺卿龙元僖、前工科给事中苏廷魁等人，"传谕各绅民，纠集团练数万人，声讨英、法背约攻城之罪，将该夷逐出省城。倘该夷敢于抗拒，我兵勇即可痛加剿洗。该绅民等如能众志成城，使其受惩，正所以尊国体而顺民情，朕断不责其擅开边衅，慎勿畏葸不前也。"此时，咸丰帝并不清楚战争已迫在眉睫，英、法联军侵占广州的目的，一是要警告清廷，必须放弃以往的对外政策，接受修约要求；二是以广州为筹码，向清王朝勒索更大的权益。他天真地以为侵略者不过是虚声恫吓，如果一味迁就反倒失国体而启戒心。所以当英、法两国勾结美、俄联合向清政府提出照会，无理要求：赔偿军费；公使驻京；外人得自由往内地游历；增开通商口岸等。并威胁清政府，如果三月底以前不派遣钦差大臣到上海与之谈判修约，则举兵北上时。判断失误的咸丰帝依然态度强硬："此次夷人称兵犯顺，占据广东省城，现在又来沪投递照会，并言欲赴天津，显系虚声恫喝，欲以肆其无厌之求"。所以他对四国的答复是："上海本非筹办夷务之地，中国自有专办夷务之人，英法美三使应回广东，听候黄宗汉秉公查办，俄使则仍赴黑龙江等处会办"。

　　"八旗劲旅，天下无敌"的狂想，也许又在咸丰的头脑中复活了，他满以为津沽设防，远胜虎门要塞，英、法船只虽多，天津地势和民力，皆有可恃，一旦发生战争，"天津固不难制胜"。并且愚蠢地打算利用美俄以制英法，对首恶英夷尤其要正颜厉色，先声夺人：问其何以如此背约无礼，劫我大臣，占我城池，擅放狱囚，抢夺银库。天真的咸丰帝以为，这一连串义正词严的诘问，就能把侵略者吓退。其实，狡猾的俄、美两国公使，正是在"调停"的幌子下，不断恫吓和威胁清政府，迫其接受英、法的条件，以便他们从中渔利；当时直隶总督谭廷襄等人提醒咸丰：现在英、法阳示其恶，美、俄阴济其奸，强弱不同，其为贪得无厌，则均归一辙；特别是俄使异常狡狯，欲借英、法以便其私，其所云愿为帮助说合，断不可靠。但咸丰在疑惧之中，仍存侥幸心理，幻想用俄通美，以制英法，把希望寄托在俄、美公使的"调停"上。结果，在军事上不积极加强战备，在英、法侵略军突然袭击大沽炮台时，措手不及，致使敌军攻陷炮台，沿水路直抵津关。

气势汹汹的英法联军到达天津后，扬言如果清廷再不派出可主持一切的头品大臣迅速来津谈判，就要毁灭天津，前往北京。咸丰帝闻知后惧恨交加，急忙派大学士桂良，吏部尚书花沙纳前赴天津议和。惶恐之中，巡防王大臣绵愉等人认为耆英熟悉外国情形，便向咸丰推荐。年逾七旬的耆英为借此挽回自己的名望，在皇帝召对时极力陈说愿任其难。于是咸丰弃瑕录用，授耆英侍郎衔，赴天津与桂良等人一起主持谈判。咸丰的如意算盘是，耆英曾负责道光年间对外和约的签署，为西人所熟悉，如谈判中，桂良、花沙纳所许，夷人犹未满足时，耆英再出面周旋，酌允几条，耆英熟悉夷情，或许能消弥夷人进京之请。为此，咸丰还强调说，"接到此旨，不可先行泄露，此时桂良等人作为第一次准驳，留耆英在后，以为完全此事之人。"并连连诏谕，所有议抚事宜专归耆英办理，许其便宜行事，不必拘定与桂良等人会商，何事可行，何事不可行，耆英必有把握，朕亦不为遥制也。紧急关头，咸丰又捞起了八年前被他痛斥的这根稻草，把解救危局的希望全部放在了耆英的身上。

咸丰起用耆英，立刻遭到某些王公大臣的反对，恭亲王奕訢上奏说：耆英从前办理夷务，非委曲顺从，即含糊答应，畏夷如虎，视民如草，以致酿成巨患，流毒至今。其人畏葸于前，未必能振作于后。是在皇上乾纲独断，凡必不可允之条，即百计要求，也不能因耆英代为乞怜，而稍涉迁就。应请严敕该员，务须正名问罪，而后俯顺夷情，不可蹈从前覆辙，傥一味示弱，或致敷衍了局，则惟耆英是问。咸丰览奏后，心有苦衷，但洋人兵临城下，不得不通融办法，只好再次叮嘱耆英："务必尊国体而敢戒心，若将万不可行之事代为乞恩，耆英具有天良，当不致为他人所逆料。朕畀以重任，冀其仰体朕心也，懔之！慎之！"

但咸丰帝的满腔希望，很快便成为泡影。

当英国公使获悉，耆英此次企图通过支持桂良、花沙纳所持的强硬态度来改变他自己的形象时，担心耆英的介入会给他们的逼降带来麻烦。于是和法国公使一起，拒绝与耆英会面，并授意译员李泰国和威妥玛当面羞辱他。耆英到达天津后，尽管已老眼昏花，但还是察觉到事态的严重性。四国侵略者面目虽异，而贪鄙如一，尤其是英人不仅其桀骜不驯的张狂态度更逾往时，而且他们的武器装备也比十六年前有了明显的更新。咸丰拟定的妥协办法与侵略者的蛮横要求差之千里，所以战争一触即发。尤其令耆英狼狈不堪的是，与英法代表会谈时，译员李泰国等人不断逼迫清方三位钦差大臣，用书面形式完全同意英国提出的条款，咆哮要挟，无礼已极。并拿出一份在叶名琛衙门里获取的耆英写给清廷的奏折，其中大谈其驭夷之术和与夷人虚与委蛇的情况，两个西方的小人物以此面斥三朝元老的钦差大臣，使耆英无地自容，只得惶恐求去，并且不待咸丰允准，便擅自回京。

这样，耆英最后的一次政治活动，非但没有完成咸丰的重托，反而受敌侮辱并与桂良等人联名同意咸丰最不愿意接受的公使驻京等条件。为此，咸丰极为愤怒，命将耆英解京讯鞫，下狱议罪。同时一面严谕桂良等人，拒绝英法要求，特别是公使驻京一事；一面先行与俄、美两国签订《天津条约》，依然幻想以此让步来换取他们的感恩图报，劝说英、法两国放弃其公使驻京等要求。但这种与虎谋皮的做法，只能使咸丰再一次受到欺骗而已。最后，在英军欲进攻北京的威胁下，咸丰八年五月十六日（1858年6月26日），桂良等人被迫与英国公使额尔金签订了丧权辱国的中英《天津条约》。第二天，又被迫与法国公使葛罗签订了中法《天津条约》。

这两个不平等条约的主要内容是：一、公使驻北京，用平等礼节；二、开放牛庄、登州、台湾、淡水、潮州、琼州、汉口、九江、南京、镇江为通商口岸，海关雇用外人；三、耶稣教、天主教得入内地自由传教；四、外国人得往内地游历通商；五、修改税则，减轻商船吨税；六、外国兵船、商船得在各通商口岸停泊；七、对英赔款四百万两，对法赔款二百万两，交清后退还广州。

先前，侵略者立逼索要的上述条款传入京城后，清廷上下群情激愤，纷纷连章上奏，主战呼声叠起。群臣众口一词，大声疾呼，不可暂图目前息事而遗患无穷，他们反对的焦点集中于外使驻京和内地游历通商两条。吏部尚书周祖培等上奏外使驻京八害折，声泪俱下地指出：若外夷"久驻京师，则凡有举动，纤悉必知，既速且详，动为所制"；洋人习惯居楼，善用望远镜，"则宫禁重地，园庭处所，尽为俯瞰"；夷人设馆传教，蛊惑人心，"则衣冠礼乐之族，夷于禽兽"；民夷杂处，如有争斗，何以讯断，"或有奸猾之徒，为重利所饵，挟夷为重，横行都市其患尤不可胜言"；朝鲜、琉球等国，久奉正朔，"若见该夷之桀骜倨侮，必皆有轻视天朝之意"；更有虑者，夷人猖獗有年，恶贯满盈，沿海各省，无不欲食其肉，今既盘踞京师，逼近宫禁，外间一与为仇，该夷必在京师报复，"肘腋之变，可为寒心。"

望着堆满御案的奏折，慷慨激昂的言论，咸丰览不胜览，心如乱麻，时而奋笔疾书，时而长吁短叹，侍立一旁帮助他分理奏章的懿贵妃，见皇上眉头紧皱，满脸愁容，一时也找不出更好的宽慰话来。

她理解自己的丈夫。自幼熟读列朝实录、孔孟之书的皇帝何尝不知道，一旦夷人驻京，则中国便为外人所监守，不仅自古无此体制，而且禁止令行，四夷来王的天下将从此解体；他又何尝不知道，内河通商，兵船游弋，不仅江南利源流之于外，而且海运河运皆归夷人掌握，后患更是无穷。《南京条约》时，皇父亦只允五口通商，割让香港一隅，便已抱恨终生，死不瞑目，而今洋人竟要登堂入室，长驻辇下，强占龙兴之地的大片国土，欲作中兴之主的皇帝又怎愿落千载骂名，愧对列祖列宗。但如果竣拒，则兵端立起，眼下海口已失，天津不保，外敌逼近都门，防兵甚感不足，虽各处调兵，但远水不救近火。万难之中，桂良奏折中的一段话提醒了咸丰：此时英、法两国和约，万不可作为真凭实据，不过假此数纸，暂退海口兵船，将来如欲背盟弃好，只需将奴才等治以办理不善之罪，即可作为废纸。于是，一个缓兵之计的念头，逐渐在他脑海里生成。

英国公使额尔金讲，《天津条约》是"用手枪抵在咽喉上"完成的。而这支手枪亦深深刺痛了年轻的皇帝。不等夷船起锚南下，愤懑的咸丰帝便一面严厉惩办在事文武大员，一面密谕广东罗惇衍和黄宗汉激励民团会攻广州城。根据咸丰的指令，耆英被僧格林沁派员锁解到京后交巡防王大臣等严讯，奕䜣等主张将耆英定为绞监候；理藩院尚书肃顺主张即行正法。咸丰览奏后认为尚须详酌，三日后候旨定夺，由此可见，尽管盛怒之余，咸丰对耆英的量刑仍是十分慎重的。咸丰八年五月十九日，咸丰朱笔宣谕耆英罪状，肯定奕䜣所拟"尚无不协"，"惠亲王原参，未免过重，即肃顺所奏，仍拟正法，亦未为是"。最后，思尽情法两全之道，传旨令耆英自尽。许多史书中，论及耆英之死，都说是肃顺不避权贵，执法如山，左右咸丰而判其死罪，其实，咸丰在朱谕中讲得很明白，根本不是肃顺所能任意妄为的。耆英被"饬纪加恩"自尽后，其余副都统富勒敦泰、直隶提督张殿元、署天津镇总兵达年、护理大沽协副将德魁均因失陷炮位炮台而定斩监候，秋后处决；直隶总督谭廷襄经审讯虽无畏葸退避等情，但调度无方，著发往军台效力赎罪。

《天津条约》签订的第二天，咸丰便怒不可遏地诏谕罗惇衍，命其立即激励团练，鼓舞公愤，大胆出战，实力攻剿，"不必因城中尚有官吏，致存投鼠忌器之心"。并嘱其虽系奉旨办团，但剿夷之举，仍当以民心义愤为词，不可自露带勇打仗之名，以免被洋人抓住把柄。此后，咸丰又多次密谕两广总督黄宗汉等，暗中统帅各乡，联络激励，以挫外夷之势，而振中国之威。

额尔金

咸丰这种"不必官与为仇，只令民与为敌"的做法，既有顺民心，恃民力，以垂万世之基的民本思想，也有官力不足，不得已借助民力的苦衷。幻想用"明和暗剿"的方式来惩罚侵略者，以排泄他心头的怨恨。他甚至一厢情愿地以为，只要用这种"官与绅民貌离而神合"的斗争策略，激励沿海绅民，轰轰烈烈的声讨夷人背约攻城之罪，自己躲在幕后，就能将侵略者逐出中国，消弭《天津条约》于无形。

与此同时，《天津条约》像芒刺在背，使咸丰一刻不得安宁。列强兵船刚一起锚，他便急命僧格林沁火速来京，面授机宜，以布置海口设防。同时召回桂良等人，指示挽回条约的"内定办法"。

在洋人的眼里，年轻的咸丰皇帝是一个顽固的专制君主。1858年7月13日，上海某家报纸写道：

在惊慌失措之际，这个皇帝可能什么都答应。但是，当压力消散、舰队离开的时候，他的"法老之心"一定又会故态复萌。那种中国人的狡诈一定会肆无忌惮地用在回避条约的义务方面。

除了对中国人的恶意诽谤，洋人对咸丰的认识基本上是准确的。这个血气方刚的皇帝对"手枪抵在咽喉上"的城下之盟，非但没有屈服，而且时刻准备推翻成议，伺机报复。

这是第二次鸦片战争时期的又一个战场。

根据《天津条约》，中外双方约定在上海举行改订税则和通商章程会议。咸丰决意将这次商定税则，为中外关系的一大转折，所以在桂良、花沙纳等人离京前详细制定了一劳永逸之计。这个咸丰自以为得计的内定方法，就是用外国来华贸易全部免税来换取天津条约中的外使驻京；长江通商；内地游历和赔缴军费后始退还广东省城的四项条件，其中最为重要的就是公使驻京问题。咸丰愚蠢地认为，洋人来华的目的就是要通商获利，只要能最大限度地满足他们的欲望，洋人一定会感动驯服，所以他幻想用全免关税的条件来换取以上四款。

但这只是咸丰皇帝的一厢情愿。

在侵略者看来，清廷所要极力挽回的东西，也正是他们所要攫取的目标。美国公使伯驾说："从遥远的地方无法驾驭中国政府，只有到了它的身边，它就会变得驯服多了"。一语道破了天机，侵略者坚持公使驻京的目的，就是要直接控制清政府，以便随时夺取更多的侵华权益。而英国则还有扩大在华影响，抵制沙俄势力南下的目的，所以英国公使额尔金亦坚持索取，他说：如果没有公使驻京一项，《天津条约》是一文不值的。

为了防止清政府毁约变卦，英人李泰国在天津谈判时便指名要江苏巡抚赵德辙和苏松太道薛焕为上海会议的代表，以摆脱忠实执行咸丰旨意的桂良等人，进一步扩大侵略成果。到上海后，英人未闻赵、薛二人奉有谈判之权，便以"复行北上"来要挟清政府明令指派。同时蛮横地要求清政府立刻撤销奉旨攘夷的两广总督黄宗汉等人，否则，拒绝上海税则谈判。

这种以武力为后盾，明目张胆地指定谈判对手，迫使清政府放弃"明和暗剿"的做法，使咸丰十分恼怒，但更使咸丰愤恨不已的是，桂良一行到上海后，还没有与李泰国等人会晤，便放弃了咸丰苦思冥想出来的"一劳永逸"之计，先是谈判大臣之一的两江总督何桂清向咸丰解释道：夷商与夷酋是两回事，如果尽免其课税，夷商固然乐从，但夷酋并不领情；而带兵犯顺，陷我城池者皆系夷酋所为，与夷商无关，应另筹转圜之法。接着桂良、花沙纳等又联名奏报皇上：即使把课税全免，不过夷商感恩，欲其罢弃全约，势必不行。然而对商务税则懵懂无知的咸丰帝依然固执己见，严谕桂良，仍遵内定办法，力图补救，非把公使驻京、长江通商、内地游历，赔缴兵费始退还广东省城四项废除不可。

咸丰为什么宁可全免关税也要取消这四项条款呢？其根本原因还是要维护清王朝的长治久安。以往只有进贡的使臣才允许进入京师，叩见天颜，而今如果允准这些"化外群番"长驻京城，与真龙天子平起平坐，那不仅是"千古未有之奇闻"，而且会严重地损害皇帝的尊严和威信，影响清政府对人民的统治。"一喜四海春，一怒四海秋，禁止令行，四夷来王"的封建统治，是咸丰和他的大臣们极力想恢复的世界秩序，而一旦允许洋人驻京，则祖宗的一统天下将立刻解体，肘腋之变会随时祸及天朝。所以，不论是在谈判过程中，还是签约以后，"市井闲谈，士大夫清议，无不以夷人驻京，为宗社安危所系，而惴惴不安。"再者，就是咸丰非常害怕外人与内地的反清势力，尤其是太平天国起义结合起来推翻他的统治，所以对长江通商和内地游历、传教等项也是忌讳如深。

但是，洋人的态度也是十分强硬，"条约以外之事，均可商量，条约既定之说，万不能动"。结果，在英、法两围，也是在何桂清、薛焕等人的导演下，上海税则会议形式上只开了三天，即于咸丰八年十一月八日和二十四日，桂良等人代表清政府分别与英、法、美三国签订了《通商税则善后条约：海关税则》。

咸丰见桂良等人不仅没有挽回上述四项条款，反而增添了许多新的不平等款项，气愤已极，立时朱批道："览此折不觉愤懑，尤堪痛恨！汝辈此行，不但不能消弭，反不如原约"。并大骂何桂清，"此次办理夷务，独存成见，不准他人入手，殊属胆大，是以视朕旨如弁髦，罪有浮于耆英者。"但何桂清却安慰他的主子说：天津所定条约，以为退兵之计，而欲罢其议，为一劳永逸之谋，断非口舌能争，亦非微利能动，必得用兵方可，而此时宜不动声色，使之不疑，我则将天津海口水陆预备齐全，候其来年赴北换约时，聚而歼之。"

咸丰望着案头上僧格林沁近日海口炮台工程告竣的奏报，何桂清的上述陈述不禁又使他怦然心动，一个"迟则有变，莫若先发制人"的歼敌方案，又在他的脑海中浮现了。

战争的阴魂又在凛冽的北风中游荡着，汇聚着……。

咸丰八年五月，《天津条约》签订之后，咸丰帝一面筹划"一劳永逸"之计，派遣桂良等人南下进行改约活动，一面命令僧格林沁会同直隶总督瑞麟，于天津海口一带妥为布置。在咸丰的督促和支持下，僧格林沁等人先在距天津30余里的双港地方，择要扎营十座，修建炮台13座。接着又兴工修建大沽海口炮台，共安设铜制1.2万斤重炮2位，1万斤重炮6位，5000斤重炮2位，另安设洋铁炮23位。咸丰见数月之内，津沽海防已焕然一新，大沽与双港"一为前敌门户，一为后应藩篱"，布置已然周密，心头稍稍宽慰，传旨赏僧格林沁御用袍褂各一件，即交其子伯彦讷谟祜送往天津，以示嘉奖。同时把大沽炮台原设陆路弁兵1600名扩充为3000名，加强海口防御力量。

清政府在津沽一带大张旗鼓地设防一事，英、法两国早已探知，所以英国政府在给来华换约的新任驻华公使普鲁斯的训令中，就明确指示北上换约时一定要随带"足够的海军兵力"。同时，法国公使葛罗也主张武力换约，他称"中国皇帝是在枪炮威胁下接受这些条件的，其中有些对于他本人和他的庞大帝国，都是屈辱的，致命的，这些条件，只有在暴力下才能实现。"

显然，英、法侵略者要迫使咸丰妥协，接受不平等条约是不惜再一次挑起战争的。

咸丰九年五月（1859 年 6 月），两位趾高气扬的公使到达上海后，发现皇帝派来换约的钦差大臣桂良等人已在上海等候，这是咸丰阻止各国进京换约的最后一次努力，他命桂良等人竭力开导，告以大皇帝派我等来此办理税则，负责对外事务的钦差大臣关防已由广东移交两江总督何桂清，所有上年和约并另立专条均在上海换约。若到天津，该处无人办理，且天津士绅业已团练整齐，不让轮船驶近拦江沙，如果到津船只或受损伤，我等不能负责；如果再开兵衅，则上年条约，必致全归罢议，对各国通商并没有好处。

咸丰的打算是，派桂良等与英、法另立专条，挽回最担心的公使驻京等四项条件，然后将《天津条约》和《通商税则善后条约》等一同在上海与列强换约。但英、法使臣拒绝与桂良等人在上海会面，执意北上天津。普鲁斯在给英国政府的报告中，气焰嚣张地说："我们不得不在天津给予中国政府另一次教训。我一定要使清朝皇帝及其大臣相信，一旦我提出要求，就定要把它索取到手，如不顺从我的要求，我已准备凭借武力来索取。"

咸丰见阻止不行，又做退一步打算，急谕桂良等人兼程赶回北京，同时进一步调兵遣将，并命直隶总督恒福等照会英、法公使，指定他们由北塘登陆入京，兵舰不要驶入拦江沙内，大沽海口已处处设防，如轻易入口，恐致误伤。但狂妄的侵略者根本没有把大沽炮台放在眼里。咸丰九年五月（1859 年 6 月）英国军舰 15 艘、法国军舰 2 艘，美国军舰 3 般，士兵 2000 余人，气势汹汹地集结在大沽口外。英国海军司令贺布无理要求大沽守军在三天内将拦河的木筏、铁戗等障碍物撤去。英人威妥玛更扬言，"定行接仗，不走北塘"。咸丰见三国汹汹，来者不善，尽管不甘心接受城下之盟，但还是极力避免武装冲突，他命令僧格林沁等"切勿先行开炮，借以顾全大局"。此时，江南战事正酣，北方俄船强驶乌苏里江，欲图霸占中国领土。咸丰的心思是，只要夷船停泊拦江沙外，英、法各使少带从人，从北塘登陆至津，不得坐轿摆队，换约即去不在京师久驻，给大清天子一点面子，他还是能够优容以待的。

但新任驻华公使普鲁斯却想抖一抖威风，给清政府来一个下马威。所以五月二十五日下午，英、法联军不顾清方一再警告，悍然向大沽炮台发动猛烈进攻。结果，僧格林沁率部顽强抵抗，经一夜激战，侵略者死伤惨重，兵舰被击沉4艘，伤6艘，俘2艘，英军死伤官兵464人，法军死亡14人，英海军司令贺布也受了重伤。当时，美国舰队司令达底拿见形势不妙，高喊"血浓于水"（即同种族的英国人比华人亲近）的口号，命令美国士兵助战。在英、法舰队狼狈逃窜之后，充当帮凶的美国公使华若翰却狡猾地装出什么也不知道的样子，悄悄由北塘登陆，与清政府互换了中美《天津条约》。

"四海愤郁二十载，一朝吐气须臾间"，红旗报捷后，咸丰帝大喜过望，即谕军机大臣等：所有在事出力将弁兵勇，著僧格林沁查明保奏，候朕施恩，并准其先于捐输项下提银5000两，分别奖赏。其阵亡直隶提督史荣椿、大沽协副将龙汝元等从优议恤，并于直隶天津及原籍地方建立专祠，以慰忠魂。

喜悦之余，咸丰又不免忧虑重重。他担心从来驾驭外夷，未有不归于议抚者，若专事攻击，恐兵连祸结，终无了期，不如乘此获胜之后，因势利导，以期英、法悔悟，就我范围。于是他马上寄谕钦差大臣何桂清，英、法两国只能按《中美天津条约》内容办理，在上海换约，所有上年条约内万不可行之事，借此挽回作为罢论。

咸丰的幻想很快被侵略者的战争叫嚣所淹没。

英法联军战败的消息传到伦敦和巴黎后，立刻引起两国统治阶级内部的一片混乱和争吵。伦敦每日电讯疯狂地写道：

大不列颠应攻打中国沿海各地，占领京城，将皇帝逐出皇宫。我们应该鞭打每一个穿蟒袍而敢于侮辱我国国徽的官吏，应该把中国的将军们个个都当作海盗和凶手，吊在英国军舰的桅杆上，应该教训华人重视英人，英人高于华人之上，英国人应成为华人的主人。我们至少应夺取北京，如果采取更勇敢的政策，则夺取北京后永远占领广州。把广州变为我们在远东的商业中心，来抵抗俄国在中国东北边境所已取得的势力。

经过几个月紧锣密鼓的策划，英、法两国再一次勾结起来，分别任命额尔金和葛罗为全权代表，带兵2.5万余人气势汹汹地卷土重来。

悠悠岁月，千古兴衰。

第二次鸦片战争无疑是整个中华民族的一场浩劫。英、法两国为了进一步打开中国的大门，不惜一次次挑起罪恶的战争。而与之狼狈为奸的俄国，却一次次趁火打劫，鲸吞中国的大片国土。圆明园的残垣断壁，永远不会忘记这段屈辱的历史；而中华民族的子孙，更永远不能忘记：那曾经属于我们的，150万平方公里的土地。

这宝贵的国土是如何丧失的？

究竟谁是历史的罪人？

让我们听一听黑龙江的诉说……。

沙俄对我国黑龙江流域的侵略活动，早在咸丰即位以前便开始了。太平天国起义爆发后，俄国东西伯利亚总督穆拉维约夫意识到大举扩张的机会来到了。他多次敦请沙俄政府利用清政府忙于镇压太平军，无暇北顾之机，乘虚而入将黑龙江地区据为己有。道光三十年七月（1850年8月），沙俄海军占领了我黑龙江口的庙街；咸丰三年七月（1853年8月），沙俄侵占库页岛，建立军事哨所。当时清政府防内重于防外，对沙俄在黑龙江地区的猖狂活动，除了在口头上做了些有气无力的抗议之外，并没有采取任何有效措施来予以制止，反而把吉林、黑龙江等地的马步军频频内调用以镇压风起云涌的太平天国起义，造成边疆无防的危险局面。咸丰四年五月（1854年6月），穆拉维约夫统率沙俄远征军3000余名，驾船百余只强行闯入黑龙江，顺流东下。当时，被逼近京畿的北伐太平军打得惶恐不安的咸丰帝，并没有看出北疆事态的严重性，他以为只要俄人不上岸扰害地方，提出无理要求，就可不必与之为难，以免引起衅端。

咸丰五年（1855年）四月，穆拉维约夫第二次率俄国远征军闯入黑龙江，并公然将大批俄国移民安置于黑龙江下流两岸，进行实际上的占领。接着，同年八月逼迫清政府派代表与之谈判划界问题。穆拉维约夫手指着俄国绘制的地图蛮横提出：黑龙江系由俄国发源，应将黑龙江左岸划归俄国；乌第河、松花江既未分界，也应将松花江左岸划归俄国。咸丰闻讯后，虽还记得康熙年间的《中俄尼布楚条约》，两国自格尔毕齐河源顺外兴安岭山梁为界，山阳为大清国属地，山阴为俄国属地，黑龙江与松花江左岸应为中国地界无疑，如今俄国强迫划界，显然有窥伺侵占之意。但为镇压各地农民起义，截止到咸丰六年初，黑龙江原有驻防军1万余人已抽调瑷珲、呼伦贝尔、布特哈等处防军7000余名，吉林原有驻防军1.01万余人，先后征调7000余人，致使数百万平方公里的边疆重地，只有羸弱之兵5000余人，而且粮饷不足，装备极差。面对近代化装备的哥萨克匪徒，驻守瑷珲的1000多名清军，大部分使用一根顶端涂黑了的木杆以表示长矛，肩上挂着弓箭，只有少数人有火绳枪；沙俄兵船在黑龙江，松花江肆意横行，但两省却没有水师，只能望江兴叹。为此咸丰明知俄国居心叵测，欲于黑龙江外占据地方，但他仍以安内为主，拒不撤回镇压太平天国的东北防军，仅以严加防范，善为开导一类空话诏谕吉林将军景淳等人，这种对内攻剿对外妥协的错误政策，无异于助长了沙俄的侵略野心。咸丰六年四月（1856年5月），沙俄第三次组织武装船队航行黑龙江，并在中上游许多地方建立据点，屯兵储粮，设立殖民区。同年十一月，又以中国的庙街为中心，设立了东西伯利亚滨海省，明目张胆地将中国黑龙江下游地区划入所谓该省管辖。

第二次鸦片战争爆发后，沙俄更进一步趁火打劫。咸丰七年（1857年），英军炮轰广州后，沙俄第四次派军强行黑龙江，疯狂地推行武装的殖民政策，擅自建立近20个哥萨克村屯。同时，他们一方面在黑龙江上游和蒙古边境集结重兵，包括马、步、炮兵共有2.2万余人；一面派出俄国海军军官普提雅廷出使中国，进行外交讹诈，迫使清政府同意将黑龙江以北和中国西部的大片领土割给俄国。直到此时，咸丰才意识到北疆问题的严重性，他先是两次命理藩院照会沙俄政府，强调中俄《尼布楚条约》的法律效力，抗议俄国违反条约，侵犯中国主权。接着又派黑龙江将军奕山与俄国代表谈判，屡次严谕奕山："中国与俄国分界，以格尔毕齐河与兴安岭为限，定议百数十年，从无更改，今该国所称兴安岭不通东海，难以为界，是并非不知当时所定界址，特欲另辟一条直达东海之路，以便其人船往来，断难迁就允准，岂有数千里江岸可以货取之理，著奕山据理与之辩论，务当恪守旧约，不可听其狡饰之词。"

然而，年轻的咸丰皇帝所面临的俄国对手，不仅拥有强大的军事力量为后盾，而且是阴险狡诈，最善于乘人之危的侵略者。咸丰七年九月（1857年11月），英法联军攻占广州的前夕，遭到清朝政府拒绝的俄使普提雅廷，从天津绕道日本南下香港与英、法、美三国公使相勾结，共同策划进攻京、津的阴谋。

俄国在第二次鸦片战争中，扮演了一个极为可耻的角色。它一方面怂恿英、法两国用武力压迫清政府屈服，同时为英法联军出谋划策，提供情报；一方面又装作同情清政府的样子，拉拢美国作为"调停人"，同时狐假虎威，借英、法的力量恫吓清政府以达到其卑鄙的目的。

咸丰八年四月八日（1858年5月20日），大沽炮台陷落，英法联军直抵天津，气势汹汹地逼迫清政府接受他们的无理条件，并扬言进攻北京。在大兵压境之下，惶恐不安的咸丰明知俄国居心叵测，阳托调停，阴济其私，意在侵我北方领土，但为保住危在旦夕的大清王朝，仍然同意俄使代为说和，使英法不至决裂。于是，普提雅廷借机发难，提出先要将俄国条款议定，方可代为说和。咸丰无奈，五月初三，俄国抢在英、法、美之前，迫使钦差大臣桂良、花沙纳在天津签订了《中俄天津条约》十二款，主要内容是：

一、准许俄国在上海、宁波、福州、厦门、广州、台湾、琼州及其他国家所开各口通商。

二、俄国得在中国各通商口岸设立领事官，并派兵船在这些口岸停泊。

三、俄国东正教教士得入内地自由传教。

四、中俄两国派员查勘"从前未经定明边界"。

这样，狡猾的沙俄利用清政府内外交困之机，未费一枪一弹，便不仅享有西方资本主义国家在华的一切特权，而且在所谓"勘界"的幌子下，为其吞并中国黑龙江以北、乌苏里江以东的大片领土埋下了伏笔。

正当普提雅廷在天津诱逼清政府签订中俄《天津条约》时，穆拉维约夫亦在瑷珲逼迫黑龙江将军奕山在事先准备好的条约草案上签字。咸丰给奕山的谕旨是：俄人欲以乌苏里河、绥芬河为界而不以兴安岭为界，其意实是欲占我海滨地面，奕山当照从前界碑与之剖辩，不可迁就了事，致开后患，天朝疆土，岂容尺寸与人，即如该国地界，肯令他入侵占乎？

但对这些欲壑难填，磨刀霍霍的侵略者仅用口舌争辩是无济于事的。就在英法联军逼抵天津之际，穆拉维约夫向奕山发出了最后通牒："同意与否，我只能等到明天"。然后中止谈判，调兵遣将，弹上膛，刀出鞘，向奕山进行武力威胁。在沙俄的恫吓之下，奕山被迫屈服，擅自与之签订了《中俄瑷珲条约》，将黑龙江以北、外兴安岭以南60万平方公里的国土让与俄国，乌苏里江以东的中国领土，改为中、俄两国共管。

这就是同年恩格斯所严厉谴责的，俄国借第二次鸦片战争，"从中国夺取了一块大小等于法、德两国面积的领土和一条同多瑙河一样长的河流。"

深受封建社会"社稷为重，边徼为轻"思想熏陶的咸丰皇帝，在接到奕山签约定界的奏报后，并没有暴跳如雷。已经弥漫到都城门外的战争硝烟，早已使他把原来的堂皇上谕，抛到了九霄云外，为了幻想求得俄国的效力，帮其劝退英法，消弭公使驻京等条款，他甚至昏庸地提出，如松花江、乌苏里江以东也系空旷无人之地，自可与黑龙江一律办理。为公使驻京，礼节平等，咸丰不惜与洋人决一死战；为长江通商、内地游历，咸丰宁愿全免关税而交换之，但100万平方公里的国土，却可以轻为一掷，甚至奕山已订城下之盟，堂堂天朝的君臣尚不知松花江与乌苏里方位何处，离兴安岭距离远近。这样昏愦的君臣，在资本主义列强的面前，怎么能不一败涂地。

咸丰的天真幻想，很快被无情的事实击得粉碎。贪婪狡诈的俄国非但没有劝说英、法两国放弃清政府万不能允的条款，反而张开血盆大口，又朝着乌苏里江以东的中国领土呼啸而来。

《中俄瑷珲条约》签字后不久，咸丰八年五月（1858 年 6 月），因侵华有功而被俄皇封为伯爵的穆拉维约夫便带兵非法闯入乌苏里江东岸，建房垦地，安设炮台。接着，又乘船闯入我国内河松花江，一直溯水侵入到三姓地方。清朝地方官员要求侵略者从松花江退出去，嚣张的穆拉维约夫竟怒目拍案，“除非枪炮相见，否则休想叫俄国人后退”。《瑷珲条约》中规定的乌苏里江以东由两国“共管”，实际上不过是沙俄进一步强占这一大片中国领土的托词，为把乌苏里地区霸为己有，咸丰九年沙皇亚历山大二世又故伎重演，一面派人到北京与清政府谈判，一面派兵实际占领乌苏里江右岸，把这一地区清朝有限的驻防军赶走，到咸丰十年春季，中国东北东部沿海往南直到朝鲜地方，实际已在俄国的陆、海军手中。

待咸丰八年十二月（1859 年 1 月），颟顸糊涂的咸丰帝才确知绥芬至三姓交界，宽平千余里，乌苏里河自北而南相距一千四百余里，不仅据兴安岭甚远，与俄国毫无接壤之处，而且近接三姓、宁古塔等处，实已深入内地，方知前订条约的危害。即严责奕山，上年将黑龙江左岸空旷地方允许该国居住，已属办理太易，复轻许赴绥芬、乌苏里会堪地界，致俄人借词狡赖，侵我薓珠、貂鼠地方，若不严行拒绝，吉林一带地方又为该国占据，无厌之求，尚复何所底止！

气恼之余，咸丰先后命理藩院与军机处以该衙门名义多次正告俄国，除黑龙江左岸空旷之地，通融许给俄人居住外，乌苏里、绥芬河等处均系中国地方，不容俄人肆意侵占。接着，以办理疆界不善为由将奕山革职，副都统吉拉明阿著即革任，派员拿赴乌苏里地方，枷号示众，以示惩儆。同时，命吉林副都统特普钦与俄人言明，乌苏里等处并不与俄国毗连，应将《瑷珲条约》中有关“同管”之语更正，不但图勒密、三姓等陆路不得任意侵占，即绥芬河、乌苏里河路亦断不容该国人船游驶。

但大错已铸，虎口夺食，谈何容易。

咸丰九年六月（1859 年 7 月），英、法联军在大沽惨败之后，咸丰命户部尚书管理理藩院事务肃顺、刑部尚书瑞常与新任驻华公使伊格那提耶夫定期相见。肃顺秉承咸丰旨意，首次会晤便严正地通知俄使，“皇帝听到有新的俄国代表前来感到很奇怪，《天津条约》业已批准，《瑷珲条约》皇帝并没有钦准，所以无效。”并认为俄国的问题已经解决，没有必要再进行谈判，下了“逐客令”。伊格那提耶夫恼羞成怒，对中国代表威胁说：“中国和俄国交界长达七千俄里，俄国比任何一个别的海军强国，都可以随时随地给中国以更有力的痛击"。会谈不欢而散。

其后的会谈，双方更发生激烈的争执。俄国公使拿着《瑷珲条约》的文本，逼迫肃顺等人接受"以乌苏里江为两国交界"的侵略要求。肃顺将未经批准的《瑷珲条约》文本掷于桌上，宣称：这是一纸空文，毫无意义。伊格那提耶夫大吵大闹地退出会场，要求中国皇帝另派知礼的全权大臣。

但肃顺是咸丰皇帝的代言人。此时咸丰已决心将被迫签订的《天津条约》，作为罢论，那由地方官员擅自签署的《瑷珲条约》，他又怎能低头认可呢。同年八月九日，军机处秉承咸丰的旨意，照复俄国公使，驳斥他的无理要求。照会指出：户部尚书肃顺等，既与俄使办理事件，断无不诚心相待之理。中俄和约既换，其余并无可再议，至乌苏里河、绥芬河等处，并无与贵国毗连之地，亦绝不能借与贵国居住。

咸丰在谈判桌上，暂时挫败了俄国的侵略野心，但伊格那提耶夫并不善罢甘休，他在等待着新的时机。

这个时机最终在英法联军侵占北京的一刻出现了，可耻的俄国侵略者终于如愿以偿。

圆明园的硝烟

1860 年（即咸丰十年）是清朝立国以来内外交困危机空前的一年，也是咸丰帝备感痛楚的一年。

而这一年又本应是一个吉祥年，咸丰帝继位十年，他本人又三十大寿（虚岁）。因而在大年初一（1 月 23 日），宫内外一片喜气洋洋。

开春新正，咸丰帝端装正色到各处行礼后，御太和殿受贺，至乾清宫赐宴，并颁"万寿覃恩诏"于天下，共有圣恩十六项。受惠的除王公大臣、儒生士子、孝子节妇外，还有几项与老百姓也有着关联：

军民年七十以上者，许一丁侍养，免其杂派差役；八十以上者，给予绢一疋，绵一斤，米一石，肉十斤；九十以上者，倍之；至百岁者，题明旌表。

直省有坍没田地其虚粮仍相沿追纳者，该地方官查明咨部，奏请豁免。

从前各省偏灾地方，所有借给贫民籽种、口粮、牛具等项，查明实系力不能完者，著予豁免。

各处养济院，所有鳏、寡、孤、独及残疾无告之人，有司留心，以时养赡，毋致失所……就连囚犯也沾了光，充军流放者"减等发落"，就是犯了死罪的，若案情较轻，亦可由刑部查明，"请旨定夺"。

大年初一日，咸丰帝共颁下六道谕旨，全与他的三十寿辰有关。

在清朝，皇帝逢十的大寿，特别隆重。咸丰帝二十岁的生日，因为要守制，没有任何庆典，这一次还不应该好好地乐一乐！宫内外都知道，咸丰帝特别喜欢热闹，这几年天下不靖，把咱们的皇上害苦了，这一次无论如何也得让寿星开开心了。

然而，这一吉祥年，又成了灾祸年。也许从这一年开始，清朝最高统治者的逢十大寿，凶多吉少。继咸丰帝之后统治中国近半个世纪的那拉氏，四十大寿遇日军侵台，五十大寿遇中法战争，六十大寿遇中日甲午战争，而七十大寿虽没有中外开战，但日本人与俄国人却在中国的土地上打起来了。这些都是后话。在刚刚过年的时候，咸丰帝是打算好好庆贺一下自己的生日的。

这一年刚开始的时候，咸丰帝的日子还是比较好过的。在镇压捻军的皖豫鲁苏战场上，他以漕运总督袁甲三（袁世凯的叔祖父）继胜保为钦差大臣，主持安徽"剿匪"事务；改派都统胜保去河南，主持河南"剿匪"事务；又派提督傅振邦督办苏北徐州、宿迁一带"剿匪"事务；又派都统德楞额督办山东"剿匪"事务。如此部署，多有成效，捻军的势力被压制了。江南大营的统帅、钦差大臣和春也报来了好消息：清军攻克了江浦、九洑洲，太平天国的首都天京已被团团包围。更让他心动的是钦差大臣、两江总督何桂清的奏折，称：英法失和、英美相争，法国准备攻打澳门与葡萄牙为难……这些消息虽不那么可靠，但犬羊反复之夷性，难以理测。

可没过多久，坏消息接踵纷至。

1860年3月19日，太平军攻下浙江省城杭州，清巡抚、布政使等官死之。江南大营清军立即前往救援，咸丰帝命和春兼办浙江军务。

1860年4月11日起，太平军在调动了江南大营的兵力后，分路回援天京，先后占领高淳、溧阳、句容、秣陵关、淳化镇，并于5月2日起，10万兵马分五路扑攻江南大营，至5月6日，再破江南大营，天京解围。

1860年5月15日起，获胜的太平军向东进击，5月19日克丹阳，26日占常州，30日占无锡，6月2日占苏州，15日占昆山，17日占太仓，准备进军上海。江南富庶之地，尽为太平军所有。太平天国第二次达到全盛期。咸丰帝见此，只能不计前嫌，6月8日授曾国藩为尚书衔，署理两江总督。

自太平天国占领南京后，两江总督的衙署临时迁至常州。此时常州、苏州皆失，咸丰帝的意图是，让曾国藩率领所部湘军，取道江西、安徽，绕至苏州一带，以保东南大局。曾国藩是一个优秀的战略家，并不像咸丰帝那样只顾得头痛医头，脚痛医脚。他已经看出若要扑灭太平天国须得攻克南京；而要攻克南京，又必须首先攻克安庆，从上游逐次而下方可成功。以前江南大营数度围困南京而不免最终失败，就是没有占据上游。于是，他以种种理由解释自己不能马上去江南。咸丰帝对此甚有误解，以为曾国藩按兵不动，仍是嫌"尚书衔""署理"非为真授，为自己多年得不到地方实缺而闹意气。这位以"忠臣""干臣"自我标榜的家伙，到了这个时候反跟朕摆起架子来了。他极想发作，狠狠怒骂曾国藩一顿，然转念一想，既然江南尽失，浙江也可危，与其让予"长毛"，不若给了曾国藩算了。他要是真想当两江总督，地盘要靠他自己一点点打下来，朕不就是给了个头衔吗？8月10日，他正式授曾国藩为两江总督，并授钦差大臣，督办江南军务。咸丰帝心想，这下子曾国藩该满意了吧。

哪知曾国藩依旧不去江南，而是加紧了对安庆的攻击。咸丰帝对此恼怒万分。江南是清朝的财赋之区，京城吃的也全靠苏南、浙江每年一百万石海运米支持，这一区域有着至关重要的意义。曾国藩拥兵自重，显有异心。可是，咸丰帝此时已经管不了江南了，更强大的敌人站在他面前。

自1859年6月英、法兵败大沽后，两国出兵报复的风声不时飘至上海。苏松太道吴煦私下与英国商人拟订停战条件：清政府完全承认《天津条约》、大沽口撤防，另增赔款银一百万两。这种几乎完全是民间性的调停是否有效，今天也很难确定。一贯反对对外开战的何桂清对此很有兴趣（很可能他就是吴煦的后台老板），于1860年2月上奏探询口风，咸丰帝严词拒绝。同时，在僧格林沁的要求下，咸丰帝先后调兵1.3万人，合之原防兵使天津、大沽、山海关一带的清军兵勇达到2.9万，其中大沽驻军1万人。北方的海防再度加强。

1860年4月，在太平军解围天京，进扑江南大营的同时，英法联军陆续开抵中国沿海。其中英军有军舰79艘，地面部队约2万人，雇用运输船126艘；法军有军舰40艘，陆军7600人。如此庞大的兵力兵器，在西方殖民扩张史上亦属罕见。4月14日，英、法公使与海、陆军司令在上海商订了作战计划。4月21日，英军占领定海（今舟山）。5月27日，英军占领大连。6月4日，法军占领芝罘（今属烟台）。到了6月下旬，英法联军大体完成了军事准备：以上海、舟山为转运兵站，以大连、芝罘为前进基地；英舰70艘已驶入渤海湾，大连驻扎英陆军1.1万人；法舰大部也驶入渤海湾，芝罘驻扎法陆军6700人。6月26日，英、法政府通告欧美各国，对中国正式宣战。

面对如此的军事局势，受到太平军沉重打击的江苏官员态度再变。两江总督何桂清数次上奏婉言主和。太平军攻击常州时，他又跑到上海，与英、法联络，欲借英、法军队"助剿"太平军。6月5日，何桂清明言上奏："现在东南要塞均为贼据，苏省无一兵一卒，全境空虚"，要求咸丰帝全盘接受英、法开出的条件，"速定和议，借兵助顺"。尽管何桂清因兵败被革职，何桂清的请求更是被咸丰帝否决，但继任者薛焕（以江苏布政使署理管理各国事务钦差大臣、署理江苏巡抚）不顾严旨，仍在私下里奉行何桂清的政策，苏松太道吴煦更是多方联络。在这批官员的请求下，英、法公使不顾与清朝开战的事实，宣布武装保卫上海，维护商业活动，并抽调英军1030人，法军600余人，在上海布防。由此而产生了世界战争史上的奇特现象：在中国北方与清中央政府作战的英、法两国，在上海地区却与清地方政府进行军事合作。本是对手，却成战友。

到了这个时候，咸丰帝的态度也变了。他已陷于两面作战的困境：英法联军大兵压逼北方，太平军乘胜扫荡东南。从各处的奏报来看，此次前来报复的夷兵夷船甚伙，不知僧格林沁能否抵挡得住？而上海官员的言论更让他担心，英法若与"长毛"合作（在江苏，双方的控制区已经连接），大清的江山岌岌可危。他先是频频下旨，让何桂清、薛焕等人"开导"，以求能够出现"转机"。可是这种咸丰帝惯用的不予任何实际承诺只靠下级官员嘴皮子的外交，自然不会有任何成效。于是，他又下令驻守大沽的僧格林沁不得首先开炮，并谕令直隶总督恒福，若英、法使节前来换约，"大皇帝宽其既往"，"由北塘进京换约"。

咸丰帝让步了。他已经不再要求废除《天津条约》，甚至对《天津条约》中公使驻京等条款，也没有提出修改。很可能美国公使"乖顺"的进京举动使他感到了某种心安，只要能不面见这些桀骜不驯的"夷"人，就让臣子们去折冲尊俎保全"天朝"吧。尽管咸丰帝自以为让步很多，但他的价码与英、法此时的要求相比，差距甚远，根本谈不到一起去。且英国专使额尔金、法国专使葛罗认为，若不先给予清朝以极大的军事打击，任何谈判都不会成功。

大炮的轰鸣是最为有力量的外交辞令。在一个强权的世界，谁也不能否认这一点。

1860年8月1日，英法联军以舰船200余艘、陆军1.7万人，分别由大连、芝罘开拔，避开防守严密的大沽，在清军未设防的北塘登陆。直隶总督恒福依照咸丰帝的旨意，频频照会英、法使节，希望他们按照美国的先例，进京换约。来势汹汹的英、法两方对此根本不予理睬。

驻守大沽的钦差大臣僧格林沁，奉旨不得首先开战，对登陆之敌也未能乘其立足未稳而施加打击。英法联军在未遇任何抵抗的情况下，登陆行动进行了整整十天。一直到8月10日，即咸丰帝将江南全权交予曾国藩的当日，英法联军才全部登陆完毕。从8月12日起，英法联军开始行动，当日攻占大沽西北的新河。8月14日又攻克大沽西侧的塘沽。僧格林沁此时才真正明了英法的意图：绕开防守严密的正面，而从防卫薄弱的侧后来攻打大沽。但此时已晚，大沽柔软的腹部完全裸露在对手的面前。僧格林沁见军情不利，决心在大沽拼死一战，不求成功只求成仁，也算对得起君主的隆恩了。咸丰帝闻此大惊。

僧格林沁

清朝的精锐部队主要有两支，一支是兵勇将近十万的江南大营，主要围攻南京，此时为太平军扑灭，咸丰帝不得已才重用曾国藩和他的湘军。另一支就是由僧格林沁统率的总兵力约三万的部队；而三万部众中精华万余名是僧格林沁直接指挥的大沽守军。若是僧格林沁在大沽死拼，那又靠谁来保驾呢。咸丰帝知道僧格林沁的脾气，立即派人带了一道亲笔朱谕给他，词句语重心长：

握手言别，倏逾半载。现在大沽两岸正在危急，谅汝在军中，忧心如焚，倍切朕怀。惟天下根本，不在海口，实在京师。若稍有挫失，总须带兵退守津郡，设法迎头自北而南截剿，万不可寄身命于炮台。切要！切要！以国家倚赖之身，与丑夷拼命，太不值矣……

咸丰帝的意思是让僧格林沁若见形势不利，立即带兵从大沽脱逃，以能最后保住北京。与此同时，他还不顾英、法一意开战的态度，于8月16日由内阁明发了一道自欺欺人的上谕（让今人看了完全莫名其妙）全文为：

著派文俊、恒祺前往北塘海口，伴送英、佛（法）两国使臣，进京换约。钦此。

这时候的咸丰帝，对先前极度不满的《天津条约》，不再敢有任何意见了。

1860年8月18日，英法联军攻占了大沽西侧仅数里远的大、小梁子，完成了从大

沽侧后实施进攻的一切准备。8 月 21 日，联军再攻大沽北岸主炮台西北侧五百米的小炮台——石头缝炮台，守军奋力坚持两小时而不支，大多战死，指挥作战的直隶提督乐善亦阵亡。僧格林沁见败局已定，急忙统兵撤离大沽，绕开天津，直往通州。经营三载，耗帑数十万，安炮数百位的大沽炮台，在此次战斗中没有发挥任何作用。8 月 23 日，英法联军进据无人防守的天津。

我在这里还应提提上海的战况。1860 年 8 月 18 日，太平军在李秀成的统率下进至徐家汇，逼上海西、南两城门，署江苏巡抚薛焕借英法联军之兵固守。8 月 19 日，太平军三面包围上海，进逼租界，为英法联军所挫。8 月 20 日，太平军再攻上海，仍被英法联军所败，李秀成中弹受伤。8 月 21 日，太平军因连败而撤出上海。在同一个时间，英法联军在南、北战场扮演了迥然不同的角色。不过，这一切，咸丰帝当时并不十分清楚。

战败了，结果都是相同的。咸丰帝只得派出大学士桂良为钦差大臣，至天津与英、法进行谈判。英、法开出的价码是：增加赔款；承认《天津条约》；公使驻京与否由英方自行决定；开天津为通商口岸。桂良等人根据咸丰帝谕旨正欲唇枪舌剑进行一番辩驳，傲慢的英、法专使直截了当地告诉桂良，只许签字，不容商议。桂良等人要求宽限以备上奏请旨，英、法又以桂良无"全权"为由，宣布谈判破裂。9 月 8 日，英法联军由天津向北京开进。

桂良的交涉失败了，咸丰帝又派出最为信赖的怡亲王载垣为钦差大臣。英法联军的行动，又使谈判地点从天津移至通州。至 9 月 17 日，载垣等人奉旨屈从英、法的各项要求，战事眼看就要结束。哪知第二天，9 月 18 日，时任英国使团中文秘书的巴夏礼，却提出了换约时须亲见皇帝面递国书，皇帝盖玺的条约批准书亦须当场交给英国使节。这下子可刺中了咸丰帝的痛处。这是他最不能容忍之事。

巴夏礼，英国一铁厂工人之子，家境贫穷。其表姐嫁给了普鲁士传教士郭士立（K. F. A. Gutzlaf），13 岁时（1841 年）来中国寻出路，学会了中文。靠着郭士立的关系，1842 年找到了一份工作，充任英国公使代表濮鼎查的秘书，参加了鸦片战争。此后在厦门、上海、福州英国领事馆里当翻译。1856 年代理广州领事。"亚罗号"事件时他极力扩大事态，英法联军占领广州后成为广州的实际主宰（见第八章）。1858年底改任代理上海领事。此次英法联军再度北犯，专使额尔金任命他为中文秘书。由于额尔金不愿与清朝官员打交道，常常派巴夏礼出面。在清朝的文献中，巴夏礼是一个频频出现的人物（因为他与清方官员交涉最多），对他的议论和猜测也最多。然从各

地大臣的奏报中，咸丰帝也竟然认定巴夏礼是英方的"谋主"，因而在通州谈判开始前（9月14日），就下旨怡亲王载垣设法将巴夏礼及其随从"羁留在通（州），勿令折回以杜奸计"。擒贼先擒王。

此时谈判破裂，怡亲王载垣立即通知驻守通州东南张家湾的僧格林沁。而僧格林沁立即率部出动截拿巴夏礼等39人。怡亲王载垣得知拿获巴夏礼，上奏中称：

以为捉住了巴夏礼即可在军事上获胜。谁知此后的战事一败如水。这时，他们又想起了关在北京刑部北监的巴夏礼，让他写"退兵书"，而巴夏礼提出的反条件又让他们瞠目，"该书只写英文，不写汉文"。

偌大个北京城，清朝找不出一个懂英文的人。这事情的本身，就能透视出许多。

早在钦差大臣僧格林沁兵败大沽退守通州一带之后，曾上有一密折，请咸丰帝"巡幸木兰"。

"木兰"是指热河行宫（今承德避暑山庄）西北的打猎场所（位于今围场县境内）。此地原为蒙古王公献给康熙帝的。避暑山庄建成后，每年夏秋之际，清朝皇帝便来此处行围打猎，召见蒙古王公，显示"满蒙亲睦"，颇有今日统战工作之意义。此称"秋狝"，又称"巡幸木兰"。僧格林沁此次上奏的目的，当然不是让咸丰帝在此时跑到热河行宫去打猎散心，或者做做蒙古王公的"民族调解"工作，而是婉转地表达了对战局的判断，让咸丰帝离开北京，"避避风头"。

在当时的环境中，作为一名统兵大员只能表达对"逆夷"决战决胜的信心，绝不能说"无胜利把握"，更不可说"不能获胜"，此乃长敌人威风灭自己志气之举。但僧格林沁深知，在通州一带将要进行的是一场决战，他手中并无制胜之术，一旦失败，北京将陷入敌手，皇帝将成为俘虏。兹事体大，不能不言。

此种我武不扬的密折，咸丰帝当然是留中不发。但僧格林沁的表白，却使他在一片高调声中看到自己的位置。1860年9月9日，他得知桂良在天津谈判失败，英法联军开始向北京进攻，便决定开战了，但又怕战之不胜而身陷图圄，便颁下了一道亲笔朱谕：

桂良等奏，夷务决裂情形。览奏何胜愤怒！朕为近畿百姓免受荼毒，不得已勉就抚局，乃该夷屡肆要挟，势不决战不能。况我满、汉臣仆，世受国恩，断无不敌忾同仇，共伸积忿。朕今亲统六师，直抵通州，以伸天讨而张挞伐。著内延王、御前大臣、军机大臣、内务府大臣迅速定议。并有僧格林沁密折一封，一并阅看。本日奏事之外延大臣，并著与议。特谕。

咸丰帝在这里明显耍了个滑头，明明是想逃离北京到热河躲避，却说是"御驾亲征"至前线。总不能让朕自己说出来要逃难吧，发下僧格林沁的密折，就是想让你们仿效僧格林沁，联名上奏劝朕移驾，朕再表示勉从其难。一场做给老百姓看的戏也就算完成了。

参加朱谕讨论的大臣们，完全了解咸丰帝的心思，但他们首先需要考虑的是，天子一旦离开京师，会对全国形势和朝廷形象发生什么样的影响。反复商议后，由体仁阁大学士贾桢领衔上奏，称"时无寇准"，澶渊之功难恃；木兰无险，"土木之变堪虞"。

这一篇奏折中引用了两个典故。一是 1004 年辽兵犯北宋，宋真宗畏敌，准备迁都南下，宰相寇准力议御驾亲征，结果宋真宗统兵到澶州（今河南濮阳）督战，宋军受到激励而大获胜利，迫使辽方议和，史称"澶渊之盟"。二是 1449 年瓦剌进攻明朝，大太监王振挟明英宗率军亲征，结果在土木堡（今河北怀来境内）被瓦剌军俘虏。明英宗之弟被推为帝，即明代宗。朝廷大臣的意见是，咸丰帝既不亲征通州，也不北上热河，而是坚守北京。

咸丰帝阅此奏折十分生气，难道让朕坐以待毙？因为看到此折上诸亲王并未列衔，乃问何人定稿、何人秉笔？答以由总管内务府大臣、户部左侍郎宝鋆主稿。咸丰帝再下朱谕：

巡幸之志，朕志已决，此时尚可从缓。惠亲王天潢近派，行辈又尊，自必以国事为重，著与惇亲王、恭亲王、端华等速行定议具奏。

这一次，咸丰帝已经顾不上什么面子了，让手下拟一道明确请求移驾的奏折来。

9 月 10 日，阴云惨淡。惠亲王绵愉、惇亲王奕誴、恭亲王奕䜣、郑亲王端华等人奉旨会议，毫无主见。问及京城能否守御，众皆莫对，闻者徒有嗟叹而已。咸丰帝派怡亲王载垣出城谈判的消息，使他们感到了一线生机；而前门外的烧饼却被抢购一空，当作不测时干粮之用。另一道命令使京城处于一片恐慌之中：限大兴、宛平两县在当夜子刻（11 时至次日 1 时）前，准备大车五百辆。还有一条谣言在京城迅速蔓延："夷人已到通州，定于二十七日（9 月 12 日）攻城！"

自 1853 年太平天国北伐军攻及天津引起京城大乱之后，1858 年 5 月、1859 年 6 月大沽口的炮声也在不同程度上制造了京城的恐慌。此次也不例外，大沽口一开炮，京城里的富绅大户们纷纷作逃难计。可偌大个京城，上百万人口，能走的只能是少数，大多数人从来就把目光集中在他们的皇上身上，就连金枝玉叶的皇上都稳稳地住在圆明园内，咱小老百姓还跑什么呢？此次不一样了。皇上要跑了，这条消息使人们感觉如同头顶上响了一颗炸弹。

9月11日，各位大吏、谏台言官、内廷词臣纷纷上奏，请求咸丰帝留下来，同守京师，甚至要求他从城外的圆明园，搬到城内的皇宫，以激发民气，安定人心。咸丰帝对此，统统留中不发。用当时官场用语来说，这些奏折被"淹了"。消息灵通人士又得知，咸丰帝当日又颁下一道朱谕：

朕察时审势，夷氛虽近，尤应鼓励人心，以拯时艰。即将巡幸之豫备，作为亲征之举，镇定人心，以期巩固。著惠亲王等传谕京城巡守、接应各营队，若马头、通州一带见仗，朕仍带劲旅，在京北坐镇，共思奋兴鼓舞。不满万之夷兵，何虑不能歼除耶？此旨著王、大臣等同看。

在专制社会中，统治者说的话字面上的意思与实际要表达的意思经常有不小的差距。我在这里接连引用几段朱谕，正是想让读者获得一种"语境"，能够直接了解当时的政治语言。明明是逃跑，却找个借口"巡幸木兰"，这也就罢了，但将"巡幸"作为"亲征"，那是另一种"语言技巧"了。即将开战的通州一带在北京的东南，咸丰帝"带劲旅在京北坐镇"，不就是见势不妙即可滑脚而逃吗？

一传十，十传百，咸丰帝要逃跑的消息在北京引起了一阵雪崩。9月13日，在京的军机大臣匡源、文祥、杜翰联名上奏，直言不讳，要求咸丰帝收回成命。此外，大学士彭蕴章出奏，六部会奏，都察院、九卿、科道各递封奏，皆要求"止驾"。面对如此强大的压力，咸丰帝只能由内阁明发上谕：

近日军务紧要，需用车马，纷纷征调，不免啧有烦言。朕闻外间浮议，竟有谓朕将巡幸木兰举行秋狝者，以致人心疑惑，互相播扬。朕为天下人民主，当此时势艰难，岂暇乘时观省。且果有此举，亦必明降谕旨，豫行宣示，断未有銮仪所莅，不令天下闻知者。尔中外臣民，当可共谅。所有备用车马，著钦派王、大臣等传谕各处，即行分别发还，勿得尽行扣留守候，以息浮议而定人心。

这一篇谕旨，将执意逃跑的咸丰帝洗刷得干干净净，公然宣布从无"巡幸木兰"之议，只是民间的谣言。但当时的细心人也能看出破绽：既然上谕一开头就宣称征调车马不是为了"巡幸木兰"，而是因为"军务紧要"，又为何"分别发还"呢？难道军务不再"紧要"了吗？这么多的车马不是为了逃跑又是为了什么？

《翁同龢日记》透露了更多的内幕：这一天咸丰帝的七弟醇郡王奕譞入圆明园痛哭流涕，要求身先士卒，决一死战，请咸丰帝不要北逃，五弟惇亲王奕誴亦大力支持此议。军机大臣文祥见势更是力争。咸丰帝不得已而让步。这一天由内阁明发的上谕很可能就是军机大臣文祥起草的。他要乘此时机用咸丰帝的嘴来绑住咸丰帝的腿。在当时的环境中，起草人只需将冠冕堂皇的词句递上去，任何一位上级也无法修改，只能点头称善，这又是专制社会里下级操纵上级的特殊手法之一。

北京的民情随着发还的车马而渐渐平静下来。庄严的上谕使咸丰帝再也无法提逃跑之事，前方主帅僧格林沁奏折中的一段话，又及时地给他送来了宽心丸：

若奴才等万一先挫，彼时即行亲征，亦可不致落后。

这句官场用语翻译成现代白话，那就是，"就是等到我部战败之后，皇上再开始逃跑，也还是来得及的。"

9月18日，僧格林沁所部两万人与英法联军先头部队四千人大战于张家湾，结果僧部大败。消息传到北京，咸丰帝频频召见亲王、大臣，但仍未逃跑。

9月21日，阴云惨淡。僧格林沁等部清军三万人与英法联军五千余人决战于通州以南的八里桥。僧格林沁再次战败。咸丰帝得知消息，再也坐不住了。当天晚上，圆明园内的灯光终夜不息，咸丰帝召见亲信重臣商议。御前会议上决定了两项对策：一、咸丰帝避居热河，这时候再也没有人敢出面反对了。在公私文献中，此次逃跑名曰"北狩"。二、恭亲王奕訢留在北京，全权处理英法事务。当日由内阁明发的上谕称：

恭亲王奕訢著授为钦差便宜行事全权大臣，督办和局。

此外，咸丰帝还给奕訢一道朱谕：

现在抚局难成，人所共晓，派汝出名与该夷照会，不过暂缓一步。将来往返面商，自有恒祺、蓝蔚雯等。汝不值与该首见面。若抚仍不成，即在军营后路督剿；若实在不支，即全身而退，速赴行在。

"行在"是指皇帝临时驻跸之地。看来咸丰帝对形势已做了最坏的估计，如果讲和不成，拒战又败，那也逃到热河来吧。

9月22日，是咸丰帝至死都不能忘记的日子，尽管上天给他的日子已经不多了。这一天，他离开了北京，离开了圆明园。野史中称，但凡皇帝在圆明园乘舟时，岸上官人必曼声呼曰"安乐渡"，递相呼唤，其声不绝，直至御舟到达岸边。咸丰帝出逃时，他的儿子也效法呼喊"安乐渡"。咸丰帝听后感慨万千，抱着他儿子说："从今以后再也没有什么安乐了"，言毕潸然泪下。又据时任詹事府詹事、上书房行走的殷兆镛的记录，这一天的卯初（约早晨五点），咸丰帝召见惠亲王绵愉、恭亲王奕訢、惇亲王奕誴、怡亲王载垣、郑亲王端华和军机大臣等人，作了最后的安排。巳正（大约上午十点），咸丰帝一行从圆明园的后门出逃。临行前十分匆忙，就连御膳及铺盖帐篷都未带。而临行前的匆忙，又使咸丰帝没有机会再看看京城，甚至连圆明园的秋色均未注意。这一切，他以后再也看不见了。

在清代，皇帝出巡是大事，一般需在一个半月前就得准备，沿途安排行宫膳食。可这一次，全无供张，甚至地方官闻警已逃，禁军饥不得食几欲溃散。清人笔记中描写了狼狈的情景：

圣驾遂于初八日（9月22日）巳刻偷走……鸾舆不备，扈从无多……车马寥寥，宫眷后至，洵迫不及待也。是日，上仅咽鸡子二枚。次日上与诸宫眷食小米粥数碗，泣数行下。

没有前驱之卤簿，没有锦扬之銮仪，没有跪迎之官员，没有酒宴之铺张，甚至没有合用的被褥，咸丰帝一路上只能吃到两个鸡蛋，喝碗小米粥，流着眼泪走。

这是清朝历史上第一次皇帝出逃京城。四十年后，他的妻子（慈禧太后那拉氏）带着他的侄子（光绪帝）再次出逃。

八里桥之战后，英法联军稍事休整，继续开进。9月24日占领通州。9月26日，其一部进至朝阳门外。尽管咸丰帝在出逃的路上于9月25日命令钦差大臣两江总督曾国藩、钦差大臣漕运总督袁甲三、河南巡抚庆廉、安徽巡抚翁同书、提督傅振邦从镇压太平军、捻军的战场上抽调"精勇"援京；到达热河行宫后于10月2日命盛京将军玉明、绥远城将军成凯、山东巡抚文煜、陕甘总督乐斌、山西巡抚英桂、河南巡抚庆廉亲自率领精兵进京"勤王"，并命钦差大臣湖广总督官文、湖北巡抚胡林翼派兵勇救京；又于10月10日再次催促各地"勤王"之师星夜前进，并命吉林、黑龙江将军"派兵内援"，但是，从当时的运兵条件来看，这些兵勇赶到北京至少在一个月之后。

留在北京身负重任的钦差大臣恭亲王奕訢，一再致书英国专使额尔金、法国专使葛罗，要求停战议和，但英、法方面要求首先释放巴夏礼。手无可战之兵的奕訢，却欲以巴夏礼作为人质，迫英法退兵。双方的交涉一时以巴夏礼为中心。奕訢等人至此尚不明巴夏礼的真实地位，敌人催逼越紧，他越以为此人重要。10月6日，英法联军在北京安定门、德胜门外再次击败僧格林沁等部清军，法军一部冲进了圆明园，开始抢劫。奕訢等人避走万寿山。10月8日，在京城的清朝官员，在英、法的胁令下，释放巴夏礼。10月10日，英法联军司令官照会奕訢，限三天内交出安定门，否则即将城门攻开，清朝官员只得乖乖地照办了。

1860年10月13日中午十二时，北京的安定门向英法联军开放，侵略军之一部列阵进入北京。这座始建于明代的城门，本是王师出征之道（明清质例，禁军出京攻守，出安定门，入德胜门），此时正式交给英法联军"代为看守"。北京已完全落入英法联军的军事控制之中。

自 10 月 6 日法军闯入圆明园进行抢劫后，眼热的英军第二天也入园参加抢劫。灿烂的东方名园顿时成了一个强盗世界。

从咸丰帝的五世祖康熙帝修建圆明园起，经历了雍正、乾隆、嘉庆、道光诸朝的全力经营，耗帑二亿两以上的白银；终于在京西北的山山水水之间，建起了这座占地五千余亩、中西景观一百多处的皇家园林。1793 年，乾隆帝在此接待了第一位到达中国的英国使节马戛尔尼，并让他游览全园。由此，圆明园更以清朝"夏宫"的名称流传于欧洲。从未到过中国，更未见过圆明园的法国大文豪雨果，以文人特有的灵敏感受，描绘了这一地方：

在地球上的一个角落，有一个奇特的世界，它叫作夏宫。艺术的基础在于两种因素，一是产生欧洲艺术的理性，二是东方艺术的想象。在想象的艺术中，夏宫相当于理性艺术的帕提侬神庙。凡是人们，近乎神奇的人们的想象所能创造出来的一切，都在夏宫身上得到体现。帕提侬神庙是世上极为罕见的、独一无二的创造物，而夏宫却是根据想象，而且只有根据想象方可拓制的巨大模型。您只管去想那是一座令人心驰神往的、如同月宫城堡一样的建筑。夏宫就是这样。您尽可以用云石、玉石、青铜和陶瓷来创造您的想象；您尽可以用云松来做它的建筑材料；您尽可以在想象中拿最珍贵的宝物，用最华丽的绸缎来装饰它……

没有见过圆明园的雨果，把它想象成梦幻般的仙境；而见过圆明园的人，却称它是梦幻仙境的真实再现。

此时，这座"想象艺术"中的帕提侬神庙，正在侵略军手下呻吟。一名"冷静"的法国贵族客观地描绘了当时的场面：

我只是一个旁观者，一个不抱任何偏见、却也充满好奇心的旁观者，贪婪地欣赏着这一幕奇怪且令人难忘的情景：这一大群各种肤色、各种式样的人，这一大帮地球上各式人种的代表，他们全都闹哄哄地蜂拥而上，扑向这一堆无价之宝。他们用各种语言呼喊着，争先恐后，相互扭打，跌跌撞撞，摔倒又爬起，赌咒着，辱骂着，叫喊着，各自都带走了自己的战利品。初看起来真像是一个被人踏翻了的蚂蚁窝，那些受惊了的勤快的黑色小动物带着谷粒、蛹虫、卵或口衔麦秆向四面八方跑去。一些士兵头顶着皇后的红漆箱；一些士兵半身缠满织锦、丝绸；还有一些士兵把红宝石、蓝宝石、珍珠和一块块水晶放在自己的口袋里、衬衣里、帽子里，甚至胸口还挂着珍珠项链。再有一群人，他们手里拿着各式各样的座钟和挂钟，匆忙地离去。工兵们带来了他们的大斧，把家具统统砸碎，然后取下镶在上面的宝石……这一幅情景只有吞食大麻酚的人才能胡思乱想出来。

……

在园里，到处都有人群，他们奔向楼阁，奔向宫殿，奔向宝塔，奔向书室，唉，我的天呀！

这位法国伯爵还写道，他的一名传令兵为了讨好他，"双手满满地给我捧来一大把珍珠"。相比法军抢劫中的混乱，英军操行此事时显然"有序"得多。英军统帅格兰特（J. H. Grant）得知法军的获利，"非常仁慈地发出一道命令，让每个军团的一半军官在第二天上午可以去圆明园抢劫，但这批人必须在中午回来，以便其余的一半军官可以在下午去抢。"在"军官优先"的原则执行之后，很快又准许士兵"沾利"。

为了使没有机会参与这场大抢劫活动的官兵们不至于失望，"公平"地分配这些"战利品"，英法联军还成立了专门委员会，进行拍卖、分配等活动，并将最好的一份献给英国女王和法国皇帝。等到后来英法联军撤退时，载运赃物的大车队有几里长。

圆明园的罹难并没有到此为止。

当时僧格林沁截拿巴夏礼一行共39人，到10月8日、12日、14日三次释放被俘人员时仅19人，另外20人死在狱中。为了报复清朝的"残暴"，英国专使额尔金决定给咸丰帝一个永久的"教训"。最初意欲烧毁城里的皇宫，后因恐皇宫化成灰烬，清朝颜面尽失而有可能垮台，从清朝手中攫取的利益随之再失。最后额尔金选择了圆明园。而抢劫圆明园时最为努力的法方，却认为此举"不文明"而拒绝参加。

1860年10月18日，英军第1师数百名士兵根据额尔金的命令在园中放火。顷刻间，几十股浓烟升起，圆明园成为一片火海。熊熊的大火，三日不息，远在京城里的人们都可以看见西北方向那冲天的黑烟。天空黯淡，日月无光，尘埃与火星，随风飘到城里，在我们民族的历史上，蒙上了一层埃尘。

我们不知道咸丰帝得知他的出生地在举行了他三十岁生日大庆后毁于一炬做何感想，但可以肯定，不管他怎么想，他什么也不能做了。他已经没有任何反抗的力量。

能抢的，都抢光了；能烧的，也都烧光了。只剩下那些打不烂、烧不掉的石柱，留存至今。昔日金碧辉煌的圆明园，今日已成了一片废墟。

后宫风云

咸丰帝即位之初，雄心勃勃，励精图治。可是，自咸丰二年（1852年）太平天国起义爆发后，朝廷派出的镇压大军屡战屡败，局面一发不可收拾。眼看着江南半壁河山将拱手相让，咸丰帝不禁慨叹自己生不逢时，渐渐变得心灰意冷。他开始懒于听政，而把大部分心思都用于纵情声色。在继位的第二年，他就下令挑选秀女入宫。以后又几次从满蒙两族的官宦人家挑选秀女，并破除禁选汉女的祖制，选汉女入居圆明园，供自己寻欢作乐。

一次，有一批被强征入宫的秀女，排列在坤宁宫外等待咸丰帝挑选。秀女们大多跋山涉水，千里迢迢而来，等候多时却不见天子圣驾，早已饥肠辘辘，疲惫不堪，加之初入皇宫，对宫中的森严气势不免惊恐，再想到千里之外的父母兄弟，都不由得伤心落泪。顿时，坤宁宫外一片唏嘘泣零之声。大内总管太监见状，大声威吓道："皇上很快就要驾到，你们再哭下去，惊动圣躬，定然严惩不贷。到那时，再哭爹喊娘也来不及了。"

众秀女听后，顿时吓得战战兢兢，再不敢哭诉。这时，有一位女子却推开众人走到前面，痛斥总管太监："我们离别父母，从千里之外来到宫中待选，实在是被逼无奈的。即使被皇上选中了，也将幽禁宫中，这和罪犯囚徒有什么分别？父母千辛万苦把我们拉扯大，我们却无力报答父母，这次分别，或许永无相见之日，这是多么凄惨的事啊！现在天下大乱，皇上不思求贤才，用良将，保卫江山社稷，而只知寻欢作乐，强征良家女子，历代的明君会有这样的所作所为吗？"

太监们听了，不禁被这个秀女的慷慨陈词给惊呆了。这时正巧咸丰帝驾临，太监们把她推到皇上面前，要她跪下请罪。这女子拒绝下跪，义正词严地说："我今天特地来请求一死，何必再下跪。"咸丰帝说："你刚才说的话，我只听到了一半，你再讲一遍。"这个秀女当着皇帝的面又斥责了一遍。咸丰帝说："你真的不怕死吗？"女子说道："我死了，千秋万代将牢记我的名字，而万岁爷却又将如何自处呢？"说完，猛然将头向旁边的石柱撞去，被太监们用力拖住。咸丰帝见她连死都不怕，杀了她只会担个坏名声，只好悻悻地放她出宫。随后，将其他强征来的女子也都释放回家，草草结束了这次选秀女活动。

　　尽管如此，经过几次选秀女活动，咸丰帝后宫已是佳丽三千，美女如云了。其中，有个名叫兰儿的姑娘，就是在首次选秀女时被咸丰帝看中，入选后宫的。

　　兰儿，姓那拉氏，因祖先居住叶赫地方，又称叶赫那拉氏。那拉，在汉语里是"太阳"的意思。道光十五年（1835年），兰儿出生于北京西四牌楼壁柴胡同。

　　兰儿的曾祖父名叫吉郎阿，字蔼堂。乾隆五十一年（1786年）年任内阁中书，后屡有升迁，官至刑部员外郎。她的祖父名叫景瑞，出身监生。嘉庆十一年（1806年），授笔贴式。十八年（1813年），升盛京（今沈阳）刑部主事。道光元年（1841年），升山东司员外郎。道光二十三年（1821年）三月，户部银库大量亏空。库银案揭发，牵连其父吉郎阿应赔银四万三千二百两。因为他已早死，责成景瑞减半代赔。二十七年（1847年），景瑞因未能照赔而入狱。二十九年（1849年）获释，开复原职，不久即年老罢官。兰儿的父亲惠徵，生于嘉庆十年（1805年），进士出身。道光八年（1828年）以后，长期任笔贴式，. 二十九年（1805年）二月，列京察一等，军机处记名以道府用。闰四月，升郎中，兼保源局监督，同年，外放山西归绥道。咸丰二年（1852年）二月，调任安徽宁池太广道。由此可知，兰儿的祖上三代为官，虽不是达官显宦，也属于中等官僚家庭。她的外祖父惠显，在道光年间历任安徽按察使、驻藏大臣、工部左侍郎、京营右翼总兵等要职，也是位居二品的封疆大吏。

　　兰儿，是家里人对她亲切的称呼，外人叫她兰姑娘。她的母亲佟佳氏，出身名门，娴熟礼法，举止利落，对兰儿影响很大。兰儿家里共有兄妹四人，在兰儿得宠后，兄弟照祥、桂祥也倍受尊崇，累至高官显职；其妹叶赫那拉氏，小名容儿，经姐姐牵线搭桥，奉咸丰帝之旨与醇郡王奕譞完婚，成了王爷的嫡福晋。

　　兰儿从小美丽超群，可谓天生丽质。少女时代，她偶尔外出踏青或郊游，总会吸引路旁行人的注目，听到观者啧啧的赞叹之声，说什么"天上的仙女也不过如此"等等，可见兰儿是具有古诗《陌上桑》中"耕者忘其犁，锄者忘其锄，来归相怨怒，但坐观罗敷"的罗敷之美的。

　　由于兰儿好修饰，会保养的缘故，以至于成为慈禧太后以后，直到古稀之年，仍然丰韵犹存，魅力不减当年。

　　曾为慈禧画像的美国女画家卡尔在其所著《清宫见闻杂记》中，对她做了这样的描绘："太后全体各部，极为相称。面貌之佳，适与其柔荑之手，苗条之体，黑漆之发，相得而益彰。盖太后方额丰颐，明眸隆佳，眉目如画，樱口又适称其鼻，下额极广阔，而并不带有一毫顽强态度。耳官平整，齿洁白如编贝。嫣然一笑，姿态横生，令人自然怡悦。予若不知其已臻六十九岁之大寿者，平心揣之，当为一四十许美妇人。太后精神焕发，神采照人。可知其平日居气养体之安适，决非常人所及。加以明珰满身，珠翠盈头，其一副纤丽庄严之态度，真有非笔墨所能形容者。"

由此可知，兰儿虽非绝代佳人，倾国倾城，但确实是一个常人难及的美丽女子。况且，兰儿还是一个聪明、勤奋好学的人，她对经史很感兴趣。据说，在入宫前，"五经成育，通满文，廿四史亦皆浏览。"正是由于学习了这些知识，她才能在后宫中脱颖而出，才能够一步步登上了清王朝最高权力的宝座。

兰儿生于重男轻女的封建社会，在那个时代，儿子可以出将入相，光宗耀祖，女子则只能成为传宗接代的工具，在家庭中毫无地位可言。在兰儿的家庭，父母重视照祥、桂祥兄弟而轻视兰儿姐妹也是很自然的。因此，兰儿虽然生活在世代为官的家庭，但物质条件和精神生活并不优越，这正好培养了她克服困难的勇气和毅力。她就像贫瘠土地上生长的一株兰花草，经历风霜的侵凌，苦耐冰雪的洗礼，在料峭的寒冬，默默期待着春天早晨的第一缕阳光……

盼望着，盼望着，春天来了。咸丰元年（1851 年），咸丰帝奕詝为充实后宫，向全国颁发选秀女诏书。兰儿这年芳龄十七，虽然超过了入选年龄，但仍有备选资格。咸丰二年（1852 年），道光帝丧期已满，咸丰帝于二月初八、初九两日，正式遴选秀女。兰儿以其艳丽的姿容，不俗的举止，赢得了年轻帝王的欢心。

这年五月，兰儿被奉旨而来的太监们慢慢地抬进了紫禁城。初入皇宫，她被咸丰帝赐封为"兰贵人"，住在西六宫之一的储秀宫内。这里庭院幽雅，林木秀美，宫内陈设富丽堂皇，宫女太监随时陪侍。宫门前西侧安置成对的铜龙和铜鹿，前殿高悬乾隆皇帝的御笔匾额："茂修内治"。储秀宫前面是翊坤宫、体和殿，后边是丽景轩，雕梁画栋，秀林环绕，气象非凡。

一张黄纸定终身。兰儿梦寐以求的愿望终于变成了活生生的现实。

咸丰三年（1853 年），皇帝奕詝后宫里有正式名位的后妃共计十人，排名顺序是：皇后、云嫔、兰贵人、丽贵人、婉贵人、伊贵人、容常在、鑫常在、明常在和玫常在。兰贵人虽然与皇后之间隔着嫔、妃、贵妃、皇后四级，但在当时列内廷主位中的第三位，这比起那些没有定数的常在、答应们来，自然要尊贵得多，幸运得多了。

尽管如此，兰贵人在入宫之初并没有很快得宠，扶摇直上。原因在于，宫廷里的情况并不像她想象的那么简单。

咸丰帝即位初年，勤于政事，较少耽于女色。朝政余暇，经常有皇后钮祜禄氏相陪相伴。皇后钮祜禄氏，性情贤淑，待人仁厚，顾全大局，善解圣意，在位中宫，享有圣明之誉。咸丰帝性好玩乐，有时以游玩宴会为娱乐活动，听到皇后的婉言规劝后，即使再高兴快乐的活动，他也立即抽身而去，外省军报或廷臣奏疏送呈内廷，咸丰帝意欲来日览奏，及早宽衣就寝，可是听到皇后的规劝之后，立即起身看折理事。宫中妃嫔如遭到皇帝斥责，或妃嫔之间发生争执，都由皇后出面调停平息。总之，皇后钮祜禄氏在宫中宛如一个善于操持家务的总管，上至大清皇帝，下至妃嫔宫女，对她都能言听计从。总之，钮祜禄氏正宫娘娘的地位，闭月羞花的容貌，温柔贤淑的品性，善于协调人事的能力，都使她在咸丰初年后宫中领导群伦，独占皇宠。

皇后以下，兰贵人等妃嫔之上的，还有一位云嫔。云嫔姓武佳氏，是咸丰帝奕詝为皇子时的侍妾，由于入宫较早，陪侍皇上多年，地位也自然是很尊崇的。

在诏选入宫的诸秀女当中，咸丰帝最为宠爱的是丽贵人，丽贵人是主事庆海之女，姓他他拉氏，她与兰贵人同时入宫，只因此女有倾国倾城之容，沉鱼落雁之貌，皇上赐封她为"丽贵人"。丽贵人虽然名次列在兰贵人之后，但凭借其身姿窈窕，体格风骚，受皇帝宠爱比兰贵人有过之而无不及，再说，咸丰帝久已过弱冠之年，望嗣心切，见皇后肚里一直毫无动静，不免眷顾日减，转而独宠美艳的丽贵人，两人朝夕相伴，形影不离，令后宫诸人暗暗妒忌，然而也无隙可乘。

咸丰三年（1853年）夏季的一天，炎炎烈日像一面巨大的火镜笼罩着紫禁城。咸丰帝酷暑难熬，便与丽贵人等同去圆明园消暑游玩，不想，皇舆凤辇行至半路，丽贵人便头晕目眩，胸闷气急，病势沉重。咸丰见势不妙，急忙打道回宫，遣太医入宫诊脉，知是暑热之症，方才放下心来。丽贵人谨遵医嘱，静养调治，期待身体慢慢好转。

咸丰帝见爱妾病重，为早日康复，除经常带人探视外，再不像以往那样，夜夜去打扰她。此时朝中有杜受田、肃顺等得力宰臣，辅弼策划，悉心赞襄，咸丰帝每日只在奏疏上朱批"钦此""知道了"几个字，然后转交军机处和内务府具体办理。所以，咸丰帝每天早朝下来，百无聊赖，又没有丽贵人陪伴，心情郁闷得很。

咸丰帝静极思动，这天早朝之后，看看天朗气清，金风送爽，就想到各处走走，散心解闷。于是，他让御前太监传命，准备出行。

咸丰帝的一举一动，都在一个人的暗中掌握之中，你说是谁？她就是兰贵人叶赫那拉氏。兰贵人是个工于心计、善于逢迎的女人，她为了了解皇上的癖性与喜好，掌握皇上的举止行动，以达到取媚于皇帝的目的，竭尽拉拢收买之能事。她常常把自己的衣物和食品，赏赐给身边的宫女和太监们，以示恩宠，这些下人也感恩图报，她们或暗中窥伺，或拾人牙慧，然后将皇上的消息一五一十向主子禀报。兰贵人还嫌储秀宫消息闭塞，于是借与后宫妃嫔来往走动的间隙，将御赏的首饰、如意等赐物，暗暗馈赠于皇帝和皇后的贴身太监们。这些出身微贱的太监、宫女们，平日受够了主子的冷眼与打骂，饱尝了人世的辛酸，对兰贵人的抬举没有不受宠若惊，感激涕零的。因此，这些人将宫中的大小事件皆暗中留意，有时竟冒着掉脑袋的危险去向兰贵人通风报信，以此报答兰贵人的恩德。末了，兰贵人自然又是一番丰厚的赏赐。

当然，兰贵人此举用心良苦，非常人能够猜度，她从中的获益是无法估量的。比如，兰贵人借助于各宫太监、宫女的帮助，在入宫以后不久，对皇宫里的基本情况了如指掌。至于皇帝的嗜好，如爱听曲子，爱看京戏，兰贵人也早有耳闻，并在这些方面暗下了功夫。

储秀宫里有一个乳母是南方苏扬人，善江南诸小曲。兰贵人闻知后，立即向这位乳母虚心请教。乳母教得格外认真，兰贵人天生聪慧绝伦，不过半年，凡江浙盛行诸调，皆琅琅上口，曲尽其妙。此外，兰贵人入宫前还学过京剧，听说咸丰帝是个京戏迷，就刻意练习，整天与几个好唱京戏的宫女互相切磋，提高技艺，不到一年，唱念做打，样样精通。兰贵人性格活泼，天然浪漫，莺歌燕语，珠圆玉润，加之巧于修饰，更出落得如天仙一般。

皇上近日郁郁寡欢、闷闷不乐的消息早已为兰贵人知晓。她想：自己争宠的时机应该成熟了！于是，她秘密联络咸丰身边的太监，密切注意皇上动向。

功夫不负有心人。这天，咸丰帝下令备轿出行。早有一个长腿的太监，平日得了兰贵人的封赏，正思报效无门，见此机会，乘备轿工夫，扯开飞毛腿，一溜烟便到了储秀宫，将此消息报告了兰贵人，兰贵人大喜，随即授意这个御前太监：要千方百计引导皇上到储秀宫来，事成之后，必有重赏。太监欢喜不迭，飞奔而去。

一盏茶工夫，咸丰帝在众人前呼后拥下，由那位御前太监导引，从养心殿起轿，经体和殿、翊坤宫，向储秀宫迤逦而来。咸丰帝坐着明黄镶龙软舆，正思忖着去何处游玩，忽然一阵风吹来，只听得恫荫深处的宫院内传来一曲圆润婉转的歌声。咸丰帝本是个风流天子，这勾魂摄魄的曲子，自然打开了他沉闷已久的心扉。他抬眼向前一看，只见一座宫院，宫门匾额上御书三个字"储秀宫"，咸丰帝若有所思，但一时却不甚明白，他用手一指，众太监簇拥而入。进得宫来，只见浓荫夹道，花气袭人，眼前顿觉清爽，咸丰帝连声赞叹："好一个逍遥之所，清凉世界！"

众宫女见天子驾临，慌忙跪到地上迎接。咸丰帝此时一心一意在那唱曲儿的女子身上，便吩咐众人原地静候，不许妄自走动。自己欠身下轿，寻着歌声而来。

绕到后园，只见一个旗装女子，手执一柄白鹅羽毛扇儿，背着脸坐在假山旁，清脆婉转的曲子正从她这儿随风传出来，扣人心弦。咸丰帝轻手轻脚地走到女子身后，只见这女子杨柳细腰，乌黑的鬓发垂在洁白的粉颊上。她一边唱曲子，一边把粉脸侧来侧去，上下俯仰，秀发也随风披散开来。咸丰帝本想假装咳嗽一声，见她唱得入神，不忍打断，只好静静地站在她身后。这时，那女子唱道：

> 秋月横空奏笛声，
>
> 月横空奏笛声清；
>
> 横空奏笛声清怨，
>
> 空奏笛声清怨生。

唱到最后一句，真是千回百转，余音袅袅。听到这儿，咸丰帝忍不住叫道："好曲子！好曲子！"那女子见是朝思暮想的天子爷，不禁又惊又喜，忙倒地跪禀："臣妾兰贵人叩见万岁。"这几个字本来是寻常之语，可是经兰贵人口中道出，就特别悦耳动听。咸丰帝龙心大悦，俯身说："朕生平最爱听曲子，但从未听到像今天这样如沐春风的好曲子。真是：'此曲只应天上有，人间能得几回闻'啊！"

兰贵人听到皇上夸奖自己，心花怒放，仰起脸对皇上说："承蒙皇上过奖。若皇上乐意听，臣妾愿再唱几首。"

咸丰帝端凝着眼前这位女子，只见她眉清目秀，桃腮含春，樱唇带笑，皓齿明眸，广额丰颐，不觉回想起去年选秀女时的情景来。他发了一会儿怔，这才连声叫道："好！好！"

兰贵人见机会难得，有意卖弄，一口气唱了十几支曲子，只听雏燕声、黄莺声、银铃声、声声入耳，珠圆玉润，美妙动听。咸丰帝不禁为这些曲子所迷醉，所倾倒。

两人又说了一会儿话，咸丰帝感到口干舌燥。兰贵人见状，急忙转身进屋，取出银杯，沏了一杯香茗。咸丰帝已跟进屋来，兰贵人双手侍奉，殷勤中含着几分羞怯，咸丰帝一面接茶，一面瞄着她的粉脸儿，直看得兰贵人脸上泛起阵阵红晕。咸丰帝凑到她身边，俯首在她耳边，低低说了几句话，兰贵人听了，愈发羞得不能自持。

这时，正巧两名太监在门外候旨，咸丰帝转身对他们说："传朕的口谕，朕今天在这儿息宴了。叫大家散了自便去吧。"两太监听了，心有灵犀，便口称遵旨，把院门掩好，悄悄地退了出去。这里兰贵人陪侍皇上息宴。直到夕阳西下，太监们才见咸丰帝拥着兰贵人，走了出来。太监们抬过舆轿，皇上入乘，兰贵人跪送出宫。

送走咸丰帝之后，兰贵人知道皇上今晚还要宣召侍寝，便急忙梳洗打扮了一番，往镜里一看，不啻一个花枝招展的仙女。在用完夜膳后不久，只见敬事房太监，高举着一方绿头牌而来，口称："兰贵人接旨！"兰贵人跪下接旨。众宫女扶她到卧室里去，照例脱去衣服，将浑身洒上些香水，穿上太监拿来的大氅。穿着停当之后，兰贵人喊了声"领旨"，太监闻声而入，将兰贵人扛在肩上，送入皇帝的寝宫。

这番裸体入宫的旧例是雍正以后形成的。据说，雍正帝当年正是被一个冒名入宫的侠女所刺，倒地而亡的。因此，后来的历代皇帝格外注意预防提备，每日如幸妃嫔，都是由太监传旨，令妃嫔脱得一丝不挂，临时穿上御赐大氅，免得怀挟匕首，行刺帝王。兰贵人自然也不能例外。

太监把兰贵人扛入咸丰帝寝宫，卸去氅衣。兰贵人战战兢兢地钻入御衾之中。按惯例，太监要在外面恭候两个时辰，再把兰贵人送回储秀宫。因为咸丰帝以往临幸妃嫔，是从不叫留的。这次却不同了，咸丰帝吩咐太监不必再等，兰贵人被恩准留宿过夜。这一夜，咸丰帝拥着兰贵人，自然是千种缠绵，万般恩爱。次日天明，日上三竿，咸丰帝方才起身上朝。

自从这次领略了兰贵人的无限风情之后，咸丰帝的心目中，兰贵人开始拥有了一席之地。他每逢精神清爽、心情愉悦的时候，总忘不了宣召兰贵人侍寝。兰贵人也百媚千娇，温言细语，轻轻款款，缱绻缠绵，使出浑身手段，极力趋承。咸丰帝本是怜香惜玉之人，见兰贵人如此可爱，眷顾更加殷勤。正所谓帝德乾坤大，皇恩雨露深。

兰贵人得宠后，在后宫的地位也日渐提高。咸丰四年二月二十六日（1854年3月24日），皇上晋封兰贵人为懿嫔。"懿"字的含义是温柔贤善，用这个字代替与小名"兰儿"相联系的名位封号，自然进一步体现了咸丰帝对叶赫那拉氏的垂爱之情和殷切厚望。

该年十一月廿五日（1855年1月13日），咸丰帝命协力大学士贾桢为正使，礼褆右侍郎肃顺为副使，举行册封典礼，正式册封叶赫那拉氏为懿嫔。

截止到该年十二月初三日（1855年1月20日），咸丰帝的妻妾仍为十人，依次为皇后、云嫔、懿嫔、丽贵人、婉贵人、伊贵人、容常在、鑫常在、明常在和玫常在。其中，婉贵人姓索绰罗氏，满洲正白旗人，为左都御史奎照之女。伊贵人姓伊尔根觉罗氏，咸丰二年（1852年）称英贵人，该年十一月，晋封英嫔。咸丰三年九月初三日（1853年10月5日），降为伊贵人，在贵人之次。鑫常在为正白旗披甲人吉禄之女。咸丰三年二月廿四日（1853年4月2日）由宫女晋封为鑫常在。玫常在姓徐桂氏，正黄旗人，为催领诚意之女。咸丰三年十一月初三日（1853年12月3日），由宫女被封为玫常在。

在众后妃中，丽贵人因其姿色超群而最受咸丰帝宠爱，竟然连皇后、云嫔与懿嫔也逊她几筹。咸丰四年（1854年）秋，丽贵人喜结珠胎，消息传来，咸丰帝手舞足蹈，心里比吃了蜜还甜，因为，这下龙子有望了。于是，咸丰帝对丽贵人恩宠有加，于四年年底册封丽贵人为丽嫔，并信誓旦旦地对丽嫔允诺：如果生下龙子后，再晋封她为丽妃。丽嫔听后，自然万分高兴。

丽贵人喜结珠胎，并晋封为丽嫔的消息传出后，后宫诸妃嫔对此各揣心思。对于皇后钮祜禄氏而言，她认为自己侍奉皇上多年，却一直未有子嗣，每当发现皇上为此焦躁不安的时候，她会感到无比愧疚和深切地自责，同时她也希望其他妃嫔能早日诞育皇子，解除咸丰皇帝的后顾之忧，因此，丽妃怀孕的消息对她来说是一个天大的喜讯。

这则消息对于其他妃嫔，尤其对懿嫔而言，绝不亚于一个晴天霹雳。因为，懿嫔从入宫那天起，经过一段时间的揣摩分析后，清醒地认识到：在未来的宫廷生活中，她真正的竞争，除至高无上的皇后外，另一个人就是艳如桃李、病如西子的丽贵人。事实也的确如此。

如果说，咸丰皇帝最敬重的后妃是皇后的话，那么，他最宠爱的后妃无疑是丽贵人了。

每个人都生存在一定的夹缝中，古往今来的伟大人物，无不以其非凡的生命力和顽强的进取精神，在生存或奋斗的领域拓展出凡人难以企及的高度和广度，从而成为顶天立地的巨人。

叶赫那拉氏就生存在皇后和丽贵人构筑的夹缝当中。当她处心积虑、千方百计地赢得皇上宠幸，先丽贵人而晋封为懿嫔时，高兴得一连几天未曾合眼。可是，没过多久，丽贵人怀孕了，皇上大喜过望，立即封丽贵人为丽嫔，并且，懿嫔尤为忧虑的是，丽嫔将来母以子贵……

再说咸丰帝望嗣心切，就不再去烦扰丽嫔了。时光荏苒，转眼已是咸丰五年（1855年）夏。这天早朝，军机大臣禀报：僧格林沁在河北打败了李开芳统领的太平军，并俘获了李开芳本人，太平军北伐至此失败。这条消息使清廷上下雀跃欢腾，奔走相告，咸丰皇帝也异常兴奋起来。

正是乘着这种余兴，这天晚膳后，咸丰帝只带一二随从，安步当车，来到储秀宫懿嫔的住处。这时懿嫔早已用过晚膳，正在卸妆，准备安寝，忽闻皇上驾到，便仓促迎驾，跪地请安。咸丰帝亲手扶起，二人携手步入卧室。

以往召幸的时候，都是由宫监宣召，扛玉体至养心殿，这次却是圣驾亲临。由于懿嫔毫无准备，仓促迎候，此时她浑身只穿一件粉红色罗衫，更显得玉骨姗姗，肌肤柔嫩，咸丰帝不胜喜欢，便一把将她拥入怀中。

懿嫔此时却装出半推半就的样子。咸丰帝感到非常奇怪，关切地问道："朕为这群长毛贼（指太平天国起义军）闹得人心惶惶，多日不来召幸，让你寒衾冷落，形影相吊。莫非你有些怨怼吗？"

懿嫔接口道："臣妾怎敢。只是臣妾有几句话不好不奏，又不好妄奏，恳请万岁爷恕罪，方敢奏明。"

咸丰帝道："你尽管讲来，朕决不会怪罪于你的。"

懿嫔语重心长地说道："长发盗贼肆虐已有多年，多年来万岁爷日理万机、宵旰忧胆，什么事都要你亲自处理，万岁爷就是有多么旺盛的精力，也要注意爱护保养。万岁爷龙体上承列代先祖，下系子孙万民，关系社稷千秋，何等珍重。如果万岁爷能格外自重，永葆青春，臣妾比永夜承恩还要快慰呢！"

咸丰帝笑着说："你久居深宫，长伴孤灯，难道竟能甘于寂寞吗？"

懿嫔深情地说："若能承帝龙恩，臣妾自然有说不出的欣慰，这也是臣妾前世修来的福分。可是臣妾只有一人，普天之下，却有万民仰仗皇上垂询。臣妾欢娱事小，国家安危事大，圣躬近日加倍辛劳，臣妾实在不愿因一夕欢娱，有伤皇上龙体。"说到这，懿嫔连眼圈也红了。

咸丰帝听了懿嫔一席话，不由得将她搂得更紧，他俯首依偎着懿嫔的娇脸，动情地说："瞧你，真是个贤德女子。嗨，后宫佳丽三千，真正能替朕着想的，只有你一个人啊！"

这一晚，芳情脉脉，软语喁喁，引发咸丰帝万分怜爱。不到数日，懿嫔竟怀酸作呕，患起病来。咸丰命太医诊视。太医奏称懿嫔有龙凤之喜。咸丰帝听了有说不出的高兴。

隔了数日，丽嫔十月怀胎，一朝分娩，谁知咸丰帝的第一个孩子，竟是个女儿，就是后来的荣安固伦公主。时年已26岁的咸丰帝，满怀希望丽嫔生一个白胖健壮的阿哥，长大以后继承自己的千秋大业。谁知天公偏不作美，没有遂了皇帝的心愿。自然，咸丰帝对丽嫔腹中胎儿期望有多高，对这个小公主的失望就有多深。在庆贺孩子满月的赏赐物品中，居然减半发下去。皇上的态度由此可见一斑。

消息传到储秀宫，懿嫔不禁暗自窃喜。回想起前些日子，她独自一人的时候常常长吁短叹；有时半夜三更难以入睡，守着孤灯，独自垂泪；在皇上和众人面前，尽管强打精神，强颜欢笑，但在孤寂的内心深处，藏了多少疲惫和憔悴。直到她自己怀孕之后，紧张不安的内心才稍稍宽慰了一些。时至今日，懿嫔仿佛从一个可怕的梦魇里走了出来，打开尘封的窗棂，心灵的世界依然天高地远，依然风轻云淡。

她抚摸着日渐隆起的腹部，谛听着小生命躁动不安的隐约之声，似乎有一种强烈的预感：自己的伟大的梦想，正如黎明前的那轮朝阳，每时每刻都在积蓄力量，期待着喷薄而出的刹那。

咸丰五年（1855 年），皇帝奕詝已经 26 岁。满族盛行早婚习俗，男子到 16 岁或17 岁就娶妻生子。咸丰帝作为一国之君，后宫佳丽三千，膝下尚无一子，大清江山谁来承继？这个问题不能不使他忧心忡忡，暗自神伤。

本期望丽嫔能生出皇子，谁知事与愿违，咸丰帝自此以后，无心料理朝政，一门心思全寄托在懿嫔身上。

现在，后宫里所有人都知道：咸丰帝最宠爱最关心的人是懿嫔。

当懿嫔获得咸丰帝专宠之时，后宫里的妃嫔却怨声四起。以前得过宠的人为失宠而迁怒于她。从未受过宠幸的人，因懿嫔专宠而抱怨于她。很快，懿嫔就成了后宫女人们的众矢之的，过街老鼠。也就在这个时候，懿嫔叶赫那拉氏与皇后钮祜禄氏发生了冲突，懿嫔为此甚至险遭毒打。

皇后钮祜禄氏，在孝德皇后去世后荣登皇后宝座，成为六宫之主。在咸丰即位之初，钮祜禄氏以其尊荣的地位、贤淑的性格、秀丽的姿容颇受青年天子的宠爱，在后宫中享有至尊无上的显位。可是，随着岁月的流逝，皇后陪侍皇帝多年却一直未能诞育皇子，加之皇后老成持重、沉默寡言的性格，咸丰帝对她的宠爱日益减少。此外，皇后还把失宠的原因归结为一个人，那就是她一直不大喜欢的懿嫔叶赫那拉氏。

在咸丰二年（1852 年），首次诏选秀女活动中，被咸丰帝选中的秀女入宫后，皇后钮祜禄氏对其中一个秀女印象最深，她就是美丽活泼的叶赫那拉氏。因为那拉氏除漂亮之外，还与别的秀女不一样的是，她被皇帝和皇后召见时是那样的落落大方，毫不拘谨。从她的眼神里可以看出，这个秀女绝不是等闲之辈。钮祜禄氏脑中顿时闪出一个念头：绝不能把这个女子留在宫中，否则将贻害无穷。随后，她竟面红耳赤地劝咸丰帝打发叶赫那拉氏出宫。可是，咸丰帝早已被那拉氏的天生丽质和非凡举止所倾倒，对皇后的劝诫置之不理，后来，不仅将那拉氏选入宫中，而且不久即册封为兰贵人。

以后，皇后为阻止兰贵人的进一步发展，经常在咸丰帝耳边吹风，说兰贵人的坏话，企图让皇上疏远兰贵人，可这仅仅是皇后一厢情愿。兰贵人取宠的手段比皇后要高明得多。咸丰帝对兰贵人的宠幸与日俱增，地位也不断升迁，由贵人而晋升为懿嫔。

咸丰五年正月初四（1855年2月20日），云嫔病死。懿嫔在咸丰帝后妃中，地位已仅次于皇后，居第二位了。

皇后钮祜禄氏对咸丰帝整日迷恋懿嫔深为不满，她劝皇上应该保重龙体，可皇上一笑了之，置若罔闻。皇后对此非常气恼，她苦思冥想之后，找到了一个自鸣得意的绝妙办法。

原来，清朝的皇帝非常敬畏祖训，只要是爱新觉罗家族留下的制度，后世统治者往往奉若神明，严格遵循。咸丰帝迷恋着懿嫔，使皇后想起了祖训，她想用祖训来约束这个贪恋女色的皇帝，自然对懿嫔也是一个警告。

钮祜禄氏唤来了自己的心腹太监，授意他到懿嫔居住的储秀宫，如此这般。次日清早，太监领令走到储秀宫寝宫门外念起祖训。正在温柔乡里沉睡的咸丰听到"祖训"二字，便急忙披衣起而跪听。这个太监是尊皇后之命而行的，他在寝宫门外诵读祖训，一直等到咸丰帝走出储秀宫，前往听政殿后才住口。

咸丰帝一向以标榜仁孝自居，对祖训也非常敬畏。因此，皇后将祖训作为尚方宝剑，以警示皇帝的办法还真灵验，以后，咸丰去储秀宫的次数减少了。

钮祜禄氏自以为皇上从此改邪归正，将勤于政事，哪知好景不长，当钮祜禄氏放松戒备时，咸丰帝又鬼使神差地往储秀宫跑动，这次简直变本加厉了，他不但像以前一样整天去储秀宫，而且隔三差五不上早朝。

皇后见此情形，故伎重演，可是咸丰帝这次一反常态，听到祖训后居然跟没事人一般，任凭坤宁宫太监千呼万唤，就是无动于衷。有一次，咸丰帝披衣走了出来，不是敬畏祖训，直接去上朝，而是将这个太监骂了个狗血淋头。

当太监怀着一肚子委屈跑到皇后那儿交差时，皇后大骂道："真是个不中用的东西！你有祖训在身，就是皇上犯法，与庶民同罪，斥责他也是应该的。好，你再带两个太监同去，如果不能说动皇上，小心你的狗头！"

三个太监去了有一个时辰，灰溜溜地滚回来了。皇后一看那个狼狈样，摆手示意他们免奏退下。她这会儿真是又气又恨。气的是皇上迷恋懿嫔，竟然一连几天早朝也不上了，眼下国运维艰，民怨沸腾，皇上却这样不思进取，成何体统！她恨的是懿嫔以色取宠，狐媚惑主，祸国殃民。皇上不上朝听政，祸根在于这个妲己，这个褒姒！

钮祜禄氏越想越气恼，越想越愤恨，她自言自语道："不能就这么下去，长此以往，国将不国；长此以往，我这个皇后将置于何地！作为统摄六宫的皇后，对于惑主误国的狐媚之人有责任严加惩处！"想到这，皇后痛下决心，她决定亲自出马，一是劝皇帝理政，二是惩戒妃嫔乱宫。

咸丰六年（1856年）正月，皇帝长夜安住储秀宫，引起外朝内廷一片哗然，皇后认为时机成熟，决定依计而行。这天清晨，皇后早早起床，梳洗收拾停当，顾不得用过早膳，就令心腹太监把祖训拿来。那位太监一听祖训就头昏脑涨，因为这个东西已经把他搞得焦头烂额、六神无主了。可是，懿旨已下，哪敢有半点儿差池？这位太监无可奈何，只得小心翼翼地取来祖训，手足无措地站在那里候旨。

过了好一阵儿，只见皇后威风凛凛地从深宫里走出来，对那个发愣的太监说道："随我去储秀宫！"太监刚开始还不明白皇后葫芦里卖的什么药，半天才转过弯来："哦，皇后要亲自出马了。"太监急忙把祖训捧过头顶，三步并作两步，跟着皇后直奔储秀宫。

来到储秀宫门外，把门的太监见是皇后驾到，纷纷跪迎，哪敢阻拦。皇后和随行太监直奔懿嫔寝宫。在宫门口，皇后双膝倒地，高声叫道："请皇上起，听祖训！"咸丰和懿嫔此时被惊醒过来，听到外面皇后高呼祖训，咸丰帝不免有些惊慌，他怎么也不会想到皇后敢亲自前来，此举定然非同寻常。

咸丰帝连忙起身披衣，穿戴齐整，走出寝宫，恳请道："朕即视朝，勿诵祖训。"咸丰帝匆匆上朝而去。皇后目送皇帝的身影消失后，转过身来，吩咐身边的太监起驾前往坤宁宫，并立即传旨令懿嫔一同前往。

懿嫔接到皇后懿旨，不免惊慌失措，她知道皇后要找她算账了。因为，按照清朝宫制，坤宁宫是皇后行使权力，进行赏罚后妃的地方。她看着皇后那怒气冲冲的样子，明白这是皇后在吃自己和皇上的醋，忌妒自己获得专宠，所以借祖制而泄私愤。此次去坤宁宫，肯定不会有好果子吃。无奈懿旨已下，她不敢不遵。临行前，她密令身边心腹太监，在她走后，立即去养心殿，想办法把此事禀报皇上，安排妥当以后，懿嫔心事重重，步履沉重地向坤宁宫走去。

懿嫔到达坤宁宫时，只见钮祜禄氏已在正中央皇后宝座上落座，一脸怒容，两边的几个首领太监也都是一副凶神恶煞的样子，宫内的空气异常紧张。懿嫔知道眼下自己羽翼未丰，鸡蛋碰不过石头。因此，她一踏进宫门，就倒地给皇后行跪拜大礼。皇后早已气得七窍生烟，对懿嫔根本不屑一顾，只听她破口大骂："皇上本来是个勤理政务、奋发有为的天子，自你入宫以后，皇上既不视朝，也不理政。你究竟用什么妖术迷住了皇上，从实招来！"

懿嫔跪在地上，哪敢说出片言只语。她很清楚，任何辩解都

坤宁宫

不仅无用，而且只能是抱薪救火，越描越黑，将激起皇后更强烈的愤怒和更严厉的惩处。于是，她审时度势，缄口不言，一味低头"服罪"而已。

过了一会儿，懿嫔慢慢抬起了头，泪花在她眼眶里打转，但她强忍着不让流出来，只见她把下唇一咬，说了一声："都是臣妾不好，臣妾知罪了。"

皇后见懿嫔低头认罪了，就来个顺水推舟，命令宫中太监："知罪就好。来人哪，家法侍候，给我打！"威严的语调中分明流露出几许得意。

懿嫔低下头，紧咬着牙关，双臂撑地，紧紧地保护着腹部。因为她非常清楚，这里有她唯一的希望存在。只有这个小生命，才可以拯救自己。此刻，她心中只有一个念头：委屈一下吧，或许将来生个阿哥就好了。

就在懿嫔做好充分准备，静待受罚的时候，救星出现了。

原来，咸丰帝从储秀宫走出来，上朝途中回想着皇后那气势汹汹的样子，估计今天会发生一些不同寻常的事情。因而上朝以后，根本无心理政。当一个大臣出班启奏镇压太平军的消息时，没等说上两句，咸丰帝便不耐烦地挥手说道："所有军事奏折，着军机大臣妥议具奏。"说完便宣布退朝。在他心里，还惦记着后宫里的事情，什么太平军、长毛，他才顾不上详细过问呢。朝中大臣纷纷摇头不满，可是又无可奈何，只得退朝。咸丰帝罢朝后，急忙传旨前往储秀宫。它正要入乘皇舆，准备启行，忽然道旁闪出一个太监，高声禀报："皇上，奴才有事禀报，望皇上慢行。"

咸丰帝转过身来，定睛一看，这不是懿嫔的心腹太监吗？于是，还没等太监细禀，他就抢着问："懿嫔现在如何？"

太监急忙跪禀："启奏皇上，刚才正宫娘娘传下懿旨，令懿嫔娘娘前往坤宁宫。懿嫔娘娘临行前，命奴才前来——"

话还未说完，皇上就一清二楚了。他深知传令懿嫔去坤宁宫意味着什么，懿嫔的处境一定非常危险。于是，咸丰帝传旨火速赶往坤宁宫。当他走进坤宁宫时，在皇后的命令指使下，两个手持竹板的太监已走近懿嫔的身边。

正在这千钧一发之际，咸丰帝连忙高呼："请皇后免责，懿嫔已身怀六甲，身孕要紧！"

皇后刚才还得意地暗自思忖："叶赫那拉氏，你目无我正宫，整日与皇上耳鬓厮磨，颠鸾倒凤，今日也让你尝尝恣意妄为、媚惑皇上的苦果。"钮祜禄氏眼看好戏登场，正在宝座上趾高气扬呢，忽听一声高喊，往外一瞧，见皇上已跨进门来，心里顿时凉了半截。

既然皇帝出面说情，懿嫔且有怀孕在身的理由，岂有不准的道理。皇后见事已至此，只好悻悻地叹气道："皇上怎么不早说呢？早知懿嫔有喜，哀家就不会责怪她了。"于是，皇后便令懿嫔起身赐座。

一场风波就这样平息了。钮祜禄氏本想借助皇后的威权来惩戒获得宠幸的懿嫔，却因皇帝的阻止而没有得逞，心中一直耿耿于怀。而懿嫔见皇后手段平平，坤宁宫事件有惊无险，于是，依仗皇帝的恩宠，日益骄纵起来。

坤宁宫事件平息后，咸丰帝觉得宫里禁令太多，不便寻欢，于是又想起圆明园的"四春"女子来。

自汉女进入圆明园以来的很长一段时间，咸丰帝把全副精力用在园内诸女子身上，整日歌舞助兴，饮酒取乐，又有轻颦浅笑，绿肥红瘦，弄得这位青年天子快乐逍遥，不思回宫。到咸丰五年（1855年），太平天国起义军早动北伐和西征，清朝军事吃紧，咸丰帝遂一心留意朝政，无暇入园寻欢。不久，奕䜣生母孝静皇贵太妃病重，咸丰帝感念皇太妃对自己的抚养之恩，每天去探望，非常殷勤。到这年七月，孝静皇贵太妃崩逝，尊封为康慈皇太后。咸丰帝哭临视殓，主持丧仪，奉安入葬，忙了三四个月，颇尽孝忠。后来，懿嫔诞育龙种，咸丰帝愈加宠幸，几乎夜夜陪侍储秀宫。

因此，将近一年光阴，咸丰帝未曾御幸圆明园。而今，皇后和懿嫔为争宠闹到如此地步，咸丰帝为平息两人纷争，索性谁也不予理睬，决定择日游幸圆明园。

却说圆明园内，四春女子盼星星，盼月亮，盼了一年，也不见天子的踪影，都有些心灰意冷，无限凄凉。近日闻知圣驾将至，立即精神倍增，欢呼雀跃，每天成群结队在园门口探望。四春女子当中，杏花春格外聪慧，一心想捷足先登，抢个头筹，因此，她近几月已贿赂园内所有值班太监，让他们留意消息，及时禀报。这些太监得了好处，自然格外卖力，从早到晚，翘首以待。

这日上午，咸丰帝退朝后，传出入园圣谕。随后，皇上乘坐明黄绣龙软舆，在众太监前呼后拥下，向圆明园而来。

早有值班太监探明消息，急派人往杏花春馆告知。杏花春早已整装待发，闻知天子不时将至，急忙准备。圣驾翩跹而至，杏花春急忙轻折柳腰，俯伏在地。因为康慈皇太后丧期未满，园内诸宫女也都身着素服。杏花春樱唇轻启，娇音已出："臣妾杏花春恭请皇上金安。"咸丰帝俯身细瞧，只见她浅妆淡抹，越显得秀发如墨，面似银盘，与众女子相比，就好比鹤立鸡群，分外显眼。咸丰帝心中无限爱慕，忙令她快快起来。杏花春叩谢龙恩，让咸丰帝先行，随后率众宫女侍驾而行。

到了杏花春馆，杏花春引导皇上入寝宫落座，命馆内诸女捧出各样时鲜果品，美酒佳肴，请皇上自用。杏花春更是抖擞精神，殷勤献媚，时而眉目传情，时而珠喉吐信，把这咸丰帝服侍得十分妥帖，流连忘返。当晚，天子传旨留宿杏花春馆，自有那杏花春极力侍奉，欢度良宵。

翌日，咸丰帝见园中茂林修竹，碧水流彩，奇花异卉，争芳斗艳，不禁龙心大悦，特下圣旨，传谕各宫妃嫔、贵人和园内众美女，都到杏花春馆，举行盛宴，皇上钦赐宴名为群芳宴。一时间，三宫六院，接奉圣旨，佳丽三千，联袂而来。园内的牡丹春、武陵春、海棠春，虽满肚子醋意，不敢不到。

只有皇后钮祜禄氏，统摄六宫，母仪天下，谨言慎行，不喜放任，故而没有前来。懿嫔本是喜爱热闹繁华之人，只因身怀六甲，行动不便，自然也称病不起。其余妃嫔，仰慕龙恩，无不趋之若鹜，献媚取宠。

这天，杏花春馆群芳毕至，佳人齐集，莺歌燕舞，浅唱低吟，说不完的旖旎风光，道不尽的温柔情态。咸丰帝沉湎其中，尽欢而散。他这样一连寻欢作乐近月余，不问朝政。

不料，太平天国又闹腾起来，军情紧急，飞报至京，朝中文武大臣，好似群龙无首，不知所措。皇后得知此事，大惊失色，急忙亲赴圆明园，劝驾回宫。咸丰帝乐不思蜀，拖延了三五日，方才返宫视朝。

咸丰帝本无心朝政，马马虎虎办了几件大事，正准备再赴圆明园取乐，忽然敬事房太监前来禀报："大阿哥降生了！"

"大阿哥降生了？"咸丰帝简直不敢相信自己的耳朵，直至太监重复禀报后，他才回过神来。咸丰帝已经嗣位6年，时年26岁，听到皇子诞生的消息，顿时高兴得手舞足蹈，喜不自胜。

皇子诞生的第二天，咸丰帝立即传谕内阁，晋封懿嫔叶赫那拉氏为懿妃，并赏赐懿妃白银300两，绸缎40匹。不久，咸丰帝又亲自赐皇子名为爱新觉罗·载淳。

此后，叶赫那拉氏母以子贵，在后宫中力挫群芳，地位扶摇直上。应懿妃之请，咸丰帝又加封她为"天地一家春"，凌驾于"四春"之上，并在圆明园别造洞天，以示专宠。咸丰七年（1857年），懿妃晋升为懿贵妃，成为皇后之下、众妃之上的后宫二号人物。

如果就此止步，那么，她也许就不是叶赫那拉氏了。

文臣武将

胡林翼

胡林翼（1812~1861年），字贶生，号润之，晚清中兴名臣之一，湘军重要首领，湖南益阳人；道光十六年（1836年）进士；授编修，先后充会试同考官、江南乡试副考官；历任安顺、镇远、黎平知府及贵东道；咸丰四年（1854年）迁四川按察使，次年调湖北按察使，升湖北布政使、署巡抚；在武昌咯血死。

人们习惯将胡林翼、曾国藩、左宗棠并称为"咸同中兴"的三大名臣。

（一）官宦子弟，风流少年

胡林翼，字贶生，一字润芝，湖南益阳县长冈村人。清仁宗嘉庆十七年（1812年）生。与左宗棠同岁，比曾国藩小一岁。

胡林翼出身官宦之家，其父胡达源曾以一甲第三名进士及第，直接入翰林院，授编修。后官至詹事府少詹事，为四品京堂。正因如此，胡林翼从小受重视，得到了较好的教育，并有不少奇遇。6岁时，他爷爷教他认字，读《论语》。8岁时，爷爷在益阳修志馆编修志书，他随侍在侧。刚好将赴任川东兵备道的陶澍顺路回老家益阳探亲，一见到胡林翼，就惊为伟器，曰："我已得一快婿"，遂订下娃娃亲，将自己5岁的女儿许配给他。19 岁时，胡林翼与陶澍之女琇姿（字静娟）在桃花江陶氏别墅完婚。

　　婚后两年，胡林翼师从本邑儒士蔡用锡，蔡氏不专重文艺，他教子弟务为有用之学，对兵略、吏治尤为重视。胡林翼在他的教诲下颇有收获。

　　道光十二年（1832 年），胡林翼应岳父之召赴江宁（今南京）。此时的陶澍已升为两江总督，林则徐任江苏巡抚，正协助陶澍兴修水利，整顿淮盐。胡林翼目睹陶、林济民利国的事功实践，深受鼓励。

　　江南一行，胡林翼收获很大。从此，他勤奋读书，涉猎尤广，但不做寻章摘句之腐儒，笃嗜《史记》《汉书》《左氏传》《资治通鉴》及兵政机要等，学习经世之术。

　　在此期间，胡林翼还得到了躬行实践的机会。道光十一年（1831 年）五月，沅湘大水，益阳受灾严重，饥民流离失所。当时在家受学的胡林翼担心饥民无食一变而为乱民，慨然曰"秀才便当以天下为己任"，挺身而出，面见县令，建议按灾区编户口，劝说富户出钱粮赈灾。他还提出具体的救灾方案，令当地保甲根据贫富情况造户口册，分上、中、下三等，上户不管，中户可减价买米，下户免费给米，限期一个月。但是劝捐举措遭到富民的抵制，他便首先请岳父家捐出 2000 两银子以做表率，然后对其他富民苦口婆心劝导，"以至诚感之，以大义责之，以危言动之，以赏劝诱之"，终于大家开始踊跃捐款了，很快积聚了数万两银子。当时的胡林翼年仅 20 岁，但他勇于任事，所表现出来的刚毅果断、成熟稳重、灵活机智完全超出其年龄范围。

　　而在两江督署，胡林翼有机会见到一些督抚，遂通过他们的言谈举止来判断其人。他认为林则徐、卢坤等的心术德量与陶澍相同，并请陶澍密保林则徐、伊里布作为两江总督的继任人选，陶澍深以为然，很器重他这个毛脚女婿。

　　胡林翼在南京时，也时常纵情山水，并流连忘返于秦淮河畔、钓鱼巷中。有人密告陶澍。不料陶澍却替他说话："以润芝之才，将来必然担当大任，辛劳将十倍于我，以后恐怕没有时间玩乐，此时姑且让他玩吧。"这是野史记载，不能确信，但清代士人狎妓非常普遍，胡林翼是官宦子弟，养尊处优，放荡不羁，有些风流韵事也是可能的。从胡林翼身边人的笔记中就有蛛迹可寻，如曾国藩的幕僚欧阳兆雄、朱孔彰说胡曾是"纨绔少年"，"常恣意声伎"；而胡的幕僚徐宗亮也说他"少年有公子才子之目，颇豪宕不羁"，并且他过惯优越生活，即使在艰苦的军营中，也"厌饫极精"，"无三日不小宴"，不能像曾国藩、左宗棠那样粗茶淡饭，蔬食自甘。

　　24 岁时，胡林翼中进士，选为翰林院庶吉士。三年后，授翰林院编修，开始仕宦生涯。道光二十年（1840 年）胡林翼充江南乡试副考官，为朝廷选拔人才。清代的翰林官，有所谓红翰林、黑翰林之分。其"红""黑"之别，就看他在仕途上是否通达，如常得到点派各省学政、乡试考官，以及国史馆等处的纂修等差使，不仅收入多，而且姓名咸在帝心，升迁自然也快，这就是所谓红翰林了；反过来说，数年不得一差，考试又常居中等以下，不但升转无望，而且贫寒彻骨，这自然是所谓黑翰林。胡林翼成了翰林之后，一参加大考就列为二等，翌年又两次点派差使，可见他是一个红翰林。正当胡林翼春风得意、以为前途无限光明之时，他却在江南乡试副主考任上因正考官文庆带人入场代己阅卷一事栽了跟头，以失察降一级调用，由待升的红翰林降为内阁中书。不久因父病故，胡林翼开缺回籍。

等胡林翼丁忧期满，可以复补官职时，他的一班同年，有的已经升得很高，比胡林翼晚3年才中进士的曾国藩，此时也官至翰林院侍讲，高出内阁中书许多了。因此胡林翼觉得心灰意懒，自感宦途蹭蹬，功名无望，有终老家居之想。于是，他闭户读书，4年不出家门。此前的胡林翼是一个功名得意的宦家富贵公子，生活豪奢，纵情声色，很有点纨绔阔少的味道。经过此番挫折磨砺之后，他在生活思想方面，有了很大的转变：昔日的浮夸奢靡，一变而为此后的沉着、稳重、笃实、老练。可以说，胡林翼一生的事业，并不始于他中进士、点翰林，而是始于他丁忧复起之后。

（二）事业从贵州开始

道光二十五年（1845年）冬，林则徐写信劝胡林翼出山效力，不久，两江总督陆建瀛、安徽巡抚王植、座师藩世恩等也纷纷函劝胡林翼出仕。但如果按原官起复，胡林翼只能是从七品的内阁中书缓慢升迁，如果按部就班地晋升，什么时候能做到督抚大员？这与他的才干确实不相称。

于是，胡林翼在姻丈两淮盐运使但明伦的帮助下改从捐纳之途发展。用现在的话说就是买官。

道光二十六年（1846年）他遵例捐银15000千两，谋得知府之职。捐官之法，是清朝政治的一大弊政，然而也正因为有此一种办法的存在，才可以使胡林翼由一个待补缺的七品中书，一跃而为四品知府。出身正途的胡林翼无奈出此下策，确为难堪，但也正因为有这样一番刺激，才使他对于做官出仕的观念有了全新的看法，对他的功名事业前途，毋宁正是一个很好的转变。

根据当时捐例，捐纳为官可以自主择地，胡林翼完全可以选择一个发达的地方，挑个肥缺做官。但他是正途出身，捐纳为官已让他蒙羞，所以宁愿到边远之地，以区别于那些输金为吏者。胡林翼选取了地瘠民贫、向来被人们视为畏途的贵州。

贵州是胡林翼事业开始的地方。在贵州任上，胡林翼先署安顺知府，后调镇远知府、黎平知府。

此时太平天国起义风起云涌，咸丰三年（1853 年）洪秀全定都天京（今南京），对清廷造成严重威胁。云贵总督吴文镕调任湖广总督，督师进剿。吴文镕深知胡林翼是一位难得的将才，他奏调胡林翼带黔勇赴湖北协办军务。咸丰四年（1854 年）胡林翼率部出黔。他终于有了在更广阔的范围内大显身手的机会，效忠王朝与建功立业在儒生出身的胡林翼那儿是合而为一的。

此后的 7 年中，胡林翼率部在湖北、安徽、江西战场与太平军主力进行角逐，身经百战，艰苦备尝，相继攻克武昌、九江，并曾围困太平军江北重镇安庆，为清军攻陷天京，做了军事铺垫。在此期间，他兼任湖北巡抚，整顿湖北的吏治与财政，并督练出一支善战的楚军，为清廷镇压太平天国运动立下了汗马功劳，直至生命的最后一息。

（三）书生治军，戎马倥偬

胡林翼是清朝难得的干才，他在镇压太平天国起义中脱颖而出，展现了他多方面的才能。

首先，胡林翼是清朝少见的军事家，他长于治军练兵，善于征战驰逐。在军事指挥上极有才具，有一套独到的军事思想。胡林翼强调将才在谋不在勇，应以静制动，以预应猝，以我料敌，通权变，知进退，能正能奇。胡林翼军事思想的核心内涵是：通变与坚忍。通变是灵活的军事方法，坚忍是坚定不移的精神意志，万万不可稍挫稍懈。胡林翼在十几年的戎马倥偬中充分实践了这一思想。

咸丰五年（1855 年）胡林翼署理湖北巡抚，在军事上开始独当一面。他指挥围攻武昌的战事，这一年，对胡林翼来说，是出师以来最艰苦的磨炼，他虽名为巡抚，但号令不出 30 里，粮饷断绝，兵勇溃散。胡林翼在给妻子的家书中说："今年打三四十仗，仗仗皆苦。"又抒发感慨地说，平生自谓才大，自幼即狂，谓世人皆无才，此次作守办一方之事，始知事之艰难，今年之难之苦，如不是竭力尽心，万难支持，"心中未尝不愁，却喜性情开朗，不甚怕死，故如此磨折如此艰难，形状如昔，惟须发稍白耳。"在这种艰难的处境下，胡林翼凭着封建儒生的坚忍志气，与太平军进行着长期的较量。在粮尽饷绝求贷无援的情况下，他派人到益阳老家，运家谷 40 余船，以济军需。由于兵将疲软，他对武昌采取围而不攻的战术，并利用这一机会，选将练兵，他说："惩前毖后之计，首在练兵，明职教战之方，贵在选将"，他裁汰旧勇，重新募兵，并按湘军章程，以罗泽南、彭玉麟部为骨干，大力扩充在鄂湘军的水、陆二师，并以湖北籍将领余际昌等部为基干，建立一支约8000人的楚军，后来胡林翼陆续将湘、楚军扩编至6万人左右，从而使湖北成为当时军力最强的省份及日后围攻安庆、天京的大后方。

在长期备战之后，胡林翼于咸丰六年（1856年）十二月利用太平天国内乱之机，攻下了武昌，占据湖北大部分地区，并以日行800里的速度向朝廷报捷。清廷赏给胡林翼头品顶戴及太子少保衔，实授湖北巡抚。

在武昌争夺战的历练中，胡林翼增长了较多的军事经验，因此在后来协同曾国藩出师安徽时，便常有正确的战略观点，对于战事的全局产生极为深远的影响。例如他在咸丰九年至十年（1859 — 1860年），对太湖潜山战役的看法，便是最明显的例证。太湖与潜山处于皖鄂交界处，是太平军由安徽进入湖北，胡林翼由湖北进窥安庆的必经战略要地。咸丰九年（1859年）九月，曾、胡合军，在黄州商定四路东进，向安庆逼近。此时太平军固守太湖城，陈玉成率10万大军来援，意图不仅在解太湖之围，亦欲乘机击破清军，解除清军对安庆的威胁。战场形势的变化，使胡林翼感到急需调整战略部署，四路出击，兵力分散，难以抵敌。他与曾国藩一日一信，频繁切磋战事。曾国藩对放弃围攻太湖，迟疑不决，胡林翼明白提出："应专打援贼"，即放走了太平天国守军，也无妨，援军破，则所得不止太湖；如果援军得逞，那就危及大局。在思虑定计之后，胡林翼不顾曾国藩的反对，将部署在太湖附近的各支清军合而为一，以多隆阿为统帅，合力御敌，与陈玉成部在太湖、潜山一带激战，又抽调各路清廷援军陆续投入战场，在包围与反包围的巧妙形势下，陈玉成主力被击溃。这一战役，使安徽方面的太平军再也无力阻止清军的全面推进，不久形成了对安庆的合围。

（四）忧劳过甚，英年早逝

中国古代兵学思想，常以为作战当谋致敌而不为敌人所致，敌人如能为我所致，则可预为部署，掌握制胜的枢机，反之必陷于失败。胡林翼在太湖潜山之战中，对地势敌情做了深入分析，在战斗部署上成功地运用了这一策略，使战场形势有利于清军，表现出非凡的军事才能。至于曾国藩在受任两江总督以后所拟订的10道并进计划，在胡林翼文集中亦早有端倪。他在咸丰十年（1860年）致曾国藩书云："昨夜沉思，总是放胆放手大踏步乃可救人"，应分兵数路，以大帅为中心，选直捷能干的李元度、沈葆桢、李鸿章、刘蓉、李瀚章等就地筹饷治军，分南北西三条路向包围南京，形势既得，事情自然顺手，切忌近谋，大题小做，因小事而误大局。由此可见胡林翼的胆识魄力和明快作风。他多次劝告曾国藩不可专学诸葛亮之谨慎小心，要有不怕包揽把持、放手去干的勇气，凡此特性，正是曾国藩所缺乏而胡林翼所特具的，在这些地方他似乎比曾国藩高出一筹。

胡林翼不仅在军事战略上有胆有识、处置得宜，而且注重士卒的训练、部伍的整顿，使部队具有很强的战斗力。他在贵州任上，就招募兵勇、组建团练。进驻湖北后，更是全力练兵。他对兵勇有自己的看法，认为专尚驯谨之人，则久而必惰；专求悍鸷之士，则久而必骄。因此，他常常调整兵员，裁汰旧卒，每一次大战之后，都进行一次兵员的补充和调整，使部队始终保持战斗的锐气。

胡林翼还是晚清政坛上引人注目的政治家，这主要表现在以下两点：

其一，精明干练，勇于任事。他在贵州知府任上时，即已目睹地方吏治的废弛、官盗勾结的弊政，并着意捕盗安民，旌表节孝，创建义学，把偏远之地治理得有声有色。

其二，任职贵东道时他就提出，要从根本上挽救地方，必须从练兵、求才、察吏、筹饷四端切实整顿。然而胡林翼当时局限一隅，职位不高，难以措手，如他所说是"言易行难，病多药少"。出任湖北巡抚后，胡林翼终于有了施展抱负的机会。

胡林翼上任时，面临的是"民物凋残"的破烂局面。经过一番研究与考察，他决定还是从察吏、求才、练兵、筹饷四方面着手，进行综合的治理。为实现自己整顿地方的大志，胡林翼着意密切与湖广总督官文的关系，免其掣肘，取得了地方军事行政的实权，其整顿措施得以顺利推行。在吏治上他用贤黜邪，惩办、罢免了一批贪赃枉法者，革除盘剥百姓的种种陋规。胡林翼还在湖北境内自行委派代理知县，而不是由朝廷按常规选派，他说："办事全在用人，用人全在破格。"他注意整顿官吏作风，禁应酬、严奔竞、崇朴实、黜浮华，使湖北吏治焕然一新。在财政上，胡林翼为了支撑庞大的军需开支，采取了一系列切实可行的增收措施，如创设厘金、征收商税、疏通盐运、提高盐课等。他认为，欲增加课税收入，当杜绝中饱，严防侵盗，否则徒为病商厉民的害政。胡林翼招致实心任事而廉介有为的士绅，担任税关征收事宜的主事，杜绝贪污，湖北财政大有起色。湖北财政的整治，为清朝东南半壁江山的保障，提供了足够的物力支持。经过胡林翼的一番整顿，"湖北兵与饷强天下"，显示了他卓越的理政才能。

宽宏大量，降格求才。胡林翼为人开阔爽朗，善于长远考虑，从大局着眼，并在镇压太平军的行动中起了重要的居中协调作用。如曾国藩一度被清廷解除兵权，胡林翼在清廷与曾国藩之间多方斡旋，先后两次奏请清廷起复曾国藩，在肃顺等人帮助下，清廷允奏，曾国藩得以复出，但未授实权，于是胡林翼又通过官文使曾国藩重掌军柄，又倾全力支持曾国藩东征之师。胡林翼对部将亦相敬如宾，有时不惜降格求才，其才能高出左宗棠之上。只可惜他死得太早，来不及有更多的展布，便遽尔因病不起，未免是国家民族的重大损失。

胡林翼之死，主要由于忧劳过甚。这在他的文集中有很具体的记述。如《文集》卷97《复左宗棠书》云："林翼积劳六七年，忧思成癖，病势日增。"又《文集》卷65《复钱萍证书》云："林翼积年戎帐，精力已颓。若再迟延一二年，英华销歇，即再鞭策，亦无能为役。"这还是咸丰八九年间（1858-1859年）的情形。其时胡林翼丁母忧，适逢李续宾三河丧师，胡林翼力疾起复，亲赴黄州收拾整顿，力挽危局。至太湖潜山之战发生，陈玉成挟十余万众来攻，清军形势危殆，胡林翼苦思对策，深夜不寐，虽终获胜捷，而精力益形不支。至咸丰十年（1860年），遂常有气喘、吐血及精神恍惚的现象。即使如此，他在安庆之围方急、陈玉成竭力向安徽湖北四处窜突的时候，仍不顾病体安危，力疾披阅军报，每至夜分，于是咯血的情形愈见严重。这是肺结核因劳瘁过度而日益恶化的征象。胡林翼亦自知长此以往，势将一瞑不起，但他仍竭力振作，要拼出最后一份精力支持到底。他在当时写给曾国藩的信中说："贱恙桐城王医与作梅均言，心肺脉模糊，此是最重之症，用一分心即增一分病，用一日心即增十日病。然愿即军中以毕此生，无他念也。"又一信云："迩日并军报亦废阁不阅，夜则五心如火焚，已十余日。生死之际，如倦极思得一睡，睡着便安，即殁吾宁也之义。"果然，他终因劳瘁不堪而致咯血愈剧，于咸丰十一年（1861年）八月二十六日卒于武昌，享年50岁。比较起来，曾国藩与左宗棠与他的生年相近，胡林翼是死得最早的一个。他之早死，劳瘁过度固是主因，而早年生活之放荡不羁，或不免因忧伤过甚而种下体弱易病的原因。

综观胡林翼的一生，早年出身翰林，自恃才智过人而疏狂不羁，颇有花花少爷的模样。但在经过一番挫折之后，事业前途蹭蹬，使他幡然悔悟，于是在捐官知府之后就一改早年所为，立志要为国家民族做一番事业。7年知府，声誉鹊起，其后屡经危难，更能竭力支撑，终于凭借他过人的才智与能力，在平定太平天国之乱的长期战争中大展鸿猷，为曾国藩的平吴大功做好基础工作。

胡林翼初到湖北之时，所带的兵数少而质差，屡经挫折，在湘军务部中称为最弱。但在经历过一番战火的历练及参用湘军营制加以训练之后，居然壁垒一新，屡有胜捷。

自此之后，湖北之军，遂以善战著称。这自然都是胡林翼的收拾整顿之功。其后湖北虽经克复，而大乱之后，百事俱废，也靠了胡林翼的竭蹶经营，方在数年之间奠立富强之基。但他仍然不以此为满足，于分兵四援邻省之外，更全力支援曾国藩的东征之师，使无后顾之忧。东南大局之终能底定，至此已具备了先决的条件。咸同中兴，素来以曾胡并称，而胡林翼的才具实胜于曾国藩，只是他谦退为怀，不肯自言功绩而已。亦正因为他处处能推功让贤，调和将帅，以故人心归附，士乐为用。凡此施为，充分显示出一个成功的政治领袖所发挥的作用。一个国家能有这样的政治领袖，自然可以改造时势，戡定大难。这样的人物，在历史上并不多见，而清朝政府在当时居然能够得到，实在是太幸运了。

曾国藩

曾国藩，初名子城，字伯涵，号涤生，谥文正，汉族，出生于湖南长沙府湘乡县杨树坪（现属双峰县荷叶镇），晚清重臣，湘军的创立者和统帅，思想家。他是晚清中兴四大名臣之一，官至两江总督、直隶总督、武英殿大学士，封一等毅勇侯。

曾国藩是中国历史上真正的“睁眼看世界”并积极实践的第一人。在曾国藩的倡议下，建造了中国第一艘轮船，建立了第一所兵工学堂，印刷翻译了第一批西方书籍，安排了第一批赴美留学生。可以说曾国藩是中国现代化建设的开拓者。

他志向远大，性格倔强，意志坚毅，勤学好问，一生致力于“修齐治平”。他是传统道德塑造出来的典范人物。

（一）传奇的降生

清嘉庆十六年（1811）十月十一日，在湖南长沙府湘乡县一个叫杨树坪的偏僻村庄，诞生了一位对晚清历史影响颇大的人物——曾国藩。

曾国藩没有显赫的家世，直到他的祖父曾玉屏时才成为当地一个拥有100多亩土地的小地主，而他的父亲曾麟书43岁时才考取秀才。但是中国人总是喜欢把一些灵异之事附会到大人物身上，对曾国藩也不例外。

传说曾国藩出生的前一天晚上，其曾祖父曾竟希做了一个梦：一条巨蟒，盘旋空中，旋绕于宅之左右，接着入室庭，蹲踞良久。老人第二天早晨百思不得其解，随即有人告诉他：“恭喜公公，今早添了一个曾孙。”老人一听，恍然大悟，认为这新出生的曾孙就是那条蟒蛇投的胎。他联想起唐朝名将郭子仪出生时其祖父也梦见大蟒蛇进门，因此认为曾家将来也要出一个大贵人。很快曾国藩是蟒蛇投胎之说就在当地传开了。随着曾国藩的名气越来越大，这个说法也就越传越远。

事也甚巧，曾国藩生有疥癣，小时还并无多大痒痛。到了35岁以后，曾国藩的功名官运，一天一天地高升，他身上的疥癣也随着一天一天地扩大，简直奇痒无比。曾国藩在日记中多次记载，苦不堪言。

在曾国藩祖屋的后面，"旧有古树一株，为藤所绕，树已槁而藤且益大且茂，矫若虬龙，垂荫一亩，亦世所罕见者"。这条巨藤，活像一条巨蟒，乡人称之为蟒蛇藤。曾国藩在世时，藤叶藤枝，迎风摇曳，得意扬扬；待曾国藩死后，该藤就叶落枝枯，不久就死了。人们对此觉得很是奇怪。

这样，巨蟒入梦，癣如鳞，祖屋藤似蟒蛇，种种异事都发生在曾国藩身上。有人因缘附会，杜撰了曾国藩是巨蟒转世的神话。

曾国藩出生时，封建社会已是岌岌可危。只是当时西方列强还没有入侵，国家仍是按部就班地运行着。因此读书人的第一要务，自然是好好读书，参加科举，求取功名。从小就被家人寄予厚望的曾国藩，开始了他的求学之路。

先交代一下清代螺旋迂回一眼望不到头的科举制度。当时的考试分三个等级：童试、乡试、会试。童试三年两试，考中的人被称为生员（即秀才），考中秀才才有参加乡试的资格。乡试机会难得——三年等一回，因此又称大比，由于在秋季举行，也叫秋闱。乡试考中者称举人，考中举人者就有了做官或进一步参加会试的资格。会试也是三年一试，于乡试的次年春季在京师举行，所以称为春闱。会试考中者就是进士，再经朝考后，成绩优秀者位列三甲，进翰林院庶常馆深造三年，称为庶吉士，散馆后留院者便成为翰林学士，朝考及散馆落选者则授予京城或地方的官职、教职。

乡、会试又有恩科，是逢朝廷庆典，由皇帝特旨举办。又有副榜与贡生的名目，副榜是乡试成绩优秀，却因名额限制而未能录取的秀才，贡生则是品学兼优，由地方保送到京师深造的秀才。二者均可入国子监肄业，并有参加乡、会试的资格。

童试是最初级的考试，又称小考或小试，实则却不容"小视"，因为考上绝不容易，要经过三关：县试、府试、院试。县试由知县主持，每日一场，要连试五场，内容是八股文、试帖诗、经论、律赋等。县试通过者方可参加府试，府试由县上一级的知府主持，内容与县试略同。府试录取者还要参加由各省学政主持的院试，学政由皇帝钦派，一任三年，负责为朝廷甄拔人才，主持各省的科考事宜。院试是童试中最为关键的考试，这次考试通过后，童生们不仅能获取秀才的功名，还可以进入府县学官，享受公家的钱粮补贴（廪饩），安心读书，奠定仕途的基础。

童生在通过童试、获取秀才功名前，什么也不是，顶多算个读书人，在村塾或家塾中教教书，混口饭吃。有不少人终生应试不辍，须发皆白，儿孙满堂，却仍不过是个老童生，可笑可悯。比如曾国藩的父亲曾麟书从十几岁考到四十多岁，依然天真，是个名副其实的"童"生。

曾麟书是个很有耐心的好老师和好父亲。

曾麟书自知天分不高，自己想取得功名是没有什么希望了，于是便把满腔热血都灌注在了儿子身上。曾国藩从小就很沉静，很少啼哭，和其他小孩有明显的不同。嘉庆二十年（1815年），也就是他4岁的时候就学认字，取学名叫子城，字伯涵。"城"是"成"的谐音，也就是渴望儿子早日成龙。

他教儿子倒也没什么高招，但是很好用，就是重复重复再重复。从儿子8岁起他就把他带在身边，无论出门还是睡觉，从早到晚不停地督促、指导，耳提面命，如果他不懂就耐心地再讲一遍。就连吃饭、走路、睡觉都嘟嘟囔囔，爷俩相互提示，背诵诗书、议论文义。与其说多了个儿子还不如说多了个学友。

从那时起，曾国藩跟着父亲学习，一学就是整整8年。他虽然顽劣非常，却对那些佶屈聱牙的八股文章，表现出足够的耐心。平时，曾国藩总是显得格外懂事：他按时完成先生布置的作业，无论是背诵还是作文，都持之以恒。一切非高妙的学习过程，在很大程度上就是一种耐心比拼的过程。因为扎实和专注，曾国藩的学业比别人更为优秀。

曾国藩从小就很有心计，顽劣异常，和其他的孩子一样喜好报复，如果有人得罪了他，他总会找机会"找补"回来。

嘉庆二十四年（1819年）下半年，8岁的曾国藩随父至桂花塘一位姓欧阳的人家中就读。一天，他与主人家小孩发生口角，主人很宠惯自己的孩子，不问青红皂白就把曾国藩痛骂了一番。无奈，在那里当塾师的曾麟书连连给人家道歉。曾国藩把这件事暗记在心，到了放学的时候，偷偷把主人家的金鱼缸底部打破，水干鱼死，这才解恨离去。

无独有偶，12岁时曾国藩和小伙伴在神王庙里玩，不小心把神王翻倒在地。曾竹亭狠狠地训斥了他一顿，还给神王重新装了金身。为了让曾国藩摆脱与邻居小孩的嬉游，曾竹亭带着曾国藩到距家6里的九峰山古锣坪定慧庵去读书，早出晚归。从此，曾国藩路过神王庙时，常把它当作马骑的竹棍系上绳子，放在神王肩上，气愤地说："搭帮你，我到山冲里读书去了！你好好把我的马看着，如果我的马走了，一定饶不了你!"

再加上曾国藩的外形有点不雅:天生一对三角眼,似闭非闭,个性内向,有什么事,常在心里打圈圈,所以,人们给他取了个外号,叫"闭眼蛇"。

曾国藩在少年时和所有孩子一样,也是斤斤计较,睚眦必报的,但是,和一般人不同的是,曾国藩并未长期沉溺于此,而是十分注重自己道德品行的提高,常常自我反省。这样,他才成为了一个不平凡的人。

(二)春风得意马蹄疾

曾国藩6岁从师入学,14岁应童子试,先后考了7次,到21岁才成为生员(秀才),第二年中湖南乡试第36名举人。道光十八年(1838年),正是会试的年头,27岁的曾国藩又要发起新一轮的冲锋了。

曾家以农为业,本来就不富裕,为了凑足曾国藩上京赶考的路费,只好东挪西借,总算凑了32缗(一缗即一串铜钱,一般每串一千文)。那时候可没有高铁,从湖南到北京,曾国藩只好跟宁采臣似的,背个简易可折叠原木书箱,遮阳避雨油灯照明一条龙,水路行舟,陆路车马,舟车劳顿,耗时月余。

一路上,曾国藩省吃俭用,即使如此,当他千里迢迢赶到京城时,口袋里仅剩下三缗钱了。艰难困苦,是成就事业前的必经的磨炼。曾国藩没有灰心伤感,相反意志越来越坚强。此刻,唯有背水一战了!

这一年顺天会试的主考官是大学士穆彰阿,满族大儒,在当时不多见;副考官为朱士彦、吴文熔、廖鸿荃。也正是在这一年,穆彰阿与曾国藩开始了师生情谊,日后,他对曾国藩的影响可谓深厚。

曾国藩手迹

本科会试的题目是道光帝亲自拟定的:首题《言必信,行必果》,次题《万物并育而不相害,道并行而不相悖》,三题《颂其诗,读其书,不知其人可乎?是以论其世也,是尚友也》;诗题《赋得泉细寒声生夜壑》。

曾国藩这一回提笔再也不觉得生涩了，这几年，他增长了阅历，读书也下了苦功，文章更加磅礴，提起笔来，文思汩汩而出。

　　很快，在惴惴不安的等待中结果下来了——曾国藩取得会试第38名，接着，殿试又取得三甲第42名，赐"同进士出身"。科举制度规定，殿试后，及第者皆赐出身，称进士。且分为三甲：一甲只有3人，从高到低就是大家熟知的状元、榜眼、探花，赐"进士及第"；二甲赐"进士出身"，三甲赐"同进士出身"。对于自己的成绩，心高气傲的曾国藩有点灰心丧气，"同进士出身"，毕竟还不是真正的进士。

　　接下来是由皇帝亲自主持的朝考，曾国藩信心不足，在朋友们的力劝之下，只好期期艾艾地参加了。朝考的作文是《顺性命之理论》，曾国藩略略思考之后，下笔如神，阐述了人在天地之中应取的态度，论证了程朱理学的一些观点，颇得精髓。曾国藩大概属于临场发挥型选手，这一次异常出色，朝考得了一等第三名！更好的事情还在后面——道光帝亲自读了曾国藩的作文后，非常喜欢，将他提为一等第二名，改庶吉士。

　　这个"庶吉士"是何方神圣？科举进士一甲者授予翰林修撰、编修。另外从二甲、三甲中选择年轻而才华出众者入翰林院任庶吉士。庶吉士一般为期三年，，其间由翰林内经验丰富者为教习，授以各种知识，目的是让他们可以先在翰林院内学习，之后再授各种官职。情况有如今天的见习生或研究生。三年后，在下次会试前进行考核，称"散馆"。成绩优异者留任翰林，授编修或检讨，正式成为翰林，称"留馆"。其他则被派往六部任主事、御史；亦有派到各地方任官。能成为庶吉士的都有机会平步青云。

　　同进士入翰林，清朝开国以来仅曾国藩一人。

　　红翰林，是科举试途中的巅峰了，中央的极品大员、地方的封疆大吏，绝大多数是从翰林里选拔的。

　　曾国藩成功了，27岁入翰林院，可以说少年得志，平步青云了。

　　科举之路，是真正的"千军万马过独木桥"。当时的中国大约有四亿人口，读书人数以万计，每一科进士只有几百人，这个概率是真正的万里挑一。就说后来成为曾国藩死对头的洪秀全，生于1814年，比曾国藩小3岁，当曾国藩在科举路上奋斗的时候，他也在奋斗，可惜的是，他屡试屡败，最后连个秀才也没考上，索性把笔一扔："老子不玩了，我要打碎这套玩法，重新制定一套规则，"

　　曾国藩与洪秀全的斗争，从某种意义上说，都是科举惹的祸。

　　（三）初见道光帝

在翰林院庶吉士见习期满的，照理都该是骡子是马拉出来遛遛，散馆考试后，拉到皇帝面前问询一番，由皇帝决定是走是留是块什么料，这叫"过班引见"。可是，中国自有中国的特色，要想早些被引见，请客吃饭送礼是在所难免的，礼尚往来，这是老祖宗留下来的特色。

家境比较好的庶吉士，在临近过班引见的日子，都是今天请礼部堂官，明天请吏部郎中，连宫里在御膳房当差的太监，也得孝敬个仨瓜俩枣的。

但是曾国藩就不行了：他出身农家，木讷又不太擅长交际；考虑到庶吉士的还贷能力，百两以上的银子钱庄和会馆都不肯借贷；若只借十两二十两的，又办不了事。无奈，曾国藩只能干耗着。

不久，翰林院庶吉士陈启迈、白殿壹、洪洋、刘向东等基本都被引见，被分发江西、广西、湖南、湖北等地当知县。

此刻的曾国藩真是度日如年，好在曾国藩不急不躁，当然着急也没有用。他每天照常去翰林院当值，却每天都盼着引见的通知，可连吏部知示的影儿都看不见。吏部不上报，皇上又日理万机，如何能知道还有一名该引见的庶吉士没有引见？吏部耗时日，往后拖引见的日子，说穿了，就是干耗庶吉士的银子。

曾国藩索性来个东南西北风——你耗我也耗，看谁装到底。为了让自己平心静气，他最大的消遣便是背书、写字、写诗词。

此时，他收到学友刘向东的来信，信中说自己已经见过湖南抚院，近日抽闲便告假去湘乡代他看望家人云云。短短一封书信，看得曾国藩两行眼泪流了下来，的确，看到昔日同窗已经施展拳脚，自己却还窝在翰林院无所事事，个中滋味，真是一言难尽。

一天天苦熬着，好在该来的还是会来的，只不过是时间早晚的问题。

道光二十年（1840 年）四月，29 岁的曾国藩参加散馆考试，题目是《正大光明殿赋》。曾国藩认真作答，第二天揭榜，他列二等第 19 名。

千盼万盼，吏部通知引见的文书终于下到翰林院。引见的时间是次日午后。

看到吏部文书，曾国藩往日的愁容不见了，兴冲冲回到会馆，茶房看见曾国藩如此高兴，不禁追问："翰林公今天眉开眼笑，有什么大喜事吗？"

曾国藩笑着回答："明日午后过班引见。"

茶房也跟着高兴起来，"这可是大喜事！小的可得通知伙房，晚饭给翰林公加个菜！"

晚饭桌上，会馆果然免费给曾国藩加了个猪杂碎。

曾国藩知道这是会馆的老例，也就没客气，趁着好胃口，风卷残云般吃了个精光。

第二日午后，曾国藩小心翼翼地走进圆明园中的勤政殿，见到道光帝后，急忙跪倒。随侍在侧的太监总管把曾国藩的履历呈了上去，等着道光帝发问。

道光帝先把曾国藩的履历看了看，随口说道："曾国藩，你抬起头来，朕有话问你。"

面试就这样开始了。

曾国藩急忙抬起头来。心难免怦怦怦地跳个不停，虽说道光帝连鸡蛋多少钱一个都不知道，但他毕竟是万人之上的皇帝啊。

正是盛年的曾国藩虽然也还算眉清目秀，但天生一对八字三角眼，有照片为证，有图有真相。这可就麻烦了，因为道光帝对长三角眼的人一向很反感，认为这种人贪婪又狠毒，不会有什么大的作为。在道光帝印象中，好像历朝历代的反王们都长着一对三角眼外加满脸横肉。

参加过面试的人都知道，第一印象很重要，曾国藩偏偏没有给道光帝留下好印象。

曾国藩的前途难道就这样被画上了句号？幸亏老天有眼，可能道光也怕错过一个人才，就多问了几句，曾国藩这才有了施展才华的余地，否则，历史上也许就不会有曾国藩这样一个叱咤风云的人物了。

道光帝顿了顿问道："曾国藩，你给朕说说，做官的第一要义是什么？"

曾国藩略一思索，小心地回答："回皇上的话，学生以为，做官的第一要义无非是个'廉'字。"

道光帝先是一愣，接着反问，"持公平难道不重要吗？比方说你断官司，不公平，怎么能服人哪？朕交给你办的事如何能办好啊？"

曾国藩低头回答："回皇上话，皇上教训的是。但学生以为，官员不廉洁就不会公平处理事情，请皇上明鉴。"

道光帝又问："如果你到地方上去做知县，你要做的第一件事是什么呀？"

曾国藩略一思忖，回答："回皇上话，开民智与清诉讼，应当是重中之重。"

道光帝忽然笑了笑："这倒新鲜！放着钱粮不管倒要开民智，如何要先开民智？"

曾国藩答："皇上圣明。开民智是为了让百姓懂法守法。民智不开，百姓必定愚昧，地方上的治安一定不好治理。而钱谷都是有记载有数字的东西，早晚清理效果应该是一样的。"

道光帝反问："照你所说，百姓知法才能守法。和珅官至将相，很多国家法令就是他制定的，可到头来仍然犯法，这应该怎么解释呢？"

一环接一环，道光帝的问题一个比一个雷。回答这样的问题，不能有丝毫差错，否则后果不堪设想。

曾国藩额头上冒出了冷汗，脑筋一转，又回到了自己刚才说的"廉"字上，这才把话圆回来。他答道："皇上圣明。犯官和珅知法但目中无法，眼里只有银子。从古到今，官员堕落都是因为个'贪'字。"

道光帝看着曾国藩不再言语，好半晌才道："下去候旨吧。"曾国藩叩头退出。道光帝提笔在曾国藩的履历上批的是：面相不雅，答对却明白，能大用。

最后圣谕下达：庶吉士曾国藩即日起实授翰林院检讨。曾国藩转眼便成了清朝的从七品官员。

翰林院是朝廷储备人才的地方，虽然俸禄比较低，还没有什么油水，但前程远大。以后，一旦被起用，外放为府道，内用为京卿，往往不过几年就可以升迁为大官。此时的曾国藩，可谓是踌躇满志，但面对偌大的京城，一时还找不到自己的方向，那种被悬在半空、暂时还没有着落的感觉肯定是有的。

这是他为官生涯的起步，从此以后，曾国藩开始了12年的京宦生涯。

（四）服膺理学

曾国藩是典型的儒者。在长沙岳麓书院读书时，他已经受到了儒学的系统熏陶。点翰林入院读庶吉士后，他更是踌躇满志，在给亲友的信中，充分表达自己要成为诸葛亮、陈平那样的"布衣之相"，而学问上要做孔孟那样的大儒。

这时，他只想像先贤一样。他立下了一个要成为大儒、成为圣贤的大目标。开始的一段时间，经、史、诗、文样样都学，司马迁、班固、杜甫、韩愈、欧阳修、曾巩、王安石、方苞、李白、苏轼、黄庭坚，以及近世诸家的著作，他都如痴如醉地泛读、死记，学问很渊博。后来因为受到唐鉴、倭仁等理学家的影响，开始专攻宋明程朱理学，尤其专注于朱熹。

理学是宋元明清时期的哲学思潮，又称道学，它产生于北宋，盛行于南宋与元明时代，清中期以后逐渐衰落，但其影响一直延续到近代。广义的理学，泛指以讨论天道性命问题为中心的整个哲学思潮，包括各种不同学派；狭义的理学，专指程颢、程颐、朱熹为代表的、以理为最高范畴的学说，即程朱理学。理学是北宋以后社会经济政治发展的理论表现，是中国古代哲学长期发展的结果，特别是批判佛、道哲学的直接产物。

唐鉴，字镜海，湖南善化人。道光二十一年（1841年），由江宁藩司调到京城任太常寺卿，道光皇帝在乾清门接见他，曾国藩授翰林院检讨，官秩七品，没有实职，在旁边侍驾。道光帝极力称赞唐鉴治朱子学有成就，并能按"圣学"之教亲自去做，是朝廷的好官。道光帝的当面称赞使曾国藩对唐又羡慕又好奇，于是，他主动到唐鉴的家里，以弟子礼拜访。年过花甲的唐鉴是知道曾国藩这位小同乡的，对他的勤奋好学，自投门下的谦恭很满意。巧的是，二人一见如故，谈得十分投合。

唐鉴对这个好学向上的晚辈很有好感，自然毫无保留。还自我介绍，一生读《朱子》，以之修身；所通一经为《易》。而修身检讨自己的最好办法是记日记，记日记就是照自我，一定要诚实无欺，日记有假就是欺心，欺心就该诛心。连最丑的私心都要写出来，最丑的事更不能漏，对着圣贤天天检讨，慢慢就达到圣贤的境地了。

有一天，曾国藩在京城琉璃厂闲逛书摊，看到一套全本的《朱子全书》，心念大动。这个时候，30岁的曾国藩已然有了对天地人之间的疑问，也有了关于人生的初步感悟；那种对于世界的探秘意识也悄悄地潜入他的内心。曾国藩虽然一直熟读四书，对其中很多章节滚瓜烂熟，但那种方式的读书，都是为了应付科举考试，对于其中的奥义，却是生吞活剥一知半解。程朱理学在很多方面涉及对天地人的探寻，有着诸多哲学上的思辨，这些都让曾国藩很感兴趣。他很想了解宋明理学的精髓所在，也想真切探寻一下朱子的思想脉络：一个布衣书生如何释疑解惑，又是如何养成与天齐、与地同，凛凛不可撼的浩然之气呢？——曾国藩赶忙掏出银两，将这套书买了回去。

从此曾国藩与程朱理学结下了不解之缘。朱熹学说中关于理的客观性以及后天养气的主张，让曾国藩很是赞同。朱熹说：天下的事物，莫不有理，比如，君臣，有君臣之理；父子，有父子之理；夫妇，有夫妇之理；兄弟，有兄弟之理；朋友，有朋友之理；以至于出入起居，应事接物之际，莫不各有其理……朱子的学说大得曾国藩的赞同。

那一段日子，曾国藩的思想有了质的飞跃，是他在北京最有收获、也最感到温暖的一段时间。朱子思想的浩瀚与广大，绝不是那些死板而教条的八股所能比拟的。朱子的学说就像是在黑夜中为他打开了一扇窗户，将天宇中璀璨的繁星展示在他面前。

为了潜心修炼，曾国藩还在恩师唐鉴的指导下制定了严格的修身计划，美其名曰"日课十二条"。内容有：

一、主静：无事时整齐严肃，心如止水；应事时专一不杂，心无旁骛。

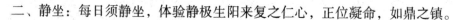

二、静坐：每日须静坐，体验静极生阳来复之仁心，正位凝命，如鼎之镇。

三、早起：黎明即起，绝不恋床。

四、读书不二：书未看完，绝不翻看其他，每日须读十页。

五、读史：每日至少读史十页，即使有事亦不间断。

六、谨言：出言谨慎，时时以"祸从口出"为念。

七、养气：气藏丹田，修身养性。

八、保身：节劳节欲节饮食，随时将自己当作养病之人。

九、日知其所亡：每日记下茶余偶谈一篇，分为德行门、学问门、经济门、艺术门。

十、月无忘所能：每月作诗文数首，不可一味耽搁，否则最易溺心丧志。

十一、作字：早饭后习字半小时，凡笔墨应酬，皆作为功课看待，绝不留待次日。

十二、夜不出门：临功疲神，切戒切戒！

曾国藩始终保持一颗赤子之心。他乐观地相信，所谓本性不能移完全是虚妄之语，人的品行是可以改变，就如同流水一般，无孔不入；人的情趣就像禾苗一样，加上阳光雨露的滋养就能健康成长。然而说起来容易做起来难，曾国藩也不例外：儿时的曾国藩本性并非宽容达观，成年后的曾国藩也不是老练沉稳的人，后来的曾国藩品性坚卓、为人通达，乃是他修身养性的结果。

曾国藩正是在"君子之志"指引下，抵制随波逐流，虽然经历了困惑挫折，最终还是修炼成了一代道德典范。

（五）严苛的人格修炼

看着这个好学不厌的年轻人，唐鉴当然非常喜欢，也诲人不倦，还向他介绍了倭仁，认为倭仁这方面做得好，不自欺，不欺人，可称为圣贤了。

由于唐鉴的推荐，曾国藩就又去拜访倭仁。

倭仁（1804~1871年），清朝大臣，乌齐格里氏，字艮峰，蒙古正红旗人，道光进士，同治帝的老师。历任副都统、工部尚书、文渊阁大学士。曾国藩与倭仁都经历了嘉（庆）、道（光）、咸（丰）、同（治）四个朝代，完全是同时代的人。

倭仁是清末理学领袖，也是唐鉴的弟子，他的读书、修身也是跟唐鉴学的。

倭仁的教导与唐鉴异曲同工，只是在谈内省时，在实践中对自己的要求比唐鉴还要严格。他介绍说，自己的微念稍一萌动，就赶紧记在日记、书札中，在静坐时自己和自己"讨论"，把哪怕是点滴些许不合圣贤规范的想法，消除在思想深处的萌芽状

态，使自己的心术、学术、治术归之于一。倭仁的"克己"之法，简直到了严酷、苛刻的地步。

　　然而，人性不是那么容易改变的，曾国藩毕竟只是而立之年，有着丰富的七情六欲，在严格的修身过程中，不可避免地会产生冲突，冲突的结果，是曾国藩更加自虐般地跟自己过不去——有一天，菜市口杀人，曾国藩不由自主地去看了。晚上，在写日记时，曾国藩严厉地检点了自己。还有一次，他的同年进士讨了漂亮的小老婆，曾国藩看到后，非常羡慕，回到家后看到自己的"黄脸婆"躺在床上生病，曾国藩联想到别人小老婆的如花似玉，禁不住叹了口气。这些，都被曾国藩写进了自己的日记，曾国藩就是这样每天反省着自己的"一闪念"，折磨着自己，而他也从这样的折磨中得到了更深层次的快乐。

　　另一件事也带给他极大的考验。在修身过程中他遇到的一个重要事情就是戒烟。年轻的时候，曾国藩跟中国所有底层百姓一样，学会了抽烟。多年的抽烟习惯使他的烟瘾很大，经常是烟袋不离手。每次吞云吐雾之后，曾国藩总感口干舌燥、咽部不适、头痛昏沉——于是曾国藩开始了戒烟，也开始了对自己的观察，他把戒烟的整个过程写进日记。开始，他感觉到六神无主，整日里恍恍惚惚，甚至连人生也觉得毫无意义。不久，曾国藩实在抵御不住烟的吸引力，开始恢复吸烟，而且，烟瘾比以前还大。旧病重犯让曾国藩觉得羞愧。有一天，曾国藩气急败坏，掂了掂那根相伴多年的烟袋，双手握住两端，使劲往膝上一叩，烟袋"叭"的一声断为两截。当天晚上，曾国藩在日记当中写道："念每日昏锢，由于多吃烟，因立毁折烟袋，誓永不再吃烟。如再食言，明神殛之!"在此之后的数日里，尽管烟瘾发作时如上万只蚂蚁撕咬身体，曾国藩也强忍住，不让烟瘾复发。为了排遣身体和心理的紧张，他不断地找人下棋、聊天。这种痛苦难熬的日子持续了一段时间之后，强烈的感觉变得淡下去了。一个月之后，曾国藩终于成功戒烟了。当觉得自己的烟瘾恍如隔世时，他分明感受到了一种力量的支撑，那是一种来自内心的宏大力量。

　　任何一个成大器之人，都有一段对于灵魂的自觉过程。一个人，只有在这种深刻的内省和反观中，才能成就自己的大象之气。曾国藩同样也是如此。最初，曾国藩对于自己内心的修炼以及所谓的"格物致知"在很大程度上认识是幼稚的，但这样的方式，却使曾国藩经常面对自己，使另一个人格无法从自己的视野里逃脱。慢慢地，曾国藩的所有行为都限于这样的规矩中了。一段时间的检点和内省，就这样自然而然地改变了一个人的性格和行为，也成就了一个人的行为准则和习惯。理学逆向深入的自在修身的过程中，无意中，他将儒教和佛教联系起来。除了戒除自己的不良习气之外，曾国藩还开始尝试清除自己头脑中的不良想法和动机。这样的方式，也如同佛教中的静坐和参禅。每到傍晚，曾国藩照例都要静坐一会，就像驱赶魔障一样，驱赶存在于自己思想中的黑色或者灰色的雾霭。这是一种清教徒似的自省方式。曾国藩就这样变成了一个非严格意义的禁欲主义者，一个某种程度上的自虐者。虽然这样的过程痛苦、乏味、机械、生硬，但他一直努力去做了，也就坚持了下来。渐渐地，就如同佛教所阐述的"戒、定、慧"一样，这种理学的自修过程同样也有由戒生定、由定生慧的过程，有一种清明让曾国藩感到澄澈和清爽。

随着"修炼"的深入，渐渐地，曾国藩开始真正地明白理学的真谛所在了。他觉得这种修身的过程有意义极了，也有意思极了。一个人以如此的方式深入自己，也了解自己、改变自己，然后不断精进，最终达到一种精神和道德的合一。这种方式，也算是一种宗教情感吧，将人的有限智慧引入到无限的空间——宋明理学就是这样具有很多的宗教成分的，只不过，它一直没有确定一个反观的人格化神像，它是将人格化的神像转化为道德律了，以为道德是一种天生的纲常。这种做法本身，就带有强烈的宗教色彩。曾国藩就是在这样的学习与修身中，走了一条与宗教信仰类似的道路。

这段时间，对于曾国藩来说，是脱胎换骨的过程。理学对于人格的修炼，使得他无论是在学问上、人格上，还是在处世方法上，都跃上了一个新的台阶。他再也不是一个简单的、只会读古书写古诗作古文的书生了。给人的印象是，进入中年之后，曾国藩从一个循规蹈矩的学子变成了一个对于自己的思想体系有着强烈自信的人，他知道自己所走的，是一条滋养身心的道路。同时，曾国藩也变得越来越喜欢跟人探讨一切潜藏之"理"，他变得爱较真，爱认死理，并且遵循"理"来行动。曾国藩确立了自己的社会责任感，也确立了自己的人生抱负。他在桐城派姚鼐所提出的义理、考据、辞章三条传统的治学内容上，又增加了"经济"。在曾国藩看来，这四种学问缺一不可，而且"经济"更为重要。

这个词和现在的解释不一样。所谓"经济"，就是经世济民的真正学问，就是学要有所用，对于社会，要能派得上用场。这些经世济民的学问，才是真正实现"王道"的必要手段。曾国藩更清晰地明白"修身齐家治国平天下"的真正内涵，变得更有责任，精力也更为专一集中，做事也变得更趋完美。在翰林院的闲职任上，曾国藩并没有"两耳不闻窗外事，一心只读圣贤书"，而是利用大量时间，开始深入地调查、了解历朝历代的治乱兴衰、典章文物、学术思想和经国治民之道与术，清醒地关注着鸦片战争以来日益窳败的社会现实。

可以说，理学的钻研没有使曾国藩变得缥缈，相反，他变得更加脚踏实地，也变得更加智慧了。

（六）书生治军，平定天下

从某种角度与意义而言，是太平天国起义"成全"了曾国藩。历史往往有着许多的机缘巧合。咸丰二年（1852年）六月，曾国藩被朝廷派往江西担任乡试主考官，并获准考试结束后可回乡探亲。当他行至安徽太和县小池驿时，接到了母亲江氏已于一个多月前去世的消息。清廷强调"以孝治天下"，要求官民"移孝作忠"。于是，回乡守制压倒朝廷公务，曾国藩立即换服奔丧，由九江改道西上。行至武汉，得知太平军正猛攻长沙，他便从岳州（今湖南岳阳）上船改走旱路，取道湘阴、宁乡，经过近一个月的旅途颠簸劳顿，才回到故乡杨树坪。这段非同寻常的奔丧经历，使得长期处于和平环境中的曾国藩对战乱有了亲身感受，对太平军的排斥异教、捣毁孔庙、焚烧书籍等文化虚无主义产生了切肤之痛。

就在曾国藩回籍守制的短短几个月之内，太平军势力迅速扩大。兵锋所指，各地清军或一触即溃，或望风而逃。他们占岳州、取武昌、下南京，攻城略地，如入无人之境，大有席卷全国之势。朝野一片惊慌，咸丰帝清醒地认识到，清廷所倚重的国防力量——八旗、绿营，早已不堪平叛重任，不得不加强兴办民间团练的力度。所谓团练，又称乡兵、练勇、乡团、民壮等，是地方乡绅自行筹办的临时性武装组织。作为正规武装的一种补充，团练负有守卫家乡故土之责。

正是在这种情形之下，丁忧在家的曾国藩接到一份清廷让他帮办湖南团练的谕旨。作为一名科举制度的受益者、清廷器重的政府官员，镇压太平天国运动，恢复封建道德伦理秩序，是他的职责与义务所在。然而，作为一介书生，要他马上转换身份带领一群以农为业的普通乡民，与清廷正规军都难以对付的太平军拼搏，结果只要稍稍想想，就会让人心惊胆战。于是，曾国藩写了一份奏疏准备请辞谕旨。

没想到奏疏正待发出之时，好友郭嵩焘受湖南巡抚张亮基委托，从省城长沙匆匆赶赴曾家，力劝曾国藩出山："今不乘时而出，拘于古礼，何益于君父？且墨绖从戎，古之制也。"曾国藩"本有澄清天下之志"，郭嵩焘的一番话也对他触动很大，但奏疏已拟，碍于面子，一时难以改变主意。郭嵩焘见他犹豫不决，又搬动其父曾麟书出面劝说。如此一来，曾国藩心头的所有疑虑涣然冰释——既可保全桑梓，又属遵循父命，可谓忠孝两全也。

中国近代历史的汹涌河流，也因曾国藩这一人生的重大转折，拐了一个大弯。

咸丰帝当时责令兴办团练的在籍政府官员共 100 多人，只有三人戴孝任命，可见敢于任事者少之又少。曾国藩能够脱颖而出，自然不排除偶然的机遇与幸运，但更多还是在"人为"——他的确有着不同于常人的超越之处！

曾国藩在京任官 12 年，不仅"饱更世故"，且视野自比一般人更为开阔，谋略也高于当时的普通政客。出任湖南团练大臣后，他认为必须对团练进行大刀阔斧的改革，将过去不离家园、不离生产、不食于官的地主武装改编为离开故园、脱离生产、"粮饷取诸公家"的职业兵，才有可能收到与太平军一决雌雄的效果。在巡抚张亮基的支持下，曾国藩将湖南各地的团练齐聚长沙，改为官勇，统一管理，完成了"募勇成军"的第一步设想。

第二步，便是"练勇为兵"，将仓促召集在一起的农民，练成一支真正的能打硬仗的军队。他认为一支军队是否具有战斗力，将领的选任至关重要："今日将欲灭贼，必先诸将一心，万众一气而后可以言战。"他规定的选将制度十分严格，将"忠义血性"放在第一位，然后是"廉明为用，简默朴实，智略才识，坚韧耐劳"。为此，曾国藩一反古代兵家论将、选将之法，大量提拔书生为将。湘军将领中，有名有姓可以考证的书生出身者占 58%。在纪律方面，曾国藩下决心改变过去"兵不如匪"的形象，强调义理教育，严肃军纪，并亲自创作了一首白话诗体的《爱民歌》："三军个个仔细听，行军先要爱百姓。贼匪害了百姓们，全靠官兵来救人。百姓被贼吃了苦，全靠官兵来做主。第一扎营不贪懒，莫走人家取门板。莫拆民房搬砖头，莫踹禾苗坏田产。莫打民间鸭和鸡，莫借民间锅和碗。莫派民夫来挖壕，莫到民家去打馆……"

曾国藩的远见卓识，还在于他初创陆师之后，又大力筹办水师。清廷固然也有水师，但久已废弛，根本不能进行任何水战。太平军在益阳、岳州获得大批民船后，便建立起一支强大的太平军水营。定都南京后，则完全控制了千里长江的水营权。有鉴于此，曾国藩认识到非创办一支力量强大的水师不可。可他一无资金、二无技术、三无人才，真是伤透了脑筋。而没有水师，要想与太平军争雄，不过是一句自欺欺人的空话而已。最终，曾国藩硬是凭着一股韧劲，一步步顽强地施行自己的计划：先是购买钓钩之类的民船进行改造；后奏请到一笔四万两的饷银设立制造总厂，自造战船；然后花重金从广东购置大批洋炮，最终建立了一支拥有大小战船 361 艘、大小火炮 470门、在技术与装备上大大超过太平军的内河水师，真可谓"赤地立军，别开生面"。

作为一名从未经历战阵的书生，曾国藩自出山第一天起，就已做好不计成败得失、不顾安危祸福、抛却身家性命的准备。在征剿太平天国的历次战阵中，曾国藩两次自杀，多次留下遗嘱，随时做好自杀效命的思想准备，正是这种不成功便成仁的精神，对后人影响很大。

曾国藩署理两江总督后，同僚及部下都劝他放手大干，尽快进军东南，而他则坚持将进攻的重点放在安庆。他认为只有拔掉安庆这颗"钉子"，才能以上制下，反客为主，掌握两军对垒的战争主动权，最终达到围攻天京（即南京），彻底消灭太平天国的目的。为了实现自己的战略构想，曾国藩紧紧围住安庆不放。太平军为解安庆之围，先是直接救援，结果被湘军击退，而后又施行"围魏救赵"的军事行动，陈玉成与李秀成同时进军湖北。即使在武昌危如累卵的情形下，曾国藩也不为之所动，不肯撤安庆之围增援。面对曾国藩如此坚韧而强劲的"定力"，尽管安庆城内的太平军将士苦苦坚守，洪秀全、李秀成、陈玉成等太平天国高层领导人也多次设法营救，但历经两年之久的安庆战役终以太平军的彻底失败而告结束。

安庆陷落，太平天国都城天京的最后一道坚固屏障被清除。千里长江门户洞开，曾国藩完全掌握了进攻太平天国的战略主动权，湘军挥师东下、围困天京、剿灭太平天国，不过是迟早的事情罢了。

1861 年 8 月 21 日，咸丰帝病逝，年仅 6 岁的载淳继承皇位。两宫皇太后与恭亲王奕䜣联手发动宫廷政变，清除以肃顺为首的"赞襄政务大臣"集团。两宫垂帘听政后，一改咸丰帝慎用汉族将领的成规，上台仅 12 天，就任命曾国藩统辖苏、皖、赣、浙军务，四省所有巡抚、提督、总兵以下各官，均归其节制。两个月后，又加赏他协办大学士衔。

位居人臣之极，曾国藩惊喜之余，更多的是疑虑与担忧。"皎皎者易污，峣峣者易折。"身居高位，他没有半点自傲自大，反比过去更加勤勉谨慎，唯恐无意间招致祸患。他的担忧并非没有道理，当时就有不少权臣向慈禧进言："楚军遍天下，曾国藩权太重，恐有尾大不掉之势。"

1864 年 7 月 19 日，曾国藩率军攻入天京，失去控制的湘军士兵为报久困城下、死伤惨重之仇，逢人便杀，遇财就抢，见屋即烧。与清朝整整对峙长达 11 年之久的太平天国心脏之所在，就这样成为湘军的一处发泄之地。

天京陷落，也就意味着剿灭太平天国的目的业已实现，曾国藩的"事功"也由此而达至峰巅。本该扬眉吐气、高兴陶醉的他，却面临着一连串新的操持、疑惧、忧心、攻克天京，原以为清廷会加功封赏，而实际上曾国藩得到的却是接二连三的严责与警告。如果说口头的或书面的指责尚能忍受，那么军事上的防范之举，曾国藩是无论如何也不能接受的。就在湘军合围天京之时，清廷以种种借口调动其他军事力量，在长江中下游屯兵布防。清廷意图昭然若揭，针对的已不是太平军，而是对清王朝忠心耿耿的曾国藩了。一旦湘军轻举妄动，就会招致其他清军围攻。不仅如此，清廷还暗中支持左宗棠的左系湘军脱离曾国藩，与他分庭抗礼，以收内部瓦解之功。

"狡兔死，走狗烹。"历史经常上演这一幕。达到事业顶峰的曾国藩同样不得不面临抉择。

摆在他面前的道路无非三条：一是起兵反叛清朝，问鼎中原；二是保持实力，维持现状；三是裁撤湘军，自剪羽翼，以明心志。

一天晚上，曾国藩刚审完被俘的李秀成进入卧室休息，就有30多名湘军将领集于前厅"逼宫"，要求他接见表态，希望他拥兵自立。他良久不语，后命人取来笔墨，写下一副对联："倚天照海花无数，流水高山心自知。"就在众人呈出咋舌、叹息、摇头、颔首、呆然等各种表情之时，曾国藩早已掷笔而去。

曾国藩要做一个道德完人，忠臣孝子，他不可能走这一步。如果曾国藩推翻了清王朝，那他也就不是曾国藩了。

曾国藩最终采取的策略，连保存实力的意图也没有，而是大刀阔斧地自剪羽翼。以他的本意，原想将湘军全部裁撤掉，后经人劝谏提醒，才保留了约两万嫡系精英，一则北方捻军正盛，湘军还有可用之处；二则只有以实力作后盾，才能真正保住自己的利益地位不受侵犯、身家性命免遭伤害。

拥有重兵之人，要么问鼎皇权王位，要么被人打败击溃，像曾国藩这样主动裁剪、自行解散，自古以来还比较少见。那些因他而起的后代军阀，由湘军分出的淮军，由淮军领袖李鸿章栽培的袁世凯练出的新军，由新军分化出的一大帮大大小小的北洋军阀，真可谓每况愈下，一代不如一代。到了北洋时期，各路军阀为了一己之利相互混战，给中华大地带来的深重灾难，真是罄竹难书。这是"始作俑者"的曾国藩所没有料到的，同时也更加反衬出他的高风亮节与不同凡响。

（七）天津教案，断送清名

同治七年（1868年），曾国藩调任直隶总督。就在他直隶总督任上，同治九年（1870年）发生了天津教案。

第二次鸦片战争后，西方教会利用不平等条约中规定的特权，大量涌入中国，他们并不单纯地从事传教，自觉或不自觉地成为西方资本主义列强推行文化侵略政策的工具。由于他们背靠本国政府，在中国享受治外法权，使教会成为中国社会的一个特权势力，成为西方列强侵略势力的突出代表。中国民众屡受欺压，清政府却一味忍让，使民众无处申诉，民族主义情绪越来越高涨，"怨毒积中，几有'与尔偕亡'之愤"。因此，从19世纪60年代开始，中国民众多次掀起反对教会势力的所谓教案。天津教案就是在这种大背景下发生的。

天津作为当时清朝京师门户，在第二次鸦片战争后开放为对外通商口岸，也成为西方列强在中国北方的侵略基地。他们在这里划定租界，设立领事馆、教会，租地造屋，一味逞强，早为中国人民深恶痛绝。

同治九年（1870年）五月，法国天主教育婴堂所收养的婴儿不明不白死亡的达三四十人，那时百姓的孩子也经常失踪，因此百姓中就流行着一种谣言，说是天主堂的神甫和修女经常派人用蒙汗药拐了孩子挖眼剖心。而天主堂坟地的婴儿尸体又有不少暴露在野外，被野狗刨出吃了，"胸腹皆烂，腑肠外露"。百姓见了，更是群情汹汹，说这正是洋人挖眼剖心的证据。

5月21日，一个名叫武兰珍的惯犯被群众当场抓住，扭送天津县衙。经审讯，武兰珍供出系受教民、天主堂华人司事王三指使，迷药也是王三所授，先曾迷拐一人，得洋银5元。教民王三是一个开药铺的商人，依仗教会势力，欺压良善，早已引起公愤。

在这种情况下，通商大臣崇厚和天津道周家勋拜会法国领事丰大业，要求调查天主堂和提讯教民王三与武兰珍对质。

丰大业答应了这一要求，将王三交出与武兰珍对质。结果证明教堂并无挖眼剖心之事。当衙役送王三回教堂时，一出署门，百姓就争骂王三，并用砖石掷他。王三向神甫哭诉，神甫又转告丰大业。丰大业两次派人要求三口通商大臣崇厚派兵镇压。后见崇厚先后只派两人，不肯应命捕人，丰大业怒不可遏，不仅鞭打来弁，而且还倒拖其发辫，赶往三口通商大臣衙门找崇厚算账。他脚踹仪门，打砸家具，接连两次向崇厚开枪，幸被推开，没有伤人。但枪声传出，引起误解，街市哄传中法开战，鸣锣聚众，拥往通商大臣衙门"帮打"。崇厚怕出事，劝丰大业等民众散去后再回领事馆。丰不听劝告，狂吼不怕中国百姓，气势汹汹冲出门外。人们见丰出来，自动让道。不料丰大业走到浮桥时，遇到天津知县刘杰。丰不分青红皂白，就向刘开枪。虽没有打中刘，却打伤了刘的跟丁。这一来犯了众怒，百姓一拥而上，你一拳我一脚，将丰大业打死。发怒的民众索性一不做，二不休，赶到天主堂，烧毁望海楼教堂，杀死神甫两名，还到仁慈堂，杀死修女10名，又去了法国领事馆，杀死2人。就在同一天，还杀死法国商人2名和俄国人3名，信教的中国人三四十名，焚毁英国和美国教堂六座。这次事件中先后计打死外国人20人。这就是有名的天津教案。从事情的发展过程来看，天津教案是一次群众自发性的反帝斗争，根源还在于帝国主义的压迫和侵略，是群众在忍无可忍的情况下被迫采取的自卫行动。

天津教案发生后，法、英、美等国一面向清政府提出抗议，一面调集军队进行威胁。清政府大恐，一面要各地严格保护教堂，弹压群众，避免类似事情再发生，一面派直隶总督曾国藩前往天津查办。

曾国藩闻知天津教案后，十分惊恐。自从与洋人打交道以来，深知中国远非外人对手，因此对外一直主张让步，避免同洋人开仗，通过维护洋人在华利益，换取中外所谓"和好"的局面。他认为以往教案，仅伤及教士，洋人就出动兵舰相威胁，不达目的不罢休；这次殴毙领事，为前所未有，法国必不肯罢休。洋人凶悍成性，天津民风好斗，双方各不相让，很可能构怨兴兵，酿成大变，自己也可能丧命。因此他写下遗嘱，告诉长子曾纪泽在他死后如何处理丧事和遗物等。基于这种估计，他只得勉强硬撑，硬着头皮前往天津。

在曾国藩到天津以前，当地官绅对他寄予厚望，认为他会秉公办事，不会像崇厚一样，一味"媚外"。他们根据曾国藩的《讨粤匪檄》，还认为他是反洋教的代表人物。他们认为这次反洋教，完全是忍无可忍，理在华人这一边。他们的这种观点也得到朝廷的顽固派和清流派的支持，也代表了当时大多数中国人的心理。

当时清廷内部围绕天津教案问题分成两派：洋务派代表的"言势者"，顽固派和清流派代表的"言理者"。双方在处理天津教案问题上意见有三大分歧：

第一，关于天津教案发生的原因和性质。前者认为愚民无知，遽启边衅，曲在津民，此刁风不可长；后者认为衅端由夷人所开，津民激于义愤，致成巨案，天津百姓只知畏官而不知畏夷，只知效忠国家而不知恤其罪戾，这正是夷务的一大转机，与刁民闹事不可同日而语。

第二，对参与反洋教斗争的群众的处理意见。前者认为杀人偿命，天经地义，只有这样才能安抚洋人而消弭祸端；后者认为应该安抚百姓，以激他们忠义奋发之心，民心不可失，否则无以制夷人。

第三，对天津地方官的处理意见。前者认为地方官失于防范，致酿巨祸，不严惩不能平洋人之气；后者认为天津地方官不可更动，以此维系民心。

这两派意见，前者深合当时中国的形势，为清政府最高统治者所采纳；后者在舆论上占上风，为广大官绅民众反对洋务派媚外求和方针提供了合法性，在全国形成强大的舆论压力，但并不能真正解决问题。

曾国藩是持洋务派的意见的。因此他于同治九年（1870 年）六月初十一到天津，立即发布名为《谕天津士民》的告示，对天津人民的行动多方指责，诫其勿再挑起事端，引起天津绅民的不满；随后释放犯法教民和涉案惯犯，并在奏折中为洋人在中国的行为进行辩护和洗刷。该折传出后，全国舆论大哗，"自京师及各省皆斥为谬论，坚不肯信"，"议讥纷起"，"责问之书日数至"。曾国藩自己也承认："敝处六月二十三日一疏，庇护天主教本乖正理"，"物论沸腾，致使人不忍闻"。

尽管如此，曾国藩仍然坚持己见，按照法国人的要求在天津大肆搜捕五月二十三日参加反洋教的群众，名曰"缉拿凶手"。但天津民众却把他们当成英雄，致使曾国藩虽然抓了八十多人，但其中供认不讳的所谓"真凶"只有七八人，其余都不肯吐供，也不愿指证。曾国藩认为只杀几个人数目太少，难以使洋人满意，仍不能很快结案。于是一面对被捕群众严刑拷打，一面加紧搜捕，一定要凑够20人，为丰大业等20个洋人抵命。曾国藩认为："在中国戕官毙命，尚当按名拟抵，况伤害外国多命，几开边衅，刁风不可长。"他的得意门生李鸿章也认为"冀终归于一命一抵了案"。曾国藩认为只有这样才能使洋人满意，长保"和局"。他在给清廷的奏折中认为"中国目前之力，断难遽启兵端，唯有委曲求全一法"。

曾国藩处理天津教案的结果是：判死刑20人，流放25人，天津知府、知县革职并流放黑龙江"效力赎罪"；支付抚恤费和赔偿财产损失银四十九万两；派崇厚作为中国特使到法国赔礼道歉。

天津教案办结之后，对曾国藩的谴责更甚，"诟詈之声大作，卖国贼之徽号竟加于国藩。京师湖南同乡尤引为乡人之大耻"，会馆中所悬曾国藩"官爵匾额""悉被击毁"，并将名籍削去，即不再承认他是湖南籍人。曾国藩闻之引为大恨，中经几许周折，财力兼施，只不过将难堪之处略为掩饰了一下。

就这样曾国藩这位"中兴名将""旷代功臣"，转瞬之间变成"谤讥纷纷，举国欲杀"的汉奸、卖国贼，"积年清望几于扫地以尽矣"。

客观地讲，曾国藩也只不过是秉承清王朝最高统治者的意志行事，接替曾国藩处理天津教案的李鸿章对最后判决并无多大改变，仅因俄国只索经济赔偿，不要中国人抵命，将原来 20 名死刑改为 16 名死刑、4 名缓刑，其余无一更动。

（八）洋务运动之父

从 19 世纪 60 年代到 90 年代，中国兴起了以学习西方，"求强""求富"为目的的洋务运动，进行了内容繁多的活动。诸如创办军事工业，兴办军事学校，编练新式军队，开办民用工业，开办新式学堂，派遣驻外使节和留学生，等等。这场运动的倡导者是总理衙门大臣、议政王奕䜣；而所搞活动最多、成绩最突出的地方要员要数李鸿章和张之洞。

但是，最早看到世界的局势，清楚洋务的重要性并且着手实施的，却是湘军统帅曾国藩。他办起了洋务运动的第一个工厂——安庆内军械所，制造了第一只小轮船"黄鹄号"。李鸿章、左宗棠虽也搞得较早，但毕竟他之后，而且是作为学生和晚辈秉承师长曾国藩之意而搞的。故此，一提"洋务派"，人们便自然按"曾、左、李、张"的顺序历数。这个顺序虽也不一定要这么排，然而曾国藩的位子却实难向后排了。无论是他们的"辈分"还是搞这项运动的先后，左宗棠、李鸿章都无法排在曾国藩的前面去。正是从这个意义考虑，有人才称曾国藩为"洋务之父"或"近代化之父"的。

最开始时，曾国藩想兴办洋务，当时迫切要求用新式武器镇压太平天国与捻军等农民起义。因此洋务运动是从军事方面开始的。

咸丰十一年（1861 年）年初，曾国藩上奏清廷，建议在长江下游设立一个造船厂，造船供应湘军水师，以攻取金陵和苏、常，并扩大水军编制。奕䜣、文祥等人研究了这个奏折，认为要办一个船厂，没有几年难以奏效，何况曾国藩要设立的船厂并非新式，于是就提出向欧美国家购买火轮船，以镇压长江流域的农民起义势力。

曾国藩和当时在中国执事的中国通、海关总税务司英国人赫德磋商细节，赫德说只要筹措几十万两白银，便可以购得一支西式舰队。随后，朝廷便向长江沿线的几个地方大员曾国藩、官文等发出谕旨，让他们"妥筹具议"。曾国藩经过认真思考，复折表达了自己的意见，总体上说认为"购买外洋船炮，则为今日救时之第一要务。购成之后，访募覃思之士，智巧之匠，始而演习，继而试造，不过一二年，火轮船必为中外官民通行之物，可以剿发逆，可以勤远略"。

虽然，当时发展军事的当务之急是为了镇压农民起义，不过曾国藩对购买外洋船炮的认识不仅限于此。其不同在于："剿发逆"，即镇压太平天国农民起义仅仅是眼前之目的，他的着眼不仅在此，而是看到火轮船必然成为"中外官民通行之物"，买来外国轮船，雇募科学研究者和能工巧匠模仿研究，达到自己制造。所以说他将着眼点放在学习制造上。他在此时还说过，仅仅为与太平军作战，就用不着购买外国人的轮船，因为太平军主要是陆军，水师的力量早为湘军水师所慑服，哪用得着购买外国军舰？曾国藩还表示，购得外国军舰，一定要完全控制在中国官员手里，绝不能让外国人说了算，免得失去自主权。"师夷制夷"，不能为夷所制，这也是曾国藩初搞洋务的基本思想。

　　当时，有一些有识之士也已经深刻重视西方的优势。这前后，早期维新派代表人物之一冯桂芬把自己的代表作《校邠庐抗议》送给曾国藩一套。曾氏对其"采西学""制洋器"，发展军事和民用工业等内容很感兴趣，认为是"名儒之论"。此书对他的洋务思想有较大影响。在洋务运动期间，总共开办过二十多个军事工厂，而最早设立的是曾国藩的安庆内军械所。曾国藩攻陷安庆后，下一步就要作攻下太平天国首都天京的准备。要彻底镇压太平天国农民起义，不是一件太容易的事，南京城里的太平军不用说，单是李秀成的军队就有五十余万人马。这么多人马，自然多数是未经过专门训练、武器又极落后的乡村农民，但也确有一部分久历战场的老兄弟，尤其是李秀成在上海通过洋人也买了一批新式武器，不仅多次打败清军，同时在上海附近同外国军队、同中外混合军队作战，也连连取胜。所以，曾国藩要想扑灭这么一支庞大的、部分以洋枪洋炮装备的太平军，就不得不动一番脑筋，至少也得改良一下武器装备，不能光用刀、矛、鸟枪。

安庆内军械所

而安庆内军械所就是在这样的大背景下建立起来的。为了制造洋枪洋炮，曾国藩首先在安庆搞起了兵工厂，委派杨国栋负责。

当时的中国和西方不一样，没有经过工业变革，突然之间想要涉足工业，没人没物，困难可想而知。杨国栋为了筹办军械所，到处搜罗人才，先后把浙江海宁著名学者李善兰、江苏金匮（今无锡）数学家华蘅芳、徐寿等人请至安庆。同时，雇了数十名工匠、技师，还设法从广州、上海等地买来一批洋枪、洋炮、开花炮弹的样品，交给这些匠师们研究、仿造。

好在中国人很聪明，又善于模仿，咸丰十一年十一月（1861年12月），安庆内军械所办成，很快便试制出一批洋枪洋炮。曾国藩把湘军军官和幕僚组织集合在安庆演武场上，试看洋枪洋炮的演射。士兵在军官的指挥下，试放了新制成的后膛枪和开花炮。其威力、射速、射程、准确度、杀伤力的确要比清军在战场上常用的鸟枪、抬枪和以火药顶出炮膛的铁沙、石块的大小土炮胜过不知多少倍。军官们个个看得拍手称赞，曾国藩兴奋不已，当场给制造者、演放者颁奖。并向军官们演讲自己的打算，说要将兵工厂办大，办到南京、上海去，将来还要制造大轮船、机器、制造机器的机器，洋人有的我们自己也一定要有，这就叫"徐图自强"，叫"勤远略"即抵御外侮。

由于安庆内军械所是中国对现代工业的初次尝试，它的规模很小，也没有使用机器制造，只是利用土法打制、改装、仿造外国人的枪炮子弹。即使是使用这些土法仿造的洋枪炮，在战场上起到的作用也是纯粹土枪土炮难以相比的。同治元年（1862年），李鸿章到上海后，亲眼看到了洋人使用的洋枪洋炮。在曾国藩的影响下，也开办了"上海洋炮局"，仿制洋人的开花炮弹，在镇压太平军的战场上，发挥了很大作用。

仅仅试制洋枪炮，曾国藩仍不满足，因为随着战争形势的发展，需要更多的先进武器。

同治元年（1862年），曾国藩制了三面并举、五路进军金陵的用兵计划：即以曾国荃部湘军从西面、以楚军左宗棠部从南面、以李鸿章淮军从东面，同时并举合围金陵；五路进军是陆军四路人马：曾国荃所部湘军从芜湖、秣陵为南路，鲍超由宁国、广德进取句容、淳化为东路，多隆阿由庐州、全椒进取浦口、九洑洲为西路，李续宜由镇江取燕子矶为北路，以及彭玉麟的湘军水师从长江正面，五路攻击太平天国首都天京。曾国藩上奏新成立三支水师，即淮扬、宁国、太湖的计划也由皇帝明发谕旨批准，新增加了黄翼升、李朝斌两个水师统领，太湖属内湖，其水师仍归彭玉麟统辖。

当剿灭太平天国的战争到了收尾阶段，想要大举进攻天京，扩建水师就显得十分必要，激励着曾国藩需要使用先进军舰的构想。他以为既然李善兰、华蘅芳、徐寿他们能仿造出西洋的枪炮弹药，也就一定能仿造出西洋的军舰来。

从同治元年（1862年）开始，曾国藩就命令、鼓励、支持李善兰、华蘅芳、徐寿他们研制军舰，徐寿等人也就真的下力气干了起来。徐寿等人是中国当时第一流的科学家，他们不仅通晓中国传统的科学、制造学等知识，同时对西方的当代数、理、化等知识，也有相当程度的了解和研究。所以，到同治元年七月（1862年8月）他们居然制出了一部轮船的发动机。曾国藩看这部发动机的试验，心情很激动，当场就感慨地说："洋人的智巧奇技，到底被我们中国人学会了！"鼓励徐寿等人再加把劲，制造出中国的火轮船来。然而，事实上不像他意料中的那么简单，从发动机到一艘轮船，中间的距离还太大了。尽管徐寿、华蘅芳等人绞尽脑汁，还是没能造出他想象的、能与外轮相提并论的轮船来。

眼看造船工作陷入僵局，徐寿等人非常着急，曾国藩也一筹莫展。这时，华蘅芳等忽然想起了前时在上海认识的广东人容闳。

容闳不但是海归，还接受过全方位的西方教育。他自幼读的是洋学堂，远在19世纪40年代赴美留学，为美国耶鲁大学的毕业生，在当时的中国，这样的洋学生真正是凤毛麟角。于是，华蘅芳等向曾国藩介绍，认为请得容闳前来，造船、办厂工作一定会能有进展。曾国藩详细了解了容闳的情况，知道他在五六年前回国，想为国家贡献他所学到的西方科学知识，曾到南京找过洪秀全，向太平天国献过七项"新政建议"。曾国藩揣摩容闳的"建议"有改善政府，改良政治，建设新式军队，创办新式学校，创办各种实业等，确实是一套好主张。幸亏洪秀全等没有采纳，容闳也没有留在南京，若是留下他来，实行了他的"建议"，对清政府不能不说是个威胁。曾国藩认为，这样的人才，一定要留为己用。于是，让华蘅芳等立即转达曾国藩邀请之意，让他尽快来安庆。

容闳当然也想为祖国尽一份力，自己也能一展才华，于是，听到消息，很快就到了安庆，当时他正在上海宝顺洋行经理丝茶等生意。曾国藩同这位留洋生详细地谈过两次话，印象很好，认为容闳的气质的确在中国传统知识分子中难找：一是他精明干练，二是爽朗诚实，毫不掩饰。比如他对曾去找过洪秀全的事，见到曾国藩便自然表示：太平军的"苏福省"人民安居乐业、军队纪律远比清军好，作战也勇敢，自己想为太平天国的成功出力气。但是，太平天国高层领导意识陈腐，洪仁玕有新思想，但也无能为力，所以太平天国也成不了事，自己找不到可以依靠的好政府，只得去上海做买卖。他明确表示：对清政府的各种制度、方针也无任何信心，也不想为清政府做事。正因为找不到一个好政府，所以感到很苦恼。曾国藩说："你的七条建议，除去把《圣经》作为教育主课之外，其他六条我都接受。"

容闳原以为作为迂腐的朝廷儒学大师，曾国藩应该表示反对，他甚至想好了很多说服曾国藩的话。结果，曾国藩的态度使容闳很吃惊，这位全国闻名的理学名臣，竟然接受了他从西方搬来的那一套。

获得许可后，他们开始信心十足地议论如何学习西方的那一套，包括办工厂，办教育，派留学生等。曾国藩还说："好的政府不是现成的，你不讲改良吗？有缺点的政府，改良了就是好政府了，中国人学习了西方的好东西，中国也就变好了。"容闳对曾国藩的认识深表赞同，感到回国六七年来，今天才找到了理解他的人，决定把自己的富国强兵的主张全部拿给曾国藩。

由于具体实施需要时间，新的机器还没买来，但是，轮船的试制工作也不能停。到了同治二年年末，即1864年年初，中国的第一艘火轮船居然在安庆内军械所制成了，这是中国造船史上的一个创举。这艘轮船的船体很小，重25吨，长55尺，高压引擎，单汽筒，回转轴长14尺，锅炉长11尺。严格讲，这艘轮船还只能算是一个试验模型。但"麻雀虽小，五脏俱全"，这毕竟是中国人自己制造出的第一艘军舰，该舰取名为"黄鹄号"。

眼看着中国人自己造出来的第一艘军舰，曾国藩的兴奋比两年前造出第一批新式枪炮还要强烈。他再次集合军官和幕僚在安庆的长江中试航，顺流时速为14千米，逆水时速约为8千米，曾国藩自认"行驶迟钝，不甚得法"。但曾国藩也认为既然中国能造出轮船来，"以次放大，续造多只"，中国便会有自己的舰队。

喜事一件接着一件，可能是受到造军舰成功的鼓舞，士卒奋勇杀敌，不久，湘军攻陷天京，曾国藩把安庆内军械所迁至南京。同治四年（1865年），容闳由美国买回了机器，随后，曾国藩与李鸿章在上海共同办起了洋务运动中规模最大的军事企业之一——江南机器制造总局。该局不仅能制造枪炮弹药，还设立船坞，制造军舰。到同治七年（1868年），终于制造了一艘真正的轮船，取名"恬吉"。到光绪二年（1876年），共造出7只轮船，其中铁甲舰1只、炮舰6只。

（九）造铁甲舰

同治十年八月（1871年9月），秋高气爽，日丽江阔。曾国藩会集幕友、门生，以及徐寿、华蘅芳、李善兰等文士，兴致勃勃地踏上停泊在下关码头江面上的"威靖号"

轮船，开始了为期两个多月的军事检阅活动。

说是阅兵，其实也为了旅游视察，顺便散散心。他要亲自坐一坐江南制造局新制的轮船，游览一下江南秋景，散散长期郁积在心里的闷气，同时视察江南制造总局。

八月十二日（9月26日），曾国藩先就近检阅了江宁防军；第二天乘轮东下，先后巡视了扬州、清江浦、镇江、丹阳、常州、常熟、苏州、松江等地；十月七日（11月19日）到达上海，视察了江南制造局各种机器和轮船；十五日（27日）改乘"测海号"轮船回江宁。一路上，看到军备整齐，军械先进，曾国藩心中非常满意。又与容闳、徐寿、李善兰、华蘅芳等主要经办人员谈了办洋务之事。

江南制造总局是几年前成立的。他派容闳去美国买的机器是"制器之器"（即母机），买回后交给李鸿章，李通过丁日昌买下上海一美国旗记铁厂，厂主科尔的技术很好，留厂做工程师，开始了江南制造局的成立与制造工作。

同治六年（1867年），曾国藩要在江南制造局设船坞造船，奏准了造船经费，并把工厂由虹口租界迁至高昌庙，扩大了工厂规模。按照曾国藩的设想，建设了船坞和炼钢厂。同治七年（1868年）造出第一艘兵轮"惠吉号"，下水后曾国藩乘该轮试航，表扬该轮"坚致灵便，可以远涉重洋"，同时让工厂继续努力，要造出"二十余丈之大舰"。按曾国藩的要求，同治八年（1869年）又造出"操江"和"测海"两只轮船。这两只船比"惠吉号"进步，由明轮改成了暗轮，马力由329匹升高到400多匹，但其船体反而比"惠吉号"还要小些。"惠吉"是185尺，"操江"只有180尺，"测海"仅175尺长，并没有达到曾国藩所要求的标准。

如今，经过多番努力，曾国藩乘坐视察的这条"威靖"轮终于达到了他的要求，"威靖"是同治九年（1870年）新制的。在航行过程中，曾国藩一边与徐寿等诸匠师参观这只轮船，一边听他们介绍。该轮也是一艘暗轮，终于达到了曾国藩要求的20丈长度，是205尺，马力也比前三号大，为605匹，载重由前三号的600吨增加到1000吨，配炮也几乎增加了一倍，由八九门增到15门。

看到造船技术有了突飞猛进的发展，曾国藩满脸笑容，回想他在安庆制造的"黄鹄号"，更觉进步之大了，于是不断夸奖着徐寿等人。但是，他突然感到有一个关键的地方一点也未变化，曾国藩用脚点了点舱板说："从黄鹄号到威靖号，都是用木板制的。打起仗来，木板挡不住炮弹，也容易起火燃烧。而洋人能造出铁甲舰，我们为何造不出？"周围的人听了没敢回答他。

曾国藩提到的铁甲舰，确实也是众人心中的一块心病。

曾国藩视察的轮船驶入上海后，他在上海道兼制造局总办秦世泰的陪同下参观了制造局各厂，并一一参观了"测海""操江"各舰。再次同容闳、徐寿等人说，要他们尽快造出铁甲舰来，并说如果中国能有五十号铁甲大舰，就敢同洋人在大海上争高下了。

第二天，根据中国人的习俗，曾国藩宴请了制造局里的译员与各匠师，其中有英国人傅兰雅、伟烈亚力，美国人林乐知、玛高温、科尔等。宴会上，曾国藩一一慰问外国人，感谢他们为江南制造局做出的努力。曾国藩许久没有这么高兴了，所以宴会显得轻松、热烈。傅兰雅等外国人由于一时高兴，竟向曾国藩提出他对外国人、对外国传教士的看法。在座的中国人都为此捏一把汗，生怕触动了曾国藩的伤心之事，惹起他的不愉快。但是，曾国藩却高兴地回答了这一问题。他说，中国、外国都该是一家，"大同"世界，天下都是兄弟，不该有侵略和欺辱。耶稣教、天主教都劝人做善事，不做坏事，也是好教。真正的外国朋友、外国传教士只会帮助中国人，不会欺压中国人，那些仗势欺人的外国人和传教士，不能代表兄弟国家和真正的传教士。曾国藩的回答博得在座外国人的热烈掌声，大家赞扬他的开明，认为比那些"清议派"要高明得多，并表示与中国朋友精诚团结，为制造局真诚效力。

在饭局上，曾国藩又一次想起了他的宏伟愿望。他向江南制造局容闳、徐寿他们下了死命令，要他们一定造出铁甲舰来，希望外国朋友们献智献力。美国人科尔当即表示可以造得出，他还表示论技术"所有轮船、枪炮、机器俱能如法制造"，只要经费、材料能供应上。曾国藩听了非常高兴，举杯表示对他的谢意。

然而，现实总是让人进退两难，当他了解到江南制造局的具体情况时，情绪又黯然了。

科尔、傅兰雅等人告诉他，江南制造局效率太低，浪费太大。他们说，局中工人有一千多，设备也齐全，经费也充足，如果在外国，这样的条件，工作效率最少还能提高三倍。而江南制造局制造的枪炮武器，成本又要比国外工厂多七成，造一支枪炮比买一支外国的枪炮用钱还要多得多。造轮船虽没有造枪炮这么明显的浪费，但不会比买船节省经费。他们认为，中国有一天还得走上买船的道路。

对于外国友人的坦诚，曾国藩当然很感激，可对他们反映的这个严峻问题，又很忧虑。曾国藩同他们探讨，中国的工厂为什么效率会这么低？浪费会这么大？他们干脆回答：这是个经营体制的问题。外国人办工厂，都是厂方自己经营管理，经费自己出，造出的产品，包括枪炮、弹药、军舰，都是作为商品按价出售。以营利为目的，办厂者才有兴趣，也不会让工厂浪费，会极力提高效率。而中国正好相反，江南制造局全由公款生产，产品又全部直接调拨给军营、炮台，工厂收不回一文钱，也不用替谁负什么责任，质量好坏都能交差，更不要讲求赢利和效益。这个办厂的路子，决定了工厂的前景；这个体制不改变，工厂总有一天要停办。

曾国藩不由得陷入深思，他了解中国人的办事效率，也知道这和中国的体制息息相关。可是，这个办工厂的体制，尤其是办军工厂的路子，怕是谁也变不了。军队要枪炮、轮船为朝廷打仗，国家不出钱办厂能由谁出？国家出钱办厂，产品又如何能拿出去卖？然而这么办下去，造武器不如买武器省钱，买的武器质量又好，那办这个工厂不是自找苦吃吗？然而中国不设厂自造武器，一切都靠买外国的，哪还有自强的一天！自强必得独立，造武器为的是抵抗外国侵略，但武器一定要向外国购买，这不是自相矛盾吗？哪有既要准备同人打仗，又要花钱买对方的拳头、棍子的！

这是一个他无法解决的两难问题，曾国藩越想越苦恼，几天来制造铁甲舰的兴奋一下子烟消云散了。他只觉得浑身乏力，赶紧乘轮回到了南京。继曾国藩创办安庆内军械所之后，李鸿章、左宗棠等人继续举办洋务：先是军事工业，继是民用工业，使中国的洋务运动迅速开展起来。曾国藩在这场运动中所做并不算多，这主要原因是他死得太早，清政府举办的第一个民用企业上海轮船招商局刚要诞生时，他便死去了。然而，他是这场运动的倡导者和开拓者，其作用和影响却不能因其做得不多而逊色。

（十）派遣第一批留学生

在容闳的劝说下，曾国藩上奏派遣学生出国留学，这样可以培养一批兴办洋务运动所需的人才。自从曾国藩设立安庆内军械所，容闳响应号召来投奔后，就向曾国藩建议开办学校，培养能主持近代文化事业的新型人才，曾国藩表示赞同他的意见，但当时正忙于镇压太平军，天天打仗，无暇顾及教育的事。曾国藩派他去美国购买机器，开办工厂，制造军火，机器买回后，曾国藩与李鸿章在上海办起了江南制造总局。

各处兵工厂设立后，规模越来越大，要求也越来越高，急需一大批具有近代科技知识的人才，如造船、炼钢、制造各业中都需要人才，这些人才在当时的中国，是根本没有的。同治六年（1867年），曾国藩向容闳请教办法，容闳建议他在江南制造局附近设立一所兵工学校，聘请一批外国人一边翻译西洋科技书籍，一边教授中国员工学习新知识、新技术。这是曾国藩在容闳的帮助下建立的第一所新式学校，初步培养了一批新的科技人才，译出了第一批西方科技书籍。容闳后来曾兴奋地回忆说："于江南制造局内附设兵工学校，向所怀教育计划，可谓小试其锋。"当时因忙于镇压捻军起义，容闳的"教育计划"仍未能被曾国藩全面落实。不久，容闳向江苏巡抚丁日昌提出他的教育计划，由丁日昌上奏朝廷，其中主要是派遣留学生问题。有关派遣留学生之目的、人数、方法、管理、经费等都提到了，但这个奏折经总理衙门文祥上递，因文祥丁忧回籍，而没有下文。

转眼到了同治九年（1870年），清政府为了让曾国藩发挥特长，将他调任直隶总督，容闳作为幕僚和翻译，随行处理天津教案。其间，容闳又多次与曾国藩商量派留学生之事，后到的丁日昌也与曾国藩谈及此事。曾国藩同意了容闳的主张，答应立即与李鸿章联名上奏，请求清政府旨准。容闳听曾国藩此说"乃喜而不寐，竟夜开眼如夜鹰"，庆幸自己的凤愿终被清廷大员所采纳。同年冬天，清廷批准了曾国藩与李鸿章合奏的派员留学奏折。

同治十年七月（1871年8月），曾国藩与李鸿章再次联合上奏，阐明派员出国留学的意义，并拟定了具体章程十二条，其主要内容如下：

1. 与美国政府接洽，中国派幼童入美国学校学习，由清政府支付一切经费；

2. 在上海设立"留学出洋局"，派员负责，选出幼童在局中培训，准备出国；

3. 出洋幼童年在12至13岁左右，先选派120名，分4年派出，留学期限15年；

4. 留学生学习专业由清政府决定，归国后也由政府具情录用；

5. 幼童出洋后听从中国方面约束，学习洋文同时兼学中文；

6. 拨出留学经费白银120万两，于江海关按年份拨。

这次上奏是曾国藩力主、李鸿章附会的。曾国藩在奏稿中一再强调派遣留学是国家"徐图自强"的重要条件，不容迟疑。他说，如今我们办厂、制器皆取西洋之长，购之西洋之器，花了大笔银子先就"力有不逮"，而更重要的是全恃外人之器，其中奥理则不能遍览久习，"则本源无由洞彻，而曲折无以自明"，是很危险的。

同治十一年一月（1872年2月），曾国藩见清政府没有反应，不依不饶，再次与李鸿章联衔上奏了派遣幼童出洋的具体落实情况。任命陈兰斌、容闳为正副委员，常驻美国，经管中国留学生事务；幼童出国前在上海训练，由刘翰清负责；留学生年龄扩至12至20岁（批准时又改为12至16岁）。

曾国藩一边上奏朝廷希望获得支持，一边派员物色适合派遣出国的学生，但因当时风气未开，这项工作极难进行。

与现代相反，当时人们都不认可出国留学，一般的幼童父母皆不愿把孩子送到遥远的大洋彼岸去，甚至认为几万里的海路是难以通过的。曾国藩派员到城镇和乡村动员，访问许多住户，宣传把孩子送出国受教育，经费全由政府负责。之后有的人申请了，可是有人散布流言，说西方野蛮人会把他们的孩子活活剥皮，再把狗皮接种到他们身上，当怪物展览赚钱，因此报名的人又撤销。一般知识分子也只把科举制度当作进身的正途，把读新学看成"不齿之事"，而更把出洋留学"斥为非类"。由于招生年龄极小，父母更不愿自己的幼子离开自己，何况出国前，幼童家长都得"具结"，约定"生死各安天命"，就更增加了父母的疑惧心理。

因为各种原因，这种天上掉馅饼的事也没有几个人响应，招生工作困难重重。尽管曾国藩派了不少官员四处游说，报名者仍是不多。不得已，只能派容闳回家乡广东香山招生，又去香港学堂中招揽，第一批留学生大部分是容闳的同乡，再就是有特殊条件者，如邝荣光，其父在澳门工作，见过世面，愿儿子去美国留学；唐廷枢和容闳是香港的同学，本人又从事近代工矿事业，思想比较开放，才送子唐国安赴美；李恩富的堂兄在上海经营茶叶生意，说服了他的家长。

在这批孩子中，就有一些中国近代著名的科学家。当时，詹天佑一家并不知有留学招生一事。一位在香港做事的邻居告诉詹兴洪（詹天佑父亲），劝他送子出国留学，詹兴洪不干，希望儿子走科举正途。这位邻居却认为留学前途远大，主动说如果詹天佑愿意留学，就把女儿许配他。这样，詹天佑之父才愿具结送子留学，当时詹天佑只有 12 岁。

当然，不能突然就把这群自小生活在中国的孩子放到一个完全陌生的环境中。为了做好出国前的准备工作，曾国藩拨款在上海设立了"出洋预备学校"，设有正副校长，中西文教习。幼童在这里先受教育半年，学习简单的英文、中文，了解出国的各种知识。学校要求极其严格，学习不努力的还要进行体罚。第一批幼童在这里受训后，基本都完成了预备班的学业。

培训后，经过考试合格的中国第一批出国留学幼童 30 名，于同治十一年（1872年）夏天从上海乘轮出洋，正式揭开了中国学生出国留学历史篇章的新页。遗憾的是，为第一批留学生做过努力的曾国藩却在数月前辞世，没能亲眼看到那一天。尽管如此，中国留学史上毕竟留下了他努力的印迹。

在这批小留学生出国前，容闳为了安排食宿、读书等具体事务，提前赴美。临走前，曾国藩同他进行了长谈，谈到留学归国，中国有了各方面的人才，外国就不会再欺侮中国了。虽然中国派遣留学生不可能根本改变受侵略、受欺辱的国际地位，但毕竟有了中国自己的近代科学家、外交家、军事家等一大批具有新型知识结构和新思想的知识分子群，对中国的维新、革命和文化、经济建设发挥了很大的作用，有些影响也是曾国藩等清朝官僚所始料未及的。

（十一）在忧虑中辞世

同治十年十一月二十二日（1871年1月2日），经过了5年的时间，由李鸿章、马新贻规划重建的两江总督衙门终于落成了。督衙在原洪秀全的天王府的基础上修建，其规模无法与先前的天王府相比，但比起原来的两江总督衙门要阔绰、豪华多了。总督搬进新署（原于盐道衙门办公）应该是一件大的喜庆之事，庆祝、摆宴自不能少，但曾国藩却一点也提不起精神。贺宴上他只是反复说："太奢侈了！天道忌奢！天道忌奢！"他再三嘱咐总管要在署东开出菜地来，种上蔬菜。他要亲自劳作，以抵几分奢靡。

江南的冬天虽然不像北方这么寒冷，但坐在新建的署衙里，曾国藩总觉内心无比空旷、凄寒，随之也觉病情加重。肝区阵阵疼痛，头晕目眩，两脚麻木，失眠、噩梦不断。他意识到自己将不久人世了，想着要交代点后事，于是赶紧写信给李鸿章。想到李鸿章，心里宽慰多了：庆幸自己有这么个可接班的学生。

他这半生开创的事业终于有了接班人：湘军裁撤了，腐败了，李鸿章的淮军成了支持清朝的顶梁柱；自己打不过捻子，由李鸿章战胜了；天津教案自己弄得议论纷纷，而李鸿章却将此案完满了结；洋务事业自己仅仅开了个头，而李鸿章正在大举进行。"青出于蓝而胜于蓝"，学生胜于老师，这正体现老师识才育才的本事，若是学生总是不如老师，一代不如一代，事业还怎么前进呢？当跟前出现对李鸿章的非议时，曾国藩总用这句话制止。他这不是借此自慰，心里也真是这么想的。他也佩服李鸿章，他虽对李鸿章的过分热衷功名利禄有些看法，但也总是宽容的。

李鸿章接到对他恩重如山的老师的信，尤其读到"此次晤面后或将永诀，当以大事相托"时，深恐老师或有不测，不能见上最后一面，将成终身憾事，便不顾年关已近，百事丛杂，冒着严寒，长途跋涉，由保定赶来江宁。

那时，送第一批留学生出国的事还没有最后敲定。师生见面第一件事是进一步会商幼童出洋之事，认真推敲细节，再度联衔上奏，强调这是"徐图自强"的根本大计，中华创始之举，务必让朝廷重视，以达预期效果。李鸿章根据老师的指点，未经文案，执笔立就。曾国藩看了这两千余字的奏稿，条理缜密，文笔洗练，心里很是高兴，仅改数语便让李鸿章亲自带去呈递。

写好了奏折，曾国藩看到自己的事业后继有人，有些兴奋地向这个得意门生讲起往事，归纳自己的人生教训，最终向李鸿章交代了两点，让他切记。

一是他非常后悔当年迫于朝廷的压力主动要求裁撤湘军。他自认自己顾虑太多，湘军攻战十余年之久，金陵克捷后，慑于各种压力，竟至于解散了亲手建立的军队，自坏长城，寒了将帅的心，等于实际上的自杀。湘军众将飘如秋叶，而自己也成了剪翼之鸟，以致"剿捻"无功，备受挫辱。幸赖李鸿章所建淮军，攻灭了捻军，成就了大事。他让李鸿章切记自己的教训，当今八旗、绿营再不可恃，保太后、皇上之安，卫神州华夏之固，全仗淮军。今后，淮军有被议论的那一天。千万不要像老师那样，畏首畏尾，只可加强，不可削弱。乱世之中，手里的军队切不可放松，于家于国都是如此。

第二点，也正是他安身立命的前提，就是以身作则，身正心正。他让李鸿章切记，即数十年办事之难，难在人心不正，世风不淳，而要正人心，淳世风，实赖一二人默运于渊深微莫之中，使其后来者为之应和。

他说自己与李鸿章的关系正是这样，自己先正己身，同时培养后人，把这些人作为"种子"，期待这些后人开花结果，应现承先启后，天下应和之目的。所以，他希望李鸿章要早些下手，以一身为天下表率，多多培养"种子"，种子绵延不断，天下应和，世风自然改变。

李鸿章心领神会，为了让老师对身后事放心，忙问他："今日之天下，哪些人可作为以后培植的'种子'？"曾国藩似乎不想交代，思考良久，认为再不说怕以后永无机会，于是才说，海内第一号人物当数左宗棠。他雄才大略，待人耿直，廉洁自守。李鸿章听了感到不解：因为曾、左七八年不通闻问，外人都说他们有矛盾，为何老师竟说他是第一号人物？曾国藩说，左宗棠与他争的是国家大事，不是私情，左"知人之明，谋国之忠"，正是他的长处。李鸿章听了，连连点头。曾国藩认为左宗棠之后当数彭玉麟，他光明磊落，疾恶如仇，淡泊名利，重视情义，是天下的奇男子。其次是郭嵩焘，其人之才，天下难有其匹者，而且非书生之才，将来会有发展。再往下数如刘长佑心地端正，沈葆桢很有能量，但心地狭窄。而后，他们又议论了办洋务之事。曾国藩强调洋务怎么办都好，但一定要抓住一点不放，就是冯桂芬说的"以中国之伦常名教为原本，辅以诸国富强之术"。

师生之间非常融洽地相处了几天后，由于春节将近，年关临近，李鸿章不得不辞别曾国藩赶回直隶。同李鸿章长谈之后，也许是兴奋过度，他的旧病复发了：头昏眼花，耳鸣不止，一连几天不能开口说话。

大年三十这天，江宁（南京）城的衙门、商号和有钱人家的大门口张灯结彩、楹柱上旧桃换新符，秦淮河更是热闹，红男绿女，画舫丝竹。或许是节日气氛的冲动，曾国藩才感到身体轻松了许多。大年初一早上，他接受了江宁文武的祝贺。第二天他又到退居江宁的老友吴廷栋家拜年，同吴廷栋兴致勃勃地谈经论道。

一轮访亲探友过后，转眼就是元宵节了。曾国藩没有忘记，正月十四是道光皇帝宾天的日子，他永记道光帝对自己的知遇之恩，每年这一天都要为他烧香行礼。这天，他勉强行了三跪九叩大礼，觉得十分疲倦，刚一坐下，眼前便浮现23年前那一天的情景来：那年自己是39岁，礼部右侍郎，二品大员。也是正月十四日，突然传来皇上要立太子的消息。曾国藩听了大吃一惊，他知道皇帝立太子是什么意思——大清朝秘密立储，立太子即是太子登基，也就是皇帝龙驭上宾了。曾国藩还想最后同道光见上一面，赶紧备马前行，然而马车刚到圆明园，便听到一片哀哭之声，他知道再也见不到对自己恩重如山的皇帝了。道光驾崩，咸丰继位，接着是罢黜穆彰阿，清查穆党，他虽是穆的得意门生，但因穆在得意之时，门生很多，并未一一清算，所以没有牵连到他。然而，道光死后，穆彰阿被罢，咸丰不信任他，也无人替他说话，使他以后办事处处碰壁。每至事机不顺，尤其咸丰、慈禧不时对他进行冷遇、打击之时，他更加思念道光帝和穆彰阿。

在往事的回忆中，曾国藩平静度日。1872年3月5日，前河道总督苏廷魁告老回老家广东，路过金陵，派人传过音讯，想拜见一下曾国藩。对于这位素来敢于直谏的同年进士，曾国藩一直颇为敬重。此番见苏廷魁告老还乡，曾国藩破例亲自出城迎接。寒气袭人的天气里，两个同病相怜的垂暮老友，回忆起数十年来经历的种种，不免唏嘘。曾国藩告诉苏廷魁，来两江的这些日子，虽然身体不是太好，但心情畅达多了，他准备再次向朝廷告老还乡，在家看书作文。为了证明自己一直没有耽误学问，曾国藩从座位上站起来，为苏廷魁背诵四书以助兴。只是刚背了几句，曾国藩突然手脚痉挛，口吐白沫，倒在地上。随从们慌忙将他送回府中。这一次中风比上次严重得多，曾国藩从此卧床不起。这次曾国藩意识到，自己虽一生叱咤风云，却将离开这个为之奋斗了一生的世界了。通过眼前影影绰绰的一切，曾国藩似乎看到自己的末日，末日像一个巨大的黑洞，等待他自投罗网。

他自认为自己的一生，没有遗憾：该做的，都全力去完成了，今后的事情，将来会怎样发生呢？国家，让他忧心。对于死亡，曾国藩并不觉得可怕，一个人，从哪里来，终究还得回到哪里去。至于那个神秘的出处或者归宿，靠人的智力，是无法揣测的。对于死，曾国藩一直不愿意多想，也懒得去想。曾国藩的生死观跟孔子是一样的，孔子在《论语》中所说"不知生，焉知死""敬鬼神而远之"，曾国藩一直也持这样的态度。行动不便的日子里，曾国藩一直坚持写日记，有时候实在写不动了，就停下来，翻阅以前的笔墨，回忆当时的情景与心绪。时间，真是一个奇怪的东西，它无法捕捉，稍纵即逝，至多，只能让它变成纸上的几行文字，雪泥鸿爪，无从谈起；甚至，连回忆起来，也显得那样吃力。曾国藩无法想象，自己消失后的世界会是什么样子。这个世界会跟自己一同消失吗？

他从青年时代开始就有写日记的习惯，这天，他在日记中写道："余病患不能用心。昔道光二十六七年间，每思作文，则身上癣疾大作，彻底不能成寐。近年或欲做诗文，亦觉心中恍惚不能自主，故眩晕、目疾、肝风等症，皆心肝血虚之所致，不能溘先朝露，速归于尽，又不能振作精神，稍治应尽之职责，苟活人间，惭悚何极！二更五点睡。"

3月8日，曾国藩在日记中继续写道："余精神散漫已久，凡遇应了结之件久不能完，应收拾之件久不能检，如败叶满山，全无归宿。通籍三十余年，官至极品，而学业一无所成，德行一无所就，老大徒伤，不胜悚惶惭赧！"

即使已经到了油尽灯枯的时候，他也依然忧国忧民。这一段日记是曾国藩心理真正的反映。的确，由于身体不佳，心绪不好，曾国藩对于生活，着实有点厌倦了。实际上也不是现在，对于曾国藩来说，从悟彻生命的那一天起，对于人生，就有着复杂无比的感受了。其中，当然夹杂着厌倦和疲惫。人生，只不过是一个过程，白驹过隙，匆匆忙忙。生命的偶然在巨大的未知面前，是那样的无力和虚弱。很多时候，曾国藩只不过以极度的恭敬心在对待这个巨大的未知。孔子所说的"不成功，便成仁"，也是一种感悟吧？在曾国藩看来，所谓"仁"，就是核心，就是果核。人的"仁"，也即人最根本的东西，是与天地的核心相同的。这种本质的东西，就是人的真正由来和归宿。人生一世，真正地找到自己的"仁"，才是最重要的。只有找到自己，才能算是"求仁"。联想到自己，曾国藩感慨万千：不管怎么样，自己这一辈子，鞠躬尽瘁，克己复礼，这一切，可以算是"求仁"了吧？在《论语》中，弟子问孔子，伯夷、叔齐死前有没有悔意，孔子说："求仁得仁又何怨！"这是说"二圣"的，更是说自己的——现在，在曾国藩看来，这句话同样也可以用在自己身上，是对自己一生的最妥帖的总结。

有资本来总结的一生，也算不枉来人世了。这时候，曾国藩的身体状况已变得相

当糟糕了，人的元气，都是先从脚底下溜走的，这一回，曾国藩真的有切身感受了
——他感到自己的脚已不听使唤了，仿佛从小腿肚以下，已不属于自己了；此外，就
是舌头变得僵硬，口腔里像有一块坚硬的石头一样，将自己塞得严严实实，都快让人
喘不过气来了。好在曾国藩的神志一直都很清醒，他的内心也很平静，所以没有什么
失态之举。只是恍惚之间，那些鸟鸣狗吠，听起来已恍如隔世了。自己的身体已成为
一间空空无人的老屋，那个一直在里面住的东西已经离开。曾国藩不由为自己的极度
敏感而感叹，也许，一个人在最虚弱的时候，自然会生发出数百倍的感受。

3月10日，强烈的责任心使曾国藩寝食难安，想起今后国家的发展方向，他陷入
深深的忧虑中。他挣扎着起来，披衣来到了书桌前坐下，拿起笔，很想写点东西，不
料手颤抖得非常厉害，毛笔在纸上洇了很大一块；曾国藩想说话，但嘴唇嗫嚅着，已
发不出声音。家人把他扶上了床，喝了几口水后，曾国藩稍稍缓过神来了，他不住地
向身边的曾纪泽叮嘱：我死之后，丧事遵照古礼，不要请僧人、道士。

3月11日一早，行将就木的曾国藩还想着学习的事，知识对于他来说就是生命。
他仍强行起身，然后，披衣端坐在案前，阅读《理学宗传》中的《张子》一卷。这本
书，曾国藩已读过很多遍了，但每次读，曾国藩都有一些新感受。宋儒当中，曾国藩
最喜欢的，就是张载了。张载学富五车，焕然自信，"为天地立心，为生民立命，为往
圣继绝学，为万世开太平"，这样的情怀，对曾国藩影响很大。更可贵的是，张载的学
说摒弃了很多条条框框，以儒为宗，同时又吸取了佛、道的很多成分，不拘泥某种门
派，有着广阔的游弋空间。一个人，有如此博大精深的思想，才算得上以天地为师，
是一个真正的"通人"。曾国藩看了一会《张子》，又感到手摇心颤。家人忙扶他在榻
上躺了一会。当天晚上，金陵的街道上，有很多行人看见一颗大星从上空弧线滑落，
不由大惊失色，一时议论纷纷。

同治十一年（1872年）二月初四，即1872年3月12日这天，天空云层密布，一
大早，就飘着绵密的小雨，淅淅沥沥的，仿佛一心想让人断肠似的。曾国藩早早地起
床了，他清晰地记得，这一天是他祖父曾玉屏的祭日。上午，曾国藩在家人的搀扶下，
躬身拜过设在家中的祖父牌位。

午后，连日颓靡的曾国藩似乎觉得精神好些了，示意要出去走走。儿子曾纪泽搀
扶着曾国藩来到总督府西花园，在长廊里散着步。西花园又叫煦园，面积很大，尤其
是水景，堪称一绝。水域四周，有东榭西楼隔岸相望，有南舫北阁遥相呼应，花间隐
榭，水际安亭，堪称园林中的经典之作。园内还有石舫、鸳鸯亭、夕佳楼、东水榭、

桐音馆、印心石屋、诗碑等十余处胜迹。曾国藩在园中蹒跚着，一边走一边颤颤巍巍地对曾纪泽说："我这一辈子打了不少仗，打仗是件最害人的事情，造孽，我曾家后世再也不要出带兵打仗的人了。"父子俩说着话，这时候雨已经停了，两人来到了廊外，不知不觉走进一片竹林。忽然，一阵大风吹来，曾国藩连呼"脚麻"，便歪倒在儿子身上。曾纪泽和随从慌乱地把曾国藩扶到书房的椅子上。曾国藩端正了衣服、帽子，然后静静地坐在那儿，一点声音也没有。三刻钟后，曾国藩气绝身亡。

曾国藩走得安然，走得静谧。他去世的消息传出后，朝野震惊。清廷追赠曾国藩为"太傅"，恩赐谥号"文正"，照大学士赐恤，同时赏银三千两治丧；入祀昭忠、闲良二祠，并于湖南湘江、江宁金陵建立专祠；生平政绩事实，宣付国史馆；一等侯爵即着子曾纪泽承袭。

曾国藩的师友们闻此噩耗，都纷纷表示哀悼，一时间，挽联、祭文堆积如山。由于人数众多，祭奠活动足足持续了百日才告结束！与很多大人物的情况相似，那些挽联、祭文大都不着边际、夸大其词，有的纯粹是敷衍了事的客气话。倒是左宗棠、李鸿章和郭嵩焘各自根据自己与曾国藩之间交往的经历所题写的挽联颇为深情：

谋国之忠，知人之明，自愧不如元辅；

同心若金，攻错若石，相期无负平生。

——左宗棠

师事三十年，薪尽火传，筑室忝为门生长；

威震九万里，安内攘外，旷代难逢天下才。

——李鸿章

论交谊在师友之间，兼亲与长；论事功在宋唐之上，兼德与言，朝野同悲唯我最；

考初出以夺情为疑，实赞其行；考战绩以水师为最，实主其议，艰难未预负公多。

——郭嵩焘

从某种程度上说，曾国藩的死是一个标志，那个颇有尊严、文雅、自闭、自给、自享、道德至上、鄙视物质、洁身自好的时代，在曾国藩逝去之后，已暝然消逝。世界进入一个新的时代：那是一个光明的时代，也是一个黑暗的时代；是最美好的季节，也是最糟糕的季节；是信仰的时代，也是怀疑的时代；是富足的时代，也是贫乏的时代……在此之后中国很长时间风雨飘摇的历史，都适合这样的表达。只是那个湖湘大儒看不到这一切了，他的灵魂正缥缈地飞翔在空中，那股巨大的悲怆之气慢慢地烟消云散。一个人解脱之后，当然不愿意再回首。这个世界，已不属于他了，只是一个叫作曾国藩的人的所作所为，至今还让人难以忘怀。

彭玉麟

彭玉麟，字雪琴，祖籍湖南衡阳，生于安徽省安庆府，清末水师统帅，湘军首领，人称雪帅。他与曾国藩、左宗棠、胡林翼并称大清"中兴四大名臣"，湘军水师创建者、中国近代海军奠基人，官至两江总督兼南洋通商大臣，兵部尚书。

彭玉麟于军事之暇，绘画作诗，以画梅名世。他治家极严，对不肖子弟绝不姑息放纵，为人处世讲求实效、直率刚正不事阿奉、疾恶如仇不稍假让。他曾写下这样的联语：烈士肝肠名士胆，杀人手段救人心。

彭玉麟

（一）无限伤心听杜鹃

彭玉麟（1816～1890 年），字雪琴，湖南衡阳县人。"英雄不问出身"，彭玉麟家世寒素，父亲彭鸣九当过合肥梁园镇巡检。李瀚章（李鸿章之兄）是安徽合肥人，巡抚湖南时，曾特意为彭鸣九作传，"推为皖中循吏之最"，评价不低。彭鸣九廉介明干，积攒了足够好的名声，却宦囊如洗，没能积攒足够多的金银。

1831 年，16 岁的彭玉麟随父母回故乡衡阳。在查江河隆甸度过了愁惨的少年时代，住茅椽，忍饥饿。

彭玉麟家本来有祖田百亩，因其父久在外边做小官，田地全被亲族非法霸占，一家人于是不得不住在三间旧屋里。为此，彭玉麟的父亲气病交加，不久撒手人寰，留下孤儿寡母艰难度日。这种严酷的现实生活，深深刺激着青年彭玉麟。

更有甚者，非法霸占彭家田地的人，害怕日后有反复，不时制造事端来欺辱彭玉麟孤儿寡母，使其俯首屈服。

一天，彭玉麟的胞弟玉麒在水塘边玩耍，早已潜伏在塘岸竹林里的无赖之徒突然窜出，将玉麒推入水塘，幸亏有人救起免死。随后这个无赖之徒又纠聚一伙人反而来到彭玉麟家告状，说彭玉麟的弟弟没有教养。这样，无赖之徒的卑劣行径终于激起了

族人的愤怒，责令其归还彭玉麟家田地"十分之二"及"屋一椽"。夺田者虽迫于公义不得不退回一部分田地，但对彭玉麟家的怨恨之情"益甚"，早晚"伺隙侵辱"。面对这种境况，彭玉麟的母亲王氏把他们兄弟二人叫到眼前，流着泪告诫他们，查江老家不可再住，希望他们远出避祸，"努力自立成人而后相见"。于是，彭玉麟遵母命，来到衡阳著名的石鼓书院读书。

在石鼓书院，彭玉麟叩问经义，钻研诗书，未尝有饥寒之叹。不叹饥寒并不意味着可以无视饥寒，没过多久，彭玉麟便投笔从戎，在军营中担任文书。职位卑微，但好歹有了一份薄饷，可以赡养母亲，甭提他有多开心。彭玉麟为人纯孝，妻子邹氏早年侍奉婆母汤药不够周至，其后便再难得到夫妻间的鱼水之欢，这惩罚可真够重的。

彭玉麟的运气总是那么好。一天，素以伯乐自诩的衡阳知府高人鉴来军营拜访协镇，看到案头放着一份文书，字体非颜非欧，气格亦豪亦秀，便问协镇这份文书出自何人之手。协镇说是彭玉麟。高知府激赏道："此字体甚奇，当大贵，且有功名。"彭玉麟能得到知府的青睐，执贽为其门下弟子，人生路走起来就顺坦得多了。他曾作一副楹联："绝少五千挂腹撑肠书卷，只余一副忠君爱国心肝"，气节自见，高知府对他又更加高看一眼。彭玉麟的出身止于附生（秀才），附生已足够了，左宗棠也只是个举人，不曾进士。八股文，害死人，他俩能闪得开身，是因为时势与英雄两造之际，都把握住了奇妙的机会，这机会与其说是清王朝给的，还不如说是太平天国送的。

因当时民生凋敝，列敌环伺中国，各地民众生活困苦，民变时有发生。1849年爆发的李沅发起义，坚持半年之久，转战湘桂黔边境十余州县，影响几乎遍及南中国。此时的彭玉麟虽然无官一身轻，没有什么政绩可言，但因他与衡阳协标的特殊关系，所以很自然地参与了这场镇压农民起义的军事斗争。

战争结束后，彭玉麟因功受到上司的嘉奖。湖广总督裕泰见衔名列生员，误以为彭玉麟系武生出身，故奏补为临武营外委，赏蓝翎。衡阳协标想为其更请保赏为训守之职，但被彭玉麟谢词。他的理由是，年轻学浅，不堪人师，报效国家则来日方长，此时还是潜心学业、服侍慈母更切实际。

彭玉麟自军营返回家乡衡阳后，在潜心学业的同时，为生活所迫，曾应商人杨子春之请，前往耒阳代为经营其典当铺生意。此时，湖南一带饥民特多，社会秩序极不稳定。可能与自身贫寒的经历有关，彭玉麟对贫苦民众寄予了深深地同情。他曾自作主张把当铺钱财赈济饥民，借贷给他人者明确宣布不取利息。

不久，湖南一带民众在太平天国农民起义的影响下，纷纷组织起来采取劫富济贫的行动。耒阳典当铺主人杨子春坐卧不安，以为其钱财必定被"土寇"洗劫一空。结果出乎意料，那些平常受彭玉麟恩惠的人，竟未对典当铺实行"打劫"而加以保护，使得彭玉麟能够从容收回资本"还报主家"。事后，人们对彭玉麟的胆识、才能和求实精神给予了高度评价。

（二）请缨投笔又从军

1851 年 1 月，太平天国起义爆发了。太平军席卷广西、湖南、湖北、安徽，势如破竹，直至定都南京，大清王朝处于极度的风雨飘摇之中。清廷不断颁诏令各地"勤王"，但昔日威震天下的八旗和绿营兵因为长期养尊处优，日益衰朽，根本不能打仗。清朝最高统治集团不得不动员各地汉族地主豪绅，凭借其在本乡本土的封建政治、经济和宗族势力，"结寨团练"，与官军一起对付太平军，并为此在南北一些省份任命了一大批在籍官吏为督办团练大臣。

咸丰四年（1854 年），曾国藩治兵衡湘间，博求奇士，有人推荐彭玉麟，谓其胆略过人，足堪倚任。当时，彭玉麟正居母丧，不想出去闹腾，恰巧曾国藩也居母丧，便对彭玉麟说："乡里藉藉，父子且不相保，能长守丘墓乎？"这话倒是在理，使彭玉麟大为感奋，遂决意留在湘军效劳。

彭玉麟应召入曾国藩幕府后，除了起草有关文稿之外，主要负责编练水师的工作。经过几个月紧张艰苦的努力，湘军水师于 1854 年春正式建成：拥有辎重炮船 120 只，辎重民船 100 只，士兵 5000 人，分为 10 营，由彭玉麟、杨载福、成名标、诸殿元、邹汉章、龙献琛、褚汝航、夏銮、胡嘉垣、胡作霖分别担任各营统领。据有关史料记载，当时湘军水师 10 营营官中有 9 人系新提拔之武员，唯彭玉麟是文员，故曾国藩特别倚重他，如军事进止方略均与他预先商议筹谋。如《清史稿》记载："其九营多武员，白事悉倚玉麟，隐主全军，草创规制多所赞画。"湘军有别于八旗、绿营的地方虽然很多，但有彭玉麟这样的人统率水师，确是最为重要之处。

太平军自 1854 年 4 月上旬重新夺占岳州后，石贞祥、林绍璋都遵照石达开的指示，乘胜挥师南进，于 4 月中旬攻占距长沙城北仅 50 里的靖港，下旬石贞祥部驻靖港；林绍璋则率部又先后攻占宁乡、湘潭，对长沙形成了一种北、西、南三面的包围。与此同时，在太平军势力的影响之下，湖南及两广各地的会党势力重新活跃起来。面对这种危殆局势，湖南地方统治集团乱了阵脚，曾国藩召集湘军各路将领商议进止方略，以图迅速扭转危局。

在当时，许多人主张先夺回靖港，曾国藩从援助湖北着想，也认为如能击败靖港太平军，便可沿江北上援助武汉，不主张先攻湘潭而遭受退避自保的指责。但左宗棠、陈士杰等人则主张先取湘潭，才能争取主动权。最后，曾国藩召集水师10营营官征求意见，众皆推举彭玉麟为首，主持攻击湘潭的具体计划。大约在4月26日，彭玉麟统率湘军水师五营及一部分陆师，由湘江面上进击湘潭。

此时，太平军林绍璋部在湘潭城北修建木城、木栅，用以阻遏敌军于陆路反扑；同时又收船只数百，编为水营，用以扼守江面。当彭玉麟率湘军水师驶抵湘潭城外江面之时，湘军陆师塔齐布、周凤山部已先期自宁乡进军到达湘潭，与太平军接战互有胜负。彭玉麟自进抵湘潭城外时，见到湘军水师有备，"连樯十里"，必定有一场恶战。但他忧虑的还在于太平军水营战船上堆有许多财物，一旦获胜，水勇势必贪图掳获之物而丧失最终取胜的战斗力，所以他经过深思熟虑，决定亲率一营攻"中屯"，即现今湘潭沿江第十二总地方，适时纵火将船只与财物一齐焚毁，其他诸营则从首尾前往进击。

27日，彭玉麟统率的湘军水师与太平军水营在湘江江面上展开了激战。一时间，湘江水面上下数里间炮火纷飞，杀声震天，战斗持续了两昼夜之久。由于太平军水营战船多系临时编练而成的民船，不仅速度慢，而且旋转不迅速，故被湘军水师抢据上游，趁江面大风之势纵火焚烧，伤亡惨重。林绍璋不得不率全部于29日迅速集中残留之船只，趁风上驶，于30日抵达下摄司，又遭到彭玉麟部湘军水师的追截，最终弃船登陆，仍由间道折回城内。

5月1日黎明，当太平军从西北城垣沿梯而下准备突围时，又遭到早有准备的湘军水陆各军的猛攻，城门被砍开。太平军一面迎战，一面设法分道突围。林绍璋率太平军主力由湘江西岸回靖港，经湘阴、岳州东下；另一部分太平军则退防渌口、醴陵后，转道江西折回湖北通城。

湘潭之役，对于敌对双方来说，都是关键性的一役。就湘军而言，此役不仅为曾国藩在湖北败绩作了弥补，使省城长沙转危为安，更重要的是，湘军由此变被动为主动，得以水陆乘胜而下湖北，继而推进到江西。就太平军而言，此役不仅令西征军士气大减，而且失去了一个全歼湘军、巩固西线的大好机会，西征军从此不得不转入战略退却阶段。

湘潭之役湘军的胜利，彭玉麟功不可没，曾国藩极为赏识。

太平军西征军自湘潭之役受挫后，尽数退守湘北和鄂南地区以求发展。然而，这些地区属港汊纵横之地，尤其是百里洞庭湖的广阔水面适合于水战。曾国藩清醒地认识到，要尽快援救武汉就必须首先扫清湘北水面，而要扫清水面，非水师不能竟其功，所以他在湘潭之役后对湘军水师进行了一段短暂的实力整顿。他的基本方针是：凡是溃散之勇兵坚决不许重归营伍，溃散之后而又归来的营官、哨长也一概不予起用。经过整顿，湘军水陆各师仅留下5000多人。在这个基础上，曾国藩授命彭玉麟等人按照要求招募新勇补充各营，同时调回罗泽南、李续宾等部至长沙。

经过整顿补充起来的湘军水陆共计万余人，进行了认真的技艺操练和精神训导，纪律性和实战能力得到了大大的加强。

与此同时，曾国藩又奏准广东登州镇总兵陈辉龙率所部水勇400人、炮100尊，广西升用遭员李孟群率所部水勇1000人，另有广西保升同知夏銮所部、广西保升道员褚汝航所部共2000多人，一齐汇集到长沙，与湘军水陆各师合作一起，共有2万多人，势力迅速增强。为了补充湘军的战船装备，又在衡阳、湘潭、长沙分设船厂，除了修理旧船之外，续造新船60多只，"皆精坚可爱，比去年者好得三倍"。

一切准备就绪后，曾国藩于1854年7月上旬分遣湘军水陆各师进击湘北重镇岳州。彭玉麟与杨载福等奉令先率所部打前阵，塔布齐、罗泽南部陆师掩护其他各水营依湘江东下。湘军水师先头部队抵达岳州后，由彭玉麟部从君山、杨载福部从雷公湖，张两翼形成包抄之势，但太平军据南津要地不主动出战。后经湘军水师以小船入港，引得太平军水营主力出港迎战，彭玉麟、杨载福即率湘军水师主力猛扑，烧太平军水营船只100余艘、夺获小船数十只，迫使太平军不得不于当天晚上撤出南津据点。

过了5天，太平军组织反攻，再度被湘军水师击败，退据雷鼓台严阵以待。随后湘军水师进攻受挫，正拟于傍晚时分撤退时，杨载福对彭玉麟说，敌军有十倍于我之兵船，要想攻此坚垒，非冒死出奇不可，即自乘三版船冒着炮火直趋而进，彭玉麟亦紧随其后，虽其右肘中弹，疼痛异常，但他在此时已杀红了眼，不顾一切冲入太平军船队，放火先烧其坐船，使得太平军阵脚顿乱，溃散而去。

8月上旬，湘军水师后续部队开至，陈辉龙等自恃船多械足，又因多次交战获胜养成一种骄气，在未做详尽谋划的情况下，统率所部及夏銮、褚汝航所部水勇轻进由太平军秋官正丞相曾天养镇守的重要战略要地城陵矶。正当湘军水师船队开至城陵矶时，突然风势大作，两广兵勇之船遂被大风横吹而下，相互拥挤一团，无法伸展开来。太平军水营战船趁机四面包抄，击毙陈辉龙、褚汝航、夏銮等人，毁其船数十艘。

彭玉麟等先是坐江观战，继则率船冲入救援，不仅无法挽回失败的结果，反而仅得单船而返。自此之后，曾国藩不再要求朝廷援派外省水师统领，而将湘军水师交由彭玉麟、杨载福全权统辖。

8月11日，太平军水营统帅曾天养经过仔细分析敌我双方形势，决定率全军将士3000人舍舟登陆，准备据险安营。然而，就在此时由塔齐布率领的湘军陆师尽数开至，两军展开了激战。由于曾天养部太平军未及立稳脚跟，广大将士从心理上和军需供给上均未做好准备，加之塔齐布为清军悍将，又有彭玉麟等水师的协同作战，其结果太平军大败，损失将士800余人，主帅曾天养力战阵亡，余部不得不退守武昌。至此，岳州及湘北湘鄂通道被湘军占据。

岳州所属地区各战役获胜，奠定了湘军进援湖北的基础。这其中湘军水师所起的作用是不可低估的。传统的忠君观念和治国平天下的人生信念，不时驱使着彭玉麟出生入死。

1854年9月下旬，彭玉麟等湘军水师在曾国藩的亲自指挥下，挥师东进，攻占了太平军把守的武汉三镇。武汉地处长江中游，九省通衢，地理位置十分重要。湘军夺下武汉，顺江东下，便可与清军夹击南京了。

太平军自失武汉之后，遵照东王杨秀清的指令，由燕王秦日纲前往田家镇（湖北武穴境内）全权主持布防，黄再兴、石凤魁则被锁拿赴天京。同时，杨秀清还给秦日纲送去木牌五座，用以加强抵御能力。经过20余天的紧张准备，秦日纲对田家镇一带军事防御做了三方面的工作：一是在田家镇到蕲州长江北岸40里地方，沿岸构筑土城，多安胞位；二是自田家镇横过半壁山江面，横置铁锁两道，相距十数丈，在铁锁之下又排列小划数十支，以枪炮加以保护；三是在地势险峻的半壁山上建立5个营垒，引湖水为壕沟。正因为做了这样严密的防御措施，所以当湘军前来进犯时，两军在田家镇进行了长达10天的恶战。

湘军自攻占武汉后，兵分三路水陆东进。罗泽南、塔齐布部陆师于1854年11月20日开始，在田家镇对岸的半壁山下与太平军秦日纲部首先交战，结果太平军失利，被迫退守山上。23日，由于韦志俊、石镇仑、韦以德率援军赶到，遂与秦日纲联合反攻，鏖战竟日，石镇仑、韦以德力战身亡，半壁山被湘军陆军占据。与此同时，彭玉麟和杨载福率领的湘军水师，则在蕲州与太平军陈玉成部展开激烈的争夺战。因陈玉成在此处布防严密，使得湘军水师屡攻不得其果，无法按预定计划速围田家镇。

11月27日，曾国藩在彭玉麟等人的建议下，采取了避开蕲州，绕越太平军北上舟城，顺流直进田家镇的战略，配合已在半壁山获胜的湘军陆师，全力攻击太平军拦江铁索这一难关。彭玉麟与杨载福、罗泽南、塔齐布根据侦察而得的实际情况，进行了仔细的分析后，决定将湘军水师分为四队，而各队攻击的具体任务有侧重：第一队担负着毁坏太平军拦江铁索，其船只尽数卸去大炮装置，士兵手持大斧，船上装有碳炉，并遵彭玉麟指令，目不仰视，顺流疾进至太平军筏下，砍断锁缆后任务即算完成；第二队负责攻击太平军战船，拟由彭玉麟亲自率领作为第一队的后援，并以其密集炮火掩护第一队行动；第三队在第一队将铁索砍断后，由杨载福率领迅速开船冲向下游，纵火焚烧太平军船只；第四队则担负守卫后方辎重船队、防止太平军突然袭击的任务。

12月2日半夜时分，湘军陆师向半壁山太平军发起攻击，水师第一队皆系小队迅速冲至太平军筏下，彭玉麟率领第二队立即集中炮火加以掩护攻击，将太平军护索小船击沉。此时，由铁工出身的湘军水师哨官孙昌凯指挥士兵鼓吹早已点燃的火炉，并用巨锅盛油脂置于船上，将铁锁环链烧熔砍断，太平军将士惊愕不已，纷纷后撤。早已安排就绪的杨载福则率湘军水师第二队抢先赶至武穴，截断太平军船队的归路，然后溯江而上，与彭玉麟部形成上下夹击之势，于是太平军大批船只被纵火焚毁而尽，士兵伤亡惨重。次日，秦日纲、韦志俊率太平军余部自田家镇退往黄梅，23日又退据宿松、太湖等处。与此同时，驻守蕲州的陈玉成、曾凤传闻田家镇败绩，亦率部弃城东撤。

此次田家镇一役，对于太平军与湘军来说，关系均十分重要。就太平军而言，从此失掉了九江、安庆赖以依靠的屏障。

曾国藩终于松了一口气，可以向清廷交代了。他上书清廷，叙述湘军水师的战斗场面，请求表彰彭玉麟，"应请记名以知府用，并赏加勇号"，"杨载福彻底追贼，劳苦无比，应请记名以副将用，仍加总兵衔"。

（三）芒鞋徒步七百里

湘军自田家镇之役获胜后，继续追击正在后撤的太平军，彭玉麟所率领的水师在罗泽南等陆师配合下，相继攻陷广济、黄梅。

太平军东王杨秀清急令石达开、罗大纲与陈玉成等将领合并经营九江、湖口两地的防御。石达开等在分析敌我实情后认识到，要战胜湘军就必须首先制伏湘军的水师。他们在九江、湖口所做的具体军事措施主要有三个方面：一是坚守据点，尽量不与湘军举行决战，分别由林启容守九江，罗大纲守湖口之西岸梅家洲，石达开坐镇湖口县城；二是采取拖的办法，寻机歼灭湘军水师战船舢板；三是一旦掌握主动权后，诱军深入，各个击破湘军有生力量。

曾国藩在屡次获胜之后，有些洋洋得意，急欲攻占九江、湖门，以实现"克复安庆，直捣金陵"的预定目标，但他没想到惨败还在后面呢。

1855年1月13日，湘军罗泽南等陆师以锐利之气占领小池口，9日渡江，13日扎营九江大东门外之四里坡；彭玉麟等水师亦同时停泊于九江附近江面，形成水陆夹击的军事态势。清朝廷为了促成湘军尽快攻下九江，派湖广总督杨霈率兵进据广济，派副将王国才率部4000人驻守黄梅，派按察使胡林翼率兵2000人自咸宁东出瑞昌，以抄九江太平军后路。全鄂各路官军均归曾国藩统一指挥。

29日，彭玉麟等湘军水师因接连在小池口、湖口获胜，遂产生轻敌冒进的心理，120多只轻便战船载着水勇2000多人，浩浩荡荡地驶入鄱阳湖内。此时，早已做好准备的太平军水营将士突然冒出，封锁湖口，修筑工事。是日夜晚，太平军小船寻机驶入湘军船队，在岸边陆军的有力配合下，相继抛掷火球、火罐等引火之物，一举焚毁湘军水师大战船9只、中等战船30只。三国时的赤壁之战又一次重演！

尽管彭玉麟等拼全力指挥，终因太平军攻势强大，湘军水勇心惊胆战，无心恋战，纷纷四散逃离，彭玉麟不得不率领余下的笨重船只，退据上游。从此之后，湘军水师被太平军分割为内湖和外江两个部分。在内湖者虽有轻巧的战船舢板，在外江者虽有快蟹、长龙，但因不能彼此配合，无法施展所能。

2月11日夜晚，湘军水师再次受到太平军致命性的袭击。是夜三更时分，石达开、罗大纲、林启容等率太平军将士，各以轻舟数十只入江，趁着月色阴暗、江面漆黑之便飞速冲入湘军水师船队施以火攻。顿时，湘军水师鬼哭狼嚎，辎重丧失，溃不成军。就连曾国藩的座船亦被太平军俘虏，管驾官刘成槐、李子成被击毙，曾在座船上的文案全部丢失。

面对惨败的局势，曾国藩感到绝望至极，又要投水自尽，幸被左右全力救起，送入罗泽南陆师军营。

太平军乘胜发起反攻，连下黄梅、广济、蕲州、黄州、兴国、通山、崇阳、通城等地。4月3日，太平军秦日纲部一路重又攻占武昌。至此，湖北大片土地控制在太平军手中。

针对湘军水师被分割为内外两部分，且势力受到严重削弱的实情，彭玉麟遵照曾国藩的指令，率外江水师驻扎新堤和金口一带，建有船厂一座，在修复旧船的同时赶造新船。随后，又从湖南新募水勇与原有之水勇合为3000人，在战船和武器装备方面重新加以配置，战斗力有所增强。7月间，杨载福率领一批战船和新募水勇2000人由湖南岳州赶到金口，与彭玉麟所部分扎一处。这样，湘军外江水师又达到10营计5000

余人之众，基本恢复了几江战前的规模。

1855年冬天，江西各府州县基本被太平军攻陷，湖南、湖北与江西湘军水师音讯不通。彭玉麟率军徒步700里，以赴江西之急，他这种勇于任事的精神令曾国藩十分感动。彭玉麟则把曾国藩视为师长，始终以弟子、幕僚的身份忠心服膺曾国藩，彼此之间建立起了深厚的感情。

从彭玉麟不顾自身安危徒步700里赴援江西这一事例可以看出，曾国藩之所以能够以一儒生而领兵数十万，历尽下辛万苦，终于替清王朝血腥镇压太平天国等农民起义军；湘军之所以有别于清朝原有的八旗、绿营兵，其中一个很重要的原因就在于曾国藩手下聚集了一大批像彭玉麟这样有胆识、有才学，勇于任事，讲朋友义气而不计个人得失的儒将。就湖湘文化的内涵而言，它那种突出的积极入世、勇于任事、重义轻利等精神色彩，自明末清初以后就体现得非常明显，而这一切在经世致用这种学风的驱使下又不断弘扬了起来。

（四）彭郎夺得小姑回

正当彭玉麟奉曾国藩之命来到江西统领湘军内湖水师，配合陆师艰难转战各地之时，太平天国内部发生了分裂，使其元气大伤，给予湘军以战略反攻的机会。就湖北方面的形势而言，在胡林翼和李续宾的统一指挥下，湘军乘机攻占武汉，并经黄州、大冶、兴国而移兵支援江西，于1857年年初进抵九江城外；就江西方面的形势而言，由于彭玉麟的到来，湘军水师战斗力有所加强，水陆密切配合，很快形成对瑞州、临江、吉安的围攻之势。

彭玉麟、杨载福等水师开始配合陆师，发起对湖口和九江的攻击战。

1857年10月2日，湘军水陆配合攻占小池口之后，彭玉麟约清杨载福会攻湖口，将水师分为三路以进。起初，湘军水师受到太平军强烈炮火的轰击，几次冲锋均无结果，反而损伤战船十余只。此时，有人劝彭玉麟不要强攻冒进以减少伤亡，有人更提出明确的反对意见，认为驱赶士卒出入炮火中，徒死无益，不符兵法。彭玉麟则流着眼泪动情地对众人说：湘军水陆用兵已有5年，精锐忠勇之士为国捐躯以千数计，湖南、汀西等省人民饱受战祸之苦，失去性命者不计其数，每当我想到此，恨不能即刻以死相报，从而"此险不破，万不令将士独死，亦不能使怯者独生!"众人感奋不已，誓将性命置之度外。彭玉麟则身先士卒，"鼓棹赴之"，终于冲破太平军严密防线，与外江水师船队合为一体。随即，李续宾等湘军陆师从城背山猛冲而下接应夹攻，太平军伤亡惨重，余部纷纷后撤，彭玉麟乘胜夺占湖口的重要军事据点——小姑山。经过两昼夜的激烈战斗，湘军终在 10 月 26 日重新占领湖口，使九江太平军失去了一个重要军事屏障。

彭玉麟等攻占湖口之后，立即水陆配合，乘胜合围九江。此处系太平军著名将领林启荣尽心经营达 6 年之久的坚垒，但天京内讧后太平天国势力削弱，且饷粮方面得不到及时的补充供给，士兵生活异常艰苦，武器弹药也相当缺乏；相反，湘军由于占据战略主动地位，在半年多时间里逐渐加强了实力，从而在 1858 年 5 月中旬发起了对九江的总攻击。尽管林启荣等太平军广大将士英勇抗战，终因寡不敌众，1.7 万余人全部阵亡。

九江的战略地位十分显要。就太平军而言，它是安徽、江西两省的门户，既被损失，使得江西的军事形势更加紧张，而且太平天国的另一重要军事据点安庆也就呈现出极大的危险；就湘军而言，攻占九江之后，既可以水面为依托，在陆师的配合下发挥水师的重要作用，为实力经营湖北、肃清长江以及收复江西失地打下了坚实的基础，为最终合围安庆提供了有利的条件。

1861 年 8 月中旬，由陈玉成回援安庆，虽曾一度攻破湘军重围，但最终因彭玉麟等湘军水师截断了援城通道，粮饷无法按期运进，致使城内太平军饥寒交迫，战斗力大大削弱。不过几天时间，湘军水陆各师乘安庆城内太平军粮饷无以为继之际，以地雷轰倒北门城垣，越壕入城。可怜已经精疲力竭的 1.6 万余太平军将士，最终奋起血战之后全部战死。湘军攻下安庆之后，随即入城进行了残忍的报复性烧杀。这一点，就连彭玉麟本人也感叹不已。

1864 年 7 月 19 日，曾国荃率湘军攻陷天京，但彭玉麟等水师尽力扫清江路的作用是不可低估的。在彭玉麟会同曾国藩、李鸿章、曾国荃奏报金陵被克复的消息后，清廷特意赏给彭玉麟一等轻车都尉世职并加太子太保衔；曾国藩多次在奏折和书信中对彭玉麟在攻克金陵过程中的功绩予以肯定和赞扬。

就彭玉麟本人来说，经历千辛万苦终于成就大功，但在欣喜之余却又自然而然地产生了厌弃功名、解甲归田的念头。他在《喜收复金陵二首》的长诗中很明显地流露出这种心境："血战长江十五年，一朝拨乱见青天。三吴城郭收新版，六代江山复旧阡。……书生喜了出山愿，敢乞残骸旧种田。"

促成彭玉麟厌弃军政生活的原因，还在于当时他对湘军的残忍以及战争给人民造成的无数灾难开始产生了反感。曾国荃的湘军陆师在攻下金陵之后，随即实行残酷的烧、杀、淫、掠之举。对此，彭玉麟较为不满，认为曾国荃身为统帅，应负有不可推卸之责。所以，他曾在书信中要求曾国藩大义灭亲，把曾国荃抓杀以谢天下。

曾国藩当然不会同意彭玉麟的请求，认为"舍弟并无管、蔡叛逆之逆，不知何以应诛？"曾国藩恳请彭玉麟不要急于引退，在辅助他稳定地方秩序，裁撤湘军的同时，为创立《长江水师章程》而尽责尽力。于是，彭玉麟一边就医治病，一边察看长江各地情形，着手草拟《长江水师章程》。

最终，这个《长江水师章程》共计议定事宜30条，营制24条。其事宜包括：长江水师提督衙署建于太平府、立行署于岳州，提督有单衔奏事的权力；长江共立六标，分设太平、岳州、汉阳、湖口、瓜州、狼山各地，共辖24营；长江与各省水面设防各有专责，即长江水师主要负责主流江防，不负责各省所属江河湖汊的防务；副将、参将、游击之官设立衙署，以稍离城市闹区为宜，都司以下之官不设立衙署；24营共置战船774只，都司于本船之外另有打仗舢板之船，兵数1.2万余人；自提督至千把总各官以次分别配置书吏一至四人不等；长江水师兵丁粮额"暂从其优"，等到军务大定之后酌情稍减。此外，还就饷项出入报销、哨官出缺遴补、设弹药局、建船厂、操练技艺等事，都做了明文规定。

创设这个《长江水师章程》就中国来说，是前无古人之举。它可谓中国现代海军的雏形。

（五）为官清"三不要"

彭玉麟以"不要官、不要钱、不要命"的"三不要"美名而著称于世。

先说"不要官"。早年投入湘军水师之初，即以"不受官"自许。曾国藩率领湘军镇压太平天国，水师实为其首，而彭玉麟作为水师统帅，可谓战果累累。每次大胜之后，曾国藩总是向清廷出面保奏彭玉麟升官，朝廷也不断以官职来提拔他，但他每次都总是不受命。同治四年（1865年）三月，清廷欲任命彭玉麟为漕运总督。漕运总督在当时是天下第一肥缺，多少人梦寐以求，谋之不得，而彭玉麟却视之如草芥，两次上书请辞，自称"臣以寒士来，愿以寒士归也。"对于彭玉麟固请力辞不愿为官的行为，朝廷很感奇怪，当时官场中人也极不理解，甚至有人出面向朝廷建议，以他不受命、近乎矫情而处分他。

曾国藩闻讯，出面为他说情，他说："查彭玉麟自咸丰三年（1853年）初入臣营，坚与臣约，不愿为官，嗣后屡经奏保，无不力辞，每除一官，即具禀固请开缺。咸丰十一年（1861年），擢任安徽巡抚，三次疏辞，臣亦代为陈情一次，仰邀允准。此次亲奉恩旨，署漕运总督，该侍郎闻命悚惶，专折沥陈。顷来金陵，具述积疾之深，再申开缺之请。臣相处日久，知其勇于大义，淡于浮荣，不愿仕宦，份出至诚，未便强为阻止。"清廷看了曾国藩奏折，才冰释狐疑，准予彭玉麟之所请。人谓求官非易，而彭玉麟却以辞官为难！太平天国和捻军相继失败后，清朝统治又恢复了暂时的宁静。彭玉麟功成告退，向清廷请求辞官回乡补行守孝。清朝看他情恳意切，便同意了他的请求。同治八年（1869 年）春，彭玉麟回到衡阳，仍旧居于他发迹前的三间小屋之中。3 年后，清廷命他检阅长江水师，又命他进京朝见，任为兵部右侍郎，仍不就职。南归后，自筑一房于衡阳湘江边，名曰"退省庵"，以表达他无意功名利禄的情怀。其后，又先后辞谢两江总督和兵部尚书。当时为人较为苛刻、喜欢议论人的文人王闿运在其日记中说："雪琴辞官还山，朝命优渥，许其一年一巡长江，江湖二督为供张。雪琴此去，使京中王公知天下有不能以官禄诱动之人，为益于末俗甚大，高曾、左一等矣。"彭玉麟这种屡屡"不要官"的行动，在腐败污浊的封建官僚中，卓然清新，可谓出淤泥而不染。

再说"不要钱"。彭玉麟一生不治产业，治军严，律己更严，尽管他位居高位，始终坚持了一条"不要钱"的生活准则。咸丰四年（1854 年）冬，彭玉麟率湘军水师配合陆师攻陷了田家镇后，清廷奖励 4000 两白银，他却转而用于救济家乡。他在给叔父的信中说："想家乡多苦百姓、苦亲戚，正好将此银子行些方便，亦一乐也。"还要求他叔父从中拿出一些银两在家乡办所学堂，期望为家乡"造就几个人才"。对自己和家人却甚为严苛。当他得知儿子花费 2000 串铜钱修葺了家中老屋之后，即去信严词斥责："何以浩费若斯，深为骇叹。"说他一贯将"起屋买田视作仕宦之恶习，己身誓不为之。不料汝并不来信告示于我，遽兴土木；既兴土木之后，又不料汝奢靡若此也。外人不知，谓吾反常，不能实践，则将何颜见人！"其实，他儿子修葺后的老屋也不过是三间土墙瓦屋而已。同治三年（1864 年），他曾说过："顾十余年来，任知府，擢巡抚，由提督，补侍郎，未尝一日居其任。应领收之俸给银两，从未领纳丝毫。……未尝营一瓦之覆，一亩之殖以庇妻子。"

彭玉麟是这样说的，也是这样做的。按清朝制度，凡文武官员于正式薪俸之外，由国家另行发给养廉金一份，于离职之日一次发给，以奖官守，并杜绝贪污。据此计算，彭玉麟自咸丰五年至同治元年（1855—1862 年），7 年之间，应得养廉银 21500 余两，但他分文不取，全数上交国库充作军饷。彭玉麟考虑到他一个人这样做可能使人怀疑他沽名钓誉，因而又请求曾国藩出面向朝廷说明。曾国藩则说："查彭玉麟带兵十余年，治军极严，士心畏爱，皆由于廉以率下，不名一钱。今因军饷支绌，愿将养廉银两，悉数报捐，由各该省提充军饷，不敢迎邀议叙，实属淡于荣利，公而忘私。"曾国藩之所言，确不为过。

彭玉麟还"不要命"。他以打仗不怕死闻名于湘军。咸丰四年（1854年），彭玉麟刚刚出山，即率领左营水师参加围攻岳州之战，遭到太平军猛将曾天养的拦击。在激战中，彭玉麟"奋不顾身，右肘中弹，血染襟袖，仍裹创力战"，被誉为"勇略之冠"。次年七月，彭玉麟在移军屯口途中与太平军遭遇，所坐船桅杆被太平军炮火击中，船在江上打转，他并不慌张，旋跃入部将成发祥的舢板中才脱离危险。事后，湖北巡抚胡林翼在奏折中称赞"玉麟忠勇冠军，胆识沉毅，坐舢板督战，被击断其桅，神色不变。"咸丰十年（1860年）五月，曾国藩在向朝廷报告军情时称："查彭玉麟管带水师，身经数百战，艰险备尝"，并赞扬他"任事勇敢，励志清苦，实有烈士遗风"。

被曾国藩以"烈士遗风"赞许的人只有两个，一个是新宁人江忠源，另一个就是彭玉麟。江忠源早死，而彭玉麟的勇敢不怕死，更为湘军各将领之冠。尤其值得称道的是，光绪九年（1883年），中法战争爆发，法国殖民者侵略越南，矛头直指我国西南，全国上下抗法呼声日益高昂。清廷于5月谕李鸿章去督办广东军务，但李鸿章滞留上海不往，在边疆危机日益严重的情况下，清廷改命彭玉麟为钦差大臣督办广东军务。时年68岁，并已告老家居的彭玉麟，在民族危机严重的关键时刻，不顾年高体弱，慨然应允，立即募兵4000人开赴广东虎门附近驻守。行前他向清廷上书表示："畏首畏尾，其如外侮日肆，凭陵何哉！臣德薄能鲜，不知兵，尤不谙陆兵，调度水师三十余年，我行我法，唯秉诚实无欺之血忱，不要官，不要钱，不要命。"爱国御侮之情怀，跃然纸上。

最终，彭玉麟凭他严密的军事部署和丰富的作战经验，指挥老部下冯子材等人先后取得镇南关大捷和谅山大捷，赢得了中法战争的胜利。正当彭玉麟准备一鼓作气，趁势收复越南时，却受到了李鸿章等妥协派朝臣的干扰，不能进一步扩大战果。雪帅对此忧愤交加，终于一病不起。

彭玉麟的一生，以其言行基本实践了其"三不要"的诺言。后任湖南巡抚，时任湖北布政使的陈宝箴在悼念他的挽联中写道："不要钱，不要官，不要命，是生平得力语，万古气节功名都从此。"在与他同时期的封建官员中，诚不可多得。

（六）史上最痴情高官

尽管彭玉麟是出了名的铁血将帅，但感情生活上却令人唏嘘。《曾国藩日记》和《郭嵩焘日记》中，都不约而同地提到他"每谈家事为之叹息""无家事之欢"。对于这个问题，历史学界普遍认为，彭玉麟有一段不为人知的爱情悲剧。他从小在外婆家长大，与外婆家名叫梅姑的养女青梅竹马，情投意合。但迫于礼教的压力，不得不奉母命另娶他人。后来，在彭母的主持下，梅姑嫁到别家。

彭玉麟36岁那年，青梅竹马的初恋情人梅姑突然撒手人寰，他当下就痛不欲生，无奈身为湘军水师主帅，责任重大，不能立刻殉情，随梅姑而去。于是就立誓要在有生之年，画10万朵梅花来纪念已故的梅姑。

在此后40年里，无论军务、政务多么繁忙，每个夜晚他都会深情地挥笔，描绘梅花；并通过笔触在画布上的挥洒，倾吐他心中凄缓哀绝的情思。直到76岁临终前，仍强撑着病体，颤抖地拿着画笔，一丝不苟地画着梅花，此时他的双眸仍然同一池秋水那般忧郁痴情。

40年里，雪琴的确说到做到，共画了10万幅梅花。虽然在此期间，他一直寡居，永绝了妻室之欢，但内心并不孤寂，每天通过画笔与梅姑交流，每晚都通过梅花与梅姑互诉衷肠。

太平天国灭亡后，清政府论功行赏，彭玉麟晋爵一等轻车都尉，并官升八省漕运总督。但已经完成"治国平天下"使命的彭玉麟此时已心灰意冷，"生平最薄封侯愿，愿与梅花过一生"，就屡次上书辞官。清政府依常人逻辑，认为彭玉麟是嫌官位太低，于是就先后6次给他加官晋爵，加封他诸如"两江总督""南洋通商大臣""兵部尚书"等高官。

梅姑的死，让彭玉麟去意已决，所有官位，他都一概谢绝。朝廷无奈之下，只得将这些官位先后转给李鸿章、左宗棠。所以当时民谚说"彭玉麟拼命辞官，李鸿章拼命做官"。最后，清政府为了留住彭玉麟，新置"长江巡阅使"，规定每年巡视长江水师一次，其余时间自便并享钦差大臣待遇。

再也推辞不了的彭玉麟，为了方便巡视水师，将家安在了西湖之畔。当时湘军将领，哪一户住宅都是精致华美的江南园林，可对彭玉麟而言，没有了梅姑，再精致华丽的住宅都只是冰冷的摆设。于是将梅姑墓迁到了西湖旁，又在墓的旁边盖起了座简单的草楼，种植了上百株梅花。白日，就在墓旁吹笛，那曲子都是他们儿时青梅竹马的回忆；夜晚，就画梅花，诗梅花，"三生石上因缘在，结得梅花当蹇修""无补时艰深愧我，一腔心事托梅花""颓然一醉狂无赖，乱写梅花十万支"。

虽然痴情于梅姑，无心官场，过着半隐半仕的生活，但他绝非将国事高高挂起，漠不关心。1883年，中法战争爆发，朝中已无大将。面对国难，年逾七旬的彭玉麟应召出征，主持对法战争。

光绪十六年（1890 年），彭玉麟病逝于家。朝廷赠太子太保，谥号"刚直"。

去世时，除了所部官兵，便只有那 10 万幅梅花陪在他身旁。除此，既无亲戚，又无余财。可见，彭刚直公的确是条顶天立地、有情有义的好男儿、伟丈夫。

石达开

石达开（1831~1863 年），小名亚达，绰号石敢当，祖籍广东兴宁，客家人，太平天国名将，近代中国著名的军事家、政治家、武学名家。翼王石达开是太平天国最富有传奇色彩的人物之一。他 16 岁便"被访出山"，19 岁统率千军万马，20 岁封王，英勇就义时年仅 32 岁。他生前用兵神出鬼没，死后仍令敌人提心吊胆，甚至他身后数十年中都不断有人打着他的旗号从事反清活动和革命运动。辛亥革命党人曾通过诗歌、小说、绘画等各种媒介宣传他的事迹以"激励民气，号召志士，鼓吹革命"。有关他的民间传说更遍布他生前转战过的大半个中国，足见他当年深得各地民众爱戴。

（一）短暂人生，传奇经历

1831 年，石达开出生于广西贵县（今贵港市）北山里那邦村一个小康之家，汉族客家人，但有壮人血统（他的母亲是壮族人），有两妹一姊，没有兄弟。石达开幼年丧父，八九岁起独撑门户，务农经商之余，习武修文不辍，13 岁时处事已有成人风范，因侠义好施，常为人排难解纷，年未弱冠即被尊称为"石相公"。

道光年间，官场腐败，民生困苦。石达开 16 岁那年，正在广西以传播基督教为名筹备反清起义的洪秀全、冯云山慕名来访，邀其共图大计，石达开慨然允诺，3 年后毁家纾难，率 4000 余人参加金田起义，被封为左军主将。

1851 年 12 月，太平天国在永安建制，石达开晋封"翼王五千岁"，意为"羽翼天朝"。从 1851 年 1 月到 1853 年 3 月，石达开随太平军转战数省，战功卓著，尤其是 1852 年西王萧朝贵在湖南长沙阵亡后，太平军在长沙城下陷入清军反包围，形势万分危急，石达开率部西渡湘江，开辟河西基地，缓解了太平军的缺粮之危，又多次击败进犯之敌，取得"水陆洲大捷"，重挫清军士气。其后，为全军先导，经河西安全撤军，跳出反包围圈，夺岳阳、占武汉，自武昌东下金陵，28 天挺进 1200 里，战无不胜，攻无不克，令清军闻风丧胆，号之曰"石敢当"。

1853 年 3 月，太平天国定都金陵，改号天京，石达开留京辅佐东王杨秀清处理政务。定都之后，诸王享乐主义抬头，广选美女，为修王府而毁民宅，据国库财富为己有，唯石达开洁身自好，从不参与。

1853年秋，石达开奉命出镇安庆，节制西征，他打破太平天国以往重视攻占城池、轻视根据地建设的传统，采取稳扎稳打的策略，逐步扩大根据地范围，亲自指挥攻克清安徽临时省会庐州（今合肥），迫使名将江忠源自尽。过去，太平天国没有基层政府，地方行政一片空白，石达开到安徽后，组织各地人民登记户口，选举基层官吏，又开科举试，招揽人才，建立起省、郡、县三级地方行政体系，使太平天国真正具备了国家的规模。与此同时，整肃军纪，恢复治安，赈济贫困，慰问疾苦，使士农工商各安其业，并制定税法，征收税赋，为太平天国的政治、军事活动提供所需物资。

1854年年初，石达开在安徽人民的赞颂声中离开安徽，回京述职，太平天国领导层对他的实践给予充分肯定，从此放弃了绝对平均主义的空想，全面推行符合实情的经济政策。1854年夏秋，太平军在西征战场遭遇湘军的凶狠反扑，节节败退，失地千里。石达开看出两军最大差距在于水师，便命人仿照湘军的船式造舰，加紧操练水师。在湘军兵锋直逼九江的危急时刻，石达开再度出任西征军主帅，亲赴前敌指挥，于1855年年初在湖口、九江两次大败湘军，湘军水师溃不成军，统帅曾国藩欲投水自尽，被部下救起，西线军事步入全盛。同年秋天，石达开又挥师江西，4个月连下7府47县，由于他军纪严明，施政务实，爱护百姓，求贤若渴，江西人民争相拥戴，许多原本对太平天国不友好的知识分子也转而支持太平军，队伍很快从1万多人扩充到10万余众，敌人哀叹"民心全变，大势已去"。

1856年3月，石达开在江西樟树大败湘军，至此，湘军统帅曾国藩所在的南昌城已经陷入太平军的四面合围，对外联络全被切断，可惜石达开适于此时被调回天京参加解围战，虽然大破江南大营，解除了清军对天京3年的包围，却令曾国藩免遭灭顶之灾。1956年9月，"天京事变"爆发，东王杨秀清被杀，上万东王部属惨遭株连，石达开在前线听到天京可能发生内讧的消息，急忙赶回阻止，但为时已晚。北王韦昌辉把石达开反对滥杀无辜的主张看成对东王的偏袒，意图予以加害，石达开逃出天京，京中家人与部属全部遇难。

石达开在安徽举兵靖难，上书天王，请杀北王以平民愤，天王见全体军民都支持石达开，遂下诏诛韦。11月，石达开奉诏回京，被军民尊为"义王"，合朝同举"提理政务"。他不计私怨，追究屠杀责任时只惩首恶，不咎部属，连北王亲族都得到保护和重用，人心迅速安定下来。在石达开的部署下，太平军稳守要隘，伺机反攻，陈玉成、李秀成、杨辅清、石镇吉等后起之秀开始走上一线，独当一面，内讧造成的被动局面逐渐得到扭转。但天王见石达开深得人心，心生疑忌，对石达开百般牵制，甚至意图加害。为了避免再次爆发内讧，石达开不得已于1857年5月避祸离京，前往安庆。

1857年9月，天王迫于形势的恶化遣使石达开回京，石达开上奏天王，表示无意回京，但会调陈玉成、李秀成、韦俊等将领回援，并以"通军主将"身份继续为天国作战。此后，石达开前往江西救援被困的临江、吉安，拥戴他的安徽太平军将领大都留守安徽。因没有水师，无法渡过赣江，救援行动失败，石达开又于次年进军浙江，并联合国宗杨辅清进军福建，欲开辟浙闽根据地，与天京根据地连成一体。浙江是江浙皖清军的主要饷源，为阻止石达开攻浙，清廷急调各路兵马增援，最终不得不命丁忧在籍的曾国藩重任湘军统帅，领兵入浙。太平军在浙江取得许多胜利，但江西建昌、抚州失守后，入浙部队失去了后方，协同作战的杨辅清又在被天王封为"木天义"后从福建撤军，为免四面受敌，石达开决定放弃攻浙，撤往福建，后又转战到江西。石达开建立浙闽根据地的努力虽因内外矛盾以失败告终，却牵制了大量清军，为太平军取得浦口大捷、二破江北大营、三河大捷等胜利创造了有利条件。

是冬，石达开经与部将会商，决定进攻湖南，取上游之势，再下趋湖北，配合安徽太平军作战，并伺机分兵入川。

1859年春，石达开自江西起兵入湘，发动"宝庆会战"。彼时湘军正计划分兵三路进攻安庆，闻石达开长驱直入湖南腹地，军心全线动摇，只得将因势利导，全力援湘。面对湘军的重兵驰援，石达开孤军作战，未能攻克宝庆，被迫退入广西休整。

1861年9月，石达开自桂南北上，于1862年年初经湖北入川。自此，为北渡长江，夺取成都，建立四川根据地，石达开转战川黔滇3省，先后4进四川，终于在1863年4月兵不血刃渡过金沙江，突破长江防线。5月，太平军到达大渡河，对岸尚无清军，石达开下令多备船筏，次日渡河，但当晚天降大雨，河水暴涨，无法行船。3日后，清军陆续赶到布防，太平军为大渡河百年不遇的提前涨水所阻，多次抢渡不成，粮草用尽，陷入绝境。为求建立"生擒石达开"的奇功，四川总督骆秉章遣使劝降，石达开决心舍命以全三军，经双方谈判，由太平军自行遣散4000人，这些人大多得以逃生。剩余2000人保留武器，随石达开进入清营，石达开被押往成都后，清军背信弃义，2000将士全部战死。

1863年6月27日，石达开在成都公堂受审，慷慨陈词，令主审官崇实理屈词穷，无言以对，而后从容就义，临刑之际，神色怡然，身受凌迟酷刑，至死默然无声，观者无不动容，叹为"奇男子"。

（二）练兵有法，武艺精湛

石达开从贵县到桂平集中以后，专门负责操练兵马。他是一个善于打仗的人，同时，还兼管理财政。石达开练兵的时候，叫大家跟着马跑得一样快，谁能赶到马的前头，就算得是好兵。石达开担负起操练人马的责任。要把原先的矿工和农民训练成为善战的队伍，不是一件容易的事情。石达开早在进行"拜会"活动时，就已经比较注意对会员施行战斗教练，经常招请练武的教师向他们传授武艺；他更定出一些办法来锻炼群众的作战能力，例如，他常叫群众拉着马尾巴，跟着疾驰的马匹奔跑，以此来训练他们冲锋陷阵的本领。

石达开参加了拜上帝会，在贵县、白沙一带积极开展革命宣传和组织工作。金田起义前，他带领一支拥有3000多武装齐全、训练有素的队伍参加太平军。洪秀全看见这支队伍，十分高兴，就命石达开专门负责加紧训练天军。当时，各地拜上帝会的武装聚集金田，每天都在盘营上练兵。石达开要求非常严格。他常教育部队，功夫要练到家，不能马马虎虎，十八般武艺，样样俱精，并能做到言传身教。传说他练马非常奇特，除了快跑、俯身跑、卧跑外，还在地下放着一把刀，骑马的战士扬鞭催赶快马，马飞跑到放刀的地方，战士即踩着马鞍磴子俯身去拾刀，谁能拾刀到手，又不掉下马来，就算练得一手硬功夫，获赏铜钱3枚。练得第一手骑马硬功夫后，还有第二手：把装进炮筒里的铁丸子一颗放在草坪上，马跑如飞，当跑到放铁丸子的地方，谁能俯身拾到铁丸子，又不掉下马来，就算练得第二手硬功夫，获赏铜钱5枚。第三种硬功夫就是逐步升级，把小小的一枚铜钱放在地上，战士跑马飞奔，当马飞跑到放铜钱的地方，即俯身去捡铜钱，谁捡得铜钱在手，马技就算是到家了。石达开因为练兵严格，一丝不苟，天军训练有素。金田起义后，他训练的军队即成为太平军的主力，充当先锋，攻无不克、战无不胜，杀得清军失魂丧魄，闻风而逃。

有了会众的队伍，石达开就着手训练工作，他在那邦村背建了一个练武场，又在可览山上建了一个跑马场，进行各种兵器训练，并进行会员的体力训练。其中有用石头木棍自制的杠铃，重量有的达百多斤，有些会员能用脚挑起，再用双手接住，然后举起来。其中有的体力更大的能担起两个石滚子（土话叫石碾）从圩回到奇石（相距十五六公里）。有一次，县官派几个探子到奇石刺探石达开拜上帝会的情况，这些人去到六屈村一个会员家里，这个农民正忙着洗石磨，准备磨包粟，见了几个可疑的人，趁机显示自己的武功，于是，轻轻把磨头提起，在头上转了一圈，随即放下。对几个陌生人说："你们来干什么？"几个探子见到这种情况，转身急急走了。石达开如此重视他的队伍的训练，难怪他出征时所带的队伍，成为一支骁勇善战、无坚不摧的部队，他被清军称为"石敢当"。在首义诸王中，重视对部队的训练，他算是为首者。

石达开不仅是太平天国一代名将，同时也是晚清中国的武学大家。在战场上，他是以冲锋陷阵、骁勇善战闻名的"悍将"；在武学修为方面，《北平国术馆讲义》更将他与许宣平、达摩祖师、宋太祖、岳武穆、张三丰、戚继光、甘凤池等人并论为中国历史上最杰出的拳术名家。只可惜由于他的身份敏感，清政府在太平天国败亡后大肆销毁各种对太平天国人物的正面记载，以致他作为武林高手在后世的名声远不能和其他人相比。据《清稗类钞》《太平天国野史》记载，石达开的拳术"高曰弓箭装，低曰悬狮装，九面应敌。每决斗，矗立敌前，骈五指，蔽其眼，即反跳百步外，俟敌踵至，疾转踢其腹脐下。如敌劲，则数转环踢之，敌随足飞起，跌出数丈外，甚至跌出数十丈外者，曰连环鸳鸯步"，民间认为这种武艺就是后来号称"北腿之杰"的"戳脚拳"，传说石达开还曾将这种武艺传授给选拔出来的士兵，用于作战。石达开不仅外功出众，而且内外兼修，他和陈邦森比武的故事已成为后世武林口耳相传的掌故。根据文字记载和口碑传说，两人相约各自击打对方三拳，受拳者不得还击，"邦森拳石，石腹软如绵，邦森拳如著碑，拳启而腹平。石还击邦森，邦森知不可敌，侧身避，碑裂为数段"。

（三）世人推崇，评价甚高

翼王石达开是太平天国最富有传奇色彩的人物之一。他16岁便"被访出山"，19岁统率千军万马，20岁封王，英勇就义时年仅32岁。他生前用兵神出鬼没，死后仍令敌人提心吊胆，甚至他身后数十年中都不断有人打着他的旗号从事反清活动和革命运动。辛亥革命党人曾通过诗歌、小说、绘画等各种媒介宣传他的事迹以"激励民气，号召志士，鼓吹革命"。有关他的民间传说更遍布他生前转战过的大半个中国，足见他当年深得各地民众爱戴。

太平军的高级将领们对石达开的胆略十分推崇，如李秀成谈及各王优劣才能时"皆云中中，而独服石王，言其谋略甚深"，陈玉成认为太平军将领"皆非将才，独冯云山石达开差可耳"。而清朝方面，曾国藩说"查贼渠以石为最悍，其诳煽莠民，张大声势，亦以石为最谲"；左宗棠说他"狡悍著闻，素得群贼之心，其才智诸贼之上，而观其所为，颇以结人心，求人才为急，不甚附会邪教俚说，是贼之宗主而我之所畏忌也"；骆秉章说他"能以狡黠收拾人心，又能以凶威钤制其众"，是"首恶中最狡悍善战"。不止如此，他还赢得了众多与他敌对立场的人的敬重，如地主文人周洵在《蜀海丛淡》中称其为"奇男子"，清朝一位贡生在湘军军宴上公开说他有"龙凤之姿，天日之表"，在大渡河畔与他为敌的许亮儒对他的英雄气概与仁义之风钦佩不已。直到他死去近40年后，由清朝地主文人所撰的著作《江表忠略》之中还有这样的记叙："至今江淮间犹称……石达开威仪器量为不可及。"

在有关石达开的各种评价中，最著名的当属美国传教士麦高文通讯中的一段话："这位青年领袖，作为目前太平军的中坚人物，各种报道都把他描述成为英雄侠义的——勇敢无畏、正直耿介、无可非议，可以说是太平军中的培雅得（法国著名将领和民族英雄）。他性情温厚，赢得万众的爱戴，……他是一个有教养的人，一个敢作敢为的人。"

李秀成

李秀成出生贫苦农民家庭，幼年和父母一起"寻食度日"，生活十分艰难。1849年，26岁的李秀成加入了拜上帝教。1851年9月参加太平军。他作战机智勇敢，从一名普通的士兵很快晋升为青年将领。天京变乱后，为了挽救太平天国危急形势，李秀成和陈玉成被洪秀全提拔为王，李秀成被封为"万古忠义"的忠王，他和陈玉成在太平天国后期衰弱的形势下，在军事上连连获胜，中兴了太平天国，李秀成也成为太平天国后期的顶梁柱。1864年，天京陷落后，李秀成被俘遇害。

李秀成

（一）出身贫寒，参加义军

李秀成（1823—1864年），广西藤县人，原名以文，出生在一个贫苦的农民家庭。8岁到10岁，曾在担任师塾的舅父处读书，后为生活所迫而辍学，去种地帮工，寻食度日，生活极不安定。不久，父亲去世，寡母孤儿，度日艰难，生活十分清苦。

李秀成由于从小以来，都在山地、村庄里干活，没出过远门，更不知道外面世界发生了什么事。所以，他到了26岁时，才知道有拜上帝教。后来，因为他看到拜上帝教的人有饭吃，不像自己食不果腹的处境；同时当地的团练横行霸道，欺压和敲诈广大平民百姓，李秀成也被逼得无路可走。填饱肚皮已成为当时广大贫穷农民的迫切需求，李秀成也是为了这个目的，没弄清拜上帝教到底是什么东西，就糊里糊涂地参加了。

自从李秀成参加拜上帝教之后，他的生活比以前有所改善，在家里没米、没衣服而挨饥挨寒时，拜上帝教的人就会给他雪中送炭，帮他度过困难的日子。李秀成能得到这样的帮助，自己已感到满足了，对拜上帝教一直非常虔诚，对教义、教规也不敢有任何一点的触犯。

1851年1月11日，各路拜上帝教的人马纷纷在金田集会，以庆祝洪秀全的生日为名义，进行秘密活动。当天下午，各地会众基本上都集中在金田，洪秀全等乘机发动统一的起义，打败前来镇压的清兵，宣誓建立太平天国，洪秀全自称为"主"，初步建立新政权，从此开始了波澜壮阔的太平天国运动。金田起义后，洪秀全由思旺率兵到大旺、大于，分水陆两路向永安州进攻，陆路人马由萧朝贵、韦昌辉带领，水路人马由杨秀清、冯云山带领，沿途从大黎经过。陆路人马在大黎屯扎了5天，沿路征集粮食、衣服和军饷，以备太平军作战之用。那时候，恰好萧朝贵带兵在李秀成家附近的一个村庄里停留，并发下命令，凡是参加拜上帝教的人，不必害怕，只要参加太平军，全家人都有饭吃，用不着逃。

当时李秀成家中贫寒，能够解决温饱问题，已经是很不错了，所以他也没想太多，带领母亲、兄弟李明成，以及许多堂弟、堂叔，参加了太平军。太平军还有个规定：凡拜上帝教的人房屋都要放火烧毁。当时李秀成家里也无太多的顾虑了，只要人一出来，整个草房就空荡荡了，所以，他一贯的目标就是——只要有饭吃，随太平军怎么样都行。烧毁了房子，李秀成随太平军一起行军了。那时李秀成一直是在深山里居住，也没见过多少世面，当他随太平军一起走过100多里时，就不知道怎么回去了，再加上后有清兵追杀，更是害怕回去，就随军奔波。这时，他已经进入人生的转折时期，开始了"圣兵"的生涯。

1851年9月25日，太平军攻占了第一座城镇永安，就在该州屯扎，在城外扎营、设立各防御工事、开挖战壕、囤积粮食，准备长期驻扎在这里。几天之后，清政府对广西农民起义大吃一惊，急忙派赛中堂、向荣率领大队清兵，剿杀太平军。

太平军浴血奋战，冲出永安，打败清军，由小路向西前进，攻打全州。在攻全州城时，南王冯云山身先士卒，一马当先，率领部下冲到城附近，城上敌军气急败坏却又战战兢兢向太平军开炮，谁知有一炮正好落在南王的身边，南王身受重伤，流血过多而牺牲。太平军将士见状，顿时号啕大哭，疯也似的爬上云梯，一上城，如砍草一样，奋勇杀敌，势不可当。

攻克全州城后，太平军于1852年8月，又占领了湖南郴州。乘着胜利，太平军又连连攻克各大小城市。1852年9月11日，太平军又沿着湘江向北进军，到达湖南长沙城外围。西王萧朝贵会同将领李开芳、林凤祥率军进攻长沙，西王在进攻中也遇到不幸，又发生了南王攻全州的一幕。由于长沙外围有护城河深且宽，且城内守军顽固凭城死守，使太平军难以迅速攻下，几十天后，清军的援兵已经越来越接近太平军。为避免受清军两面夹攻，太平军攻了2个多月的长沙城就这样放弃，只好绕道向北前进。在太平军攻打长沙之时，洪秀全在南门制造金玺，自称为"万岁"，还制定了朝规和各级官制，加上原在永安建立的东王、西王、南王、北王、翼王等官制，进一步完善了太平天国的朝政。

绕过长沙城后，太平军将领商议，准备由益阳县向北进军洞庭湖，沿湖到常德，再攻取河南，以河南为根据地，发展太平军。但意想不到的是，当太平军抵达益阳县时，忽然一下子就弄到几千艘民船。由于长江水上运输极为便利，并且起义军都是两广、湖南一带的南方人，不适应河南一带的气候，而对长江沿岸的湿润气候、冬季暖和的天气较为熟悉，因此沿长江进攻则更为有利。太平军将领认真地分析了当时的形势，都觉得沿江东下更好。于是他们改变了原军事计划，沿水路由长江顺流直下，克武昌，下池州、九江，接着太平军水陆两路联合攻下了安庆，但没有派兵把守。一直把清军赶到江南，水军由东王杨秀清、北王韦昌辉、翼王石达开、天官丞相秦日纲以及罗大纲、赖汉英等带领，陆路由胡以晃、李开芳、林凤祥带领，水路两军展开阵势，截断江南的水陆交通，使江南清朝水军孤立无援。太平军从四面八方滚滚而来，沿途打败江南城外的清军营盘，围打孤城，攻打了7天，城内清军抵不住太平军的凌厉攻势，被破城而入。太平军俘虏了数千清降兵，收缴大量军械火药、粮食和船只，船只数量增至1万多只，船上满载粮食。太平军将士喜气洋洋而又威风凛凛地向南京进发。1853年3月19日，太平军攻下南京，改名为天京，作为太平天国的首都。

从广西到天京，李秀成当时作为一名太平军的"圣兵"，跟随太平军队伍英勇作战，立下了汗马功劳，初步显示了军事才能。

（二）解救镇江，一破江南大营

从1851—1855年，在这短短的4年中，李秀成以他自己的勇气和军事才能，由一名普通的士兵晋升为一员难得的将领。李秀成镇守庐州成绩显著，不久，他又升为二十一检点，被任命到安徽太平府、和州一带驻守，像一道屏障一样横在天京上游，挡住了清军。

从 1853 年 5 月以后，由于太平军分战北伐和西征，天京以及附近的兵力大为削弱，以致经常受到清军江南、江北大营的威胁。1853 年年底，被迫放弃扬州。1855 年，形势更趋严重：5 月，北伐军在山东茌平冯官屯最后覆没；8 月，天京西翼要地芜湖失陷；11 月，皖北重镇庐州失陷。幸好从 1855 年年初起，西征战场取得了九江一湖口之战的重大胜利，全线转入反攻，重新夺回了武汉及其周围地区，并挥师江西，开辟了广大地区。这就使天京当局有可能从西征前线抽调大军回援，以打破清军对天京的围困。

1856 年年初，洪秀全、杨秀清从西征战场抽调兵力回救。1 月下旬，各部齐集天京。由于镇江被困日久，形势紧急，故决定首行救援镇江。2 月 1 日，李秀成（这时已升地官副丞相）、陈玉成等 6 丞相的部队，在燕王秦日纲率领下，从天京出发，东援镇江，遭到清军的顽强阻截，最后大家议定：由陈玉成率小队，乘坐小船，取道长江，冲破清军炮船的封锁，顺利进入镇江，后稍事休整，即调集船只，准备渡江，攻破江北大营。

4 月 2 日，李秀成与秦日纲、陈玉成等自镇江渡至瓜洲，留周胜坤一军扼守仓头后路。4 月 3 日拂晓，李秀成等率太平军对西线濒江的重要据点土桥发起猛烈进攻，清军因无戒备，纷纷溃逃。太平军突破西线土桥，乘胜猛进，连破朴树湾等地清军营盘。次日，太平军又大败清军于三汊河，累计共破敌营 120 余座。托明阿仅带数十骑，连夜逃往扬州东北的邵伯镇。5 日，太平军乘扬州城防空虚，兵不血刃，再占扬州，迅速征集粮食，接济镇江、瓜洲的急需。

太平军进攻江北大营，原为接济镇江，本拟于完成任务后南渡，取道镇江由原路返回天京。可是，由于留守仓头的周胜坤一军于 4 月 6 日被清军打败，通向天京之路已被切断。17 日，李秀成等放弃扬州西进，前队于 16 日攻占浦口，准备由此渡江南返。可是，就在当天，江南大营派出总兵张国梁率兵勇 2400 人由南岸石埠桥渡江，并攻占了浦口，27 日攻占江浦，致使太平军由浦口南渡之路又被阻断。太平军只得东返瓜洲，在此休整 20 余日后，于 5 月 27 日南渡镇江，屯驻金山。

李秀成等返抵镇江之后，马上攻占黄泥洲，包围烟墩山清军营盘。6 月 1 日，江苏巡抚吉尔杭阿自九华山大营率队抵烟墩山清营，被太平军围困不得出，自杀毙命，各军自乱，烟墩山 6 座清营即被攻破，清军纷纷逃回九华山大营。3 日，太平军进逼九华山，清军因主帅败亡，军中无主，不战自溃，30 余座营盘全部瓦解。4 日，太平军转攻城东南清军京岘山大营，连日进击，步步为营，先以地道攻破了西路清营，接着转攻东路。由于总兵张国梁率援兵赶到，太平军交战不利。13 日，李秀成等尽弃镇江城外各营垒，率部返回天京。

1856 年 6 月 13 日，李秀成与陈玉成等自镇江返抵天京，驻营观音门、燕子矶一带。这时，东王杨秀清下令，要将清军江南大营攻破之后，方准入城。李秀成与陈玉成等自 2 月东援镇江，已与清军鏖战数月，将士已相当劳累，从局部情况看，本应进行休整。故太平军将士对东王进攻江南大营的作战命令不甚理解，甚至有的"将兵怒骂"。因此，李秀成便与陈玉成等两个丞相，进京向东王陈述，认为"向营久扎营坚，不能速战进攻"，不主张马上攻打江南大营。杨秀清听到这种主张，顿时大怒，说："不奉令者斩！"李秀成等不敢再求，只得回营做进攻的准备。

进攻江南大营的战斗从 6 月 17 日开始。李秀成等担负的是从东北方向进攻江南大营东侧的任务。当时就由燕子矶向尧化门逼近。"次日，张国梁已由丹徒返回孝陵卫，是早引军与我迎战，自辰至巳，两军并交，张军败阵，天朝之军倾力追赶。……我等移营重困尧化门清营。次日，张国梁复领马步前来，两家立阵相迎，各出门旗答话。步战汉兵，马战满兵，两交并战，自辰至午，得翼王（石达开）带曾锦谦、张遂谋等引军到步助战。清军满兵马军先败，次即向、张所领汉军亦败也。是日向、张所救尧化门未能，白军败阵，后被我四面追临，当即攻破孝陵卫满、汉营寨廿余个，独剩向帅左右数营。"（《李秀成自述》语）李秀成所担负的这一路，是主攻方向，所以遇到张国梁所部的顽抗，打得比较激烈。

与此同时，其他方向的太平军也一齐出击，集中兵力，多路分进合击，终于攻破了清军苦心经营 3 年的江南大营，取得了辉煌胜利。

（三）三河大捷，力挫湘军

正当革命顺利发展之时，天京城发生令人痛心的内讧，东王杨秀清、北王韦昌辉相继被杀，翼王石达开也负气出走。翼王是李秀成的直接领导，翼王出走时要求李秀成同行。李秀成对石达开的文韬武略十分佩服，但是他顾全大局，不同意出走。

太平天国接踵而来的事变，使太平军在各个战场上停止了进攻，轻取守势，从而使清军获得了喘息的机会，并调集兵力，对太平军进行反扑。

在湖北战场，太平军于 1856 年 12 月 19 日放弃武汉，不久，所占沿江各州县也随之全部丧失。清军夹江东下，直逼江西九江城下。在江西战场，1857 年 9 月，瑞州

（今高安）失守。1858 年 1 月，临江失守。5 月，九江又陷。9 月，吉安失守。至此，江西全省陷入清军之手。

在天京周围，1857 年 6 月，清军陷溧水。7 月，陷句容。12 月，太平军弃守镇江、瓜洲。1858 年年初，清军复建江南、江北大营，掘壕筑垒，加紧围困天京。

在安徽战场，情况有所不同。天京事变之后，除皖南各州县迅速被清军攻占外，安庆及其周围地区，基本上仍在太平军控制之下。这一带的军事形势之所以没有迅速恶化，是与李秀成、陈玉成等一批年轻将领的英勇奋战分不开的。

天京内讧前后，李秀成正驻营于江苏句容丁角村。这时，皖北重要据点三河镇被清军围困，守将蓝成春具文到京告急。李秀成奉调带领所部人马离句容前去救援。可是，当行至安徽无为州，就得到三河、庐江已先后于 9 月 16 日、18 日失守的消息，李秀成便率部进入桐城。

桐城自 1853 年 11 月攻占后，一直由太平军据守。李秀成率队送援之前，庐州、舒城、六安、巢县、无为已被攻占，现三河、庐江又失，桐城形势更加危急。从 1856 年 10 月 21 日起，李秀成所部六七千人，接连抗击提督秦定三所率清军的进攻，胜败互见。30 日一战失利，几个部将被俘杀。11 月 13 日一战，阵毙游击汀忠信。12 月 2 日，夜袭总兵郑魁士营，又软副将萧同福。这时，清军倾全力争桐城。李秀成所部仅六七千人，困守孤城，面对众多的敌人，深感势孤力单，于是他想到了陈玉成。此时陈玉成正在皖南进攻宁国，李秀成"命使持文前往宁国，求救于陈玉成。当即准请……移军来救桐邑之困。兵由枞阳渡江齐集，我亲自轻骑赶赴枞阳，绘成进攻图式，与成天豫（陈玉成）细详"。这时，敌人正面防御较严，如正面力攻，难操胜算，于是双方商定了解救桐城之围的计策，由李秀成即回桐城坚守，而由陈玉成率部下攻，拊敌军之背，然后内外夹击，以解城围。1857 年 1 月，陈玉成部占无为州，下仓头、运漕，会合自天京西来的逊天侯陈仕章等，大败总兵和隆武于东关并占领巢县。然后折而向西，31 日占领庐江，经大关进至桐城北乡界河、新店、昌亭，抄敌后路，断敌粮道。2 月 24 日，陈玉成率军由外向内，李秀成率军由内攻出，夹击清军，大败提督秦定三、总兵郑魁士等于桐城之郊，并进占舒城，斩总兵郝光甲。3 月 3 日，占领六安。这一带人民纷纷参军，达数万人。此后，李秀成、陈玉成开始分军。陈玉成率部占正阳关，攻寿州（今寿县）未下，然后领兵入湖北，在广济童司牌一战失利后，退守太湖、潜山。李秀成则向三河，联络张乐行部捻军。行至半路，张乐行已派龚德树、苏天福来迎。两支起义军胜利会师，当即计破霍邱，交捻军作根据地。自此之后，捻军接受太平天国领导，长期与太平军联合作战，成了太平天国北部的坚固屏障。这对当时严重恶化的太平天国军事形势，显得尤为重要。

李秀成自受命援三河后，进据桐城，艰苦奋战，后联合陈玉成部，内外配合，不但迅速攻破了桐城围敌，并乘胜追击，连占舒城、六安、霍邱，扩大了地盘，建立了与张乐行部捻军巩固的同盟关系。这是李秀成单独执行任务后的第一个战绩，也是李秀成、陈玉成两支部队第一次成功的合作，标志着他在军事上、政治上趋于成熟。

这时，天京周围的军事形势又趋紧张。自攻破江南大营、向荣死去之后，清廷即于1856年9月任命和春为钦差大臣，从安徽庐州驰赴江苏丹阳，督办江南军务。1857年7月，清军攻陷句容，再围镇江。同年冬，镇江城内绝粮，洪秀全命令李秀成率军下救。11月7日，李秀成率部数万（内有捻军李昭寿、张乐行部）自六安进至庐州二十里铺。23日，出昭关，逼和州，准备下救镇江。29日，占和州。12月11日，进至江苏高资，与提督张国梁相持。

这时，镇江城内粮食已尽，豆麦等物已吃完，开始杀马、杀驴子吃，并以野菜、芦根充饥。瓜洲、镇江的太平军，开始向高资集中，做好了突围的准备，只等外援一到，就里外会合，突出重围。1857年12月27日，吴如孝等放弃镇江，在李秀成部接应下，突出重围，回归天京。同日，瓜洲守将谢锦章也弃守瓜洲。1857年年底，天王封陈玉成为前军主将，李秀成为后军主将，主持军务，陈、李成为太平天国后期两根顶天支柱。此后陈玉成主要在上游作战，李秀成则活动于天京周围及江浙一带，在东南富庶地区建立根据地，支持和拱卫天京。

李秀成率部自镇江救出吴如孝等守军回到天京之后，受到全朝的赞赏和洪秀全的重用。可是，这时的军事形势仍是严峻的。各战场的形势也越来越严重。在此情况下，李秀成出于对全局的关切，深深感到此时的关键是——京外缺乏调度之将。于是他建议给1854年因湘潭失败而被革职的林绍璋复职，保其为地官又副丞相，负责京内事务，由他自己出京调度天京外围的军务。他一再将这个主意上奏洪秀全，都被拒绝。无奈，他到天王府门口去击鼓鸣钟，强行奏闻。按照太平天国的制度，各机关都设有登闻鼓，凡有要事或冤屈，都可到门口击鼓鸣钟，主管长官听到后就立刻出来受理。洪秀全听到鼓声，就立即坐殿，李秀成将出京的理由从头一一奏明。洪秀全听了之后，同意李秀成出京。

李秀成获准出京之后，将京中之事交与蒙得恩、林绍璋、李春发掌管，辞别洪秀全，由南门一日一夜赶到芜湖，与其堂弟李世贤商定，"一人敌南岸，一人敌北岸"。

1858 年 4 月，李秀成带 5000 余精兵，由芜湖东梁山渡江，到含山集合。5 月 4 日，破含山城西 20 里之昭关，下和州（今安徽和县）。10 日，占全椒。11 日，占领滁州。13 日，占领来安。李秀成此次军事行动，是绕攻江北大营外围，以分其兵势。21 日，清军帮办江北军务侍郎翁同书率部来攻，太平军迎战不利，放弃来安，退回滁州。

不久，李秀成将滁州交由部将李昭寿镇守。李昭寿是河南固始人，1853 年在家乡结捻起义，1854 年率部投降清道员何桂珍，次年在英山杀何桂珍，投降太平军，隶李秀成部下，是个反复无常的人。李秀成将滁州交李昭寿后，于 6 月初经全椒到达江浦大刘村安营扎寨，厉兵秣马，准备进攻江北大营。6 月 5 日，江北大营即派清军来攻，首战小胜；次日，清军大队来攻，太平军失利，营垒全部被毁，损失官兵千余人。部队转移到江浦汤泉，李秀成回到了全椒。

李秀成经大刘村之败后，偏处全椒，兵力受到了进一步的削弱，深感要攻破江北大营，单靠自身的兵力是不够的。于是他通知各镇守将，到枞阳会商对策。会议约于 7 月下旬至 8 月初召开，各路将领都依约而来，陈玉成也不约而至参加了会议。会议商定了进攻江北大营，以解天京之围的作战方略，"各誓一心，订约会战"。后来这两支太平军主力之间互相合作，取得了二破江北大营的重大胜利。

1858 年 9 月，都兴阿、李续宾即率领大军自湖北入皖，22 日攻占太湖，随后即分兵两路，大举进攻。南路由都兴阿率副都统多隆阿和总兵鲍超所部，在水师配合下，进逼安庆；北路由李续宾督率所部，直指庐州。这时，前军主将陈玉成刚刚攻破江苏六合，得报之后，立即扯兵上救；同时启奏天王洪秀全，调后军主将李秀成率部同往。

陈玉成率部先行，于 11 月 7 日抵达三河镇西南 30 里的金牛镇。李秀成率部随后而来，于 11 月 14 日驻扎在三河镇东南 25 里之白石山一带。两支太平军主力号称 10 万大军，连营数十里，并切断了李续宾军的退路。15 日深夜，李续宾派出 7 个营的兵力，分左、中、右三路袭击金牛镇。16 日黎明，其先头部队一度攻入陈玉成的防地，这时大雾弥漫，咫尺莫辨，鼓角相闻，敌我难分，陈玉成部乘势从四面八方掩杀过来，把敌军围困在烟筒（墩）岗一带。这时，李秀成率军助战，李续宾大败，自缢而死。是役一举歼灭湘军精锐 6000 人。

湘军的惨败，令曾国藩"哀恸填膺，减食数日"；胡林翼在家治丧，听到后当即晕倒在地。

太平军之所以取得全歼李续宾部的胜利，主要由于决策正确果断，兵力集中，战术灵活，指挥无误。当湘军进抵舒城、三河时，陈玉成果断决定兼程回援，并奏调李秀成部同往，形成了兵力对比上的绝对优势。在对敌发起进攻时，太平军采取正面迎战与伏击、抄袭相结合的战法，各部之间又能密切协同，主动配合，迅速分割包围敌人，打得湘军前后左右不能相救，以速决的方式达成战役目的。

通过三河镇大捷，太平军粉碎了湘军东犯的企图，保卫了皖中根据地，对鼓舞士气、稳定江北战局、保证天京安全和物资供应，都具有重大的战略意义。

（四）声东击西，二破江南大营

1859年4月，洪秀全的族弟洪仁玕由香港抵天京，颇为洪秀全所器重，不久即被封为"干王"，总理朝政。洪仁玕撰写了《资政新篇》等著作，在政治和经济方面提出了一些改革措施，使太平天国的领导力量有了某种程度的加强。但洪仁玕的被重用，引起了一些"老兄弟"的不满。洪秀全便加封前军主将陈玉成为英王，加封李秀成为忠王，使这一矛盾基本上得到了解决。

再说清军江南大营自1856年被攻破后，于1858年年初复建，统帅为和春，张国梁帮办军务，是年冬于天京城外挖掘长壕，"自城北之上元门，至西路之三汊河、乐心寺江干止，共长一百三四十里，大小营盘一百三十余座，兵勇约四万有奇"。大营设在沧波、高桥门之间。

为了打破清军对天京的包围，李秀成一再向洪秀全强奏，要求率军离开浦口，设法攻打江南大营，以解天京之围。这一要求最后得到了洪秀全的应允。关于如何解围问题，李秀成建议：率部"伪装缨帽号衣，一路潜入杭、湖二处"，攻敌之所必救，以吸引和调动江南大营清军；当出现上述情况时，立即放弃浙江杭州和湖州（今吴兴），由小路回师天京，围攻江南大营。而英王陈玉成，则在皖北实施伴攻，以掩护江南之作战行动。整个作战由李秀成负责组织实施。洪秀全同意了。

1860年3月11日，李秀成所率精兵进至杭州城外。当时杭州城除满营外，仅有兵勇2800余名。19日太平军轰塌清波门城垣，由1350人组成的先锋队立即冲入城内，攻占杭州，杀死浙江巡抚罗遵殿等多人。唯杭州将军瑞昌等踞守的满城，未能攻下。

江南大营统帅和春得知太平军入浙，立即派总兵张玉良等率兵由六合往援。咸丰帝深恐失掉浙江这个财赋之区，严令和春增调劲旅赴浙。和春只得遵旨加拨援兵，前后共抽调了13000人，统归张玉良率领。太平军攻陷杭州4天之后，张玉良所率援兵才到达杭州城外。

李秀成见调动江南大营清军的目的已经达到，便于在城内遍插旗帜以为疑兵，连夜撤出杭州，率军疾驰北返，沿路攻占了江苏高淳、溧水、溧阳、句容等地。

当李秀成率军回师天京之际，在皖北执行佯攻任务的陈玉成、吴如孝等率军由全椒南下，于4月底渡江，经江宁镇抵板桥、善桥一带。

4月底，各路太平军抵达天京外围，众达十余万人，在扫清清军外围据点后，随即准备总攻江南大营。总攻部署是：李世贤部自北门洪山、燕子矶，李秀成部自尧化门，刘官芳、陈坤书部自高桥门，杨辅清部自雨花台，陈玉成部自善桥方向，五路并进。天京城内的太平军则由城内出击，配合援军夹攻清军。

5月2日，太平军发起总攻。是日天气晴朗，但从当晚开始降雨，连日不止，太平军冒雨连续进攻。

5月4日，陈玉成部于上河镇、毛公渡一带搭造浮桥数道，进攻清军的外墙。城内太平军见外援已到，也纷纷出击，抛掷的火罐落入清副将雷安邦的营内，引起火药轰发，清军纷纷外逃，一时人声鼎沸，乱作一团，附近清营闻之，也纷纷撤出营外；外地逃来的难民见清兵溃退，也扶老携幼号哭道旁，一片混乱。城内城外的太平军乘着敌人的混乱，加强攻势，半日之内，大营西半部的50余座营垒全行攻破。总兵黄靖、副将马登富、雷安邦等均被击毙。张国梁闻西路有变，便赶来救援，见营盘已失，西部防线已溃，只得从原路退回，破坏了上方桥，准备固守大营东北半壁。太平军突破敌西南长壕，内外会师，重围已解，士气更高。

这时清军兵勇大半溃逃，大营势危，幕僚们建议暂退镇江，但和春不许，说："今上方桥以南既为贼有，我军驻扎小水关，地面不宽，守之尚易，即可进剿，何必退往镇江"，"如贼来扑我，唯有一死而已，不必多言"。

未几，太平军已攻至孝陵卫街口，钟山南麓也到处起火，幕僚们才把和春唤醒，穿衣上马出营，狼狈逃奔，于6日晨至石埠桥，搭江船逃往镇江。围困天京两年多的江南大营，又被摧毁。太平军缴获了大量的枪炮、火药、铅子，以及白银十余万两。

二破江南大营是太平天国战争史上最成功、最典型的一个战役；是由洪仁玕、李秀成周密组织的一个完整而巧妙的计划，确是太平军的"得意之笔"。

（五）进攻湖北，攻略杭州

江南大营的彻底崩溃，迫使清王朝将镇压太平天国的希望寄托在曾国藩及其湘军身上。1860年夏，清廷授命曾国藩为两江总督、钦差大臣，令其督办江南军务，所有大江南北水陆各军，统统归其节制。进攻太平军的各路清军，开始在曾国藩的名义下统一起来了。到9月底，东犯的各路湘军，已深入安徽境内，完成了对太平军西线屏障安庆的战略包围。其部署是：在长江以北，由道员曾国荃率湘军万余人围困安庆，由副都统多隆阿率领的万余人陈兵桐城外围，准备打援，由胡林翼坐镇太湖调度指挥。在长江沿岸，由提督杨载福率湘军水师破枞阳镇，攻池州（今安徽贵池）；在长江以南，道员张运兰率领湘军3000人攻旌德，总兵鲍超部湘军6000人攻泾县，曾国藩则坐镇祁门调度指挥。五路东进的湘军，已构成对太平天国的严重威胁。

这时，洪秀全已感到局势严重，决定组织兵力，进行反击。于是颁下严诏，命李秀成赶赴上游。李秀成当即选将调兵，将苏福省的军政民务交给陈坤书接理，带兵西上。洪秀全命他取道长江以北，同另一支主力陈玉成部，共解安庆之围。从当时敌军兵力部署来看，其重点在安庆周围，如果按照洪秀全的计划，李秀成、陈玉成两支太平军主力都走北路，以主力对主力，未尝不是一种较好的兵力部署方案。可是，由于李秀成强调湖北、江西一带义民首领要求投军，执意先走南路，召集义民之后，再行"扫北"。这样，就将当时太平天国所面临的解救安庆的首要任务置于次要地位，这是很不妥当的。

这样一来，洪秀全等不得不改变计划，由陈玉成一支部队趋北路，李秀成、李世贤、杨辅清等部走南路，其具体部署是：英王由江北前进，他们的目的是在3月（公历4月）会师武昌；忠王自南昌以下横过江西，经瑞州至洞庭湖上的岳州，由此到达武昌以西的地区；侍王横渡鄱阳湖，经南昌、义宁州入湖北，进攻武昌南面；辅王取道湖口、九江，如可能，用船运军队溯江而上，攻打武昌的东面，英王的军队攻北面。这一计划，较之洪秀全原来的计划，存在着明显的缺陷：一是在兵力部署上，产生了主次颠倒的现象，将太平军的主要兵力部署在江南，而敌人的主力则在江北；二是在发动进攻的时间上推迟太久，到次年4月才合取湖北，而这时，安庆已被围近一年，形势越来越紧迫。这一计划所存在的这些缺陷，给尔后军事上造成很大的被动。对此，李秀成是负有责任的。

计划确定之后，陈玉成即率部于9月底白天京渡江西上。李秀成则迟迟于10月底才从天京动身。李秀成在回忆这一段历史时说："举兵由苏动身到京，将来情启奏，不欲扫北。我主义怒，责罚难堪。此时亦无法处，管主从与不从，我在苏肯应江西、湖北肯降之义民，应肯前往接应，故而逆主之命，信友之情，出师而上江西、湖北。"

1860年10月底，李秀成违背洪秀全旨意，率领部队白天京出发，经安徽太平府（今当涂）、芜湖、繁昌、南陵、石埭，于12月1日越羊栈岭进占黟县，离曾国藩的祁门大营仅60里。正在进攻休宁的湘军鲍超、张运兰两部（共约万人）见后路被断，急忙回师反攻。2日，太平军稍却，退守黟县北面的卢村（儒村）。3日，与鲍、张两部战于休宁柏庄岭，阵亡将士数百人。李秀成部太平军受阻后，便改由箬岭到徽州（今歙县），过屯溪，上婺源，入江西，占玉山，然后又折入浙江境内，在常山过年。

这时，和李秀成一起取道皖南西进的，还有辅王杨辅清部、侍王李世贤部，以及定南主将黄文金部、右军主将刘官芳部等，在兵力上居于绝对优势。如果李秀成联合这几支太平军，对祁门曾国藩大营进行围攻，是完全有可能歼灭敌军主帅的。这种有利的形势，也可从曾国藩的书信中得到反映。他给他的四弟写信说："此间于十九日忽被大股贼匪窜入羊栈岭，去祁门老营仅六十里，人心大震。幸鲍、张两军于二十日、二十一日大战获胜，克复黟县，追贼出岭，转危为安。此次之险，倍于八月二十五日徽州失守时也。"曾国藩的幕僚欧阳兆熊记述当时的情况说："文正（指曾国藩）驻休宁城，羞忿不肯回答，已书遗嘱，部署后事，军中皇皇，莫知为计。"可见，李秀成等部太平军给曾国藩所造成的巨大震动，以致他数度留下遗言，交代后事。可惜，太平天国方面没有进攻皖南敌军的计划，几支部队各自为战，互不统属，缺乏统一指挥，形不成"拳头"，这就使曾国藩得以拆东墙补西墙，以对付各路太平军的进攻，从而渡过了难关。太平天国也因此而丧失了在皖南聚歼曾国藩大营、救援安庆的良机。

1861 年 2 月中旬，李秀成部自浙江进入江西，经玉山、广丰、广信（今上饶），于 3 月中旬进攻建昌（今南城）而未克；下旬，进攻抚州府又未克，便南趋崇仁、宜黄。4 月 4 日进占新淦、樟树镇（今清江），由于赣江水涨，以及清军、地方团练的防堵，未能过江，便沿江南进，于 19 日从吉水渡过赣江，占领吉安府。22 日，弃城北进，经临江继续北上，连下瑞州（今高安）、奉新、武宁，在这里设立乡官，建立地方政权，以为后方基地。5 月 30 日进占义宁州（今修水）。6 月上旬，兵分三路，进入湖北境：右路由武宁北攻兴国州（今阳新）；中路由义宁北攻通山；左路西攻通城。6 月中旬，各路大军抵达武昌外围，比原计划的于 4 月合攻武昌，晚了 2 个月。在经过江西、湖北时，各地义民纷纷加入太平军，使李秀成部的兵员大增，号称 50 万大军。

李秀成率领大军，千里挺进湖北，为的是与在江北西进的陈玉成部合取武昌。可是，在李秀成部滞留江西境内时，江北的情况发生了很大的变化。1861 年 2 月，英王陈玉成按照"合取湖北"的既定方针，开始向湖北进军。3 月 10 日占霍山。14 日占英山，进入湖北。17 日占蕲水（今浠水）。18 日占黄州（今黄冈）。22 日，陈玉成在黄州府会见了英国参赞巴夏礼。巴夏礼借口维护英国的商业利益，"劝告"陈玉成不要进攻武汉。陈玉成由于受到英国侵略者的威吓，就终止了向武汉的进军。除留赖文光据守黄州外，便分兵数路，先后占领湖北蕲州、黄安（今红安）、德安府（今安陆）、孝感、黄陂、随州（今随县）、云梦、应城、麻城等地，但大多旋取旋弃。4月下旬，陈玉成便弃"合取湖北"的计划，率领主力东下，直接救援安庆。

李秀成到了鄂南之后，接到赖文光发自黄州的禀报，得知江北陈玉成军已回援安庆，同时也受到英国驻汉口领事金执尔的"劝阻"，便放弃进攻武昌，于7月上旬命令所部撤出湖北。大体上沿着原来进军的路线，经江西东返浙江。几十万大军跋涉数千里，于抵达武昌外围后不战而退，徒劳往返，诚为可惜。至此，太平军南北两路"合取湖北"的计划半途而废，解救安庆之围的战略企图也成泡影。

李秀成部是太平军的一支主力，拥有数十万部队，他的一举一动，对太平天国整个军事形势，有着举足轻重的地位。可以设想，李秀成如按原计划继续围攻武昌，即使不能攻克，也能吸引更多的清军回救，迫使湘军陷于两面作战的地位，从而减轻太平军安庆战场的压力，有利于解救安庆之围。即使李秀成部撤离武昌外围，如向皖赣边界活动，也可威胁与牵制湘军的南翼，从而减轻安庆战场太平军的压力。然而李秀成计不及此，置事关太平天国全局的西线军事于不顾，离开西线东返江浙。1861年7月19日，占领靖安，逼近省城南昌。曾国藩在安徽东流闻讯，急调鲍超部7000人由宿松南渡长江，经九江，驰援南昌。8月5日，李秀成率部自瑞州进至南昌对岸之生米镇、万寿宫一带。14日，进入临江府境。24日，鲍超率部经瑞州南下。26日，李秀成率全军渡过赣江，屯于樟树镇。30日，率部东趋抚州，围城多日不克，乃于9月8日撤围东走许湾镇，在此息兵3日后继续东趋。16日，在铅山县河口镇，会合自广西脱离石达开部东返的童容海等部20余万人。22日，攻广信不下，乃率领号称70万的大军，东下浙江。

当李秀成率领大军撤出湖北，途经江西东返之际，太平天国西线重镇安庆为湘军攻陷，万余守军全部殉难。安庆的失守，标志着太平天国自1860年9月开始的第二次西征的彻底失败。自此，太平天国后期的军事形势开始急转直下，天京遂暴露在湘军的攻势之下。正如洪仁玕后来所说："我军最重大之损失，乃是安庆落在清军之手。此诚实为天京之锁钥而保障其安全者，一落在妖手，即可为攻我之基础。安庆一失，沿途至天京之城相继陷落，不可复守矣。安庆一日无恙，则天京一日无险。"

李秀成率领大军自江西入浙，于9月25日占常山。10月5日围攻衢州。11日，撤围东进汤溪，经兰溪到达严州（今建德梅城镇），与正在围攻该城的侍王李世贤部会合，议定由李秀成"领新招将士及童容海全军而下浙江（指杭州），派李世贤打温、台、处州、宁波等处，我派军去破绍兴各县。"

　　李秀成部署完下一步的军事行动后，率大队从严州出发，经桐庐、新城，20日攻克余杭，进逼杭州。28日，占领武林门外的卖鱼桥。11月3日，由卖鱼桥进至岳坟、孤山一带，拟经苏堤进向南屏。清军断苏堤上的玉带桥，并以炮船前后夹攻，太平军退至九里松。5日，太平军由朱桥猛攻凤山门外的馒头山，破望江、候潮、凤山各门外清军，合围杭州。7日，提督张玉良率兵万余自富阳来援．也被太平军击败（张玉良于21日被击毙）。从此，杭州将军瑞昌、巡抚王有龄率兵数万，困守孤城。13日，李秀成给在守绍兴的侄容椿、子容发的信中说："官兵自到杭郡以来，日战日胜，城外妖穴，一概扫平，杀死无数，活拿者数千，自降者数千，已将该城围困，内外不通，成功在即矣。"当时，四周各县均为太平军所占领，杭州已成为一座孤城，城内粮食渐趋枯竭。李秀成在军事进攻的同时，还对敌展开政治攻势，"射谕入城，分军民满、汉分别言语，顺言而化，肯降者即可。"

　　在太平军的政治攻势下，12月10日，杭州武林、钱塘、清波门外的清军投降太平军。29日，清军兵勇纷纷溃散，太平军各部乘势缘梯而入，打开凤山、候潮、清波等城门，大队太平军开入城内，占领杭州。巡抚王有龄自杀，布政使林福祥、总兵米兴朝等被俘。杭州既破，李秀成命令暂停进攻满城，允许杭州将军瑞昌率部退走。然瑞昌顽抗，李秀成乃于31日下令攻破满城，瑞昌等自杀。

　　在李秀成督部进攻杭州的同时，部将陆顺德占领了绍兴、萧山等地，李世贤部连占嵊县、新昌、上虞、天台、奉化、慈溪、镇海、仙居、台州（今临海）、黄岩、太平（今温岭）等府县，并于12月9日占领五口通商口岸之一的宁波。浙江大部府县，归入太平军的控制之下。

　　在进军湖北和攻略杭州的过程中，李秀成开始执行了一种优待俘虏的政策，显示出他具有出众的政治水平。早在1861年夏，当进军江西高安阴岗岭时，大败清军，俘副将李金畅 f绰号冲天炮）。李秀成"见是勇将有名之人，心内痛惜英雄，故未杀害，当问其来情肯降否？……后见其语未有从心，仍然礼待，并未锁押，悉听其由。过了数日，发盘川银60余两，其不受而去江西。后闻被杀"。此次攻下杭州，又当众宣布："各肯从军者即从，不从者皆由自便。"俘虏了浙江布政使林福祥、总兵米兴朝等清朝官吏，"我亦不杀，礼而待之，又未锁枷，落在书房，与我文官闲叙。……过了十余日，林、米二人欲去，不愿在营，既而备舟只各一条，由杭州到上海，各给银300两"（《李秀成自述》）。林、米二人到了上海后，为清朝江苏巡抚薛焕奏清查办。次年夏，清政府命左宗棠杀之于浙江衢州。

李秀成执行的优待俘虏政策，在太平军方面来说是个创举。太平军自金田起义以来，对清军官兵一直执行镇压政策，故清军官兵或逃散，或顽抗，或自尽，降者寥寥。李秀成礼待俘虏，有利于分化瓦解敌军。

（六）大厦将倾，独木难支

太平军在江南活动，并攻克苏州、昆山、嘉兴、青浦、松江等地，直逼帝国主义侵略中国基地——上海。鸦片战争以后，帝国主义歪曲《南京条约》有关条款，在上海建立大片租界。英法侵略者俨然以主人自居，威胁太平军"勿攻上海，否则还击"。此时正值第二次鸦片战争时期，清政府正在京津一带与英法联军作战。但是上海的清朝官吏却"忘记"了英法是敌国，居然无耻地向敌人请求援助。

1860年6月，清政府苏松太道吴煦和买办杨坊出钱，由美国人华尔出面招募了一批外国的亡命之徒组成"洋枪队"，专门与太平军为敌。7月，华尔率"洋枪队"偷袭太平军占领的松江，接着又在1万名清军的配合下，进犯驻守青浦的太平军。李秀成在青浦大败"洋枪队"之后，乘胜进逼上海城下。英法联军协助清军作战，用山炮、来福枪猛烈扫射太平军，停泊在黄浦江上的英国军舰也炮击太平军阵地。太平军义愤填膺，奋起反击，与英法干涉军激战4天。因后方告急，不得不退离上海。

1862年1月，李秀成攻克杭州后，再次进攻上海。太平军从四面八方抵达上海郊区后，李秀成发布文告，严正警告外国侵略者不要干涉中国内政，如敢继续助清军为虐，那就是"飞蛾扑火，自取灭亡"。但是这时帝国主义已通过《北京条约》从清政府手里取得更多的殖民特权，他们蓄意加紧勾结清政府，与太平军为敌。帝国主义强盗一面从天津调来英法联军1000多人，一面把"洋枪队"大大扩充，改编为"常胜军"，同时还用军舰把李鸿章的淮军从安庆运到上海。他们互相勾结，向太平军阵地疯狂反扑，相继侵占嘉定、青浦，向太仓进犯。李秀成立刻从苏州集中1万多名精兵赶到太仓，迎头痛击敌人。经过2天激战，太平军连破敌营30多座，歼灭外国侵略军几百人，清军5000人，俘获洋枪大炮不计其数。

这时，湘军由曾国藩弟弟曾国荃率领，自安庆倾江而下，包围天京。天王一天连下三道诏书，命李秀成赶快回师救援。李秀成不得不再次放弃对上海的进攻。

英王陈玉成在安徽也很吃紧。在清军夹击下，庐州不保，只得率兵3000余人北走寿州，打算联络奏王苗沛霖，此时苗已被钦差大臣胜保招抚，陈玉成一进寿州城，即被执缚，解往胜保军营。6月4日陈玉成在河南延津被杀害。庐州的失守和陈玉成的牺牲，标志着太平天国西线防务的瓦解。

湘军方面，自攻占安庆后，曾国藩即由皖南进驻安庆，筹划进军金陵和围歼太平军的有关事宜。1862 年 5 月 18 日，曾国荃率军 15 营自西梁山渡江，会同水师攻占太平府（今安徽当涂）。26 日进驻江宁、板桥，旋占秣陵关、大胜关、三汊河。30 日，彭玉麟督水师占头关、江心洲、蒲包洲，进泊金陵护城河，曾国荃陆师直逼雨花台。这时天京已处于湘军的直接威胁之下。

天京方面，以洪秀全为首的太平天国，于安庆失守后，对危急的军事形势，开始是麻木不仁，见惯不惊，因此对之并未采取任何有力措施来挽回危局。待到曾国荃部直逼雨花台之后，便惊慌失措，一日三诏，严令李秀成自上海、松江前线回救。

1862 年 6 月 19 日，李秀成率部自松江回到苏州，并于 6 月 22 日召集会议与众将商讨援天京之方略。然而会后不久，7 月 11 日宁国失守。16 日，保王童容海以广德降清，天京外围的形势更趋严重。9 月 14 日，李秀成率部离开苏州，过溧阳，到东坝，会齐各路人马，直下溧水、秣陵关，一路径向雨花台，一路经板桥、善桥，进攻曾国荃部湘军营寨。与此同时，陈坤书等率 4 万人进至安徽太平府，断敌后援；辅王杨辅清、堵王黄文金等则分路进逼宁国，以牵制鲍超部湘军。

10 月 13 日，在天京外围，李秀成督率所部与天京城内太平军相配合，对围城湘军之东西两翼发起猛攻。湘军则坚壁固守，俟太平军攻近，突以排炮轰击。太平军闻炮则伏，炮停即起，昼夜不停地进攻敌人。15 日，西路太平军冲上江心洲，以断敌运道。曾国荃则令湘军连夜构筑营垒，与太平军对峙，以保持运道畅通。接下来，太平军束草垫沟，负板蛇行而进，步步进逼。曾国荃见势危急，亲自督战死拒，被太平军击伤面颊。太平军用箱筐装土，排砌壕边，明防炮子于上，暗凿地道于下，准备穴地轰毁敌垒。湘军则先以火箭集中射击，继续挑选"锐卒"进行反击，破坏太平军的地道作业。27 日，湘军发现太平军西线营垒散而不坚，有机可乘，便实施三路反击，攻毁太平军营垒 12 座。

11 月 3 日，太平军并力进攻东路，用火药轰塌敌雨花台大营附近的营墙两处，同时万箭齐发，排炮雷轰，太平军将士乘隙直上，纷纷冲入缺口。但湘军早有准备，当地道轰发之后，便立即从营中冲出，并力抢堵拦击。太平军往返冲杀达五六次之多，终不得破墙而入。次日，西路太平军决长江之水，淹湘军粮道。湘军水师出动舢板，驻守双闸，与陆师相配合，保护运道。东路太平军继续挖掘地道，向敌进攻；湘军则以对挖的办法进行破坏，每挖通一处地道，或熏以毒烟，或灌以污水，或以桩堵塞洞口，使太平军的地道连连失效。11 月 21 日，湘军从芜湖派出两营增援金陵。曾国荃以兵力稍厚，在西路再次出击，太平军不支而退，湘军直追至板桥、牛首山一带。东路太平军见西路溃退，一部也退往秣陵关，另一部则撤回天京。就这样，太平军连续攻击达45天，均未能将敌营攻破，最后不得不撤围。太平军"十三王"回援天京的作战以失败而告终。

为什么太平军在拥有优势兵力、精良火器，又遇敌军流行疾疫的情况下仍不能攻破敌营呢？李秀成分析说："九帅（曾国荃，排行第九）节节严营，壕深垒坚，木桩叠叠层层，亦是甲兵之利，营规分明，是以连攻数十日而未能成效者，因此之由也。然后亦因八月而来，各未带冬衣，九十月正逢天冷，兵又无粮，未能成事者此也。"（《李秀成自述》）敌军深沟坚垒，而太平军又逢天冷无粮，这固然是一部分原因。但天京当局对湘军东侵，事先缺乏准备，直至湘军兵临城下，又没有乘其立足未稳而给予打击，等到各路援军赶到，敌已深沟高垒，以逸待劳，攻击自然困难得多。而李秀成率领"十三王"回救时，又企求速胜，一到天京外围，就连日轮番攻击，结果顿兵挫锐，造成较大伤亡。加之数十万大军云集一地，粮食供应困难，因而在久攻不克的情况下，只得下令撤围，宣告失败。

洪秀全令他组织部队"进兵北行"。李秀成对此次"进兵北行"的军事行动另有自己的主张，本想启奏，但洪秀全不容他分辩，并说"有天所定，不必尔算，遵朕旨过北，接陈得才之军，收平北岸，启奏朕闻"（《李秀成自述》）。李秀成无奈，只得勉强执行。

此次军事行动的企图依然是以威胁湘军后方的手段来调动天京周围的湘军。据湘军缴获的太平军文件透露：太平军过江之后，将由安徽舒城、六安趋霍山、英山、麻城、宋埠，然后分兵两路，分别夺取黄州与汉口，以调动长江南岸之敌北援，长江下游之敌上援，达到解天京之围的目的。这一战略行动，简称"进北攻南"。其基本策略，仍然是"围魏救赵"之计。由于太平军一而再再而三地使用这一战法，已难以使曾国藩及其他湘军首领上钩。曾国藩曾就太平军此次北进的企图，写信给他正围攻天京的弟弟曾国荃说：李秀成"往年以偏师攻破浙江，分官军之势，而以全力攻扑金陵老营。此次或以攻窜和（洲）、含（仙）、巢（县）、庐（州），效往年破浙之故智，而以全力再攻弟营与金柱"。这一事实确也表明，洪秀全及其周围的谋士智谋已穷，再提不出什么高明的作战思想。

李秀成受命之后，于1862年12月8日，先派遣章王林绍璋、对王洪春元、纳王郜永宽及其次子李容发等自天京下关率领第一批部队数万人取道九洑洲开始北进。太平军一面猛攻浦口一带清军营盘，一面连夜冲过浦口、江浦西行。第一批部队过江后，连占安徽含山、和州以及附近的铜城闸、运漕镇和东关等要地，以等待主帅李秀成率后续部队的到来。

这时，李秀成为何还不立即北进呢？原来，这时苏福省的局势不稳，这一带的地主团练，在江苏巡抚李鸿章的唆使、收买下，正酝酿发动叛乱，故李秀成只能先派遣一部分人马北进，自己回苏州对付叛乱。1863年1月11日，李秀成自天京赶回苏州。17日，常熟守将骆国忠等果然举城降清，并于19日袭占了常熟北面的福山港。李秀成立即命令慕王谭绍光统兵讨伐，同时，派遣他的女婿蔡元隆入守太仓，以防内变。由于太仓仍在太平军手里，淮军无法从陆路增援常熟。李鸿章令总兵程学启纠集清军万余和"常胜军"2000余人，进攻太仓，企图打通援救常熟的道路。2月14日，淮军进攻太仓，为太平军所败，"常胜军"伤亡数百人。当晚，李秀成赶到太仓，部署防守事宜。16日，李秀成自太仓赶到常熟外围。22日，督谭绍光、陈炳文等攻破常熟北门、西门外敌营，城内叛军死拒。李秀成于当晚对围攻常熟城做了部署后，即返回天京。

1863年2月27日，李秀成会同护王陈坤书、顾王吴如孝等，率领第二批部队数万人自天京下关、中关北渡九袱洲。接着率部绕江浦西进和州、含山，留吴如孝进攻浦口、江浦。与此同时，天京当局还命令活动于皖南的襄王刘官芳等部由徽州（今歙县）、宁国（今宣城）出发，奉王古隆贤等部自太平、祁门出发，堵王黄文金等部自青阳、石埭出发，三路西进，以策应李秀成部的北进行动。

3月31日，李秀成进抵巢县，准备会合第一批部队，取道无为州西进。由于3个多月来曾国藩已从各地调集了万余湘军进入皖北，使太平军西进遇到很大困难。4月19日，李秀成率部自巢县进抵无为州的石涧埠，围攻前来增援的湘军毛有铭、刘连捷部，进攻多日未下。5月4日，鉴于敌援军已至，乃撤围西走。7日，攻庐江不下。8日攻舒城又不下。11日进逼六安。时六安城内仅有两营清兵据守，城大兵单。5月12日，李秀成三面攻城，东门城垣为风雨所损，坍塌六七丈，由于守军死拒，也未能攻入城内。这时，正值"青黄不接，那时想去会陈得才之军（注：此时陈得才已率军进至陕南），此地无粮，不能速去，不得不由，回军返辔，由寿州边近而回。此地正无粮，被苗沛霖之兵久害，民家苦于万分，官兵又未得食，饿死多多，食草充饥，如何为力"（《李秀成自述》）。5月19日，李秀成被迫放弃原定进军计划，撤六安之围东返，于6月2日退入天长县境。

当李秀成率军西进之际，苏福省的形势继续恶化，常熟自叛投清军之后，慕王谭绍光率部围攻两月，终未攻下；不仅如此，太仓于 5 月 2 日被淮军攻陷，昆山也于 6 月 1 日失守。加之天京南门外雨花台要塞于 6 月 13 日被湘军攻陷，洪秀全因安全受到严重威胁，急令李秀成速回天京。李秀成便于 16 日率部离天长，经六合、九袱洲，南渡天京。

李秀成过江之后，据守江北各地的太平军也纷纷弃城南返。时夏季来临，长江水涨，湘军水师已封锁江面。等待过江的太平军，不断遭到敌水陆师的袭击，地处渡江必经之地的九袱洲，此时也容纳不了这么多兵士，于是纷纷争向芦苇丛中惊走，而芦苇密处，水深均在一丈以上，沟港纵横，人马纷逐，一蹴即溺。吟唎在《太平天国革命亲历记》中记述道："许多身体过于衰弱、完全不能动弹的兵士，眼看就要到达目的地，他们为了回到这里，曾经付出了这么许多的艰苦奋斗，忍受了这么许多痛苦，可是现在却不得不留下来等死。他们的人数太多，所以他们的同伴无法一一假以援手，帮助他们在敌人烟火之下渡江。炮弹不断地在这些骨瘦如柴的人们中间轰轰地爆炸。人群过于密集，许多人都被后面的人挤落江中，为江水卷去。成千的炮艇向这些拥挤在一起寸步难移的人们猛烈地轰击。那些筋疲力尽的残存的兵士从倒在地上的自己的同伴的尸体中间慢慢地挣扎出来。"就这样，太平军冒着敌人的炮火，逐日南渡，前后历时 12 天，被击毙、饿毙者不计其数，渡至南岸的总计不及 1.5 万人。6 月 30 日，湘军付出死伤 2000 余人的代价之后，终于攻占了九袱洲，守军全部殉难。至此，长江北岸完全为清军所占领。

此次"进北攻南"的作战行动，非但没有达到解救天京的目的，反而在进军途中和渡江时损失了数万精锐，李秀成部的实力受到进一步削弱。从此，解救天京的希望就变得更加渺茫了。

当李秀成率领部队进军江北之际，江苏巡抚李鸿章督率淮军，在"常胜军"的大力配合、支持下，向太平天国的苏福省大举进攻。5 月 2 日攻占太仓。6 月 1 日，攻占昆山，并正组织部署兵力，对苏福省的首府苏州实施进攻。李鸿章分析：苏州、常州一带为太平天国的财赋要地，物产丰富，太平军势必死守力争；其所统兵力仅 4 万余人，分布在自常熟至金山卫的广阔地区，能直接用于进攻苏州的兵力有限，因此，他决定采取"规取远势，以翦苏州枝叶，而后图其根本"的方针，并拟定了一个三路进攻的作战计划：中路，从昆山直趋苏州，由总兵程学启部担任；北路，从常熟进攻江阴、无锡，由同知李鹤章、总兵刘铭传部担任；南路由总兵李朝斌率所部太湖水师担任；此外，由黄翼升率淮扬水师往来策应，"常胜军"则驻昆山为预备队。截至 1863

年9月中旬，南路淮军已攻陷吴江，中路淮军已直逼苏州近郊，北路淮军已陷江阴，军事形势十分严峻。在此情况下，李秀成又启奏天王洪秀全，要求赶赴英州前线。洪秀全则要他助饷银10万两，方准出京。后不得已，李秀成把全家首饰以及银两，凑得7万两，才准许他出京，并限他"40日回头"。

9月20日，李秀成带领4万部队，来到苏州，人心稍定。他抵达苏州的当天，洋将戈登督常胜军2900人自昆山进扎苏州城外，攻占南郊宝带桥，李秀成率部出城反击，未能取胜。"那时，我在苏州与洋鬼开仗，连战数日，胜负未分，两不能进。水道甚多，洋鬼利在火舟之害，我水军不能与其见阵。旱道能争，苏州水道太多，旱道甚少，是而败失地者，皆洋鬼之害也。"（《李秀成自述》）

北路淮军自9月16日攻占江阴之后，兵锋即指向无锡。24日，总兵郭松林即率队进攻，败无锡守将黄子隆，直抵无锡南门；另一支淮军则直插无锡、苏州之间的大桥角一带。苏州太平军的后路受到严重威胁。10月9日，李秀成率部自阊门撤至苏州城外，"欲由外制，暂保省城"。他准备在这里歼灭进抵苏州、无锡之间的敌军，确保苏州后路畅通。可是，自外地来援的李世贤、林绍璋部被淮军阻于无锡南门外，他只得率领所部由东向西进击。11日，率部进攻大桥角，洋将白齐文以轮船大炮助之，毁淮军水师舢板船21只。次日，淮军援兵赶到，轮船被击沉，李秀成退守黄埭。16日，败总兵郭松林部淮军于后宅。21日，与淮军李鹤章、郭松林部战于后宅、鸿山、安镇。23日，复与敌战于坊前、梅村。李秀成连日与敌接战，均未能取得大胜，而苏州形势却日益危殆。于是他于10月28日，11月1日、10日连续写信给常州守将陈坤书和无锡守将黄子隆，约他们率部会战。信中分析形势，言辞恳切："今京城之困非前日可比，殿下当亦尽知，万望依肯前来会合，并同侍王（李世贤）排进共除，一处妖净，则处处皆然也。早扫开此孽，则可早日会计进解京围。苏、杭二处不稳，解围故不待言，常、锡亦成瓦解，那时我等悔之不及也。殿下深明此理，不必多语，望速为荷。"但由于这时陈坤书、黄子隆都已封王爵，所部已不易调遣，加之有的信件被清军截获，故陈、黄都未前来会战。李秀成只得继续率领所部在东起大桥角、西至坊前的狭长地带继续与淮军作战。淮军对太平军的进攻，"先以坚壁勿战挫其气，继以滚营并进遏其锋"，稳扎稳打地对付太平军，以致太平军难以速胜。

11月19日，淮军及"常胜军"攻占浒墅关，苏州与外面的交通断绝。22日，李秀成曾组织进攻，企图夺回浒墅关，结果未达目的。23日，李世贤、黄子隆与自常州来援的护王陈坤书部与淮军刘铭传、郭松林部大战于东亭，结果又失利，李世贤遂率部西回溧阳，陈坤书返回常州。至此，李秀成在苏州、无锡间反击淮军的企图全部落空。

当李秀成在苏州西郊与淮军浴血苦战之际，苏州守将中的一些动摇分子正与淮军进行议降活动。11 月 28 日，康王汪安钧溜出苏州，与攻城淮军将领程学启会面，洽谈叛降事宜。他们准备在主将谭绍光出城抗击时，将他关在城外。正巧，11 月 28 日深夜，李秀成率卫兵 400 人由望亭回到苏州城内，使叛将的计划一时难以实现。李秀成进入苏州之后，曾倡议放弃苏州和南京，将全部太平军转移至广西。这个倡议遭到慕王谭绍光的反对，他主张坚守苏州，奋战到底。其他诸王因为准备投降，也不同意李秀成的倡议。对于这批叛将，李秀成"久悉其有投大清之意，虽悉其所为，我亦不罪。闲时与其谈及……现今我主上蒙尘，其势不久，尔是两湖之人，皆由尔便，尔我不必相害。……现今之势，我亦不能留尔"（《李秀成自述》）。在这样严重的关键时刻，李秀成对叛降行动，非但未予制止，反而采取了极端错误的容忍态度。

李秀成见苏州城内军心散乱，乃于 12 月 1 日凌晨，带着痛苦而复杂的心情出胥门，离开苏州，由灵岩、光福山小路，回到了茅塘桥。他与谭绍光分手时，痛哭而别，也没有告诉他郜永宽等准备叛降的事。

12 月 4 日，郜永宽等 8 名叛将，将谭绍光杀害，开城降敌，苏州城遂为淮军所占。2 天之后，这 8 名叛将，也全部被李鸿章处死。

李秀成在茅塘桥，得知了苏州失陷的消息，心情十分忧闷。他下令拔队西撤，到丹阳暂扎"那时我家弟李世贤兵屯溧阳，劝我前去，别作他谋，不准我回京。我不肯从。其欲出兵前来，逼我前去，不欲我回京。后见势不得已，见我母亲在京，难离难舍，骨肉之亲，故而轻骑连夜赶回京"（《李秀成自述》）。12 月 12 日，无锡失守，淮军攻占苏州、无锡后，准备进攻常州。

（七）天京沦陷，国破人亡

同治三年（1864 年 4 月 27 日），洪秀全病死，幼主即位。此时的天京已经是危城欲摧了。到 7 月 19 日，清军通过地道用火药炸开城墙 20 余丈，冲入城内。太平军与清军展开激烈的巷战。次日，李秀成置母亲妻子于不顾，带领幼天王及千余人马突围，他舍死带头冲锋，几经血战，终于身护幼天王杀出城外，并将自己的坐骑换予幼天王，使之得以轻骑脱险，而他自己因战马不利，在天京东面的方山被清军俘获。无论是保护天王"骨血"的私谊也罢，抑或是保存太平天国革命"旗帜"的公义也罢，李秀成两皆无愧，堪称肝胆照人。

李秀成被俘后，被押解到曾国荃军营。曾国荃痛恨他坚守天京，久攻不下，命人拿来锥子，狠命地刺他，又叫刽子手用刀来割他，刺割得血流如注。但李秀成面不改色，山岳似的挺立不动，表现出威武不能屈的气节。5天后，曾国藩由安庆抵达南京，亲自讯问了李秀成。

7月23日，李秀成被解送到曾国荃军营。曾国荃一见李秀成，对农民起义军的仇恨就涌上心来。他身穿短衣，手握刀锥，便向李秀成胳膊腿上乱刺，直刺得鲜血流淌。然李秀成端坐不动，并厉声怒骂道："老九！何为如此？各人做各人事，何须生气？"李秀成藐视敌人的英雄气概，反使得曾国荃成了被审判者，不得不收刀歇手。

洪秀全

当天晚上，曾国荃的幕僚赵烈文去见李秀成，与其交谈良久。当问及他下一步打算时，李秀成毫不犹豫地回答："死耳。顾至江右者皆旧部，得以尺书散遣之，免戕贼彼此之命，则瞑目无憾。"

三天之后，曾国荃做成了一个大木笼，将李秀成关在里面。

7月28日，曾国藩自安庆赶到。次日，决定"取伪忠王详供"。

7月30日，李秀成根据曾国藩的要求，开始写"自述"。当时正值炎暑，他身处囚笼，每天以书写7000字左右的惊人速度，回顾他自参加太平军到天京陷落这段长达13年的革命历程。他一连写了9天。8月6日下午，李秀成在天京从容就义。据赵烈文《能静居士日记》记载，李秀成"写亲供五六万言，叙贼中事，自咸丰四五年后均甚详。虽不通文墨，而事理井井，在贼中不可谓非桀黠矣，中堂甚怜惜之。……傍晚赴市，谈笑自若，复作绝命词十句，无韵而俚鄙可笑，付监刑庞省三，叙其尽忠之意，遂就诛。"可惜，李秀成的绝命词，没有能够流传下来。

《李秀成自述》的最后部分被曾国藩撕毁了，另外，还有不少地方，被曾国藩删改过，但其大部原稿毕竟被保留了下来。在差不多100年之后，即1963年，曾国藩的曾孙曾约农在台湾世界书局把它影印公布了，我们得以看到它的真迹。经太平天国史专家罗尔纲先生翔实、充分的考证，肯定为李秀成的真迹。

至于李秀成自述的内容，其中的确有真有假，有的是因记忆错乱而造成的假，也有因出于欺骗敌人而故意作的假。有对有错，其中既有其坚持农民革命气节的思想，也有讨好敌人，以求得宽宥苟活的幻想。因此，人们在阅读和使用它的时候，一定要把它放到太平天国革命的大环境和李秀成处于敌人囚笼这小环境中加以分析判断。对李秀成这个历史人物，史学界历来褒贬不一，不过，从研究军事史角度而论，由于李秀成是太平军的前期将领和后期统帅，太平军所进行的一些主要战役和重大战斗，他都亲自参加了，并在《自述》中都有所记述和反映，因此，这份《自述》实际上成了一部太平军自己写的战争史，给我们留下了极为珍贵的历史资料。

我们从《自述》中可以看到，太平天国战争自金田起义到天京失陷的全过程。其中包括：太平天国金田起义前后的概况；太平军从广西打到金陵的约略经过；占领天京以后的战略决策以及参与防守天京、攻守庐州的情况；1856年太平军解救镇江战役的战况，一破江北大营的战况，以及一破江南大营的战况。天京内讧之后，在军事形势严重恶化的情况下，他与陈玉成并肩作战，支撑皖北危局，扩大了根据地；1858年举行枞阳会议，调集部队，组织了二破江北大营战役，参加了著名的三河战役；1859年为保持天京北路畅通转战浦口、江浦一带的战况；1860年组织进行的二破江南大营，东征苏常，开辟苏福省和一攻上海的战况；1860~1861年参加二决西征和进军浙江、再克杭州的战况；1862年二攻上海和"十三王"回救天京的战况；1863年"进北攻南"和保卫苏福省的战况；1864年困守天京，组织天京保卫战的战况。这一系列的战役、战斗，李秀成或是参加者，或是参与组织者，或是主要组织者，所反映的都是第一手的材料，从一个侧面反映了太平天国战争的全貌。我们可以设想，如果李秀成没有留下这份《自述》，太平天国战争史将会是另一番面貌，所留下的疑窦定将更多。

特别值得一提的是，他在回顾了太平天国全部历史之后，开列了天朝十误（其实共十一项）。他在《自述》中写道：

计开天朝之失误有十：

一、误国之首，东王令李开芳、林凤祥扫北败亡之大误。

二、误因李开芳、林凤祥扫北兵败后，调丞相曾立昌、陈仕保、许十八去救，到临清州之败。

三、误因曾立昌等由，临清败回，未能救李开芳、林凤祥，封燕王秦日昌复带兵去救，兵到舒城杨家店败回。

四、误不应发林绍璋去湘潭，此时林绍璋在湘潭全军败尽。

五、误因东王、北王两家相杀，此是大误。

六、误翼王与主不和，君臣疑忌，翼起猜心，将合朝好文武将兵带去，此误至大。误主不信外臣，用其长兄次兄为辅，此人未有才情，不能保国而误。

七、误主不司政事。

八、误封王太多，此之大误。

九、误国不用贤才。

十、误立政无章。误国误命者，因十误之由而起，而性命无涯。

李秀成站在太平天国全局和军事战略的高度，回顾太平天国革命的全过程，总结了太平天国革命之所以遭到失败的十大（实际共11项）教训。所提到的这些内容，确是太平天国革命失败的关键所在。但是，通观历史过程，失误当不止这11项。其实，与李秀成自己有关的一些重大军事行动，如第二次西征半途而废，一而再地进攻上海，以及洪秀全到最后关头拒绝"让城别走"等，没有包括在内。这就反映出，李秀成在总结太平天国革命失败原因时存在的局限性。

在自述中，李秀成把自己描绘成一个"迷迷懵"的蠢材，朝秦暮楚的小丑，反反复复地表白写"自述"是因感戴曾国藩兄弟的恩德，又隐瞒天王对他的重任、掩饰回京的目的、掩盖担任主持坚守天京的任务，假造与天王的不和，最后表示，愿出面将部下陆续收齐、共降清朝。李秀成"自述"的真伪以及关于这份《自述》的评价是新中国成立以来史学界争论不已的大问题，毛泽东同志更有"忠王不忠"的重要论断。其实，如果仅仅是浮光掠影看这部自述，或仅从表面立论，很容易产生李秀成投降曾氏兄弟、至少是有乞活言辞的结论，但是，仔仔细细地分析，自述的字里行间，分明透露出李秀成坚定的革命立场与强烈的革命感情。在自述的开端，他就没有像其他叛徒一样使用清朝纪元，而是遵照太平天国的制度用甲子纪年，他对"让城别走"的大计讳莫如深，隐瞒了幼天王逃脱，湖州、广德军队的动向，为幼天王得以进入江西争取了时间。一生"铁胆忠心对主"、有着外柔内刚性格及谋略之才的李秀成，是决计不会投降清朝的。他之所以写了许多伪饰的话，是有他自己的政治目的的。在身俘被囚，再也不可能与敌人搏斗在战场时，只有用软计与敌斗争，他企图沿袭三国姜维伪降钟会的办法，让曾国藩像钟会一样听从他的计划。

李秀成半生戎马，血战多年，早已将自己的生死置之度外。被俘后，他十分清楚清军最终是会杀死他的。因此，他对伪降计，没有幻想，也没有幻灭，只是竭尽人谋，以图有济，走一步算一步，所以，他听到曾国藩要杀害他时，"元蘰容"地迎接死亡。7月6日，李秀成被押赴刑场，沿途，他"谈笑自若"，在遭受极其残酷的凌迟极刑时，默不作声，英勇就义。

（八）对李秀成的评价

李鸿章对他的评价是："伪忠王李秀成为诸贼之冠，不甚耐战，而最多狡谋。……狡狯异常、诡谲多谋、谋狡而稳……既深佩其狡猾，更积恨其忠勇。"

梁启超说："李秀成真豪杰哉。当存亡危急之顷，满城上下，命在旦夕，犹能驱役健儿千数百，突围决战，几歼敌师。……及城已破，复能以爱马救幼主，而慷慨决死，有国亡与亡之志，推古之大臣儒将，何以过之，项羽之乌骓不逝，文山之漆室无灵，天耶，人耶？吾闻李秀成之去苏州也，苏州之民，男女老幼，莫不流涕。至其礼葬王有龄，优恤败将降卒，俨然有文明国战时公法之意焉。……使以秀成而处洪秀全之地位，则今日之域中，安知为谁家之天下耶！"

美国人马士（Hosea Ballou Morse）这样评价他："他是忠王—忠贞的王—太平事业的主心骨，他专程从无锡远道赶来研究苏州的局势并激励军兵防御的士气。我饶有兴味地打量着他。他体格健壮，显然身经百战才身居高位。他神色威严，身穿便服，仅仅佩戴一串精美的珍珠，别无其他饰物。"

常胜军首领戈登评价："如果你能有幸目睹忠王的风采，你就会相信，像他那样的人，注定会成功。不论抚台（李鸿章）、恭亲王还是别的满族王公贵族，在他面前都相形见绌。他是叛军拥有的最勇敢的、最有才能的、最有创业精神的领袖。他比其他任何叛军首领打过更多的仗，而且常常是打得很卓越的。……他是唯一的一位死了值得惋惜的叛军领袖。"

出逃热河

咸丰十年（1860）六月，英法联军再次闯入渤海，并先后攻陷北塘、大沽、天津。咸丰帝派桂良为钦差大臣前往媾和。因英法所提条款过于苛刻，桂良不敢擅断，所以，条约未能签订。英法联军继续向通州进犯，咸丰帝再派怡亲王载垣和兵部尚书穆荫为钦差大臣，赴通州议和。

会谈中，英国公使额尔金的代表巴夏礼，在天津所订条款基础上，又提出英法联军进驻张家湾以南五里，公使进京换约带兵增至一千人的要求，天津条款中议定公使进京带兵四五百人。载垣等虽竭力讨价还价，最后还是接受了全部条件。

载垣在奏请咸丰帝的过程中，感觉到咸丰帝虽同意侵略者的要求，但十分勉强，意识到咸丰帝在是战是和问题上仍未下决心。咸丰帝的这一态度影响了载垣等在谈判中的立场。

八月初三，巴夏礼等带着英法公使给载垣照会的答复，再次来到通州。巴夏礼在同载垣的会谈中，又提出公使进京觐见皇帝"不能跪"，不能"以敌体礼见面"。载垣答道："此事关系国体，万难允许"，希望撤销此项要求。巴夏礼则表示"并未授权谈论此事"，拒绝进一步讨论。谈判陷入僵局。

载垣见议和难成，遂通知僧格林沁在张家湾一带布置驻防，并密告僧格林沁扣押巴夏礼，以为人质。

谈判宣告破裂，英法联军进攻僧格林沁的张家湾大营，僧军大败。八月初七日，联军追至通惠河八里桥，这里距京城仅八里，再次与僧格林沁军交战，同时与胜保的部队激战。僧、胜两军皆败。英法联军逼近京师，局势危急。

载垣等人在欲和不成，欲战又败的形势下，又力谏咸丰帝"巡幸木兰"，木兰即热河。

最先提出"巡幸木兰"动议的是僧格林沁。还在大沽炮台失陷时，僧格林沁就给咸丰帝上了一道密折，提出了巡幸木兰，即逃往热河的建议。咸丰帝在肃顺等人的怂恿下，采纳了僧的建议。这从咸丰帝当年七月二十七日所发布的朱谕中可以看出。这道朱谕声称要"亲统六师，直抵通州，以伸天讨，而张挞伐"，咸丰帝要求大臣们讨论这道诏谕。奇怪的是，咸丰帝随同朱谕一起交给大臣阅览的还有僧格林沁要求其"巡幸木兰"的密折。明眼人一看便知，咸丰帝亲征是虚，逃跑才是实。所以，群臣在讨论时，多针对"巡幸木兰"一举，而且多采取否定的态度。大学士贾祯概括了群臣不同意"巡幸"的两点理由：一是认为京师楼橹森严，如果不足守卫的话，那么木兰平川大野，就更不可恃了；二是认为，一经迁徙，必然造成人心涣散。群臣还以明代"土木之变"为鉴，警告咸丰帝巡幸之举很可能带来失位的危险。

咸丰帝得知众大臣讨论的结果时，大怒，表示"巡幸之举，朕志已决"，并又指示几位王公大臣讨论定议。既然已决意巡幸，还讨论什么呢？所以，王公大臣会议讨论的内容是无滋无味的。据载，先有人问："团防大臣有何准备？"答曰："没有。"又有人问："京城兵力可足敷坚守防堵否？"没有人敢作肯定的答复。有人提议请车驾还宫，以安定人心。因为咸丰帝还住在圆明园。郑亲王端华断然反对，说："既已毫无可守，如何请车驾还宫？"于是不再有人献策。

次日，九卿科道又纷纷上疏，力言历代迁都之祸，反对咸丰帝"木兰巡幸"。侍郎潘祖荫单衔进密封奏折，警告咸丰帝巡幸之举可带来"七祸"，其中最严重的是失位。

既然群臣纷纷反对，咸丰帝只好暂时作罢。七月二十九日，咸丰帝发布上谕，否认有巡幸之意，同时命令放还民间车马。

但是，当僧格林沁八里桥战败的消息传来以后，咸丰帝再也顾不了许多，立即决定銮舆出走，派奕䜣留守京师，办理善后。

八月初八日已正时分，圆明园宫门四门大开。内务府大臣传皇帝口谕：出门。于是，前锋营先出大宫门，继之以八旗护军、禁卫军、咸丰帝后、命妇凉轿，年老体弱的朝臣也准乘轿，能骑马的王公大臣，骑着高头大马，一般随员、太监、宫女、杂差，步行跟出园门，接着是上千辆载重大车，最后是后防八旗兵勇。上万人的皇家大军，首尾相接，十里长龙，浩浩荡荡地出了大宫门。

皇家大军，昼行夜宿，经过了整整八天时间，终于进入热河县境。

承德地方大员，听到前锋营通报以后，热河都统春佑、热河道福厚、承德府知府云杰、热河县官毓泰，以及避暑山庄总管等，到西大街头道牌坊跪迎。

承德府西大街，是一条进入避暑山庄的御道，乾隆年间修造，宽约一丈。进入头道牌楼以前是万寿寺、菩萨庙、考棚、扑道营、承德府衙、西粥厂。过头道牌楼是城隍庙。过二道牌楼是兵备道、文庙、文昌阁、红庙山。过三道牌楼是宏济寺、小马神庙、老君庙、红桥、火神庙、武庙。丽正门，是避暑山庄的正门，正门前是长长一道红影壁墙。御道两旁除了这些建筑以外，还挤满了高高低低的危房陋铺。因为四十年皇帝没有出巡，避暑山庄已变得满目凄凉。

皇家大军经过御道，进入避暑山庄。咸丰帝住进烟波致爽殿西暖阁。皇后钮祜禄氏居于东宫院内，懿贵妃那拉氏居于西宫院内，其他嫔妃也都各自被安排住所。

咸丰十年（1860）九月，英法联军攻占张家湾之后，继续西犯，在八里桥与僧格林沁、胜保部相遇，双方鏖战四个多小时。在英法联军的火枪火炮面前，满蒙骑兵劲旅失去了往日的"威风"，僧格林沁败阵，胜保中弹落马，清军伤亡过半，落荒而逃。

消息传来，京师大震，清朝宫廷上下惶恐万分，一片混乱，警报似雪片一般递入圆明园。咸丰帝决定由六弟恭亲王奕䜣留京收拾残局，自己则携带妃嫔，仓皇逃往承德避暑山庄。十多天后，咸丰的出生地和"游乐场"圆明园燃起了熊熊大火，世界上最伟大园林之一的圆明园被侵略者付之一炬。

因出行仓促，圆明园中的珍奇宝物均未带走。为保证园林安全，咸丰帝特命总管内务府大臣宝鋆留守。圆明园被焚后，宝鋆惊恐万状，急给逃往承德的咸丰帝上一奏折，报告了圆明园被破坏的经过：

八月初八日，皇上銮舆起行后，总管内务府大臣文丰、明善遵旨照料圆明园。奴才当即进城，筹划调拨行在军饷，办理防守等事。谁料到八月二十一日，夷匪逼近京城，九门戒严。奴才随同总统巡军大臣昼夜在城防护。二十二日夜间，遥见西北火光烛天，奴才等不胜惊骇。但当时正是深夜，恐英夷乘势攻城，不敢开门探视。到二十三日才惊闻二十二日夷匪闯入圆明园。奴才悔恨顿足，急派人往视，见园内殿座焚毁数处，总管内务府大臣文丰投入火海殉难。

刚刚逃到热河，惊魂未定的咸丰帝接到奏折后，勃然大怒，大骂宝鋆等人懦弱无能，用颤抖的手提笔在奏折上批示道：

文丰、明善立即革职。宝鋆只知顾一己之命。前于御园被毁，既不前往。不知具何肺腑？实在是我满洲的弃物。

咸丰帝余怒未消，次日忽又接到宝鋆另一份奏折，写道：

二十三日夷人二百余名，并土匪不计其数，闯入清漪园东宫门，将各殿陈设抢掠，大件多有损伤，小件尽行抢去，并本处印信，一并遗失。二十四日，夷人陆续闯入静明园宫门，将各殿陈设抢掠，大件损伤，小件多经抢去。

阅过奏折，咸丰帝感到两眼发黑，几乎晕倒过去，幸有左右贴身太监扶持，才得以伏在御案上闭目片刻。旋即在这份奏折上写道：

你系内务大臣，非他人可比。即使不能在园料理，出城一住，有何不可？乃竟至不顾，尚有人心耶？

不久，宝鋆受到降职处分。

咸丰十年（1860）九月，咸丰帝携内廷嫔妃，狼狈逃至热河避暑山庄，惊魂未定，又听到圆明园被焚的消息，悲愤至极。他与肃顺等人探讨此役惨败原委，众人皆说：英夷大炮迅烈，射程又远，实在难以防御。咸丰帝生气地说道："难道我天朝上国，人杰地灵，居然连此等邪炮也对付不了吗？"言毕下诏，求天下通达精明之士上书言破敌炮之事。

十余日后，云南学政张锡嵘递上一份奏折，专谈破敌炮之法，并附呈山西候选教职祁元辅所撰《破夷纪闻》一书，供皇上御览。此书引起了咸丰帝的极大兴趣，他认真阅览，在破炮之术中重重地描上了几笔。这份《破夷纪闻》所列破敌之术主要有五种：

其一是"牛皮御炮法"。即用木板制成方架，用生牛皮并排铺置数层，用生漆黏合，然后将其牢固地钉在木架上，如此，敌炮击来，可缓其击力。

其二是"木城御炮法"。此法为缅甸国与英人作战时所发明。其制法为先选用坚硬木板，约宽一尺，将被胎钉于上面，两头钉实，中间放松。板子背面斜着安装一个小柄，约八尺长，柄头倒地，而板直立，其柄头数人按住挂地。把数十板组合为一队，排列起来，状如城墙。与敌人接仗时，敌炮轰击则冒烟前进，执板的士兵要听梆声为号，不得参差倾跌。临近敌人时，以击鼓为号，数十板按顺序略开小缝，士兵从中向敌方开炮，马队步队也从后面突然杀出。据说缅甸即使用此法大败英夷。

其三是"渔网御炮法"。即在上述木城左右及上部，多挂绳结渔网，如此，敌人数十斤重之炮子打来，渔网悬空一挡，炮子便已减力，不致击坏木板，更为万全。

其四是"沙袋御炮法"。即我军与敌接仗时，各带一布袋，内中或装沙子或装糠、麦草等类，均装至二三十斤。敌人开炮时，兵可急将袋弃于地上，筑成一临时城墙，士兵匿藏其中，敌炮定无计可施。

其五为"幕帐御炮法"。此法是在我军头顶上，用大油帐数十张，撑起在空中，用以御炮。因夷人发炮远射，必用勾股之法，有倾斜高度而放，炮弹凌空射出，弯弓坠下，正中我军头顶，如安设此帐，炮弹适好在帐布之上爆炸，不会伤及我军。如一帐烧穿，可紧急再换一张。

对于祁元辅这奇异古怪的御炮之术，咸丰帝虽详加披阅，但对其应用价值却不敢认同。只好谕告胜保：

特将山西候选教职祁元辅所著《破夷纪闻》转交。此书朕已详加披阅，现在避炮之法，亟须讲求，所陈述各条，虽未必尽合机宜，然亦不无可取。着胜保详细体察，采择备用……

咸丰帝到达避暑山庄，休息了几天以后，精神又振作起来。他是个喜欢寻欢作乐，不甘寂寞的人。所以，一有精神，就想起了圆明园的湖光山影和天堂一般的生活。但是圆明园远在四五百里远的京城，而自己却在口外，再想游圆明园，只好等回銮以后了。又一想，皇祖每年都举行木兰秋狝，在这里大宴群臣。避暑山庄比宫中三山五园可能更胜一筹，何不借此机会游游山庄消愁解闷呢！于是传谕游庄。

咸丰帝坐便舆，在后妃簇拥之下，出烟波致爽殿，经过云山胜地来到湖区。皇帝在山庄内游览也是兴师动众，舆前众太监开路，舆后大批近侍禁卫，手提担挑，随带一切生活用品。

九月的山庄虽然山清水秀，气候宜人，但比起京城要凉爽多了。此时，咸丰帝多穿了几件内衣，外罩暗红色不绣花丝绸长褂，头戴天鹅绒帽，帽前缀一颗巨珠，闪闪发光。

咸丰帝传谕在水心榭停下观景。执事太监把御案、御座安好，又放了几张楠木桌，放下垫子，王公大臣、后妃围坐停当，沏茶毕，宫女把苹果、石榴、梨子、葡萄、哈密瓜、龙眼等放在案桌上。

咸丰帝高兴地说道："都统春佑操办有方，供张与圆明园无异，赏春佑吃水果。"

春佑忙叩头说："皇上过奖，不是臣的功劳，臣接上谕，府县衙门四处奔跑，筹划了部分水果，也是皇上的口福啊！"

喝茶吃水果之后，开始传膳。除御膳房例膳外，特意把熏烤的鹿、狍、雉、兔等野味儿，摆在明显的地方。咸丰帝看了龙颜大悦，说道："真还有点山庄风味咧！"每样尝过后，分赏王公后妃。

咸丰帝和王公后妃们，膳后喝茶打诨，望着碧绿的湖水，心旷神怡。由此处观景，远近风景尽收眼底：罗汉峰、僧帽山、金山亭、远近相宜，景色幽雅；西北远望南山积雪亭，与芝经云堤、环碧、万壑松风隔湖相望，情趣盎然一新。咸丰帝问道："东边那组建筑是何风景？"春佑答道："回皇上话，那是文园狮子林，内有十六景，是山庄的庄中之庄。"咸丰帝笑曰："圆明园有园中之园，这里也有庄中之庄。"停了一会，咸丰帝又问："听说这里也有买卖街，在什么地方？"春佑叹息说："买卖街在山庄西边，据说乾隆年间买卖街兴盛过一时，南北杂货，酒楼茶肆，辉映相望，绿栏栉比，金匾映目，吹弹之声，彻夜不休，繁华景象不减皇城。如今已经面目全非了。"

谈话间，咸丰帝已觉有些疲倦，于是口谕回銮，前呼后拥的銮舆又回到了烟波致爽殿。

咸丰帝等从京城仓皇出走，不曾带戏班到热河。而咸丰帝又是一日也离不开听戏的主儿。所以，到热河后便觉寂寞难忍。

一日，咸丰帝召见热河都统春佑，道："朕问你一件事。"

春佑赶紧跪下叩头，道："奴才敬听。"

"你这一带可有戏班吗？"

春佑一听是这个事，忙答："回禀万岁爷，承德市面有几个清音小班，也有几个好角儿。如果万岁爷赏光，奴才带他们来侍候。"

"嗯！那就带他们来，朕要听听他们唱得如何。"

"是！奴才遵命。"春佑叩过头，赶紧退出准备。

次日，春佑带三拨清音小戏班来到烟波致爽殿。三拨小戏班伶人，分拨到台前向咸丰帝叩头谢恩。咸丰帝拭目看时，只见戏班男女伶人各半，全是二八妙龄，特别是女伶，个个玲珑俏俊，不觉精神大振。心想，在京中听戏数年，还没见过这样的妙龄俏女，今日在塞外还大开眼界了呢！

演唱开始。先是一段清唱。在一阵紧锣密鼓之后，一对男女伶人登台，鼓板一打，女伶唱起了二簧倒板，虽然没有化妆，却唱做逼真，音韵婉转，十分动人。咸丰帝看得不禁拍手叫好，左右大臣也跟着喝彩。

清唱一段，继之花唱。也是一对男女伶人登台，男伶似浪荡公子打扮，摇摇摆摆。女伶如大家闺秀，身穿全红戏衣，姗姗碎步，举手投足，妩媚无比。女伶唱了一段《别窑》。咸丰帝听罢龙颜大悦，再一次拍手叫好。

这一段戏下来，咸丰帝精神倍增，连连赞道："好戏！好戏！"春佑也因此得了赏银。

此后，这几拨戏班便早晚两班伺候，频繁出入。烟波致爽殿成了圆明园的同乐园。

时间长了，庄上出现了议论，说："皇上宣召清音小班入宫演戏，很晚才出宫，这样演下去，不过一年有人就会成为妃子。"

懿贵妃首先听到了这些议论，心中顿时怏然不悦。想，这不又要出现"四春"吗？她知道，这事只有借助皇后，才能阻止发生。于是便到东宫找皇后商议。

皇后说："这些流言蜚语，我也没少听到，有什么办法？"

懿贵妃说："怎么没有办法，我们姐妹可以一起来劝说啊，这也是为皇上好嘛！"

皇后叹了口气说："如今远在塞外，听没听的，看没看的，不听清音小唱，又怎么能行？"

懿贵妃道："宁可让皇上忍着，也不能再召小戏班。听说，升平署总管安福昨天已面奏皇上，皇上命北京内外戏班分三拨来热河供奉。估计半月左右总可以赶到。这半个月不能劝皇上忍一忍吗？"

皇后也为这事担心，于是说："好吧，咱们一起劝一劝。"

经过言官上书劝谏，以及皇后、懿贵妃劝说，咸丰帝发了一顿脾气，最后还是停止了召清音小班。喧闹一时的避暑山庄顿时静了下来。咸丰帝除了一日四餐，有时朱批几个折子，再无别的事可做，到了晚上，更感到寂寞无聊。时间一长就忍不住了。

这天晚上，咸丰帝实在闲着没事，就想到了微服出访。

"万岁爷要访什么地方？"肃顺还没弄清楚皇上的去向，于是打着小心探问。

"朕想看看民间闹市，解解闷。"

肃顺知道近些日子咸丰帝闲日子难以打发，不好再劝，忙吩咐近侍去内务府库房找几套民衣民帽，又让几个太监换了民服，天黑以后，前呼后拥地出了避暑山庄，直奔西大街闹市。

街市果然热闹。大街两旁，楼房平房鳞次栉比，灯火通明；商贩叫卖，乞丐乞讨，人声鼎沸；酒楼、赌场、妓馆、大烟馆比比皆是；布衣百姓、达官贵人络绎不绝。

前面是个十字路口，迎面的二层小楼上，挂着一个大大的灯笼，上面写着"翡翠楼"三字。楼前摆满了摊贩杂货，楼内吆五喝六，满楼酒气扑鼻，通过敞开的门能看到，几个满汉大员喝得东倒西歪。看到这些情景，咸丰帝不无感慨：咳！虽是介民，倒也自由。

咸丰帝一行由太监引路向右拐，来到了火神庙戏园。按照肃顺的吩咐，近侍把戏园先围了个里三层外三层，不准再有人出入。于是拥着咸丰帝进了戏园。

戏园很简陋。前面一个戏台，台下十几排长板就是听戏者的座位。此刻已有三十多人稀稀拉拉地坐在长板上。戏台上一个女伶正委婉缠绵地小唱。近侍在后排撵走了几个戏客，把咸丰帝迎到座位上。

待咸丰帝坐定，安福开始点戏。他把一两银子扔到台上，敞开沙哑的嗓子喊道："唱《夜奔》!"

这是一出昆腔。鼓琴一响，台里走出一个小林冲，看样子十五六岁。一身簇新的行头，扎束得极其英俊，随着小锣笛子一面唱，一面做身段，干净利落，丝丝入扣。咸丰帝看得极高兴，拍手喝彩。安福于是又点了《雁门关》《群英会》等段子。

估计时辰已过了三更，肃顺觉得是回宫的时候了，便趴在咸丰帝耳边小声说道："万岁爷，龙体该歇息了，是不是明天再……"

咸丰帝伸了伸懒腰，极不情愿地起身离座，一行人又簇拥着咸丰帝回到了烟波致爽殿。

咸丰十年（1860）十月，英法联军分别与清政府签订《北京条约》后，在通州北门上船，从水路经天津，南下返师。

恭亲王奕訢闻听英法退兵，喜出望外，他怀疑夷人狡猾藏奸，密派探子多人，沿途侦探，得回的消息都是："夷人已尽数撤退。"奕訢这才松了口气，自言自语道："此役大功告成矣。"坐在大殿内，奕訢闭目回想这些天来与英法联军打交道的经历，仿佛做了一场噩梦。今天英法夷人终于最后就抚，可以顺利地向热河交差了。想到这里，他即命部下起草奏折，恭请皇帝回銮，即刻驰奏。

却说咸丰帝奕詝自弃京逃奔热河以来，起初几日，感王朝多事，圆明园被焚，颇为愁闷。随行大臣肃顺见咸丰帝终日闷闷不乐，便每日安排在烟波致爽殿开戏，有时还去行宫附近的围场打猎，夜幕降临后，更沉浸于女色之中，摆脱了种种宫中的陈规，咸丰帝很快兴奋起来，纵欲自戕，对北京的局势开始漠不关心。

一日，咸丰帝正在烟波致爽殿观戏，忽有北京奏折传上。咸丰帝心不在焉地展折视之，发现是六弟奕䜣与留京王公大臣合递的奏折，上面写道：

皇上举行秋狝，驻节滦阳，原为集师示威，以安京师。现查夷兵已俱行撤离，北京市井安定如初。中外人士，皆衷心盼望皇上早日回京，以镇定京师，安抚人心。况且皇上巡幸热河之时，本是秋间，现时令已至冬季，塞外寒冷异常，非京城气候能比，不宜久居。又臣子与皇上已多旬未见，依恋之忱，不可抑止，常致不能寝寐。皇上为天下臣民之主，京师是四方拱极之地，恳请皇上早日还宫，以定人心。

阅罢奏折，咸丰帝松了一口气，心中暗暗欢喜，心想：还是六弟能干，未费一卒，却退夷兵，保我爱新觉罗王位不失，塞外天气凝寒，即速还京，安定天下，确属上策。想到这里，他起身离殿，急召载垣、肃顺等人，商议还京之事。

咸丰帝兴奋地说道："顷接京师奏报，夷兵已全部退却，请求銮舆回京，不知诸位以为如何？"

肃顺听罢咸丰的话语，不由地一愣，心中暗想：这是奕䜣、文祥害怕吾等左右皇帝而使出的诡计，吾等万万不能同意。他知道咸丰帝最惧怕与夷人同住京师这一弱点，便起身说道："臣以为即刻回京，实为不可。因夷情狡诈，反复无常，现奏夷兵退出京师，怎能保证皇上刚一回京，夷兵又返，再来请求亲递国书，整日饶舌不休。况臣闻现京师以内，夷兵大队虽然撤出，但仍有夷官驻京，在此情形下，皇上贸然回京，难免再受其纠缠。依臣愚见，不如暂且住在行宫，待夷务彻底完竣，夷酋全部离京，再行回京不迟。"

载垣也看出了肃顺的心思，附和道："此言有理，况且现在时至冬令，天气凝寒，圣上御体欠安，怎能冒此严寒，径行回京。"

听罢二人连珠炮式的奏陈，咸丰帝仅有的一点回京念头，顷刻间便荡然无存了。以病弱的躯体，他惧怕凛冽的寒风；以天下共主的身份，他更不肯屈尊，与夷酋共住京城。他记得，乾隆年间，乾隆皇帝接见英国大使马戛尔尼时，曾勒令英使行跪拜之礼，好不威风。皇父道光帝在道光二十七年（1847）也曾指挥叶名琛将英夷成功地拒绝在广州城外，使英夷羞辱狼狈至极。在他看来这一切均足以载入爱新觉罗家族的光荣史册，闪闪发光。而反观自己，咸丰帝不禁自惭形秽。他深知，自己是清朝入主中原后，第一个被逐出北京的皇帝，狼狈至极，已难于向列祖列宗交代。今天如再贸然回京，与夷酋平起平坐，是万万使不得的。

想到这里，咸丰帝绷起涨红的脸，有气无力地说道："汝二人言之有理，朕本年暂缓回京。"

次日，咸丰帝回谕奕訢，写道：

恭亲王奕訢等合词恳请回銮，朕已阅览。惟此次夷人构兵侵犯，恭亲王等虽已与之议妥和约，允其所请。但难保其退兵后，各国夷酋中，仍有驻京者，如朕回銮，其请求亲递国书，将何以应付，如此，朕又将再离京师。恐京师人心震动，不利安定。

奕訢

朕反复筹思，以为木兰巡幸，系遵循祖宗旧典，热河距京师不远，与住京师无异，足以控驭局势……本年回銮之举，各位王公大臣不准再行妄奏。

由此，回銮之举不了了之。

由于政事的忧烦和北逃热河的颠沛流离，咸丰帝在途中即已病泄呕血。至避暑山庄后，久治不愈，身体日渐虚弱。咸丰十一年谷雨刚过，就又卧床不起。

这一日，咸丰帝似觉有了点精神，便爬起来批阅奏章。他知道，几天没有处理，奏折一定积攒了很多。

果然，各地奏报情况，特别是奏报同太平军作战情况的奏折积压了很多。咸丰帝拿起奏折一个一个地看，不一会儿功夫，头上便冒出了涔涔冷汗，胸前也隐隐发痛，好像一不留神就会栽倒。他伏在紫檀书案上喘了几口大气，然后示意左右太监把他扶到床上躺下歇息。

咸丰帝躺在床上，想到批答奏章一事，甚是困惑。他不能理解，他的列祖列宗哪来的那些精力来应付日理万机的繁杂。特别是世宗雍正皇帝，竟以处理政事为乐，每天手批章奏，动辄数千言，而不觉得疲倦。对于他来说，仅是每天看完奏折，就同上刑一样，特别是那些军报。他也想，也许是自己生不逢时，刚刚继位，南方就出了乱子，十年未弭。域内乱子尚未平息，夷人又至。这样的乱世是列祖列宗都没有经历过的。祖父以前，只有边陲的鳞甲之患，父亲那时，英夷也不过为了鸦片逞凶……想到这，他自己宽慰自己，换了任何一个皇帝，也会这么应付局面的。

想到这，他示意太监把奏折搬到床上翻阅。这样看一会儿，歇一会儿，好不容易把所有的奏折都看了一遍。他推开奏折，慢慢坐起来，早有准备的小太监，敏捷有序地上前伺候。首先是一块软白的热毛巾递到他手里，然后进参汤和燕窝，最后一个太监捧进一个朱漆嵌螺钿的大果盒，跪在床前，盒盖揭开，里面是金丝枣、木樨藕、穰荔枝、杏波梨、香瓜五样蜜饯水果。皇帝用金叉子叉起一片梨，放在嘴里，慢慢嚼着，觉得舒服多了。

"传懿贵妃来批本！"

"喳！"管宫内传宣的太监领旨走了。

懿贵妃接旨赶到烟波致爽殿时，咸丰帝已由太监陪着去了皇后处。懿贵妃来到御书案侧面的小书桌前，这是专为她设的书桌。咸丰帝看过的奏折已由太监放在小书桌上。

懿贵妃先把那些"请圣安"的黄折子挑出来放在一边，数一数奏事的白折子，一共是三十二件，然后再把没有做下记号，须发交军机大臣拟议的挑出来，那就只剩下十七件了。

这十七件是需要皇帝亲自批示的。其实所谓批示也就是写上几句习惯的用语，比如："览""知道了""该部知道""该部议奏""依议"之类。可是这简单的话，皇帝也不愿亲自动笔，只在奏折上用指甲做了记号。贡宣纸的白折子，质地松软，掐痕不但清晰，而且不易消灭。懿贵妃经常代咸丰帝批本，清楚地知道咸丰帝所做记号的意思。懿贵妃根据掐痕（记号）的多寡、横直、长短，用朱笔写出一句话，反映出咸丰帝的意思，就算完成了批答。

懿贵妃坐在桌前，看着这些奏折，脑中又出现了近日常考虑的问题，即咸丰帝为什么让她代为批折。是因为皇后识字不多，看不懂奏折，还是因为自己是唯一皇子的生母，还是要制约一下专擅跋扈的肃顺的权力。不管怎样，她愿意得到这样的机会，因为各地的奏章反映的是正在发展中的军国重务，要了解内外局势，就必须阅读这些奏折，要熟悉朝章制度，默识大臣言行，研究驭下之道，懂得训谕款式，也必须阅读这些奏折。她比谁都更加注意咸丰帝的病情。她知道，不过一年半载，她六岁的儿子、

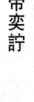

咸丰帝唯一的皇子载淳，就将继承大统。她必须帮助儿子治理天下。因此她现在必须学习。

想到这，懿贵妃拿起朱笔开始批答。十七件奏折，对于她实在算不了什么，不过半个时辰，都已批答完毕。

咸丰十一年（1861）春，咸丰帝身体虚弱，常宣召懿贵妃代批奏折。

这天，懿贵妃处理奏折，在没有做记号的奏折中，发现了一道奕䜣的奏折，主要意思是："奏请赴行在，敬问起居。"这是很简单的奏请，可是咸丰帝没有批答。为什么？懿贵妃心里十分清楚。恭亲王奕䜣过去是咸丰帝的皇位竞争者，近期感情上不是很融洽，又是肃顺的政敌。估计奕䜣要来热河，目的有两个，一个是亲自看看咸丰帝的病情，以为自己今后作打算；另一个是苦谏回銮。懿贵妃虽没有同奕䜣联手，但与肃顺也是冤家一对。肃顺一再向咸丰帝秘密进言，说懿贵妃喜善揽权，干预政事。企图阻止懿贵妃代批奏章。懿贵妃也对肃顺的专擅跋扈仇恨在心。她想，如果让奕䜣到热河苦劝咸丰帝回京，北京有那么多王公大臣、勋戚耆旧，或许可以制约一下肃顺的专横。可是，咸丰帝没有在奕䜣的奏折上做任何记号，显然这是要把该奏折发交军机处处理。而在热河的军机大臣都是肃顺的死党，倚肃顺为灵魂，仰肃顺之鼻息。所以，该奏折发到军机处的后果，是不言自明的。懿贵妃决心为这道奏折做些努力。

懿贵妃拿着这道奏折，到了烟波致爽殿西暖阁咸丰帝的住处。

咸丰帝一眼就看到了懿贵妃手里的奏折，待懿贵妃请了跪安后，便问：

"你拿的是谁的折子？"

"六爷的。"宫内家人称呼，咸丰帝行四，恭亲王奕䜣行六，所以妃嫔都称奕䜣为"六爷"。

咸丰帝不作声，脸色渐渐地阴沉下来。这样阴沉的脸色，懿贵妃于近期见得多了。起先是不安和不快，时间长了，便不以为然了。而现在，懿贵妃是有目的而来，就更不在乎这些了。

"万岁爷！这道折子何必发下去呢？"

咸丰帝用峭冷的语气答道：

"我有我的道理。"他本来想给她一个钉子碰碰，但底气不足。

"我知道万岁爷有道理。可是对六爷有什么话，该亲笔朱批。六爷可是万岁爷的同胞手足。而且……"她略一沉吟，终于把下面的话说了出来："他跟五爷、七爷他们，情分又不同。"

　　咸丰帝有五个异母的弟弟，行五的奕誴，出嗣为他三叔的儿子，袭了惇亲王的爵，行七的奕譞、行八的奕詥和行九的奕譓都是在他手里才受封的郡王。唯有奕訢的情况特殊，是封他为太子的同时，由先帝亲封的亲王。此外，情分格外不同的是，咸丰帝十岁丧母，由恭亲王奕訢的生母抚育成人，所以，在几个兄弟中，只有他们俩如一母所生。

　　但是，因爱成仇，也正为此。这是咸丰帝的心病，懿贵妃偏偏要来戳穿，而且话说得在理。咸丰帝心里恼火，又说不出来，只好让了一步，说："那，你先搁着！"

　　"是！"懿贵妃说："这道折子我另外留下，等万岁爷亲笔来批。"

　　这句话既像是对"先搁着"地答应，又像是在对咸丰帝作安排，使咸丰帝好生不快。咸丰帝没有表情地说道：

　　"你跪安吧！"

　　"跪安"是皇帝叫人退下的一种比较婉转的说法，然而真正的含义，因人因地而异。召见臣工，用这样的说法是表示优遇；对妃嫔用这样的说法就意味着讨厌了。咸丰帝此时用这样的说法对待懿贵妃，表明心里极不高兴。

　　懿贵妃走后，咸丰帝立即回到书房，召见肃顺，打算把懿贵妃连降三级，去当她入宫时的"贵人"。但见了肃顺，又改变了主意。

　　肃顺早已从小太监嘴里，得知了情况，此时见咸丰帝不语，满面忧烦，便趋至御座旁边，悄悄问道：

　　"又是懿贵妃在万岁爷面前无礼？"

　　咸丰帝叹口气，点点头。

　　"那么，皇上是什么意思，吩咐下来，奴才好照办。"

　　"能怎么办？"咸丰帝无可奈何地说："第一，她总算于宗社有功；第二，逃难到此，宫里若有什么举动，那些个'都老爷'，不又抓住题目了，左一个折子，右一个折子……"

　　所谓"于宗社有功"，当然是指后宫唯有懿贵妃诞育了皇子。肃顺想，不提也罢，提起来正好进言。于是，他先向外望了望，看清了小太监都在远远的廊下，才趴在地上，免冠碰了个头，以极其虔诚钟爱的语气说道：

　　"奴才有句话，斗胆要启奏皇上。这句话出于奴才之口，只怕要有杀身之祸，求皇上天恩，与奴才做主。"

　　肃顺是咸丰帝言听计从的亲昵近臣，早已脱略了君臣的礼节，这时看他如此诚惶诚恐，大为惊异，便用惯常所用的排行称呼说道：

"肃六！有话起来说。"

肃顺叩头起来，额上竟已见汗，他躬身凑到咸丰帝跟前，低声细语：

"懿贵妃恃子而骄，居心叵测。皇后忠厚老实，将来恐怕奈何不了她。皇上可要为将来好好打算打算。"

"你说如何打算？而且有我在，她敢怎样？"

"奴才不是说眼前，是说皇上万年以后——这还早得很哪！不过，趁阿哥现在年龄还小，应该早下决断。当年汉武帝立太子时，为防止女主专恣乱国，就做得很英明果断。"

咸丰帝知道他说的是钩弋夫人故事。钩弋，姓赵，汉武帝夫人，因居钩弋宫故名。钩弋夫人生昭帝。在昭帝将立为太子时，汉武帝唯恐钩弋夫人以后恃子专权，乃赐其死。肃顺的话说得这样率直，咸丰帝也不免悚然惊心。对于自己的病，最清楚的莫过于自己。一旦倒下来，母以子贵，那就尽是懿贵妃的天下了。吕后专权、武则天篡位这些史迹，咸丰帝是非常熟悉的。他感觉到太阳穴皮肤下，隐隐青筋在跳动，他的双手紧握着御座的靠手，他的决心难下呀。这时候，他感到头昏胸痛。他知道，他的身体已经不允许他再思考下去了。于是他说：

"让我好好儿想一想。"接着咸丰帝又郑重地告诫："你可千万别露出一点什么来！"

"奴才没有长两个脑袋，怎么敢？"

肃顺走了以后，咸丰帝回到居室又躺着想了好长时间。他想到了近期懿贵妃有时的无礼，也想到了过去懿贵妃的可爱之处，他更想当一个仁孝慈爱的皇帝。最后，他终于说服了自己，放弃了杀懿贵妃的念头。

咸丰帝与肃顺的这次密语，虽然是极机密的，但最后还是被懿贵妃那拉氏知道了。以后那拉氏坚持处死肃顺恐怕于这事也不无关系。

晚膳用罢，咸丰帝来到了东宫皇后居处。皇子载淳正与宫女在院内玩耍，又蹦又跳甚是高兴。见到咸丰帝，立刻变了样，收起嬉笑，跪下请安，用满洲话叫声"阿玛"（即父亲）！

咸丰帝看到皇子这样有规矩，很高兴。他知道，这都是"谙达"调教得好，但"谙达"究竟不能算作传道解惑的"师傅"。按清皇室的规矩，皇子六岁就应该上学读书了。咸丰帝到皇后这儿来，就是要和皇后商量一下给皇子选派师傅的事。

皇后已由宫女通报，出来给皇帝请了安。两人来到了皇后的小书房。

皇后的小书房是个套间，窗明几净，十分素雅。皇帝摘下冬帽，坐在软椅上。

"你也坐嘛！"

"嗯。"皇后拉过一个锦墩，坐在皇帝身旁，从茶几上的大冰盘里取了个苹果，用一把牙柄的小洋刀，聚精会神地削着皮。

"你看大阿哥是不是该读书了？"咸丰帝看着皇后削果皮的手，慢条斯理地说。

"按规矩，是时候了。"皇后边说边把削好的苹果递给咸丰帝。

"去年，朕曾经降过旨，命大臣择保儒臣堪膺授读之任，大学士彭蕴章保荐了李鸿藻，你看如何？"

皇后知道李鸿藻这个人。他是"上书房"的老人，醇王、钟王、孚王都跟他读过书，都说"李师傅讲书透彻"。醇王和钟王私下里还说过："李师傅长得像皇上。"所以，听皇帝征询，内心是赞同的，但皇后素性谨慎，对于此等大事，向来不愿做过分肯定的表示，所以，这样答道：

"光是口才好也不行，不知道可有真才实学？人品怎么样？"

"翰林的底子，学问是不会差的。至于人品，他这三年在河南'学政'任上，名声挺不错。"

"这一说，再好不过了。"皇后欣然答道。

"我想就是他吧！"皇帝略带感慨地说："大阿哥典学，原该隆重些，我本来想回了京再办，现在不能再耽误了！"

"那就让钦天监挑日子开书房吧。"

"不用，我自己挑。"

咸丰帝平时读书，涉猎甚广，纤纬星命之学，亦颇有所知。当时便找来时宪书，选中四月初七入学。日子挑好了，又商量派人照料书房，这个差使落到御前大臣景寿身上。景寿是宣宗第六女寿恩固伦公主，是咸丰帝的姐夫，宫中都称他"六额驸"。他秉性沉默寡言，不喜是非，由他以懿亲之尊，坐镇书房，既不会无端干预师傅的职权，又可叫大阿哥心生忌惮，不敢淘气，是个很适当的人选。

于是第二天早晨，咸丰帝到御书房，先写好一张朱谕放着，然后召见军机。

军机大臣以怡亲王载垣为首，手捧黄匣，焦祐瀛打帘子，依次进殿行礼。未等他们有所陈奏，皇帝先把一道朱谕交给了侍立在旁的肃顺。肃顺接在手里，先略略看了一遍，随即往御书案旁一站，双手捧起，等军机大臣都跪好后，高声宣旨：

"大阿哥于四月初七日入学读书。

着李鸿藻充大阿哥师傅。钦此!"

念完了把朱谕放入黄匣,捧交怡亲王,好由军机处转交内阁,"明发上谕"。

四月初六日,入学的前一天,咸丰帝特意召见李鸿藻,询问大阿哥入学的准备情况。李鸿藻一一奏报,咸丰帝感到满意。于是问:

"高宗纯皇帝的圣训,其中有一段关于皇子典学的话,你可记得?"

"臣谨记在心,不敢忘!"

"念给我听听。"

这是有意考"师傅"了。李鸿藻应声:"是!"然后用极清朗的声音背诵:"乾隆元年正月二十四日,上谕皇子师傅大学士鄂尔泰、张廷玉、朱轼、左都御史福敏、侍郎徐元梦、邵基:'皇子年齿虽幼,然陶淑涵养之功,必自幼龄始,卿等可殚心教导之。倘不率教,卿等不妨过于严厉。从来设教之道,严有益而宽多损,将来皇子长成自知之也。'"

"对!"咸丰帝点点头,"我要告诉你的,也就是这些话,俗语说:'开口奶要吃得好',你是大阿哥启蒙师傅,别辜负我的期望!"

李鸿藻赶紧免冠碰头,诚惶诚恐地说:"臣敢不竭驽骀,上答天恩!"

咸丰十一年(1861)六月初九日,是咸丰帝三十一岁生日。这天一早,咸丰帝就赶到了供奉康熙、雍正、乾隆、嘉庆、道光五位皇帝御容的绥成殿行礼,然后临御淡泊敬诚殿受贺。

王公大臣们已经在殿内等候。咸丰帝在乐声中入座。之后,以皇子和亲王、郡王为首,贝勒贝子、公侯伯子男五等封爵、文武大臣、翰詹科道,一律蟒袍补褂,各按品级序列,在礼部和鸿胪寺的官员鸣赞之下,行了三跪九叩首的庆贺大礼。

午时,咸丰帝在福寿园赐宴。在赐茶、进膳和不断地磕头中,亲王大臣们个个汗流浃背,委顿不堪。咸丰帝龙袍在身当然也是如此。所以,宴罢回到寝宫,咸丰帝即将龙袍脱去,只剩一身绸子小裤褂。这还不够,咸丰帝令四个小太监替他打扇,等积汗一收,又要了新打来的井水擦身。这样自然是痛快,但冷热相激,他虚弱的身子却受不了了。不一会就觉得鼻塞头昏,胸头有股说不出的烦闷。

但是,他不肯把自己的不舒服说出来——有许多原因使得他不能说,大喜的日子召御医,不独太扫兴,更怕引起不小的惊疑揣测。

就在这时,太监来请驾,说皇后和妃嫔,还有大阿哥、大公主都等着要替万岁爷上寿。

　　咸丰帝答应着，在金豆蔻盒子里取了些紫金锭、槟榔放在嘴里嚼着，换了轻纱便衣，起驾去受妻儿家人的祝贺。

　　在烟波致爽殿的正屋中，皇后及所有的妃嫔都在这儿等候，珠冠凤衣，一律大妆。大阿哥和大公主是早就被教导好的，一见咸丰帝，便双双迎上来跪安，用满洲话恭贺吉祥。然后等咸丰帝升了座，皇后领着妃嫔行礼。

　　之后，就是到淡泊敬诚殿戏园听戏。宫中年节喜庆，照例要演"大戏"，那是乾隆年间传下来的规矩。凡是"大戏"，不重情节，讲究场面，神仙鬼怪，无所不有。万寿节的大戏，总名"九九大庆"，其中再分"麻姑献寿""瑶池大宴""海屋添寿"等等节目，几乎把所有关于寿诞的神话，都容纳了进去。只见满台的王母娘娘、南斗、北斗、寿星、八仙、金童玉女、天兵天将，一个个服饰鲜明，形容奇特，齐声合唱着"天下乐""太平令""朝天子""感皇恩"之类北曲的"牌子"，载歌载舞，热闹异常。

　　大戏演完了，接着演咸丰帝亲点的"寻常轴子杂戏"。演着演着，咸丰帝有点坐不住了。方才由于出了些汗，头昏鼻塞倒是好多了，肚子里却作怪了，一阵一阵地疼。先头还忍着，到后来，冷汗淋漓，脸色发青。小太监看出不妙，走了过来，低声问道："万岁爷哪儿不舒服？"

　　"肚子疼。想拉！"

　　"奴才伺候万岁爷方便。"

　　"等一等！"咸丰帝心想，一离座而起，整个欢乐热闹的场面，顿时就会改观，所以还希望能忍下去。又过了一会儿，咸丰帝终于忍不住了，一连声地叫："快！快！"

　　过来两个小太监掖着他，几乎脚不点地，一阵风似地把他送入预先已准备了净桶的后院套房里。

　　事出突然，满座皆惊。但谁也不敢乱说乱动，只一个个偷眼看皇后。

　　皇后已学会了镇静，她知道马上会有人来奏报，所以急在内心，表面上还能保持中宫的威仪。

　　果然，一会儿功夫，太监来报："皇后万安，万岁爷只是闹了肚子。"

　　"请了御医没有？"

　　"万岁爷不让传御医。"

　　"嗯！"皇后明白了皇帝不欲声张的用意，"有什么情况马上奏报！"

　　"喳！"，太监欲走。

"还有，悄悄儿告诉各宫的丫头，让她们告诉她们主子，别慌，别动！"

"喳！"太监答应一声磕了头走了。

这时候，咸丰帝已经便完，感到轻松多了。见到去皇后处奏报的太监回来，忙问："外面怎么样？"

"奴才跟皇后回过了，说万岁爷只不过闹肚子，皇后才放心。外面现在都很正常。"

待收拾完毕，咸丰帝又回到了戏园，后妃、大臣一齐跪迎。咸丰帝入座，戏又照常演出。

咸丰十一年（1861）六月十五日傍晚，咸丰帝用锦州酱菜佐膳，吃了两小碗鸭丁粳米粥，精神大好，于是思量着找些消遣。

"肃六！"咸丰帝喊道，声音显得很有力量。

"喳！"正在门外等着侍候的肃顺回答得也很响亮。

"今儿十五，月白风清，你看咱们去哪儿逛逛？"

"这个……"肃顺想了想答道："奴才给皇上出个主意，'芝径云堤'的月亮最好，皇上不如到那儿去纳凉，再传了升平署的学生来，让他们清唱着消遣。"

"好！"皇帝欣然答道："就这么办！"

"喳！奴才马上去准备。"

肃顺随即分头遣人，一面通知升平署伺候清唱，一面在"芝径云堤"准备黄幄、坐具、茶炉。然后回入殿内，料理起驾，怕夜深天凉，皇帝身体虚弱，特别叮嘱太监，多带几种单夹衣服，好随着天气变化，随时添减更换。

等一切准备妥善，皇帝坐上明黄软轿，肃顺亲自扶着轿杠，向"芝径云堤"开去。"芝径云堤"是嘉庆皇帝亲题的"避暑山庄三十六景"之一。山脚下一片明净的湖水，被一条芝形的土堤隔成两半，这条堤就叫作"芝径云堤"。堤北是"如意洲"，又名"一片云"，临水而建的戏台就在那里。

来到堤上，略微歇了一歇，肃顺带着升平署的总管太监安福，咸丰帝最宠爱的几个学生，还有嘉庆年间就在热河当差，于今专教学生唱曲的老伶工钱思福、费瑞生、陈金崔等人，来向皇帝磕头请安，随即呈上戏折子，请求点戏。

咸丰帝不看戏折子，只随口吩咐："唱《长生殿》吧！"接着，抬头望着蓝天淡淡的云彩，念道："凝眸，一片清秋，望不见寒云远树峨眉秀！苦忆蒙尘，影孤体倦，病马严霜，万里桥头，知他健否？纵然无恙，料也为咱消瘦……"念到这里，咸丰帝低头问道："这一折叫什么？"

这一折叫"尸解"。皇帝久病不愈，安福怕说出来嫌忌讳，所以只是磕头，不敢回答。

肃顺虽不解音律，但这段在宫中常听，已熟了，知道咸丰帝所念的曲文，是描写杨贵妃在马嵬驿被陈元礼兵变所迫，悬梁自尽以后，阴魂不散，如何在淡月梨花之下，自伤玉碎珠沉，追忆当年恩情。此时此刻，唱这样凄凉萧瑟的曲子，实在有些犯忌讳，这也是安福不敢回奏的缘故。

于是他故意叱斥安福："你看你，当差越来越回去了！怎么让皇上考住了，下去吧，拣好的唱给皇上听！"

这算是解消了一个僵局，安福自然如释重负。安福知道皇帝最爱那些辞藻清丽，或者情致缠绵的南曲，看到眼前的景致，想起《琵琶记》里有一折，恰好当行出色，于是便叫陈金崔抆笛，费瑞生掌板，由咸丰帝所宠爱的学生张多福主唱。

檀板一声，笛音旋起，张多福启喉唱道："楚天过雨，正波澄木落，秋容光净，谁驾冰轮。来海底？碾破琉璃千顷。环珮风清，笙箫露冷，人生清虚境。珍珠帘卷，庚楼无限秋兴。"

这曲牌叫《念奴娇》，下面要换调了，就在这空隙中，咸丰帝问肃顺："你知道这唱的叫什么？"

"奴才哪懂啊？"肃顺赔着笑道："听那辙儿，好像叙的是月夜的景致。"

"对了！这是《琵琶记》的《赏秋》。"

前面的张多福，听见皇帝这么说，越发来了精神，接着唱下面的《生查子》和《念奴娇》序："逢人曾寄书，书去神亦去。今夜好清光，可惜人千里，长空万里，见婵娟可爱，全无一点纤凝。十二阑干，光满处，凉浸珠箔银屏。偏称，身在瑶台，笑斟玉斝，人生几见此佳景？"

"好曲文，好曲文！"皇帝击节称赏。

但，当张多福唱到"峭寒生，鸳鸯瓦冷玉壶冰，栏杆露湿人犹凭"时，咸丰帝皱了眉头。咸丰帝的一举一动，全在肃顺眼里，此时，他知道一定是出了岔子了，所以等这一支《古轮台》唱完，随即俯身低声问："可是哪儿唱错了？"

"嗯！"皇帝点点头问："是谁教的？传他来！"

张多福这一折《赏秋》，是陈金崔所教。安福带着惴惴不安的陈金崔来到御前，跪了下来，听候传问。

"'湿'是入声，你怎么教张多福唱成平声？难听死了！"

陈金崔嗫嚅着回奏："'湿'字，'连腔'，听起来像平声。"

"谁叫你'连腔'？"

这一问，越发叫陈金崔汗流浃背，结结巴巴地说："是奴才的师父这么教的。"

他的教曲的师父，如何可用来抵制皇帝？这是极不得体的奏答。宫中相传的心法，遇到这种情形，要抢在前面申斥、开脱，来平息皇帝可能会爆发的怒气。所以安福严厉地喝道："好糊涂的东西，你师父算得了什么？你师父教的，还能比得了万岁爷的教导！"

"是！是！"陈金崔不住地在地上碰着头，"奴才糊涂，求万岁爷教导！"

皇帝有样好脾气，在这些方面，一向"诲人不倦"，小太监写错了字，他会和颜悦色地给指出来，甚至朱笔写个"字样"，吩咐"以后照这样写"。因此陈金崔和安福十分恐慌，咸丰帝却不以为意，真个指点了他们一番。

"你那个师父也不高明，怕的连南曲、北曲都搞不清楚。"咸丰帝徐徐地说道："北曲的入声，唱高了像去声，唱低了像上声，拖长了就成平声。《琵琶记》是南曲，'湿'字唱错就错在这个'连腔'上面。这你明白了吧？"

"万岁爷圣明！万岁爷的教导，奴才一辈子受用不尽。"陈金崔又大着胆子说："奴才斗胆，再求万岁爷教导，南曲的入声该怎么唱才动听？"

"出口即断，也别有意做作，轻轻一丢，自然干净利落。昆腔是所谓'水磨调'，婉转之中要有顿挫，就在这些上头讲究。"

听到咸丰皇帝娓娓道来，升平署的老伶工，无不心悦诚服。咸丰帝也大为得意，为现身说法，他还亲自小声哼唱着教他们，就这样消遣到二更时分。肃顺再三谏劝，咸丰帝才怀着余兴，起驾回宫。

咸丰十年（1860），是咸丰帝一生中情绪最为低沉的一年。九月，他携群妃宠臣为避英法联军兵锋，逃往热河，狼狈至极，面子丢尽。逃到热河后，又听到圆明园被焚，内外库款，被抢掠尽净的奏报，心中更是难过至极。从此，咸丰帝心灰意懒，醉心声色，罕问朝政。英法联军撤兵后也不愿回銮，不是说天气渐寒，就是说御体欠安，把回京日期推迟到明年春天。

咸丰十一年（1861）六月，时令已至盛暑，咸丰帝仍无意回京。一日黄昏，咸丰帝用完御膳，回到寝宫，咳嗽不止，时有血块吐出，经御医紧急调治，又饮了几口鹿血，方才平静下来。正欲早点歇息，忽有贴身太监送紧急奏疏来。咸丰帝强打精神，疑惑地开视奏折，见折内有几行小字并附有图说，写道：

钦天监启奏，八月初一日，仰观天象，见天上呈现

日月合璧，五星联珠祥兆，特绘图呈览。

看到这里，咸丰不由精神为之一振，绷了多日的黄中透红的脸上露出了几丝笑容。他想起三个月前，钦天监曾奏报彗星见于西北，示警人间。为此，他曾愁云密布，数日未食。今天"日月合璧，五星联珠"这罕见的奇瑞祥兆，终于战胜了晦气的"彗星"，怎能不令他欣喜万分呢？

想到这里，咸丰的周身似乎充满了力量，他起身提笔，在奏折上批示道：

星文表瑞，实为世运祥兆，上苍保佑，速荡平逆匪，

黎民复业，年谷顺成，天下太平……

他希望在神祇的保佑下，尽快把太平军镇压下去，以维持、巩固爱新觉罗氏的天下。书毕。他走到窗前，仰观天象，久久不能入睡，这恐怕是咸丰驾崩前最为高兴的一夜。

咸丰帝知道自己所剩的日子不多了，越想这些就越对皇后产生了不尽的眷恋之情。在这段日子里，咸丰帝不是把皇后请到东暖阁来闲谈，就是挣扎着到皇后那里闲坐。皇后寝宫右侧，是一座水榭，曲槛回廊，后临广池，池中种满了荷花，正值盛开，皇帝每次来，总喜欢在那里凭栏而坐，观玩着摇曳多姿的红白荷花，与皇后谈论往事。

往事十年，在皇帝真是不堪回首！即位之初，尚是弱冠之年，身体极其壮硕，哪会想到有今日这样的衰颓？这十年中，内外交困，应付糜烂的大局，心力交瘁，诚然是致疾之由，但纵情声色，任性而为，自己不爱惜身体，才是导致虚弱的根本原因。每逢想到这里，咸丰帝都追悔莫及。

当然，这份悔意，他是决不肯说出来的。而眷恋皇后正是追悔的表示。不过皇后忠厚老实，看不出他的意思。

咸丰帝虚弱得厉害，多说话会觉得累。但是，他总觉得有许多话，还要对皇后说。他明白，这时不多说几句，便再没有机会了。

为了不惹皇后伤心，他避免用那种郑重嘱咐后事的语气，有许多极要紧的话，都是在想到哪就说到哪的闲谈方式中透露的。好在皇后极信服皇帝，他的每句话，皇后都会记在心里的。

有一次谈起大臣的人品，咸丰帝提到先朝的理学名臣，把康熙朝汤斌、张伯行的行谊，告诉了皇后，这两个人是河南人。于是又谈到此刻在河北办团练、讲理学的李棠阶，咸丰帝说他是品学端方，堪托重任的真道学。也谈到驻防河南的蒙古旗人倭仁，

曾经当过惇亲王师傅，此刻在做奉天府尹，也是老成端谨的醇儒。

皇后把李棠阶和倭仁这两个名字，在心里记住了。

有一次谈到肃顺，皇后把宫内对肃顺的怨言，很婉转地告诉了咸丰帝，意思是希望咸丰帝裁抑肃顺的权力。

"我也知道有很多人对肃六不满。"咸丰帝平静地说："什么叫'任劳任怨'？这就是任怨！如果不是他事事替我挡在前面，我的麻烦就更多了。"

"我也知道他替皇上分了许多劳。可是……"皇后正色说道："凡事也不能不讲体制，我看他，有点桀骜不驯。"

"他也不是对每个人都这样，譬如对你，"皇帝停了一下又说："我知道他是挺尊敬的。你可以放心。"

"我不是什么不放心！"皇后急忙辩白："有皇上在，我还有什么不放心的？"

咸丰帝报以苦笑，有句没有说出来的话：若是我不在了呢？皇后明白咸丰帝的意思，后悔失言。本来可以深入地谈一谈咸丰帝身后的事，但经过一小挫，机会失去了，而且以后再没有这样的机会。

第二天，七月十二日是皇后的生日。事先，皇后以时世不好为理由，一再向皇帝要求，蠲免应有的礼节。但皇帝也很坚决，说这是她逃难在外的第一个生日，一定要热闹一下，留作纪念。皇帝是愿意热闹的，如果咸丰帝能开心，她是不会反对的，所以她顺从了皇帝的意思。

那天一早，王公大臣身穿蟒袍补褂，到皇后寝宫门外，恭祝千岁。在热河的少数福晋命妇，则按品大妆，进宫向皇后朝贺。中午在淡泊敬诚殿赐宴开戏，咸丰帝亲临向皇后致贺，兴致和精神都很好。戏是咸丰帝点的，都是些劝善惩恶，因果报应的故事，是皇后喜欢看的。

总理衙门

咸丰十一年二月（1861年3月），英、法公使进驻京师，建立使馆。这是开天辟地以来破天荒的"奇变"，对奕詝来说，这是他无法面对却又不得不接受的现实。刀子插入了心脏，奕詝的心在滴着血。

公使驻京，建立使馆，用今天的眼光看去，实在算不了什么，就是在奕詝时代，国际社会里谁也不会为互派使节而感到意外。早在 1648 年，通过《威斯特发里亚和约》，西方各国已普遍互相遣使驻外，1815 年维也纳会议后，外交人员的地位和规则通过国际协议正式确立。近代国际社会交往日益频繁，为加强相互之间的政治、经贸、文化交流与合作，遣使驻外是必须而又再寻常不过的事。可是这种既平常又正常的事，在奕詝看来确是极不平常极不正常的事。自从"洋祸"炽燃以来，他执拗地坚定不移地抱定"不准驻京"的信念，但终于没有守住这最后的"华夷大防"，"天朝"的迷梦幻灭了，他感到自己作为列祖列宗的不孝子孙而被钉在了大清帝国历史的耻辱柱上。

公使驻京的确是亘古未有的具有历史转折意义的重大历史事件。这一事件对咸丰皇帝创痛如此之深，令人费解，不能不打破砂锅问个究竟。

在传统中国，在中国人的观念形态里，没有国家平等的概念，而"唯我独尊"的观念却早已根深蒂固。这种"唯我"主义，一直支配着历代统治者的思想与行为。华夏的文化最优越，一切民族必须俯首向化，按孟子的话说就是"用（华）夏变（同化）夷"；中国的地理位置最优越，处在世界的中心，周边都是"蛮夷"之国，必须向"天朝上国"的中国朝贡称臣。"蛮"，据《诗经》的记载，是一种飞禽，"夷"的意思是"视之不见"，这些蛮、夷、戎、狄所谓"四凶""四夷"都是不屑一顾的未开化的民族，不可混淆，"夷夏大防""华夷之辨"油然而生，勾画得清清楚楚。"普天之下莫非王土，率土之滨莫非王臣"，历代天子受命于"天"，统治着普天之下每一寸土地，天下子民都是天子的臣民。这种沉淀在民族文化心理深层结构中的"唯我"主义就是中国的对外关系准则。我们不需要追溯太远，明朝万历年间，意大利传教士利玛窦来华，惊奇地看到了这样一幅"世界"地图：明帝国的 15 个省画在地图的中央，周围是海洋，散布着稀稀零零的小岛，岛屿上标着曾经听说过的国名，这些小岛"都算在一起，所有的总面积，还不及中国一个最小的行省的面积大。及至他们将伟大的中国，和世界各处渺小的国相比，便觉得万分自豪，随想全世界上，除去中国之外，都是野蛮的，没有受过教育的国家"。当利玛窦抖开标有经纬度的世界地图时，轮到中国官员惊奇了，中国怎么会是地球的一小部分而且偏处东方一隅？谁也不敢也不愿相信这是事实，纷纷指摘利玛窦"欺人"，嬉笑怒骂，弄得利玛窦下不了台，摇头叹息不止："中国人认为天是圆的，地是平而方的，他们深信他们的国家就在地的中间。他们不喜欢我们把中国推到东方一角上的地理概念"。利玛窦很刁，他明白，如果坚持真理，他就甭想在中国立足，为了传教事业，只好让真理低头，去迎合无知，他承认自己在行骗，把地图做了修改，硬把中国置放到中心位置。这仅仅是一件小事，至于

"朝贡"各国，只能俯首称臣。天朝"唯我"至大至尊的心理得到了满足。

我们的话题似乎说远了，但要"解读"奕詝，不能不理清"天朝"及其崩溃的来龙去脉。

清朝的"龙兴之地"是满洲。满族入关之前也属"夷"之列，虽然以武力入主中原，但文化上的自卑使其统治方式全盘汉化，包括"唯我"独尊的对外关系准则，并把"唯我"主义发展到了极致。明朝不是要求贡使觐见天子时行一跪三叩首的礼节吗？到了清朝，那就要三跪九叩首，整套动作复杂了三倍。外国想在与天朝的交往中要求民族平等，连门儿都没有，大清帝国是"唯一的帝国，世界各国都须向它俯首臣服"，至于互派使节，更是天方夜谭。

乾隆五十八年（1793年），英国派出马嘎尔尼（George Macartney）使团来华，第一次向天朝皇帝提出互派常驻使节要求，得到的答复却是："此与天朝体制不合，断不可行。"马嘎尔尼没有完成使命，英国政府仍不甘心，嘉庆二十一年（1816年）再派阿美士德（W. P. Amherst）使华，英国外交大臣给使团的训令中特别强调："就阁下使团所要完成的任务而言，没有任何一件事比在北京设置一名办理英国人民事务的长驻使臣更为重要了。"只是这位阿美士德不懂"规矩"，还没来得及提出驻使要求，就因其不肯行跪拜礼而被驱逐。

既然天朝至大至尊，尽可关起门来自我陶醉，至于世界发生怎样的翻天覆地的变化，谁也无心"多事"去闻去问，直到跨进"近代"的门坎，"仍不知西洋"。

天朝的迷梦如痴，沿海出现了"海盗"，更有理由闭关锁国，仅留广州一口对外通商贸易，就是这还是天朝的恩典，乾隆说得明白："天朝物产丰盈，无所不有，原不藉外夷货物，以通有无"，而天朝出产的茶叶、大黄等"为西洋各国及尔（英）国必需之物，是以加恩体恤"。当然，"夷夏大防"绝不可逾越，《防夷五事》《民夷交易章程》《防范夷人章程》等法令的先后出台，就在于使"民夷不相交结"，否则"夷人"不犯上作乱才怪！

世界在变，声光化电，日新月异，洋人也变得不安分起来，虽然"公使驻京"隔了好长一段时间没有提起——提也白搭，但他们再也不甘居于"律劳卑"的地位。"律劳卑（Lut Lao-pi）"是道光十四年（1834年）来华的英国商务总监督 Willian JohnLord Napier 的音译，中国人给他起了这个名字，具有"劳苦卑鄙"的含义。这位"精疲力尽而卑鄙""辛辛苦苦而卑鄙"的"律劳卑"也不懂"规矩"，天朝规定"外夷"不得与天朝官员私通信函，他偏偏越轨犯禁，一经到来，就给两广总督致函。这还了得，总督不由分说，痛加呵责：

天朝之大法大令，赫赫炎炎，其威力胜于雷霆；光天之下，谁敢不服！天朝之庇护，普及四海，沐浴恩泽之国，数以万计。该夷目越波涛万里而来，职司商务考查与监督之责，理应深明处世自尊之道；况身为夷目，尤须认识自身之职，如不谨慎从事，将何以管束夷商耶？

这段文字，读起来令人振奋，但却令人啼笑皆非。律劳卑不服，又来了个"席次之争"（会晤时不愿居于下席），差一点激起轩然大波。还有个英商"胡夏米"——同样是不能使人发生快感的名字，硬是为"该夷"这天朝官员叫顺了口且不容置辩的称呼而争论不休。这一切的一切，预示着天朝"唯我主义"的传统意识将面临强硬的挑战。

侵略中国的鸦片战争爆发了，天朝一败涂地。英国的大炮终于"破坏了中国皇帝的威权，迫使天朝帝国与地上的世界接触。与外界完全隔绝曾是保存旧中国的首要条件，而当这种隔绝状态在英国的努力之下被暴力所打破的时候，接踵而来的必然是解体的过程，正如小心保存在密闭棺木里的木乃伊一接触新鲜空气便必然要解体一样"。英国得到了"实惠"，同时用大炮的轰鸣声宣告了"律劳卑"时代的一去不复返。在《中英南京条约》上，"大清"与"大英"并居"两大"，英国用极端手段实现了国家平等。支撑天朝"唯我"至尊的现实基础崩溃了。

法、美接踵而至，除侵略利益外，同样"索取"平等。美国国务卿韦白斯脱（Dajliel Webster）在给全权公使顾盛（Caleb Cushing）的训令中说，"你应在一切场合中都要主张并坚持本国的平等和独立的原则。中国人往往把从别国来到帝国的人，说成是向皇帝的进贡者……如果中国有这一类的想法，你必须立刻声明你不是来进贡的……你的政府并不向任何人进贡，也不期待任何人向它进贡；即使作为礼物的话，你的政府既不送礼也不受礼"。顾盛唯命是从。在中美《望厦条约》签订之前，钦差大臣耆英向顾盛发出的第一件公文中，把"美国"抬高一格写，算是适当的尊敬，够抬举的了，但在同一公文中把中国及皇帝的名称抬高了两格，顾盛竟不识抬举，公文掷还，说"因为深信阁下将看出，遵守两国平等的形式，显然是合乎礼节的举动，这对两国和平与协调的维持是必不可少的，且为两国共同利益着想，各方均应以对待强大独立国家的尊敬态度对待他方"。结果，美、法同样取得同样的"大"。世界各国都须向天朝"俯首臣服"的历史终结了。

现实中的"夷夏"大防倾圮了，而"天朝上国"的海市蜃楼依然在虚无缥缈中。

奕詝的父皇道光仍然可以把割地赔款、开埠通商说成是对洋人的"恩典"，仍然可以堂而皇之用"夷"加以蔑视，但内心的痛楚、失落却是难以言表的，甚至留下遗诏，死后不入祖庙，不设"圣神功德"，他对不起祖宗！这在奕詝的心灵深处投下怎样浓重的阴影，产生多么大的刺激，是可想而知的。继位的奕詝能改变这一切吗？

公使驻京这一敏感问题又提了出来。咸丰四年（1854 年），英国提出修约的十八项要求中，第一项就是"英国钦派大臣，驻扎京师"，咸丰皇帝断然拒绝。咸丰六年（1856 年）英、法、美联合提出"三国派遣使节驻留北京，中国派遣代表分驻华盛顿、伦敦和巴黎"的建议，再次碰壁。奕詝横下一条心：不准驻京！他要维护天朝的尊颜，竭力修补崩溃的"夷夏大防"，总而言之，不能再给祖宗丢脸。

时代不同了，老大中国早已失去了昔日的辉煌，"唯我主义"赖以滋长的肥沃土壤变成贫瘠的荒漠。奕詝"不准驻京"的厉声，显得有些底气不足。

事与愿违。奕詝越是"不准驻京"，西方列强偏偏要驻京，好像不如此不足以显示得来不易的"大"字，不如此不足以让"天朝"的君主威风扫地。他们"一定要使清朝皇帝及其大臣相信"，驻京要求既然提了出来，"就定要把它索取到手"，再不会像从前那样作罢论，如果不顺从，就要"凭借武力威胁来索取"。第二次鸦片战争中，英法联军用炮舰政策把"公使驻京"赫然塞进了《天津条约》，这还不算，连"夷"这带有羞辱的文化符号也打上一个"×"。《中英天津条约》第 51 条就规定，以后各式公文均"不得提书夷字"。这对奕詝来说，如雷击顶，公文中不写"夷"，虽然有些别扭，但毕竟元大妨碍，而且谁也封不住口，而"公使驻京"无论如何不能接受，否则，国将不国，"天朝"还有什么颜面？条约签订后，奕詝赶紧派签约的桂良、花沙纳南下上海，"第一要事"就是取消公使驻京，即便牺牲更多的民族利益也在所不惜——这才是真正的祸国殃民，死要面子活受罪。结果还是徒劳无益，"公使驻京"在《北京条约》中得到确认。京师被占，温柔帝乡圆明园，洋人一炬，可怜焦土，由不得"行在"热河的奕詝不批准条约。

"公使驻京"的消息不胫而走，沉睡在"天朝"梦乡中的达官贵人，个个"人情疑惧"，遭受着情感的吊拷。尹耕云向奕詝上了"筹夷"之疏，胪列公使驻京的"八大害"，说"衣冠礼乐之族（华夏），夷于禽兽（洋人）"。还说京师设立"夷馆"（公使馆），琉球之类的小国"必皆有轻视天朝之意"，因此"伏乞宸衷独断，决不准行"。

行也得行，不行也得行，没有选择的余地。奕詝在热河批准了《北京条约》。

流水落花春去也。"天朝"走向坟墓，承认不承认都是一样。虽然连"野叟"也为之惋惜，愤懑不平，用"过去时"表达着眼前的"奇变"："（北京所贴告示）将大英国大君主、大法国大皇帝与大清国大皇帝，并列为三，殊觉华夷不分，薰莸同器，悖理越分，莫甚于此，天高听卑，必不祚此骄卤也"，但也只能在背后发发牢骚。

"公使驻京"写在纸上，还没有变成现实，但这只是时间问题。咸丰十一年二月十五日（1861年3月25日），随着法国公使布尔布隆（de Bourboulon），十六日（26日）英国公使普鲁斯（Bruce）到达北京，建立公使馆，"天朝"的神话破灭了。

告别"天朝"，奕詝比谁都难受。作为一朝天子，他不仅没能为先帝道光洗雪耻辱，反而把"天朝"葬送，他比先帝的罪孽还深重。世界再没有"唯我"，再也不会有"唯我"，他的心凉透了。

"天朝"的迷梦幻灭了（当然还会有残留、回光，"顽固派"——与中国近代史相终始的一批封建老朽——就是代表），奕詝该觉醒了，历史该翻开新的一页了，但绵绵此恨纠缠着苦命天子，他无暇自省。

奕詝的的确确"过时"了，他与国际惯例格格不入。公使驻京，对他来说，用芒刺在背、骨鲠在喉来形容都显得那样轻微，它像一把尖刀深深刺痛着奕詝的心。他有车驾"回銮"的打算，有时急不可耐，但自从公使驻京以后，他把回銮之日推得遥遥无期，人们都说，这是肃顺从中作梗，有这方面的原因，但皇上硬要回銮，肃顺岂能阻挡得住？问题的关键还是公使驻京带来的巨创，他"不愿与外使同居一城"，不愿在滴血的心上撒盐。他也在逃避。

公使驻京被西方人视为"条约中最精彩的一点"，他们从此可以对清政府的政治生活施加影响，直接干涉中国的内政。

毫无疑问，公使驻京使中国付出太多的历史代价，但不应认为它在中国近代史上开创了"恶例"。世界走向中国，"驻京"大势所趋。

继英、法之后，俄国、美国、德国、比利时、意大利、西班牙、日本、葡萄牙、丹麦、奥地利、荷兰等国先后在北京建立公使馆，东交民巷成了著名的使馆区。世界走向中国，但中国走向世界、与国际惯例接轨，却不是一件轻而易举的事，"天朝"成见的惯性作用障蔽了人们的视野，放不下早已散了架的臭架子，直到14年后（光绪元年即1875年），才迈出这艰难而又可喜的一步——派郭嵩焘为驻英公使。随后又在美、西、德、日、法、俄等国建立了公使馆。中国成为世界大家庭中的一员。

互派驻外使节，是国际交往中国家平等的体现，但在奕詝和他的继任者统治的年代里，更多的是蒙受屈辱，这种"主仆大颠倒"，倒不能归咎于公使制度本身，中国也跨出国门，遣使驻外。没有强大的国力作后盾，任何意义上的平等都靠不住。

"天朝"崩溃了，从情感上说，的确令人痛心疾首，但从理智上说，又是值得庆幸的——中国开始从"神话"的殿堂走出来，"与地上的世界接触"，只是这种"走出来"，不是出自历史的自觉，而是被炮火"撵"出来的，这实在是一幕悲喜剧。

"天朝"崩溃了，但"天朝"的遗老还有一大批，这就预示着咸丰十一年及以后的历史发展跌宕曲折，"天朝"意识与近代意识、革新与守旧的冲突不可避免地贯穿于中国历史的进程中。

"行在"热河的奕詝在为葬送"天朝"而悲怆。历史之舟将把大清帝国载往何处？他没有细想，他病倒了，而且一病不起，他已经无法超越自我。而他的弟弟奕訢却在"天朝上国"的迷梦幻灭后睁开了眼睛。昏睡已久的中国开始觉醒了。

公使驻京，"天朝上国"的神话幻灭了。与此同时，总理衙门开印办公，这标志着沉睡太久的东方雄狮开始睁开惺忪的睡眼，尽管朦朦瞳瞳。

总理衙门的诞生，并不那么"顺产"。作为总署首倡者和"助产士"的奕訢，既要战胜自我（天朝意识），又要冲破层层阻挠争得皇兄的批准。战胜他人不易，战胜自我更难。奕訢以钦差便宜行事全权大臣留京督办和局的经历使他看清了"自我"，意识到"自我"更张的急不可缓性。

总理衙门

奕訢从前没办理过外交（也没有真正的外交可言），他的脑海里，与皇兄一样，塞满了天朝上国的腐旧观念。在他看来，对远道而来挑衅的"陌生人"，决不能手软，对

"反复无常，屡滋异议"的"夷性"，更不能"迁就"，除非"该夷俯首听命，则羁縻勿绝"。还是昔日"天朝"的老调。咸丰八年（1858年），他甚至建议朝廷谕令赴津谈判的桂良对英国翻译——参与起草《中英天津条约》的李泰国（HoratioNelsonLay）进行制裁，谓如李泰国"无礼肆闹时，立即拿下，或当场正法，或解京治罪"。愚昧无知，与顽固守旧的大臣，有什么两样？不过，奕䜣的过人之处在于敢于面对现实。"面对现实"四个字，说出来不费吹灰之力，但在那个时代，就连让虚骄惯了的人们不再虚骄都不是一件容易的事，面对现实其难可知。留京折冲数月，奕䜣不断进行痛苦的自省。他曾慷慨激昂地主战，结果看到的是一败涂地；他拿人质巴夏礼等作为阻止英法联军进兵的盾牌，结果洋人进兵不误，连他生活的乐园圆明园也被化为灰烬，包括皇兄赐名的他起居之所"朗润园"，接着占领北京城，声称不放还人质，要火烧清宫。人质释还了，在炮口之下，在礼部大堂亲签《北京条约》，签约时胜利者傲慢的姿态曾使他"异常激动"，这奇耻大辱犹如万箭穿心……也已经清醒地意识到，大清帝国遇到了"千古未遇之强敌"，积贫积弱，已无力与抗。"粘英法二国和约告示，大清大皇帝，大英大君主，大法大皇帝，均平列，所谓千古未见未闻之事，名分至此扫地。"华夷之辨、唯我独尊云云，统统在近代科学技术的结晶坚船利炮面前化为乌有，如果执迷不悟，仍抱着"天朝"的僵尸不放，结果会更惨，打肿脸充胖子，只能是自欺欺人。天朝的幻梦破灭了，这是严酷的现实。如今应承认、面对这一现实，改弦更张，与其被动挨打，为何不能顺时应势设立外交机构主动进行外交活动？洋人不是长着三头六臂的妖魔鬼怪，也讲"信用"，条约一签订，立即退兵；公使驻京，也算不了什么非分要求，"其意必欲中国以邻邦相待，不愿以属国自居，内则志在通商，外则力争体面"，他们也有国格、人格，应彼此尊重，"待以优礼"。"战"不足恃，"守"不可靠，"剿亦害，抚亦害"，为什么不能通过外交途径解决国际纠纷？面对现实，奕䜣在省思自审中努力实现自我的更新、转型，他的观念开始转变了。

留京督办和局，与洋人频繁接触，对外部世界有了更多的了解，眼界开阔多了。洋人也发现，恭亲王与众不同，思想开通，有务实精神，是值得"信任的政治家"。当恭亲王微露奏设专门外事机构想法时，外国公使"闻之甚为欣悦""欣喜非常"，说"如能设立专办外国事务地方，则数十年求之不得"。这的确是大实话，过去与"天朝"扣交道，没有外交机关，进行交涉难比登天，咸丰七年（1857年）美国首任驻华特命全权公使列卫廉（WillianlB. Reed）接受政府的训令，第一条就是"外国使节驻扎在北京，由皇帝召见，他并和一个正式任命的外交部发生关系"。公使驻京既成事实，设立外交机关当然也是西方列强所渴望的。

奕䜣并不孤立，他的想法得到了文华殿大学士桂良、户部左侍郎文祥的理解和支持。桂良，满洲正红旗人，瓜尔佳氏，是奕䜣的岳父，与洋人打交道已有几年，《天津条约》就是经他手签订的，此中的苦衷体味良深。文祥，也是满洲正红旗人，瓜尔佳氏，留京重臣，协助恭亲王与英、法议和，自称"衣不解带，目不交睫者七十余日"，是恭亲王最得力的助手，为人城府深，见识广，"是一个稀奇人物"，与恭亲王英雄所见略同。有岳父大人和文祥撑腰，奕䜣对超越"自我"更有信心。

奕䜣萌生别设政府部门之想，还有一个"包藏"的原因，就是为自己留一条退路。

奕䜣留京的使命是督办和局。《北京条约》签订，和局既成，意味着他的使命完成了，他随时可能被解除钦差便宜行事全权大臣的任命，成为闲散亲王，他不甘心。强烈的忧患意识和对大清王朝命运的关注，使他再也不能"闲散"下去，他要参政，在政治舞台上充分施展自己，开创一个新的局面。

《北京条约》签订后，他与桂良、文祥联衔上奏，说，为"救目前之急"签订的条约贻害无穷，实属办理不善，请旨分别论处。咸丰心中明白，换任何人，结果都是一样，"总期抚局速成"是他的迫切愿望，当然不至于惩罚皇弟。接着，奕䜣以退为进，疏请简派恒祺、崇厚赴天津就近与洋人交涉，意思是说，使命已经完成，可以交差了。奕䜣没有恋栈之意，反而让奕詝放心，何况善后事宜繁多，暂时还不能让奕䜣退下来，批道："万不可轻惑浮言，避居怨府。以后夷务应办之事尚多，恭亲王等岂能因兵退回銮，即可卸责？"要奕䜣继续办理涉外事宜。

皇上暂时没有收回权力的打算，奕䜣就有时间绘制蓝图。事属创举，不可能一蹴而就。还有后顾之忧，也要应付。后顾之忧来自皇上和皇上身边。

皇上虽然庆幸和局办成，但有一点却让他耿耿于怀，对奕䜣大为不满，那就是没有把"亲递国书"消弭在条约中，这可是英法曾经提出来的颇令咸丰恼怒的问题。外使向一国之君递国书不是什么大不了的事，只是一种礼节或者说是国际惯例，表示国与国和好的"凭证"。但奕詝誓死不见洋人。咸丰十年九月二十五日（1860 年 11 月 7日）"朱批"对奕䜣近乎大发雷霆地说："二夷虽已换约，难保其明春必不反复。若不能将亲递国书一层消弭，祸将未艾。即或暂时允许作为罢论，回銮后复自津至京，要挟无已，朕唯尔等是问。此次夷务步步不得手，致令夷酋面见朕弟，已属不成事体。若复任其肆行无忌，我大清尚有人耶！"照他的口气，真想"报复"洋人；"亲递国书"一层不消弭，他决不回銮；要不是需要奕䜣消弭"亲递国书"，非罢免不可；洋人面见皇弟，已经不成事体，要想一睹"天颜"，妄想！他依旧是"天朝"皇帝，虽然"天朝"散了架。

对"夷酋面见朕弟"一事，奕䜣复奏说，作为天潢近胄，如果能设法回避，奕䜣不是不知道"自崇体制"，但洋人以钦差为重，不信他人，如果托故不见，一定会疑虑重重，万一别生枝节，要求赴"行在"热河"叩诉"，事情反而更糟。如此说来，奕䜣正是为了维护"体制"、不使洋人面见皇上不得已抛头露面屈尊接见"夷酋"，皇上还有什么好说的呢？

至于消弭"亲递国书"一层，奕䜣不再争辩，他决定迁就、满足皇兄"天朝"自尊心理，为此，屡次与英法交涉，终于得到"断不勉强"的保证，既解除了皇兄对他督办和局"不得手"的不满，也打消了"回銮"的顾虑，但因公使驻京，"回銮"作罢。

奕䜣的后顾之忧还有来自皇上身边的肃顺集团（关于肃顺的发迹及其权力中心的形成，将在后文详叙）。肃顺最为皇上所宠信，而对奕䜣横竖看不惯，百般挑剔，常在咸丰面前进谗言，说奕䜣有揽权之心。

这时的奕䜣的确令政敌侧目。

自咸丰"秋狝"，京师群龙无首，人心大乱。洋人横冲直撞，烧杀抢掠，人人有朝夕莫保之虑。幸而恭亲王出生入死，与洋人"不惮接对"，力挽狂澜，终于使京师转危为安。在人们的心目中，恭亲王简直成了"再造乾坤"的巨人，誉声鹊起，威望顿著，如史书所说，"擅社稷之功，声望压端华、肃顺之上"。京师中的达官贵族、王公大臣，纷纷向恭亲王身边聚集，无形中形成以恭亲王为首的权力中心，怎能不使政敌肃顺集团嫉妒？

奕䜣已向皇上表明无恋栈之意，与此同时，发起了吁请"回銮"的声潮，这既是政治统治的需要，也是向政敌表示他恭亲王并无揽权之心，"土木之变"云云，都是危言耸听。

条约签订后，奕䜣立即领衔上疏吁请皇上及早离开苦寒之地的热河，回銮京师，以安定人心。疏中说，"京师为各省拱极之区，皇上为天下臣民之所仰望，热河在关外，峻岭崇山，在深秋已近苦寒，况时届冬令，风雪交侵，皇上以亿兆仰赖之身，岂宜久驻关塞？而臣等筹思大局，尤冀及早迎銮，若乘舆早日还京，不但京内人心一定，即天下人心为之一定"。奕䜣的吁请，表达了京师百官的心声，一呼百应，除桂良、文祥外，步军统领瑞常、麟魁、庆英、兵部尚书沈兆霖、候补侍郎胜保等，纷纷具折吁请，其声其势，与谏阻皇上"巡幸木兰"相比，逊色不了多少。这些文武百官，如婴儿久离慈母一般，急切盼望皇上回到他们身边。但皇上一推再推，就是恭亲王把"亲递国书"消弭后，仍把回銮日期推到明年，这不能不使京师官员大失所望，他们把责任一股脑都推到肃顺集团身上，认为屡次吁请，均为肃顺、载垣、端华"三奸所尼"、阻挠，于是乎把矛头直指肃顺集团。胜保十月二十九日（12月11日）上疏："就痛劾郑王兄弟（肃顺、端华），谓銮舆未还，皆其荧惑"，为此痛心疾首地说："我皇仁明英武，奈何曲徇数人自便之私，而不慰亿万未苏之望乎?"

这股此伏彼起的吁请回銮的声浪，使奕䜣种豆得瓜，最终形成以他为核心的"京师派"，而以肃顺为首的"热河派"，因阻挠"回銮"——"以夷人未退出天津故也"——而大失人心，更为孤立。

军机处已被"热河派"牢牢控制，奕䜣要为自己预留退路，要与政敌抗衡，非有自己的"擂台"不可，建立一个至少与军机处比肩列坐的政府部门必不可少。笔者如是观，绝非以"小人"之心度君子之腹。恭亲王的确不是那种只看重权力的人，但他自己也清楚，无权无势干不成大事。

恭亲王的蓝图仍在绘制中。

奕䜣在政治舞台上并没有站稳脚跟，如果不想使自己的构想成为"泡沫"，必须考虑到两大因素，一是如何蒙（混）得皇上批准？二是怎样才能堵住政敌之口？皇上和皇上身边仍然是后顾之忧。

经过一番精心筹划，咸丰十年十二月初一日（1861年1月11日），奕䜣会同桂良、文祥正式向咸丰皇帝提出设立总理各国事务衙门之请："查各国事件，向由外省督抚奏报，汇总于军机处。近年各部军报络绎，外国事务，头绪纷繁。驻京之后，若不悉心经理，专一其事，必致办理延缓，未能悉协机宜。请设总理各国事务衙门，以王、大臣领之。"奕䜣特别强调，从前洋人往往借口中国遇有交涉事件，推诿不办，任情狂悖，"洋祸"因此而起，今拟设立衙门，洋人闻之"欣喜非常，自应迅速建立，以驯其情"。换句话说，如果不迅速设立总理各国事务的衙门，就不能"驯其情"，洋人还会来找麻烦。奕䜣最怕"洋祸"，谈"洋"色变，心惊肉跳，但又不能漠然视之，果能"驯其情"，设衙门何妨？奕䜣打洋人"牌"，比用其他方式更具有说服力。恭亲王同时特别强调，总理衙门只是一个临时性的外交机构，一旦"军务肃清，外国事务较简，即行裁撤，仍归军机处办理，以符旧制"。这"以符旧制"，耐人寻味。奕䜣深知，"天朝"传统最重成例，标新立异的事"此路不通"，而把总理衙门说成是临时机构，办完事就裁，仍回归"旧制"，就比较容易逾越那道"心理障碍"。其实，谁都知道，在那个时代，"外国事务"只能越来越繁，总理衙门"裁"不了。"临时"还有一层意思，表明自己并无揽权恋栈之心，"热河派"不必太敏感。恭亲王的确很刁。

奏折拜发，恭亲王焦急地等待着消息，皇上能允准吗？

奕䜣的一片苦心没有白费，初十日（1月20日），上谕准在京师"设立总理各国通商事务衙门，着即派恭亲王奕䜣、大学士桂良、户部左侍郎文祥管理"。这的确是令人兴奋的消息。然而，读者不难发现，奕䜣奏请的是"总理各国事务衙门"，皇上批准的则是"总理各国通商事务衙门"，多出两个字——"通商"。两个字虽为毫厘之差，但谬之千里，性质完全不同。加上"通商"的标签等于大大降低总理衙门的地位，使它的"权域"局限在通商范围内，悖离了恭亲王的初衷。恭亲王转喜为忧。他心里明白，"热河派"对权力至为敏感，虽然他的请设总理衙门的"统筹全局"的奏折作了"技术"处理，但还是被"热河派"看穿了，总理衙门批是批了，却给他套上一条绳索，于公于私都不利。他不甘心就此罢休，于是上疏陈情，说，通商事宜，上海、天津等地均有大员专办，臣等在京不便遥控，况洋人"虽唯利是图，而外貌总以官体自居，不肯自认为通商，防我轻视。今既知设有总理衙门，则各国与中国交涉事件，该夷皆恃臣等为之总理，藉以通达其情。若见照会文移内有'通商'二字，必疑臣等专办通商，不与理事，饶舌必多，又滋疑虑"。奕䜣继续打洋人"牌"，曲折表达了自己不愿"专办通商"的强烈要求，坚请"节去'通商'二字，嗣后各处行文，亦不用此二字，免致该夷有所藉口"。奕詝无奈，"依议"，批准了奕䜣的请求。

咸丰十一年二月初一日（1861年3月11日），恭亲王终于领到期待已久的"钦命总理各国事务"的关防，并在京师东堂子胡同原铁钱局设立总署衙门，正式启用关防。恭亲王笑了，他成功了。

总理衙门内部机构设置，"一切仿照军机处办理"，人员编制分大臣和章京（具体办事人员）两级。分股办事是其突出的特点。各股职掌分别为：

英国股：负责英、奥斯马加（奥地利）两国的交涉事务，并掌办各国通商及关税等事。

法国股：负责与法、荷、日斯巴尼亚（即西班牙）、巴西四国的交涉事务，并掌保护民教及华工等事。

俄国股：负责俄、日两国的交涉事务，并掌陆路通商、边防、疆界、外交礼仪、本衙门官员的任免、考试、经费等事。

美国股：负责美、德、秘、意、瑞典、挪威、比、丹、葡等国的交涉事务。

海防股：负责南、北洋海防之事，包括长江水师、北洋海军、沿海炮台、船厂、购置轮船、枪炮、弹药，制造机器、电线、铁路及各省矿务等事。

司务厅：负责收发文件、呈递折件、保管监督使用印信等事务。

清档房：负责编辑缮写、校对清档。

电报处：负责翻译电报。

银库：负责存储本衙门出纳现金。

总理衙门的艰难出世，标志着"天朝"体制下"闭关锁国"政策的放弃，标志着中国"无所谓外交"时代的终结，标志着中国走向近代国际社会。中国开始觉醒了。

总理衙门从诞生到光绪二十七年（1901年）改组为"外务部"（1921年南京临时政府"外交部"由此脱胎而来，并沿用到今天），存在了整整40年。40年，风风雨雨，总署与近代中国屈辱的命运蝉联，签订一个又一个不平等条约，办了一个又一个屈辱性的外交。（这不应该是总署本身的责任，而是中国综合国力太虚弱所致。弱国无外交。）但不能抹煞总理衙门在对外开放中的作用。更重要的是，它领导掀起了一场拯救中国命运的"自强"运动——洋务运动，建工厂、开矿山、派留学、办学堂、引进先进技术……大凡与"洋务"、与中国近代化有关的事业，都与总理衙门血脉相通。总理衙门不仅仅是一个单纯的外交机构，而是总汇"新政"（近代化事业）的包罗万象的洋务衙门，"凡策我国之富强者，要皆于该衙门为总汇之地"。它因此成为军机处之外的清政府又一神经中枢机关，当初外国人视为清"帝国政府的内阁"，后世学者则称"洋务内阁"。

学界普遍认为，中国的近代划分为三个层面：物质层面、制度层面、文化层面，循序渐进。总理衙门率领的洋务运动是中国近代化的开端。今天的历史学家研究总理衙门，也都承认它是中国近代史上第一个正式的外交机构，标志着中国近代化外交机构设立的开端，也揭开了晚清政治体制变革的帷幕，为晚清政治制度的近代化开创了先例。比之荒唐年代的"卖国论"，是认识上的巨大飞跃。不过，作者还是想在他们的富有创见的成果基础上，进一步提出：中国的近代化始于制度层面，总理衙门的成立就是标志。"制度层面"是多个板块构成的整体，政治制度、政治体制、政权机构等都是主要"板块"。近代化外交机构的设立，说明中国的近代化首先在政治层面打开了一个缺口，"帷幕""先例"实际上表达了同样的见解，如此说来，作者倒有"标新立异"之嫌了。没有标新立异，也许就没有历史研究的发展。中国的近代化启动了，伴

随着总理衙门的诞生。制度层面、物质层面、文化层面交叉互动（而不是循序渐进），推动着中国步履维艰地跋涉迈进。近代中国没有沉沦，它在曲折地向前发展。

总理衙门是中国近代化的"火车头"，恭亲王奕䜣有筚路蓝缕之功。

总理衙门设立了，但这仅仅是一个开端。恭亲王欣喜的同时深感任重而道远。回首昨天，《北京条约》签字仪式那一幕，历历在目：他根据惯礼，走上前去迎接刚下轿的、身穿华丽英国大臣礼服的额尔金勋爵，然而这位英国大使竟佯装没有看见皇帝御弟的这一动作，直奔签约大厅，甚至连头也没回一下。接着对他一言不发，就自顾自地坐到为他准备的位子上，一位英国的摄影师负责把签约场面摄入镜头。在摄影的时候，额尔金勋爵一点也不考虑到他这位中国亲王的在场，竟下令全体肃立，"他的话突然一出口，把那些不懂其意的中国人都吓个半死，在英国摄影师的机头转动下，他们连动都不敢动一下……这样做当然严重地伤害了恭亲王的自尊心"。这是他引为深耻的一幕。这岂止是他个人的耻辱！"天行健，君子以自强不息"，这源出《易经》的"古训"在他心中产生强烈的共振。大清帝国要想在国际舞台上立足，没有别的路可走，只有奋发图强。他在奏请设立总理各国事务衙门不久，上了《奏请八旗禁军训练枪炮片》，补充说，"探源之策，在于自强，自强之术，必先练兵。现在国威未振，亟宜力图振兴"。这里，他首倡"自强"。如今总理衙门总算如愿以偿出世了，他胸中涌动着"自强"的巨大激情。他，以总理衙门为依托，开始着手绘制新的蓝图，尽管他仍有后顾之忧。

"行在"热河的咸丰皇帝奕詝仍在用虚骄"自慰"着深受痛创的心。总理衙门虽然出于"抚夷"需要批准设立了，但心不甘情不愿，他和"天朝"遗老们，无不把它看作是耻辱的标签，"日恨其不早裁撤，以为一日衙门尚存，即一日国光不复"。恨也罢，容忍也罢，天朝独尊的"国光"永远不会再"复"，情愿不情愿，中国已不可能再自我孤立于世界民族之林了。

历史，在钦服恭亲王超越"自我"的胆识时，似乎也不应该忘记奕詝，他虽然是过了时的皇帝，但没有他的"朱谕"，总理衙门恐怕真要"胎死腹中"了。在专制时代，帝王自愿不自愿的行为，都会对历史发生影响，这是中国政治史上的一个重要特色。

忧虑而终

咸丰十一年（1861）七月，咸丰帝病危，已经昏迷了数日。

这一天午后，咸丰帝服了重用参苓的药，精神大振。他知道这是极珍贵的一刻，不敢等闲度过，便传旨召肃顺。

一看皇帝居然神采奕奕地靠坐在软榻上，肃顺大为惊异，跪安时随即称贺："皇上大喜，圣恙真正是大有起色了。"

咸丰帝摇摇头，只说："你叫所有的人都退出去，派侍卫守门，什么人都不许进来。"

这是有极重要、极机密的话要说，肃顺憬然领旨，安排好了，重回御前，垂手肃立。

"这里没有别人，你搬个凳子来坐着。"

越是假以辞色，肃顺反而越是不敢逾礼，跪下回奏："奴才不敢！"

"不要紧！你坐下来，说话方便。"

想想也不错，他站着听，皇帝就得仰着脸说，未免吃力，所以肃顺磕个头，谢了恩，取条拜垫过来，就盘腿坐在地上。

"肃六，我待你如何？"

就这一句话，肃顺赶紧又趴下来磕头："皇上待奴才，天高地厚之恩。奴才子子孙孙做犬马都报答不尽。"

"你知道就好。我自信待你不薄。只是我们君臣一场，为时不多了，你别看我这会儿精神不错，我自己知道，这是所谓的'回光返照'。"

他的话还没有说完，肃顺感于知遇，触动悲肠，霎时间涕泪交流，呜呜咽咽地哭着说道："皇上再别说这话了！皇上春秋正富，哪里有天崩地坼的事？奴才还要伺候皇上几十年……"越说越伤心，竟然语不成声了。

咸丰帝又伤感，又欣慰，但也实在不耐烦他这样子，"我知道你是忠臣，大事要紧，你别哭了！"咸丰帝用低沉的声音说："趁我现在精神好时，有几句要紧话要嘱咐你。"

"喳！"肃顺慢慢地止住哭，拿马蹄袖擦一擦眼泪，仍旧跪在那里。

"我知道你平时尊敬皇后，将来要不改常态，如我在时一样！"

这话隐含锋芒，肃顺不免局促，碰头发誓："奴才如敢不敬主子，叫奴才天诛地灭。"

"除了尊敬皇后，还要保护皇后，如果将来有谁爬到皇后头上去，你要想法制止。"

咸丰帝虽没有直接说出"谁"来，但肃顺是明白的。咸丰帝的话说明，他已看出懿贵妃有揽权的迹象。肃顺想，既然把保护皇后的重任托付给了我，就是让我将来辅弼幼主，既是如此，何不趁此机会把私下里商量好的顾命大臣的名单提出来呢？想到这，肃顺说道：

"奴才承皇上隆恩，托付大事，只怕粉身碎骨，难以图报。不过奴才此刻有句话，不敢不冒死陈奏，将来责任重大，总求皇上多派几个赤胆忠心的人，与奴才一起办事，才能应付下来。"

肃顺平时的口才很好，这番话却说得支离破碎，极不得体。好在皇帝懂他的意思，便问道："你说的是顾命大臣吗？"

肃顺不敢公然答应，只连连碰头。

咸丰帝沉默了一会，说："照你看，有哪些人可受顾命？"

"此须上出宸顾，奴才不敢妄议。"肃顺故意这样以退为进地措辞。

"说说无妨，我好参酌。"

于是肃顺慢条斯理地答道："怡、郑两王原是先朝受顾命的老臣。随扈行在的四军机，是皇上特简的大臣。还有六额驸，忠诚谨厚，奴才自觉不如。这些人，奴才取保，决不会辜负皇上的付托。"

"嗯，嗯。"皇帝这样应着，闭上眼，吃力地拿手捶着腰，显出疲倦的样子。肃顺看到皇上累了，赶紧告辞。肃顺知道，尽管皇上没对提出的几位顾命大臣表示什么意见，但这些提议肯定会对皇上起作用的。

咸丰十一年（1861）七月十四日，咸丰帝病情加重，危在旦夕。宫内上下都知道了皇帝病情，大家都把一颗心悬得高高的，准备应付不测之变。

肃顺是咸丰帝最宠信的大臣。由于平素树敌太多，所以，他想到，要想在咸丰帝驾崩的混乱时期，保护自己，就必须抓权。权不但要重，还要多，差使揽得越多，越容易防范周密。正是出于这种考虑，肃顺在皇后生日那天，抓机会又揽到一项差使，"署正黄旗领侍卫内大臣"。在内廷当差的"御前侍卫"和"乾清门侍卫"。都在"正黄""镶黄""正白"这所谓的"上三旗"中选拔。肃顺由于这项差使，使得他掌握了指挥正黄旗侍卫的权力，对于控制宫门交通，获得了更多的方便。

当然，指挥正黄旗侍卫的权力在这个时候并不是主要的。在这个时候抓权，莫过于抓到顾命大臣的权力。自己抓到顾命大臣这个权，只是问题的一个方面，另一方面还要把自己的政敌排斥在顾命大臣之外。他自信，凭着自己在咸丰帝面前所取得的信任，这是能办到的，但必须计划周密。正是为了这，肃顺、载垣、端华和杜翰四人特别密商了一次顾命大臣名单。

密商是在肃顺家的一座水阁中进行的。端华先发言，他用那被鼻烟染得黑黑的手指，指点着说："你、他、他、我，这里就四个人。"

"军机大臣全班。"载垣插话。

"不，不！"肃顺纠正载垣的话："怎么说是全班，文博川不在内。"

"那就是三位，穆、匡、焦，加上咱哥儿四个，这就七位了。"

"还应该添一个。"肃顺说了一句，望着杜翰又问："你懂我的意思吗？"

"中堂的意思我懂。"杜翰点点头。

不仅杜翰，就是载垣、端华，稍微想了想，也都懂了肃顺的用意。大清朝的家法，对于"亲亲尊贤"四个字，看得特重，选派顾命大臣，辅保幼主，更不能有违这两个规矩，但"尊贤"的贤，只凭宸断，"亲亲"的亲，却是不能假借的，至亲莫如手足，皇帝又曾受孝静太后的抚养，这样说来，亲中之亲，莫如恭王，所以顾命大臣的名单中，如果要排挤掉恭王，就必须有一个适当的人，作为代替。

景寿是额驸，皇帝的嫡亲姐夫，年龄较长，而且以御前大臣兼着照料大阿哥上书房的事务，派为顾命大臣，不失"亲亲"之义，这样，用此一位沉默寡言的老好人来抵制恭王，勉强也可以堵塞悠悠之口。

顾命八大臣算是有了。接下来的就是如何找机会向咸丰帝建议了。

肃顺在为维持自己的权力作积极的部署。同样地，懿贵妃也在为自己的名位作打算。在咸丰帝病危之时，懿贵妃回首宠冠六宫的日子，追思往日恩情，不免临风雪涕。但是，她知道，现在不是伤心的时候，现在是她一生最紧要的关头，丝毫怠忽不得，特别是在大阿哥身上，她必须多下功夫，把他抓得紧紧的。

她教了大阿哥不少的话，其中最重要的只有一句："封额娘做太后。"这句话说起来不难，难在要说得是时候，不能说迟了，说迟了就可能又落在皇后后面，不是同日并封，两宫齐尊。但更不能说早了，如果皇帝犹未宾天，大阿哥说了这句话，会替她惹来大祸。最好是在皇帝一咽气，大阿哥枢前即位，第一句就说这话，那便是御口亲封，最光明正大的了。

此时，肃顺的政敌——奕䜣，虽身在京城，远离热河，也时刻注意热河方面动静，并几次请求来热河探望（实质是了解咸丰帝病情）。同时，奕䜣还极力结交握有重兵的武将，为在即将到来的混乱中重新把握朝政做准备。

咸丰十一年（1861）七月十六日，咸丰帝早膳的胃口还很好，到了下午，突然昏厥。宫中又乱作一团。

栾太等三名御医早已闻讯赶到，赶紧诊脉。认定是虚脱后，栾太立即开出药方"通脉四逆汤"，重用人参、附子，并派人煮药，救治。

服下"通脉四逆汤"以后，咸丰帝渐渐苏醒，转侧张眼，用微弱的声音说："我不行了！"然后把脸转向肃顺继续说："你找人来吧！大阿哥、宗令、军机、诸王。"

这些人除了大阿哥刚刚睡觉外，早已在外等候。肃顺转身出门，宣召亲王及军机大臣进见。

以惠亲王绵愉为首的亲王及军机大臣一个个悄悄地进入东暖阁，排好班次，磕头请安。发言的仍然是唯一奉旨免去跪拜的惠亲王，他用没有感情的声音说道："皇上请宽心静养！"

"五叔！"皇帝吃力地说："我怕就是这两天了。"

一句话未完，跪在地上的人，已有发出哭声的。咸丰帝枯疲的脸上，也掉落两滴晶莹的泪珠。

歇了一会儿，咸丰帝又一个字一个字地说："宗社大计，早定为宜。本朝虽无立储之制，现在情形不同，大阿哥可以先立为皇太子。"

惠亲王代表所有承命的人，复诵一遍，表示奉沼："是！大阿哥为皇太子。"

"大阿哥年纪还小，你们务必尽心匡助。现在，朕特委派几个人，专责辅弼。"

到了最紧要的一刻了，所有的亲王和军机大臣都凝神息气，用心听着，生怕听错了一个字。

"载垣、端华。"咸丰帝念到这里，停了下来，好久未再作声。

每一个人都在猜测着，咸丰帝所要念的下一个名字。此时肃顺在想，皇帝可别临时变卦，念出恭亲王的名字呀！

咸丰帝继续宣示名单："景寿、肃顺、穆荫、匡源、杜翰、焦祐瀛。"

这一下可喜坏了肃顺等人，因为这正是肃顺等人私下里拟定又由肃顺向咸丰帝建议的人选哪。载垣看了看端华和肃顺，磕一个头，结结巴巴地说："臣等仰承恩命，只恐才具不足以负重任。只有竭尽犬马，尽心辅助，倘有异心，天诛地灭，请皇上放心。"

这番话虽不甚得体，总算有个交代了。咸丰帝点点头，又问："大阿哥呢？"

大阿哥已由太监抱来，在门外等候，此刻听到宣召，专门服侍大阿哥的太监赶紧把他放下地来，半哄半吓地说："皇上叫了，乖乖去吧！记着，要学大人的样子，懂规矩，千万不能哭，一哭，明天我就不能陪你玩了。"

穿着袍褂的大阿哥，听太监说一句，应一句。正这时，景寿掀帘出来，牵着大阿哥的手，走进屋来。大阿哥走到御榻前，跪了安，叫一声："阿玛！"

咸丰帝握住大阿哥一只小小的温暖的手，想到六岁的儿子马上就要承担一片破烂的江山，百感交集。他觉得对不起祖宗，也对不住子孙，此时才知生死大限是如何严酷无情！万般皆难撒手，而又不得不撒手。想到这，心里一阵酸痛，眼泪不禁夺眶而出。

就这样呆了片刻，咸丰帝止住眼泪稳定稳定情绪，手摸着大阿哥的小脸，看着载垣说："我把他交给你们了！"

"是！"载垣肃然答道："大阿哥纯孝天生，必是命世的令主。"

咸丰帝又将目光移回大阿哥脸上，说："你也认一认我所托付的八大臣，给他们作个揖吧！"

载垣代表顾命八大臣辞谢，皇帝不许。最后，惠亲王发言劝阻，顾命八大臣站成一排，与大阿哥相向而立。一面作揖，一面跪下还礼，这样咸丰帝算是当面托过孤了。

在形式以外，还有最重要的一道手续。肃顺命人抬来几案，备了丹毫，要咸丰帝亲笔朱谕，以昭慎重。但这时咸丰帝已经无法写字，握着笔的手，不住地发抖，竟写不出一个字来，唯有颓然掷笔，说一句"写来述旨"！

奉旨，杜翰以为皇帝代笔的立场，简单扼要地写了两道"手谕"，捧交最资深的军机大臣穆荫，穆荫转交御前大臣肃顺，肃顺把"手谕"放在咸丰帝身边的几案上，捧过仙鹤形的金烛台，照映着皇帝看那两个文件。

"念给大家听听吧！"

肃顺捧着上谕，面南而立，念道："立皇长子载淳为皇太子。特谕。"又念第二道："皇长子载淳现为皇太子，着派载垣、端华、景寿、肃顺、穆荫、匡源、杜翰、焦祐瀛尽心辅弼，赞襄一切政务。特谕。"

咸丰帝听后没有表示不同意见，这就是认可了。办了这件大事，咸丰帝像泄了气的皮球，颓然垂首，双眼紧闭。惠亲王见此，说了句："皇上歇着吧！"亲王、军机大臣纷纷跪安退出。

又不知过了多少时间，咸丰帝朦胧中听到呜呜哭泣声，抬眼一看是皇后跪在榻前。皇后钮祜禄氏端庄贤厚，极有教养，最得咸丰帝敬重。咸丰帝费力地侧了侧身，伸手握住皇后纤嫩的秀手，喘了几口大气，吃力地说道："朕不行了。"听到这话皇后的哭声越发高了起来。过了一会儿，皇后的哭声小了一点的时候，咸丰帝又继续说道："你要保重自己。把皇儿照顾好。"说着伸手从枕头底下拿出一个蜀锦小囊和一张黄纸，递给皇后。皇后不解地望着咸丰帝，随手先打开锦囊，锦囊里面是一枚长方小玉印，上面刻着"御赏"二字。看到玉印，皇后知道了这是乾隆朝传下来的。皇后又打开黄纸，见上面朱笔书写着一行字："某如恃子为帝，骄纵不法，卿即可按祖宗家法治之。特谕。"皇后惶惑地望着咸丰帝。咸丰帝知道皇后没有理解自己的用意，解释说："这颗玉印将来可限制权臣独断专行，目无君长；这道朱谕将来用于惩治违犯祖宗家法之人。"皇后听罢，给咸丰帝磕了一个响头，含着眼泪说了句："给皇上谢恩。"

咸丰帝显得很累的样子，但还是说道："让她们依次进见吧！"

皇后明白这是要见嫔妃最后一面，于是吩咐太监宣召懿贵妃。懿贵妃正候在门外，听到宣召，即趋入门内，跪在皇后身后。

"兰儿！"咸丰帝叫道。

"兰儿在。"皇后回身示意懿贵妃到前面来。懿贵妃站起身，拿着拜垫，跪到了榻前，把头低下，鼻子里发出欹歔欹歔的声音。

咸丰帝闭着眼，伸手又从枕下摸出颗印来，递给皇后，说了句："'同道堂'印给兰儿！"

懿贵妃听罢，把方才压下去的哭声尽量地放了开来。这一哭，皇后心酸得也忍不住了，着急地说："别哭了！快磕头谢恩吧！"

懿贵妃从皇后手里接过那枚一寸见方，阴文大篆的汉玉印，趴在地上给皇帝磕了个响头。

"兰儿，"咸丰帝说道："我只有一句话：'要尊敬皇后。'"

"我记在心里，"懿贵妃又补充说："我一定遵旨。"

"好！你先下去吧！"

皇后又把其他嫔妃也都宣入皇帝寝宫，——做了嘱咐。入夜，咸丰帝开始"上痰"了。王公大臣都跪伏在地，皇太子在御榻前拜了下去。看看久无声息，肃顺点了根安息香，凑到咸丰帝鼻孔下，去试探可还有呼吸。那支香依旧笔直的一道烟，丝毫看不出有鼻息的影响。肃顺便探手到皇帝胸前，一摸已经冰凉，随即双泪直流，一顿足痛哭失声。

咸丰皇帝宾天了。

附录：咸丰大事记

公元	年号	大事记
1831	道光十一年	六月初九日，皇四子奕詝诞生。
1836	道光十六年	正月二十七日，皇四子奕詝受书于杜受田。
1836	道光十六年	是年，广东花县人洪秀全年二十四岁，再赴广州应试，仍不第，得基督教徒梁学善《劝世良言》小册。
1846	道光二十六年	六月十六日，宣宗亲书奕詝名，预立储贰。
1850	道光三十年	正月十四日，宣示朱谕，立皇四子奕詝为皇太子。
1850	道光三十年	正月十七日，封诸弟为王，奕訢为恭亲王，奕譞等为郡王。
1850	道光三十年	正月二十五日，派正副使前往朝鲜国颁遗诏。
1850	道光三十年	二月初五日，添派大臣营建昌西陵。
1850	道光三十年	二月初十日，谕令广西巡抚郑祖琛协剿李沅发。
1850	道光三十年	二月十七日，通谕沿海整顿水师，认真巡缉。
1850	道光三十年	三月十九日，江苏白茆河淤塞，奉准移建海口石闸于老闸桥。
1850	道光三十年	四月初三日，准俄罗斯于伊犁、塔尔巴哈台通商贸易。
1850	道光三十年	四月十一日，户部疏陈整顿财政，奉旨实力剔除。
1850	道光三十年	四月十八日，以英人欲赴天津呈递公文，命两江总督等开导晓谕。
1850	道光三十年	四月二十三日，密谕直隶总督接收英人文书。
1850	道光三十年	五月初六日，命直省督抚考核州县。
1850	道光三十年	五月初六日，命广西巡抚郑祖琛严拏会党。
1850	道光三十年	五月二十日，改山东登州镇为水师。
1850	道光三十年	五月二十二日，诏东南两河会勘民堰。
1850	道光三十年	六月初三日，以永定河漫溢，议处失职人员。
1850	道光三十年	六月十六日，广西三合会进扰贵县龙山墟。
1850	道光三十年	六月十九日，以两广盗匪充斥，命两广督抚等分路缉拏，合力围捕。
1850	道光三十年	六月二十六日，上海《北华捷报》出版。
1850	道光三十年	七月初一日，命沿海督抚筹办海防，严密修备。

公元	年号	大事记
1850	道光三十年	七月十八日，命沿海各省督抚预防英人。
1850	道光三十年	七月二十一日，坐延请道士治病，吏部尚书文庆等革职。
1850	道光三十年	七月二十五日，不准英人违约居住福州城内及采购台湾煤炭。
1850	道光三十年	八月初八日，英船遭风，船员被杀。
1850	道光三十年	八月二十七日，河南捻匪劫掠横行，命督抚严捕。
1850	道光三十年	八月二十八日，广西贵县来土械斗，伤毙多命。
1850	道光三十年	九月初八日，以广西会党猖獗，调兵赴剿，举办团练。
1850	道光三十年	九月十三日，起林则徐为钦差大臣，办理广西剿抚事宜。
1850	道光三十年	十月初一日，广西桂平县金田村拜上帝会起事。
1850	道光三十年	十月二十八日，大学士穆彰阿褫职，协办大学士耆英降员外郎。
1850	道光三十年	十一月十二日，命李星沅为钦差大臣，赴广西办理剿捕事务。
1850	道光三十年	十一月十七日，命各省藩库积存杂款，拨充军需，暂缓开捐。
1850	道光三十年	十一月二十八日，广西贵县来民入拜上帝会。
1851	道光三十年	十一月二十九日，洪秀全大破黔桂军于桂平蔡村。
1851	道光三十年	十二月初十日，太平天国正式建号。
1851	道光三十年	十二月十二日，通谕各省以《御纂性理精义》《圣谕广训》为课读讲习之要。
1851	道光三十年	十二月十二日，命伊犁将军奕山酌定俄罗斯通商条例以闻。
1851	道光三十年	十二月十三日，敕江苏苏州、松江、常州、太仓漕粮海运。
1851	咸丰元年	正月初一日，豁免民欠，各省道光三十年以前民欠钱粮全行豁免。
1851	咸丰元年	正月初四日，命杜受田将《履信书屋全集》校勘编次。
1851	咸丰元年	正月初八日，杜受田呈递奏单，发军前妥办。
1851	咸丰元年	正月二十四日，诏翰詹诸臣撰拟讲义，分日进呈。
1851	咸丰元年	正月二十五日，英人在琉球逗留，命徐广缙开导撤回。
1851	咸丰元年	二月十一日，太平军入武宣。
1851	咸丰元年	二月二十一日，天王洪秀全在武宣登极。
1851	咸丰元年	二月二十三日，诏廓尔喀请进登极表贡统俟咸丰二年例贡一同呈进。
1851	咸丰元年	二月二十八日，命四川、河南、广东等省查禁邪教。
1851	咸丰元年	三月初八日，颁发浙江法喜寺匾额。
1851	咸丰元年	三月初九日，命大学士赛尚阿驰往湖南办理防堵。
1851	咸丰元年	四月初二日，谕伊犁将军拒俄人喀什噶尔贸易之请。

公元	年号	大事记
1851	咸丰元年	四月初二日，命赛尚阿驰赴广西接办军务。
1851	咸丰元年	五月初二日，因太平军入象州，周天爵革总督衔。
1851	咸丰元年	五月初七日，谕赛尚阿酌仿坚壁清野之法。
1851	咸丰元年	五月初十日，副都统乌兰泰败太平军于象州。
1851	咸丰元年	五月十八日，琦善妄杀雍沙番族，夺职逮问。
1851	咸丰元年	六月初二日，谕赛尚阿剿办方略。
1851	咸丰元年	六月初四日，钦差大臣赛尚阿驰抵桂林，奏陈统筹全局。
1851	咸丰元年	六月初四日，太平军自象州折回武宣。
1851	咸丰元年	六月初八日，法领事要求给还天主教堂。
1851	咸丰元年	六月十二日，越南差官护送遭风弁兵回粤。
1851	咸丰元年	六月二十日，日本海难船送至香港。
1851	咸丰元年	六月二十二日，河南捻匪肆横，诏所司捕之。
1851	咸丰元年	六月二十四日，以安徽捻匪滋扰，诏有司及早剪除。
1851	咸丰元年	六月二十七日，中俄订立《伊犁塔尔巴哈台通商章程》。
1851	咸丰元年	七月初三日，上海不许英人开路。
1851	咸丰元年	七月初六日，诏直省督抚整饬吏治。
1851	咸丰元年	七月十五日，清军攻毁太平军要隘。
1851	咸丰元年	七月十七日，命直省督抚酌行保甲。
1851	咸丰元年	七月二十一日，命湖广督抚查禁邪教，销毁《性命圭旨》。
1851	咸丰元年	七月二十二日，颁行《敬阐圣谕广训黜异端以崇正学韵文》。
1851	咸丰元年	七月二十六日，闽粤海盗破山东登州水师。
1851	咸丰元年	八月初二日，以班禅额尔德尼七旬生辰，颁赏物件，赏赐班禅。
1851	咸丰元年	八月初四日，颁赐御制诗石刻。
1851	咸丰元年	八月二十日，南河丰北厅兵三堡黄河漫溢。
1851	咸丰元年	闰八月初一日，太平军攻占永安州城。
1851	咸丰元年	闰八月初一日，两江总督陆建瀛请禁天主教，命循守旧章。
1851	咸丰元年	闰八月初七日，太平军天王洪秀全入永安州城，令各兵将所得金宝物件，缴归圣库。
1851	咸丰元年	九月初二日，选择吉地，命庄亲王等办理。
1851	咸丰元年	九月初十日，清军分路进攻永安南北。

公元	年号	大事记
1851	咸丰元年	九月十九日，诏暹罗毋庸遣使进香。
1851	咸丰元年	九月二十四日，诏议漕米河海并运，以裕库储。
1851	咸丰元年	九月二十七日，广东会党首领何名科等在广西贵县被擒。
1851	咸丰元年	十月初五日，两江总督陆建瀛奏报广艇投降，诏密察情形。
1851	咸丰元年	十月初六日，台湾嘉义县民洪纪等竖旗起事。
1851	咸丰元年	十月二十五日，太平天国天王洪秀全在永安封王。
1851	咸丰元年	十月二十六日，贵州苗匪滋事，命实力查拏。
1852	咸丰元年	十一月二十七日，敕礼部刊刻民间服色规条，以崇俭黜奢。
1852	咸丰元年	十一月二十八日，两广总督徐广缙奏报剿办儋州匪徒，奉旨择尤保奏。
1852	咸丰元年	十二月初六日，命福建督抚查拏红会、花会、江湖会。
1852	咸丰元年	十二月二十三日，朱骏声呈递《说文通训定声》，奉旨赏加国子监博士衔。
1852	咸丰元年	十二月二十三日，赛尚阿统兵至永安州城以北三里安设大营。
1852	咸丰二年	正月十一日，诏禁演戏奢靡积习。
1852	咸丰二年	正月十六日，《朱子全书》缮写告竣，赏赐缮写人员。
1852	咸丰二年	正月十七日，命福建督抚妥办保甲，严查棚民。
1852	咸丰二年	正月二十六日，闽浙总督奏报擒获台湾歃血结盟首伙各犯一折到京。
1852	咸丰二年	正月二十八日，清军炮轰永安州城，断其爨汲路径。
1852	咸丰二年	正月三十日，诏禁走会装演杂剧。
1852	咸丰二年	二月初一日，英船私运华工出洋。
1852	咸丰二年	二月十七日，太平军冒雨自永安突围。
1852	咸丰二年	二月二十九日，太平军围攻桂林。
1852	咸丰二年	三月初七日，太平军力攻桂林北门。
1852	咸丰二年	四月初三日，浙江乡民藉豁免民欠滋事，诏命分案查拏。
1852	咸丰二年	四月初四日，诏河东矿务，照新定章程办理。
1852	咸丰二年	四月初四日，命国史馆编纂本纪。
1852	咸丰二年	四月初五日，诏宣宗实录馆提调等交部议叙。
1852	咸丰二年	四月初六日，命徐广缙为钦差大臣，接办广西军务。
1852	咸丰二年	四月初八日，甘肃中卫城乡地震。
1852	咸丰二年	四月十五日，诏禁无票流民私出边卡。

公元	年号	大事记
1852	咸丰二年	四月十八日，徐继畲奏请土木、晏安、壅蔽三渐宜防。
1852	咸丰二年	四月二十三日，湘勇败太平军于全州蓑衣渡。
1852	咸丰二年	五月十七日，琉球海难船漂至山东洋面。
1852	咸丰二年	六月初五日，以丰北漫口，诏办理山东赈务。
1852	咸丰二年	六月初六日，回匪铁完库里霍卓窜扰乌什卡伦。
1852	咸丰二年	六月初七日，命赛尚阿督办湖南军务，徐广缙接办广西军务。
1852	咸丰二年	六月初九日，逆回倭里罕纠约布鲁特突入卡伦。
1852	咸丰二年	六月十二日，广东罗镜会党凌十八等被擒斩，乱平。
1852	咸丰二年	六月十四日，诏郑亲王端华退出御前大臣。
1852	咸丰二年	六月二十九日，太平军攻占桂阳州城。
1852	咸丰二年	七月初一日，给事中袁甲三覆奏载铨广收门生。
1852	咸丰二年	七月初三日，太平军占领郴州，焚学宫，毁孔子木主。
1852	咸丰二年	七月十一日，回匪滋扰，铁完库里霍卓等夜窜至小阿尔吐什庄。
1852	咸丰二年	七月十二日，太平军自郴州北破永兴。
1852	咸丰二年	七月十三日，廓尔喀贡使行抵前藏。
1852	咸丰二年	七月十六日，诏将军督抚保举知兵人才。
1852	咸丰二年	七月十六日，诏直省城垣一律修茸完整。
1852	咸丰二年	七月二十四日，命徐广缙赴湖南接受钦差大臣关防。
1852	咸丰二年	七月二十五日，湖南浏阳会党征义堂起事。
1852	咸丰二年	七月二十八日，太平军围长沙，西王萧朝贵中炮伤。
1852	咸丰二年	八月初一日，以称病规避，广西提督向荣夺职，遣戍新疆。
1852	咸丰二年	八月初五日，以初举经筵，遣官告祭奉先殿。
1852	咸丰二年	八月初六日，朝鲜使臣进呈谢恩贡物。
1852	咸丰二年	八月二十一日，傅岩撰呈《平天下传》。
1852	咸丰二年	八月二十八日，以昌西陵竣工，恩赏有功各员。
1852	咸丰二年	八月二十八日，朝鲜使臣徐念淳等入觐于西安门内。
1852	咸丰二年	八月，广西全州孝义会起事。
1852	咸丰二年	九月初一日，天王洪秀全统大队太平军到长沙。
1852	咸丰二年	九月初二日，太平军败于长沙浏阳门外，是为浏阳门之役。
1852	咸丰二年	九月初二日，因视师无功，贻误封疆，命将赛尚阿褫职逮问。

公元	年号	大事记
1852	咸丰二年	九月十二日，太平军败于长沙渔网洲，是为渔网洲之役。
1852	咸丰二年	九月二十九日，太平军以地雷炸塌长沙南城城墙。
1852	咸丰二年	十月初七日，奏准浙江新漕改由海运。
1852	咸丰二年	十月初十日，英人诱拐华工，被殴致伤。
1852	咸丰二年	十月十九日，太平军以久攻长沙不下，乘雨撤围渡湘江，长沙撤围。
1852	咸丰二年	十月二十二日，诏禁沿海船只越境渔采。
1852	咸丰二年	十月二十八日，琉球请谕正副使臣等赴司投呈。
1852	咸丰二年	十一月初三日，太平军占领岳州。
1852	咸丰二年	十一月十三日，太平军攻陷汉阳。
1853	咸丰二年	十一月二十二日，班禅额尔德尼请旨进呈吉祥丹书克。
1853	咸丰二年	十一月二十九日，诏在籍侍郎曾国藩等督办团练。
1853	咸丰二年	十二月初二日，敕各省绅士在籍办理团练。
1853	咸丰二年	十二月初四日，太平军炸塌文昌门城墙，武昌省城失守。
1853	咸丰二年	十二月初六日，太平军东王杨秀清于武昌设圣库，并令城中居民拜上帝。
1853	咸丰二年	十二月初十日，太平军天王洪秀全于武昌设进贡公所。
1853	咸丰二年	十二月二十九日，朝鲜使臣徐有熏等入觐于午门外。
1853	咸丰三年	正月初二日，太平军离武昌东下，石达开等为前锋。
1853	咸丰三年	正月初六日，暹罗使臣入觐。
1853	咸丰三年	正月初八日，复诏湖南、广西办理团练。
1853	咸丰三年	正月初九日，班禅额尔德尼涅槃。
1853	咸丰三年	正月十七日，太平军攻占安庆省城。
1853	咸丰三年	正月二十六日，黄河丰北决口合龙。
1853	咸丰三年	二月初二日，琉球正副使入觐于东安门内。
1853	咸丰三年	二月初五日，捻匪窜扰河南永城县。
1853	咸丰三年	二月十一日，分路进攻，太平军入南京，攻破内城。
1853	咸丰三年	二月十三日，为援救南京，上海英国领事覆函吴健彰。
1853	咸丰三年	二月十四日，太平军编查南京户口。
1853	咸丰三年	二月二十日，天王洪秀全入南京城，改名天京。
1853	咸丰三年	二月二十三日，太平军占领扬州。
1853	咸丰三年	二月二十六日，诏查缉闽浙赣封禁山。

公元	年号	大事记
1853	咸丰三年	三月初六日，武英殿遵旨刊刻坚壁清野议，进呈样本。
1853	咸丰三年	三月十三日，诏各省团练缉拏土匪格杀勿论。
1853	咸丰三年	三月二十日，诏禁京城内外流民。
1853	咸丰三年	三月二十日，英使文翰至天京，说明英国中立态度。
1853	咸丰三年	三月二十一日，徐广缙奉旨斩监候秋后处决。
1853	咸丰三年	三月二十三日，定各省捐资备饷，增广学额。
1853	咸丰三年	四月初六日，福建小刀会响应太平军，入城戕官。
1853	咸丰三年	四月十一日，太平军北伐，破安徽临淮关。
1853	咸丰三年	四月二十三日，剿办抗粮戕官匪徒。
1853	咸丰三年	四月二十四日，南掌国遣使敏关进贡。
1853	咸丰三年	五月初一日，美国对中国内战采取不干涉政策。
1853	咸丰三年	五月初四日，哲布尊丹巴呼图克图寓馆移回原寓处。
1853	咸丰三年	五月十二日，太平军围攻开封。
1853	咸丰三年	五月二十五日，黄河南岸太平军自汜水折而南走。
1853	咸丰三年	五月二十七日，琦善猛攻扬州，尚未克复。
1853	咸丰三年	五月二十八日，美使马沙利会晤怡良，面交照会。
1853	咸丰三年	五月二十八日，黄河陡涨，丰工西坝漫塌。
1853	咸丰三年	五月二十九日，绅士水陆进攻瓜洲太平军，不克。
1853	咸丰三年	六月初七日，官军收复台湾凤山县城。
1853	咸丰三年	六月初八日，永定河蛰堤漫溢。
1853	咸丰三年	六月十一日，以章嘉呼图克图呼毕勒罕出痘安适，加恩赏赐。
1853	咸丰三年	六月十六日，俄罗斯要求开放海口贸易，理藩院移咨拒之。
1853	咸丰三年	六月十八日，浙江温州风雨成灾。
1853	咸丰三年	六月二十一日，浙江台州大水，城墙冲塌。
1853	咸丰三年	六月二十五日，朝鲜使臣姜时永等入觐。
1853	咸丰三年	六月二十六日，命巡防王大臣抄录《兵法要览》。
1853	咸丰三年	七月二十五日，福建添设炉座，兼铸大钱。
1853	咸丰三年	七月二十八日，太平军久攻怀庆不下，撤围西去，怀庆围解。
1853	咸丰三年	八月初五日，会党攻陷上海县城。
1853	咸丰三年	八月初十日，官兵剿平东川、寻甸回乱。

公元	年号	大事记
1853	咸丰三年	八月十五日，三合会攻占江苏青浦县城。
1853	咸丰三年	八月十七日，翰林阅看《三礼通释》。
1853	咸丰三年	八月十九日，诏禁蒙古人学习汉字。
1853	咸丰三年	八月二十日，恩赏达赖喇嘛哈达、念珠。
1853	咸丰三年	八月二十三日，太平军北伐，攻陷山西潞城。
1853	咸丰三年	八月二十八日，太平军破沙河，知县等遇害。
1853	咸丰三年	九月十八日，诏颁银钱钞法与银票相辅通行。
1853	咸丰三年	九月二十日，太平军李开芳等撤离直隶深州。
1853	咸丰三年	九月二十三日，剿败阜亳捻匪。
1853	咸丰三年	九月二十六日，清军收复九江郡城。
1853	咸丰三年	九月二十七日，缅甸贡使抵铁壁关。
1853	咸丰三年	十月初十日，琉球接贡船进口。
1853	咸丰三年	十月十一日，官军克复福建厦门全岛。
1853	咸丰三年	十月二十九日，太平军攻陷舒城。
1853	咸丰三年	十一月十七日，官兵击退会党，克复福建仙游县城。
1853	咸丰三年	十一月二十一日，户部奏准铸造当千大钱。
1853	咸丰三年	十一月二十三日，太平军大败胜保于独流。
1853	咸丰三年	十一月二十五日，后藏金塔寺供奉舍利。
1854	咸丰三年	十二月十二日，诏准哲布尊丹巴呼图克图之新呼毕勒罕用黄布围墙、黄色车轿。
1854	咸丰四年	正月十六日，户部议准浙江海运改由刘河口受兑放洋。
1854	咸丰四年	正月十六日，英国外相训令英使修订《中英条约》。
1854	咸丰四年	正月二十八日，曾国藩发布讨粤匪檄。
1854	咸丰四年	二月初五日，官兵进攻瓜洲太平军，总兵阵亡。
1854	咸丰四年	二月初八日，御文华殿举行经筵礼。
1854	咸丰四年	三月初十日，雷以諴推行厘金制度。
1854	咸丰四年	三月十五日，太平军攻占山东临清州城。
1854	咸丰四年	三月二十日，诏铸铁钱与铜钱并行。
1854	咸丰四年	三月二十二日，诏册封妃嫔金册著改用银质镀金。
1854	咸丰四年	三月二十四日，诏于江南北试行捐厘助饷。

公元	年号	大事记
1854	咸丰四年	四月初三日，太平军自山东冠县南走。
1854	咸丰四年	四月十三日，诏颁大钱式样。
1854	咸丰四年	四月十五日，诏八旗人员练习清文。
1854	咸丰四年	四月二十五日，俄罗斯东部西伯利亚总督木里斐岳幅率船东入黑龙江。
1854	咸丰四年	五月初二日，以西藏古庙修理完竣颁赏匾额。
1854	咸丰四年	五月初四日，太平军李开芳攻占山东高唐州城。
1854	咸丰四年	五月十六日，太平军攻陷湖南常德府城。
1854	咸丰四年	五月十九日，美使致书国务卿太平军无统治能力。
1854	咸丰四年	五月二十八日，云南回汉冲突。
1854	咸丰四年	六月初二日，太平军攻陷湖北武昌省城。
1854	咸丰四年	六月十七日，美国提督柏理与琉球订约。
1854	咸丰四年	六月二十一日，诏直隶筹办钱局钞局。
1854	咸丰四年	六月二十一日，英使包令照会怡良。
1854	咸丰四年	六月二十二日，诏安徽六安永增学额。
1854	咸丰四年	六月二十五日，官兵克复湖北沔阳州城。
1854	咸丰四年	六月二十九日，热河推行钞法，设立官钱局。
1854	咸丰四年	七月初六日，户部奏准停铸大钱。
1854	咸丰四年	七月初十日，诏加等严定私铸大钱罪名。
1854	咸丰四年	七月十五日，清军收复湖北安陆府城。
1854	咸丰四年	闰七月初二日，湘军克复岳州城陵矶。
1854	咸丰四年	闰七月初七日，诏阿拉善蒙古地界开采银矿。
1854	咸丰四年	闰七月十四日，清军克复安徽太平府城。
1854	咸丰四年	闰七月二十四日，厦门小刀会由台湾苏澳窜入鸡笼口内，登岸滋扰。
1854	咸丰四年	八月初四日，湘军克复湖北崇阳县城。
1854	咸丰四年	八月二十二日，清军克复安徽英山县城。
1854	咸丰四年	八月二十三日，湘军克复湖北武昌。
1854	咸丰四年	八月三十日，官绅克复安徽庐江县城。
1854	咸丰四年	九月初六日，官军克复广东龙门县城。
1854	咸丰四年	九月初九日，官军克复广东开平县城。
1854	咸丰四年	九月二十一日，湘军克复兴国、大冶两城。

公元	年号	大事记
1854	咸丰四年	十月初十日，理藩院奏准达赖喇嘛接管事务。
1854	咸丰四年	十月十三日，湘军克复蕲州田家镇。
1854	咸丰四年	十一月初八日，清军剿惠州太平军，克复河源县城。
1854	咸丰四年	十一月初八日，户部议准弛五斤以下铜禁。
1855	咸丰四年	十一月十五日，广东官军克复封川县城，肃清虎门洋面。
1855	咸丰四年	十一月二十三日，饬山西采办铁斤，以资鼓铸铁钱。
1855	咸丰四年	十一月二十五日，晋封那拉氏为懿嫔。
1855	咸丰四年	十二月初九日，饬催海船驾赴刘河口装运漕粮。
1855	咸丰四年	十二月初九日，命浙江巡抚履勘灾区，蠲缓钱粮。
1855	咸丰四年	十二月十四日，命琉球贡使毋庸绕道入京。
1855	咸丰四年	十二月十四日，四川官兵克复贵州桐梓县城。
1855	咸丰四年	十二月十五日，李鸿章克复安徽含山县城。
1855	咸丰四年	十二月二十九日，朝鲜使臣金铧等入觐于午门外。
1855	咸丰五年	正月初一日，清军克复上海县城。
1855	咸丰五年	正月十四日，安徽舒城太平军弃城走，官军克复舒城县城。
1855	咸丰五年	正月二十八日，陕甘总督易棠奏准变通制钱分两。
1855	咸丰五年	二月初六日，廓尔喀兵占据西藏济咙。
1855	咸丰五年	二月十六日，广东兵勇击退三合会，克复连州三江城池。
1855	咸丰五年	二月十七日，广东官军击败会党，克复德庆州城。
1855	咸丰五年	三月初三日，广东官军击败三合会党，克复清远县城。
1855	咸丰五年	三月十二日，广东官军收复四会县城。
1855	咸丰五年	三月二十三日，太平军由安徽进入江西，广信失守。
1855	咸丰五年	四月初五日，编修何绍基条陈臣工列传三品以下补行立传，以妄议更张，议不准行。
1855	咸丰五年	四月初六日，广东官军收复肇庆，天地会党走广西。
1855	咸丰五年	四月初九日，命驻藏大臣晓示廓尔喀撤兵。
1855	咸丰五年	四月初九日，诏湖南展缓乡试。
1855	咸丰五年	四月十六日，太平军占据三山，阻遏清军舟师上驶，为清军击退，肃清江面。
1855	咸丰五年	四月二十二日，琉球遭风船只进口。

公元	年号	大事记
1855	咸丰五年	四月二十五日，诏广西展缓乡试。
1855	咸丰五年	四月二十七日，亲王僧格林沁擒解李开芳入京，奉旨凌迟处死。
1855	咸丰五年	四月二十七日，以西安将军札拉芬战殁，湖广总督杨霈革职。
1855	咸丰五年	四月二十七日，广东官军击败会党，收复英德县城。
1855	咸丰五年	五月初一目，诏广东乡试展缓，于咸丰六年补行。
1855	咸丰五年	五月初一日，礼部题准乙卯科云贵乡试，简派正副考官。
1855	咸丰五年	五月初十日，以黄河北岸太平军肃清，裁撤京城巡防，缴呈印信。
1855	咸丰五年	五月初十日，广东佛山三合会袭陷湖南宜章县城，为参将李辅朝所破。
1855	咸丰五年	五月十三日，侍郎曾国藩遣内湖水师败太平军于青山。
1855	咸丰五年	五月十五日，太平军燕王秦日纲军进攻湖北金口，为胡林翼所败。
1855	咸丰五年	五月十五日，官兵克复休宁。
1855	咸丰五年	五月二十六日，安徽团练克复英山。
1855	咸丰五年	五月三十日，湘军水师败太平军于鄱阳湖姑塘青山。
1855	咸丰五年	六月初三日，陕甘总督奏请开采银矿，经军机大臣等议准。
1855	咸丰五年	六月初三日，清军水师败太平军，克复太平，直抵芜湖。
1855	咸丰五年	六月初九日，湖北绅练收复云梦。
1855	咸丰五年	六月初十日，湖北团勇收复应城。
1855	咸丰五年	六月十九日，下北兰阳三堡河工漫溢。
1855	咸丰五年	六月十九日，官军击败太平军，攻克芜湖县城。
1855	咸丰五年	六月二十日，河南兰阳河溢，全行夺溜。
1855	咸丰五年	六月二十八日，安徽宁池太广道改为徽宁池太广道，准其专折奏事。
1855	咸丰五年	七月初四日，山西阳城县大户赵连城等聚众抗粮，太原总兵捕擒之，乱平。
1855	咸丰五年	七月初六日，诏加封关帝先代封爵。
1855	咸丰五年	七月初九日，康慈皇太后陛遐，命恭亲王等管理应行事宜。
1855	咸丰五年	七月初九日，避暑山庄挖淤兴工。
1855	咸丰五年	七月十一日，琉球海难船只漂收浙江太平县。
1855	咸丰五年	七月十四日，湖北官军击败太平军，克复汉川县城。
1855	咸丰五年	七月十五日，湖北官军击败太平军，克复汉口，进围汉阳府城。
1855	咸丰五年	七月十六日，湘军击败太平军，克复义宁州城。

公元	年号	大事记
1855	咸丰五年	七月十六日，湘军击败太平军，收复江西都昌县城。
1855	咸丰五年	七月十七日，广东艇匪攻陷广西浔州府城。
1855	咸丰五年	七月二十一日，恭亲王奕䜣罢值军机，以文庆为军机大臣。
1855	咸丰五年	七月二十二日，俄人由松花江回行。
1855	咸丰五年	七月二十四日，湘军克复湖南东安县城。
1855	咸丰五年	七月二十六日，贵州苗乱，都江厅城失守。
1855	咸丰五年	七月二十六日，琉球遭风海难船只漂至大目洋。
1855	咸丰五年	八月十一日，分界委员会晤俄使木里斐岳幅。
1855	咸丰五年	八月二十四日，入山搜捕少数民族，四川参将失路被害。
1855	咸丰五年	八月二十九日，官军水路师攻破芜湖营垒，生擒太平军军帅王毕等人。
1855	咸丰五年	九月初十日，盛京将军英隆奏准奉天暂停捕打冬围。
1855	咸丰五年	九月十三日，广东天地会占领江西永新县城。
1855	咸丰五年	九月十四日，官军克复湖北崇阳县城。
1855	咸丰五年	九月十四日，贵州台拱苗人张秀眉攻陷丹江厅城。
1855	咸丰五年	九月十六日，内阁奉谕旨，顺天乡试举人列入一、二、三等者，准其一体会试。
1855	咸丰五年	九月十九日，闽海关秋贡燕窝奏准展缓。
1855	咸丰五年	九月二十五日，哲布尊丹巴呼图克图呼毕勒罕坐床，颁赏大哈达等物件。
1855	咸丰五年	十月初三日，官军克复湖北德安郡城。
1855	咸丰五年	十月初十日，官军击败天地会，克复桂阳州城。
1855	咸丰五年	十月十三日，命各省实行钞法钱法，藉资周转。
1855	咸丰五年	十月十四日，琉球接贡船及海难船进口。
1855	咸丰五年	十月二十一日，湖北官军击败太平军，克复蒲圻县城。
1855	咸丰五年	十月二十六日，湖南官军收复郴州。
1855	咸丰五年	十一月初三日，奉天金州地震，震倒旗民住房甚多。
1855	咸丰五年	十一月初八日，奕格奏请暂缓进贡貂皮。
1855	咸丰五年	十一月初十日，鄂豫皖兵勇克复英山县城，捻首李兆受败走。
1855	咸丰五年	十一月初十日，官军剿办归化仲苗，生擒首领马文高。
1855	咸丰五年	十一月二十二日，官军败太平军于江北神塘河口。
1855	咸丰五年	十一月二十三日，琉球遣使进贡。

公元	年号	大事记
1856	咸丰五年	十一月二十八日，贵州苗众攻陷湖南晃州厅。
1856	咸丰五年	十二月初一日，属邦朝鲜使臣、琉球使臣入觐。
1856	咸丰五年	十二月初二日，申明定例，沿海地方不准私船出海。
1856	咸丰五年	十二月初九日，荻港之役，官军生擒太平军将军王纪兴。
1856	咸丰五年	十二月初九日，官军克复江西新淦县城。
1856	咸丰五年	十二月初十日，琉球进贡方物，诏准赏收。
1856	咸丰五年	十二月二十日，昇平天国镇南王朱洪英部弃湖北永明县城，走江华。
1856	咸丰五年	十二月二十五日，达赖喇嘛涅槃。
1856	咸丰六年	正月初二日，属邦使臣朝鲜、琉球正副使于重华宫漱芳斋殿瞻觐。
1856	咸丰六年	正月十二日，官军克复定番州大塘汛城。
1856	咸丰六年	正月二十五日，太平军石达开自江西临江府攻占吉安府城。
1856	咸丰六年	二月十二日，官军援剿江西太平军，克复萍乡县城。
1856	咸丰六年	二月二十一日，循化撒拉回聚众抢掠，派兵进剿。
1856	咸丰六年	二月二十二日，官军败太平军，克复建昌县城。
1856	咸丰六年	三月初二日，云南南安州城汉回互斗。
1856	咸丰六年	三月十三日，官军乘太平军西进，收复扬州府城。
1856	咸丰六年	三月十八日，浦口之役，官军击败太平军。
1856	咸丰六年	三月二十日，湘军克复江西东乡县城。
1856	咸丰六年	三月二十八日，太平军攻陷安徽宁国府城。
1856	咸丰六年	四月初四日，朝鲜使臣朴齐宪等入觐。
1856	咸丰六年	四月初九日，江西乡绅克复金溪县城。
1856	咸丰六年	四月初十日，云南回武举马凌汉率众滋事。
1856	咸丰六年	四月十三日，官军剿办贵州石岘苗民。
1856	咸丰六年	四月十六日，云南回民马三新率党肆行劫杀。
1856	咸丰六年	四月十六日，礼部奏准各省驻防翻译会试中额。
1856	咸丰六年	四月十八日，谕令安置金州地震受灾旗民。
1856	咸丰六年	四月二十七日，俄罗斯船投呈，船只驶至黑龙江乌鲁苏卡江面。
1856	咸丰六年	四月二十八日，湖南援赣湘军进逼袁州，克复万载县城。
1856	咸丰六年	五月初三日，谕令搭用制钱，不得专用大钱。
1856	咸丰六年	五月初五日，广东官军克复和平县城，三合会入江西。

公元	年号	大事记
1856	咸丰六年	五月十一日，太平军攻陷江苏溧水县城。
1856	咸丰六年	五月十八日，太平军攻破江南大营。
1856	咸丰六年	五月十九日，官军克复雩都县城，赣州府城解危。
1856	咸丰六年	六月十八日，湘军克复江西南康府城，毁太平军硝厂。
1856	咸丰六年	六月十八日，湖北援军收复江西新昌县城。
1856	咸丰六年	六月十九日，吉林江水陡发，漫淹低洼田庐。
1856	咸丰六年	六月二十日，赏加湖南湘乡县学文武学额。
1856	咸丰六年	六月二十二日，湘军克复江西饶州府城。
1856	咸丰六年	六月二十二日，奉旨含芳园著赏给醇郡王奕譞居住。
1856	咸丰六年	六月二十三日，俄罗斯人分驾船只下驶，搭盖房屋。
1856	咸丰六年	六月二十九日，承德武列河水暴涨，漫溢堤岸。
1856	咸丰六年	七月初五日，据报班禅额尔德尼呼毕勒罕访获。
1856	咸丰六年	七月二十三日，厘定《翻译孝经》，刊刻成书，颁行中外。
1856	咸丰六年	七月二十四日，俄罗斯守信官赴伊犁会议。
1856	咸丰六年	七月二十八日，贵州苗乱，攻陷施秉县城。
1856	咸丰六年	八月初四日，内地民人遭风漂至朝鲜宣沙镇。
1856	咸丰六年	八月初五日，甘肃拉安族滋事，官军剿捕。
1856	咸丰六年	八月初五日，云南回首杜文秀等据大理。
1856	咸丰六年	八月初十日，授和春为钦差大臣，督办江南军务。
1856	咸丰六年	八月十六日，官军击败太平军，收复江西安义县城。
1856	咸丰六年	八月十七日，江浙亢旱，兵民乏食，弛禁台米。
1856	咸丰六年	八月十八日，江南提督和春克复安徽三河城。
1856	咸丰六年	八月二十日，江南提督和春克复安徽庐江县城。
1856	咸丰六年	八月二十三日，官军克复江苏高淳县治。
1856	咸丰六年	八月二十六日，贵州苗乱，台拱厅城失守。
1856	咸丰六年	九月初一日，内阁奉谕旨班禅额尔德尼呼毕勒罕访得二童，照定例金瓶掣签。
1856	咸丰六年	九月初二日，官军攻克安徽无为州城。
1856	咸丰六年	九月初四日，湘军克复江西宜黄、崇仁县城。
1856	咸丰六年	九月初十日，亚罗划艇事件，巴夏礼抗议。

公元	年号	大事记
1856	咸丰六年	九月十一日，绥远城驻防满洲官兵准其添演秋围。
1856	咸丰六年	九月十二日，查勘盛京宫殿奏请修理。
1856	咸丰六年	九月十六日，云南姚州回乱，官军进剿，收复姚州城池。
1856	咸丰六年	九月十八日，蠲缓之年，严禁卖荒。
1856	咸丰六年	九月二十三日，内阁奉谕旨，著将翻译《大学衍义》刊板交武英殿刷印颁行。
1856	咸丰六年	九月二十四日，叶名琛释放水手，不允道歉。
1856	咸丰六年	九月二十八日，安徽官兵克复和州城池。
1856	咸丰六年	九月二十九日，官军克复安徽巢县城池。
1856	咸丰六年	十月初四日，江西官军克复安徽休宁县城。
1856	咸丰六年	十月初九日，内阁奉谕旨，命直隶总督安插流民。
1856	咸丰六年	十月初九日，贵州苗乱，攻陷清平县城。
1856	咸丰六年	十月十五日，内阁奉谕旨，封闭伊犁铜厂。
1856	咸丰六年	十月二十六日，贵州官军克复都匀府城。
1856	咸丰六年	十一月初一日，《实录》《圣训》告成，御殿受书。
1856	咸丰六年	十一月初一日，湘军赴援江西，克复袁州府城。
1856	咸丰六年	十一月初八日，官军克复河南邓州城池。
1856	咸丰六年	十一月初十日，严禁奸商重票轻钱。
1856	咸丰六年	十一月十五日，河口淤滩试办开垦。
1856	咸丰六年	十一月二十二日，湖北官军克复武昌省城。
1856	咸丰六年	十二月初三日，安徽官军克复潜山县城。
1857	咸丰六年	十二月初九日，官军克复湖北黄梅县城。
1857	咸丰六年	十二月初九日，官军克复江西新喻县城。
1857	咸丰六年	十二月初十日，官军克复安徽太湖县城。
1857	咸丰六年	十二月二十三日，官军克复江西奉新县城。
1857	咸丰六年	十二月二十四日，官军克复湖北竹山县城。
1857	咸丰七年	正月初八日，美国不参与英国对华行动。
1857	咸丰七年	正月初九日，命福建援案酌免货税，以广招徕。
1857	咸丰七年	正月二十五日，湖北太平军退出宜昌府城。
1857	咸丰七年	二月初四日，安徽休宁、祁门永加学额。

公元	年号	大事记
1857	咸丰七年	二月初八日，太平军占领安徽六安州城。
1857	咸丰七年	二月初九日，官军收复湖北荆门州城。
1857	咸丰七年	二月十三日，内阁奉谕旨，福建在籍贡生倡议开设官局，行用官票，卓有成效，准其奖叙。
1857	咸丰七年	二月二十七日，官军收复安徽婺源县城。
1857	咸丰七年	三月初五日，驻美英使劝美与英法同盟对华用兵。
1857	咸丰七年	四月初四日，官军克复福建汀州府城。
1857	咸丰七年	四月初十日，官军克复安徽霍邱县城。
1857	咸丰七年	四月十一日，湖北官军越境克复安徽英山县城。
1857	咸丰七年	四月十二日，琉球使臣向有恒等入觐于午门外。
18s7	咸丰七年	四月十六日，官军克复安徽正阳关口。
1857	咸丰七年	四月十六日，法国要求解决西林教案。
1857	咸丰七年	四月二十八日，《宣宗成皇帝本纪》告成，出力各员量予恩施。
1857	咸丰七年	五月初八日，美国务卿训令美使要求修约，协助禁烟。
1857	咸丰七年	五月二十日，官军连毁太平军营垒，克复江苏溧水县城。
1857	咸丰七年	五月二十三日，新疆乌什垦荒竣工，每亩五升科则。
1857	咸丰七年	五月二十八日，钦定启字辈分以下用焘闿增祺四字，按字命名。
1857	咸丰七年	闰五月初九日，内阁奉谕旨，著准试铸铁制钱。
1857	咸丰七年	闰五月初九日，官军克复福建邵武府城。
1857	咸丰七年	闰五月二十一日，云南回首马如龙聚众围困省城。
1857	咸丰七年	闰五月二十二日，官军克复福建泰宁县城。
1857	咸丰七年	闰五月二十五日，官军克复江苏句容县城。
1857	咸丰七年	六月初四日，官军收复安徽霍山县城。
1857	咸丰七年	六月初九日，援黔湘军克复贵州永从县城。
1857	咸丰七年	七月初三日，内阁奉谕旨，以八旗生计艰难，即行散放赈米。
1857	咸丰七年	七月初九日，理藩院行文知照俄罗斯撤回海兰泡人船。
1857	咸丰七年	七月十三日，内阁奉谕旨，御书万世人极，著悬挂关帝庙。
1857	咸丰七年	七月十四日，官军克复江西瑞州府城。
1857	咸丰七年	七月十七日，援桂湘军克复兴安县城。
1857	咸丰七年	七月二十八日，官军克复英吉沙尔回城。

公元	年号	大事记
1857	咸丰七年	七月二十八日，内阁奉谕旨，河南学政俞樾呈递《易原图》著发还。
1857	咸丰七年	八月初三日，官军克复喀什噶尔回城。
1857	咸丰七年	八月十五日，官军克复广西南宁府城。
1857	咸丰七年	八月二十八日，官军克复江西东乡县城。
1857	咸丰七年	九月初九日，官军克复江西湖口县城。
1857	咸丰七年	九月二十三日，湘军克复安徽望江县城。
1857	咸丰七年	十月十九日，湘军克复江西吉水县城。
1857	咸丰七年	十月二十七日，英法专使给叶名琛最后通牒。
1857	咸丰七年	十月三十日，命云贵总督晓谕汉回各安生业。
1857	咸丰七年	十一月初二日，朝鲜遭风难民到福州安顿。
1857	咸丰七年	十一月初七日，大凌河马厂开垦升科。
1857	咸丰七年	十一月十二日，官军克复江苏瓜洲。
1857	咸丰七年	十一月十二日，官军克复江苏镇江府城。
1857	咸丰七年	十一月十三日，广西土寇攻陷广东灵山县城。
1858	咸丰七年	十一月十八日，官军击败捻首张洛行，再克霍山。
1858	咸丰七年	十一月二十一日，英人掳去总督叶名琛，拘于英舰。
1858	咸丰七年	十二月初三日，云贵商贩铅斤开禁。
1858	咸丰七年	十二月初八日，湘军克复江西临江府城。
1858	咸丰七年	十二月二十一日，河南学政俞樾出题割裂革职。
1858	咸丰七年	十二月二十九日，云南官军收复邓川州城。
1858	咸丰七年	十二月二十九日，内阁奉谕旨，实力编查海船。
1858	咸丰八年	正月二十二日，贵州苗乱，麻哈州城失守。
1858	咸丰八年	正月二十七日，内阁奉谕旨，八旗兵饷搭放铁制钱一成。
1858	咸丰八年	二月初七日，照覆英法美三使回粤谈判，俄使回黑龙江谈判。
1858	咸丰八年	二月初八日，命黑龙江将军拒俄要求。
1858	咸丰八年	二月十二日，英美专使到上海。
1858	咸丰八年	二月十四日，官军克复江宁秣陵关。
1858	咸丰八年	二月十七日，紫禁城顺贞门内不戒于火。
1858	咸丰八年	二月二十九日，官军克复江苏江浦县城。
1858	咸丰八年	三月初五日，紫禁城景运门内五间房不戒于火。

公元	年号	大事记
1858	咸丰八年	三月初五日，以纂修玉牒告成，诏从优鼓励。
1858	咸丰八年	三月初六日，湘军克复江西崇仁县城。
1858	咸丰八年	三月十二日，俄使普提雅廷与崇纶等会于大沽。
1858	咸丰八年	三月二十八日，太平军攻陷安徽滁州城池。
1858	咸丰八年	四月初五日，清廷拒绝英法要求。
1858	咸丰八年	四月初七日，官军克复江西九江府城。
1858	咸丰八年	四月初九日，命僧格林沁赴通州防堵。
1858	咸丰八年	四月十一日，福建官军克复光泽县城。
1858	咸丰八年	四月十三日，官军克复安徽六安州城。
1858	咸丰八年	四月十八日，绅士捐输巨款，上海加广学额。
1858	咸丰八年	四月十八日，官军击败会党，克复广西梧州府城。
1858	咸丰八年	四月二十日，湘军克复江西抚州府城。
1858	咸丰八年	四月二十四日，官军收复江西建昌府城。
1858	咸丰八年	四月二十八日，广西官军击败三合会，收复宾州州城。
1858	咸丰八年	五月初一日，英使威迫钦差大臣应允条件。
1858	咸丰八年	五月初二日，官军克复湖北黄安县城。
1858	咸丰八年	五月初三日，《中俄天津条约》签字。
1858	咸丰八年	五月初五日，黑旗捻攻陷安徽凤阳府县城垣。
1858	咸丰八年	五月初十日，安徽官军再克东流县城。
1858	咸丰八年	五月十四日，官军克复广西柳州府城。
1858	咸丰八年	五月十六日，内阁奉谕旨，命翁心存充上书房总师傅。
1858	咸丰八年	五月二十一日，广西官军克复融县城池。
1858	咸丰八年	五月二十八日，浙江官军收复寿昌县城。
1858	咸丰八年	六日初八日，浙江官军克复武义县城。
1858	咸丰八年	六月初八日，广西官军击退天地会收复北流县城。
1858	咸丰八年	六月十二日，官军收复安徽建德县城。
1858	咸丰八年	六月十六日，官军克复浙江处州府城。
1858	咸丰八年	六月二十九日，福建官军克复松溪县城。
1858	咸丰八年	七月初四日，喀什噶尔领队大臣改为办事大臣。
1858	咸丰八年	七月初六日，湘军克复广西庆远府城。

公元	年号	大事记
1858	咸丰八年	七月初六日，福建官军克复宁化县城。
1858	咸丰八年	七月二十一日，援闽官军克复浦城县城。
1858	咸丰八年	七月二十九日，官军克复福建崇安县城。
1858	咸丰八年	八月初八日，官军收复福建建阳县城。
1858	咸丰八年	八月初十日，官军剿捻获胜，收复江苏丰县县城。
1858	咸丰八年	八月十五日，湘军克复江西吉安府城。
1858	咸丰八年	八月十六日，官军克复安徽太湖县城。
1858	咸丰八年	八月十七日，山东官军击退捻匪，克复曹县城池。
1858	咸丰八年	九月初五日，东陵虫王庙改名五神祠。
1858	咸丰八年	九月初七日，官军收复安徽桐城县城。
1858	咸丰八年	九月十五日，官军克复扬州府城。
1858	咸丰八年	九月十八日，太平军攻占江苏六合县城。
1858	咸丰八年	九月二十四日，官军克复安徽天长县城。
1858	咸丰八年	九月二十八日，贵州苗众攻陷镇远府城。
1858	咸丰八年	十月初一日，中英鸦片贸易正式协议。
1858	咸丰八年	十月初七日，诏禁徽宁等府传习花会。
1858	咸丰八年	十月初七日，官军克复安徽溧水县城。
1858	咸丰八年	十月初八日，诏禁钱市卖空买空。
1858	咸丰八年	十月二十二日，琉球贡使到福州安插馆驿。
1858	咸丰八年	十月二十五日，广东官军克复灵山县城。
1858	咸丰八年	十月二十六日，顺天乡试舞弊，主考官柏葰等革职。
1858	咸丰八年	十一月初三日，江西官军克复瑞金县城。
1859	咸丰八年	十二月初一日，广州英军进扰三元里，肆行焚掠。
1859	咸丰九年	正月初一日，朝鲜使臣行朝贺礼。
1859	咸丰九年	正月初二日，诏特开庆榜，嘉惠士林。
1859	咸丰九年	正月初四日，诏河南饬属举办坚壁清野。
1859	咸丰九年	正月初五日，以考试国子监满洲助教无卷可取，命吏部另行咨取。
1859	咸丰九年	正月初十日，福建官军克复连城县城。
1859	咸丰九年	正月二十三日，官军收复福建龙岩州城。
1859	咸丰九年	正月二十六日，江浦县城守将献城投降。

公元	年号	大事记
1859	咸丰九年	二月初一日，官军攻克安徽婺源县城。
1859	咸丰九年	二月初二日，广东官军克复大埔县城。
1859	咸丰九年	二月初二日，广东官军越境会剿，进攻南安府城。
1859	咸丰九年	二月初三日，官军收复江西南安府城。
1859	咸丰九年	二月二十五日，清廷允英法在北京换约。
1859	咸丰九年	三月初二日，广东官军克复嘉应州城。
1859	咸丰九年	三月初五日，理藩院行文俄罗斯，请查禁吉林三姓俄人生事。
1859	咸丰九年	三月十二日，琉球海难船漂收浙江象山县石浦洋面。
1859	咸丰九年	三月十九日，安徽兵练克复六安州城。
1859	咸丰九年	四月十三日，平安峪万年吉地开工。
1859	咸丰九年	四月十四日，官军克复云南富民县城。
1859	咸丰九年	四月二十五日，英使照会赴京交聘。
1859	咸丰九年	五月初一日，俄使木里斐岳幅率船至瑷珲。
1859	咸丰九年	五月十四日，臣工列传书成，在馆各员分别奖叙。
1859	咸丰九年	五月二十二日，诏准土尔扈特延接喇嘛教习经典。
1859	咸丰九年	五月二十四日，英国换约使卜鲁斯到津闯入鸡心滩。
1859	咸丰九年	五月二十五日，英国军舰进攻大沽，竖立红旗。
1859	咸丰九年	五月二十八日，云南兵练收复宜良县城。
1859	咸丰九年	五月二十九日，俄人彻卜勒幅图奸民妇被殴身死。
1859	咸丰九年	五月二十九日，荷兰轮船赴琉球。
1859	咸丰九年	六月初二日，官军克复安徽盱眙县治。
1859	咸丰九年	六月初八日，琉球正副使俱令进同乐园听戏。
1859	咸丰九年	六月初九日，美使华若翰与恒福会于北塘。
1859	咸丰九年	六月十五日，湘军攻克江西浮梁县城。
1859	咸丰九年	六月十七日，广东官军克复广西怀集县城。
1859	咸丰九年	六月十九日，谕将军奕山等拦阻俄人强赴兴凯湖查看地界。
1859	咸丰九年	六月十九日，俄罗斯人等赴三姓贸易。
1859	咸丰九年	六月三十日，晓谕俄人不准到三姓贸易。
1859	咸丰九年	七月初一日，诏禁旗人演唱票戏。
1859	咸丰九年	七月十一日，美使入京呈递国书准其在北塘海口换约。

公元	年号	大事记
1859	咸丰九年	七月二十八日，八旗兵丁加恩再加放实银二成。
1859	咸丰九年	七月二十八日，诏禁打造铜器。
1859	咸丰九年	七月，云南官军克复嵩明州城。
1859	咸丰九年	八月初五日，云南官军攻克楚雄哨地。
1859	咸丰九年	八月十五日，太平军英王陈玉成部占领安徽霍山县城。
1859	咸丰九年	八月二十八日，楚军援皖，攻克石牌镇城。
1859	咸丰九年	九月十一日，安徽亳州捻攻占河南宁陵县城。
1859	咸丰九年	九月二十日，太平军攻占广西庆远府城。
1859	咸丰九年	九月二十三日，安徽捐输总局奏准移设寿州。
1859	咸丰九年	九月二十五日，委员会晤俄使于黑河口。
1859	咸丰九年	九月二十九日，试办粤海关税。
1859	咸丰九年	九月三十日，官军克复安徽霍山县城。
1859	咸丰九年	十月初三日，达赖喇嘛坐床，颁给敕书。
1859	咸丰九年	十月初九日，中美议准潮州、台湾开市。
1859	咸丰九年	十月初十日，澎湖大风，咸水如雨，杂粮损坏。
1859	咸丰九年	十月十一日，中俄海兰泡会谈。
1859	咸丰九年	十月十二日，官军收复四川筠连县城。
1859	咸丰九年	十月十四日，官军克复安徽怀远县城。
1859	咸丰九年	十月二十一日，贵州土寇攻陷湄潭县城。
1859	咸丰九年	十一月二十五日，安徽池州府城失守。
1859	咸丰九年	十一月二十九日，俄人入乌苏里，强占卡伦。
1860	咸丰九年	十二月十六日，诏准喇嘛呈进贡物。
1860	咸丰十年	正月初一日，朝鲜使臣行元旦朝贺礼。
1860	咸丰十年	正月初九日，广西官军克复柳州府城。
1860	咸丰十年	正月二十四日，何秋涛呈进书籍，赐名《朔方备乘》。
1860	咸丰十年	正月二十八日，官军克复安徽潜山县城。
1860	咸丰十年	二月初四日，官军克复广西横州城池。
1860	咸丰十年	二月初七日，奏报查明文津阁书卷情形。
1860	咸丰十年	二月十二日，官军克复安徽绩溪县城。
1860	咸丰十年	二月十二日，官军克复江苏清江浦镇。

公元	年号	大事记
1860	咸丰十年	二月二十日，官军收复贵州普安县城。
1860	咸丰十年	二月二十二日，以班禅额尔德尼呼毕勒罕坐床颁给敕书。
1860	咸丰十年	二月二十八日，英国租借九龙司地方。
1860	咸丰十年	三月初一日，以班禅额尔德尼将届坐床，派员前赴札什伦布照料。
1860	咸丰十年	三月初三日，官军克复浙江杭州省城。
1860	咸丰十年	三月初七日，官军克复四川青神县城。
1860	咸丰十年	三月十四日，迪化州仓院失火延烧茶箱。
1860	咸丰十年	三月十五日，官军克复浙江长兴县城。
1860	咸丰十年	三月十七日，内阁奉谕旨，喇嘛进贡由四川进京。
1860	咸丰十年	三月十八日，官军剿平贵州仲苗之乱。
1860	咸丰十年	三月十八日，太平军攻占安徽建平县城。
1860	咸丰十年	三月二十日，官军收复云南蒲江县城。
1860	咸丰十年	三月二十四日，英法军事会议，决定封锁北直隶。
1860	咸丰十年	三月二十八日，官军克复安徽广德州城。
1860	咸丰十年	闰三月初一日，英法军占领定海厅城。
1860	咸丰十年	闰三月十三日，官军克复安徽太平县城。
1860	咸丰十年	闰三月二十二日，官军克复江苏泾县城池。
1860	咸丰十年	闰三月二十九日，太平军攻占江苏丹阳县城。
1860	咸丰十年	四月十三日，太平军攻占江苏苏州省城。
1860	咸丰十年	四月十三日，美人华尔组成洋枪队。
1860	咸丰十年	四月十九日，官军克复广西庆远府城。
1860	咸丰十年	四月十九日，法国兵船占据烟台。
1860	咸丰十年	四月二十二日，云南回民勾结太平军攻陷楚雄府城。
1860	咸丰十年	四月二十二日，官军克复浙江淳安县城。
1860	咸丰十年	四月二十六日，顺天民妇宁聂氏妄托降神为人治病，命交刑部审办。
1860	咸丰十年	四月二十七日，美使华若翰在上海会晤司桂清。
1860	咸丰十年	四月二十八日，太平军占领江苏太仓州城。
1860	咸丰十年	五月初八日，官军克复江苏太仓州城。
1860	咸丰十年	五月初八日，英法对华宣战。
1860	咸丰十年	五月十二日，太平军攻陷贵州归化厅城。

公元	年号	大事记
1860	咸丰十年	五月十三日，太平军攻占江苏松江府城。
1860	咸丰十年	五月十九日，官军克复云南路南州城。
1860	咸丰十年	五月二十八日，官军克复江苏松江府城。
1860	咸丰十年	六月十五日，英法军在北塘上岸。
1860	咸丰十年	六月二十六日，英法军攻占新河军粮城。
1860	咸丰十年	七月初二日，太平军攻陷贵州独山州城。
1860	咸丰十年	七月初二日，英法照会直隶总督恒福。
1860	咸丰十年	七月初四日，太平军攻占安徽广德州城。
1860	咸丰十年	七月初七日，英军占领天津。
1860	咸丰十年	七月十一日，以江汉盛涨各属被淹，命地方官妥为赈恤。
1860	咸丰十年	七月十二目，以赍送敕书司员不克进藏，命驿递颁发。
1860	咸丰十年	七月十六日，太平军攻陷江苏金坛县城。
1860	咸丰十年	七月十九日，达赖喇嘛专差赍呈贡物自藏启程。
1860	咸丰十年	七月二十三日，诏准已故诺们罕留葬土尔扈特。
1860	咸丰十年	八月初四日，太平军攻陷福山城垣。
1860	咸丰十年	八月初四日，以英法军队逼近通州，命统兵大臣与之决战，近畿士民齐心助战。
1860	咸丰十年	八月初四日，英人巴夏礼等被拘。
1860	咸丰十年	八月初八日，以秋狝木兰，命吉林、黑龙江兵丁赴热河护驾。
1860	咸丰十年	八月十二日，英法军进逼北京。
1860	咸丰十年	八月十二日，太平军攻陷安徽宁国府城。
1860	咸丰十年	八月二十二日，法军进占圆明园，大肆抢掠。
1860	咸丰十年	八月二十五日，太平军攻占安徽徽州府城。
1860	咸丰十年	八月二十九日，英法军入京城。
1860	咸丰十年	九月初四日，官军克复江苏江阴县城。
1860	咸丰十年	九月初五日，英军焚圆明园。
1860	咸丰十年	九月初九日，呼征阿齐图呼图克图起程赴札什伦布。
1860	咸丰十年	九月十一日，《中英北京条约》画押。
1860	咸丰十年	九月十二日，《中法北京条约》画押。
1860	咸丰十年	十月初二日，订立《中俄北京条约》。

公元	年号	大事记
1860	咸丰十年	十月初五日，诏五城粥厂提早开放。
1860	咸丰十年	十月初八日，官军攻克浙江严州府城。
1860	咸丰十年	十月十一日，诏准越南例贡暂行展缓。
1860	咸丰十年	十一月初一日，湘军克复江西德兴县城。
1860	咸丰十年	十一月初十日，浩罕伯克呈进贡物马匹派员代递。
1860	咸丰十年	十一月十三日，练总苗沛霖劫掠饷银。
1861	咸丰十年	十二月初三日，太平军攻陷福建汀州府城。
1861	咸丰十年	十二月初三日，理藩院奏准俄罗斯喇嘛学生改称字样。
1861	咸丰十年	十二月初四日，广东官军克复平远县城。
1861	咸丰十年	十二月初十日，设立总理衙门。
1861	咸丰十年	十二月初十日，命崇厚为三口通商大臣。
1861	咸丰十年	十二月初十日，旗人学习外国语文。
1861	咸丰十年	十二月十八日，法国艾嘉略入川传教。
1861	咸丰十年	十二月二十五日，官军克复浙江江山县城。
1861	咸丰十年	十二月二十七日，照会俄使会勘乌苏里江分界。
1861	咸丰十一年	正月初四日，官军克复贵州定番州城。
1861	咸丰十一年	正月初八日，官军克复浙江富阳县城。
1861	咸丰十一年	正月十四日，镇江英租界租约成立。
1861	咸丰十一年	二月初四日，天地会攻占广东信宜县城。
1861	咸丰十一年	二月初四日，朝鲜遭风海难民人附搭琉球贡船赴闽。
1861	咸丰十一年	二月初九日，官军克复浙江新城县城。
1861	咸丰十一年	二月初十日，内阁奉谕旨，于二月二十五日回銮还京。
1861	咸丰十一年	二月十五日，法国公使布尔布隆入驻北京。
1861	咸丰十一年	二月二十二日，诏停回銮。
1861	咸丰十一年	二月二十四日，诏朝鲜使臣毋庸赴行在奉表瞻觐。
1861	咸丰十一年	二月二十四日，英军交还天津贡院。
1861	咸丰十一年	二月二十五日，官军克复浙江遂安县城。
1861	咸丰十一年	二月三十日，太平军攻占江西景德镇。
1861	咸丰十一年	三月初八日，命大阿哥入学读书。
1861	咸丰十一年	三月初九日，官军克复湖北孝感县城。

公元	年号	大事记
1861	咸丰十一年	三月初九日，太平军攻占浙江平湖县城及乍浦镇。
1861	咸丰十一年	三月十一日，官军收复武平县城。
1861	咸丰十一年	三月十六日，朝鲜遣使恭问起居。
1861	咸丰十一年	三月二十日，俄国商人欲带货物由独石口进京贸易。
1861	咸丰十一年	三月二十三日，德国专使到天津会晤通商大臣。
1861	咸丰十一年	三月二十四日，山东邱县教匪攻陷直隶曲周县城。
1861	咸丰十一年	三月二十五日，英国送回医愈兵弁。
1861	咸丰十一年	三月二十九日，武英殿校刊《宣宗圣训》，诏奖出力人员。
1861	咸丰十一年	四月初七日，直隶教匪攻陷清河县城。
1861	咸丰十一年	四月十六日，官军收复福建汀州府城。
1861	咸丰十一年	四月二十三日，恭亲王奕訢接见英使卜鲁斯。
1861	咸丰十一年	五月初五日，湘军克复安徽黟县县城。
1861	咸丰十一年	五月初七日，官军攻克山东馆陶县城。
1861	咸丰十一年	五月初九日，官军克复浙江长兴具城。
1861	咸丰十一年	五月十一日，仓场侍郎成琦于兴凯湖与俄使会商分界事宜。
1861	咸丰十一年	五月十六日，太平军攻陷浙江处州府城。
1861	咸丰十一年	五月二十日，官军收复浙江缙云县城。
1861	咸丰十一年	六月初三日，官军克复贵州普安县城。
1861	咸丰十一年	六月初十日，喀尔喀哲布尊丹巴呼图克图呈进贡物。
1861	咸丰十一年	六月十四日，湘军克复江西义宁州城。
1861	咸丰十一年	六月二十日，官军收复江西武宁县城。
1861	咸丰十一年	六月二十一日，官军克复浙江于潜县城。
1861	咸丰十一年	六月二十二日，官军克复浙江严州府城。
1861	咸丰十一年	六月二十九日，诏准江苏设立筹饷总局。
1861	咸丰十一年	七月初九日，官军收复瑞州府城。
1861	咸丰十一年	七月十一日，官军克复湖北德安府城。
1861	咸丰十一年	七月十六日，官军克复广西浔州府城。
1861	咸丰十一年	七月十六日，诏立皇太子。
1861	咸丰十一年	七月十七日，清文宗驾崩。
1861	咸丰十一年	七月二十六日，拟呈年号，奉旨用祺祥二字。

公元	年号	大事记
1861	咸丰十一年	八月初一日，湘军克复安庆省城。
1861	咸丰十一年	八月初三日，官军克复安徽桐城县城。
1861	咸丰十一年	八月初五日，官军克复安徽池州府城。
1861	咸丰十一年	八月初七日，官军克复安徽舒城县城。
1861	咸丰十一年	八月十二日，湘军水师克复安徽铜陵县城。
1861	咸丰十一年	八月十六日，内阁奉谕旨，定梓宫回京日期。
1861	咸丰十一年	八月二十四日，官军克复湖北黄州府城。
1861	咸丰十一年	九月初九日，诏金州地震著地方官妥为安置。
1861	咸丰十一年	九月二十日，洲军克复无为州城。
1861	咸丰十一年	九月二十九日，太平军攻陷浙江绍兴府城。
1861	咸丰十一年	九月二十九日，两宫皇太后抵京。
1861	咸丰十一年	十月初一日，官军克复湖北随州城池。
1861	咸丰十一年	十月初五日，诏更定建元年号。
1861	咸丰十一年	十月初六日，以载垣、端华、肃顺跋扈不臣，诏定罪名。
1861	咸丰十一年	十月十一日，诏停避暑山庄未竟工程。
1861	咸丰十一年	十月十一日，命浏览《帝鉴图说》。
1861	咸丰十一年	十月十八日，诏曾国藩节制四省巡抚提镇以下各官。
1861	咸丰十一年	十一月初一日，两宫皇太后垂帘听政。
1861	咸丰十一年	十一月初二日，命地方官交涉天主教事件务须分别良莠持平办理。
1861	咸丰十一年	十一月二十四日，官军收复安徽定远县城。
1861	咸丰十一年	十一月二十九日，官军克复山东范县城池。
1862	咸丰十一年	十二月二十五日，命各省按约办理。

大清十二帝

同治帝载淳

线装书局

名人档案

同治帝：名爱新觉罗·载淳。清军入关以来第八位皇帝，咸丰六年三月二十三日生于北京紫禁城储秀宫，为清文宗咸丰帝长子，属龙，生母为孝钦显皇后叶赫那拉氏。在位 13 年，同治十三年十二月初五日（1875 年 1 月 12 日）崩于皇宫养心殿，终年 19 岁。

生卒时间：公元 1856 年～公元 1875 年

安葬之地：葬于河北省遵化清东陵之惠陵。

历史功过：同治中兴有效地阻止和延缓殖民化的进程，并且以自己渐渐发展的工业和军事工业的实力，积极参与到国际事务并且借助了外国力量逐渐提高了与列强较量的能力。

名家评点：国运中兴，十年之间，盗贼划平，中外乂安。非夫宫府一体，将相协和，何以臻兹？洎帝亲裁大政，不自暇逸。遇变修省，至勤也。闻灾辄恤，至仁也。不言符瑞，至明也。

同治即位

（一）皇宫从此不生龙

不知你信不信，同治是中国皇宫中出生的最后一位皇帝。俗话说：龙生龙，凤生凤。皇帝出生在皇宫里，历朝历代都是再正常不过的了，本无必要铺叙。但是，同治帝的出生，却给这个在中国已经绵延了两千多年的正常现象画上了一个巨大的句号。从此以后，紫禁城中再也没有一个皇帝出世。同治帝无子女，而以下的光绪、宣统二帝均无后代，数十年间偌大的皇宫竟听不到一声儿啼，世言称为"宫荒""国统三绝"。因此，这个最后的皇子在紫禁城中出生的详情内幕，就更令人感兴趣了。

同治

咸丰六年（1856 年），新年伊始，大清紫禁城储秀宫内一片繁忙。太监、宫女们在总管太监韩玉来的指挥下，不停地来回奔走着。原来，深得咸丰皇帝宠爱的懿嫔，也就是后来赫赫有名的慈禧太后，接近临产期。

按清宫规定，嫔妃等人怀孕，一般要到八个月时才开始"上夜守喜"，也就是进行临产期的各项准备工作。但咸丰帝自二十岁登基以来，至今已有六年，宫内虽有后妃十八人及众多的常在、答应，只有丽妃生过一个女孩。皇位无人继承，皇帝怎能不万分焦虑。他盼子心切，也就顾不了宫中规矩，老早就下旨，令太监们筹办懿嫔分娩事宜。因此，大年一过，整个皇宫立即忙碌起来。

早在年前十二月二十四日（1856 年 1 月 31 日），咸丰帝就命韩总管传旨，把懿嫔的母亲接到宫中照看女儿。二十六日上午十点多，懿嫔的母亲带着两名家中的仆妇，被太监由巷震门接入储秀宫，与女儿同住。

大年正月初九，咸丰帝派钦天监博士张熙到储秀宫中选"刨喜坑"的"吉位"。"刨喜坑"是满族生子的一个古老习俗，就是挖一个坑，用来掩埋胎盘和脐带。张熙经过一番仔细观看，选定储秀宫后殿明间东边门为"大吉"之地。因此，在正月二十四这天，总管韩玉来带领内务府营造司的三名首领太监，在张熙选好的位置上刨了"喜坑"，又带来两名专门选来的姥姥，在"喜坑"前念喜歌，然后往里放了一些筷子、红绸子和金银八宝，取其"快生吉祥"之意。

正月二十八日（1856年3月4日），内务府又送来精寄呢（汉语"正"的意思）妈妈、灯火妈妈、水上妈妈各十名，懿嫔从中各挑选两名备用。她们是从镶黄、正黄两个名分最高的旗人中精心挑选出来的妇女，她们需有生男孩的经历，而且谙熟接生之道。还选了两名"姥姥"，都是有经验的接生婆。这些人从二月初三日清晨六时起，一齐来到储秀宫，开始"上夜守喜"，太医院也派来御医六人，在御药房轮流值班。

随着预产期越来越近，新生儿用的衣物、尿布等物，也都准备齐全。这些东西统称"吗哪哈"。由于皇室所用，自然不同寻常，不仅种类齐全，而且用料考究。其中包括：春绸二十七件，白纺丝小衫四件，单幅红春绸挖单一块，红肚兜四个，潞绸被十八床，蓝高丽布褥十床，蓝扣布褥一床，蓝高丽布挡头长褥一床，白高丽布挖单三十三个，白漂布挖单三个，蓝素缎挡头两个，青素缎挖单一块，红青纱挖单一块，白布糠口袋二个，白纺丝小带四条，挂门大红绸五尺，蓝扣布挖单十个，白漂布小挖单二十六个。做这些东西，共用各种绸料一百六十尺，各色布料十匹。

三月初九，御医为懿嫔摸脉，根据脉象，禀明懿嫔妊娠已近九个月。第二天，又由两位姥姥摸脉，估计将在三月底或四月初分娩。于是各项准备进入最后阶段，各种接生工具陆续被送到储秀宫。这些物品包括：分娩时处理胎盘和脐带用的大小木槽二个、木碗二个、木锨一张、小木刀一把、一块长六尺、宽四尺的精纺黑毡，还有那一大套新生儿用的"吗哪哈"。造办处还特地为新生儿赶制一座精美的吉祥摇车。最后，又取来曾在皇宫中不知用过多少次的宝物——存放在乾清宫的"易产石"和挂在养心殿西暖阁的大楞蒸刀。

咸丰六年三月二十三日未时（公元1856年4月27日下午2点），一声婴儿长啼从储秀宫中传出，划破了紫禁城的上空。咸丰帝盼望已久的喜讯终于传来了。这时总管太监韩玉来飞也似前来禀奏皇上："三月二十三日未时，懿嫔分娩阿哥，已经收拾利落，母子均安，万岁爷大喜！"咸丰帝一听，龙心大悦，当即下旨，晋封懿嫔为懿妃，储秀宫的太监也都提职的提职，升官的升官。又任命储秀宫太监张文亮为"大阿哥下八品官职谙达"。至于对各路太监、宫女、接生姥姥及帮忙的妈妈等一干人，各有优赏，不必细表。一时间，整个紫禁城一片喜气洋洋的景象。咸丰帝喜不自禁，竟吟诗一首，诗云：

"庶慰在天六年望，更钦率土万斯人"

但是，这种景象在清宫中像行云流水一样一去而不复返。历史进入十九世纪中叶，大清王朝江河日下，中国封建王朝绵祚将绝，同治成为中国皇宫中诞生的最后一位皇帝。尽管咸丰帝的玫贵人曾在咸丰八年二月（1858 年 3 月）生有一子，但旋即早亡，从此同治成了咸丰皇帝的独根独苗。咸丰刚过而立之年，就在内外交困的忧患中死去。此后，阴险贪权的叶赫那拉氏执掌了大清权柄。似乎是应了"灭建州者叶赫"那句谶语，在慈禧的淫威下，同治帝婚后不能过正常的夫妻生活，以至于绝嗣而亡。而慈禧精心挑选的光绪、宣统两位皇帝，不知是鬼使神差，还是大清国运该绝，竟皆未生一子一女，大清皇室断子绝孙。因此，同治以后，皇帝都是从宫外抱入的。中国皇室再没有皇子出世。专门用来为皇子接生用的易产石和大楞蒸刀，自此长期闲置未用，这两件宫中宝物竟早已亡失。末代皇帝溥仪出宫后，清室善后委员会曾将宫中物品逐件登记，养心殿大楞蒸刀和乾清宫的易产石，都已化为乌有，不知去向。

关于同治帝"绝户"，还有一种迷信的说法。载淳在热河即皇位的第二天，就颁布一道上谕：

道光二十六年三月，皇祖特降谕旨：以二名不避讳，将来继体承绪者，上一字仍旧毋庸改避，亦毋庸缺笔，其下一字应如何缺笔之处，临时酌定。以是著为令典等固。钦此

。今朕敬遵成宪，将御名上一字仍旧书写，毋庸改避，其下一字毋庸缺笔，凡臣工奏章内遇有此字，著用'淳'字改避. 其奉旨的前所刻书籍，俱毋庸议。

这是一道有关帝名避讳的上谕。从此，凡遇"淳"字，就得把其中的"子"去掉，而补写一个"日"字。因此，有人就附会说："去子而无子，所以同治无后。"这当然是一种迷信说法。

（二）周岁幼儿成巨富

二十六岁的咸丰帝喜得龙子，不胜欣喜。因而小皇子的洗三、升摇车、小满月、满月、百禄、晬盘等宫中庆典过得有声有色，皇亲国戚们更是出手大方，一次又一次给小皇子赏赐礼品，在他刚满周岁的时候，已经成为拥有大量珍宝的"巨富"。

同治出生的第二天，宫殿临督领侍史进忠等人就已开始为他准备"洗三"用的绸缎、大宝盆等物。并命钦天监博士贾席珍、陈希吕选"洗三"的吉位。所谓"洗三"，是宫中育儿习俗，即孩子出生的第三天，要给新生儿洗浴。钦天监官员选定南面是迎

春神方位，三月二十五日上午十一点半，开始给小皇子洗浴，到中午十二点四十五分，才完成"洗三"的仪式。这是小皇子出生后经历的第一次盛典，几乎牵动了所有的皇室成员。他们每人都为小皇子准备了第一份礼物。咸丰帝赏赐的礼物是红雕漆盒一件，内装金洋钱四个，金包一分，银宝一分。皇后送金银八宝八个，金银如意四个，金银钱四个，棉被和棉褥各二床，白布糠口袋二个，棉袄四件，夹袄四件，袜子四双，吗哪哈四个，兜肚四个，抱抱帘四个，红绸带四条，月白纺丝带四条，枕头二个，头挡一个。他们把这些礼物送给小皇子，叫作"添盆"。除了皇帝、皇后外，丽妃、婉嫔、琦贵人、容贵人、璷贵人、鑫常在，都给小皇子添了盆，就连丽妃生的大公主，虽不满周岁，也被抱来给小皇子添盆。此外，上一辈的皇贵太妃、琳贵太妃、常嫔、佳嫔、彤嫔、成嫔、祥嫔、寿安固伦公主、寿藏和硕公主、寿恩固伦公主、八公主、九公主，以及惠亲王、恭亲王、惇亲王、钟郡王、孚郡王、恭亲王福晋、恭亲王长女、惇亲王福晋、瑞敏晋郡王福晋、隐志郡王福晋、懿妃之母等人都参加了"洗三"添盆活动，分别向小皇子送上数量不等的礼物。

四月二日，又进行小皇子"升摇车"的仪式。满族育儿有一个奇特的习俗，就是"睡悠车"。清代有这样一句民谣："关东外，三大怪：窗户纸糊在外，姑娘叼着大烟袋，养活孩子吊起来"。所谓"养活孩子吊起来"，就是把悠车悬在梁上，把小儿放在车内，来回悠动，小儿在里面悠然自得，也就不哭不闹了。钦天监博士们选定四月初二卯正（早六点）。为小皇子升摇车万全大吉之日。预定时间到了，在储秀宫后殿东次间，太监们把摇车升挂起来，这时太阳恰好从东方冉冉升起，寓意小皇子如日之初生。这时，造办处的太监在摇车上贴上福字，营造司首领太监唱着喜歌，由本官首领太监执香引路，后面跟着谙达张文亮，把小皇子从东进间南床抱到东次间，放在摇车里。升摇车，不仅程序繁琐，而且相继又是一番赏赐。从帝后到妃嫔以及上一辈的妃嫔、公主、亲王、郡王、福晋等人，都要给小皇子送小荷包两个，内装金洋钱、金银宝或金银如意不等。

四月初五日又过"小满月"。按清宫规定，这一天要大赏生母。其规格是：皇后生子赏银一千两，表里（即衣料）三百匹；妃生子赏银三百两，表里七十匹。生女孩者减半赏给。叶赫那拉氏由于生了男孩，分娩当天又晋升为妃，因而得到银三百两，表里七十匹的赏赐。懿妃的高兴劲自不待言，对宫内总管以下五十多人分别赏赐了银两和衣料。

四月二十三日，正好是小皇子满月，紫禁城又掀起了一次庆贺高潮。当天午正二刻，由内殿太监杨寿给小皇子剃头，剃完后赏杨寿小卷袍料一件，银四两。咸丰帝这天情绪特别好，传令各宫妃嫔到储秀宫中摆宴，大事庆祝。小皇子新剃了头，看起来眉清目秀，头角峥嵘，皇后妃嫔无不啧啧称赞，纷纷给小皇子送上一份厚礼，其中皇后赏赐最丰，这些礼物是：

金镯四个，银镀金铃铛、升、斗、钟、印一份，小帽两顶，单纱小衣服八件，兜肚二个，裤子二条，鞋袜四双。

其余妃嫔、公主、亲王、郡王、福晋无不争相送上一份厚礼，五颜六色地堆了满床。

按满族习俗，小儿满月时应由父亲给取名。咸丰帝早就胸有成竹，立即钦赐佳名，说："就叫载淳吧。""载"字是从辈分上排下来的，乾隆时，皇六子永瑢画了一张发朝图，进呈给孝圣皇后，由乾隆帝御笔亲题，有"永绵奕载奉慈娱"一句。以后，宗室皇子取名，就用"永绵奕载"四个字排辈，咸丰的儿子自然轮到"载"字了。"淳"字则有质朴、敦厚之意，这寄托着咸丰帝对儿子的一片殷切期望。原来，咸丰帝当年与他的六弟恭亲王争位之时，就是凭着他的老师传授的"仁孝"二字，赢得了道光皇帝的信任，终于击败比他聪慧好强的奕䜣，登上了皇帝宝座。因此，他希望小皇子也像他一样，养成纯朴仁孝之美德，好继承大统，承嗣皇位。可见当时咸丰帝对小皇子真正是爱意也浓浓，寄望亦殷殷。

到七月初三日，是小皇子的"百禄之喜"。所谓"百禄"，其实就是给小儿过百日。因人死后亦有"百日之祭"，为避此忌，乃改称百日为"百禄"。这一天，从皇帝、皇后，到各宫妃嫔等人对小皇子又是一番赏赐。其礼物之丰盛，不必细表。

咸丰七年三月二十三日（1857年4月17日），迎来了小皇子的第一个生日。按照满族习俗，这一天要"抓周"，也即皇宫中的"抓晬盘"。据说，满周岁的小儿已初懂人事，这一天"抓周"可以测出小儿一生的情趣和志向。《红楼梦》第二回中写贾宝玉周岁时，贾政老爷试他将来的志向，便将世上所有的东西摆了无数，叫他来抓。谁知他一概不取，伸手只把那粉脂钗环抓来玩弄。那贾政老爷便不喜欢，说将来不过酒色之徒，因此便不甚爱惜。普通百姓家小儿"抓周"，一般是在小儿面前放上纸、笔、书、算盘、鞭子、锄头（纸制的）等物。据说，抓纸笔者预示小儿将来能读书当官，抓算盘能经商致富，抓锄头的只能种田务农。

皇宫"抓晬"自然不同凡响。首先，要准备好"抓晬"的用具。按宫中规定，这些用具包括玉陈级二件，玉扇坠二枚，金匙一件，银盒一圆，犀钟一捧，犀棒一双，弧一张，矢一枚，文房四宝一份，晬盘一具，中品果一张。到了卯时，也就是早晨六点左右小皇子开始"抓晬"。小皇子由太监抱着，面向西北，在摆好的物品中摸来摸去。小家伙今天精神特别好，只见他先从中抓出一本书，立时引起一片啧啧称赞。太监把书收下，让小皇子再抓，小家伙毫不费力从里面又抓出一套小巧玲珑的弧矢，又引出一片称赞声。最后，小皇子开始抓第三件东西，小家伙一把就握住了一杆笔。小皇子抓来这三样东西，使皇帝及后妃们十分满意，预示小皇子以后兼有文治武功，定可重振大清江山。皇帝看着这一切，不禁露出惬意的笑容。于是，皇帝后妃及亲王福晋们对小皇子又是一番丰盛的赏赐。

小皇子"抓晬"首先抓到的是书，后来的事情证明，同治确实与书结下了不解之缘。他一生只活了十九岁，从六岁时开始入书房读书，直到十八岁才走出书房开始亲政，在弘德殿书房中度过了十二个春秋。在他亲政后，慈禧太后还让他每天"办事召见后，仍应诣弘德殿与诸臣虚衷讨论"。他的老师李鸿藻等人也照常上班，给他上课。他死后，恭亲王率领一班人到弘德殿和昭仁殿检点他的遗物时，还看到书籍笔墨仍然井然有序地陈放在那里。

同治从出生第三天"洗三"起，历经小满月、满月、百禄、晬盘等仪式，共得到五次赏赐。到他刚满周岁时，已是一名巨富小儿。他得到了金银器八百余件，衣被鞋帽等物五百六十多件，荷包、玉器等物七十件，这还不包括份例之内的各种供应，这真是生于皇家贵如天，周岁幼儿成巨富。

（三）咸丰皇帝的宠儿

咸丰帝对小皇子载淳无限钟爱。他曾写过这样一句诗："绕膝堂前助笑颜。"生动再现了小皇子膝前承欢的感人情景。

咸丰八年（1858 年）玫贵人生的小皇子夭折后，咸丰帝膝下承欢的只有大阿哥载淳和丽妃所生的公主。而载淳作为咸丰帝的独根独苗，未来皇统的继承人，更是深受咸丰宠爱。

咸丰十年六月初九日（1896 年 7 月 26 日），正是咸丰帝三十而立的日子。在宫中举行了盛大的万寿庆典，王室亲贵及各宫后妃都来祝皇上三旬万寿，热闹非凡。皇上今天心情特别好，特别是年仅五岁的小皇子载淳出来给父皇祝寿，执杯祝酒，跪地叩头，礼仪娴熟，把皇上高兴得红光满面，为自己有这样聪明的儿子感到自豪。于是，他大宴百官，特命载淳出见廷臣。大臣们一见皇子眉清目秀，端庄凝重，仪表堂堂，气度不凡，无不叩首欢呼，把祝寿活动推向高潮。

咸丰帝除了在逢年过节、生日祝寿等节日里对小皇子例有赏赐外，他平时也常把自己喜欢吃的东西赏给小皇子和大公主，以博得小家伙们一笑为乐。

咸丰十年八月二十日（1860年10月4日），在咸丰狼狈逃往热河行宫的第五天，晚膳刚刚用过，咸丰帝在热河头一次吃到自己非常喜欢的鹿肉，觉得味道特别鲜美，余味无穷。这么精美的食物让两个孩子也尝一尝。于是，他就令太监把两盘还冒着热气散发着余香的肉送给大阿哥和大公主品尝。不一会，两个太监回来了，咸丰问："大阿哥和大公主吃得好吗？"太监连忙回答："禀报皇上，他们吃得非常高兴。"咸丰脸上露出了几天来十分少见的笑容。

又过了几天，锦州副都统向在热河行宫皇帝贡奉礼品。其中有几瓶卤虾和虾油，看起来色泽鲜亮，别有风味。于是，咸丰帝派太监把这些贡品赏给大阿哥和大公主。

咸丰十一年（1861年），是一个多事之秋。南方的清军正与太平军苦苦鏖战，败多胜少。在北方，捻军起义烽火正炽，攻城略地，十分凶猛。咸丰帝被搞得焦头烂额，坐卧不安。这天，又接到两江总督曾国藩的奏报，说清军在安庆被围，请示重新调置军队。咸丰帝焦急地来回踱着步，太监们紧张得大气都不敢出，在一旁静候吩咐。这时六岁的小载淳连蹦带跳地跑了过来，太监们心中一惊，连忙去阻挡，可小载淳早已跑到了咸丰跟前。不愧为聪明伶俐的小皇子，一见父皇焦急的神色，立即收起顽皮嬉笑，马上跪下给皇上请安，用满语叫了一声"阿玛！"（汉语为爸爸）。

沉思中的咸丰帝被皇儿逗乐了，摸着载淳的头说："嗯，乖，起来玩吧，别摔着！"

载淳这才站起身来，后退两步，然后转过身去悄悄退下。望着小家伙的背影，咸丰帝露出了欣慰的笑容。这些宫内礼节，都是由"谙达"张文亮教的。见到孩子已有了这么强的接受能力，心头又涌起了思量已久的念头，想和皇后商量。于是，他派人把曾国藩的奏折发往军机处，等第二天早晨再与大臣商议。之后便径直向皇后的小书房走去。

咸丰急于同皇后商量的事，就是让载淳入书房读书。雍正皇帝明确规定过：凡皇子年届六龄，即入书房读书。早在去年，皇帝就已明降谕旨，命大臣认真选择和荐举品学兼优的儒臣，以备充做皇子的师傅。大学士彭蕴章推荐一位叫李鸿藻的大儒，说他学问高深，可堪充重任。

李鸿藻，字兰孙，是直隶高阳人士，咸丰二年（1852年）进士出身，初授翰林院庶吉士，第二年又授散馆编修之职，咸丰四年九月（1854年10月）又任功臣馆纂修。因对《贞观政要》研究得非常透彻，又富有文采，深得皇帝重视，第二年命他在上书房行走。又命他为山西省乡试副考官。后因父亲病故，请假在家服丧。咸丰七年二月假满，仍回上书房行走。七月，被任命为河南省学政提督。

咸丰帝对李鸿藻人品学问早有了解，当即允准彭蕴章的奏请，下诏将李鸿藻召回京城供职，仍在上书房行走。

咸丰帝一边想着，一边已经走进了皇后房间。这时，早有太监通报皇后，说皇上驾到。皇后急忙起身接驾。见过了礼，咸丰就把自己的意思告诉了皇后。

皇后也早已把小皇子入学这件事放在心里，并且也暗中给他物色老师。一听皇上想让李鸿藻充任大阿哥师傅，当即表示赞同，说："他在上书房行走时，醇王、钟王、孚王都跟他读过书，跟我谈起过他，说李师傅口才很好，讲书透彻。还私下告诉我，说李师傅长得像皇上，让人望而起敬。但不知可有真才实学，人品怎样？"

皇上胸有成竹地回答：

"这你就放心吧，他是翰林的底子，学问深着哪。至于人品，他这三年在河南学政的任上名声很好，人品更是众人交口称赞。"

"这样说来，就再好不过了。"皇后欣然同意。

"唉"，皇上伤感地说，"大阿哥典学，原该隆重些，我本想回京再办。但现在京师不稳，一时半会儿也回不去，也不能再拖延了。"

"那就让钦天监挑个日子开书房吧。"

"那倒不必。皇儿典学是件大事，得选个吉利日子，还是由我自己选吧。"

咸丰平时读书，涉猎甚广，谶纬星相之学也很在行。当即传旨双喜送来典学，翻检了一会儿，选定四月初七日为皇子开书房。

日子选好了，又商量派何人照料书房。议来议去，觉得御前大臣景寿最合适。景寿娶了宣宗道光帝的第六女寿恩固伦公主，是皇帝的姐夫，宫中都称他"六额驸"。他秉性沉默寡言，不喜拨弄是非，在宫中人缘很好。皇后以他与自己性格相近，更觉得满意。

一切都已商议妥当，第二天早晨皇帝驾到御书房，写好了一张朱谕，然后召见军机大臣。

军机大臣们鱼贯而入，见过礼后，排到两旁。未等大臣启奏，皇上就把这道朱谕交给侍立在旁的肃顺。肃顺高声宣旨：

"大阿哥于四月初七日入学读书。着李鸿藻充任大阿哥师傅。钦此！"

以怡亲王为首的一班大臣跪接圣旨，由军机处转交内阁，"明发上谕"。

在小皇子入学的前一天，咸丰帝又特地召见李鸿藻，垂询大阿哥入学的准备情况。听完汇报后，皇帝又让李鸿藻背诵乾隆皇帝圣训中关于皇子典学的一段上谕，想最后再考察一下李鸿藻的学问。李鸿藻多年入值上书房，对这段上谕早已熟记在心，于是朗朗上口，流利地背诵了一遍。皇上满意地点点头，赏给宁绸二匹，荷包一对，端砚一方，大卷笔十枝。

咸丰帝之所以得皇位，受益于老师最多。因而他对小皇子典学这事看得非常重要。小皇子入学的第一天，他在御书房和军机大臣议政大半天，下朝后已累得一句话也不愿说。但他还是急于知道大阿哥的学习情况。他先传张文亮进来，细问一切。又怕太监图功讨好，尽拣好的说，就又把景寿也传来。听到两人一致赞扬小皇子聪明好学时，他十分高兴。把大阿哥带到东暖阁和自己一起用餐。为了热闹，他又派人叫来丽妃和大公主，一时宠妃、佳儿、娇女相聚一堂，父慈子爱，欢歌笑语，道不尽的天伦之乐。

（四）大阿哥入学趣闻

咸丰十一年四月初七日（1861年5月16日），四更左右，天刚蒙蒙亮，谙达张文亮急忙把大阿哥载淳唤醒。原来，今天大阿哥入学。头天晚上，皇后一再嘱咐，宁早勿晚。张文亮十分利落地为大阿哥穿戴好袍褂靴帽，先领他到皇上、皇后那里请了安，就由景寿领着，到书房上学。

老师李鸿藻也起得很早，他平素讲究仪表，今天更是不同寻常，他着意穿戴一番，朝珠补褂，翎领煌煌，好不威严。他收拾停当，就早早来到书房外面，躬候小皇子的到来。见大阿哥一行人到了，就先按廷臣见皇子的礼节，请安行礼。然后由景寿把大阿哥引入东间书房。书房里摆了一对东西相向的书案，西面的由皇子坐，东面的是师傅的座位。

第一件事，是行拜师之礼。景寿拿出了咸丰的朱谕，高声宣读：

"奉旨。"

李鸿藻等人赶紧跪下，恭接圣旨。

景寿继续传旨：

"大阿哥今日初入书房，派定翰林编修李鸿藻充任师傅。师道尊严，虽皇子不得例外，应行拜师之礼。着李鸿藻毋得固辞。钦此！"

李鸿藻立即叩头谢恩。按常例，李鸿藻自然要谦让一番。因而行过礼后，就请景寿转禀皇上，请免大阿哥拜师之礼。

"你不必过谦！本朝最重师傅之教，大阿哥行拜师之礼，以后可知尊师之意，这样才会虚心受教。"景寿说到这，转身向恭候在书房门外的张文亮喊道：

"取毡条来！"

传取毡条，就是要行跪拜叩头大礼。这下急坏了李鸿藻，连忙向景寿说：

"若行大礼，不敢奉诏！"

"也罢！"景寿向张文亮做了个手势，叫他不必去取。然后对李鸿藻说："那就按老规矩，让大阿哥作揖吧。"

既是老规矩，圣谕又明言"毋得固辞"，李鸿藻若再谦辞，就显得虚伪而且有失师道了。所以就不再多说，走到书案面前，稍微偏着站定。

这时，景寿才转过身来让大阿哥行拜师之礼。

这拜师之礼早已由张文亮教好了。只见大阿哥恭恭敬敬向李鸿藻做了揖，叫了一声"李师傅！"

这样，拜师之礼就算完成了。

然后是开始上课。李师傅和大阿哥各自就座，景寿坐在旁边的椅子上，而诸达们只能在南窗下站着。李鸿藻见大阿哥已坐好，就把书房的功课内容告诉他：先练拉弓，然后读满文，最后学汉文。布置好后，就让大阿哥和诸达们到院子里练拉弓。

拉了一会弓，就让大阿哥回书房读满文。先是从字头教起，由景寿负责教授。不一会，小皇子就学会了一个字头，休息片刻后，由李师傅上汉文课。李师傅把着他的笔，写下了"天下太平"四个字，然后教他认这四个字。认一会儿字后，又教他读书。第一课便是《大学》中的一句话："大学之道，在明明德，在新民，在止于至善。"大阿哥第一次和老师念书，觉得很新奇，认真地跟师傅读。读了二十遍，便已琅琅上口。读着读着，他觉得口渴，便自顾自地走下来，高声召唤张文亮。李师傅吃了一惊，连忙问："你怎么了？"大阿哥大声说：

"我渴了。"

李师傅立即沉下脸来，让他先回到座位上去。然后严肃地说："做人要学规矩，越是身份贵重的人，越要有规矩。书房有书房的规矩，你知道吗？"大阿哥想了想，忽然记起额娘的话，马上回答："要听师傅的话。"李师傅一听这话高兴了，赞扬他懂事。说：

"在书房里，有什么事，譬如渴了要喝水，或要小解什么的，都要告诉我，等我答应，不能自己随便走。懂了吗？"

"懂了。师傅，我渴了。"

"这才对，下来，找张文亮去吧！"

大阿哥这才从大靠背椅上滑下来。站在门口的张文亮急忙把他抱到对过房间，那里早已备好了小膳桌。小家伙喝了杯香甜的玫瑰露，又吃了几块点心。这才回来继续上课。又认了"正大光明"四个字，然后又是背诵《大学》里的那句话。李师傅一看他背得熟了，才欣然合书宣布下课。

这是小皇帝入学的第一天，也是最得意的一天。一路上，张文亮抱着他，小太监们前簇后拥，一个接一个地称赞他聪明，懂规矩，献宝似的把他送到皇后那里。皇后和各妃嫔们早已等着大阿哥放学，一见他回来了，皇后首先迫不及待地问：

"在书房哭了没有？"

张文亮连忙跪下回答：

"没哭，大阿哥在书房乖得很，师傅夸他聪明，懂规矩。"

皇后十分高兴，把他抱到炕上，问这问那，又让他背了《大学》里的那句话，乐得大家合不上嘴。

（五）爱不起来的生母

大阿哥载淳是懿嫔（慈禧）亲生儿子，但他对这个生母毫无感情。

这首先与清朝有悖于人情的宫廷制度有关系。按照大清祖制，皇子出生后，无论嫡庶，一呱呱落地，就由保姆抱走，送到事先已经选好的奶妈手里。每个皇子按规定需有四十个人照料。其中包括八个保姆、八个乳母，此外还有针线上人、浆洗上人、灯火上人、锅灶上人。婴儿断奶后，就把奶妈打发走了，再添若干名太监，做皇上的谙达，专门负责教小皇子吃饭、说话、走路、礼节等。到六岁，就准备好小冠、小袍褂、小靴，教他们随着王公大臣站班当差，并正式上书房读书。按规定，他们不仅不能与生母生活在一起，而且还不许生母随便去看儿子。

对于皇子而言，所有的后妃都是他的"额娘"。他的爸爸只有皇上一个，而他的妈妈则有十几个甚至几十个。因此，哪个额娘慈爱善良，小皇子就对哪个额娘有感情。

俗话说："有奶便是娘。"普通百姓家，儿子对母亲一往情深，除了儿是娘身上掉下来的肉这种血脉相连的骨血关系外，就是"儿是吃娘奶长大的。"但是，大清皇宫的规矩，就是儿不吃母奶。后妃们在分娩后，须立即服用回奶药，把奶回掉。

大阿哥载淳刚生下时，御医见他神色脉纹俱佳，先用"福寿丹"给他开口。所谓"福寿丹"，是宫内特用的一种婴儿药，即配方是：朱砂一分末、黄连一分末、甘草五厘末，蜜水调服。朱砂能安神，定惊，黄连可清热解毒，甘草润肺，也能解毒。

过了一会，总管太监韩玉来领来两个奶妈，让懿嫔先挑选一名，留下来喂养大阿哥。按规定，从这天起，奶妈每天的食品供应是：鸭子半只，或肘子、肺头若干，轮流食用。这些都是下奶的食品。

至于懿嫔，在产后的第三天，御医就给她服用了"回乳生化汤"，一直服用八天，到四月初三日时，"乳汁渐回，结核亦消"。可见这种药回乳效果甚佳。因不用下奶，懿嫔坐月子期间不食油腻，她每天的食谱是：用粳米、碎粳米、碎红米、黄老米、碎黄老米、小米、凉谷米等八种米，每种七合五勺，再加芝麻四合，熬粥。此外，每天还供应鸡蛋二十个。

同治从出生那天起，就没有吃过生母一口奶。他很少能得到温馨的母爱，却更多地领略了生母严厉的斥责和看不上的白眼。

但是，大阿哥的出生，却给生母懿嫔带来了数不尽的好处。她在分娩的当天就被晋封为懿妃。第二年的正月，内阁奉谕旨，懿妃又晋封为懿贵妃。在不到一年的时间里，她连升二级，其地位仅次于皇后。她凭着母以子贵这张王牌，咸丰殡天后的第二天，被她儿子亲口封为皇太后。她又利用同治帝年幼无知，垂帘听政，成为大清王朝的最高统治者。她给了同治一份骨血，而同治帝回报给她的则是无限的荣华富贵，得到了她梦寐以求的权力和地位。

对于慈禧来说，同治只是她谋取权位的工具，她的母子情爱，早已被那炽烈的权欲烧得荡然无存。她对大阿哥很少有慈母之心，却极其热衷于宫廷的争权夺势，以至于在亲生儿子面前也放不下架子。大阿哥去给她请安，她经常板着面孔，动辄教训一顿。她那狭隘的妇人之心更令人难以容忍。她自己对儿子严厉不算，还十分忌恨别人关心、爱护小皇子。在宫中，有几次看到小皇子依偎在皇后怀里，和皇后亲热无间，她打心眼里不快。小皇子是她自己的私有财产，是她自己满足权欲的工具，她要牢牢地把儿子控制在自己手里，让他绝对服从自己，绝对孝顺自己，而不许他和别人有感情。

小皇子载淳是龙年龙月出生的龙子，按照迷信说法，他龙运兴旺，算是好命。但他偏偏投胎于这样一个钻到"权眼"里的女人，注定他的命运是悲惨的。

载淳不愿与生母亲近，对她总是敬而远之。每次请安时，总是觉得与她无话可说。在生母面前，他觉得自己是个受严厉管束的奴才，只有在皇后跟前，他才能感受到宠儿的欢乐。

宫廷政变

（一）风流咸丰

咸丰皇帝是个风流皇帝。在皇宫里虽然有名位的皇后和皇妃先后十九人，但他并不满意。在咸丰三年，国内农民起义风起云涌的时候，他竟下令选秀女。传说有一个女子挺身而出，大声疾呼："吾主不知求将帅之臣，以谋战守而保大业，徒知恋情女色，强攫良女，幽之宫禁之中，使其终身不复靓天日，以纵一己之欲，而弃宗社于不顾，所谓英主者固如是乎？"她的义正词严，使咸丰皇帝未敢加罪。钱塘九钟主人撰《清宫词》有一首讥讽咸丰皇帝选秀女的活动：

女伴三旗结队偕，绣襦锦袯映宫槐。

襦头已命南征将，选秀仍闻摆绿牌。

咸丰皇帝在兵荒马乱的岁月，由最初的励精求治，逐渐地走向穷奢极欲，"以醇酒妇人自戕。"他好饮酒，每酒必醉，每醉必怒。据许指严《十叶野闻》记载："文宗嗜饮，每醉必盛怒，每怒必有一二内侍或宫女遭殃，其甚则虽所宠爱者，亦遭戮辱。"待他清醒以后又自己懊悔不已，对受到打骂的宫女，多所赏赐，以补偿其苦痛。可是不久，他又喝醉了，故态复萌，旧病复发，老毛病又犯了。

咸丰皇帝对自己的后妃都是满族人，"不称其意"。他指使手下官员以重金购买江浙"妙丽女子数十人来京，欲置诸宫禁，大违祖制。"清朝皇宫是不准汉族妇女进入的。早在顺治年间，皇太后在宫门外竖起一块铁牌："敢以小脚女子入此门者斩。"这个"祖制"难以违犯。

咸丰皇帝"声色之好，本突过前朝"。他感到宫中不方便，于是经常住在圆明园里。依照惯例，清朝皇帝每年在三、四月份，春暖花开的时候到圆明园住，过了盛夏，到八月去木兰秋狩以后，回到皇宫。咸丰皇帝则不然，刚过新年，就去圆明园，直到十月天气微冷才回皇宫，甚至不去木兰秋狩。

咸丰皇帝在圆明园居住，以加强防卫、保护安全的名义，雇佣数十名民间妇女入内，打更巡逻，轮流值班。每天晚上有三人轮流在皇帝寝宫外，人手一个绑铃，"入夜则于宫侧击之，文宗因召入，随意幸焉。"后来，臣下选了几个特殊美貌的女子送到圆明园，咸丰皇帝封了位号，就是世上所传的"四春"。"传有四春之宠，皆汉女，分居亭馆，所谓杏花春、武陵春、牡丹春、海棠春也。"关于咸丰皇帝的风流韵事，在野史笔记里多有描绘，例如《清宫遗闻》写道："其时有雏伶朱莲芬者，貌为诸伶冠。善昆曲，歌喉娇脆无比，且能作小诗，工楷法，文宗嬖之，不时传召。"又有一位山西籍的孀妇曹氏，"色颇姝丽，足尤纤小，仅及三寸"。"入宫后，咸丰帝最眷之。中外称为曹寡妇云。"这都是咸丰皇帝的临时夫人。

《清宫词》有一首描写咸丰皇帝淀园生活：

　　　　羊车望断又黄昏，懒卸新妆掩苑门。

　　　　风逗乐声歌燕喜，不知谁氏已承恩。

咸丰皇帝沉湎酒色，严重地损害了身体。他"旦旦戕伐，身体久虚，遇坛庙大祀，常因腿软恐登降失仪，遣奕䜣恭代。加以军务棘手，外患交乘，遂患吐血之症。"据称，咸丰皇帝"焦忧致疾，遂颇倦勤"大约在咸丰六年（1856）前后。他的身体多病，面部经常呈黄色。经过医生诊断，给开了个"疗疾法"，认为饮鹿血既可以治病，又可以补阳分之虚。咸丰皇帝信以为真，于是养了一百几十只鹿，命人取鹿血给他喝。咸丰十年七月，当他携眷逃离京师，避难热河，临走之前，"命率鹿以行"。后来，由于大臣的劝阻，说："外兵已逼京师，方避寇之不暇。何必率是以为累。他日事平，再饮鹿血，未晚也。"于是，"鹿不行"。

咸丰皇帝拖着弱不禁风的身体，经过逃难远距离的一路颠簸，"既至热河，文宗已疾甚。"到咸丰十一年七月，奕䜣病情恶化，生命垂危。他在这个时候，想起了恭亲王奕䜣，很想找来说上几句临终之言，可是没有实现这个愿望。"传闻先帝病亟时，出旨召恭亲王数次，郑、怡二王隐秘不宣。"消息封锁了。

七月十六日（8月21日），咸丰皇帝自知难以好转，生命危在旦夕。半夜里，他急忙传谕内廷王大臣前来安排后事。

在这一天的《军机处上谕档》谕旨后面注有一段文字，说明当时咸丰皇帝召见大臣的情景："本日子刻，大人们同内廷王、御前大臣一起寝宫召见，面谕并辅政一道，写朱谕述旨后发下，即刻发抄。"

咸丰皇帝当时召见的内廷王、御前大臣都有谁呢？

在中国第一历史档案馆保存的《随手登记档》，咸丰十一年七月十六日记有："本日子初三刻，寝宫召见共一起：御前大臣载垣、景寿、肃顺，内廷王端华，军机大臣穆、匡、杜、焦。面奉谕旨，写朱谕递上。发下，当即发钞。"

咸丰皇帝当时病到不能亲笔写字的地步，有时晕过去不省人事。后来又苏醒过来，趁说话清楚的时候，赶紧把王大臣们找来，口述谕旨，由人代笔。据当时在热河行宫，咸丰皇帝周围当差的一个没有留下姓名的目击官员，给他的朋友写信中，详细记录了这个极为重要的传谕细节。

《热河密札》第十二札记载："十六午后晕厥，嘱内中缓散。至晚苏转，始定大计。子初三刻见时，传谕清楚。各位请丹毫。谕以不能执笔，著写来述旨。故有'承写'字样。八位共矢报效，极为和衷，大异以前局面。"

这段信札是历史的见证，是极为珍贵的历史资料。信中真实地记录了咸丰皇帝病情恶化的程度；记述了咸丰皇帝遗诏形成的过程；记载了八大臣在受命辅政当时的具体表现。寥寥数语，栩栩如生。

咸丰皇帝在弥留之际，发了两道硃谕：

其一：咸丰十一年七月十六日，奉朱谕：皇长子御名（载淳），著立为皇太子。特谕。

其二：咸丰十一年七月十六日，奉朱谕：皇长子御名（载淳）现立为皇太子，著派载垣、端华、景寿、肃顺、穆荫、匡源、杜翰、焦祐瀛尽心辅弼，赞襄一切政务。特谕。

咸丰皇帝在临终之前，首先确定了载淳为继承人。由于载淳年方六岁，不能执政，咸丰皇帝同时任命八位大臣辅助小皇帝，"赞襄一切政务"。在基本确立辅政体制之后，为防止大权旁落，咸丰皇帝将两枚随身私章"御赏""同道堂"，授给皇后钮祜禄氏和儿子载淳，作皇朝权力的象征。两颗印章作为以后下达诏谕的信符，"御赏"章为印起，"同道堂"章为印讫。在《热河密札》里记载："两印（即"御赏""同道堂"两章）均大行（即咸丰皇帝）所赐，母后（皇后钮祜禄氏）用'御赏'印，上（即载淳）用'同道堂'印，凡应用朱笔者用此代之，述旨亦均用之，以杜弊端。"这封信确切地说明了两枚印章的来由、性质、用途，目的，而且写信人又进而指出，有了两枚印章，皇后有了权力参政，这就形成了两种政治体制并存。"诸事母后颇有主见，垂帘辅政，盖兼有之。"这是咸丰皇帝有意安排的。他想借助八大臣的政治经验，集体智慧，来辅助未成年的小皇帝，同时又担心八大臣借机篡权，欺寡骗幼，用两印为信符控制八大臣。这种互相牵制的权术，是当时形势造成的一种高明手段，是保证清室皇权牢牢地掌握在爱新觉罗家族的应急措施。

咸丰皇帝当然想到载淳的母亲那拉氏。平时，当他在世时不希望那拉氏干预朝政，甚至限制她，曾经想除掉她。可是，咸丰皇帝的思想反复无常，也有调转念头，追悔以往的时候。人的思想总是在矛盾中交织运行。对那拉氏就是这样。她以往的过错都是小节，关键的大功劳是生了载淳。载淳年幼无知，他的母亲那拉氏自然代其行使"同道堂"的权力。这一点，咸丰皇帝会想不到吗？当时在肃顺门下的王闿运在《独行谣》一诗中写道："祖制重顾命，姜犹不佐周。谁与同道堂，翻怪垂帘疏。"他对问题看得很透彻。不仅如此，王闿运在《祺祥故事》里着重讲述了"同道堂"印章的来历。他说："小印曰同道堂，不知何时人刻汉玉为之。"

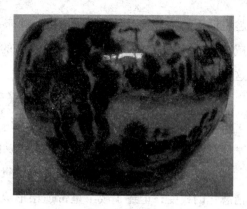

山水人物笔洗

咸丰皇帝随身佩带。有一次，咸丰皇帝在妃子处饮酒过多，误了出朝。那拉氏责问妃子。咸丰皇帝回来说情，那拉氏生气了。咸丰皇帝感觉惭愧，将所佩玉印解下来赏赐给那拉氏，表示感谢她关心自己的情意。"同道章自此始，今乃以为信，而或说不知，安有传伪云。"王闿运认为咸丰皇帝授印是给那拉氏参政用的。

七月十七日（8月22日）早晨，咸丰皇帝病死在避暑山庄的"烟波致爽"殿西间寝室。据宫中档案记载：七月十七日寅初，膳房"伺候上传冰糖煨燕窝"，未及用，卯时崩。早晨六点钟前后，咸丰皇帝与世长辞了。宫中御医脉案断定为虚痨致命，所患之病为肺结核之类。据说，当时咸丰皇帝"咯疾大作。令取鹿血以供，仓促不可得，乃殂。"终年三十一岁。

同一天，朝廷将咸丰皇帝"遗诏"布告天下。七月二十日，内阁颁布"喜诏"，载淳嗣皇帝，八大臣赞襄政务。接着，颁行"哀诏"，"大行皇帝七月十七日寅时龙驭上宾"。

（二）赞襄政务

咸丰皇帝去世后，"热河派"受命先帝，"尽心辅弼，赞襄一切政务"，取得执掌朝廷大权的合法地位。

"赞襄"一词的典故出自《尚书·皋陶谟》："禹曰：'俞，乃言底可绩。'皋陶曰：'予未有知思。曰赞赞襄哉。"传说大禹选定皋陶为继承人，先让他说说自己将来有什么作为。皋陶谦虚地说："我没有什么独立见解，只知道遵从先帝的意愿尽心去做。"

在赞襄政务的八大臣中，有四位是御前大臣，即怡亲王载垣、郑亲王端华、协办大学士户部尚书肃顺、额驸（道光皇帝驸马）景寿；有四位军机大臣，即兵部尚书穆荫、吏部右侍郎匡源、礼部右侍郎杜翰、太常寺少卿焦佑瀛。

恭亲王奕䜣被排挤在顾命大臣之外，说明咸丰皇帝与他的矛盾不能谅解，成见之深，到了至死还对奕䜣不信任的程度。据说，当许多留京王大臣纷纷附和恭亲王奕䜣，上奏皇帝请求回銮的时候，吏部尚书陈孚恩与众不同。他上疏说，如果圣驾日久在外，"当有甚于八月八日之事者。"意思是说，有比咸丰皇帝仓皇出逃更为严重的事情，那就是暗示咸丰皇帝有失位的危险。很明显，这是针对恭亲王奕䜣的。咸丰皇帝见到此折，发怒了，"有旨诘责"。咸丰皇帝不能忘记，当年与自己竞争皇位继承权的是奕䜣。难道能让奕䜣利用辅政之机把皇权夺过去吗？他最终决定不用奕䜣。

八大臣辅政，第一道命令是公布关于治理咸丰皇帝丧仪的名单，排挤了恭亲王奕䜣。

七月十七日，顾命大臣起草的谕旨，宣布了治理丧仪和留守京师的人事安排："著派睿亲王仁寿、豫亲王义道、恭亲王奕䜣、醇郡王奕譞、大学士周祖培、协办大学士、尚书肃顺、尚书全庆、陈孚恩、绵森、侍郎杜翰恭理丧仪。陈孚恩接奉此旨，即星速前来行在。豫亲王义道，恭亲王奕䜣、周祖培、全庆著在京办理一切事宜，毋庸前赴行在。钦此。"

虽然在名义上，"治丧委员会"里有奕䜣的名字，但是并不让他参与此事"前赴行在"。从表面看来，治理咸丰皇帝的丧事固然重要，而镇守京师更为重要。全局衡量，统筹兼顾，似乎以国事重于家事的安排，可以理解。从感情上看，恭亲王奕䜣与咸丰皇帝是同父异母兄弟，尽管国事重要，留京责任重大，但总不能不顾手足之情。何况，北京至热河并不遥远。八大臣不让恭亲王前来，却急调陈孚恩，"接奉此旨，即星速前来行在"。这是什么原因？《清史列传》记载："载垣等矫诏，令孚恩赴行在。"其"矫诏"之说难以理解，因为诏令就是载垣等人起草的，完全反映八大臣的意志。

陈孚恩，字子鹤，江西新城人，在道光年间，以七品小京官分吏部，升到部院大臣。他"才具练达，识见明通"，敢于发表自己的见解。咸丰皇帝召对时，他与怡亲王载垣等公然争论于御前，"语言辩论"，受革职留任处分。咸丰八年，陈孚恩重返部堂，以头品顶戴署兵部右侍郎，不久授兵部尚书，九年，兼署刑部尚书，户部尚书。十年，调吏部尚书。

陈孚恩既能埋头苦干，认真办事，又有政治见解，其涉世之深，于当时社会揣摩之透是比较突出的。当初他与载垣、端华、肃顺等有过分歧，"及再起，乃昵附诸人冀固位。"他成为"热河派"的成员。后来，在肃顺家里查抄到陈孚恩的亲笔书函，"有暗昧不明之语"，说明与载垣、肃顺交往密切。调他急赴行在，也说明问题，"大行皇帝龙驭上宾，满、汉大臣中惟令陈孚恩一人先赴行在，是该尚书为载垣之心腹，即此可见。"这是官方对陈孚恩的政治结论。还有一种说法，也值得重视，认为陈孚恩，"至先帝宾天，其得独召者，实三人恐其在京师创异议，固知公卿中才无出其右，特借以羁縻之，使不得发。"载垣、端华、肃顺调他赴行在，目的是笼络这个才华出众的人。这也是力图将他作为自己的同伙。

八大臣辅政，第二个措施是解决诏谕疏章的处理权限问题。这是个重要问题。据费行简《慈禧传信录》记载："两宫乃召辅政大臣入议诏谕疏章黜陟刑赏事。初肃顺、杜翰、焦佑瀛，谓谕旨由大臣拟定，太后但钤印，弗得改易，章疏不呈内览。后持不可，议四日，乃决章疏呈览，谕旨钤印。任用尚侍督抚，枢臣拟名，请懿训裁定，其他简放人员，按照京察暨疆臣密考拟具正陪数员，在御前掣签，两宫并许可。"

《热河密札》第十二札也说："要缺公议，其余制签，均取旨进止。"

上述记载反映在确定辅政大臣权力问题上，太后与八大臣之间的斗争很激烈，讨论了四天。开始，肃顺等人力图把权力全抓在自己手里，由辅政大臣拟定谕旨，太后只管盖章，不能改动，下面各级官员的奏章也不必请太后过目。这个方案被太后拒绝了。最后议定的办法是：（一）章疏呈览；（二）谕旨钤印；（三）任用高级官员，大臣提名，太后最后裁定；任用一般官员，先提几名候选人，用"制签"办法确定人选，由两位太后批准才能宣布任职。

"制签"，就是任命官员时，由军机处糊名签后进呈御前。两宫太后坐在两旁监督，小皇帝居中抽签，先抽中者为正职，后抽中者为副职。然后，再由各部抽签分配任职省份，最后公布千众。

七月十七日（8月22日），赞襄政务王大臣发布文件《为发下谕旨以"御赏""同道堂"方章为符信等事致吏部兵部咨文》《为按月恭缴钤图谕旨事交内阁片》，向京师内外各衙门宣布，今后朝廷命令必须有"御赏""同道堂"两枚印章才能生效，盖印公文定期交回内阁存档。

在七月十九日（8月24日）《翁文恭公日记》写道："赞襄政务大臣行文吏部，令通行各省各衙门："嗣后陈奏折件，经赞襄大臣拟旨缮进，俟皇太后、皇上阅后，上用'御赏'、下用'同道堂'二印，以为凭信。仍照朱批恭缴。"

太后与辅政大臣的权力分配方案暂时这样确定下来。

八大臣辅政后的第三件大事是关于两后并尊问题。那拉氏的儿子载淳继承皇帝位，根据清朝的祖制家法，生母懿贵妃应该尊为皇太后，与钮祜禄氏并尊。辅政大臣们经过精心研究，对两位太后名义上并尊，实际上有意分出先后高下。仍有细微的区别。

钮祜禄氏称母后皇太后，那拉氏则称圣母皇太后。

这样的称呼，是仿照明朝万历年间和清朝康熙年间"两后并尊"的故事。明神宗朱翊钧（年号万历），是明穆宗朱载垕（年号隆庆）的三子，其母李氏为贵妃。穆宗去世，神宗即位，"尊皇后曰仁圣皇太后，贵妃曰慈圣皇太后。"清朝圣祖康熙皇帝玄烨即位后，"尊皇后为仁宪皇太后，母后为慈和皇太后。"既有先例，一时也难以改制，事情决定下来。对此，那拉氏心里很不是滋味。但正式公布了。咸丰十一年七月十八日（8月23日），内阁奉上谕："朕缵承大统，母后皇后应尊皇太后，圣母应尊为皇太后。所有应行典礼，该衙门敬谨查例具奏。钦此。"这是以小皇帝名义发的谕旨。两宫皇太后的名分确定了。

当时，因为母后皇太后钮祜禄氏住在避暑山庄"烟波致爽"殿东暖阁，人们称为"东太后"；圣母皇太后那拉氏住在西暖阁，人们称为"西太后"。

八大臣辅政的第四件大事，是拟定建元年号为"祺祥"。据《军机处上谕档》记载："建元年号，业已恭拟，奉旨用'祺祥'二字，已于月之二十六日交片内阁矣。"这就是说，七月二十六日（8月31日），由八大臣拟定的年号，经两宫太后批准，用"祺祥"二字，正式确定下来。七月二十八日（9月2日），赞襄政务王大臣为建元年号奉旨用"祺祥"二字，致函留京王大臣。

祺祥年号从咸丰十一年七月二十六日确定之日起，到十月初五日明令废除，共有六十九天。这是赞襄政务八大臣最初没有想到的。在几件大事处理之后，当时八个人的情绪很高。据《热河密札》片断记载："自顾命后，至今十余日，所行均惬人意。""然事势大局已定，似不致另生枝节。""诸事循照旧章，并无人搀入。""循此不改，且有蒸蒸日上之势。"肃顺一派认为形势大好，前景乐观。辅政大臣们对时局判断错了。

（三）政变始末

顾命八大臣自以为大权在握，根本不把两宫皇太后放在眼里，在颁布了一系列决定和任命之后，他们弹冠相庆，歌舞升平，在热河这片小天地里做着不醒的迷梦。

咸丰皇帝崩逝的当天，在热河关系一度密切的皇后和懿贵妃居然吵了起来，原因是这样的：咸丰皇帝驾崩后，按清朝礼制，首先扶立皇太子载淳在灵柩前登基，然后安排后妃在灵柩前奠酒、哭灵，最后由嗣位皇帝守护灵柩。在咸丰帝的众后妃中，道光帝的妃子琳妃（后被尊封为庄顺皇贵太妃）即奕譞的生母，尚且住在宫中，皇后在

安排众后妃到灵前奠酒时，由于尊敬长者的缘故，将琳妃排在懿贵妃之前，这引起懿贵妃的不满，她认为自己的儿子已当皇帝，自己很快就将尊封为太后，这种排序是皇后对她的贬低。因而，懿贵妃与皇后大吵了一架，不欢而散。

可是，第二天一早，懿贵妃就跑到皇后面前承认过错，请求宽恕，并甜言蜜语地与皇后商量与顾命大臣争权的计谋。皇后对懿贵妃这个出尔反尔、睚眦必报的女人感到非常厌恶，但是鉴于目前的形势，她还是原谅了懿贵妃。

她们两人为扭转不利局势，充分利用了咸丰帝亲赐的两枚印章，参与朝政决策，避免了顾命大臣一手遮天，独揽朝政。接着，又很快确立了皇太后的尊贵地位。然而，更主要的是，她们共同策划了一次秘密联合奕䜣的行动。

两宫皇太后雷厉风行，立即拟好谕旨，盖上两道印章，密旨已备，只是肃顺、载垣等人已完全控制热河局势，并严密监视着两宫皇太后的行动，所以密旨不可能大模大样地发出。怎么办呢？必须找一个精明可靠之人送出去。西太后忽然想到了太监安德海。安德海是咸丰帝身边的御前太监，此人赤胆忠心，精明强干，早已成为西太后的心腹，以前曾多次向西太后密报咸丰的情况。咸丰帝殡天后，安德海转到西宫皇太后跟前侍奉。

两宫皇太后秘密召来安德海。东太后问道："安德海，你愿意冒险去京城送一封密谕吗？"

安德海跪禀："启禀太后，奴才性命微浅，愿效犬马之劳。"

西太后接口问道："小安子，哀家（太后自称）知你是个忠诚不贰、精明强干之人，所以将这桩大事委托于你。可是，顾命八大臣严格封锁出入热河的主要道路，到时候盘查起来，你有何应对之策呢？"

安德海不愧是个精明强干之人，他略做思索，便想起了《三国演义》中周瑜打黄盖的"苦肉计"。于是，他回禀道："奴才甘愿效法黄盖的苦肉计，以奴才触犯宫禁为名，将奴才公开毒打一顿，然后下令遣送京师内廷处理。这样，奴才保证不辱两宫皇太后使命。"

再说恭亲王奕䜣，当英法联军兵临城下时，咸丰帝仓皇而逃，他临危受命，凭借其政治头脑和杰出才干，实现和议，安抚民心，把纷乱一时的北京治理得井然有序，对咸丰一朝，他可以说是功勋卓著。可是，他接连几次请圣驾回銮，均被婉言相拒；后来又奏请"前赴行在，祗问起居"，又遭阻挠；咸丰晏驾，顾命大臣八个之多，竟没有自己，甚至皇上去世，竟不准堂堂御弟前去"奔丧"。凡此种种，气得奕䜣火冒三丈、七窍生烟。他既气咸丰帝奕詝这位皇兄的刻薄寡情，同时也气肃顺一伙从中作梗、

狼狈为奸。

奕䜣早就对肃顺集团迷惑主上、揽权干政的丑恶行径有所觉察，因而，他在京师也积极行动，吸引了一大批对肃顺集团深恶痛绝的王公大臣，聚集在他周围，等待时机成熟，与肃顺集团决一雌雄。

这天，恭亲王奕䜣正与众大臣议事，忽有近侍走近身旁，附耳低言："大内太监安德海从热河赶来，在殿外等候王爷。"恭亲王闻报，知有机密要事，便辞别诸位大臣，步出殿外，召安德海入内府议事。

进入内府，安德海请安已毕，就将热河行宫的形势，大行皇帝如何病逝，八大臣怎样独断专行，以及两宫皇太后孤立无援的情况细说了一遍。说到两宫皇太后的委曲时，安德海声泪俱下。恭亲王听得又悲又喜，迫不及待地问道："两宫皇太后有何圣谕？"

安德海忙递上太后密谕，恭亲王接过一看，但见上面写道："形势紧迫，恭亲王奕䜣速赴热河行在。"这道密谕，首落"御赏"，尾落"同道堂"两方印章，确实是两宫皇太后密旨。

密谕之上，短短两行字，却足见势态万分危急，迟疑不得。看完之后，奕䜣与安德海秘密商议对策，直到次日清晨，安德海才匆匆离去，马不停蹄地返回热河行宫。

奕䜣早就想跟八大臣对着干，可是一直对咸丰的"顾命"有所顾忌，生怕弄不好就会被八大臣手扣上"悖逆""犯上"的罪名，身首异处。现在有两位皇太后撑腰，奕䜣认为自己大显身手的时机成熟了。

于是，奕䜣正式发出"奏请前赴热河叩谒梓宫"的奏折。奏折传到热河，八大臣传阅了一遍后，肃顺说道："奕䜣借口奔丧，实是在夺我手中之权，应阻止他前来，以防有变。"

载垣急忙问道："他是大行皇帝的兄弟，来此奔丧，名正言顺，我等如何能够阻挡住他？"

"这有何难，就说京师重地，留守要紧。恭亲王前来奔丧，只怕京城生变。况且梓宫不日即可回京，毋庸前来。"

端华见大家都点头称是，便依此批好原折颁发出去。

谁知一周之后，忽有兵丁来报恭亲王已来到热河。八大臣吃惊不小，正欲商量对策，恭亲王奕䜣已到府前，载垣等人只得出迎。

寒暄几句之后，奕䜣先发制人："此次仓促而来，特为叩谒梓宫，并向两宫皇太后请安。"

肃顺问道："前些天已有谕令，请王爷不必到此，难道王爷不曾知晓？"

"不知公文何时发出？"

载垣掐指一算："差不多有十多天吧。"

奕䜣肯定地说："原来如此，我出京已有半月了。"

"六爷离京而来，京师重地，无人镇守，不怕出事吗？"

"请诸位放心，在京的王公大臣忠勇可靠，我已安排妥当。此来热河，一是哭临梓宫，以尽臣子之礼；二是给两位皇太后请安。明后两日即准备回京。"

"两宫皇太后与六王爷是叔嫂名义，叔嫂相见恐有嫌疑，况且先帝宾天，皇太后居丧，更不宜召见六王爷吧！"杜翰挺胸高呼。

肃顺听到这番话，拊掌而笑道："说得好，说得好；真不愧杜文正公（杜受田）之子啊！"

这时，两宫皇太后也闻听奕䜣到来，急忙派太监前来召奕䜣入见。恭亲王奕䜣灵机一动，顺水推舟道："两宫皇后传召入内，想必垂询京师情况，我只得遵旨入宫。如大家不放心，就请郑亲王一同觐见。"

郑亲王端华见奕䜣要拉自己入内，于礼不恭，急忙示意肃顺解围。

肃顺笑着说："六王爷，你与两宫皇太后是至亲的叔嫂关系，何必让我们陪着你入见呢？"

奕䜣将计就计道："既然大家不愿陪我同行，那我就只好独自觐见了。"

说完，随太监觐见两宫皇太后。请过安后，两宫皇太后摒退左右，谈话即进入正题。两太后对奕䜣说："目前形势危急，咱们只有两条路可走。一是让肃顺一伙肆意妄为，这大清江山也就落在他们手里。我们姐妹二人身为太后，谅他们不敢有不敬的行为，只是王爷的命运就难说了。二是咱们同心协力，除掉这帮权奸佞臣。事成之后，王爷可任议政王，辅佐幼主，振兴我大清江山。王爷将名垂青史，彪炳后世。王爷意下如何呢？"

恭亲王义愤填膺，慷慨陈词道："肃顺、怡、郑二亲王自受大行皇帝隆恩以来，不思鞠躬尽瘁，报效龙恩，而是贪权保位，欺主惑众，致使先帝北狩于此，风雨兼程，致使先帝渐有沉疴。肃顺一伙自来热河以后，不思敛抑，愈发张狂，大兴土木，歌舞升平，以取帝宠，而贻误国事。朝野上下无不切齿痛恨，急盼将这群奸贼千刀万剐，分而食之。"

听到这儿，两宫皇太后回想起肃顺等人的颐指气使，嚣张气焰，回想起连日来担惊受怕，受尽欺辱，不禁抽泣起来。

还是西太后先止住了哭声，她抬头问奕䜣："肃顺等贼罪行滔天，天人共鉴，当绝后患。可是目前顾命大臣大权在握，扳倒他们并非易事，不知恭亲王有何高见？"

奕䜣胸有成竹地说："微臣以为，目前热河局势已被奸人所控，在这儿恐怕难有作为，如果要彻底铲除贼人，还须回銮京师才行。还望两宫皇太后忍耐一时，待微臣回京后严密布置，到时候一网打尽，确保万无一失。"

两宫皇太后听到这，心里踏实了许多。接着奕䜣又向两宫皇太后提议，应该及早密拟拿问贼人懿旨，以备到京即发，两宫皇太后点头同意。

西太后对奕䜣说："还望六爷早日回京，早做准备。"奕䜣点头说："微臣为防不测，决定明日启程返京。"说完，即起身：告辞。

前后不到一个小时，发动政变的密谋就已经完成了。

恭亲王奕䜣当晚在热河行宫住了一宿。第二天正赶上祭奠大礼，奕䜣早起，洗漱停当，身着缟素，出现在大行皇帝的梓宫前。一见到咸丰帝灵柩，奕䜣立即倒地大哭，哭声震动殿宇，旁人听了无不下泪。哭灵已毕，方至怡、郑二亲王处辞行，随即带领侍卫马不停蹄，返回京师。

恭亲王奕䜣骤然而来，令八大臣猝不及防，不寒而栗，现在又匆匆而去，八大臣总算松了一口气。他们哪里会料到，此后事态的转变是多么巨大。

恭亲王奕䜣刚走，山东道监察御史董元醇的奏折就飞抵热河。奏折主要内容是：敦请太后垂帘听政，另简亲王辅政，并要求整顿高级官吏队伍。这份奏折无疑代表了两宫皇太后和奕䜣等人的利益，而把矛头直指向肃顺等顾命大臣，所以在朝廷内外，尤其在热河顿时掀起了轩然风波。紧接着，京师的王公大臣如恭亲王奕䜣、大学士周祖培、贾桢，拥兵大帅如胜保、僧格林沁和曾国藩等也在积极谋求垂帘听政的形势，以取代权臣辅政的格局。然而，当时政治斗争的中心热河，顾命八大臣勾结在一起，专横跋扈，因而，董元醇奏折引起的风波很快平息下来。

当时，东太后见到听政阻力很大，不免灰心丧气。她在宫里对西太后说："现在尚未垂帘，已经是这样繁杂；来日果然听政，繁杂劳累的事就更多，我们俩能吃下这个苦吗？"西太后却充满信心，她说："载垣、肃顺之流向来不恪守臣子的规矩，辅政日久必然谋划篡逆国统，那时，我二人有何脸面对先帝？"当廷臣袁甲三等人力阻垂帘一事时，西太后借题发挥道："如果我们不谋求铲除诸奸，执掌权柄，号令天下，那么，如今贼寇纷乱，封疆大吏一旦也各自解体，到时候结局将不堪设想，我们就辜负了先帝的嘱托了。"东太后听了这番话，顿时振作起来。

两宫皇太后见热河肃顺集团气焰嚣张，就采取了以退为进，以守为攻的策略，使

肃顺一伙更加骄横，目空一切。

估计恭亲王回京布置妥当后，两宫皇太后正式下发驾銮京师之旨。肃顺等人想横加阻挠，上言道："皇上一孺子，京师何等空虚，如必欲回銮，臣等不敢赞一辞。"但是，两宫皇太后坚持还京，她们向肃顺等人表示："回京后如果发生意外，不与你们相干。"

九月初四日（10月7日），载垣、端华等人唯恐回銮京师后政局有变，于己不利，因而奏请太后、皇上辞去一些职务，以讨好两宫皇太后。两宫皇太后将计就计，解除了八大臣的部分兵权，而将步军统领等军权委任给亲信奕譞等人。

九月二十三日（10月26日），两宫皇太后及皇上在避暑山庄丽正门外，恭送大行皇帝梓宫上车。然后从小路先行回京，同行的有载垣、端华、景寿、穆荫等人。肃顺则和醇郡王奕譞等护送梓宫沿大路返京。这样，顾命八大臣的三位核心人物——载垣、端华、肃顺，也被分作两处。

二十九日（11月1日），两宫皇太后和皇上抵达京城西北门，恭亲王奕䜣率王公大臣出城迎接。安顿就绪，两宫皇太后密召奕䜣，商议了政变步骤和措施。

次日清晨，载垣、端华等在入朝时被恭亲王奕䜣派人捉拿，束手就擒。当晚，肃顺也在扈从大行皇帝梓宫途中被醇郡王奕譞捉拿。

两宫皇太后随即以皇帝名义发布在热河时就已拟定的谕旨，以顾命八大臣阻挠先帝回銮，反对太后垂帘等罪名，将八大臣解任，并逐出军机处。几日之后，载垣、端华被赐令自尽，肃顺问斩菜市口。有趣的是，三年前，肃顺在同一个地方将军机大臣、内阁大学士柏葰处以极刑。顾命大臣的余党，或革职，或发配，一场你死我活的权力之争宣告结束。

十月初九日（11月10日），嗣位皇帝载淳在太和殿重行即位大礼，废顾命大臣所拟"祺祥"年号，定明年改"同治"，取两宫皇太后一同治政之意。

咸丰十一年十一月一日（1861年12月20日），载淳及两宫皇太后在养心殿举行垂帘听政大典。焕然一新的养心殿内，设置三个宝座，同治帝载淳端坐正中，慈安太后和慈禧太后（同治元年，皇上给两宫皇太后正式上徽号：母后皇太后徽号为慈安，圣母皇太后徽号为慈禧）端坐同治帝后左右两边，座前各垂一帘。

黎明时分，王公贝勒、大学士、六部九卿、文武百官应旨在养心殿外恭候。辰时正，按班入觐，除惠亲王以外，自亲王到科道官吏均依照官职高低分班分次到御座前行三跪九叩大礼，在喧闹的鼓乐声中，御前司礼太监立于御座前高呼："一叩首，二叩首，三叩首……"

从此，一个新的时代开始了。

谁将成为新时代的真正主宰呢？

（四）太后垂帘

垂帘听政初期，执掌清王朝最高权力的人物，除慈安和慈禧两宫皇太后外，还有一人，那就是恭亲王奕䜣。

恭亲王奕䜣因为在祺祥政变中出力最多，功劳最大，所以在政变后权力再分配中占据了很大的份额。两宫皇太后和恭亲王奕䜣都践行了双方在热河密谋政变时的允诺：奕䜣拥戴两宫皇太后垂帘听政，两宫皇太后给予恭亲王奕䜣高官厚禄，在正法八大臣之后短短几天内，两宫皇太后接连颁发几道上谕，授奕䜣为议政王、军机处行走、宗人府宗令、总管内务府大臣、并管理宗人府银库。从此，恭亲王奕䜣集清王朝政权、兵权、族权、财权于一身，位尊爵显，备极恩宠。

恭亲王留守京师期间，京城王公大臣为打倒顾命八大臣等热河集团，唯奕䜣马首是瞻，垂帘听政后，他们基本上都已成为恭亲王的亲信势力。恭亲王可谓一呼百应，权倾朝野。

更重要的是，咸丰帝避难热河期间，恭亲王受命与洋人谈判，从而操纵了清政府的外交权，外国列强把恭亲王看作他们在华利益的代理人，积极支持他在清廷中的地位。

两宫皇太后在恭亲王奕䜣的辅助下，在垂帘听政初期，面对岌岌可危的内政外交形势，进行了大刀阔斧的改革。

太平天国起义军仍然盘踞着长江以南的半壁江山，清廷封疆大吏何桂清，作为署理江苏、安徽、江西三省的两江总督，直接负有阻拦太平军进攻，并镇压太平天国起义的重任。然而，咸丰十年（1860年）三月，太平军打垮江南大营，何桂清驻扎常州，坐视不管。太平军攻到常州，何桂清弃城而逃。他先将父亲和两妾密送苏州，后发告示禁止居民迁徙。常州百姓数百人执烛跪请何桂清留守，一时阻塞道路。何桂清居然下令开枪射击，死者19人。何桂清临阵脱逃，贪生怕死的丑行，激起了朝野仁臣义士的一片愤慨。两宫皇太后垂帘听政后，为重振朝纲，严肃军纪，将何桂清论罪处斩。

兵部侍郎胜保，于同治元年（1862年）被任命为钦差大臣，入陕镇压回民起义。此人一向飞扬跋扈，居功自傲，目无朝廷，在镇压回民起义过程中，虚报战功，收受贿赂，贪恋女色，影响极坏。同治元年（1862 年）十一月，清廷将胜保突然逮捕，撤去钦差大臣关防。同治二年（1863 年），赐令自尽。

何桂清是文臣，是汉族臣僚的代表；胜保是武官，是满族大员的典型。两宫皇太后听政之初，连续斩决满汉文武两名大臣，树威立尊，顿时震惊了清朝官场，从而在一定时期内维持了清廷的统治。

接着，恭亲王奕䜣着手对清廷的三大机构：军机处、内阁宰辅与总理衙门进行了改组，选拔任用汉族地主官僚曾国藩、李鸿章、左宗棠等人充当封疆大吏，并实行了"助师助剿"方针，在中外势力的联合绞杀下，太平天国、捻军等农民起义相继失败。同时，在京师设立总理各国事务衙门，办理洋务，处理外交事务。这样，清朝经历了一段由内忧外患过渡到内政外交相对平静的时期，史称"同治中兴"。

然而，在清朝内政外交出现好转的时候，同治四年（1865 年），清廷内部发生了一场以争权为中心的斗争。这场斗争的双方，就是四年前为打倒顾命八大臣而结盟的两宫皇太后和恭亲王奕䜣。

通过祺祥政变，打倒顾命大臣集团，两宫皇太后和奕䜣夺回了最高统治权力。之后，双方不失热河密谋时许下的诺言，恭亲王奕䜣议政并掌握军国大权。

实现了垂帘听政梦想的两宫皇太后，授奕䜣以权柄，除了践行诺言并对奕䜣的功绩表示褒奖这个原因外，最主要的原因是，两宫皇太后迫于当时严峻的国内外形势，迫不得已而采取的权宜之计。

原来，两宫皇太后垂帘听政初年，正是清王朝如履薄冰的艰危时期。国内，太平天国起义此起彼伏，如火如荼，动摇着清廷的统治基础；国外，西方列强虎视眈眈，垂涎已久，蓄谋发动更残暴的侵略行径。同治皇帝载淳年幼无知，两宫皇太后久居深宫，对于任免官员、奖罚升赏等朝政事务，所知甚微。在这种特殊的历史条件下，两宫皇太后自感才微力薄，难以担当重任。朝廷中需要一个举足轻重人物，帮助她们辅佐朝政。恭亲王奕䜣是先皇咸丰的御弟，皇亲贵胄，再加上祺祥政变中的特殊作用，功高望重，声誉鹊起，在两宫皇太后看来，他是最合适的人选了。

因而，两宫皇太后出于巩固垂帘听政权力之需，在不到一年的时间内，先后下旨封奕䜣为议政王、军机大臣、宗人府宗令、总管内务府大臣，管理宗人府银库、管理总理各国事务衙门大臣等一大堆位显勋高的头衔，让奕䜣将清廷的政权、军权、族权、财权集于一身，成为两宫皇太后和同治皇帝以下，满朝文武之上的特殊角色。

咸丰十一年十一月初九日（1861 年 12 月 10 日），两宫皇太后为了与奕䜣建立更密切的关系，又有意抬高了奕䜣女儿的地位。依照《大清会典》，只有皇后的女儿可称为

"固伦公主"，妃嫔的女儿只能称为"和硕公主"，亲王的女儿一般称为"郡主"。慈禧太后把恭亲王的长女作为自己的亲生儿女看待，表示要晋封她为"固伦公主"。同治三年（1864 年）正月，居然正式封恭亲王女儿为"固伦公主"，这显然是一种政治笼络手段。

两宫皇太后除多方授封奕䜣军国大权外，还挖空心思给予奕䜣崇高的荣誉。同治元年（1862 年），载淳在弘德殿学习读书。两宫皇太后命恭亲王奕䜣为弘德殿行走，稽查课程。这不仅是诸亲王中最重要的职位，而且是一项最为荣耀的职务。

孝静成皇后是恭亲王奕䜣的生母。咸丰五年（1855 年）去世的时候，咸丰帝没有满足奕䜣的心愿，对其生母"不系宣宗谥，不祔社庙，葬墓陵东"，这说明奕䜣生母在道光寝陵中根本没有地位。咸丰帝的冷遇对奕䜣的打击太沉重了。他对此始终耿耿于怀，如骨鲠在喉，心有余悸。两宫皇太后于同治元年（1862 年）四月，给孝静成皇后上尊谥为"孝静康慈懿昭端惠弼天抚圣成皇后"，并加祔太庙，从而满足了奕䜣多年来的夙愿，赢得了奕䜣的欢心。

同治三年（1864 年）九月，历时十三载，席卷半个中国的太平天国起义在中外势力联合绞杀下彻底失败。皇帝颁谕大赏功臣。恭亲王奕䜣为军机首揆，运筹帷幄，建树首功，两宫皇太后除嘉奖他三级军功外，特准奕䜣进入紫禁城可用四人肩舆，对其长子载澂也赏给三眼花翎顶戴。

两宫皇太后为笼络奕䜣，上至奕䜣生母，下至奕䜣儿女，大至官职俸禄，小至入朝坐轿，用心良苦，无微不至，奕䜣及其一家的荣誉和恩宠达到了无以复加的地步。

可是，好景不长。两宫皇太后垂帘听政不到四年，在奕䜣辅佐下巩固了统治，特别是镇压了太平天国起义心腹大患后，清廷统治危机稍有缓和，而两宫皇太后尤其是慈禧太后的政治才能得到锻炼，经验逐渐丰富，认为不再需要奕䜣这枝拐杖，因而对奕䜣的态度发生了逆转。

正所谓"狡兔死，良狗烹；飞鸟尽，良弓藏；敌国破，谋臣亡"，两宫皇太后在巩固垂帘听政的统治之后，就着手削夺恭亲王手中的大权了。

开始，两宫皇太后利用手中的印章通过上谕对恭亲王多次提出警告，告诫他虽然位居要职，但不得专权，应与群臣共同治理天下。但奕䜣对此置若罔闻，依然居功自傲，我行我素，一日早朝时，奕䜣竟然对两宫皇太后说："两宫皇太后能实现垂帘，取得今天的地位，都是靠我奕䜣的辅助"，可谓出言不逊。另外，"恭亲王则于用人之权，黜陟之事，不商之于太后，或升或调，皆由己意，凡关于各省之事，亦独断而行。"这自然是两宫皇太后不能容忍的。随着时间的推移，双方的斗争日益尖锐。一些臣僚，特别是那些善于投机的人，十分关注事态的发展，他们甚至不惜以生命作赌注，企图捞取更大的政治油水。

编修蔡寿祺就是其中的一个，由于他的发难，使慈禧和奕䜣的矛盾公诸于众了。蔡寿祺，同治四年（1865年）二月以翰林院编修署日讲官。他借工作之便与内廷人员接触频繁，注意内廷动向，观察时局变化。在对投靠奕䜣还是投靠两宫皇太后做出抉择后，他于三月五日（1865年3月31日）上疏奏折，弹劾奕䜣贪墨、骄盈、揽权、徇私四大罪状。

奏折呈送慈禧，慈禧阅后喜出望外。她同慈安商量后，决定单独召见奕䜣，先作内部处理。当奕䜣闻召而到后，慈禧顺手拿起蔡寿祺的奏折。在半空中晃了晃，然后说道："有人弹劾你了。"本来受了弹劾的人，听到这话应该立即谢罪才是，奕䜣对此事虽然毫无防备，但丝毫没有惊慌失措的样子，他并没谢罪，而是问道："何人参劾我？"慈禧听到这话，认为没有必要隐瞒，于是就指出弹劾者是日讲官蔡寿祺。

听到弹劾者有名有姓，有真凭实据，恭亲王奕䜣刚才的傲慢态度顿时消失了，他急忙反咬一口："蔡寿祺并非好人，专事投机，我回去立即将他革职拿问。"说完抬头一看，只见慈禧怒目而视，慈安满脸阴云，奕䜣不禁心慌意乱，无所适从。

这时，慈禧对门外侍卫的太监命令道："传旨，令大学士周祖培、瑞常、吏部尚书朱凤标、户部侍郎吴廷栋、刑部侍郎王发桂，内阁学士桑春荣等来进见。"随后，对一旁发愣的奕䜣下了逐客令，让他退出大殿外待命。

不一会儿，各大臣闻旨后匆匆赶到，慈禧垂泪对诸臣宣布了奕䜣植党擅权的罪行，然后令众大臣重治其罪，众大臣起初不知所召何事，及听说要处理议政王，惊得目瞪口呆，谁敢言语？

慈禧见众臣不愿表态，就从旁开导："诸臣当念先帝，不要畏惧恭亲王。恭亲王罪不可容，你们要很快拿出结论来！"可是，慈禧的话如石沉大海，并没有打动诸臣的心。因为，大家心里明白，从个人关系来说，两宫皇太后与恭亲王奕䜣是叔嫂关系，俗话说："清官难断家务事"。大臣们谁敢冒险去干涉皇帝家族的是非，何况一时间也说不清谁对谁错。况且，议政王乃文武百官之首，位高权重，大臣们在不明内幕、不知底细、不辨风向的情况下，谁敢轻易去捋虎须，自找苦吃呢？

尽管慈禧太后反复鼓动，怂恿诸臣公议恭亲王奕䜣的罪状，但诸臣都是官场上的宿将，非常清楚此时保持沉默是既稳妥又安全的立场。为了打破僵局，给慈禧太后一个台阶，老于世故的大学士周祖培来了个金蝉脱壳。他开口说道："此事还请两宫太后明断，非臣等所敢知。"

慈禧见周祖培把自己踢出去的皮球又踢了回来，十分生气地说："如果这样的话，我还请你们这些人干什么？难道等皇帝长大以后，你们这些人没有罪吗？"这话的意思明摆着：你们必须立即拿出意见来，不能模棱两可。你们惧怕奕䜣权重，难道就不怕皇帝吗？诸臣从慈禧的口气中嗅出此事关系重大，一时竟无言以对。

还是大学士周祖培外经世宦，娴于辞令。他抑扬顿挫地说道："此事须有真凭实据，容臣等退后详察以闻。并请大学士倭仁共同查办。"慈禧见状也不好勉强当场定议，就令其速议报禀。

事隔两日，大学士倭仁会同周祖培等于内阁讯问蔡寿祺，得出的结论是：蔡寿祺参劾的多是捕风捉影，子虚乌有的事。

慈禧见出师不利，一不做，二不休，亲自动笔写了一道罢免议政王奕䜣的上谕。此谕经内阁刚一发出，满朝文武无不惊骇，甚至连洋人对罢免奕䜣的事也非常关注。朝中许多大臣，特别是奕䜣的心腹们更是愤愤不平。经惇亲王奕誴出面为奕䜣申辩开脱后，又有许多大臣为奕䜣请命，甚至连洋人也想出面干涉。

对于慈禧而言，在满朝文武面前她是垂帘听政的皇太后，可以颐指气使，为所欲为，对朝臣的劝谏也可以置若罔闻。可是对金发碧眼的洋人，她不能不心有余悸，心里总是既憎恨又害怕。所以耳闻洋人有干涉之意后，心里也是惴惴不安，准备找台阶对奕䜣的处分及早收场。

恭亲王奕䜣呢，起初以为慈禧太后不能把他怎么样，等到上谕明发天下，他这才真正认识到慈禧太后的铁腕和权术。况且，上谕的发布权力在她手里，万一事情闹僵了说不定更糟。他决定对慈禧让步。当他通过大臣转达了这个意思之后，慈禧认为自己已达到了打击奕䜣的目的，决定见好就收。

四月十四日（1865年5月8日），慈禧传召奕䜣觐见。这一次奕䜣已傲气全无，进门之后双膝倒地，痛哭谢罪。于是，慈安、慈禧对奕䜣作了重新处理："今恭亲王既能领悟此意，改过自新，朝廷于内外臣工用舍进退，本皆廓然大公，毫无成见。况恭亲王为亲信重臣，才堪佐理朝廷，相待岂肯初终易辙，转令其自耽安逸耶！恭亲王著仍在军机大臣上行走，毋庸复议政名目，以示裁抑！"

从此，恭亲王奕䜣虽然恢复了军机大臣的职位，但议政王的头衔被两宫皇太后剥夺了。经过这场斗争，奕䜣对两宫皇太后尤其是慈禧太后的毒辣手段有了深刻的认识，他在以后的行为上不得不有所收敛。当然，两宫皇太后对功高震主的奕䜣并没有放松警惕，而是一再加以防范和压抑。奕䜣终于被两宫皇太后驾驭，从而在最高统治的斗争中败下阵来。

值得一提的是，在这场斗争中卖身投靠慈禧太后的蔡寿祺，不仅没有得到什么实惠，反而受到了处罚，先令其降二级调用，然后又革职勒令加籍。俗话说："偷鸡不成反蚀一把米"，这就是一个投机主义者的可悲下场。

无趣生活

（一）太后开恩

同治元年春节，慈禧太后在政变后迅速稳定了政局，实现了垂帘听政，因而心情特别好，对小皇帝格外开恩，小皇帝和太监们游玩嬉戏，甚是欢快。转眼已到二月二，两宫太后见年也过了，该让小皇帝上学读书了。于是，特下懿旨，让钦天监挑选入学吉日。钦天监官员回话，二月十二日是个好日子，入学时间就定下了。

然后是给小皇帝选择师傅。除了原先的师傅李鸿藻外，又增选了几位师傅。他们是：礼部尚书、前大学士祁俊藻；管理工部事务大臣、前大学士翁心存；工部尚书倭仁。他们都是当时著年硕望、品学端方、最有名望的老臣。除了这些教汉学的老先生外，还命礼部尚书倭付珲布为总谙达，礼部左侍郎伊精阿和兵部尚书爱仁为谙达，专门给皇帝讲授满文。这样，共给皇帝配备了四个师傅、三个谙达。

为了督导小皇帝好好读书，又命辈分最高、小皇帝爷爷辈的惠亲王绵愉常驻弘德殿，专门照料小皇帝读书。又派惠亲王的儿子奕详（小皇帝叔叔）在弘德殿伴读。

对于皇帝典学，两宫太后和近支亲贵，无不给予高度重视。因为大清皇祚，已是一脉单传。皇朝兴衰，都寄托在这位不满七岁的小皇帝身上。如典学有成，堪当大任，则大清中兴有望。因此，特派位极人臣的议政王奕䜣充任弘德殿总稽查，全权负责皇帝读书的课程设置和典学的一切事务。

同治元年二月十二日（1862年3月13日），小皇帝正式入学。开学仪式非常隆重，一大早，惠亲王、师傅、谙达、御前大臣、内务府大臣等朝廷要员们簇拥着小皇帝，到圣人堂拈香，向至圣先师孔子像行礼。然后到乾清宫略做休息。各位师傅、谙达们早已在弘德殿门外，按顺序站好，恭候自己高贵的学生——小皇帝的圣驾。不一会儿，小皇帝来到弘德殿。

载淳这次入学的身份，已大大不同于在热河行宫了。那时他还是一位小皇子，而现在则是当今皇上，因而拜师礼与上次迥然有别。

在行拜师礼之前，老师们要先向自己的学生行君臣之礼。各位师傅和诸达们依次排列，给在座上的小皇帝行三跪九叩首的大礼。行完礼后，才进入书房。进书房后，师傅们先跪在地上，而小皇帝则站着，给跪在地下的师傅们一个一个地作揖，边做边叫一声师傅，这就完成了"拜师"之礼。

然后开始上课。授课地点是弘德殿书房。弘德殿是乾清宫的西朵殿，宫院非常幽雅，原是皇帝视事之处。弘德殿院内南向殿内匾额为"奉公无私"，兆壁悬挂"大宝箴"三字，后室匾叫"太古心"，殿后东室匾叫"怀永图"，这些都是乾隆皇帝的御笔。殿内设有至圣先师孔子牌位。嘉庆帝死后，咸丰帝曾移居弘德殿。这次为了载淳典学，特将此殿开办书房。

讲课时，小皇帝面向东坐，师傅面向西坐，伴读的奕详坐在西墙下，待讲的师傅则坐在殿门傍。

先由祁俊藻讲《大学》，他把书翻开，一遍又一遍地教小皇帝读书，直到读熟两节，方才合书。然后由诸达讲授满语。下课后，又由御前大臣教小皇帝练了一会竹弓。这半天的功课就算结束了。放学了，小皇帝从座位上站起来，师傅诸达们恭敬地在殿门外依次站好，送小皇帝回宫。

以前，皇子上学均在上书房，兄弟叔侄都是同窗，地位都是平等的，因而是一种"同学"关系。但同治帝的"伴读"则不同了，他们不是同学关系，而是君臣关系。为皇帝当伴读，当然是一种荣典。但这是个受罪差使。他们对小皇帝必须谨守君臣之礼，一天不知有多少次下跪叩头，很受拘束。最难受的是代小皇帝受罚。小皇帝一旦嬉笑顽皮，不愿读书，认不出字，背不出书，师傅们不便斥责皇帝，只好指桑骂槐，让"伴读"代受其过。尤其惠亲王照料弘德殿，监督小皇帝的课业，用其子奕详伴读，也是为了便于当老子的借惩戒儿子来吓唬小皇帝，让小皇帝听话。

因此，在弘德殿无论是当师傅、诸达，还是当"伴读"，面对同治帝这个特殊的学生和同学，经常处于无可奈何的境地。当然，师傅们比诸达更好些，因为师傅可以坐着讲课，而诸达只能站着讲课。

小皇帝典学是大清朝政的一件大事。因此，议政王奕䜣和军机大臣们共同拟订了一份皇帝典学章程，共十五条，其中规定了小皇帝的日常作息时间、功课内容及皇帝学习的纪律。

以下是这份章程的主要内容：

（一）每天皇帝入书房，按照历朝上书房的规矩，其课程排序是：先拉弓、然后学蒙古语、读满语、讲汉书。

（二）皇帝的作息时间：每天在例行早朝召见或引见后，就到书房读书。现在是半功课，下书房后再传晚膳。将来到整功课时，就在书房里传晚膳。

（三）现在皇帝刚入书房，年纪尚小，仅是半功课，到八岁时改为整功课。

（四）在课堂上应该诵读与讨论相结合，二者不可偏废。读完书休息时，应该和师傅随时讨论。以古论今，古为今用，屏除虚仪，务求实际，不能读书刚完，就出去休息。

（五）遇到两宫太后及他自己过生日时，可以放假三天，即万寿节正日子及其前后各一天。

（六）年终从彩服日（阴历十二月二十七）到第二年的正月初五日，放假九天，不上书房。

（七）每年正月十三到正月十六日，不上学。

（八）弘德殿搭、拆天棚，及端午中秋，各放假一天。

（九）遇到祭祀大典日，可以撤去拉弓及满蒙文两门课，汉书课酌量减少。

（十）皇帝亲祭坛庙日不上学。

（十一）自初伏到暑日，均是半功课。

（十二）现在皇帝尚在冲龄，只练拉弓。二三年后就应练习步射，十岁后练习打枪，以保持满族的骑射旧俗。

（十三）为重功课计，拟请两宫太后下懿旨，严防皇帝练习打枪时在各处游览。打完枪稍事休息，就应立即回宫。

（十四）骑马一事，须从小开始学习，才能逐渐娴熟，拟自入学后，每隔五天，下书房即在宫中长街学习骑马，特殊的天气除外。

（十五）学习步射时，拟请由御前大臣及乾清门侍卫派出数人，随同皇帝陪射，并与他比赛，以资观摩。

从上列章程条款来看，小皇帝的课业负担是很重的，与现在普通小学比，不仅所学的科目多，而且学习时间长，内容又十分艰深，同治小皇帝如果生活在我们这个时代，一定会十分羡慕当今"小皇帝"们那欢乐、愉快、丰富多彩的学校生活。

从作息时间上看，小皇帝每天老早就要起床，去给两个妈妈请早安。吃完早膳后，要陪着太后们到养心殿里参加他什么也听不懂的朝政，耐着性子绷着一张严肃、庄严的小脸，做着皇帝的样子。下朝后，立即就去书房上课，然后才能吃饭与休息。这还是半功课的作息时间，如按"整功课"的制度，小皇帝每天卯初（早上五点）起身，卯正（早上六点）去书房读书。然后还有膳前课与膳后课，就连吃饭也不能离开书房，须在书房中用膳，而且是一节课接着一节课地上，中间略有休息，也不能随便玩，仍要与师傅讨论课业，不许"诵声甫辍，旋即退息"。

从学习时间上看，当时小皇帝根本没有寒假与暑假，只是在春节前后有九天的假期，在两位妈妈及自己过生日时，可分别放假三天。过正月十五灯节时，可放假三天。此外，就是端午、中秋、祭典日、搭拆天棚日等各放假一天。以上放假时间，加起也不足一个月，况且其中有的节假日也不能休息与玩耍，而是参加各种繁缛的礼仪活动。和现在比起来，不仅没有星期日，也没有寒暑假，可见，当个皇帝学生不容易。

到了暑热的夏季，小皇帝虽然从初伏到处暑日，可以减轻一半的功课，但仍要坚持每天上学。为了保证小皇帝能在暑热中读书，太监们每年阴历四月就开始在弘德殿搭天篷，直到九月份才拆除。天篷又高又大，可以把整个宫殿罩在里面。这样，即使外面烈日炎炎，殿内也很凉快。天凉以后，便把天篷撤去，然后是糊门窗，铺地毡，置炉火，用来过冬。弘德殿冬天很暖和，同治曾写了一道《赋冬日书斋即事诗》，其中有"晴旭烘窗炉火暖"一句。可见，为了让他在寒暑期能够继续学习，真是不遗余力、费尽心机。

从课堂内容上看，有满语、蒙语、汉语三门文化课，这个六七岁的小孩须学习三种语言，而这三种语言又是世界上最难学的。他的状元宰相老师们讲的尽是些艰深难懂的帝王之学，除了文化课外，还有骑马、拉弓等武课。他天天被一大群师傅、谙达们包围着，教他学这学那，不得轻闲，小皇帝精神、体力负担之重是可想而知的。

（二）皇帝真苦

皇帝是中国封建社会的最高统治者。他富有四海，居临四方。正如《诗经》中所云："溥天之下，莫非王土；率土之滨，莫非王臣。"且不说三宫六院，嫔妃成群，享不尽的荣华富贵，吃不完的山珍海味。为争夺皇帝宝座，在人类历史上不知演出了多少幕血腥龌龊的史剧，兄弟相煎，父子相残，大动干戈，生灵涂炭。

但是，六岁即位的同治小皇帝，对帝王的尊荣却毫无体会。相反，他竟有一个令人惊讶的见识：当皇帝就是"当差"，而且是一种"苦差"。

一次，他对崇敬的老师翁同龢发出了一通这样的感叹：

"唉，我这个差事真苦啊，天天都要去太后那儿同安侍膳，太后召见大臣时又得跟着上朝，然后还得到弘德殿读书。这可真是个苦差！"

做皇帝与"当差",可谓风马牛不相及。而同治小皇帝为什么会发出这样的感叹呢?

原来,同治当的并不是真正的皇帝,只不过是太后垂帘前的一个小摆设,一个由他生母操纵的小木偶,他像一个演员手上的线傀儡,在舞台上忙碌地上下、进出,何得而不苦,何得而不叹!

同治帝没有一个欢乐、轻松的童年,他被关在紫禁城那厚重高大的红墙里。他没有朋友,没有伙伴。他周围只有两种人,一种是要他天天去叩头问安的人——他的两个太后妈妈。另一种是天天向他下跪叩头的人——他的大臣和太监们。

按照宫中礼节,小皇帝除了日常给两宫太后请安侍膳外,在逢年过节,尤其是太后圣寿节(生日),其礼仪更繁琐了。下面是一次给太后上徽号的仪式。

慈安、慈禧两个徽号是在咸丰十一年九月拟定的,但没有举行正式的仪式。到同治元年四月二十四日(1862年5月22日)才举行加徽号的仪式。当天先派官员去祭天地祖宗,然后小皇帝穿好礼服驾至中和殿,装模作样地看了遍奏书。然后登上舆轿,经由右翼门来到永康左门。下轿后,由大学士捧着奏书在前边引路,小皇帝在后边跟着步行,来到慈宁门。小皇帝从东边的台阶上去,到门下站在东边。这时,两宫太后驾临慈宁宫,升座,摆好全副仪仗。小皇帝从东边走到中间,在正中的拜位上跪下。左边的大学士捧着奏书也跟着跪下,膝行向前,把奏书递到小皇帝手里。小皇帝接过来,由他恭献奏书。他右边的大学士跪下接过奏书,放在中间的黄案上,由宣读官捧起来,跪在地上宣读。宣读完毕,小皇帝率文武百官向两太后行三跪九叩大礼,恭上徽号。礼毕,两太后分别回到各自寝宫。这时,小皇帝的事还没做完,又分别到绥履殿问母后皇太后安,到平安殿问圣母皇太后安。

第二天是给两宫太后加徽号的正日子。这天,小皇帝穿戴整齐,驾至太和殿,又按昨天的礼仪,恭献册宝。从这件事上,可见七岁小皇帝应付这样的大场面,完成这样一套繁琐的礼仪,实属不易。

再如举办各种祭祀,也是由小皇帝出面唱"主角"。一次,北京一带久旱不雨,小皇帝就在文武百官陪同下,到景山大高殿上祈雨。先派大臣到北京西郊的龙潭取水,然后敲锣打鼓迎入京城。沿途农民设香案于道路两旁,祈祷上苍降雨。大臣把龙潭之水送到大高殿,供奉在殿上。小皇帝佩带一块玉牌,上刻有"斋戒"二字,虔诚地斋戒祈祷,口中念道:

"敬求上天怜悯,速赐甘露,以救下方黎民百姓之命。凡有罪于天,祈降朕身。"

这样连着祷告三遍,再三叩头,才算结束。

一次，小皇帝正在行祈雨礼时，突然真的下起了大雨。但仪式还没有结束，小皇帝就在雨中坚持行礼。一个大臣送来一把遮雨的东西，被他拒绝了。这样，等仪式完成之后，他已被浇成了落汤鸡，回到宫中就病倒了。

　　另据他的老师翁同龢在日记中记载，同治五年十二月（1867年1月），北京地区入冬久不下雪，被认为是凶兆之年，因而决定由小皇帝去祈雪。当时正值岁尾，由于礼仪活动甚多，把小皇帝累病了。于是临时决定从十二月二十二日就提前四天开始放假。十二月二十四日，他的病还没有利索，就率群臣到大高殿上行祈雪之礼。直到新年初三北京下了一场大雪，才算了却了一件心事。

　　小皇帝还要承担着很多礼仪性的国事活动。其中必不可免的就是赐蒙古王公宴。按清朝的惯例，年终时内外蒙古王公要分班循环来京上朝值班，皇帝照例要赐宴。赐宴地点在抚辰殿或保和殿，在京二品以上的大臣作陪。殿内摆设矮餐桌，其座席是放在地上的锦茵。每二人一席，进膳时小皇帝也坐锦茵上。所赐之宴，除酒之外，还有十六样蒙式菜肴，大多是半生半熟的肉。小皇帝虽然不爱吃，但也强迫自己吃。宴会上气氛庄重而压抑，进餐时虽然有几十人在座、还有几十人侍候、但绝无一人出声，大家都谨守礼节，默默地、恭恭敬敬地吃着。宴后，小皇帝照样还要向蒙古王公们颁赏，这种活动每年都要举办。

　　作为名义上的国家元首，小皇帝要参加的仪式很多、很多。行不完的礼，叩不完的头，天天如此，年年如此。这不能不使天性活泼好动的小皇帝产生厌倦之情。尤其令他难以忍受的是，在所有的仪式上，都要求他像个帝王的样子，摆出帝王的仪式。想哭不能哭，想笑不敢笑，只能是经常板着一副毫无表情的铁面孔。一次，曾国藩在平定太平天国后，由两江总督调任直隶总督，被恩准入朝觐见。接见后，他在日记中记载他对小皇帝的印象是："皇上冲默，亦无从测之。"像曾国藩这样谙于世故的权臣，都看不出小皇帝的喜怒哀乐，可见他装皇帝样子的功夫真是到家了。当然，要达到这个地步，小皇帝是做出了巨大的牺牲的。他因而童心泯灭，未老先衰，成了一个小老头。

（三）受教帝师

　　在同治帝的老师中，他最喜欢的有两个人，一个是他的启蒙老师——李鸿藻，另一个是翁同龢。

　　翁同龢，字声甫，号叔平，又号瓶生。道光十年四月二十七日（1830年5月19

日）生于北京城内石驸马街罗圈胡同。他的父亲翁心存，道光进士，曾任礼、户、工三部尚书，曾是恭亲王、醇郡王、惠郡王、钟郡王的老师，晚年奉命在弘德殿行走，任同治帝的师傅。翁同龢承继父业，刻苦攻读，在咸丰六年（1856年）考中状元，年仅二十六岁。

同治四年（1865年），李鸿藻被升为军机大臣，入值军机处。虽仍兼弘德殿行走之职，但军机事务繁忙，无暇照料皇帝的功课。为不耽误小皇帝的学习，两宫太后决定添派师傅，结果翁同龢被选中。

李鸿藻

他得知此讯，喜不自胜。在他看来，人臣高贵，无如帝师。如能造就一位贤君圣主，乃千古不磨的大业。乃父翁心存几度充任上书房总师傅，肃顺被诛后重被起用，任弘德殿行走。如今他继承父亲遗作，父子双双启沃一帝，更是一则佳话，自觉脸上无限风光。消息传出后，早有士林朋友纷至沓来，贺喜不迭。

同治四年十一月十二日（1865年12月29日），两太后召见翁同龢。昨天晚上，由于过度兴奋，他半夜十二点匆匆起床，整肃衣冠，做好准备。后半夜两点多，东华门刚开，他就急忙乘车进宫。早上四点，把谢恩的折子递给内奏事处。然后在九卿朝房，坐等召见。

早上九点，终于轮到召见的时候了。醇郡王领他进入养心殿东暖阁。小皇帝这几天有病，十几天没上朝了。因今天朝见师傅，才特地上他进来参加召见。翁同龢跪下叩头行礼，然后是慈禧问话。慈禧说：

"现在派你在弘德殿行走，你要尽心教导。李鸿藻在军机上很忙，皇帝的功课照料不过来，就靠你多费心了。"

这番温谕，使翁同龢非常感激，忙免冠叩头：

"臣才识浅陋，蒙两位太后格外提拔，深知责任重大，惶恐不安。唯有尽心竭力，启沃圣心，上报二位皇太后恩典。"

"只要尽心尽力，没有做不好的。"慈禧说到这，喊了一声：

"皇帝！"

坐在御案前的小皇帝，连忙应了一声从御座上滑下来，侍立在旁。

"你要听师傅的话，别淘气。"慈禧提高了声音问："听清没有？"

"听清了!"小皇帝回答。

他们都露出了满意的笑脸。

十二月初十日(1866年1月26日),翁同龢第一次进殿授读。这天清晨,外面十分寒冷。下着细细的雪花。他早晨五点就起床了,六点多进宫,先被引入养心殿跪安,八点多到了弘德殿,随班进入南角门,在南墙下站班,迎候小皇帝大驾。

不一会,小皇帝驾到,师傅与谙达们忙叩见皇帝。因今天是翁同龢第一次入值,小皇帝向他做了一个揖,算是行过了拜师之礼。然后是各自归座。先是上满语课,教汉书的师傅们退到弘德殿西小屋坐候。一刻钟后,满语课结束。该上汉书课了。于是翁同龢等三人就来到书房。先由倭仁进讲,徐桐与翁同龢二人在门旁坐候。

倭仁,字艮峰,乌齐格时氏,蒙古正红旗人,道光九年的进士出身。早年是理学家唐鉴的弟子,素以理学大师闻名,在弘德殿属首座。平口授读,自称力崇正学,必以程朱为指归。今天他讲的是《尚书》中的《召诰》一节,小皇帝在下面无精打采,愁眉苦脸地听着,像是在活受罪。不用说小皇帝,就连翁状元听了也颇费解。

然后是徐桐讲。徐桐字豫如,号荫轩。道光三十年进士出身,祖上本是汉人,后来隶籍满洲,编入汉军正蓝旗,算半个满人。他是同治四年二月才被授以弘德殿行走的。他师从倭仁,以理学家自负,实则是靠他父亲尚书徐泽醇点上了翰林,其学问之浅薄早为士人所传。一次,徐桐在翰林院阅卷,竟将"秘"字读成"衣""必",一时传为笑柄。

今天,徐桐讲的是《孟子》和《大学》。先背熟书,后授生书。他讲得比倭仁还差,小皇帝仍无兴趣,就这样昏昏地上了一上午课。坐在旁边的翁同龢心想,如果靠这两人把小皇帝培养成一代圣主,那真是白日做梦。

等徐桐讲完,小皇帝已经饿得挺不住了。于是立即传膳。膳后,轮到翁同龢授读。

翁师傅捧书就座后,小皇帝立时来了精神。他对翁师傅的这门课很感兴趣,这门课叫《帝鉴图说》,是明代大政治家张居正编写的一本教材。张居正为了辅导幼年的明神宗,在明朝隆庆六年(1572年)把自尧舜以来历朝帝王的事编成一个个小故事,其中包括八十一件可以学习的好事,还有三十六件引作教训的坏事。每个故事都加上标题,配上一幅工笔图画。由于图文并茂,趣味盎然,比较适合儿童特点,同治小皇帝非常喜欢。翁同龢对这本书非常熟悉,几乎每个故事都能倒背如流,娓娓道来。小皇帝听得津津有味,很感兴趣。

下面是翁同龢在同治五年二月十六日(1866年4月11日)所讲的一堂课。

在连续几个阴天之后,这天北京的上空一片晴朗,明媚的阳光给京城带来一片暖融融的春意。小皇帝的心情很好，显得格外精神。午膳后，该轮到翁师傅讲课了。他老早就睁着两只大眼睛，静静地坐在座位上等着上课。翁同龢把书翻开，说道：

"臣今天讲'碎七宝器'这一段。"

小皇帝随着翁师傅的话翻到那段，只见图上画着一个魁梧的帝王，拿着一把玉斧，正在砸一件东西。

"这是什么东西？"小皇帝指着图问。

所谓的"七宝器"，是一种便器，也即尿壶。但当着皇上的面怎好直说这不雅之物。他考虑一下，回答道："等臣讲完，皇上就明白了。"

于是，翁同龢就讲了宋太祖平蜀的故事。这个故事讲述的是后蜀皇帝孟昶因生活奢靡，以致被宋所灭。宋灭蜀后，把蜀中宝物运到开封。宋太祖发现其中有一件溺器，用七宝装饰，就用玉斧砸碎了。说："蜀主以七宝装饰此物，当以何器贮食？所以如此，不亡待何？"

那不雅之物在讲述中，自然而然地说明白了。小皇帝听后马上就理解了这个故事的含义，对故事情节留下了很深的印象。

翁师傅的课讲得好，早就在宫里传开了。两宫太后自然要问，翁师傅怎样讲课？小皇帝照实讲了书房的事，并把那个"碎七宝器"的故事绘声绘色地讲了一遍，太后听了十分高兴。有一天，慈禧太后面谕李鸿藻："闻翁同龢讲《帝鉴图说》甚明白，上颇乐闻。"

翁同龢讲课不仅生动，而且深入浅出，把道理融进每个小故事中。一次，翁同龢讲唐宪宗拒受贡品一节，边讲边阐发做帝王的道理，同治帝听了大为感慨，说：

"贡献皆取之于民，我亲政后，定效法宪宗，不受贡物。"

翁师傅听了大为赞许，连连夸皇上讲得好。说：

"皇上能这样，真是天下臣民的福分。"

翁同龢之所以得到小皇帝的爱戴，有多方面的原因。小皇帝的师傅，原来都是些五六十岁的老者，而翁同龢仅有三十五岁，正当盛年，精力充沛，自然一扫以前老师傅们的暮气，这正是小皇帝最缺少的，也最想得到的东西。

翁师傅不仅年富力强，而且娴习经史，学问精湛。因而他讲技娴熟，颇得其法。

更重要的一点是他有很强的责任心。每天他寅时入值（早上四点），申时（下午四时）回家。一年四季除生病外，几乎天天如此。有时甚至抱病当班，不肯缺课。

他备课极其认真，对所讲的内容往往一日温习数遍，直至熟记为止。他为了弄懂一些问题，跑遍北京大小书铺，遍访名儒大师，直至彻底搞清楚为止。

为帮助同治帝学会作诗，他特意编辑了《唐诗选读》，亲手抄清，送给皇上，让他随时阅读。同治读古文有困难，他便将常用文言虚字编订成册，附上例文注释，供同治随时翻检。他见同治写仿不佳，是因笔不合手，特地到城外德宝魁笔店亲选两支上等水笔送给同治。种种关怀照顾，加深了他们的师生感情。

在教育方法上，他十分注意灵活性和实际效果。当他看到小皇帝精神疲倦时，就停止宣讲，让皇帝到宫院中散散步。同治帝感到作论太难，他提议不妨由师傅先编几条有关用语，供皇上选择使用，很受皇上欢迎，对提高他的作文水平起了不小的作用。

翁同龢把小皇帝的典学看得比什么都重要，凡是影响皇帝学习的事，他都挺身出来管，因此他不惜得罪同僚，有时对太后的一些做法也敢于直言相谏。同治七年（1868 年），两宫太后常领着小皇帝巡幸王府。因此而打乱了教学计划，影响了书房功课。他认为这样不利于圣学。便会同李鸿藻联合上折，奏请停止皇上巡幸，以重圣学。此折虽被"留中"，没有公开答复和处理，但表明了师傅们的责任心。

同治小皇帝天性活泼灵秀，而师傅、谙达们却教导他怎样老成、持重，为改造小皇帝的童心，他们真是煞费心机，常常受到小皇帝机智而又倔强的抵制，时常会闹出令人尴尬乃至忍俊不禁的事情。当然，在小皇帝情绪好，学业有明显长进的时候，师傅和谙达们也喜形于色，欢声一片。

他的启蒙老师李鸿藻在教过一段时间后，对他的评价是："姿性平常，亦不乐攻苦。"因而对他要求逐渐严格起来。一天，李鸿藻督课十分严厉，唬着脸让他好好念书。同治感到受不了，就要请假入内以避之。但李师傅坚决不允许，让他在座位上好好读书。这时，小家伙气得脸都涨红了，"啪"的一声，把桌上的书扔到地上，愤怒说道："我不读了！"

这一举动把李师傅气坏了，他觉得自己的师道尊严受到了严重损害。他声色俱厉地说：

"皇上，请你把书拾起来！"

一连说了几遍，小皇帝就是不拾。相持了好长一会儿，小皇帝怕把事闹大了，让他那严厉的西太后额娘知道，就不好收场了。想到这，他才怏怏不乐地把书拾起来。

又有一次，小皇帝说什么也不想再读下去了，眼睛左瞧右盼，一会做个鬼脸儿，一会嘻嘻地笑几声，师傅让他专心读书，他就是不肯，与师傅执拗起来，气得师傅束手无策，毫无办法。师傅一看怎么劝也不听，气得哭了起来，一边流着鼻涕眼泪，一边劝他听话。小皇帝一看师傅都让自己给气哭了，就有些不好意思了。这时正好看见书上写有"君子不器"几个字，就用他的小手把"器"字下面的两个"口"字遮住，

然后招呼师傅说：

"师傅，你来看，这句话是什么意思？"

师傅一看，是"君子不哭"几个字，真是让人哭笑不得，立即破涕为笑，停住哭泣，连夸皇上聪明。

一次小皇帝读书，当读到"日若稽古帝尧，日若稽古帝舜"一句时，竟把"帝"字读成"屁"字，念成"日若稽古屁尧，日若稽古屁舜。"自己读着觉得很好玩，不觉嘻嘻笑出声来，把师傅气得直翻白眼。

当然，小皇帝不总是那么顽皮，也有认真读书，让师傅们高兴的时候。

一天，小皇帝学写字，写着写着，就不着边了，在纸上胡乱画了起来，李鸿藻见此情形，就来到他跟前，把他的手拉过来，捧着他的手说：

"皇上，你现在心不静，休息一会儿吧！"

小皇帝一见师傅这么客气，立即收起嬉笑，认真对师傅说：

"不了，我好好写。"

然后，他就工工整整、一笔一画地练习起来。

同治四年十二月十二日（1886年1月28日），翁同龢给小皇帝讲书，他听讲十分认真，不嬉戏，也没有倦容，使翁师傅发出了"我皇天资粹美"的感叹。尤其令他感到高兴的是，小皇帝记忆力特别好。四年前的夏天，他曾替李鸿藻写了十余张字帖，给皇帝练字用。这事小皇帝还记着呢，在讲课之余闲谈时，问道：

"您不就是那位写红仿格的翁师傅吗？"

"臣正是！"他连忙回答："皇上记性真好！"

"我知道，你是翁心存的儿子。"小皇帝笑着说。

同治五年八月初一日（1866年9月9日），小皇帝读书特别勤奋，就连多日来不愿意学的满语课，也能非常安静地学习。在翁同龢讲课时，他更是非常认真，因而学习进度很快，不一会就把旧课复习完了，又学了新课。这时，距下课时间还有一会儿，师生俩唠起家常来。说着说着，小皇帝忽然记起了翁同龢的老父亲。就关切地问老翁师傅已经去世几年了，去世时任什么职位，现在葬在哪里，等等。

翁同龢是个大孝子，一提起故去的老父，心中不免难过。又见小皇帝这样关心自己的老父，感动得不觉泪涕满面，沾湿了衣服。小皇帝见此情此景，也动了恻隐之心，跟着流出了同情的眼泪。

然后，小皇帝又向翁师傅打听他哥哥的情况，问道：

"您哥哥也是翰林吧？"，

"是的。"

然后，又问他哥哥的年龄、官爵等等。这时，小皇帝想起去年翁师傅曾因哥哥去世而请假十余天的事，关切地说：

"去年腊月您曾为兄服丧，不就是这个哥哥吗？"

"正是，多谢皇上体恤"。翁同龢感激地答道。他想，一个十一岁的小孩，竟这么懂事，富有同情心，他长大了定能成为仁孝慈和的皇上。

同治五年一月二十八日（1866 年 3 月 14 日）后半夜，北京突然刮起了罕见的黑风。听见外面寒风呼啸，翁同龢抖抖索索地从床上爬起来。虽然已有五更天了，但外面被大风刮得天昏地暗，伸手不见五指。仆人看看天气，面有难色。翁同龢毅然地说：

"备车，挂灯。"

马车顶着大风艰难地进行着。当车行至前门城墙外时，一阵疾风刮来，车灯一下子刮灭了，骡马受惊，翘着蹶子，在黑暗中狂奔起来。马车左撞右碰，万分危机，幸亏及时赶来几个守城官丁，把惊骡拉住，才避免了一场惨祸。但在黑暗中，骡马被撞伤，车被碰坏，眼看就要到列班的时间了，翁同龢焦急地对官丁说：

"马上备轿！"

官丁立即备好一顶轿，冒着狂风急速地把翁同龢送进宫内，终于在列班时赶到。

连惊带吓，又遇风寒，翁同龢感到体内寒热交加，身子直发抖。当他上课时，头痛得几乎不能端坐。但他仍强打着精神，忍住疼痛，一板一眼给小皇帝讲着书。

小皇帝见师傅疼成这样，还给自己讲课，于心不忍，就说：

"师傅，您去休息吧，我自己读。"

然后，他就自己认真地，静静地读了起来。

翁同龢强挺着坚持把课上完，回到家后，就开始发高烧。虽然吃了药，但一宿高烧不止，彻夜呻吟。

第二天早晨，翁同龢仍然余热不退。祸不单行，他的老母也病情加重。无奈，只好派人去请一天假。

第三天，他虽然出了不少汗，但仍有余热。想到因自己有病，把皇上的课耽搁了，心中不免内疚，于是，他便咬着牙，在凌晨三点钟就硬撑着起床了。他一站起来，立即感到一阵头晕目眩，耳鸣不已。但他还是坚持按时进宫列班，为小皇帝进讲。由于病痛难忍，他在讲课期间，几次出去休息片刻，坚持把课讲完。而小皇帝也能体谅师傅的苦衷，师傅讲课时认真听，师傅出去休息时也不嬉闹，在座位上安安静静地读书，同治帝对师傅比对谙达要敬重得多。平时上满语课时好嬉戏，等上汉书课时则比较认真。他在淘气的时候，师傅们管教的效果比谙达们好得多。同治五年九月二十日（1866年10月28日），小皇帝在上满语课时，闹得很厉害，一刻也不安静，搅得谙达上不了课。正在谙达万般无奈的时候，倭仁、翁同龢、徐桐三位师傅走入书房。小皇帝一见师傅们表情严肃地向自己走来，吓得立即收起嬉皮笑脸，回到自己的座位上去，正容危坐。师傅们对他讲了一会道理，才退下去。

谙达们对这件事很不服气，说他们三个师傅在上满语课时不应上书房，这是越俎代庖，愤愤不平了好几天。

（四）帝师日记

翁同龢有一个好习惯，就是每天都坚持记日记。尤其是在他任弘德殿行走时，逐日记录同治帝典学的情形，多数日记都十分简练。兹举几则日记，以窥一斑：

同治五年正月初九日（1866年2月23日）。阴，垂垂欲雪，寒甚。早五点，同治帝亲至太庙行礼，七点还宫，九点到书房，十一点四十五分退。今天读书微倦，略有戏动。讲《帝鉴》"一忧一喜与兄弟共之"一句时，皇上能引《孟子》中"众忧亦忧"一句为证，可见皇上颖悟不常。

正月十一日（2月25日）。讲书颇有戏动，我以"敬"字献给皇上，皇上才听话。

正月十四日（2月28日）。宣庙（道光帝）忌辰，皇上到奉先殿、寿皇殿行礼。昨日皇上咳嗽、呕吐，皇太后有谕，今日书房不必多读。上午九点皇上到，减去熟书数号，默书、写作皆减。上午十一点退。

正月二十四日（3月10日）。我在十点左右进至案前侍皇上温习功课，先和皇上说，我是南方人，口音与皇上不同。皇上说不碍事，坚持让我领着读，因而领着读了一遍。

正月二十五日（3月11日）。皇上读书还清朗，只是膳后一时许精神有些疲倦。

二月初五日（3月21日）。皇上总开玩笑，我恳切地和皇上理论，并讲《帝鉴》"唐宪宗不受贡献"一段，反复讲解，皇上才听话。

二月初九日（3月25日）。晴，大风。六点皇上到，膳后背书时多有错误，我向他讲述矫正轻谩，警惕怠惰的道理，并切论勇于改过是成为圣主的根本，皇上听了面露喜色。又讲"延英忘倦"一段，用这个故事进一步阐发力戒怠惰的道理。

二月十一日（3月27日）。皇上读书很勤奋，略有嬉笑，经师傅力争，方停止嬉笑。

二月十二日（3月28日）。皇上读书时好时坏，但我说的话他都能听进去。在讲"淮蔡成功"一节时，有段注解难读，就请皇上把手指放在书上，用手指点着字读，方读得顺口。开始还有点勉强，但一试效果很好，十分高兴。

二月十五日（3月31日）。今天皇上读书还算勤奋，只是常嬉笑。昨天默写时错了一个字，我也不禁失笑。

二月十七日（4月2日）。今天皇上读书没有倦容，也不嬉戏，还是今年头一遭。只是在讲书时，说话和动作都不合礼数，因而抗词争之，并稍加讽谏。

二月二十五日（4月10日）。早晨六点皇上到。今天皇上多戏言，我与诸公恳切劝谏，才听话。读书还勤奋，下午一点半退。

二月二十七日（4月12日）。今天皇上读书极顺利，膳后全书读了十五遍。读满语也很顺利，用了两个小时就完成了，然后退出书房。上午九点又入书房，读得很好。讲"受言书屏"一段，还安静，中午十二点多就退下了。这样顺利是几天来所没有过的。

三月初三日（4月17日）。晴，仍暖。早六点上课，十二点十分退。膳前上课有戏言戏动，膳后读书很勤奋，讲书时也安静。生书领读五遍，自己读五遍，稍改变教学方法，效果还好。我与诸公商议，皇上近来言行多有非礼之处，不能不极力劝谏。于是就以学习态度认真不认真，来定每天读书的节数。希望这样能稍起作用。

三月十三日（4月27日）。晴，非常热。六点上课，十二点下课。膳后上课时有一段嬉笑，其余的时间都很顺利，讲书也很好。本日为皇太后进讲"明太祖诏百官迎养父母官给舟车"一节，皇太后问洪武为政尚猛及当时大臣为谁等问题，我都正确地回答了。又问皇帝功课情况，我回答说，这十来天虽无戏言，但精神疲倦。两宫太后说，皇帝每天起床甚早，往往叫醒时还睡眼朦胧。入春后天气渐长，正是春困的时候。我回答说精力自然应该积聚，但也应视时宜怎样。每当读书不顺时，就让他写字，或下座走一走，舒展一下，把情绪调节好后，读书就顺利了。

三月十七日（5月1日）。皇上在膳后上课时又有戏言，但很快就止住了。讲书时还安静，皇上在讲书时说了这样一句话："宋仁宗不喜珠饰，何异于太宗之戒主衣翠耶。"诸臣都称赞他讲得好。

四月十一日（5月24日）。皇上到大高殿祈雨。黎明浓云如墨而不雨，皇上殷切盼雨，读书时望云而叹，可见吾皇之仁厚。午露日光，傍晚云合。将近六点时入书房，晨读四刻钟就结束了，这样顺利是几天来所未有的。满语也只用了两刻钟，膳后读书也很好。中午十二点退。

　　五月十二日（6月24日）。烦热益甚，似数年来无此酷暑。今天读书极好，膳前写字仅用四刻钟，而满语也用了四刻钟。李鸿藻持阿里汉折来到殿中，并传太后旨："以后膳前专读汉书，用六刻钟即可。满语改在膳后，不用多读，可酌量减少。"因为天气酷暑，故减去讲书、默书等课。

　　五月二十四日（7月6日）。阴云密布，下午二点有雨数点，雷声隐隐向东去。这天是三坛祈雨日，皇上亲至大高殿行礼。有太监来，说皇上祈雨时中暑，让在书房中听传。

　　五月二十七日（7月9日）。清晨有微雨，但很快就停了。七点后细雨如毛，地被淋湿了，雷声隆隆，先下小雨，晚上七点半时大雨如注，雷电交加，大雨下了三刻钟。从去年到现在还没见过这样的快雨。由此可见天心之仁爱，吾皇冒暑祈祷之诚笃。

　　十一月十五日（12月21日）。晴，极暖。早六点入书房，皇上读书甚"涩"，读了七刻钟才完。所谓"涩"者，就是读书时乱哼哼。膳后九点四十五分又上课，满语用四刻钟，然后背熟书六遍，多戏语，写字草率，讲书后又重写一张，略好一些。

　　十一月二十三日（12月29日）。今天早六点皇上到大高殿祈雪，没上早课。九点一刻回来，读书十分勤奋，学得很快，讲书也很通顺。

　　十一月二十五日（12月31日）。今天皇上有引见，上午十点一刻才来上课。先用三刻钟上满语课，我们上课时已十一点一刻了，读到下午一点，学习平平。写字时手腕没劲，未免太滑，因最近写大字太多了。下午一点半下课。当时日光荡漾，皇上见仍无雪象，不胜嗟叹。我进言道：只要皇上圣心诚敬，一定能感动上天。皇上点头，十分赞许。

　　十二月十二日（1867年1月17日）。皇上有点咳嗽，右手虎口的伤口结痂未掉，有钱那么大，不痛。但不能写字，也不能练拉弓。

　　同治六年五月初三日（1867年6月4日）。我在领读时，皇上很不安静。皇上盼雨心情迫切，听到雨声就高兴，雨停了就面带愁色，但愿老天能理解皇上。前天下旨，定于初七日祈雨。

　　十月二十七日（11月22日）。自本月以来，皇上一坐便读，精神焕发，讲书、属对都有进步，真是可贺。满语课自桂清来后，皇上也不再嬉戏。今天满语课进展尤速，仅用四刻钟就学完了。在膳后讲书时，我与倭仁发生了一点龃龉。

　　同治七年三月十六日（1868年4月8日）。皇上今天读书精神极其分散，恐怕是由于昨天照例去看剧造成的。因而上课时间延长一个时辰，才勉强读完。

　　三月二十九日（4月21日）。皇上读书较好，只是背熟书数号不佳，讲书还可以，昨天开始用朱笔在所讲的书上圈点，今天开始脱手写仿。

五月初一日（6月20日）。晴，热。皇上清晨入书房，读书十分勤奋，顺畅，背诵如流，精神一振，只用一个半点就结束了。剩下的只有写字、属对及读诗等几项作业。

七月初九日（8月26日）。晴，更热。皇上读书很懒散，精神不振，可知昨天必有耳目之玩。

以上仅是《翁同龢日记》中的一些片断。从这些只言片语的记载中，我们可以看出一个十多岁的小皇帝，怎样在众多师傅的教导下，进行他作为帝王所应完成的学业。就大多数情况而论，小皇帝学习是很用功的，并不像有人所说的那样，是一个只知嬉笑淘气的顽童学子，而是兼帝王、儿子、学生三种角色于一身，肩负天下重托的特殊学生。他的学习负担比一般学生要重得多。除了参加各种政务仪式外，他还肩负代表全国百姓和上天沟通的重任，一遇雨雪不调，他必须去祈雨、祈雪，因此而多次中暑、受凉或感冒，影响了功课。当然，他毕竟是个孩子，无论怎样教育，还是时常露出儿童的本性，在上课时嬉笑、戏弄老师，着实让师傅们大伤脑筋。但更多的是师徒之间有真诚的感情交流和共享学业进步的欢乐。

（五）教学有方

年轻的帝师翁同龢，因教学有方，深受小皇帝的喜爱，也颇为两宫皇太后看重。俗语云："枪打出头鸟。"教学的成功给他带来了欢乐，但也带来很多麻烦和苦恼。从资历上看，他入值弘德殿时间较晚，年齿又浅，因而引起了"满洲诸公"的妒忌。妒忌得最厉害的是徐桐。据《翁同龢日记》中记载，徐桐见太后经常称赞翁同龢，却不表扬自己，急得直吐血。于是，他表面对翁彬彬有礼，暗中却挑拨翁和谙达们的关系，常在背后搞些小动作。

按清代书房的规矩，皇帝出入书房，师傅和谙达们都要站好队，在门口迎送皇帝。站队时，满洲老师谙达们只能站在汉族师傅的后面。这样，谙达们心里不服气，觉得这样是低人一等。最使他们不满的是，师傅们可以坐着进讲，而谙达们则只能站着授书。谙达们几次想推翻这个规定，都没有成功。

翁同龢在同治四年十二月初十（1866年1月26日）第一次进讲时，就遇到这个令人头痛的问题。他早已知道书房中的"站""坐"之争。这个争端始于醇亲王奕譞同治四年取代恭亲王奕䜣任弘德殿稽查。一次，他传皇太后谕旨，命授读者在案旁就座，其余的人可暂时退出书房，但他没说明其余的人是否可以侍坐。奕譞传了这个语意不明的旨意后，一些谙达认为有机可乘，教满语的谙达伊精阿首先公开在旁边坐着。不久，奕誴发现了这个现象，立即弹劾伊精阿，制止谙达在书房就座。于是，谙达们愤愤不平，议论纷纷，要求改变这一不合理的规定。

翁同龢第一次入值弘德殿，觉得自己年纪轻轻，看见岁数比自己大得多的谙达们站着，而自己却要坐着，于心不安。尤其是知道"站""坐"之争的内幕后，怕招来议论，因而对是否就座一时有些犹豫。但他又一想，这是大清旧章，不可随便更易，不能因为自己一个人谦虚而顿改旧制。想到这，他就毅然决然地入座进讲。

谙达们没有达到目的，便迁怒于汉族师傅。而徐桐则利用自己一半旗人的身份，挑动谙达们把不满情绪集中到翁同龢身上，掀起了反对翁同龢的小风波。同治五年十一月，在徐桐的挑动下，谙达奕庆、桂清等人相继"掀腾"，在授课时也仿汉人师傅例就座。翁同龢不知是计，就以一个卫道士的身份公开表示反对，认为这个规矩沿袭已久，若要更改，须请旨方可。翁的态度加深了谙达们对他的怨恨。于是，他们故意拖长自己膳前授课的时间，挤掉翁同龢讲授汉功课的时间，企图要翁同龢担当授读"不尽心"的责任。

同治七年（1868年），书房改为整功课。整功课极其繁重，小皇帝早五点起床，六点上课。冬季天还没亮，小皇帝就已到书房了。一天下来，读生书、背熟书、练字、默写、温课、写诗、作论、拉弓、打枪，真是又忙又累。在上课的同时，又要参加很多仪式，往往影响功课进度，加重课业负担。一个十几岁的孩子，哪能堪此重负，因而经常生病，上课时也常常无精打采。另外，当时两宫太后又张罗给小皇帝选秀女，同治帝赵发神思不定，因而功课进展十分缓慢。

本来课业负担就很重，而谙达们为了与翁同龢夺争授课时间，又不断加大满语的课业量，有时一讲就是一个半小时甚至两个小时，甚至连小皇帝用膳的时间都被挤占用了，两宫太后不得不枵腹等着小皇帝下课进膳。到了膳后，小皇帝早已累得精疲力尽，就是你翁同龢讲得再好，对一个已经打不起精神的学生也是无可奈何的了。这样，帝师们争斗的结果，做出牺牲的首先是小皇帝。

翁同龢鉴于小皇帝课业负担过重，想在教学方法上做一些改良。他采取灵活多变的授课方式，一会领着读，一会教他写字，一会儿又让下来走动走动。他的这些改良方法遭到了倭仁、徐桐的反对。倭、徐在小皇帝情绪不佳、精神不聚之时，往往采用罚读、罚写的办法，逼迫小皇帝学自己教的课。尤其是倭仁，对自己讲的《尚书》要求极严，常让小皇帝默写尚书段落。小皇帝本来对这门课就不感兴趣，又让他把大段大段的课文背熟，真是难上加难。默写时，往往半天想不起来，急得直冒汗。连别的师傅都觉得于心不忍，但倭仁仍然严肃地瞪着眼睛看着，从不肯提示一个字。这样一来，小皇帝对这门课更是感到厌恶，不愿学了。

翁同龢反对这种教育方法，认为罚读罚写于事无补，主张"顺情劝诱"，通过各种方式激发小皇帝的学习兴趣。但这些建议遭到徐桐的反对，他指责翁同龢是"另开台面"，"借此取悦圣心"，是向小皇帝献媚买好。这些议论传到翁的耳里，气得他"肝气作痛"。

由于他们常罚读罚写，又加之谙达们故意延长满语课时间，翁同龢膳后的课时大多被侵占，有一次膳前竟拖到下午二点，膳后课几乎全部挤掉。翁同龢焦急万分，而徐桐和谙达们则暗中高兴，私下里幸灾乐祸地说："这下有翁叔平好瞧的"。见翁同龢整天愁眉苦脸，认为可把这个年轻气盛的帝师给"降"住了。

小皇帝可遭罪了。喜欢上的课没多少时间，而不喜欢上的课却没完没了，一天累得连话都懒得说，偶尔想轻松一下，说几句笑话，或画个小人什么的，立即惹出师傅们喋喋不休的一套大道理。这样一来，他身心交疲，常闹小毛病。小皇帝也乐得生病，因为那样可以免去书房之苦。

两宫太后见小皇帝学业进展不大，还经常生病，心中忧虑，每次在翁同龢帘前进讲时，都细问小皇帝功课，并告诉他皇上易于疲倦，胃口不好。翁同龢明知这是因徐桐和谙达们作祟，加重了小皇帝的身心负担，但这话又说不出口，只是自言如何改进教学方法，如何增进皇上学习兴趣，对问题的实质却避而不谈。

但人的忍耐终是有限的。翁同龢看到师傅、谙达们的争课影响了小皇帝的身心健康和学业，深感内疚和不安。无论是从师生感情出发，还是忠君责任感的驱使，他终于抛弃了个人的恩怨得失，向醇亲王诉说了自己的苦衷。醇亲王很同情他，就向两宫太后陈奏改良授课制度。翁同龢又与李鸿藻协商解决办法，取得李鸿藻的支持。在醇亲王和李鸿藻的建议下，两宫皇太后正式传谕：满功课改在膳后上，时间不必过长。并要李鸿藻多抽出些时间，常去书房进讲。

满功课改在膳后的规定一公布，立即遭到谙达们的反对。在他们的鼓动和唆使下，宗人府理事官阿里汉陈奏，满功课改在膳后世重汉抑满，违犯祖规，大为不妥。太后见到这个奏折后，十分生气，斥之为无知妄言，把原折掷还，并再次传谕：嗣后膳前专读汉书，可用六刻钟：满语改在膳后，毋庸多读，酌减为要。在两宫太后出面干预下，抢占课时间问题才得到解决。

帝师们的争斗给翁同龢带来了沉重的精神负担，使他的教学效果受到影响。同时，经过这番折腾，小皇帝的学习兴趣锐减，功课不好。西太后为此屡加斥责，说师傅们教导不力，甚至有一天竟说出了"恨不得我自己来教"的牢骚话。这些严谕责备，虽不是指翁同龢，但他心里也是惴惴不安。这时，又遇李鸿藻嗣母姚太夫人病逝，李遂力请回籍"丁忧"。这样，翁同龢感到自己势孤力单，书房颓局难挽，曾一度产生辞职之念。但他一想到国家多难，皇上典学未成，为臣责任重大，不忍离去，因而极力克制，坚持下来。

同治七年十月（1868年11月），李鸿藻守孝满复任，仍在弘德殿、军机大臣上行走。他回到书房后，在翁同龢的支持下，全力整顿书房。鉴于徐桐讲课效果太差，同治帝实在听不懂，李认为他难胜进讲重任，奏请两宫皇太后将他撤下，改由翁同龢领讲。李的奏请得到批准，从此翁同龢取代了徐桐的位置。徐桐被撤后，气得大发牢骚，说翁李二人互相标榜，存心打击他。翁李则不以为然，全力进讲，同治帝的学业渐有起色。但不久之后，同治十年（1871年）翁母病逝，他只好回籍守孝离开。

（六）龙体欠佳

同治五年十一月二十七日（1867年1月2日），虽然距过年还有一个月，但宫中的人们已早早地忙碌着准备过年。尽管宫中很热闹，但小皇帝并没有因此而散心，在上课时仍然十分认真，尤其是背熟书时，十分通畅流利，讲书写字也都有板有眼，师傅们十分满意。下午一点半时，课就上完了。小皇帝虽然上了大半天课，但仍很有精神，小家伙见大家忙着准备过年的春联，一时也来了兴致，他喊过贴身太监，预备笔墨，思索了一会，就用他还不太熟练的笔法，写了一幅楹贴横匾。写完后，看着自己的手笔，不免有些得意。就叫太监把这幅楹贴送给师傅表达他对师傅们的一点心意。正好翁同龢、倭仁和徐桐还没回家。他们看到小皇帝的"作品"，虽然笔画粗厚，词句也不太对仗，但毕竟出自一个十一岁小孩之手，对于呕心沥血的老师，这幅充满稚气的手笔算得上一份珍贵的礼品，心中十分欣喜。翁同龢建议说："咱们也写几副对联送给皇上吧。"倭、徐二位师傅十分赞同。于是你一句、我一句地做上了对子，不一会儿，就凑上了十余副，翁同龢在纸上精心抄正，送给小皇帝。这些对联是：

　　开卷有益，立善为师。

　　稼穑维宝，福禄来崇。

　　皇建其有极，道积于厥功。

　　敬胜者吉，谦尊而光。

　　检身若不及，树德莫如滋。

日向皇都水，冰从太游融。

八荒开寿域，万国转春风

皇极开昌运，春风鼓太和。

唯民归于一德，作善降之百祥。

观天地生物气象，学圣贤克已功夫。

观万物有生意，以一心为严师。

念经始典于学，于缉熙单厥心。

乐取于人以为善，欲寡其过而未能。

古训是式威仪是力，功崇惟志业广惟勤。

这些对联，既有对帝业的赞美，也寄予着他们对小皇帝典学有成的殷切期望。

这一年的春节小皇帝玩得特别痛快。春节前因小皇帝身体不太好，恭亲王特传太后谕旨，破例让小皇帝提前四天放假，十二月二十三日起就不再上书房了。春节期间，除了给两皇太后请安，接受朝官祥贺外，小皇帝天天和太监们玩耍，好不开心。转眼之间，十三天就过去了。大年初六，小皇帝开始到弘德殿书房读书。玩了十多天，小皇帝的心一时收不回来，因而在书房里精神不太集中，常常困倦。翁同龢见小皇帝这样，就想怎样才能激发他的学习热情。他记起春节前小皇帝送楹帖的事，心中一下有了主意。他向两宫太后陈奏，说皇上喜爱"属对"，请允许开设属对之课。经太后批准，同治六年二月初九日（1867年3月14日）开始在书房中专门教小皇帝作对联。在第一堂课上，翁同龢先出了一句上联："敬天。"

小皇帝不假思索，应声答道：

"法祖。"

"好！"师傅们见小皇帝这样聪明，十分高兴，大加赞叹。

打这以后，小皇帝一连几天学习兴趣都很浓厚，背熟书、学满语、练写字、讲课文，都十分顺利，翁师傅发出了"一切皆好"的赞叹。更难得的是，小皇帝在上课时积极思考，比拟联想，无不生趣，对所学内容理解得很好。二月二十三日这天，在上满语课时，当读到"福龄阿"一词时，小皇帝像是突然想起了什么，对谙达说：

"这句话我知道，我皇父在热河时就这样叫我。"

谙达连声称妙。原来，"福龄阿"这个满语词汇，是汉语"天生有福人"的意思。当年小皇帝是咸丰皇帝的掌上明珠，独根独苗，自然宠爱有加，"天生有福"。

小皇帝听人说，人们称有学问的人肚子里墨水多，没有学问的人是"胸无点墨。"一天，他心血来潮，竟把一盅墨水呡进肚里，然后跟小太监说："这下朕有学问了。"

小太监一看小皇帝黑黑的嘴唇，忙问：

"皇上，你吃什么了？"

小皇帝得意地说：

"朕喝墨水了。"

这下可吓坏了小太监，忙去禀告太后。这时，小皇帝也感到阵阵作呕，十分恶心。太后听报，急传太医。太医给开了苏梗等去毒表散之剂，给小皇帝服了。然后告诉师傅和谙达，可暂休几天，让小皇帝养病。这样，小皇帝连休五日，天天喝"三消饮"，才解除了恶心之症。重上书房时，师傅们看小皇帝脸色还有些苍白，心中不免难过。这时，又传来太后懿旨，让他们适当减少功课。

同治六年（1867年）的夏季异常炎热。阴历六月份，一连多日无雨，火热的太阳炙烤着紫禁城火红的围墙，皇宫热得像蒸笼一样。弘德殿虽然早已搭起凉篷，但也抵挡不住这股热浪。进讲的师傅们个个挥汗如雨，小皇帝更是热得无精打采，怎么也不愿背书练字，天天一副倦不可支的样子。虽然功课减了又减，但还是嫌累得慌。小皇帝心想：这时如果不上书房，那该多好啊！要想不上书房，唯一的借口就是生病。小皇帝已经尝过一些甜头，有几次都因生病而获假数日乃至十余日，这次何不再试试呢？

主意已定，这天他一上书房，便显出恹恹欲睡的模样，读了几页书，写了一张字，就跟师傅说：

"师傅，我头晕恶心，胸中烦闷，怕是有病。"

师傅们哪敢耽搁，连忙把总管太监传来，让他去禀报皇太后。

等了好长时间，太监才回来。原来，西太后听了禀报后，肚子里直犯嘀咕，昨天还好好的，怎么今天一上书房就病了呢？于是，她让太监传旨：问皇上是否真的病了，命他速到长春宫探视。并说，如果是皇上作假托功课，明天就要把耽误的功课全部补上，包括满语课在内。

小皇帝听了，心中一怔，这下可要坏事了。他知道，什么也别想瞒过他那精明过分的亲娘，这次该他倒霉了。一想到慈禧那冷峻的目光，他就觉得心虚。但事已如此，想不去也不行了。他只好随着太监怏怏地来到长春宫。

果然，慈禧早已把太医找来，又是切脉，又是问诊，假话自然不难戳破。太医禀报，未见什么病症。慈禧一听这话，立即沉下原本就很严厉的脸，把小皇帝劈头盖脸地斥责一番。然后严谕皇上贴身太监：以后小皇帝在书房有什么不规矩的举动，须随时来报告，不得隐讳，否则定严惩不贷。

小皇帝想借口生病在暑期休息几天的计划，就这样破灭了。无奈，第二天只好乖

乖地继续上书房，在火云炎炎的酷热中，坚持读书。

但是，有一次小皇帝是真的病了。同治八年五月初六日（1869年6月15日），小皇帝下了书房，就在御花园跟小太监们玩举铜鼓的游戏，一连举了十多下，已累得有些气喘了，但小皇帝素来争强好胜，最后那一下举到一半就举不上去了，皇帝要面子，不肯撒手扔在一边，而是想慢慢地放回原处。谁知，鼓太重了，刚要把手撒出来，只听"哎哟"一声，鼓已压在他右手食指和中指上。太监忙不迭地把鼓移开，小皇帝的手指已被压得肿了起来。

两宫太后得知此讯，大怒，重责了陪玩的小太监。太后认为皇上与太监玩耍伤手这件事不宜外传，因而奏事太监第二天到书房告诉师傅们：皇上昨天偶移一玉山子伤右手，不能上书房。又过两天，皇上仍未来上课，太监又传旨，说皇上感冒头痛。

师傅们对皇上身体十分担忧，就去皇上起居处看药方。只见脉案上写着：呕吐发热均止，惟饮水不消。药用焦曲、麦芽、枳实等品。五月十一日，师傅们见药方上写着：诸症皆平，惟三日不大解，药用一撮金。十二日，见御医方上写着：诸症悉平，大便畅行，用代茶饮。直到十九日，皇上才重入书房读书。这次伤手，小皇帝共休了十二天的假。

小皇帝重入书房时，师傅看见他容颜清瘦，面色苍白。一看便知，是服用通利药剂太多的缘故。李鸿藻对此事感到很生气，责备太医李德立说："皇上只是手伤，你怎么给他服那么多通便的药？"李德立不以为然，说这是奉太后旨意行事。听他这口气，好像皇上的病与己无关，太后让怎么治就怎么治。师傅们听了，不觉心寒，更为皇上的健康担忧了。

转眼到了秋季。九月初二日（10月6日），正式给皇上开射箭的课。以前只是练拉弓，现在皇上已十四岁了，可以习射了。太监早已在院中安置好靶子，皇上面向西站好，距靶子有十来步远。先由御前大臣奕山领射，教皇上怎样放矢，怎样瞄准，然后让皇上射。他多年练习拉弓，着实有些臂力。只见他轻松把弓拉开，连射三箭，除了一箭没中外，其余二箭正中靶上。第一次习射就取得这样好的成绩，群臣一片欢呼。

（七）圣学日进

同治帝的性格很像他的父亲咸丰皇帝，重情感而少理智。想当初，咸丰皇帝已看出叶赫那拉氏是一个唯权是图、心狠手辣的野心家，也知道"灭建州者叶赫"这个典故，甚至隐约意识到她将母以子贵，篡夺朝政。但是，当肃顺建议他仿照汉武帝诛杀钓弋夫人的故事，杀母留子，以绝后患时，他却犹豫了。他忘不了圆明园之夜与她的雨露之情，更下不了让小皇子失去生母的狠心，终未采取果断措施，致使大清皇脉断送在这个阴狠的女人手中。

同治帝与他父亲一样，是个很重情感的人，在这一点上，他与生母慈禧的禀性格格不入。慈禧喜欢权势，在争权斗争中，能保持高度的理智和镇静，采取果断阴狠的手段，置政敌于死地。而同治帝则不然，他注重人与人之间的感情交流。因此，在他的生母慈禧和嫡母慈安之间，他更喜欢温柔贤淑型的慈安，而不喜欢冷峻理智型的慈禧。在他的几个师傅中，他较喜欢重情感的李鸿藻和翁同龢，而不喜欢整天板着一副"道学"面孔的倭仁和徐桐。在他所学的各门课程中，他偏爱能抒发情感，显露文采的作诗、属对等课，而不喜欢《四书》《五经》等阐发义理的课程。

讲作诗、属对的老师，正是颇有文采又通情达理的翁同龢。翁是个很讲感情的人。同治八年（1869 年）年底，他的一名车夫因赌博负债而自刎身亡，他得知后，立即派人帮死者家属处理后事，并代他偿还了赌债。在他的日记中，还记着这样一件"小事"：有一年正月初三时，"仆人李元煮浮圆子，油溅伤眼，而瞳神无恙。"他对原配夫人汤孟淑更是一往情深。在她病逝后，翁曾一度痛不欲生。他在那年七月七日，牛郎织女相会的日子，他眼望隔河相对的"双星"，不由吟起"七绝"一首，来排解对亡妻的思念之情：

> 燕台回首树冥冥，尚见西山未了青；
>
> 薄醉岂能销积霉，远游终是逐浮名。
>
> 凤低蝉薄知成梦，鱼沈兔灯唤不醒；
>
> 人事变更谁料得，涿州城下看双星。

由于这对师生性格相近，因而能心气相通，教学效果自然胜于其他科目。翁同龢进讲时，常有佳话传来。例如，同治六年五月二十四日（1867 年 6 月 25 日），翁同龢出了一句上联：

"中兴颂。"

小皇帝应声对上了下联：

"大宝箴。"

十二月初五日（12 月 30 日），翁同龢出上联：

"太学讲经。"

皇上对下联：

"延英论政。"也是一副佳联。

同治七年十一月二十七日（1869年1月9日），翁师傅出上联：

"天临南极近"。

皇上应声说：

"星共北辰明。"

同治八年四月一日（1869年5月12日），翁同龢出上联：

"德大能容物。"

皇上对下联是：

"心诚自格天。"

每当属得佳对，群臣莫不啧啧称赞。小皇帝看见师傅欣赏自己的对子，心中感到由衷的快乐。书房气氛一下子就活跃起来，小皇帝也精神焕发，读、写、背无不顺利。回到宫中和两位太后进膳时，他也可以眉飞色舞地炫耀一番。每当这时，慈安太后就会露出欣慰的笑容，赞赏小皇帝几句。而慈禧太后却往往不为所动，只是告诫小皇帝要谦虚，继续努力，结果是让小皇帝大失所望，兴致皆无。

清朝皇帝喜作诗，同治帝也不例外。况且有大文豪翁状元精心指导，同治帝的诗作日有长进，在书房中常有佳诗妙句。

同治七年十一月二十六日（1869年1月8日），是翁同龢在三个月前请假送父亲灵柩回籍安葬后第一次上书房。久别重逢，师徒互致问候。这时，翁师傅看见皇上案上有一个装订得很精致的小本子，就问：

"皇上，请问那是什么书？"

小皇帝一听这话，立刻面露得意的神色：

"这是我的诗集。"

"噢？"翁同龢感到惊喜。

"快给臣看看。"

翁同龢拿过这本诗集，见皮上写着"同治御制诗"几个字，翻开一看，大多是课堂中所做的命题诗，也有自己课下吟咏情物的诗。这时，他看到一首名为"寒梅"的诗，不住地点头称赞。

"皇上，这首诗写得最有情致。"他说着，不禁大声吟诵起来：

"百花皆未放，一树独先开。好诗，好诗！实乃圣章第一篇也。"

同治八年三月二十九日（1869年5月10日），这天皇上嗓音清亮，背书、读书都很流利。最后，翁师傅出了个诗题："松风。"让皇上以此为题作诗一首。然后，翁同龢对徐桐说：

"咱们耐心点，不要着急，我们以一个'静'字等他慢慢构思。"

写下题目后，小皇帝浓眉紧锁，默不作声地苦苦思索起来。翁、徐二位师傅也静静地在旁边看着。

想了好一会，突然，小皇帝眉头舒展，拿起笔来，飞快地在纸上写着。

"好了。师傅，我的诗作完了。"

翁师傅连忙拿过来，仔细地看了起来。只见他一边看着，一边点头，面露喜色。

"妙，真是妙句！"他转过脸对徐桐说："皇上这两行结句真是妙不可言。你看，'南薰能解愠，长在舜琴中'。两句诗竟用了两个典故。这前句是用《史记》上'南风之薰兮，可以解吾民之愠'这个典故，而后句是用《礼记》上'舜作五弦之琴，以歌南风'这个典故。把这两个典故巧妙地揉和到一起，真是一个难得的佳句。"

小皇帝的这句诗立即在师傅中间传开了，无不感到欣喜万分，倭仁说这句诗是蔼德仁君之言；徐桐说这是太平有道之象，将重见尧天舜日；李鸿藻认为皇帝能活用经史典故，且出语即见是帝者身份，读书确有长进。当然，最感到得意的，还是专教皇上学诗的翁同龢。他说，从这诗的功底来看，皇上用典巧妙，珠联璧合；从风格上看，做的是"道学诗"，字面却无"道学气"；在诗的天分上来说，似乎比乾隆"之乎者也"都用到诗中要高明些。

同治帝学诗确有点"天分。"他背经史时往往很费劲，背多少遍都记不牢。而背诗时则不然，有的诗他吟诵三遍，就能背诵如流。

同治帝的诗，在他长大成人后，就更加成熟了。下面是他在驾崩那年写的三首诗：

《元旦试笔》

春韶试笔纪元正，正烛时调淑气近。

北斗回枘看瑞象，东风入律谱和声。

苍穹泽沛占丰稔，紫塞兵销喜肃清。

长侍慈闱依爱日，发朝先进万年觥。

《暮春即景》

郊西辇路净天尘，五百韶光次第新。

送暖云山真绮丽，得时花草亦精神。

正当芳甸巡行日，尚忆兰亭吃饮人。

岂为物华供玩赏，阳和布令乐同民。

《南苑阅武》

风劲霜高万马骧，特临南苍饬戎行。

八方无事边烽静，七萃如云士气扬。

岂是劳军来细柳，敢云纵猎郊长扬。

防秋略寓驱刘意，家法钦承戒怠荒。

对同治帝这几首诗，民国大总统徐世昌有过评价。他在《晚清簃诗汇》中有这样几句按语：

"穆宗英明仁武，推心委任将相，削平大难，宏启中兴。仰承祖宗家法，忧国勤民，拳拳见于歌咏。"

又说，同治帝的诗"光明俊伟，气象峥嵘。"

这些评论当然有溢美之处，但从以上三首诗来看，同治诗确有一番风骨和意境。

相形之下，同治帝的文论就差得多了。翁同龢常叹息皇上作论"文思艰涩"，"文思甚窘"。当然，在师傅们的耐心启发下，也能做出一些令人满意的小短文来。

同治八年三月初八日（1869年4月19日），师傅开始让皇上练习作论。这天给的题目是"任贤图治"。小皇帝思考了一会儿，就一笔一画地写了起来，约用了四刻钟，终于写完了他的第一篇"论文"。这篇"论文"只有这样几句话：

"治天下之道，莫大于用人。然人不同，有君子焉，有小人焉，必辨别其贤否，而后能择贤而用之，则天下可治矣。"

这实际上只是一篇论文的提纲，但思路还算清楚，而且一句扣一句，很有逻辑性。师傅们感到非常高兴。翁同龢称赞这篇短论是："圣章第一篇。"大臣们知道了也很兴奋，一个大臣还特意写信把这件事告诉了直隶总督曾国藩。曾国藩回信说："圣学日益精进，不胜大幸！"

同年十一月八日（12月10日），翁同龢给出的论题是"矢鱼于棠。"皇上作论"颇速而有意致，"尤其是开头一句，翁师傅认为写得很有见地，这句话是这样写的："巡守田猎皆以省民风供祭祀为亟。"可谓一语破的，开宗明义。

母子斗法

太监安德海是慈禧跟前红得发紫的红人。籍直隶南皮，这地方是历史上有名的专出太监的地方。他自己给自己做了宫刑，当了太监。这家伙生得一副妇人相，面庞清秀，走起路来一摇一摆的，特别擅长巴结主子，进宫没几年就成了慈禧宫里的心腹人物。当年搞政变铲除肃顺一党，安德海曾行"苦肉计"，拿着两宫太后的秘密信件回京传递消息，说起来也是为慈禧日后垂帘听政立过大功的人，加上平时专讲慈禧爱听的话，所以特别受到慈禧的赏识。

又听说安德海与慈禧另有一层关系。当年安德海自刑的时候，六根根本未净，因此在宫内名为太监，实则仍是龙阳之身。慈禧27岁便做了太后，即便是咸丰活着的时候也失宠数年，久未承天子雨露之恩。这种活寡的尴尬，对一个有强烈欲望的少妇来说是很难忍受的。所以安德海格外地得宠了。慈禧与他的关系非同寻常，这就使安德海仗势骄纵，格外地张狂。

他的张狂，达到了渐干国柄的程度。宫内就不用说了，就连朝廷的命官，要递个折子，办个什么事，假如不送安德海好处，就很难顺利地办好。比

哥釉大陶瓷罐

方几次议修圆明园，多一半都是安德海在背地里做的功夫，他用花言巧语说动了慈禧，为的就是工程一开，要花的银子多的无法计算，这样上到内务府下到承办工程的大小官员，都可以趁机中饱私囊，安德海也能从中得到不少贿赂和好处费。就拿同治七年八月御史德泰望风请旨陈请修圆来说，就是这个安德海背后授意的。他揣摩出慈禧修复圆明园的心思，然后让德泰出面上奏，弄好了德泰可以博得太后欢心，安德海可以借工程大把大把地赚银子，一举两得。万一弄不好也全无安德海干系。后来这德泰还真上了奏折，而且还动员了内务府的一名库守拟定了个筹款章程，打算在"京外各地方，按户、按亩、按村鳞次收捐"、用这笔搜刮百姓的银子支付修园的巨大开支。不料奏折和筹款章程交议以后，恭亲王拍案大怒，他说："如果开了这个敛财的恶例，就等于解了奢侈之风的禁，朝廷还怎么提倡励精图治，还怎么号召百姓维持好不容易才开启了的中兴大业?!"议事的军机们全都赞成恭亲王的这个话，大伙觉得，不严办一下这些望风钻营、溜须拍马的无耻之徒就不足以警示中外，所以共同拟了个旨，革了德泰的职，将那个拟出敛财办法的库守发落到黑龙江"披甲为奴"。

议修园子的各种议论归了寝。但是到底断不了修园的念头，大修大建动大工程的日子总是会有的。这不，过了年皇上就14岁了，不用说谁也能看得出，用不了多久就要大婚、就要亲政了，难道大婚的好日子还不修修宫，修修门，好好地庆贺一下子吗？只要这些工程一开，哪一项不得报销几万两银子？这美差谁能不动心，谁能不眼红呢？

所以，走安德海门子的人愈来愈多了，人们亲近他、巴结他是为了今后的路子。

可是这安德海却昏了头，人们越是恭维他，越是抬举他，他越是由聪明变得糊涂起来，好像是他个人有非凡的本领，有操持天下的生杀大权似的。

皇上特别恨安德海，从小就恨。他见不得安德海那满脸堆着笑、曲意奉承主子的下贱样。平日里只要叫他看见安德海在拍马屁，他准定找个机会骂他一顿。可是往往自己刚骂完了他，他就跑到太后那里编排一顿，反让皇上受一顿斥责。这小子还常常派了人监督皇上在书房、在宫里的表现，连说个什么玩笑话都告到慈禧那里去，自己落个忠心耿耿的嘉奖。有时候，他还成心在母亲面前用教训的口气规劝皇上好好读书，说的皇上心里这不痛快，想骂又不敢骂，干受他的气。这种恨一直积累着，直到安德海谗言赶走了桂连，终于达到了一触即发的程度。

有好些天，皇上下了书房就在屋子里摆弄小泥人。他把各色各样的小泥人一个一个摆到桌子上，嘴里嘟嘟囔囔地不知说些什么，然后拿出一把裁纸刀，用力一挥，一个小泥人的头便滚落下来，有时用力过大，那颗泥头一下子骨碌到地上，摔的粉碎。开头几天没有谁注意这件事，只当是皇上又想出了新的解闷的办法呢，可是一连许多天，连砍了几个小泥人的头。不免引起了别人的好奇心。当有人问起的时候，皇上狠狠地说："这是小安子的头！"一听这句，把周围的人全吓傻了。

这安德海肯定是活不长了。

恰好在这个时候，筹办大婚的圣旨颁下来了。说是筹办，实际上是提早几年做准备。谁都知道，皇上大婚是国家的头等大事，事到临头就来不及了，所以同治八年三月二十七，同治刚刚过完了14周岁的生日，两宫太后就发了一道懿旨，宣布皇家要筹办大婚。

懿旨说大婚的宗旨是"力崇节俭"，话是这么说，可民间百姓结婚都要大大地铺张一下，何况是富有四海的当朝天子！至少面子得说得过去。像紫禁城里的宫殿不能不修吧！不能全修几个重要的殿，重要的门不能不修吧！大婚的一应用品不能不准备吧！查查旧例，除了康熙是在位大婚的，这以后的四、五代皇帝全是婚后登基的，所以算下来也有200年没见过皇帝大婚的热闹了，不热闹一下怎么对得起列祖列宗，怎么对得起这戡乱承平之世！何况两宫皇太后垂帘听政，辛苦了这么些年，给自己的儿子摆摆谱有什么不应该的！

这些话从安德海长着如簧之舌的嘴里说出来格外地入情入理。两宫太后，特别是慈禧深以为然，当即把内务府的主管大臣明善找了来，商量修葺事宜。

眼看着朝廷就要大兴土木，大把花钱了。

这可急坏了当家人。主掌户部的宝鋆最先稳不住了。谁都知道眼下是承平，可是难道谁都忘了刚刚蒙过难吗？一直烧了 16 年的农民起义的烈焰刚刚扑灭，英法联军烧掉的圆明园至今墙破瓦败，国库里几乎没有一两剩银子，办个小事都得向四方伸手，眼下的局面只能是量入为出，支撑着过，哪里容得了再像从前一样一掷千金呢？别的不算，光是照着祖宗传下来的规矩一丝不苟地按《大清会典》去做，这大婚也至少得上百万两银子，这笔钱将来出在何处还没个定准，哪里承得住再节外生枝，大操大办呢？

宝鋆得了信，急急忙忙跑到恭亲王那里去讨主意，俩人商量了许久，没别的招数，只能找个德高望重的人上个折子，力谏两宫太后崇俭戒奢，在筹办大婚问题上"可省则省，可裁则裁"，为天下做个榜样。这个人，就是同治朝理学大师、言行方正、思想守旧的大学士倭仁。倭仁一则资格老，二则身为帝师，人重言重。宝鋆出面请倭仁站出来说话，倭仁还真的没驳面子，当即写了个劝谏的折子递上去了，可是两宫是否能从善如流呢？

其实，要说的不只是两宫太后，而是在慈禧面前溜须拍马、乱出主意的安德海。安德海在后面撺掇着两宫大操大办，其意并不是为同治。他不过是想借着机会为自己大捞一笔，别的不说，单是借采办大婚物件，监制龙衣往江南一游，弄个钦命的美差，好好出宫走一遭就是了不起的殊荣。当了这么多年红人，也该有个机会来显示自己特殊的地位了。

这种特殊的地位是任何一个太监也别想得到的。清王朝定鼎中原之后，鉴于历朝历代宦官专权的流弊，专门为宫中的内侍——太监制定了严格的规矩，不许他们过问政治、不许与外官交结、不许出京，就是出紫禁城办事也得先到敬事房说明原因，照准之后领了牌子才能走。这些措施是当年顺治皇帝亲定的，为此还专门铸了一道铁牌立于交泰殿，明文规定，如有违犯一律"凌迟处死"。有清 200 多年，就是严格地按照这些规矩管理太监的。

可是安德海却仗着自己是慈禧面前的红人，仗着自己曾替主子做过大事，根本没把这些规矩当回事。他跟前跟后地在慈禧面前游说，说防微杜渐的一个根本办法就是委任一个钦差给他，他可以替主子往江南跑一趟，亲自去打听一下大婚所需物件的价码儿，这样心里就有数了，就不怕内务府的人在价目上捣鬼了。倭仁的折子里不是说"大婚典礼繁重应备之处甚多，恐邪佞小人欲图中饱"吗？这回打听清楚了价，想中饱恐怕也不行了。所以派他去江南实在是接受倭仁的意见，杜绝流弊的一个根本办法。说来说去，慈禧动了心，她觉得这不失为一个好办法。不过她不敢轻易地松口，因为交泰殿里的那个铁牌没人不知道。于是，也没明说行，也没说不行，就这么拖着。

安德海早把牛吹出去了。人还没走，宫里宫外就已经传开了，安德海奉了懿旨，要去南边采办大婚用品、监制龙衣了。几个平日就和安德海吹吹拍拍、臭味相投的大小太监，还有安德海的远近亲戚，以及花钱买来的老婆，都嚷嚷着跟他一起逛江南，大有一人得道，鸡犬升天的架势。

是安德海不怕死吗？明知道太监不准出京还非要吹他个人人皆知？其实这小子可不傻，他放出这些消息，为的就是拿慈禧的这块大牌子压人。谁不知道如今当政的就是这位太后？那个慈安多一半只是个"陪坐"而已，根本不起什么实际的作用。只要拿了慈禧这柄尚方宝剑，还怕有谁敢管吗？

宫中沸沸扬扬传了一个夏天的消息，到了夏秋之交终于有了动静，安德海启程了。太监出宫必须有主子点头，这一走起码是几个月，不经慈禧的同意，打死他也不敢。而太后点头，必是得了懿旨，而亲奉懿旨才能摆那么大的谱。这安德海的谱摆得大极了。光是装满了大木箱的马车就有十几辆，首尾相接，从胡同口一眼望去根本望不到头。年辕上套的全是清一色的枣红马，也不知这小子从哪儿雇来的，个个膘肥体壮，就跟御马监里的御马似的。跟着安德海一起走的家眷个个是一等的打扮，男的全是青缎长袍，女的全花枝招展，那气派真是不同凡响。光是看热闹的人就挤了半条街，把安德海威风的，好像不是太监了，而是外放的督抚走马上任似的。车队出了城一直往东，想必是直奔通州，肯定是取道运河一路往南的。

就在安德海带了家眷、雇了大车耀武扬威地出了城，一张大网已经悄悄地拉开了。

不少聪明的人已经有了预感，这个安德海目空一切，已经到了人见人恨的地步。且不说皇上把他当成了眼中钉，就连军机、王公大臣无不把他当成渐干国柄、干政乱政的祸星。同治四年，政坛上曾经出了一场震骇天下、危及国本的大政潮，慈禧背后听了安德海的种种谗言，加上她本来就对恭亲王存有戒心，便一纸亲笔上谕，把恭亲王逐出军机，罢议政王，革掉了一切差使。后来经过满朝文武极力转圜，才勉强留下了军机差使，但是同治之初就有了的议政王的称号却永远地革掉了。这次政潮的远因虽是慈禧与奕䜣在权力问题上的矛盾，而安德海干政却在中间起了相当大的推波助澜的作用。说起来安德海谈不上与恭亲王有什么矛盾，一个是秉国的军机，一个是内廷的太监，所司所管实在是毫不相干。可偏偏这个安德海不是安分之辈，他在内巴结主子，在外招权纳贿，几乎是无所不干。这些屡被恭亲王耳闻，也屡遭恭亲王训斥，于是他怀恨在心，伺机报复。有一回安德海到内务府领取宫中不敷之金，正巧碰上兼管内务府的恭亲王，恭亲王神色严厉地对他说，后宫奢靡无度，应该有所节制，不料安德海却反唇诘问："请问王爷，后宫浪费了什么，怎么就叫索求无度？怎么就叫有所节制？"

恭亲王一时语塞，想不出该举个什么例子合适，于是泛泛一指："诸如瓷器杯盘之类的东西，每个月本来都照例供应一份，光存着的就肯定不知道有多少了，怎么会还不敷使用，还需再领？"

听到恭亲王的解释，安德海皮笑肉不笑地应了一声："奴才知道了。"

第二天安德海服侍慈禧用膳，太后突然发现，满桌子摆的都是民间百姓才用的粗大笨重的瓷碗，惊问其故，这安德海阴阳怪气地说："奴才也是实在想不出办法了，如果能变出钱了，宁可奴才饿上几天也绝不让主子受委屈。可现在不是捏在人家手里吗？主子只好能将就将就了。"

接下来他添油加醋地把恭亲王劝诫节俭的话说了一遍，气得慈禧把筷子一扔："好啊老六，我还没归政呢他就来管我了，连我的用度他也要限制了，他还想干什么？！"

就这样，本来就有的矛盾，本来就有的猜疑更多了，更大了。安德海的能量早已超过了一个内廷太监能起的和应该起的范围，也就是从那时起，里里外外都觉得不好好地惩戒一下，这小子肯定要坏事的。

不知自忌的人肯定没有好下场。安德海就属于这一种。他以为慈禧的保护伞够大的了，可以想怎么就怎么。可是他万没想到，这够大的伞居然也有够不着的时候。于是他毫无警觉，毫无防备，耀武扬威地走了。

已经有相当一段时间，皇上下了功夫去编织捕杀安德海的那张大网了。他不动声色，早就派了人暗地里调查安德海的种种劣行。听说他装了十几大车的那些箱子，里面全是不知打哪儿弄来的珍宝，这回带到南方，就是要到南边脱手卖掉的，那珍宝根本不敢在京城里卖，足以证明那东西的来路和本身的价值非同一般；听说他家里的摆设规矩全比照宫里，平日里他在家就像太上皇似的；听说他们家的三亲六故全打着安德海的旗号为非作歹，仗着他是慈禧跟前的红人，倒像他也是主子似的；听说他多次结交外官，接受甚至索取贿赂……不用再打听了，就凭这几条就足以制他于死命了。14岁的皇上掌握了这些材料后，让自己的心腹太监有意无意地在几位王爷，军机大臣面前透个几句，久而久之，几乎所有的人都知道安德海干尽了不法情事，只等着败露受惩呢！

这样，柄国的重臣们和皇上一样，不动声色地等着机会。

这机会是安德海自己送上来的。

他出了京直奔通州雇船，由于行李多，家眷多，光是大平安船就雇了二艘，外加五、六艘小船随行。一路上安德海身穿龙衣，号懿命钦差，船头挂着一面"日形三足乌"之旗，船舷则红红黄黄地插满了龙凤之旗，招招摇摇，浩浩荡荡。乍一看，根本看不出是钦差之船，倒像是皇太后、皇上的御船出行了呢！

说起这"日形三足乌"，里头还有个典故。《春秋》里曾记有"日中有三足乌"的传说，"三足乌"是传说中的一种鸟，它生在"昆墟之北"，专门为神话中的西王母取食。安德海也不知得了哪个高人的指点，专门请人做了这么一个寓意深刻的旗子，高悬在船头，让人知道他的身份是钦命特使，专为皇太后办事的，而且这个太后是谁也一目了然，西王母当然指的就是西太后了。有西太后做靠山，安德海的胆能不大、腰能不硬吗！所以他一点都没把一路所过的州县放在眼里。

安德海的船上，带着好几十号人。除了随行的太监、女眷、亲戚外，还有专门从京师镖局里雇来的镖手，他们的任务就是保护十几箱珠宝。另外还有前站官，负责打尖，安排食宿。再就是僧人、女乐，也带着那么十来个。反正是在京城摆不成的谱，全摆到这运河上来了。一路上，这支船队吹箫鼓瑟，热闹非凡，那叫一个威风。以至于走到哪儿，哪儿就聚满了一群群围观的人。

这消息很快就传到了山东巡抚丁宝桢的耳朵里。

丁宝桢，贵州平远人，咸丰朝进士。贵州那地方穷乡僻壤，举子进士出的不那么多，所以这位丁大人算得上贵州一省顶尖人物。他生性耿直方正，敢做敢当，不为五斗米折腰。据说他由山东布政使升迁为巡抚时，正巧碰上圣眷正隆的蒙古亲王僧格林沁统辖山东、河南军务。僧格林沁是蒙古人，办事认真，也是敢做敢当的人物，不过有时候有点顾前不顾后。当年在通州八里桥狙击英法联军，就是他下令一家伙擒拿了英法联军派来的谈判代表巴夏礼以及一行39人。结果英法联军恼羞成怒，一直把战火点到了圆明园。知道了他的鲁莽，自然也就能想象他那盛气凌人的作风。要知道，皇上见了他都行抱见礼，所以他接待属下就像皇上接见臣工，一般都是不设座的，虽没叫跪着，可全是让人家站着回话。丁宝桢听说他有这个毛病，就托人递了个话，"如果让我坐着说话，那我就前去谒见；如果不让坐，那我根本就不去见你。"

听了这个话，所有丁宝桢的部属全为他捏着一把汗。不料僧格林沁反倒特别客气，对他这种耿介之气大为欣赏，不但设座相见，而且交了朋友，从此另眼看待。

上年丁宝桢晋京陛见，京中人士说起安德海的种种劣行，这位丁大人当时就放出了话："他要不犯在我手里则已，一旦犯到我手上，我非宰了他不可！"后来这句传到了皇上的耳朵里，皇上特别欣赏，他暗暗地记住了这个人，待他当作可以借助的力量，有朝一日就用他来杀这个无法无天的安德海。这回安德海真的走了，而且走的是运河水路，那就非过山东不可了，一过山东，不就到了丁宝桢的眼皮底下了吗？

安德海的平安船一路招摇，"平安"地到达德州境内。丁宝桢早就通知了德州知府赵新如，"只要安阉的船一到，没犯事则已，稍有不法嫌疑，即刻擒拿禀告。"

赵新如的胆子特别小。他倒是听从了丁大人的指示，专门派人在运河德州段的水域口把着，只要一见安德海的船，马上驰报济南巡抚衙门。可是他即使是看见了安德海那张狂不法的样子，他也没敢动手。赵新如是举人出身，一看便知那"日形三足乌"之旗的寓意，他犹豫了，害怕了。若真是西太后批准了的南下钦差，自己下手拿了不是死罪吗？都知道安德海是太后跟前一等的红人，自己有几个脑袋，敢往泰山上撞?! 为了这事，赵新如伤透了脑筋，后来还是听从了几位幕僚的主意，放安德海一马，让他平安出境，然后向巡抚报告，这报告也特别讲究，决不用正式的公文，而是在其他公文里夹上一张小白条，叫作"夹单密报"——将来出不出事全与自己无关。夹单密报连夜送往济南城了。

丁宝桢当天晚上就得了信，他眼睛一亮，"好小子！你还真敢来呀，老子正等着你呢"！事不宜迟，他一面飞章入奏，向皇帝报告自己准备擒拿要犯；一面部署人马，捉拿安德海。奏折以 400 里，仅次于重大军务的速度飞向京师。

此刻，安德海的船正往南行。过了德州是东昌府。东昌府是程绳武的辖区，丁宝桢再一次发出命令，叫程知府拿人，可这位程知府也没那个胆。虽然他派了艘快船紧跟在安德海船梢之后，也做好了拿人的准备，可是一连跟了三天，还是没敢动手，安德海的平安船又平安地驶出了东昌府。出了东昌，直奔东阿镇。东阿镇一过就应该渡黄河一路向南。可是没到东阿他们往东一拐，朝着泰安县进发，不用说安德海是想去拜访五岳之首——泰山。

丁宝桢急了，眼看着这小子在山东境内招摇，又抓民夫当差，又招女乐品竹调丝，竟没人敢奈他之何！这可把宫保急坏了，他一拍桌子，"我就不信没人敢碰他，你们只管抓，上头要是怪罪下来，我丁宝桢一人担着，与下官无涉"！于是他飞檄东昌府总兵王正起发兵追赶，王正起带了一小队精兵强将，走间道直奔泰安，来了个坐等。

安德海满以为自己这个钦差身份足以让所有人却步。所以他目中无人，一路游山玩水玩得热闹。这会儿正盘算着怎样在泰山上好好看看风光。听说秦始皇、汉武帝还在这里封过禅，峰峰岭岭之间全是文人墨客的题字，自己虽识不了几个字，可是评头论足、附庸风雅的本事却绰绰有余，再说那泰山日出是非看不可的，好像隐隐约约听谁说过"登泰山而小天下"，那我一定去尝尝这滋味。他对手下说："咱们就住在泰山顶上，不见着日出，就不下山！""对！反正咱大爷有的是工夫！"

大队人马闹哄哄地进了泰安县，找了家最好的客栈投宿。安德海宽衣上炕，手下人正伺候着洗脚，忽听有人来报："听说安钦差过泰安境，县老爷备了一桌酒席准备伺候。不知安钦差能否赏光？"安德海一听，这风头还能不出？答应道："你们先回去，我随后就到，对你们老爷说，太客气了，恭敬不如从命，一会儿我就上去拜访。"来者留了一个听差负责带路，然后先回去报告去了。

这"县老爷"实际上就是东昌府的总兵王正起，他们编了一套谎话，把安德海骗了来，当即擒拿归案，押往济南府。

从泰安到济南只有一百多里路，押解安德海的队伍却荷枪实弹，多达五、六十人。因为抓的犯人有如此奇特的身份，白天走既招眼又易走漏风声，所以王正起下令连夜星驰送往济南。一路上可把押解的差衙害苦了，这安德海不但没有丝毫惧怕，反而破口大骂，口口声声说我是皇太后派下来办差的，看谁敢动我一根毫毛！老子今儿个把话说在头里，你们要是不怕死的尽管难为我，看看咱们谁的面子大！差衙们没有一个人吭声，由着他骂。这太监骂人是出了名的，什么脏字、损字都说得出口，上至祖宗八代，下到姨娘小舅子，没有骂不到的。整整一个时辰，这骂声没完没了。后来终于他自己骂乏了，勉强住了嘴，斜靠在车帮子上昏昏沉沉地睡着了。

也就是天刚蒙蒙亮，安德海被押进了巡抚衙门。丁宝桢天没亮就来了，他知道要抓的已经抓到了，大为振奋，现在要紧的是录个口供，赶快拜折上报，候旨处理。所以安德海刚一被提进来，丁宝桢立即过堂密审。

刚才迷糊的那一会使安德海养足了精神。进了门他就端出泰然自若的神情，根本不把丁宝桢放在眼里。丁宝桢一看气就不打一处来，这小子的确是傲得没边了，不把他治了，将来准不定还闹出什么乱子来呢！于是他大喝一声："你是何人，胆敢冒充钦差，该当何罪！"

安德海瞥了丁宝桢一眼，口气也相当硬："我是谁大人还不知道吗？长春宫的首领太监安德海，奉了慈禧皇太后的懿旨，专程赴江南、广东置办大婚的物件、监制龙衣。丁大人，你要是耽误了我的公事，你又担当得起吗！"

一上来，安德海便撑起了慈禧的那把保护伞，变被动为主动了。

"胡说！你知不知道太监不能擅自出京，还敢假传圣旨，你是不想要脑袋了吧！"

"我奉的是太后的懿旨！"

"懿旨？我怎么没有看见明发上谕呀！"

"这……。"

"你放明白点，安德海！宫里的规矩你又不是不知道？果真是派你出来的，那你就把勘合拿出来给我看看吧！"

勘合是古代调动军队或出入皇城的一种凭信。安德海出京，除了慈禧点头之外没有向任何衙门申报，所以根本没有什么凭信。一听丁宝桢要查验勘合，他赶紧换了一副笑脸，赔罪似的说："我说丁大人，咱们好话好商量。我是太后宫里的总管，您老想一想，假如我一天不照面，太后问起来我还能活命吗？我有那个胆子私自出京吗？可您老也知道，宫里的事那么多，规矩那么多，有时不能全照规矩走，像有个特殊使命，也就讲究个特殊形式，太后交代的话不是一句两句就说得清的。要不这么着，您老发个折子问问太后，有没有这回事。我就在您老这儿多呆几天，听听信行不行？"

"大胆奴才，你敢花言巧语！明明是没有凭信，偏说是钦命，难道皇太后别人派了，非派你个太监办差？难道皇太后叫你挂着龙凤之旗，拉着女眷女乐一路招摇？你抬出皇太后来哄人，你以为就信你了，就没人敢动你了？痴心妄想！来人呀！给我拿下，先打他四十大板，看他说不说实话！"

丁宝桢倔起来谁都敢碰，看着安德海那仗势欺人，心中无人的样子，可把他气坏了。他知道，要真是上折问旨，说不定得个什么旨意呢？真要是够着了那张保护伞，那小子要不报复才怪呢！恭亲王那么硬他都敢较劲，何况自己！索性先办了这小子，横竖自己占着理，就算皇太后怪罪下来，谁叫他没有凭信来着！

这一想，丁宝桢下定了杀人的决心。尽管巡抚衙门里的幕僚不少人为他捏着一把汗，可是他却像出了口恶气似地痛快极了。大不了是个擅杀之罪，可是除此一害，那功名该有多大！就算丢了官，这一辈子也能落个忠正贤良、敢做敢当的好名声，那也不枉活一世了。越想越痛快，这位宫保大人竟哼哼呀呀地唱起来了。

安德海可并没有想到死，虽然他心里有些害怕，但是多年来他的特殊地位、特殊关系，使他莫名其妙地养成了一种优越感，这种优越感极大地膨胀着，使他越来越看不清自己的真实身份。他目空一切，他为所欲为，他干尽坏事，可是却没有人敢把他怎么样，就像没有人敢把慈禧皇太后怎么样一样。安德海很少想到自己是个太监，也许正因为他从来就不是一个真正的太监，因此男人所有的野心，贪欲他都有，男人没有的既自尊又自卑，自尊自卑混合在一起的特殊心理他也有。正是这些东西混杂在一起，他才张狂的没边又怕死的要命。他觉得丁宝桢断不敢杀人，因为杀了自己就同杀了慈禧一样不可想象。一听丁宝桢喊"先打四十大板"时，他觉得这个处罚肯定是到头了。他心里骂道："丁宝桢！你这小子，胆敢动手打我，等老子回京以后，不狠狠收拾你一下我就不姓安！"

没想到挨完了打，还真的把他押进了死囚的牢房。安德海的心不住地砰砰乱跳。一会儿快，一会儿慢，有时竟像要蹦出喉咙了，弄得他好不难受。

他不知道下一步要干什么，他尽量装出平静的样子。可是一个死神的阴影却悄悄地在他身子周围悄悄地播散开来，他使劲挥了挥手，可是怎么也挥不去。他彻彻底底沮丧了。他懒懒地坐在地上，想起了往事……。

噢！那是进宫的那一年吧！那把自己给自己做"宫刑"的刀子并不大，却泛着白森森地寒光，一刀下去，血流如注，创口处抹了一把香灰与热油搅和成的"药油"，就算断了"祸根"。当时自己不吃不喝已经困了三天，身上一点力气也没有了，那么疼的一下，自己却连动也没动就晕过去了。后来的几天，自己也在生死两界徘徊。不知有多少天，一直是平躺着，连身子都不能翻一翻，拉屎撒尿都在坑上，屁股底下的灰土终日湿漉漉的，那滋味今生今世也忘不了了。恐怕还没有人敢自己给自己做那种"手术"吧！

安德海不由地晃了晃脑袋。就冲这一点，自己也不是一般的人。哼，要不是那一下子，自己一辈子不是窝在南皮那个鬼地方，脸朝黄土背朝天，窝窝囊囊地活一辈子吗？现在自己是什么身份！吃的是什么，穿的是什么！响当当的总管太监！天下有几个人能和自己比呢？这辈子算是风光过吧！

噢，要说风光，咸丰十一年行苦肉计挨了一顿"皮巴掌"，牙都掉了三颗，脸都打肿了，贴肉放着慈禧的亲笔信被"叉回了"京城，传递了极密的消息。这才有了六爷（恭亲王）亲赴行在奔丧，与两宫太后密谋、回銮政变这一系列后话。那功劳可不算小吧！从那时起自己在皇太后眼里的地位更加不同了，自己说话的口气也格外地不一样了。有时生了病，连慈禧太后都亲临"视疾"，那是什么荣耀！哼！有谁享受过这样的宠信呢？

想不到今儿个栽了跟头。这个丁宝桢还真不含糊，一路上没人敢拦、敢管，甚至没人敢问，可偏偏他敢，竟把我逮了来问！你等着，只要皇太后知道了这个信，准有你好瞧的！

太阳落山了。囚室里的铁窗逐渐暗了下来。一名衙役点着一根蜡烛从远处走来，也许是为了防风，蜡烛特意靠近胸前，而且走得很慢。烛光是从下巴往上照的，衙役的脸整个走了形，拉得长长的，眼睛像金鱼眼睛似的突出出来，不知怎么，他的嘴是半张着的，像个黑幽幽的洞，那样子可怕极了。正巧安德海站起来往铁窗外面张望，一眼瞅见，吓得他差点叫出声来，过了半晌，那心还呼呼呼地乱跳。太监除了骂人出名，胆小也是出了名的，谁要背地里猛地拍一下肩膀，踩一下脚或者喊一句，准把前头那位吓得尿了裤子。安德海突然之间觉得自己真的是保不住命了，刚才瞅见的那模样兴许就是地狱里的小鬼来叫他的魂呢！一想到这儿，他哇的一声大哭起来，喊爹喊娘，喊太后喊丁大爷……反正是想起谁就喊谁。

可惜一切都晚了。丁宝桢已经传了话，什么也不用审了，天黑就推出去问斩。26岁的安德海，不管有多大的靠山，也远不济急，命归黄泉。

假如他一直都能意识到自己只是个太监，是不是就可以免掉脑袋了呢？

倒安之役终于发动了。

皇上已经迫不及待地等了好几天，他像怀里揣着一只兔子一样，压不住的兴奋。见了两宫太后，不敢多说一句，好像再多说一句就会把自己的心思全掏出来似的。他默默地等着，等着，只等着安德海到了山东，撞到丁宝桢手里，这好戏就开场了。

别看他只有14岁，可是他觉得特别有把握，他知道事情不发则已，一发军机肯定会站在自己一边的。这么些年了，他早就看出来了，六叔恨小安恨得要死。要不是姓安的在慈禧那里谗言，同治四年哪至于出那么大的变局，翻那么大的车！前不久借着筹办大婚，姓安的又在母亲那里说东道西。皇上知道，六叔他们顶顶头疼的就是借机花钱。在东暖阁旁听议政时，同治早就背熟了"励精图治""能省就省""能裁就裁"这一套了。他料定，只要处理了安德海，没人敢在母亲耳边聒噪，修园之类花钱的欲望是一定能有所节制的。别的恩怨全不说，单这一条，六叔他们肯定是支持自己的。

皇上觉得自己有把握，他知道慈安太后肯定会站在自己一边。安德海在内宫的张狂，最看不顺眼的就是慈安了。但是她知道小安子是慈禧跟前的大红人，只好假装看不见。这几个月，她知道安德海在背后挑唆大操大办，自己不是皇上的生身之母，站出来反对总是不合适，但是她听说光修一个乾清门就要报销十万两银子。这回刚刚结束大乱走向承平，皇家也该为天下做个好样子，想了几次这样的话，可是忍了忍一直没有说。后来听说安德海几次要求南下广东去采办大婚物件，她本来想制止，可是那天晚上去养心殿看儿子，皇上悄悄地说这正是惩治安德海的好机会，……慈安一下子明白了皇上的用意，当时她什么也没说，只是使劲地攥着儿子的手摇了两下，这心迹已经再明显不过了。

皇上觉得自己有把握，更关键的是知道丁宝桢肯定会站在自己一边。上年丁宝桢来京时说的话早就传到了皇帝的耳朵里，当时皇上就觉得认定了丁宝桢肯定是可以倚重的。现在安德海真的出京了，而且走的是运河水路，一定会从丁宝桢眼皮底下过，这事就已经成了一半了。抱着这样的兴奋，这些日子，皇上连上书房念书都格外地起劲。下了书房头一件事就是跑到慈禧宫里等着放奏折的黄匣子递进来。这几天他更是格外留心，生怕自己一不留神漏了山东来的折子，万一慈禧先瞧见了——"留中"，一切可就完了。

看折子一般是在下午，因为上午差不多都是上朝议事、上书房念书，而各地的折子递到的时间不太一样，除了特别要紧的公文随到随递之外，其他都是攒齐了一块送进来。皇上已经过了14岁生日了，两宫太后觉得该让他熟悉公务，慢慢学着看折子了，所以打四月起他就开始每天阅看，当然是在慈禧的指导下学着看，有时候慈禧累了，就由皇上坐在小椅子上，念给她听。所以到这时他已经粗略地知道了哪些折子是日常的汇报，用不着太用心地看，只要看到了关键的几句就行了。有些折子则必须反复看，因为这些文件字里行间都传递着某种信息。看熟了以后，慈禧索性先让皇上分类，然后再由自己过目。有时慈安也坐过来，一块跟着听，但她很少拿主意，"宸断"的一般只是慈禧一人。

偏巧这几天慈禧贪凉，夜里睡觉时受了点凉，她对皇上说："折子你先看吧，有什么说的再来告诉我。"

这可把皇上乐坏了，他觉得安德海肯定是完了，也许这正是老天的意思呢！要不然当着慈禧的面接到了丁宝桢的折子怎么办？岂不还得费一番周折才能治了这小子！这几天，皇上心急如焚，只要黄匣子一进来，他头一件事就是翻来翻去，可是，山东的折子却总是不见。直到第四天，丁宝桢的折子才算到了。皇上一把把它捏在手里，小心地拆开一看，只一句他的心就通通通地跳起来了。"终于捉住了！"

养心殿南墙的木格子里放着的自鸣钟清脆地敲了三下，皇上定了定神，"事不宜迟，今儿个就把它办了，千万不能挨到明天！"于是他当即派了太监赶到恭王府叫六叔带上军机和内务府的大臣来。吩咐之后又跑到慈安那里，请慈安过来一块听折子，一路上他悄悄地告诉慈安，已经派人去请六叔了，今天就要处理这件事，要不明天慈禧想出什么辙，杀小安子的计划就全落空了。

别看慈安平时不拿主意，可到了关键的时刻还真沉得住气，她小声嘱咐说，千万别显得像早就核计好了似的，她叫皇上先回宫，喝点水再来，而自己装作事先根本不知道的样子，先去慈禧那里"探视"，随便坐着聊聊……

过了一会儿，皇上果然手捧着奏折急匆匆地走来了。这时，慈安神态安详，正坐在那里和慈禧闲聊呢。皇上请了安便说："两位额娘，有个大事请你们商量，我觉得做不了主，可事又太急，已经事先通知了六叔和内务府的大臣们一起来。"

"什么事值得这么急呀！还请了六爷和内务府？"慈禧看了儿子一眼。

"是，额娘，儿子也没想到，小安子出事了！"

"什么？"

皇上清了清嗓子，大声地说："山东巡抚丁宝桢来了个折子，说小安子一路招摇，现在被抓起来了，来折请旨处理呢！"说着，展开手里的折子，用很慢的声音念："……伏思我朝列圣相承，二百余年，从不准宦官与外人交结，亦未有差派太监赴各省之事。况龙袍系御用之衣，自有织造谨制；倘必应采办，但须一纸明谕，……何用太监远涉糜费？且我皇太后、皇上崇尚节俭，普天钦仰，断不需太监出外采办。即或实有其事，亦必有明降谕旨，并部文传知到臣，即该太监往返，照例应有传牌勘合，亦决不能听其任意游行、漫无稽考。尤可疑者，龙凤旗帜系御用禁物，若果系太监在内廷供使，自知礼法，何敢违制妄用？至其出差携带女乐，尤属不成体制！似此显然招摇煽惑，骇人听闻，所关非浅。现尚无骚扰撞骗之事，而或系假冒差使，或系捏词私出，真伪难辨。臣职守地方，不得不截拿审办，以昭慎重。"同治一边收起奏折，一边又说："皇额娘，这小安子胆大包天，竟敢滥用龙凤之旗，携带女乐，这不是给咱们丢脸吗！我一看这折子，气就来了，怕额娘休息未起，赶紧先派人去请六叔和内务府的人来商量怎么办，然后赶来请旨，请两位皇额娘拿个主意吧！"

他振振有词地说着。慈禧原本是斜靠在炕上的，一听这话马上坐了起来，她的脸变成了铁青，左额角的青筋一蹦一蹦的，眼看就要发怒了。皇上心里十分紧张，可他知道在这节骨眼上无论如何得硬着头皮顶住。情急生智，他一个箭步冲上去扶住慈禧，"焦急地"说："怎么啦，额娘？别这么生气，犯不上为这么个混账东西生气。这家伙不说出去好好为额娘脸上增光，反倒给抹黑！不好好收拾他，倒叫外人看着我们没有祖宗家法似的！您可千万别急坏了身子！"

慈安也赶紧从炕这边挪了过来，扶着慈禧说："妹妹别着急，那不是放着顺治爷留下的规矩吗？该怎么办就怎么办，这是小安子自找没趣，白白辜负了咱们的信任！"

这两句话把慈禧死死地钉在那里了。她本来是想说："你把六爷和军机们叫来干什么！"可是还没容她张口，儿子就来了这么一套，一下子堵住了她的嘴，这下子想回护安德海也回护不了了，儿子和慈安端出了祖宗家法，叫她还说什么！不过，慈禧的确是个不同寻常的女人，转瞬之间她便恢复了平静，她缓缓地说："既然已经叫来了军机，咱们就去听听他们的意思吧！"

一边说，一边往起来站。也许是受凉还没好，也许是站的太急，也许是刚才怀怒未发，慈禧忽然感到一阵头晕，随即身子一晃又坐了下来，沮丧地说："这会儿我头晕得厉害，你们先去见起吧！"

慈安和皇上往门口走去，她又转身关切地说："妹妹，要紧吗？传太医来瞧瞧？"

慈禧摇了摇手，慈安又嘱咐侍立在边上的宫女们："你们小心伺候主子，有什么事赶紧来报！"一边往门外走，一边又说："妹妹你放心，有什么咱们回头再商量。"

说完，慈安和同治一前一后朝养心殿去了。

恭亲王和军机，内务府的大臣早已候在那里好一会儿了。奕訢对这特别地召见也略知一二，可是等慈安、同治进来的时候，他还是明显地一怔，慈禧为什么没来？但他没敢问，率众先请了安。皇上不等发问便先把丁宝桢的折子拿了出来，他手一扬说："六叔，丁宝桢来了折子，说了安德海种种不法情事，已经抓了起来，现在请旨处置，你们说该怎么办吧！"

慈安插了一句："这安德海出京，内务府究竟知道不知道？"

内务府的主管大臣是明善，才不久曾因为安德海幕后游说两宫大动土木申请拨款而在恭亲王那里碰了一鼻子灰，这会儿还生着安德海的气呢！平时内务府多花钱总要挨户部、挨恭亲王的嘲讽，可内务府也有一本难念的经呀！别的不说，单是宫廷的花销也一年多似一年，大多是安德海一个劲儿地讨好太后，处处向内务府伸手，可难办的却是内务府，所以早把安德海恨得咬牙切齿了，这回能除掉安德海岂不是拔掉了一个眼中钉？要说安德海出京这事他知道不知道，这九城之中凡知道安德海的就没有不知道他要出京办差的。这几个月，安德海早把风吹的到处都是了。可是毕竟谁也没见到太后的懿旨，谁敢说究竟有没有那个旨意呢！于是明善吞吞吐吐地说："奴才也只是风闻。"

皇上一听，"风闻，那就是说你知道了？知道了为什么不拦着！"

"奴才听说他是得了懿旨，所以不敢拦。"

"混账！那你就没错了？他要说有旨意要你明善的脑袋你也信吗？"

"对！对！是奴才的错，奴才没想到这安德海敢假传圣旨。"

"这就对了，皇太后那么圣明，怎么会让太监出京，你也不想想！"

如果再纠缠让没让安德海出京就坏了，恭亲王赶紧插了一句："这安德海究竟还有什么不法情事臣等还不清楚，请皇上明示，也好议个办法，请皇太后，皇上圣裁！"

皇上这才想起，奏折还攥在自己手里，他赶紧递了过去，"六叔，你干脆念念吧！"

恭亲王念了一遍，说道："这小子还真是无法无天了！"

"对，咱们不是有祖宗家法吗？你们瞧瞧该怎么办吧！"皇上把头转向明善："明善，你说，照旧例太监犯法该怎么处置？"

"照理是极刑，可是如果皇太后皇上宽其一限，也可特例特办。"

"胡说！什么宽其一限，难道皇太后过去办事不是照祖宗家法吗？"

看看火候已到，恭亲王说："照这样胆大包天、公然违法的太监，不杀不足以谢天下，不杀不足以告慰两宫太后和皇上辛苦创建的大好局面。臣请援例就地正法。"

"不这么办，倒像是我们没有调教好太监，纵容他们无法无天到处招摇似的。皇上，听你六叔的，就这么办吧！"慈安在旁插了一句。

"好，就这么办！"

养心殿里的会议接近了尾声，殿里的人刚刚松了一口气，正准备散了的时候，忽然，一个太监急匆匆地跑了过来，尖着嗓子喊道："慈禧皇太后有话，叫先留下丁宝桢的折子，有什么话明天再说。"

眼看着一只手横插进来，已经差不多的决议就这么搁了浅。养心殿里一下子静了下来，在场的每个人都像吃了苍蝇那样难受。同治到底只有 14 岁，最先沉不住气了，他一拍桌子："我就不信谁能救得了这小子的命！咱们走着瞧，我要不让他死在山东，就不当这个皇上了！"说完他拂袖就走。

慈安一把拽住了他，用相当决断和冷静的声音说："等两天也行，不过是让小安子多活几天而已。"

一看慈安和同治同样坚决的态度，恭亲王悬着的心放下了，他平静地率众臣跪了安。君臣步出了养心殿。此刻的紫禁城笼罩在薄暮的淡粉色晚霞中，微风轻起，远近的宫殿楼阁陷入了傍晚的无限寂谧之中。

第二天，上朝议事的仍然只有慈安和皇上。听说慈禧太后躬体欠安不来了。军机们特别注意到，丁宝桢的那个折子没发下来，皇上和慈安也绝口未提这回事。可是一连两天过去了，丁宝桢的折子都留中未发，难道真就这么"淹"了吗？看这形势，西圣执意保全安德海，非逼着大伙议出个生路来。到第四天，丁宝桢的第二通奏折飞递到京，这是抓住安德海审讯之后的那封奏折，里面报告了安德海不仅有招摇违法之事，还从他身上搜出了几封"请托密函"，这是勾结外官的铁证。消息传出，京城里本来就沸沸扬扬的议论一下又高涨了，上下一片喊杀之声，醇亲王也憋不住了，他写了份奏折力净，坚决要求惩办安德海，以维护祖宗家法的尊严。这样慈禧不得不出来直接面对这强大的压力了。

越一日，慈禧力疾上朝。养心殿像平日一样，皇上端坐在前面的御座上，两宫皇太后分列左右坐在皇上之后的椅子上。三人好像什么事也没发生似的，可是谁都觉得越是表面平静就越是透着内心的紧张。刚坐好，慈禧就说了话："恭亲王，你们把丁宝桢的折子议一下吧，先拟个旨意来看。"

没用十分钟，这上谕就拟好了，不用说，里面赫然写着"就地正法"四个字。这回不等慈禧说话，同治就张了口："六叔，内务府的人有什么意见不妨先说说。"

"是。臣等征求了内务府的意见，该衙门认为我朝二百年从未有太监胆敢假传懿旨，这回如不从严惩治，怕开了先例，将来难保没有徇私枉法以为后继者。请皇太后，皇上圣裁。"

慈安说了话："这安德海犯法，纯粹是辜负了我们姐俩儿对他的信任。听说他还在船上挂了个什么旗子，让人觉得是皇太后叫他四处去打秋风，这成什么体统？妹妹，我看是容不得他活命了，这也是他自找没趣，不是你我不给他面子，你说呢？"

慈禧还能说什么呢？养心殿里九个人，倒有八个是主张杀安德海的，儿子一口一个祖宗家法，再争下去，倒显着自己真有什么隐情似的，这么一想，慈禧的心横下去了，脸反而开朗了，她暗暗地说："安德海呀安德海，不是我不给你回护，是你平日得罪的人太多了，这回又犯在人家手里了，再怎么我也救不了你了。"想到这儿，她的心出奇地静了，缓缓地说："就这么办吧！"

上谕以600里加紧的速度飞递出京。为了防范安德海潜逃，一共寄了五封，分别寄给了直隶、山东、河南、江苏以及漕运总督，也就是说运河沿线的总督巡抚全得到命令，只要抓住安德海，"毋庸讯供，即行就地正法"。

当廷寄飞递到济南城的时候，安德海的头已经掉了五天了。为丁宝桢捏着一把汗的大小官吏们无不弹冠相庆，上谕是用头等公文的速度递来的，足见本案的重大，"就地正法"写的那么简单明了，真是纲宸独断，君臣一致，真真体现了君臣同治的底蕴！把个丁宝桢乐坏了。

慈禧到底是个能干的女人。既知安德海命已不保，她一不做二不休，雷厉风行地发起了一场大整顿。她听说从安德海身上搜出了"请托密函"，拍案大怒，当下追加了一道谕令，将此案一千人犯一律处决，几个跟着跑的太监"查明绞决"，另几个雇来的帮手、保镖和安德海的亲信以"恐吓居民"之罪而"就地正法"了，而安德海花钱买来的妻妾和几个罪轻一点的人全充军发往黑龙江，"给披甲人为奴"了。

办完安德海，又发了一道明发上谕，申明整饬宫禁，将与本案有关的文件全都编入宫中则例，着内务府大臣严饬总管太监，嗣后务将所管太监严加约束、勤慎当差。如有不安本分出外滋事者，除将本犯照例治罪外，连该管太监一并惩办。上谕通令各省督抚，"遇有太监冒称奉差等事，无论已未犯法，立即锁拿，奏明惩治，毋稍宽纵"。

慈禧的一连串举措博得了一片赞赏之声。原本是14岁的小皇上该得的称赞，反叫慈禧拿去出了风头。不过，皇上到底还小，他并没有更多的想法，只是非常解气。他觉得自己长了这么大，第一次干了件中外称赞、大快人心的好事，实在是了不起，能把母亲最最宠信的安德海宰了，说明只要自己做得对，就一定会赢得上上下下的支持，母亲的面子再大，权力再专，性格再烈，也会有所顾忌，有所退让。他第一次觉得，在母亲无所不能的巨大光晕之下，裂开了一道只有自己能看见的小缝。

一连几天，他的饭吃得特别香，觉睡得特别踏实，走路说话都格外地来情绪。

正当他极度兴奋，尾巴越翘越高的时候，慈安适时地扯了扯他的袖子，告诉他千万别得意得出格。这一提醒把已经飘飘然的皇上一下子激醒了。

是啊，慈禧皇太后的脸色已经难看了好几天了，今天早上，她还说胸口疼得厉害，连喉咙也肿起来了。传来太医，说皇太后是"肝气上逆，喉痛面肿，内火过旺"，赶紧服药，可是这内火压也压不住了，她病倒了，一病就是20多天。

同治不敢再盲目地乐了，他知道这内火是由杀小安子引起来的，所以好几天他都格外地赔着小心，他实在是太怕自己的母亲了。

不过，他觉得总有一天，天下的事全归自己说了算，自己拿主意。那顺治爷、康熙爷不都是14岁亲政的吗？自己也14岁了，多早晚也能亲政呢？他常常地想象着自己一个人坐在养心殿里披阅奏章，运筹帷幄，指点江山，那是什么滋味呢？

皇帝大婚

中国古代最早规定后妃制度的典籍《周礼》中记载："古者，天子后立六宫，三夫人，九嫔，二十七世妇，八十一御妻。"由此看来，周代的皇帝可以有121位夫人。隋唐时期，皇帝的妻妾也仿照九品中正制的官僚等级，有了品级划分。

明清时代，鉴于前代宫闱之乱，后妃人数较前代有所减少，机构上也大大削减。在内宫机构上，把自唐代以来的六局二十四司改为"立六局一司；局曰尚宝、尚仪、尚服、尚食、尚寝、尚功，司曰宫正"。清代自康熙以后定为"皇后居中宫；皇贵妃一，贵妃二，妃四，嫔六，贵人、常在、答应无定数，分居东西十二宫"。由于妃嫔以下没有确定的数量，可以随意扩充，后宫佳丽有增无减，钗光鬓影，轻颦浅笑，豪奢不输前朝。

这样，朝廷挑选秀女入宫，耗费了大量的人力、物力和财力。到清代，选秀女活动已经逐渐形成了一套完整的制度。

早在顺治年间，清政府明确规定：凡八旗女子，不论属于官员或兵丁的家庭，只要合乎年龄，一律报户部应选。《八旗则例》中记载："凡应选之秀女，未经选验之前，不准私行许聘出嫁，违者交部治罪。"这样，皇帝选择女子充当妻妾的优先权就以法律形式规定下来。

关于清代选秀女的资料，在吴振棫的《养吉斋丛录》中记载是详细而系统的。

"八旗挑选秀女，或备内廷主位，或为皇子、皇孙拴婚，或为亲、郡王及亲、郡王之女指婚，典礼各有等差，而挑选之制则无异也。"由此可见，选秀女不只限于皇帝一人，而是皇族各代男子普遍具有的一种特权。

选秀女活动具有严格的组织程序："挑选秀女，事隶户部。每旗分满、蒙、汉为先后。满、蒙、汉三者之中，以女子之年岁长幼为先后。造册分咨各旗。其年自十四至十六为合例。有应挑而以病未与者，下届仍补挑。年已在十七以上，谓之逾岁。则列于本届合例子女之后。每日选两旗，以人数多寡匀配，不序旗分也。"

远道而来的女子要乘车，近处的女子也要乘车。这既是交通来往之需，也是为了使选秀女活动显得更加庄重。

清朝初年，选秀女活动的组织缺乏经验，不够严密合理，因此曾出现："车马杂沓，先后凌乱，应选者争路不得进，不特堕珥遗簪而已。"可见，秩序是相当的混乱，以至于一些秀女觐见皇上时，早已衣衫不整，青丝凌乱，钗环斜坠，香消玉殒，使主持选秀女的皇上大为扫兴。

直到嘉庆年间，额附丹巴多尔济总结历次选秀女的经验，制定了一套组织实施办法，才避免了过去的混乱现象。

选秀女活动改进以后，具体程序是："挑选之前一日，该旗参领、领催等先排车。比如，挑正黄、镶黄两旗，则正黄之满、蒙、汉分三处。每一处按年岁册，分先后排定。镶黄之满、蒙、汉亦分三处。每一处亦按年岁册，分先后排定，然后车始行。"

车的前后也是严格按照清朝尊卑观念。首先是正黄之满洲，而蒙古，而汉军。继以镶黄之满、蒙、汉，依次类推，鱼贯衔尾而进。

车辆的行进路线也是事先规定好的。"车树双灯，各有标识。日夕发轫，夜分入后门，至神武门外，候门启，以次下车而入。其车即由神武门夹道出东华门。由崇文门大街，至直北街市，还绕入后门而至神武门。计时已在次日巳午之间。选毕者，复以次登车而出，各归其家。虽千百辆车，而井然有序。俗谓之排车。"

选秀女时，"应选女子入神武门，至顺贞门外恭候，有户部司官在彼管理。至时，太监按班引入，每班五人，立而不跪。"即使皇帝看中了也不当场表态，据说是为了照顾没有被选中的秀女的面子。那怎么办呢？"当意者，留名牌，谓之留牌子。定期复看，复看而不留者，谓之撂牌子。"备选秀女准备一式两份牌子，牌子上写明姓名、某官某人之女，某旗人，年龄多大。备选阅时，放在皇帝面前一块牌子，系在秀女胸前一块牌子，这样便于皇帝了解相关情况，以资参考。

被皇帝选中而留了牌子的秀女命运是难以预料的。"秀女入宫，妃、嫔、贵人唯上命。"妃嫔等级高低全看皇帝的喜爱程度，全在皇帝的一念之间。当然，这里也有出身门第条件的限制。"选宫女子，贵人以上，得选世家女，贵人以下，但选拜唐阿以下女。宫女子侍上，自常在、答应渐进至妃、嫔。后妃诸姑、姊妹一般不赴选。"

据《清史稿》记载："每三岁选八旗秀女，户部主之；每岁选内务府属旗秀女，内务府主之。"由此可见，每年一小选，三年一大选。年复一年，皇室后宫的宫女轮流交替，源源不断地进入宫中，其数额也就难于计算了。

豆青釉缠枝花卉纹盘

朝廷将数以千万计的美貌女子罗致入宫，其目的是显而易见的。首先，用来满足皇帝和皇室子弟骄奢淫逸的生活享受。中国古代，风流天子历朝不乏其人，以致流传下许多家喻户晓的风流韵事来。此外，从古代诗词中，也可窥其一斑。如唐朝白居易的《长恨歌》："春宵苦短日高起，从此君王不早朝。承欢侍宴无闲暇，春从春游夜专夜。"再如唐朝李商隐的《北齐》："一笑相倾国便亡，何劳荆棘始堪伤。小怜玉体横陈夜，已报国师入晋阳。"又如清朝朱受新《吴宫词》："夜拥笙歌百尺台，太湖月落宴还开，君王自爱倾城色，却忘人从敌国来。"可见，帝王之好色，以至于亡身亡国，的确触目惊心，连诗词歌赋中也俯拾皆是了。

当然，历代后宫妃嫔成群，一个更重要的目的是为了皇帝广施雨露，遍布恩泽，龙马精神，培养皇子皇孙，以维系国脉根本，确保宗祧社稷代有传承，以求实现天下历万世而永为一家一姓之天下的迷梦。

同治十年，两宫皇太后将选秀女诏书颁行全国。随后，内务府遍召满蒙大臣的秀女，入宫备选。

此次选秀女地点安排在御花园钦安殿，由两宫皇太后在恭亲王长女，也就是慈禧太后的"干闺女"，通称大格格的荣寿公主协助下，亲自主持。

经过一层层严格挑选，最后只剩下10名候选人。在这10名秀女中，慈禧看中了一个长相与她本人非常相似的女子。这个女子姓富察氏，是刑部江西司员外郎凤秀的女儿，不仅相貌秀丽，而且聪明洒脱，尤其让慈禧高兴的是，年方14岁的富察氏，长着一张充满稚气的娃娃脸，浑身也露出一股天真纯洁的气质，一看就是一个稚气未除，不谙世事的大女孩。慈禧心下暗自盘算：如果立富察氏为皇后，肯定容易受自己摆布，这样，她自己这个皇太后仍能幕后操纵朝政，名义上撤帘归政，实际上仍然可以玩弄权柄。而其他几位，尤其是崇绮之女阿鲁特氏，不仅年长懂事，而且博古通今，很难对付，千万不能让她们入主中宫。

慈安太后的主张却恰好相反，她理想的皇后人选正是蒙古状元崇绮的女儿阿鲁特氏。

阿鲁特氏出身书香门第，自幼受过良好的家庭教育，她的容貌虽比不上其他几位秀女妩媚娇艳，却显得端庄典雅，成熟稳重，自有一种雍容大度的尊贵相，一望而知便是大家闺秀，令人由衷敬佩。况且，阿鲁特氏这年芳龄19，是入围的10名秀女中年龄最大的，还比同治帝年长两岁，因而更显得举止得体，言语合仪。慈安心想：皇后母仪天下，最好选择老成持重、知书达礼的女子，方能担当起中宫正位，为六宫垂范。想到这里，她对阿鲁特氏更加喜欢了。

这样一来，慈禧为巩固自己现有的权力打算，慈安为江山社稷安危着想，两人在同治帝选后问题上又展开了一场较量。

开始，两宫太后都竭力争取同治帝选自己中意的秀女，来达到自己的目的。据说，同治帝本人看中的秀女，既不是富察氏，也不是阿鲁特氏，而是知府崇龄之女，即后来封为瑜妃的赫舍里氏，因为赫舍里氏在众秀女中长相最为出众。事实上，如果依同治帝所愿，可能后来就不会发生一系列悲剧，因为赫舍里氏不仅容貌姣美，而且是极能干的人，她必然能够化解两宫之间的芥蒂与慈禧母子间的冲突。然而，历史毕竟是历史，任何人可以假设、推想，但无法更改。

两宫太后各自召同治帝密议立后之事。同治帝虽然对赫舍里氏一见钟情，可是内心却非常敬重慈安太后，经过慈安太后一番开导，他便决定立阿鲁特氏为后。回想这几年来，他独处深宫，担负着许多非他这个年龄所能胜任的繁文缛节，大婚之后，亲政将随之而来，那时他又要独立处置繁重的军国大事。因此，同治帝的内心总有一种不堪重负、惶惶无依的感觉。在选皇后时，他也想找一个像姐姐一样年长懂事的皇后，使自己的心灵有所寄托，感情生活得以充实。

慈禧太后举荐的皇后人选富察氏，尽管姿容艳丽，聪明伶俐，可是同治帝认为此人言语随便，举止轻浮，不合礼仪，不堪担当皇后重任。而阿鲁特氏却不同，虽然只有一面之缘，却已看出她家教良好，端庄贤淑，而且此前早就听说她诗书娴熟，才华横溢，有"女状元"的美称。同治帝心想：如果选立阿鲁特氏为皇后，那么，婚后一有闲暇，就可以与皇后谈谈书房里的功课，把自己得意的诗念给她听，夫唱妇随，互相切磋，那将是一种多么惬意的神仙般的生活呀！想到这里，同治帝进一步坚定了自己的意愿。

俗话说："二月二，龙抬头。"同治十一年阴历二月初二，对通过复选入围的四名秀女进行最后裁决。这四名秀女何人为后，何人为妃，何人为嫔，就看皇帝手中那柄玉如意递到谁的手中为定。

一锤定音的关键时刻到了，只见同治帝手执玉如意，神色凝重地走下雕金蟠龙宝座，看看四名八族名媛，个个国色天香，花枝招展，简直让这位青年天子眼花缭乱，心神恍惚，他感觉不知如何才好。再扭头看看慈安太后，得到的是慈爱、期盼、鼓励的目光，而一旁同坐的慈禧太后，不怒而威，表情复杂，让他无法琢磨，愈发紧张，竟口干舌燥起来。

同治帝便传呼"献茶"，很快，一名小太监捧着一盏龙井上来。同治帝接过茶盏，轻轻地呷了一口，一丝清香从舌尖荡漾开来，沁人心脾，同治帝顿时觉得镇静了许多，正准备一饮而尽，头脑中突然闪现出一个主意。于是，他装作一不小心，把茶水泼溅到地上。然后，让凤秀之女富察氏和崇绮之女阿鲁特氏从泼过茶水的地上走过。因为，皇后人选也主要在她们两人之间产生。

凤秀之女富察氏，是一个爱美、爱干净的女孩，今天参加大选，她特意穿上自己最心爱的那件漂亮精美的皮袍，显得雍容华贵、富丽堂皇。她想，以自己的俏丽姿容和聪明伶俐，一定会俘虏同治皇帝那颗热情似火的心，也同样会赢得两宫太后的青睐和其他竞选者的嫉妒，同治皇后的桂冠一定是属于自己的。当她听到同治帝的要求，确信自己只剩下最后一个竞争对手，心中愈发得意，只见她拎起那件美丽的皮袍，在茶水泼过的地方，踮起脚尖，轻轻一跳，便跨了过去。

轮到崇绮之女阿鲁特氏出场了，她心中暗想：在今天这种场合，当着两宫皇太后和皇上的面，无论如何举止方面不能失去礼仪。拿定了主意，她就像平常那样，迈着端庄稳重的步子，从容地从茶水上缓缓走过，似乎根本没有在意脚下的茶水。

看到此情此景，同治帝的心情无比高兴，这正是他预先设想的。于是，他轻松欢快地对两宫太后说："两位秀女的表现，母后皇太后（慈安）和圣母皇太后（慈禧）都看到了，提衣服的爱衣，不提衣服的知礼。选妃取色，选后取德。儿愿立崇绮之女为后。"说完，他把那柄玉如意递到崇绮之女手中，这就意味着，同治皇后已经正式确立下来，她就是崇绮之女阿鲁特氏了。

此时此刻，慈禧太后气得脸色铁青，恨不得要从座位上跳起来，把玉如意从崇绮之女手中夺回，亲手交给富察氏。她浑身哆嗦了一会儿，方才平息了些。平心而论，同治帝说得合情合理，怪只怪凤秀之女富察氏不争气，在关键时刻因小失大，丧失了皇后的尊位。大概，这也是天命有归吧。

慈安太后一向温柔敦厚，顾全大局。刚才这些人的一举一动，她都看在眼里，记在心头。崇绮之女阿鲁特氏面对考验，从容镇定，应付裕如，尽显状元门第遗风，大家闺秀气度，有教养，知礼节，无论从哪方面讲，入主中宫都是情理之中的事。因此，她为能拥立这样一位皇后而骄傲，同时也为同治帝随机应变能力而喝彩，而高兴。

当然，慈安太后也看到了慈禧的情绪变化，慈禧一心巴望凤秀之女入主中宫，可惜如意算盘落空了，一脸的沮丧与愤懑。慈安太后便动了恻隐之心，仿佛同治帝选择崇绮之女为皇后是自己的过错似的，为弥补"过失"，她急忙把选妃的荷包抓在手里，走过去，让同治帝送到富察氏手里。

同治帝原本不大乐意，可是鉴于慈禧的淫威和慈安的劝慰，他沉吟了一会儿，最终还是把选妃的荷包，送到富察氏手里，封她为仅次于皇后的皇妃。

另外两名秀女，一个是崇绮之女的亲姑姑，崇绮之父赛尚阿小老婆生的女儿，因为是庶出，自然没有资格当选皇后。这一年她才16岁，比自己那位当选皇后的侄女还小三岁。另一位是知府崇龄之女，姓赫舍里氏，这年18岁，前面已经提到了，她是众秀女中长相最漂亮、最妩媚的一个。这两个秀女均着选为嫔。

随后，就在当天便发布了确立皇后和妃嫔人选的上谕：

第一道谕旨："钦奉慈安皇太后、慈禧皇太后懿旨：皇帝冲龄践祚，于今十有一年，允宜择贤作配，正位中宫，以辅君德，而襄内治。兹选得翰林院侍讲崇绮之女阿鲁特氏，淑慎端庄，著立为皇后。特谕。"

第二道谕旨："皇帝大婚典礼，著钦天监诹吉，于本年九月举行。所有纳采、大征及一切事宜，著派恭亲王奕䜣，户部尚书宝鋆，会同各衙门详核典章，敬谨办理。"

第三道谕旨："员外郎凤秀之女富察氏，著封为慧妃。知府崇龄之女赫舍里氏，著封为瑜嫔。前任副都统赛尚阿之女阿鲁特氏，著封为珣嫔。"

同治帝大婚，是清朝自康熙以来二百年内首次在位皇帝大婚，因而成为当时朝廷的一件头等大事，格外引人注目。

这年八月，距离九月十五日的大婚吉期还有一个多月，北京城内已是熙熙攘攘，一片沸腾。自从乾隆五十五年清高宗八十大寿庆典以来，北京已经有八十多年没有这么热闹过了。一时间，入京拜贺的地方官员，采办贡品的大内差官，借机前来做生意的商贾，游玩看热闹的闲杂人等，纷纷涌入京城，几天之内，京城及城郊的大小客栈、会馆、庙宇等一切可以住人的地方都为之爆满。

八月十七日，是"大征"的吉期。所谓"大征"，就是下聘礼，朝廷特派礼部尚书灵桂为正使，大学士徐桐为副使，取"灵子桐孙"之意，持节至皇后府邸行大征之礼。聘礼由内务府预备，除了赐给皇后家大量金银器皿、绫罗绸缎以外，还有甲胄、弓矢等带有满族特点的聘礼。

当行聘礼的队伍到达皇后府邸时，崇绮一家早已跪伏地上迎接，把正使灵桂、副使徐桐迎入大门，然后请皇后阿鲁特氏出临受礼。

自从二月初二，皇帝亲授如意，立为皇后，并派内臣送回家的那一天起，阿鲁特氏在家中的地位和身份便发生了很大的变化。她与祖父、父母和兄嫂已没有家人之礼。她一进家门，全家人都应该跪在大门外迎接，而她则必须摆出皇后的身份，不许还礼，最多示意性地点一点头。随即被家人奉入正室，独住五开间的二厅，内有宫女贴身侍候，外有乾清宫班上的侍卫把守门厅，稽查门禁，管束极为严厉。

此后，就连皇后的父亲崇绮本人也难得见女儿一面。偶尔一见，也必须穿戴整齐，谨守礼节，言语举止来不得一丝一毫的随便和大意。阿鲁特氏的母亲嫂子们，倒可以天天见面，但也必须小心侍候。以用膳为例，食物从厨房里传来，由丫头送到长嫂手里，再由长嫂传给母亲，再由母亲双手捧上餐桌，然后众人侍立一旁，等皇后用膳完毕，再依次传下去。刚开始几天，阿鲁特氏如芒在背，食不下咽，经过半年时间才逐渐习惯了。她实在不忍心让母亲侍立太久，每顿饭都吃得特别快，无奈每顿饭总有二三十样菜，光是一样一样传上餐桌的工夫，就花费好长时间。

"大征"这天，皇后早早就梳洗打扮完毕。当太监宣布请皇后出临受礼时，她在宫女簇拥下步入大厅，拜受诏书。太监在宣读完"大征"诏书后，公布了聘礼单子，然后一一亲自把聘礼交给皇后。这份聘礼单子上，既有皇帝与两宫太后送的大礼，也有宫廷显贵送的厚礼。怎么才见得这份厚礼之厚呢？有一事足以说明问题，这就是，文武百官为了巴结讨好同治帝和两宫太后，争相花费重金购买奇珍异宝，致使京师的珠宝价格短时间之内成倍上涨。当时有人写诗讥讽说："金钗钿合定深情，执赘官仪别有名。椒戚都趋珠宝市，一时如意价连城。"

在九月十五日大婚前几天，是皇后妆奁进宫的日子。这些天，从皇后家到皇宫的路上，常挤满看热闹的人群。普通老百姓都想看看这天下第一份的嫁妆到底如何丰盛。

这份嫁妆的确非同一般，光是装各种嫁妆的彩车就有 360 辆，须用四天才能发完。最为壮观的是送嫁妆的彩车队伍，只见望不到尽头的黄缎彩车，伴着悦耳的笙歌鼓乐迤逦而来。彩车中装满了各种各样首饰、古玩、服装等物，抬妆奁的宫廷校尉全都身穿一色红缎绣花短褂，红黄相间，灿若朝霞，引得围观的老人妇女一片片啧啧赞叹声。

运送妆奁的队伍中，最令人惊奇的嫁妆是一面西洋大镜。这面大镜子在阳光下闪闪发亮，耀人眼目。在进宫门时，遇到了麻烦，原来镜子太大，校尉们根本无法抬进去。最后，不得不把镜架卸掉一部分，才勉强挤进宫去。

九月十三日，宫廷内开始举行册立皇后、皇妃的仪式。同治帝派礼部官员告祭天地、太庙后殿和奉先殿。

九月十四日凌晨四点，同治帝早已穿上礼服，来到太和殿，亲自阅视一遍那篇拗牙难读的"皇后玉册"和"皇后之宝"。这本玉册上的字全部用纯金铸成，缀在玉版上，由工部负责制造，共花费黄金千两。而"皇后之宝"也用赤金铸成，四寸四分高，一寸二分见方，交龙纽，满汉文，由礼部承制，报销黄金也逾千两。

接着，同治帝任命册封皇后的使臣，正使是威望最高的惇亲王奕誴，副使是贝勒奕劻。当庞大的册封队伍来到皇后家时，崇绮府邸早已灯火辉煌，亮如白昼。皇后的全副仪仗，一直排到胡同口外面。鼓乐喧天的乐队过后，供奉玉册金宝的龙驾缓缓停在崇绮家门前，正副使一个捧册，一个捧宝，步入大门。

崇绮全家早已在门口跪接，在大厅正中安放好玉册、金宝，这才请皇后出堂，在厅堂之中面北跪下，听御前太监宣读册立皇后诏书，在接受了玉册和金宝以后，册立大典也算圆满完成。

与此同时，清廷派大学士文祥为正使，礼部尚书灵桂为副使，持节捧册，前往凤秀府第册封富察氏为慧妃。

下午四点，慈安、慈禧两太后在慈宁宫升座，同治帝前往行礼，然后又来到太和殿，接受群臣百官朝贺。朝贺完毕，同治帝派惇亲王奕誴为正使，贝子载镕为副使，持节至皇后府邸行奉迎礼，也就是民间的迎亲礼。在民间，一般是新郎亲自前往迎亲，但皇帝大婚与众不同，皇帝以九五之尊，不能屈尊亲驾，因而用一柄龙形玉如意，上面由皇帝亲笔写一个"龙"字，放在迎亲凤舆内，就算是皇帝亲临奉迎皇后了。

迎亲的队伍以玉册、金宝为前导，凤舆居中，抬凤舆的校尉都穿绛红绣服，随后是一眼望不到尾的仪仗。旌旗、宫扇都绣着鸾凤图案。队伍前后是宫灯三百对，灯罩是由景德镇御窑厂特地为婚典制造的。

这天晚上普天同庆，全国各地老百姓都要在家门口张灯结彩。整个京城更是万家灯火，蔚为壮观。尤其是从午门到皇后家的御道上，悬挂着数百盏宫灯，远远看去，好似一条璀璨夺目的银链，把喜庆之夜装点得分外美丽。这时，同治帝和皇后都身穿红色龙凤同和袍，宫中执事及命妇都戴上了大红罩袖，宫殿里到处悬挂着红色彩绸，地上铺着大红地毡，……放眼看去，视野之内，全部是红，满眼是红，到处是红，把喜庆气氛渲染到了极致。

子夜零点的钟声一响，大婚典礼的高潮也来到了。皇后的凤舆开始起驾进宫，一时鼓乐齐鸣，仪仗、车辆一字儿排开，后面是无数的宫灯和喜灯，闪出夺目的光彩。在长蛇阵一般的送亲队伍中，簇拥着皇后乘坐的黄缎盘金鸾凤肩舆，由 16 名精神抖擞的校尉抬着，在通往乾清门的御道上缓缓行进。街道两旁挤满了观看的人们，摩肩接踵，真是人山人海。御道两旁排列着一队队太监，当皇后的凤舆行进而来时，宫监们立即拍手欢迎，如潮的掌声此起彼伏，接连不断。《清宫词》有一首诗，正是描绘此情此景的："昭阳仪仗午门开，夹路宫灯对马催。队队宫监齐拍手，后边知是凤舆来。"

当然，最热闹的还是午门以内。为了表示普天同庆，两宫太后在大婚这天下谕：特许大开夜禁，凡是身着花衣的人都可以进入午门观看皇后仪仗。紫禁城门，平时查禁非常严格，普通百姓想进去根本没门儿，这次破例开禁，真是千载难逢的好机会，既可观看大婚盛况，又可以一饱皇宫眼福。因此，人们纷纷购买戏装，不到一天，全城戏装被人们抢购一空。大前门旁一家雨衣店，平时卖花翎和高丽货，眼下一见花衣供不应求，便用高丽纸画成彩衣出售，买者络绎不绝，这家店主大发横财。总之，人们通过各种办法穿上花衣，进入午门观看大婚盛典。皇后凤舆一入午门，便有无数人头攒动，争相观看。《清宫词》内有一首诗是专门反映这番情景的，诗云："巨典煌煌庆大婚，金吾不禁放诸门。忽传纸价高丽贵，一色花衣唱谢恩。"

当然，也有一些不法分子趁机混入宫中，大肆偷劫。同治大婚以后，发现宫内丢了许多东西，凡是办事大臣都受到了一些惩罚，因而到光绪帝大婚时宫禁很严，这是后事。

当午门楼上钟鼓齐鸣时，同治帝就知道，皇后阿鲁特氏已由大清门入宫了。于是，他从乾清宫起驾，前往坤宁宫，准备在那儿与皇后同拜天地。

过了大约一盏茶功夫，皇后凤舆入乾清门，皇后下轿，一手拿着一个苹果。随侍宫女把苹果接住，福晋、命妇立即捧上宝瓶，内藏特铸的"同治通宝"，金银线、小金银锭、金玉小如意、红宝石以及五谷杂粮，一瓶虽小，却盛着人间富贵，是名副其实的"宝瓶"。皇后手拿宝瓶，缓缓进入交泰殿。在进入殿门时，门槛上专门设置了一双朱漆马鞍，鞍下放两颗苹果，皇后跨过去后，就可以"平平安安"。这时，皇帝也驾到交泰殿，在一片鼓乐声中，皇帝与皇后一起下拜，成为结发夫妻。

然后是拜寿星、拜灶君、行合卺礼，……繁文缛节，数不胜数，这样，从半夜一直折腾到天亮。

同治帝大婚礼，为了搞得排场奢华，清政府筹备了整整三年，前后共耗费白银 1130 万两，现在折合人民币 900 多亿元，这个数目相当于清王朝全年财政收入的一半，如果兑换成粮食，可以供1400万人足足吃一年。总之，这次"百年难遇"的大婚盛典，其规模之大，耗费之巨，不仅在清朝历代皇帝婚典中绝无仅有，而且在整个中国封建帝王婚典当中，恐怕也无出其右者。

同治亲政

尽管慈禧太后殚精竭虑，为巩固权力无所不用其极。但是，从同治八年（1869年）开始，慈安太后和以奕訢为代表的朝臣纷纷以顺治、康熙祖制来对她施加压力，督促她早日撤帘归政。慈禧以载淳典学未成为借口，负隅顽抗，又延缓了3年。同治十一年（1872年），同治帝成婚，慈禧鉴于多方面的压力，不得不同意撤帘归政。同治帝为表示对两宫皇太后垂帘以来勤政的酬劳，举行隆重庆典，给两宫皇太后敬上徽号：慈安徽号为"端裕"，慈禧徽号为"端佑"。

经过近半年的准备，同治十二年正月二十六日（1873年2月23日），同治皇帝举行了亲政大典。

亲政的前一天，两宫皇太后正式宣布撤帘，发布一道懿旨云："皇帝寅绍丕基，于今十有二载，春秋鼎盛，典学有成，兹于本月二十六日，躬亲大政。欣慰之余，倍感兢惕。……皇帝日理万机，当敬念惟天惟祖宗所以托付一人者，至重且钜。只承家法，夕惕朝乾，于一切用人行政，孳孳讲求，不可稍涉怠忽。视朝之暇，仍当讨论经史，探求古今治乱之原，克俭克勤，励精图治。此则垂帘之初心，所夙夜期望而不能或释者也。在廷王大臣等，均宜公忠共矢，勿避怨嫌。本日召见时，业经谆谆面谕。其余中外大小臣工，亦当恪恭尽职，痛戒因循，弘济艰难，弼成上理，有厚望焉。"

从这些言辞可以看出，两宫皇太后对同治帝独揽权柄还有些不放心。因此，又发一道懿旨，令"皇帝每日办事召见后，仍应诣弘德国殿，与诸臣虚衷讨论。李鸿藻、徐桐、林天龄、桂清、广寿均著照常入值，尽心讲贯，用收启沃之功。"

不久年轻英俊的同治帝御临太和殿，接受王公以下文武大臣官员的朝贺。从此以后，他将成为大清朝名副其实的最高统治者。为了摆脱垂帘的阴影，他把办公地点从养心殿移到乾清宫，常在那里单独召见臣子，独立裁决军国大事。这一天，各口岸的中国船只有史以来第一次挂起龙旗，以示庆贺。

同治帝亲政后，确有一股奋发有为的热情。在亲政的第三天，他就下令整顿财政，严禁内务府支取户部款项。谕令各省督抚举荐人才，以备任用。下令各地整顿税收，

严禁官吏渔猎百姓。他夙兴夜寐，细览章奏，兢兢业业，井然有序，就连御史考试，也亲自验查试题。

同治帝满以为，自己这样勤于政事，一定没有辜负两宫皇太后的谆谆教诲和殷切期望，一定会得到慈禧的赞许。

其实，慈禧太后在归政时发布的懿旨，不过是一些冠冕堂皇的漂亮话，都是做做样子的违心之言。慈禧本意并不在于同治帝能否励精图治上，而是希望他亲政后，仍然像以前一样，小心谨慎地侍候她，事事向她请示、汇报，聆听她的指教。

可惜，同治帝毕竟年轻幼稚，对慈禧太后嗜权如命的本性缺乏足够的认识。虽然在亲政后不久，为表示感谢太后的归政之恩，再次举行两宫皇太后加封大典，慈安太后加封"康庆"二字，慈禧太后加封"康颐"二字，而且主动增加了拨给两宫太后的"交进银"，从原来的每年白银10万两增至18万两。但是，同治帝天天独自处理朝政，却从不向慈禧太后请示汇报。没多久，慈禧太后实在忍无可忍了，于是把同治帝召来狠狠地训斥了一顿。而同治帝年轻气盛，性格刚强，对慈禧干预政事也心怀不满，但她毕竟是自己的生身母亲，又不好轻易发作。这样，更滋长了慈禧太后的跋扈气焰，她仍然不放听政的姿态，事事对同治帝掣肘。同治帝每有独自裁决的事，不启禀慈禧，或与她商量，都将遭受责骂训斥。

同治帝感到，他的生身母亲不是自己温柔的港湾，而像一条阴冷的毒蛇，在缠绕着他，吞噬他的统治精神和独立意志。为了实现自己的夙愿，他千方百计策划着将这条毒蛇从他身边支开。

希望终于来了。同治帝从太监那里知道，慈禧太后有心重建圆明园，把那里当作她的休憩、娱乐、颐养天年的场所。

原来，同治帝大婚后不久，慈禧太后就考虑到同治帝的亲政问题。无论从当时或将来考虑，她都想为自己找一个风景秀丽、天地广阔的居住之处。于是，她曾对军机大臣们说过："大难既平，吾姐妹辛苦日久，今距归政不远，欲择日遍召大学士、御前大臣，谕以宏济艰难之道，惟养心殿地太迫窄。"她心里嫌养心殿地方狭小，不够宽敞，想搬到乾清宫去住。

乾清宫是清代皇帝和皇后居住的场所，也是听政、受贺及平日召对臣工、引见臣僚、接见使臣的地方。在紫禁城诸建筑中举足轻重，建筑精美，地势开阔。可是，恭亲王看出了慈禧太后的心意，就抢着说："慈宁宫是太后最合适的居所。"按清朝祖制，慈宁宫是皇太后养尊之地。

慈禧太后是不满足于居住慈宁宫，才说这番话的，见奕䜣又端出祖制来先发制人，就只好不了了之。后来，她对京师各地进行了斟酌，最后还是选定了虽较偏远，但环境幽雅、宽敞怡人的圆明园。

紫禁城内，殿阁巍峨，结构严谨，长期住在宫中，颇有拘谨乏味之感。远不如近郊圆明园，虽经英法联军烧毁，但依然风景宜人，若经过精心修缮，定能使人心旷神怡，流连忘返。想当年慈禧在圆明园"天地一家春"的寝宫中蒙受咸丰帝恩宠，在那里一对少年夫妻度过了一段万种缠绵、千般恩爱的甜蜜时光，真是令人魂牵梦萦，情丝难断。

因此，她早已悄悄令人着手修园。同治四年（1865年）修复了圆明园北路春两轩、紫碧山值房。第二年又修复了圆明园围墙及绮春园值房。同治七年（1868年），清军平定东西捻军起义后，慈禧觉得天下太平，就派安德海指使御史德泰奏请向百姓按户抽收捐税，筹集修园经费。这一建议立即遭到恭亲王奕䜣等的强烈反对，最后迫使慈禧下诏把德泰革职拿问。慈禧自从经过这次挫折后，深知修园之举不得人心，有损自己的政治声望，因而就不再公开主张修园。但修园之心却一日也未曾泯灭。

同治帝得知慈禧太后有心重修圆明园，就立即着手准备。这样一来，不仅他自己在政事之余，可以去开心消遣，而且可以讨慈禧的欢心，公开表明自己对太后的孝心，戳穿慈禧向人散布自己"不孝"的流言蜚语。更主要的是，这样可以让慈禧太后离开紫禁城，在圆明园的美景中流连忘返，不再过问政事，干扰自己。

于是，同治帝向两宫皇太后提出了重修圆明园的想法，慈禧太后从来没有这么高兴过。她想，同治帝把园子修好了，自己可以在那里安享天年，即使有大臣们为难和攻击，即使有后人修史立传，也可以让同治帝做挡箭牌，自己只是坐享其成，何乐而不为呢？

慈安太后深知修园之举不得人心，但她也知道同治帝的苦衷，如果不用这一招儿，确实无力摆脱嗜权如命的慈禧，这实在是万不得已而为之，也只好默许了这件事。

同治帝见两宫皇太后同意自己的主张，就在同治十二年九月二十八日（1873年11月17日）发布了一道上谕："两宫皇太后垂帘听政十一年来，朝乾夕惕，倍极勤劳。……自朕亲理朝政以来，无日不以感戴慈恩为念，朕尝观养心殿书籍之中，有世宪皇帝御制圆明园四十景诗集一部，因念及圆明园本为列祖列宗临事驻跸听政之地，自登基以来，未奉两宫皇太后在园居住，于心实有不安。因以回复旧制为念。现当库款支绌之时，若遽照旧修理，动用部储之款，庆恐不敷。朕再三思考，唯有将安佑宫供奉列圣圣容之所，及两宫皇太后所居三殿，并朕驻跸听政之处，择要兴修。其余游观之处，概不兴修。……庶可上娱两宫皇太后之圣心，下可尽朕之微忱也。"

重修圆明园的诏书刚一发出，就引起了朝野的极大关注。内务府官员及一些当权太监不禁万分欢喜。他们正愁没有贪污搜刮的名目，修圆明园是一个大兴土木的工程，正可借机大肆侵吞公款，收受贿赂。于是，一听说同治帝和太后有意兴修圆明园，就从背后极力怂恿。今日终于如愿以偿，做了多年的发财梦就要变成现实了。他们怎能不心花怒放呢？

与此相反，这一举动遭到了多数朝臣的反对。就在上谕颁布的第三天，一名叫沈淮的御史就上书直言，以目前西北回乱未平，南北均有旱涝为由，劝皇上不宜大兴土木，否则有损圣德。同治帝闻奏大怒，立即召见沈淮，以《大学》养老之子言之，把沈淮狠狠地臭骂了一顿，沈淮本来不善口才，见天威震怒，早已吓得魂不附体，哑口无言。于是，同治帝更加理直气壮，又下了一道谕旨，阐述自己决策的正确性。

他先表示自己为了奉养两宫皇太后，不得已而大兴土木，但深知工程浩大，所以只选择几个地方略加修葺。这样，他以尽孝为幌子，以节俭为旗号，似乎可以堵住大臣的口舌了。

谁知，又有一个叫游百川的御史，竟殚精竭虑地想出了另外一条劝阻皇上修园的理由，他提出，重修圆明园可能再次引来洋人的骚扰，企图借洋人来恐吓同治帝。同治帝本来就讨厌洋人，一看游百川的奏折，气不打一处来。他立即召来游百川，厉声责问道："你也有父母，哪有父母想要，而你偏不给的道理！"这游百川是个刚直不阿、能言善辩之士。他巧舌如簧，沉着应战道："紫禁城内南、北、中三海，俗称西苑，近在宫掖，风景秀丽，用不了多少银两，加以修缮，就可作为皇太后颐养天年之圣地。"

同治帝知西苑虽然景色宜人，但紧接皇宫，无法实现自己内心的目的，于是决定严惩游百川，杀一儆百。

第二日，同治帝发布了一篇经过精心炮制的上谕，给以游百川为代表的人一个下马威。上谕中写道："朕观该御史（游百川）所奏之意，亦不过欲使人知已尽言官之责，徒沽其名耳，安有体朕孝恩之意哉！……该御史既为言官，并未闻有关系国计民生之事，乃先阻朕尽孝之心，该御史天良安在？今将该御史游百川即行革职，为满汉各御史有所警戒。俟后如再有奏请蜇缓者，朕自有惩办！"

同治帝把上奏谏阻的游百川罢官免职了，的确起到了杀一儆百的目的，此后很长时间内再没有人敢出面谏阻同治帝兴修圆明园一事。同治十三年（1874年），重修圆明园的各处工程正式开工。慈禧太后兴致尤高，她以太后之尊，不惜躬亲画样，详订款式。同治帝也数次巡幸圆明园遗址，亲自实地勘查。这母子二人，彼此心照不宣，甚为相洽相行。

但修园之举，劳民伤财，毕竟不得人心。同治十二年十月（1873 年 11 月），左宗棠的西征军攻陷肃州，获得平回战役的彻底胜利，就在这时，将士们得到了皇帝和皇太后不顾国库空虚、边防不靖而修复圆明园的消息。后方统治者骄奢淫逸，歌舞升平，怎能不令前方舍生忘死、拼杀疆场的将士们寒心呢？所以，左宗棠决定拖延一些时间，再把捷报发往京城，从而企图使最高统治者多一些担心，少一些安乐，而暂停修园。谁知同治帝和慈禧太后根本不在乎什么太平不太平，早已决定了修园大计。左宗棠的一番苦心，不过是他本人的一厢情愿罢了。

就这样，同治帝与慈禧太后不顾群臣反对，力排众议，紧锣密鼓地开始了大规模的修园工程。

重修圆明园，说起来容易，做起来就难了。首先遇到的一个难题就是钱。圆明园是康熙、雍正、乾隆三大盛世动用全国物力兴修起来的。同治帝虽然声称只是部分修缮，但其费用仍然十分庞大，据预算至少需银一百万两。在多年战乱后，国库银两大多消耗在军费开支上，早已入不敷出，哪有钱用于修园？因此，修园之初，内务府的人常常三个一队，五个一伙，跑来要钱，弄得同治帝一筹莫展。

同治帝被逼无奈，只好发起了一次募捐活动，下谕让众大臣为重修圆明园报效园工银两。此令一下，在官员中立即引起了骚动。那些惜财如命的大臣们见皇帝把手伸进了自己的腰包，不免心有余悸，但圣命难违，只好象征性地拿出一些银两，以应付皇帝的号召。

第一个带头报效银两的是恭亲王奕䜣。同治十二年十月初四（1873 年 11 月 23 日），他率先把两万两白银交到内务府，并声称受恩深重，不敢仰望嘉奖。其实，奕䜣对重新修园一事始终持反对态度，但他深知慈禧对此事态度十分积极，皇帝也下了决心，上书谏阻只是螳臂当车，徒劳无益。况且，自同治四年（1865 年）与慈禧的一番争锋，他逐渐认清了自己的正确位置。与慈安等共同携手诛杀太监安德海干得非常漂亮，但他唯恐慈禧怀恨在心，此后愈发小心在意，持重老成。如今皇上下诏让群臣募捐，以自己在朝中的身份和地位，只能率先垂范，以表忠心。

在奕䜣的带动下，内务府官员明善和贵宝也自告奋勇地分别捐银两万两和一万五千两。他们是竭力倡导修园的人，这样慷慨大方，是有企图的。皇上见他们捐款积极，一定把主持修园的肥差交给自己，那时就能中饱私囊，一本万利。此后，各大臣纷纷前来捐银，但并不像同治帝和内务府大臣预计的那样踊跃，捐万两以上的极少，大多是两三千两。甚至有些亲王、大臣竟声称从自己薪俸中扣几百两银子，算作略表"报效之忱"。

同治帝见状，万分焦急，后来经内务府大臣婉转点拨，他才恍然大悟：大臣们捐银不踊跃，与奖赏没有兑现有关系。于是谕令恭亲王："著总管内务府大臣核给奖励。"

听说皇上要给奖赏，这些大臣顿时露出了庐山真面目，纷纷根据自己捐银的数目，请求奖赏。后来，内务府索性明码标价，以捐银多少决定升官的标准。这样一来，官员们捐款才踊跃了一些。尽管如此，到第二年八月（1874 年 9 月），捐款总数也不过四十万五千五百二十两，对于修园这个庞大工程来说，简直是杯水车薪，无济于事。

在捐款修园过程中，还有一段令人捧腹的闹剧。事情是这样的：慈禧太后有个亲戚，曾仰仗慈禧这层关系在广东海关任职，捞了不少外快，家财万贯。听说慈禧和皇帝号召捐款修园，认为这是一个邀宠升官的好机会，就单独上了一份奏折，声称愿意个人出资修圆明园的西围墙。不想此君腹中没有多少墨水，在"修"字下多写了个"补"字，这要修墙就成了补墙。圆明园西墙大部分坍塌了，要补砌这么长的围墙，是一项浩大的工程。慈禧和皇帝正为修园经费捉襟见肘而愁眉不展，见有人主动请求出资补墙，自然喜出望外，欣然答应了此君的要求。此君见上谕发下后，才知自己夸了海口。但圣旨已下，只好硬着头皮开工了。原先预算修墙料价可用六万两，但才补了四分之一，已支款百万，直弄得他典房卖地，鬻器当衣，勉强支撑了一个多月，才修补了一半，其实，他花了许多冤枉钱。因为承办修墙的官员见他自己包修，不用公款；不能牟取私利，就十分嫉恨。于是故意拖延工期，加劳力，耗材料，每天有数千人就食于此，而不卖力干活。纵使他有万贯家产，怎禁得起这般糟蹋。眼看自己倾家荡产也无力完工，只好托人向慈禧说情。慈禧见他如此狼狈，原本出于邀宠之心也已落空，真是又怜又气，但也毫无办法，只悻悻地说："真是自找苦吃。"于是，圆明园西围墙只修补了一半，便告停工。

按照迷信说法，同治十三年（1874 年）是个不吉祥的年头，叫"太岁冲犯"，这年凡是南北向的房屋，都不宜开工。因此，同治帝下令圆明园工程务必于同治十二年年底前开工，以避开明年"太岁冲犯"之忌。

同治十二年十月初七日（1873 年 11 月 26 日），内务府官员进驻圆明园。第二天在安佑宫、天地一家春、正大光明殿等处举行了开工仪式。不久，钦天监择定了良辰吉日，届时将正式举行上梁仪式。时间选好了，可是各处上梁急需大批上好的木料，一时没有着落。

正当同治帝为修园木料奇缺而发愁的时候，从京城突然冒出一个名叫李光昭的人。李光昭本是靠做买卖为生的投机商人，他善于钻营投机，熟谙贿赂之道，经常周旋于官宦之家，进行诈骗活动。当他听说同治帝修圆明园急需木材，不禁又动了行骗的主意。他很快和内务府的诚明、贵宝、成麟等直接办理修园工程的官员拉上了关系，并鼓动自己的三寸不烂之舌，向诚明等吹嘘自己家道如何殷富，对皇上如何忠心，最后抛出了，令内务府官员怦然心动的诱饵。他声称自己在江南诸省采购了价值万两白银的楠、椿、松等巨木，并愿把这批木料全部砍伐运京，报效朝廷，用于修园。诚明等听了喜出望外，隆重款待李光昭，并立即禀报同治帝。同治帝闻讯，真是雪中送炭，想不到自己竟有这样忠心耿耿的臣民，欣然恩准，令成麟与李光昭同行，去各省砍伐木材。并谕令各省督抚予以保护，所运木料一律免税放行。

李光昭如同奉了尚方宝剑，打起了"奉旨采办"的旗号，私刻"奉旨采运圆明园木植李衔"的印章，在四川、湖北等地大肆招摇撞骗。四川总督吴棠觉得此人来历不明，形迹可疑，便派人暗中打探。经过明察暗访，很快就揭开了李光昭的真面目。吴棠立即上奏朝廷，说四川省从来没有姓李的客商购存木料，更没有李光昭其人采办木材之事，李光昭所言纯属骗局。同治帝此时求木心切，正所谓饥不择食，虽听说此事，也不把它当回事儿详加查问。

李光昭行骗受到地方官员的警觉，没捞到多少油水，便打起了骗洋人的主意，他匆匆奔赴香港，冒名差办圆明园工程的钦差大臣，到处张扬木材事宜。香港商界早已知道大清皇帝正大兴土木，重修圆明园。现在见到钦差大臣来采买木料，便信而不疑，不久就有一个名叫安济的法国商人，首先落入李光昭的圈套，与李签了一份购木合同。谁知事不凑巧，安济竟在木料运来之前因醉酒跌入海中淹死了，合同因此而作废。李光昭又找到另一名法国商人博威利，与他商洽购买洋木三万五千英尺，讲好这批木材每尺的价格是一元五角，其中包括运费，总价五万四千二百五十元，计划一个月之内这批木材运抵天津。

李光昭在香港大肆挥霍，此时已囊中羞涩，这时真让他付款买木材，已无力承担。但随他而来的成麟急于想在这件事上立功，好为自己在内务府补个空缺，就不顾一切地怂恿他与法国商人签订了这份购木合同。

于是，李光昭携带合同和木样，乘海轮到达天津。他一面禀呈直隶总督兼北洋大臣李鸿章，请求海关免税放行，一面向内务府呈报，说已将一批洋木运至天津大沽港。他自以为京中官员不懂英尺大小，也不晓得洋木价格，转而漫天报价，明明是价值五万多两白银的木材，他竟谎报三十万两。为了保险起见，他竟无耻地贿赂美国领事馆，求美国人替他隐瞒木价。

内务府官员们接到李光昭禀文后，立即呈报给皇上，同治帝阅后自然龙颜大悦，立即批文"奉旨依议"。

谁知天津已闹出了乱子。李光昭做的是骗人的买卖，洋商把货运到天津后，他哪里有钱去付款提货。于是李光昭便耍开了无赖。一会儿说款子未齐，一会儿又说木材尺寸与原议不合，不肯提货。洋商情急之下，告到法国领事馆，由法国领事馆出面，控告李光昭废弃合同，有意诓骗，要求清政府拘留李光昭，令他赔偿法商损失。这样，就引发了一场中外交涉事件。

李鸿章见事情闹大了，就连忙上奏同治帝，把李光昭行骗内幕及其所引起的纠纷捅了出来。同治帝闻奏，仿佛被人当头打了一棒，恍然大悟，天威震怒，下谕令李鸿章审讯，按律严办。李鸿章以"诈称内使近臣"和"诈传诏旨"罪，判处李光昭斩监候，秋后处决。

堂堂大清皇帝竟然被一个小小奸商所骗，在中外造成了恶劣的影响。是可忍，孰不可忍。同治帝恼羞成怒，下令把代为李光昭奏请捐助木材的崇论、明善、春佑三位大臣"革职留任"，不久，又将与此事有牵连的内务府大臣贵宝、诚明和成麟等一并革职。这些人本想借李光昭升官发财，不想反被这个大骗子拉下了水，悔之晚矣。

至于李光昭就更惨了。李鸿章将他判了个秋后处决，恰巧这年秋天正是慈禧太后的四十大寿，按例届时暂缓处决，李光昭就可以多活一年。同治帝对这个让自己丢尽脸的骗子已恨之入骨，所以批示李鸿章把他"立即正法"，马上处决，一天也不想让他多活。

虽然李光昭已人头落地，但同治帝心头之恨并未消解。因为随着这件木材诈骗案的败露，引发了朝廷众臣反对重修圆明园的更大风潮。以前谏阻修园的多是名不见经传的小官，而这次不同了。恭亲王、醇亲王、文祥、徐桐、广寿等一批御前大臣，军机大臣和帝师们也纷纷上书，要求停止修园。同治帝感到这股风潮迅猛异常，自己很难抵挡。

在修园之前，内务府大臣和一些朝臣为了从中牟取暴利，竭力为同治帝摇旗呐喊，壮大声威，进而促成了重修圆明园一事。可是，随着工程的展开，他们发现这项浩大工程的启动资金如杯水车薪，并无多少油水可捞。特别是木材诈骗案事发，曾积极倡导修园的明善、贵宝等大臣被革职查办，其他人见势不妙，急忙抽身，只留修园大臣的空头衔而已。

那位最先倡导重修圆明园的慈禧太后，对修园近期消息了如指掌，可表面上她对此事却装聋作哑，袖手旁观，做出一副事不关己的样子。这样，在主张修园的一方，同治帝成了名副其实的孤家寡人，不免有些心虚。但他年轻气盛，不肯善罢甘休，仍咬牙硬挺着。于是，同治朝最激烈的一场政治斗争拉开了帷幕。

自从张罗重修圆明园以来，同治帝把它看做了头等大事，他隔三差五就往圆明园跑，说是视察工程进展，有时竟在那里终日停留，夜不归宫。更为严重的是，早年有私游旧习的同治帝，亲政以后，常借视察工程为名，流连于市井之间，有几次竟被大臣撞见，引起了一片议论。

首先对同治帝发难的是恭亲王奕䜣，他原本就反对重修圆明园，只是碍于这事有慈禧做后台，他对同治四年差点被慈禧革职还心存余悸，因而不但没有公开表示反对，还装出赞许皇上的姿态，先后两次带头捐款。当李光昭诈骗案一曝光，同治帝私游之事也闹得满城风雨时，恭亲王觉得阻止修园的机会来了。他采用了迂回战术，把停工同"戒微行、远宦寺、绝小人、警宴朝、开言路、惩夷患，去玩好"等七件事混在一起，这样就避开了慈禧太后，直把矛头集中在毫无政治经验的同治帝身上。

同治十三年七月十六日（1874年8月27日），奕䜣发动惇亲王、醇亲王、科尔沁亲王伯彦讷谟祐、额附景寿、郡王衔贝勒奕劻、军机大臣文祥、宝鋆、沈桂芬、李鸿藻等十重臣联衔上奏，就停园工等八事进行劝谏。这十人分别是五御前、五军机，不是同治帝的叔伯、长辈，便是宰辅命臣，可谓阵容强大，来势汹汹。

同治帝看了奕䜣和十重臣的奏折，气不打一处来，他索性把这些折子扔到一边，不予理睬，看他们有何办法。

奕䜣等十重臣见递上去的折子如同泥牛入海，杳无音讯，便一起去见皇上。同治帝被逼无奈，只好气急败坏地同意接见。

十重臣在太监引领下来到同治帝内宫，只见同治帝铁青着一张脸，还未等十重臣跪下请安，劈头就说："我停工怎么样？你们还有什么好啰嗦的？"

恭亲王听出同治帝说的是气话，内心并未接受劝谏，便回答："臣等所奏还有别的，不止停工一事，容臣宣诵。"

说完，奕䜣从靴中拿出折子，一条一条地宣读起来，就像给小学生上课一样，反复举例讲解。恭亲王早想一吐为快，因而忘了向皇帝进言要字斟句酌，不觉话越说越重，言辞越来越激烈，大有叔叔教育侄子的味道。这时，猛听得"啪"的一声击案声。众大臣吃了一惊，只见同治帝怒吼道："这个位子让给你，怎么样！"

众大臣见天威震怒，说出这么重的话来，紧张的气氛一下子达到了顶点。大学士文祥这几天正患病，身体极度虚弱，他见君臣之间已经僵到这个地步，不禁悲痛欲绝，一声长号，竟喘不上气来，马上昏厥过去。同治帝见状，马上派人把他先扶了出去。

接着，醇亲王奕譞对同治帝进行劝谏。他采取以情感人的方法。说到伤心处，声泪俱下。但提到"微行"一事时，同治帝觉得在众臣面前揭自己的老底，面子上实在下不了台，不禁恼羞成怒，厉声责问："那是谣言，你说，是从哪里听来的？"

醇亲王知道此事涉及皇帝天威，不好点破，便支吾不言。同治帝反而认为醇亲王没有确凿证据，是捕风捉影的传闻，竟和醇亲王较上了真儿："你给我说说，我何时何地私游，有谁见到了，不然你就是造谣。"

这可把醇亲王逼到了绝路上，不说出原因来就犯了欺君大罪，他怎能担当得起？于是，便把同治帝哪天在宣德楼小酌，哪天在龙源楼午膳，哪天去过八大胡同，哪天在琉璃厂买闲书，都一一指出了时间、地点，甚至在酒馆要了什么菜，花了几两银子都说得清清楚楚。

同治帝听了，不禁目瞪口呆，就像在大街上被人剥光了衣服一样，羞得无地自容。他万分恼怒，但自己把柄落在众人手里，一时竟无话可说，经过一阵可怕的沉寂之后，只听同治帝言不由衷地说："别的都好说，只是修园一事，是为了讨太后的喜欢，我不能说停就停，得奏请太后决定。"

十重臣见预期目的已经达到，就匆匆退下。一场经历了两个多小时的廷争，总算平息下来。但这只是风雨欲来前的暂时平静，一场更大的风暴正在酝酿，那时将涌起更加猛烈的波澜。

同治帝现在才意识到自己是多么可怜，自己的一举一动都在别人的监视之中，身为万乘之君，却不能为所欲为，自由自在，还不如一个平民百姓活得潇洒。那么，微服之事，醇亲王怎么会知道得这么详细，是谁监视自己？是谁告的密？同治帝心想，我一定要查个水落石出，对监视人和告密者一定严惩不贷！

同治帝召见醇亲王，想从他那里了解有关自己微服外出消息的来源。正巧醇亲王那天去南苑验炮不在。于是，他便召来恭亲王追问此事。恭亲王一开口就吞吞吐吐，同治帝觉得事有蹊跷，就紧逼追问，奕䜣最后不得不实话实说："是臣的儿子载澄告诉我的。"

同治帝顿时明白了，心想：怪不得他们把我的举止摸得一清二楚，原来是这个王八蛋泄的密。

那载澄是何许人呢？他是恭亲王奕䜣之子，因为父亲的关系，他经常出入皇宫，后来又当上了皇帝的伴读，两人知无不言，言无不尽，非常亲密。同治帝一直视载澄为自己的知心朋友，两人都好玩乐，尤其微服私行，多由载澄怂恿和陪伴。当同治帝听说是载澄告的密，心中暗想："这父子二人实在可恨。一个在朝廷上欺负我，一个阳奉阴违，在背地里坏我名声。我一定得给他们点颜色看看。"

同治帝正准备将奕䜣父子加以惩戒，以泄私愤。哪里知道，他此时也处于极为不利、自身难保的境地。原来，恭亲王等十重臣为迫使同治帝就范，这些天正四下活动。他们联名上奏两宫皇太后，想先说服太后，让太后来给同治帝施加压力。

慈禧太后以她丰富的政治经验，觉察到停止修园乃大势所趋，无力阻挡。与其继续冒天下之大不韪，硬顶着，不如索性抢先来个高姿态，把责任推给儿子，自己落个圣明的美誉。于是，她假惺惺地同意了恭亲王等人的建议，叫来同治帝，训斥他没把事办好。

这样一来，同治帝处于上压下挤，进退维谷的艰难境地。慈禧本来是怂恿他兴修圆明园的后台，现在暗中撤了梯子，反而把修园所引起的一切过失都推给了他。同治帝如同哑巴吃黄连，有苦说不出。

七月二十九日（1874年9月9日），骄阳似火，最后摊牌的时候到了。这天上午，同治帝见了十重臣。先进去的是恭亲王，因为已有慈禧在后面撑腰，他这次完全理直气壮，在同治帝面前毫不收敛。奕訢向同治帝开宗明义地提出停止修园的请求，并再次毫无顾忌地讲了一大篇同治帝早已听腻了的大道理。同治帝对恭亲王向太后告状一事早已不满，现在又来指手画脚，他索性倒身躺在宝座上，来表示他对这位亲叔叔的不耐烦。恭亲王见同治帝这样蔑视自己，更加气愤，他上前一步，责备同治帝违背祖训，干出一些不合体的事来。

同治帝实在听不下去了，"呼"地坐起来，怒气冲冲地说："你对祖训可真熟啊，对朕的事还有什么可说的，你就尽管说吧！"

恭亲王来个顺水推舟，指着同治帝身上穿的衣服说："皇上穿的这件衣服就不合祖制！"

原来，同治帝平时与载澄等人微服私游，穿着一身黑衣，这身衣服一方面可以掩饰他的帝王身份，另一方面他身着黑衣后，更显得面皮白净，格外精神。今天同治帝一时疏忽，竟忘了换龙袍朝服。当叔叔的恭亲王奕訢见侄子这么不尊重自己，怎能不肝火上升呢？

同治帝一听，把脸一沉，怒声反问："朕今天穿的这身衣服，和你儿子载澄穿的一模一样。你管不好自己的儿子，却来教训朕。你先退下，朕随后有旨。"

接着，同治帝草拟一封诏书，传谕十重臣遍览。大臣们看了，面面相觑，目瞪口呆。原来，诏书中写的是取消恭亲王世袭罔替称号，降为不入八分辅国公，也就是把奕訢的爵位连降十等。这还不算，又撤去他军机大臣职务，除去了他一切差使，交宗人府严议。同时，还免去了恭亲王之子载澄的贝勒郡王衔和御前大臣行走的职务。

众大臣急忙一齐进见，劝同治帝收回成命。尤其是惇、醇两位亲王，极言对日本、台湾交涉已处于紧急状态，除恭亲王外，没有人能担此重任。最后，同治帝被迫勉强收回成命，恢复了奕䜣军机大臣的职务。

恭亲王奕䜣见同治帝收回成命，觉得这个年轻皇帝奈何不了自己。上有慈禧做后盾，下有朝臣拥戴，看你能把我怎么样！因此，当同治帝再次召见御前、军机十重臣与帝师翁同龢时，便决定对停止修园发起最后进谏，非迫使同治帝下令停工不可。

同治帝此时已处于孤立无援的境地。眼看众臣已站到恭亲王一边，知道修园工程不得不取消。一想到自己张罗了将近一年的"大事"竟被大臣们给否定了，自己想摆脱慈禧太后的如意算盘也落空了，真是咽不下这口气，因此，他责问恭亲王："当初，我提修园，你不也赞同吗？你还带头捐银，现在怎么出尔反尔，非要迫使我停工！"

恭亲王听了这话，像被人刺痛了伤口，脸上红一阵，白一阵。当初他怕触怒了慈禧，为明哲保身，不惜违心做出支持的姿态。但这话当着同治帝的面怎好意思说出口。他不愧是政坛老手，很快就恢复平静，答道："臣以为皇上天资聪明，必以为事不可为，有下诏停工的一天，那时天下定要盛赞皇上圣明。"

"你为我想得太周到了。"同治帝冷笑着说。突然，他把话锋一转，怒声喝道："你这不是当面一套，背后一套吗？你们为什么到太后那里告我的状，是何居心，这不是挑拨我们母子关系吗？"

十重臣见情势不好，急忙极力申辩，一时间，殿堂之上，唇枪舌剑，此伏彼起。同治帝哪里是十位老臣的对手，不一会儿，便口干舌燥，欲辩无言。在旁静观的帝师翁同龢急忙为同治帝解围，同治帝也就坡下驴，同意停止修园。但为了挽回一点皇帝的面子，有气无力地说："现在说时机不宜，那等十年、二十年之后，四海平定，国库充裕了，你们许不许我重新修园？"

众臣见皇帝已同意停工，便齐声说："当然，当然！"大家其实内心都明白，这只是一张空头支票，谁知道十年、二十年之后是什么样子。

同治帝见事已至此，只好收场。但他看到众臣都追随恭亲王，自己只是个徒有其名、说了不算的皇帝，实在咽不下这口气。因此，他决定效法康熙大帝除掉辅政大臣鳌拜那样，给恭亲王奕䜣点颜色看看。

为了收到实效，同治帝仿效他生母同治四年的故伎，给恭亲王定了召对时"语言之间，诸多伯仪"的罪名，下谕革掉恭亲王的亲王爵位，降为郡王，仍允许他任军机大臣之职。同治帝满以为这样就不会招致众臣反对，轻而易举地剥夺恭亲王之权。他哪里会想到，军机大臣们早已与恭亲王联成一体了；尤其在谏阻修园这件事上，十重臣采取了空前一致的行动。恭亲王一旦受处罚，都不能不有唇亡齿寒、兔死狐悲之感。

因此，同治帝发布谕旨几天来，如石沉大海，一点反响也没有。

同治帝不由得气冲斗牛，七窍生烟，他心想，在众大臣心目中，堂堂九五之尊还抵不上恭亲王奕䜣，简直是狼狈为奸，反了。于是不顾一切，亲拟一道谕旨，以"朋比为奸，谋为不轨"的罪名，将十重臣统统革职。同时派太监传旨，准备在明天召集六部尚书、侍郎、左都御史、内阁等在京大员，当众宣布将十重臣免职的上谕。他这是仿效慈禧太后在祺祥政变中的招法，企图发动一次宫廷政变，来清除妨碍自己皇权的十重臣。

这时，早有探事的太监把这件事禀告慈禧太后。一直坐山观虎斗的慈禧，认为自己出面的时机到了，是自己力挽狂澜，收拾残局的时候了。

第二天，同治帝正准备实施他的"政变"计划，太监突然通报两宫太后驾到，同治帝听报大吃一惊，这时两宫皇太后已驾临弘德殿，并传旨召见御前、军机十重臣。

于是，弘德殿中出现了这样一幕场景：两宫皇太后高高地坐在御案里，同治帝在旁侍立，十重臣在下面跪听。慈禧在这个关键时刻，又一次淋漓尽致地发挥了她的玩权手段。只见她一把鼻涕一把泪地数说恭亲王的功劳，对皇帝把事情弄到这个地步，感到痛心疾首。最后，由慈禧太后一语定乾坤："十几年来，没有恭亲王怎会有今天的太平。皇上年少不懂事，前天的上谕立即取消。"

随后，军机大臣们按慈禧的意思，拟了一道上谕，以同治帝的名义发布。上谕写道："朕奉慈安端裕康庆皇太后、慈禧端祐康颐皇太后懿旨：皇帝昨经降旨，拟将恭亲王革去世袭罔替，降为郡王，并载澄革去郡王衔。在恭亲王召对时，言语失仪，原属咎有应得。唯念该亲王自辅政以来，不无劳勋足录，著加恩赏还亲王世袭罔替，载澄贝勒郡王衔。该亲王当仰体朝廷训诫之意，嗣后益加勤慎，宏济艰难，用副委任。"

同治帝本来设想，今天是自己大兴龙威，重振帝纲的好日子。没想到两宫皇太后出面干预，不但威风没抖出来，反而落了个受训的遭遇。经过这么一折腾，他那原来就很薄的一层帝王尊严被慈禧剥得一丝不剩。

围绕重修圆明园而掀起的一场轩然大波，就这样归于风平浪静了。争斗的双方——同治帝和以恭亲王为首的十重臣，斗了个你死我活，结果两败俱伤。皇帝通过这件事被证明"少不省事"，威信大大降低。而恭亲王险些丢了乌纱帽，被吓得胆战心惊，从此更加小心谨慎。鹬蚌相争，渔翁得利。唯一的胜利者，是身居幕后的慈禧，开始怂恿同治帝修园的人是她，最后制止修园的人还是她，真可谓翻手为云，覆手为雨。她利用这件事把同治帝的政治声望狼狈地践踏了一回，又借这位青年皇帝的手对权倾朝野的恭亲王大大地整治了一番。最令她得意的是，通过自己导演的这场惊心动魄的闹剧，又一次显示了她本人的政治才能，提高了自己的威望，博得了朝野一片"皇太后圣明"的美誉，这为她以后再度垂帘做好了铺垫。

"中外合作"

当咸丰皇帝在世的时候，对外国侵略者始终怀有戒心。他对西方国家尽管妥协屈服，却没有接受他们的"合作政策"。同治皇帝登基年幼，两个皇太后与议政王奕䜣是最高决策者，他们对西方国家的"合作政策"竟欣然听命了。这是清朝末年对外关系的重大转折。

西方列强根据中国政治形势的变化，决定采取新的对华政策，即共同支持清王朝的所谓"合作政策"。清政府也确定了"抚夷"的对外总方针，同治朝的中外关系发生了显著的变化。这是中国近代对外关系史的新变化。

美国国务卿西华德是对华"合作政策"的主要倡导者。一八六二年二月，西华德指示美国驻华公使蒲安臣："在中国，对于一切重大问题要协商合作；在维护我们的条约权利所必需的范围内保卫条约口岸；在纯粹的行政方面，并在世界性的基础之上，支持在外国人管理下的那个海关；赞助中国政府在维持秩序方面的努力；在条约口岸内，既不要求，也不占用租界，不用任何方式干涉中国政府对于它自己的人民的管辖，也永不威胁中华帝国的领土完整。"很明显，西方国家采取联合一致，共同侵华的"合作政策"，目的在于共同控制清政府。美国"要在中国用公平的外交行动来代替武力"，企图把它掠夺中国的真实面目用伪装掩盖起来。英、法、俄支持美国。

列强当时采取对华"合作政策"，是由于各国的具体处境所决定的。美国资本主义工业在十九世纪五十年代有了显著发展，产品产量剧增，迫切需要海外市场。国务卿西华德公开说："美国政治及经济行动之更大的舞台，是太平洋区域。"美国把中国市场作为主要的目标。然而，美国在当时又难以用武力强占中国。一八六一年，美国爆发了南北战争。长达五年之久的内战，使美国没有余力与欧洲列强争夺中国。为了防止其他国家在中国无限制地扩张势力，美国打出"合作政策"的旗帜，可以保证既得利益，又能分享新的特权。这是美国首任驻华公使蒲安臣精心策划的一种狡猾的"外交政策"。因而，美国资产阶级学者丹涅特说："蒲安臣在其驻华公使任内在中国对外关系方面的最大贡献，就是在一八六三——一八六五年这一困难时期实行了合作政策。"

蒲安臣的"合作政策"是改造清政府的手段。同治三年七月（1864年8月），蒲安臣把传教士丁韪良翻译的韦登所著《万国律例》送给清朝总理衙门"参酌援引"，使清政府学会资本主义国家的办事规章，充当驯服的工具。总理衙门得书如获至宝。奕䜣等人认为"其中亦间有可采之处"，奏请刊刻丁韪良所译《万国律例》，七月二十九日（8月30日）得到两宫皇太后的批准。同治三年（1864）孟冬月，京师同文馆正式出版木刻本《万国公法》一书行世。《万国公法》凡例之四称："是书之译汉文也，本系美国教习丁韪良视其理足义备，恩于中外不无裨益，因与江宁何师孟、通州李大文、大兴张炜、定海曹景荣略译数卷，呈总理各国事务衙门批阅，蒙王大臣派员校正底稿，出资付梓。"实质这本用"和平""公正""主权"等等虚伪言词掩盖着"弱肉强食"观念的《国际公法》，只不过用"强权即公理"，来愚弄与恐吓落后国家的软弱政府。

美国提出的列强对华"合作政策"，对英国也是十分有利的。英国当时在对华贸易总值占有百分之七十以上的优势。它已经控制了中国的海关管理权和沿海的航运业。它既不想失去自己在经济方面的优越地位，也不能将其他国家从中国市场排挤出去。贪婪的英国商人要求政府扩大中国市场。"而英国政府，一心希望维持中国政府使其不致崩溃，也就成为中国政府的支持者了。""英国所采取的这种态度，并不是像后来商界的宣传家所说的，是柯莱伦顿勋爵在受了蒲安臣催眠术般的蛊惑后忽然离经叛道的结果；这是1862年就已决定了的政策。"因而，英国驻华公使普鲁斯对美国倡议的"合作政策"表示最热烈支持，正是由于这个政策也符合英国政府的意图。

一八六五年十一月，海关总税务司赫德送给总理衙门一份意见书，称之为《局外旁观论》，用以对清政府的决策施加影响，"劝告"清廷兴办有利于列强的"新政"。

赫德在这篇文章里要求清政府务必遵守条约，按照"章程"办理一切对外事务。他说："现在某事当行，某事不当行，已有条约可凭，一经违约，即有问故之患。"他威胁清朝官员说："民间立有合同，即国中立有条约，民间如违背合同，可以告官准理。国中违背条约，在万国公法，准至用兵，败者必认旧约，赔补兵费，约外加保方止。"他进而"劝告"清朝官员最好主动地及早办理外国可能提出的要求。他说："若违章，有动兵之举，国乱之灾。违约者，或因不肯照约，或因不能照约。若不肯，必有出而勉强者；若因不能，必有起而代行者。""是以或有应办，或有请办，不致日后为人所勉强也。"赫德还具体地提出中国应该早办的事情，如"水陆舟车，工织器具，寄信电机，银钱式样，军火兵法"等项。他表明了西方列强企图在中国修铁路、开工厂、办电报、设银行、承航运等经济掠夺的野心。赫德在文章的最后表示："若照行，泰西各国必致欣悦，无事不助，无时不合。"他希望清政府与西方列强"合作"，能顺从各种要求，以便取得侵略者的"欣悦"。

第二年，即同治五年（1866），英国驻华公使阿礼国，支使使馆参赞威妥玛写了一篇《新议略论》，送给总理衙门。他首先教训清政府要顺从列强的意志。他说："各国在华，都有要务不能弃置，系中华立约，许为相保。如果肯保，深惜力有不及，所言中外互结一也。"他进而恫吓清政府，如果不照条约行事，难免外国"干预"。各国"见必受险，难免干预保全。一国干预，诸国从之，试问将来中华天下，仍能一统自主，抑或不免分属诸邦，此不待言而可知。"他甚至更为露骨地向清政府说，不听从外国人的意志，中国的政权就保不住了。他说："各国大局，系中国一日不能保全，各国一日难免代为承保；而使外国代承其责，实（难）免外国代为做主，此中国失权危险之处。"他给清朝官员指出两条道路任其选择："嗣后中国不久必须择定两节之一，或自招外国协同去弊兴利，可以永保自主之权，或以仍旧怀疑杜绝，外国亦以疑心相对。"他对清政府施加压力。

威妥玛要求清政府答应在中国兴办资本主义国家的新式事业。"各省开设铁道＜用法不当＞飞线（电报）、以及五金煤炭各厂开采，水陆各军安设操练，中华用项不足，约请借贷，医学各等项设馆教习，以上各等新法，中国如欲定意试行，各国闻之，无不欣悦。"他向清政府施展了"催眠术"。"各国代谋诸事，不惟于中国无损，反于中国有益。虽谓于外国有益，实于中国更有大益。何则？中国果能听议各国人民进华，固能取益，而中国一取其策，定能保其富平。富平一保，自主之权亦能永保不移。"真是好话说尽。威妥玛苦口婆心是为了劝说清政府"约外国人相帮"，在中国投资。这样"内地从此容易治平，外国民人来往通商，常行居住，易得保全，各国亦可无虑。其最为欣悦者此也。"他的目的终于说明白了。

俄国政府在第二次鸦片战争时期，是"取得实利的唯一强国"。在刚从中国边疆强占一百多万平方公里的大片领土之后，俄国需要一段时间来巩固侵略的成果。因而，俄国驻华公使巴留捷克向蒲安臣表示："俄国不曾希图［不再？］威胁中国的领土完整"，并且他"若是能在把西方文明象接枝那样接在东方文明之上的政策中与他人合作，那么就觉得太愉快了。"俄国公使完全支持美国公使蒲安臣倡导的"合作"政策。

法国驻华使馆当时正在为"贵州教案"，与总理衙门交涉，由于经年不结而苦恼。法国使馆由一位代办负责，采取单独行动，要求赔偿并没有成功。新任公使伯尔德密在一八六三年到任。"他是一位度量宽宏，又有经验的政治家。他立刻看到抛却一切猜忌并在一个重要的关于中国问题上采取合作政策的利益。"他立即表示愿与美国进行合作。

十九世纪六十年代，世界资本主义列强在对华"合作政策"的旗帜下，联合起来运用形式上比较温和的侵略方式，促进了中外反动势力的进一步结合。

美国公使蒲安臣赢得了清王朝的好感和信任。当同治六年（1867），蒲安臣卸任回国的时候，清政府竟然委任他"一统办理各国中外交涉事务大臣"。恭亲王奕䜣在《派美国蒲安臣权充办理中外交涉事务使臣的奏折》中宣称："近来中国之虚实，外国无不洞悉，外国之情伪，中国一概茫然，其中隔阂之由，总因彼有使来，我无使往。""臣等因遣使出洋，正苦无人，今蒲安臣意欲立名，毅然以此自任，其情洵非虚妄，臣等遂以送行为名，连日往其馆中，叠次晤谈，语极慷慨。""臣等公同商酌，用中国人为使，诚不免于为难，用外国人为使，则概不为难。""如蒙俞允，诸旨钦派蒲安臣权充办理中外交涉事务使臣。"清廷批准了恭亲王奕䜣的奏折："使臣蒲安臣处事和平，洞悉中外大体，著即派往有约各国，充办理各国中外交涉事务大臣。"

唯恐英法见怪，清政府又选了一个英国驻华使馆的官员和担任过中国海关官员的法国人充当蒲安臣的副手。清政府派记名海关道志刚，礼部郎中孙家谷，会同蒲安臣办理中外交涉事务。实际上只是代表团的随员。

这个由美国人为首的"中国使团"，首先到了美国。蒲安臣在华盛顿，擅自同美国国务卿西华德签订了所谓《中美续增条约》。这个条约共八条。其中一个最主要内容是："大清国与大美国切念民人前往各国，或愿常住入籍，或随时来往，总听其自便，不得禁阻，为是现在两国人民互相来往，或游历，或贸易，或久居，得以自由，方有利益。"在这种表面上平等互惠的语言背后，掩盖美国人在中国享有各种特权的事实，同时也使美国诱骗和拐卖中国"苦力"去美国做工的罪行合法化。据不完全统计，一八六〇年，中国人在美国约有三万五千人。到了一八七〇年，增加到六万七千多人。到了光绪初年，已有二十余万人，为近代赴美高潮。丹涅特《美国人在东亚》称："西华德，由于他的信念和贸易扩张主义者不谋而合，是一个主张廉价劳动的人。"一八六八年的蒲安臣条约，"乃是一件廉价劳动条约"。"写这个文件的西华德似乎对于劳动问题的兴趣也不下于对美国在太平洋彼岸的贸易伸张。当时，他特别关心于承包人因无法招募劳工以致太平洋铁路迟迟不能完工这一件事。中国苦力可作为解决问题的办法，但是在供应上有两点危险。一则加利福尼亚的敌对态度日甚一日，一则中国政府虽然漠不关心，可是中国人的离去帝国实际上是违反中国古法的。条约意在一举使中国的移民从根本上正常化，并在美国给以保护。"美国以一八六三年开始兴建的加利福尼亚州的大铁路，全部工程的百分之九十是华工承担的，最多时达一万四千人参加筑路。

他们在崇山峻岭凿开路基，铺轨架桥，打通隧道。大雪崩和大塌方，使上万名筑路华工惨遭牺牲。

蒲安臣使团又到了英国、欧洲大陆的各国。最后，蒲安臣在俄国病死，才结束了这个"合作政策"导演者丑剧。

同治朝的"中外合作"显著标志是公使驻京。早在第一次鸦片战争后，西方国家的政府就力图实现公使驻京的目的。一八五四年二月一三日，英国外交大臣克勒拉得恩，在写给包令的信中提出："争取英国国主得有一位代表长久而光明正大地驻节在北京朝廷。"

英国公使包令，会同法国公使布尔布隆、美国公使麦莲于一八五四年，与清政府官员进行修约交涉。在包令向长芦监政崇纶等所递"清折十八条"中，第一条就是"英国钦派大臣，驻扎京师。"当时，咸丰皇帝谕令军机大臣，除请求申理中外民间讼案、核减欠款及广东停止加抽茶税，"尚可允其查办，此外各款，概行指驳"。咸丰皇帝拒绝"公使驻京"要求。

英法两国外交讹诈没有成功，却用武力实现了公使驻京的侵略要求。在一八五八年六月二十八日订立的《中英天津条约》，第二款写道："大清皇帝、大英君主意存睦好不绝，约定照各大邦和好常规，亦可任意交派秉权大员，分诣大清、大英两国京师。"第三款规定："大英钦差各等大员及各眷属可在京师，或长行居住，或能随时往来，总侯奉本国谕旨遵行。"清朝被迫承认了。

外国公使驻京，是西方资本主义国家从政治上控制清政府的重要步骤。当时，恩格斯说："不难想象，在北京设立常驻使馆将有什么样的结果。请回想一下君士坦丁堡或德黑兰吧。"在近代历史上，土耳其和伊朗都有过被外国侵略的历史。外国公使曾经充当他们政府的"太上皇"。英国侵略分子阿思本，对公使进驻北京充满了信心：公使驻京以后，清朝皇帝就可代替英国士兵执行起警察任务来，可以通过各级政治机构镇压具有反侵略思想的爱国人民，也可以用行政手段惩罚那些对外国人不完全驯顺的官吏。阿思本坚决主张英国政府要派最有"才干"的人充当驻华公使。

《北京条约》签订后，几个主要资本主义国家的公使陆续来到北京。咸丰十一年二月十五日（1861年3月25日），法国公使布尔布隆最先到达北京。第二天，英国公使普鲁斯也在北京建立了公使馆。六月初一日（7月8日），俄国公使巴留捷克到北京。同治元年六月二十四日（1862年7月20日），美国公使蒲安臣到达北京。法、英、俄、美四国公使，是第一批驻京的外国使臣。

关于英、法公使到京情形，在恭亲王奕䜣的奏折里有较详细记载。英国专使额尔

金于咸丰十年九月，进入京师时，强占了怡亲王府。"该夷总以怡亲王府屋宇宽敞，必欲为将来驻京之馆。并称府内尚有隙地，伊欲自盖房屋等语。"恭亲王奕䜣认为"现在暂时居住，已属不成事体，设或任其久占，并添盖房屋，更非所宜。"英国人又想得东城内长安街的继公府，"并仍欲另行添盖房屋，且有每年愿纳地租银一千五百两之说。"恭亲王设法开导其另觅别地。最后，英国公使馆设在梁公府，是宗室奕梁的府第。奕䜣只好奏请咸丰皇帝，另赏奕梁官房一所。咸丰十年九月二十四日（1860年11月6日）议定，每年租价银一千两，按年付租，久暂任便。"唯该府修理工程甚巨，应将第一、第二两年租价银两千两，扣归修费，少补兴工之款。"英国公使九月二十六日照会恭亲王："兹查该府主公出，无从写立批据"，"令其将尚存零星物件搬移。"恭亲王给英使照会说："查梁公府既经贵大臣择定愿住，自应照来文知照该府办理可也。"事情决定了。

法国公使馆最初"到京时仍欲指定肃亲王府居住。"恭亲王奕䜣认为："亲王府第，究属有关体制，前英酋欲指定各王府居住未经允准，更未便给予佛国。肃亲王系我国八大功勋，所有府第均系世袭，且肃亲王现在出差，其花园不愿出租。"于是，又找到东交民巷景崇的府第。"查景崇前曾获咎，例不准居府第，早经迁徙，其袭爵之纯堪，现未在京，且闻另有自居私宅，是以历久无人居住，间多塌损。"因此，"不得已允其将外面损坏处所，略加修理"，"每年租价一千两内扣除几年。"咸丰十年十一月初五日（1861年12月16日），恭亲王给法使照会，准予租用，"并准于花园空地内自盖房屋，后交还景公府，即毋庸租价。"法使驻进景公府。

崇丰十年十二月二十一日（1861年1月31日），恭亲王奕䜣等奏《请新设总理衙门未尽事宜酌拟章程十条折》，声称："无公所以为汇总之地，不足以示羁縻。该夷从前每借口于中国遇有外夷事件，推诿不办，任情狂悖，今设立衙门，该夷已为欣喜非常，自应迅速建立，以驯其性。"为办理外交事务，设立了总理衙门，适应了外国公使驻京的需要。法使于二月十五日（3月25日），英使于二月十六日（3月26日）抵京。由天津护送两国公使来京的是天津道孙治、直隶候补道长启。两国公使到达北京之后，总理衙门派遣崇纶、恒祺前往迎接。

英国公使布鲁斯爵士，是额尔金勋爵的弟弟，是一个狡猾的外交官。他一八五八年奉命来中国，交换《天津条约》批准文件。一八五九年六月，在大沽口外被清方所阻。一八六一年三月六日抵达北京。当日，法国公使布尔布隆派人持名帖赴恭亲王府"请安"。恭亲王"亦遣人持刺答拜。"英国公使普鲁斯因初到房屋尚未收拾，"行李堆满，无延客地，未能接晤，一、二日内，当赴公所谒见。"

二月十八日（3月28日），法使布尔布隆带着译员哥士耆、美理登到总理衙门谒见恭亲王奕訢，"并带武职四人随同前来。""其余随从，半系借用英国之人，约计三十余名，均在门外伺候。"布尔布隆"虽微能学说汉话，不甚明晰"。"经美理登、哥士耆代为陈说。"他对恭亲王表示，今天的会见，"十分欢喜，今驻中国，实为两国永远和好之据。"他和恭亲王谈话的主要内容，"大致申明和好倾心相向之意"。这是首次外交礼节式的拜访。二月二十三日，（4月2日），英国公使普鲁斯也来拜谒恭亲王。"语言极为恭逊，礼貌愈加驯谨，略谈片刻。尚未有商办之事。"后来，奕訢分别到两国公使寓次回访，"以顺其意"。

俄国公使巴留捷克是陆军出身的外交官。早年曾经充任沙皇的侍从官。一八五七年来中国，以炮兵少尉的身份充当俄使普提雅廷的随员。一八五九年，在俄国派遣的伊格纳切夫使团中充副官。一八六〇年十月，当英法联军攻占北京时，巴留捷克带领哥萨克骑兵也参加了占领安定门的部队。《北京条约》签订后，巴留捷克作为俄国第一任驻华公使，由恰克图启程来到北京。

第四个到北京任职的是美国驻华公使蒲安臣。他曾经三度当选为美国众议院议员，而且当选过参议院外交委员会委员。一八六一年，他受命为驻华公使，于十一月抵达广州。他又在上海消磨了六个月以后，于一八六二年七月二十日抵达北京就任。他在任职期间，颇受恭亲王奕訢和总理衙门其他大臣的信任。

来到北京的第五个公使，是德国的外交官艾林波伯爵。一八六一年，他担任普鲁士东亚外交使节团首领，与清朝驻天津的三口通商大臣崇厚谈判，双方签订第一个通商条约《通商章程普后条约及海关税则》。清政府承认普鲁士和其他国家在平等的基础上，允许与商业上的权利和治外法权，即包括一八五八年《天津条约》的一切条款。但是，清政府拒绝普鲁士公使驻在北京。"提议在将这项权利推延十年"后来，"这个延迟的期限终于缩短为五年。"事实上，德国第一任驻华公使李福斯于一八六二年八月十五日到达上海，充任"大布国钦命驻扎中国总理通商事务总领事兼理德意志公会钦差大臣。"一八六三年至一八七五年间，历任北德意志联邦、德帝国驻华公使馆参事和公使等职。恭亲王奕訢拒绝普鲁士国公使进京换约，理由是："至各国纷纷换约，亦属不成事体，其应如何拒绝，臣等自当悉心筹划，以慰宸廑。"

然而，外国公使在同治朝先后驻京，有法国、英国、俄国、美国、德国、比利时、西班牙、意大利、葡萄牙、丹麦、奥地利、日本、荷兰。北京的东交民巷则成了著名的外国使馆区。

恭亲王奕訢为外国公使驻京做出了努力。总理衙门的办公场所，最初设于东堂子胡同旧有铁钱局公所。外国公使驻京后，恭亲王奕䜣、大学士桂良、户部左侍郎文祥联名奏请装修总理衙门，"创建大门三间，安设鹿角栅，添砌影壁一座，以壮观瞻。"同时，为了给外国公使"力争体面"，"将头层二门改作牌坊式样，其二层之门，改作三间敞厅，以便出入，免致特启中门。""至大堂司堂各处，虽然糟朽，尚可将就。唯将瓦片改换，再加油饰，即可壮观。""计所需工料，合银二千余两，尚系功归实用，实已无可再省。"清政府为了外国公使大兴土木。

外国公使驻中国的京师，这是历史上从未有过的事，不免引起京师官民的惊恐。英国驻华使馆派人向总理衙门"告状"。据威妥玛说："该国人出行街市，辄遇闲杂人等围绕指辱。"他向清政府要求，"于该馆设立官人马匹，以便随同出入，弹压闲杂人等，其经费由该国自筹"。于是，奕䜣向皇帝报告："随即札令顺天府转饬大、宛两县，挑选人役四名，马四匹，由臣等送交英国馆寓，作为听差使用。""此项人役，谕令于该国人出行时，跟从照料，如有不应到之处，即令其告知该国之人，不可前往，免致别生事端。并严饬随时小心，勿稍疏忽。其马乾口分，若令该国自给，殊不足示大方，已饬承办之大（兴）、宛（平）两县，令核实给发，勿任浮冒。"清政府充当外国公使的卫兵和警察。

清朝对外贸易的门户，如果说从道光年间的鸦片战争开放，那么经咸丰年间大开，到同治年间由外国人"帮办海关税务"，则完全丧失海关自主权。中国的海关最后陷落了。

这个过程的发展是，外国侵略者得寸进尺，步步为营，逐渐扩大在中国的经济势力。而清朝的昏庸腐败的官僚，对侵略者的本性缺乏认识，分不清"友谊"还是"侵略"，把中国财政收入最主要来源的海关让外国人把持。为了控制中国海关，早在道光二十五年（1845）年，英国驻上海领事巴富尔，以便于外国商人缴纳税款、办理手续为理由，向清朝上海海关道台提出，把海关办事机构搬到英租界的中心区——外滩。巴富尔说："是为了能够对海关实施监督。"道光二十六年（1846）年，原上海海关改为"江海大关"，专办国内沿海航行船舶的税收事宜，另设"江海北关"专门办理外商征税事务。

咸丰三年（1853）年，上海发生小刀会起义，占领上海县，海关一度处于瘫痪状态。英国领事阿礼国以"租界中立"为借口，逼走"江海北关"的清朝官员，并且武装占领了"江海北关"。接着，英美领事密商，公布了"船舶结关的临时规则"，宣称代行上海海关权力，向外国商人征收税款，即"领事代征制"。上海道台吴健彰与英领事交涉无效。咸丰三年九月八日（1853 年 10 月 10 日），他发出《关税征收事宜仍按旧例办理》的通告，并找两只船，挂上了海关的旗帜，停泊浦东陈家嘴。同时，照会英、美、法等国领事，宣布两船为临时海关的关址，预定九月二十六日（10 月 28 日）正式办公，征收商税。

然而，外国商船扬长而去，根本不理睬清朝设立的这个临时"水上海关"。咸丰四年正月（1854 年 2 月），上海道台吴健彰在苏州河北岸租了一所房子，设立"海关办事处"，再次通知各国。外国领事说："要付税大家付，有谁不付，大家也不付。"上海海关依然收不到税款。

吴健彰又在闵行镇、白鹤渚各设一关卡，征收出口货税，正式照会各国领事。然而，外国领事认为这是"违背条约、条款的行为"，"无法承认"，通知外国商人不必缴税。上海道台吴健彰也就无计可施了。

外国领事看到夺取海关的时机已经成熟。于是，以英国领事阿札国为首，策划了一个所谓"海关引用外人负责帮办税务"的阴谋。"人员由领事推荐，但是为中国服务，由中国付给薪金，并且在中国长官的节制下工作。"咸丰四年五月初六日（1854 年 6 月 1 日），由美国公使麦莲出面，向清政府正式提出成立一个由外籍人员组成的"税务管理委员会"直接监督，重设上海海关。清政府接受了这个方案。六月初五日（6 月 29 日），正在租界里避难的上海道台吴健彰与英国领事阿礼国、美国领事马辉（穆菲）、法国代理领事伊担达成了出卖中国上海海关的协议："兹因关监督深知难得诚敏干练熟悉外国语言之人员，执行约章关章上一切事务，唯有加入洋员，以资襄助。此项人员，应由道台慎选遴委，道台亦应予以信任事权，俾资改良一切。"从而由外国"襄助"中国海关。

最初打算只要派税务司一名。英、美领事推荐法国领事馆里的司密斯。法国领事表示犹豫。最后决定由英、美、法三国领事各推荐一人。咸丰四年六月十八日（1854 年 7 月 12 日）正式组成"行动联合一致的关税管理委员会"，由法国人司密斯、美国人卡尔、英国人威妥玛组成。每一位税务司薪金六千元。英国副领事威妥玛负总责。中国的司税不过是"帮同纠察"而已。一八五五年六月，威妥玛辞职，英国指派李泰国接替这个职务。这是外国侵略者夺取中国海关行政权的开端。西方国家夺取中国海关行政权目的是为发财。"贸易是侨居在中国外国商人的生命，保护贸易是驻在那个国家里少数外国官吏的第一职责；在上海口岸，经过这样长久的一种无政府状态时期，贸易终于受到管束。"昭然若揭。

李泰国于道光二十二年（1842）随父来华，在广州从传教士学习汉语。道光二十九年被派往英国驻华领事馆为翻译学生。咸丰元年至二年（1851~1852），任香港政府粤语翻译。咸丰三年（1853），任驻广州领事管汉文副秘书。同年，调往上海英国驻华领事馆任副领事。咸丰五年五月（1855年6月），他由英国领事馆"借调出来"，专门办理海关事务。"由于他通晓中文，这在当时是一件不寻常的本领，所以他很有资格干这件事，可是他有一个很大的缺点，脾气专横。"咸丰七年（1857），他以汉文副使的身份随额尔金勋爵率军北上，在天津与中国钦差大臣交涉修约。"他有好几次表现了这种脾气，著名的一次是在一八五八年六月天津和议的当儿，这时他的举止居然引起中国议和代表们的一次正式抗议，并且使俄国公使也强硬地表示不赞成；此外，他的成见也很深。"外国人称赞李泰国"是一位能干的组织者和行政者；他经常看到将来，为了将来而建树起来的是多于为了现在的；所以上海税务司制度的成功差不多是由于他一人之力，确实他的功劳是多于任何别人的。"他获得中国官员们的信任。他也获得额尔金爵士的信任。他曾受到特别邀请，在一八五八年六月里进行条约谈判时充当翻译官，并且在十月里讨论解决税则和通商章程时也有他参加。事实上，在那年所有谈判中，"他曾经是一位谋士（指导人物）"。一八五八年的中英《天津条约》和《通商章程》，均认为出自李泰国之手。

咸丰八年六月二十九日（1858年8月8日），在上海订立的《中英通商章程善后条约》第十款写明"任凭总理大臣邀请英人帮办税务"。这是清朝政府请外国人，"帮办税务"政策，第一次明确地写在条约里。

李泰国"富于精力"。他首先改组了上海海关。接着，于咸丰九年（1859）在广州开办了一处海关。然后，于咸丰十年（1860），在汕头开办了一处海关。在短短三、四年里，李泰国迅速扩充到全国十四个通商口岸的海关。

清朝总理衙门成立后，设立全国性的总税务司署，先设于上海。咸丰十年十二月初六日（1861年1月16日），江苏巡抚薛焕奏请授英国人李泰国"总税务司"的职务，要求清廷"饬令帮同各口管理通商官员，酌量立法，严查偷漏等情。"他为外国人控制中国海关首先鸣锣开道，摇旗呐喊。

恭亲王奕䜣等人复奏太后，完全同意薛焕的建议。他们表示："外国税务，易于偷漏，中国官员稽查难期周到。臣等亦拟令外国人帮办。""既薛焕今有此请，自应发给李泰国执照，令其于各口帮同办理。"奕䜣的决策得到太后的批准之后，就颁给李泰国札谕，"派令稽查各口洋税"。他在《札谕》中说："查税务司李泰国，曾在江海等关帮办税务，诸臻妥协。今新增通商各口税务，尤宜实力经理，仍派令李泰国帮同总理稽查各口洋商完税事宜。"他在授权之后，又对李泰国提出要求，"至各口税务司及各项办公外国人等，中国不能知其好歹，如有不妥，惟李泰国是问。"对于总税务司以外的各口税务司也任用外国人"帮办"。"所有总税务司之任，原视何国人办理妥善，即责成何国人经理，其任至重。李泰国向来妥慎可靠，是以派令经理。此后该总税务司膺此重任，务宜秉公尽力，始终勤慎，不准该税务司及所用各项外国人自做买卖。倘有办理不善之处，即行裁撤，该总税务司其勿负本爵信任之至意可也。""李泰国在上海等关办理税务多年，征收甚旺，且所得薪水极厚，尚不肯从中作祟，滋生弊端。"奕䜣对李泰国的工作是充分肯定，十分满意的。

咸丰十一年二月（1861年3月），恭亲王奕䜣召李泰国到北京。他返回上海不久，在保卫租界的战斗中受了重伤。他不得不停止一切工作，并且告假回英国休养，获得批准。他离开了上海，他推荐克士可士吉、赫德二人代办税务。奕䜣认为，赫德在粤海关曾充副税务司，恒祺对他了解，认为"人尚驯顺。"于是决定中国海关总税务司的职务，由英国人赫德代理。咸丰十一年四月二十日（1861年5月29日）赫德到天津，恒祺由京师前往，会同崇厚商办三口税务。

四月二十八日（6月6日），代办总税务赫德到京，会吾恭亲王奕䜣，"以初次来见，未能与之细商"。这是赫德对恭亲王的礼节性拜访。五月二十三日（6月30日），英国人赫德奉命代替李泰国为中国海关总税务司。咸丰五年六月（1865年8月）总税务司署由上海迁到北京。

恭亲王奕䜣对赫德十分赏识。他说："该员为人谨慎圆通，又富经验，为众所知晓。"赫德在中国任海关总税务司达四十八年之久。在他任职期间，又新设海关三十余处，建立了一整套殖民地化的海关制度。从此，中国每一口岸的较高级的职员均由外国人担任。据统计，海关内班人员中，总税务司、副总税务司、各关税务司、副税务司的六十九人全是外国人，帮办中外国人二百一十九人，中国人二十五人。外班人员、总巡、验估、验货二八二人，全是外国人；扦子手五十人中，华人只二十人。海班人员中管驾官四十二人，都是外国人。中国人供职的都是"水手、听差、轿夫、杂役"等低级人员。在海关工作的中国人不准讲中国话，海关内外公文不许用中文。清政府虽然在各海关中派有海关监督，但是形同虚设。中国近代的海关为"帮办税务"的外国人完全控制了。

海关总税务司赫德，"阴持朝议，显缩邦交"，在幕后操纵清朝的政治决策。海关总税务司是总理衙门的最高顾问，正如马士所说："总理衙门在那时还没有经验，所以在一切国际问题上，从商议一个条约到解决一个土地纠纷，都常听取在北京的总税务司的意见并要求他的帮助，各省的总督、巡抚、道台也经常和各地的税务司商议，听取其意见而行动。"把持中国海关的实质是控制中国政府。赫德回顾自己在华的活动说："我所主持的工作虽然叫作海关，但其范围甚广……而至关重要的是它的领导权必须掌握在英国人手里。"这是外国侵略者的自白书。

消灭捻军

洪秀全自定都天京之后，军事上就陷入被动局面，处于清军江南和江北大营的长期围困之中，但他之所以能坚持十余年时间，与得到捻军的支持有很大关系。曾国藩剿杀太平军之后，太平军余部与捻军实现联合作战，给长江以北的清朝统治以沉重打击，最后为李鸿章所镇压下去。

1. 捻军的由来

咸丰三年（1853），太平军自湖北进入安徽之后，当地爆发了捻军起义。文宗谕令安徽巡抚周天爵，以兵部侍郎衔督师，"剿宿州、怀远、蒙城、灵璧（壁）捻匪。北路渐清，进规庐、凤，擒定远捻首陆遐龄，散其众四千余，被褒赉"。由此可知，捻军最早活动于安徽北部地区。

捻军未起义之前，在安徽、河南、江苏一带，就有"捻子"在活动。嘉庆十九年（1814），清御史陶澍在奏折中说："每一股谓之一捻子，小捻子数人，数十人，大捻子一二百人不等。"据近代学者调查，"捻子"是一些集团的统称。在清朝的反动统治下，这些地区位于安徽、河南、江苏交界，吏治更加腐败，兵差、衙役、地方恶霸残酷压迫劳动大众，加上黄河年久失修，经常泛滥成灾，加剧了人民的穷困。此外，这一地区又是淮盐和芦盐的交界区，贩私盐非常盛行，许多"捻子"都参加了贩私盐的活动，他们有一定的实力，甚至拥有武装。因为皖北地区的口语称一部分、一股、一支为"一捻"，这些集团都是"你一捻""我一捻"的，结果便自然形成了"捻子"的名称。

据多年与捻军作战的蒙古亲王僧格林沁奏报清廷："捻首张洛行、龚瞎子、孙葵心等，各聚匪党无数，此外大小头目，人数不少。每年数次出巢打粮，辄向无兵处所。迨官兵往剿，业经饱掠而归。所至抢掳赀财粮米，村舍烧为赤地，杀害老弱，裹胁少壮。不从逆，亦无家可归。故出巢一次，即增添人数无算。"由此可知，捻军是由饥饿农民组成的反清武装，所谓"出巢打粮"，就是为了解决吃饭问题。因此他们专门向清朝统治薄弱的地方发动进攻，把缴获官僚地主的财物粮米分给广大群众，因而队伍不断壮大。

张洛行（又作张乐行）等著名领袖，均出自皖北涡阳县。在捻军起义之前，涡阳原为亳县、蒙城、宿州、阜阳四县交界之地，北部与河南永城为邻。清朝为了镇压捻军起义，设立涡阳县于捻军活动中心雉河集。捻军首领张洛行是涡阳县西北12里张老家人，当地44户中的大多数人失去了土地，他们在张洛行的带领下走上了反抗封建压迫的道路。

咸丰四年（1854），北伐太平军进入皖北之后，促进了捻军的发展。张洛行率领捻军主动配合北伐军作战，"或令分忧，或令前驱，以牵制我（清）军"。各支捻军逐渐实现了联合作战，共推张洛行为盟主，分为黄、白、红、蓝、黑军，首领称总旗头。黄旗由张洛行自兼，白旗龚得（即龚瞎子，又写作龚得树），红旗侯世维，蓝旗韩老万，黑旗苏天福。总旗之下又有大旗，是捻军的基本单位。

2. 胜保督办三省军务

咸丰六年（1856），清朝在镇压了北伐太平军之后，任命八旗副都统胜保帮办河南军务，以解决捻军问题。当年皖北发生了严重的旱灾，张洛行率捻军转移到河南颍上县南照集、闰河集、三河尖一带，因当地商业比较发达，可以就地取粮。

次年（1857）初，捻军与太平军联合作战，三路向清军发起进攻。张洛行等率捻军包闱固始县，与守城清军相持20余日，未等攻下。陈玉成率太平军攻克正阳关后，进围寿州20余日未果，因九江、安庆告急，被迫解围南下。李秀成率军围攻颍上县城40余日，也未能攻克，撤至霍邱、六安。

胜保乘势率清军反攻。四月，胜保、英桂兵分两路，乘夜攻陷三河尖北面门户柳沟集，遂后包围三河尖西北之方家集，用大炮连日轰击，捻军因缺少粮食，尽管顽强抵抗，在付出重大牺牲后仍被清军攻占。为保存实力，捻军撤出三河尖，退守正阳关。五月，各路清军会集正阳关外，轮番发动进攻，捻军力战近一个月，弹尽粮绝，在李兆受、龚得树所率援军的帮助下，张洛行率部分捻军成功突围至六安。

咸三八年（1858），胜保又率清军"平鄅家集、乔家庙、赵屯诸捻巢"。文宗命胜保为钦差大臣，督办安徽军务。捻军首领李兆受见太平军和捻军一再受挫，暗中与清军勾结准备投降，胜保亲自赴清流关与李兆受见面，答应降清后可以免罪授官。在清军进攻天长县时，李兆受"内应，克之，遂献滁州，奏授参将职，改名世忠，安置降众，自为一军"。第二年，由于李兆受这样的叛军助战，胜保攻占六安后，又有捻军首领张元龙以凤阳城降清。胜保指挥清军连克临淮关、霍山、盱眙、清水镇、怀远等地，只是由于英法联军入侵，胜保被调回守卫北京，才停止了对捻军的攻势。

咸丰十一年（1861），胜保升任兵部侍郎，受命剿杀进入山东的捻军。他率清军赴直隶、山东交界处设防，连克邱县、馆陶、冠县、莘县等城捻军，还一度招降捻军首领宋景诗部。同治二年（1863），胜保因宋景诗再举义旗，他本人又贪污欺罔，被朝廷处死。

3. 僧格林沁败亡曹州

同治元年（1862）六月，清朝任命僧格林沁统辖山东、河南军务，包括直隶、山西四省督、抚、提、镇统兵大员均归节制，以便尽快消灭捻军。僧格林沁采取剿抚并用两手，一方面派间谍四处劝降，另一方面集中重兵，向河南和安徽各部捻军发动猛烈进攻。捻军姜台凌、李迁彦、孙彩兰、宋喜沅等部，均被清军消灭，小股捻军头目闻风归降。

到同治二年（1863）正月，捻军主要据点马林桥、唐家寨、张家瓦房、孟家楼、童沟集都被清军占领，捻军主要首领魏喜元、苏天才、赵浩然、李大个子、田现、李城等人或降清或被俘。张洛行率少数捻军潜回老家雉河集，但很快就被清军攻破，张洛行率数百人突围，他率20人到达西阳集时，圩主陈天保已经投降了清军，他安排张洛行住下后，暗中派人通知宿州知州英翰。由于叛徒的出卖，张洛行被英翰率清军逮捕，"解送僧邸军前，凌迟处死"。

张洛行遇害后，捻军余部在其侄张宗禹的率领下，与太平军赖文光部联合作战，增强了战斗力。尤其是捻军舍步兵为骑兵，极大地提高了战场上的运动性，此外，剩下的都是意志坚强的斗士，可以不畏辛苦，以最快的速度摆脱敌人的追击，使清军疲于奔命，有利于寻找战机，展开反攻。然而，清军统帅僧格林沁并没有发现这种变化，仍然率领他的蒙古马队，跟在捻军后面穷追不舍。

同治四年（1865）正月，捻军进入河南鲁山，与清军战于城下，清军前队照常追击，后路遂为捻军抄袭，翼长恒龄等人阵亡。舒伦保、常顺等将领率马队拼死抵御，才避免全军覆灭的命运。二月，僧格林沁自率大军追至汝宁，捻军由息县、罗山转战信阳，僧格林沁抵达信阳，捻军由遂平、西平、郾城、许州、扶沟直走睢州。清军一路穷追，捻军奔入山东境内，渡运河至宁阳，折向曲阜，彻底摆脱了清军。

一个月内，捻军日行百里，往返三千余里，盘旋于兖州、临沂、曹州、济阳之间，弄得清军人困马疲，终于等来了战机。捻军由汶上进军至郓城水套，联合当地的农民武装，众至数万人，严阵以待清军。四月二十四日，僧格林沁军被诱至曹州北高庄，捻军将其团团围住。僧格林沁"兵不得食，夜半突围乱战，昏黑不辨行，至吴家店，从骑半没"。捻军将僧格林沁乘马绊倒，将其杀死，"内阁学士全顺、总兵何建鳌同殉于阵"。

僧格林沁被杀，是清朝战争史上的一大事件。他是当时满蒙王公中，唯一能与湘、

4. 曾国藩黔驴技穷

本来，当时曾国藩的湘军和李鸿章的淮军都已经使用洋枪、洋炮作战，在清军中战斗力最强。而清朝起用僧格林沁剿捻，是想给满蒙骑兵挽回一些面子，裁抑湘、淮军的膨胀野心，但曾、李看出朝廷用心，故意让手下将领不配合僧格林沁，这也是捻军在革命低潮时取得大胜的原因。僧格林沁被杀，只好请出曾国藩，令其速赴山东剿捻，节制直隶、山东、河南三省军务，让李鸿章代任两江总督。

然而，此时曾氏手下的湘军已非往日之比，他为防止功高震主，主动将大多数湘军裁汰回乡，剩下的将领大发战争财，也失去了打仗的锐气。曾国藩向朝廷诉苦说：湘军裁撤殆尽，必须先到徐州招兵，才能恢复往昔规模，还要增募马队及黄河水师，这些都需时日。

曾国藩认为，捻军在战场上的优势有四：一是作战勇敢，"枪子如雨之中，冒烟冲进"；二是机动性强，"马贼周围包裹，速而且匀"；三是战术灵活，"必等官军找他，他不先找官军"；四是动作神速，"时而数日千里，时而旋磨打圈"。同时捻军也有三处弱点：一是全无火器，不善攻坚，"只要官吏能守城池，乡民能守堡寨，贼即无粮可掳"；二是夜不扎营，散住村庄，"若得善偷营者乘夜劫之，胁从者最易逃溃"；三是辎重妇女驴骡极多，"若善战者与之相持，而别出骑兵袭其辎重，必大受创"。

根据以上捻军特点，曾国藩坐镇徐州，将山东、河南、江苏、安徽所属13府州划分责任区，由各省督抚具体负责，又设立临淮关、周家口、济宁、徐州四镇，一处有警，三处支援，使捻军不得休整，以便聚而歼之。

可是，一年之后，捻军进退自如，军事毫无进展。曾国藩又想出利用河防困住捻军，自张秋抵清江筑长墙，凭运河堵御捻军，墙未成而捻军深入襄、邓之间。于是他又修沙河、贾鲁河、开壕没军守卫，而捻军迅速突破沙河防线，由河南进入山东。于是朝议四起，对曾国藩剿捻之策纷纷抨击，弄得他大病一场，请求辞官回籍，或以散员留军效力，朝廷见曾国藩黔驴技穷，将他撤职回任两江总督。

5. 李鸿章各个击破

捻军为打破清军的封锁，兵分两路：任柱、赖义光率一军进湖北，张宗禹率一军入陕西，故又被称为东、西捻军。李鸿章接替曾国藩出任钦差大臣，对捻军实行各个击破战略。

同治六年（1867），清朝又任命李鸿章为湖广总督，以便于指挥清军，消灭进入湖北地区的东捻军。李鸿章仍然采取曾国藩的凭河、筑墙两策，令河南提督宋庆、张曜及周盛波、刘秉璋分守山东东平以上运河，又令刘铭传、潘鼎新筑长墙280里，分汛防守。当年十月，捻军首领任柱被叛徒潘贵升杀害，赖文光率东捻军进入山东，在淮军重兵的围困下退至海滨，三万人战死，赖文光突围至扬州，被俘牺牲，东捻军失败。

同治七年（1868）正月，张宗禹率西捻军由山西渡过黄河，进军至河北定州，引起京城震动。李鸿章率军驰援，并且上疏为自己失利辩解称："河北平原千里，无险可守。截此则窜彼，迎左则趋右，无处不流。"随后提出："今欲绝贼粮，断贼骑，唯有严谕绅民坚筑圩寨。一闻警信，即收粮草牲畜老弱壮丁于内。"即实行坚壁清野政策，断绝四捻军的粮食供应。西捻军由河北进入山东德州，复至山四晋州，渡滹沱河，入河南，复折向直隶，又由山东东昌转战天津郊外，弄得李鸿章处处被动，还受到朝廷处分，限他在一个月内消灭西捻军。

李鸿章根据河北、山东地势，下令掘开沧州以南捷地坝，引运河水入减河，河东筑长墙，以切断西捻军进入天津之路。东昌段运河，由淮军自城南守至张秋，山东、安徽清军自城北守至临清，并且动员地主武装协助河防。一个月后，仍然未能堵住西捻军，李鸿章因此受到严厉斥责。

最后，是老天帮了李鸿章的忙。当时正值黄河伏汛，清军以运河为外围，以马颊河为里围，将西捻军困于中间。张宗禹在德州扬丁庄遭遇清军阻击，突围至商河，走济阳、盐山、沧州，均未能突破运河防线。而黄河、运河、徒骇河水大涨，东昌、临清、张秋各处河道，水深不可越，李鸿章增调刘铭传军，分屯茌平之桃桥、南镇，至博平、东昌。西捻军被包围在河道之间，全部牺牲无一投降，张宗禹投水而死。

镇压陕甘回民军

左宗棠（1812~1885），字季高，湖南湘阴人。他中举后三次会试不第，遂绝意仕途，致力于研究舆地、兵法，以诸葛亮自比。他先后协助两任湖南巡抚张亮基、骆秉章对抗太平军，声名震朝野，以致连文宗都向编修郭嵩焘询问："识举人左宗棠乎？何久不出也？年几何矣？"咸丰十年（1860），少詹事潘祖荫力荐起用左宗棠："国家不可一日无湖南，湖南不可一日无宗棠。"文宗破格授他四品京堂衔，命协助曾国藩办理军务。左宗棠遂在家乡自募5000人，称为"楚军"，开赴江西，击败太平军李世贤部后，升任浙江巡抚。仅三年时间，他就因战功晋升为闽浙总督，不仅帮助曾国藩攻占天京，还消灭了突围至湖州的太平军余部。

1. 平回必先制捻

同治元年（1861）四月，太平军陈得才部攻入汉中，陕西回民群起响应太平军。清朝命令八旗都统多隆阿为钦差大臣，前往陕西镇压回民起义，由于当时清军主力集中于东南战场，陕西兵力不足，回民军越剿越多。同治三年（1864）二月，多隆阿在进攻盩厔时身受枪伤，一个月后去世。

同治五年（1866），张宗禹率西捻军进入陕西，联络回民军，甘肃回民也起兵响应，回民军发展到百万之众。清朝任命左宗棠为陕甘总督，其部属刘典为甘肃按察使，率军入陕镇压起义军。左宗棠率楚军旧部3000，刘典另募兵3000，于汉口会合，组

左宗棠

成左军的骨干队伍，后来在大量募兵时，这些人均担任营官、哨官，保证了指挥系统的严密。

左宗棠向清朝提出用兵战略："以地形论，中原为重，关陇为轻；以平贼论，剿捻宜急，剿回宜缓；以用兵次第论，欲靖西陲，先清腹地，然后客军无内顾之忧，饷道免中梗之患……是故进兵陕西，必先清关外之贼；进兵甘肃，必先清陕西之贼；进驻兰州，必先清各路之贼；然后饷路常通，师行无梗。"因此，左宗棠在入陕之前，已经制订了周密的军事部署，把消灭对清朝威胁最大的西捻军放在首位。他还说部下皆为南方人，未经历西北战事，希望皇上能够不计岁月，让他便宜从事，即委以全权，不受朝中掣肘，均为朝廷批准，并被任命为钦差大臣。

同治六年（1867），左宗棠采购大批蒙古良马，制造大量炮车，招兵扩充军队至一万二千人，分三路进入陕西。此外，又有皖南镇总兵刘松山率老湘军9000人，山西按察使陈湜隶属其麾下。刘松山、黄鼎、郭宝昌率三路清军，将西捻军包围于富平。尽管遭受重大损失，张宗禹率军转战渭北，攻陷延川、绥德，得到当地回民军的热烈支持，当时捻军自南而北，回民军自西而东，各在千余里的范围内发动群众，展开反对清朝的斗争。左宗棠派刘松山收复绥德，击败回民起义军，使之与捻军分离。四捻军自宜川进入山西，突破清军的堵截后，又由山西越过冰冻的黄河转战河南。

同治七年（1868）正月，西捻军北进定州，以游骑进攻保定，京城戒严。左宗棠亲率5000人赴京驰援，驻军吴桥，又命令刘松…率军追击。四捻军被迫进入山东的河网地带，陷入李鸿章淮军的包围之中，最后全军覆灭。

2. 刘松山战死金鸡堡

左宗棠于消灭西捻军后，进京入觐，请求户部每年供应陕甘军饷银四百万两，得到朝廷批准。同治七年（1868）十月，左宗棠叫到西安，部署镇压陕西回民起义军。

时陕西回民军以宁州董志原为根据地，北接庆阳，南连邠州、凤翔，东北至鄜州、延安，有白彦虎等18人为领袖，对外号称18营，但各自为战，当然不是由洋枪洋炮武装的左军对手。左宗棠指挥清军连破鄜州、洛川、中部、陇州、甘泉、邠州、宜君、三水、泾州等处，刘松山复攻克绥德、靖边，降回民军十余万，首领董福祥、李双良、张俊投降。

同治八年（1869）二月，董志原回民军发动反攻，被清军击败后转移到灵州。左宗棠恢复陕西全境后，四路出兵甘肃：北路以提督刘松山出定边、花马池，堵截宁夏、灵武回民军；中路一军以道员魏光焘率兵出宁州、趋环庆，另一军以提督雷正绾率兵出华亭，规平凉；南路以中书吴士迈出宝鸡，道秦州，而以提督马德顺驻兵灵台，策应南北两路清军。

八月，左宗棠奏报朝廷：陕甘回民聚集于宁夏所属平罗、灵州、中卫一带，提督张曜解阿拉善、定远之围，穷追至广宗寺，复进贺兰山，距宁夏不远；提督宋庆击退鄂尔多斯及五胜扎萨克之贼，都统金顺行近磴口，刘松山抵花马池，北路渐可肃清。南路亦渐有肃清之望，中路平凉府属固原以北，陕西零星散户赴营求抚，指给荒绝地亩随时安插，甘肃恢复在望。

时甘肃回民军分为三部：西部为马朵三，守西宁；南部为马占鳌，守河州；北部为马化隆，以金鸡堡为根据地。金鸡堡位于秦、汉两渠之间，又有黄河天险可守，环堡五百余寨，皆为马化隆所属。他凭借盐、茶、马市贸易所获之利，以新教动员回民，购买马匹枪械，因此力量最强。当陕西回民迁移至灵州后，马化隆又上疏总督穆图善，请求招抚陕西回民，以为缓兵之计。

左宗棠识破马化隆的计谋，下令清军备三月之粮，全力进攻金鸡堡。十一月，刘松山率清军发动进攻，拔附堡各庄寨20余个，马化隆放弃金鸡堡转移。次年正月，刘松山侦知回民军由胡家堡转移至秦渠南，据守石家庄空堡及马五、马七、马八条三寨，遂挥军三路齐进，回民军退入马五寨。刘松山攻寨时，守军"炮发，飞子中左乳，坠马下"。清军攻下马五寨之后，刘松山伤重不治而死，由其兄子刘锦棠代统其军。

3. 肃清甘肃起义军

同治九年（1870）六月，清南路军收复渭源、狄道及牟佛谛堡。七月，中路军夺陕口，合围金鸡堡，至十一月攻克，马化隆被杀，宁夏、灵州全部为清军控制。第二年正月，左宗棠请增设化平川厅通判、化平营都司各一员，以安置被招抚的陕西回民。七月，左宗棠进驻静宁，先后攻克肃州、三甲集、河州等地，彻底消灭了甘肃南部的回民军，并将招抚的回民陆续安置于平凉、会宁、静宁、隆德、安定等处。左宗棠还奏请朝廷，改宁夏府水利同知为宁灵厅抚民同知，驻金鸡堡，增设宁武营参将一员，以巩固清朝在当地的统治秩序。

同治十一年（1872）七月，左宗棠率大军进驻兰州。刘锦棠受命进攻西宁，率清军大败白彦虎部，于次年二月，收复大通县，崔伟、禹得彦等回族首领接受招抚，安置平凉、秦安、清水等处。前山西按察使陈湜率军收复巴彦戎格、西宁，杀起义军首领马桂源，又收复循化厅，平定撒拉族回民。白彦虎逃到肃州，又遭提督徐占彪部清军截击，实力大损，奔出嘉峪关外。左宗棠奏请朝廷，升固原州为直隶州，增设州判一员，驻硝河城；下马关改设知县，名平远，设知县一员，训导、典史各一员；裁平凉府盐茶同知，改设知县，名海城，亦设训导、典史各一员。两县皆归固原直隶州管辖，强化了清朝对当地回民的控制。

同治十二年（1873）七月，提督徐占彪率清军自甘州转战肃州，三个月后破城，擒马文禄等九首领，均处以极刑。时白彦虎逃出嘉峪关外，沿途在安西、玉门、敦煌等地大肆抢掠后，投靠占据新疆的浩罕首领阿古柏。穆宗得到嘉峪关内回民军全部肃清的捷报，颁发谕旨表彰左宗棠曰：“陕甘逆回扰乱，十有余年，势极披猖。自简任左宗棠总督陕甘，数年以来，不辞艰苦，次第剿除。此次亲临前敌，督饬将士，克复坚城，关内一律肃清。朕心实深嘉悦。自应特沛殊恩，用昭懋赏。左宗棠著以陕甘总督协办大学士，该大臣前赏给骑都尉世职，著改为一等轻车都尉世职，并著督办出关一切事宜。”

第二年，左宗棠又晋升为东阁大学士，仍任陕甘总督。他在甘肃大力整顿吏治，兴办教育，改革茶务，组织屯田，积极做出关收复新疆的准备工作。

除了太平军、捻军和陕甘回民起义之外，咸丰、同治年间影响较大的起义还有：由黄位、黄德美领导的福建小刀会起义（1853~1858），以张秀眉为首的贵州苗民起义（1855~1872），以杜文秀为首的云南回民起义（1856~1872），以李永和、蓝朝鼎为首的云南、四川农民起义（1859~1864）。这些起义都在同治末年被清军镇乐下去。

收复新疆与设立行省

同治十三年（1874），因发生日本出兵侵略台湾之事，清朝内部出现"海防"和"塞防"之争。以李鸿章为首的部分官员，主张允许窃据新疆的阿古柏政权"自立为国称藩，罢西征，专力海防"。遭到左宗棠的断然反对，他认为万一阿古柏政权瓦解，"不西为英并，即北折而入俄耳……防边兵不可减，糜饷自若。无益海防而挫国威，且长乱，此必不可"。在军机大臣文祥的支持下，清朝任命左宗棠为钦差大臣，主持新疆军事。

1. 阿古柏乘乱窃据

阿古柏，中亚浩罕国安集延部（今属乌兹别克斯坦）人，一说为塔古克族人。他出生于一个小官僚家庭，成年后被浩罕汗王任命为安集延帕夏（总司令）。

太平军起义后，清朝在新疆的统治大为削弱，维吾尔族和回族人民到处起义。到同治三年（1864），新疆地区形成了五个政权：一是以库车为中心的热西丁和卓即黄和卓神权政权，二是以乌鲁木齐为中心的回族妥明封建神权政权，三是以和阗为中心的依比布拉汗封建神权政权，四是以喀什为中心的柯尔克孜族司迪克伯克封建地主政权，五是以伊犁为中心的塔兰齐苏丹封建君主政权。当时，据有喀什的司迪克伯克派代表出使浩罕，乞求阿力木库都里汗把居住在浩罕的张格尔之子布素鲁克和卓遣回新疆为汗。阿力木库都里汗答应其请，并派阿古柏担任布素鲁克和卓的军队首领。

阿古柏和布素鲁克和卓来到喀什之后，名义上奉布素鲁克和卓为汗王，实际权力则全部掌握在阿古柏手里。阿古柏任命随从担任军政要职，使用贿买地方伯克或采取暗杀手段，巩固了他的权力。之后，他出兵相继占领了英吉莎、莎车、和阗、乌鲁木齐等地。并且强迫布素鲁克和卓去麦加朝圣，借机将他驱逐出新疆。布素鲁克和卓的同党试图反抗，被阿古柏发现，将许多人处死后，于同治六年（1867）宣布建立他本人为国王的哲德莎尔政权。

英国和俄国为了侵略中亚地区，都想争取阿古柏政权站在自己一方。例如，英国女王派来了福尔赛依特·萨依甫上校为首的代表团，给阿古柏送来了陆军专用的大炮和一万支步枪作为礼物。女王还向阿古柏保证："如果需要的话，还可以派一个领事和一两万名武装军队驻扎在喀什保护你。倘若某一方面的敌人进攻你，我们就派更多的军队保护你，军队的费用由咱们两方面共同负担。"与此同时，俄国也向阿古柏派出了外交使团，以便在新疆扩张势力。由于阿古柏未能做出倒向哪一方的决定，俄国为了"与英国竞争，遂于 1871 年出兵占领伊犁"。

俄国人占领伊犁之后，左宗棠也肃清了甘肃回民起义军。白彦虎率回众出嘉峪关，沿途将安西、玉关、敦煌等处幼掠一空，至乌鲁木齐投靠了阿古柏，由此成为阿古柏侵略势力的帮凶。俄国则声称愿意代替清朝攻占乌鲁木齐，大有将新疆据为己有之势。

2. 清军南北两路告捷

在用兵新疆之前，左宗棠做了大量的准备工作，首先是保证后勤供应。光绪元年（1875），左宗棠在北路设立运粮兵站 20 多座，已运 40 万斤粮食至巴里坤，每百斤运费合银 8 两左右，南路肃州、安西两局将早已采购的 16 万 3000 余石军粮陆续运到哈密前线。其次是整顿军队，将西北清军八旗、绿营官兵划为兵、农两种，精壮者留在军营作战，体弱者屯田种地。左宗棠命令哈密、巴里坤、古城驻防大臣，就目前存营人数核定饷粮，如缺额过多，允许就地挑募丁壮补足。最后，鉴于军饷严重不足，左宗棠要求由户部借洋款 1000 万两。清朝经研究，决定户部自筹 500 万两，借洋款 500 万两。

光绪二年（1876）二月，左宗棠上奏用兵方略：以徐占彪驻扎巴里坤，张曜扼守哈密，防御吐鲁番东犯之敌，保证清朝的粮食供应。清军出塞后，先剿乌鲁木齐之敌，而后用兵南路。朝廷表彰左宗棠公忠体国，力任其难，对军情了如指掌，鼓励他随时相机筹办，奠定西陲，为一劳永逸之举。一个月后，左宗棠进驻肃州，令前敌总指挥刘锦棠率所部分道出塞。

白彦虎闻清军将至，由红庙子趋古牧地抗拒。六月，刘锦棠军抵阜康、九营街，与八旗都统金顺部会合后，攻克古牧地、辑怀城，消灭敌军五六千人。在进入辑怀城时，清军缴获一封书信，使刘锦棠得知乌鲁木齐城守空虚，随挥师立即出发，果然顺利攻克乌鲁木齐、迪化州两城。

初战告捷后，刘锦棠和金顺分兵前进。清军一路出七道湾指东山，一路出盐池墩抵柴窝堡，一路历小东沟至金口峡，扫荡残余之敌。白彦虎在清军的追赶下，逃跑至托克逊。八月，刘锦棠派兵增援金顺，协助进攻玛纳斯南城，至九月二十一日攻克，至此，北疆北路地区除伊犁外，皆为清军收复。

阿古柏负隅顽抗，命其次子海古拉守托克逊，大总管爱伊德尔呼里守达坂城，白彦虎部将马人得守吐鲁番，构成三角形防线，妄图阻止清军挺进南疆。阿古柏自居喀喇沙尔，策应全局。此外，英国公使威妥玛通过李鸿章转告恭亲王奕䜣，请求允许阿古柏"作为清朝属国，只隶版图，不必朝贡"。总理衙门询问左宗棠的意见，他回复说：英人明为阿古柏乞降，实为"保其印度腴疆耳"，英俄此时矛盾颇深，我出兵击阿古柏，俄国不至于对抗我军，收复南疆确有把握。总理衙门因此正告英使：此事应由左宗棠酌办，拒绝了英使的议和。

光绪三年（1877）三月，清军度过严寒的冬季后，重新恢复攻势。提督徐占彪会合张曜所率清军，收复辟展、鲁克沁、哈拉和卓城，又会合道员罗长祜军，收复吐鲁番满、汉两城。刘锦棠率军越过天山，直趋达坂城，击败山后敌军援兵，靠近城东建立炮台，向城内连环轰击，遂克其城。随后，刘锦棠亲率七千清军进攻托克逊，守将海古拉闻风而逃，城内居民两万余人投降。四月，阿古柏见大势已去，仰药自毙。其次子海古拉携阿古柏尸体西窜，将至库车，为其兄伯克胡里所杀。

是年八月，刘锦棠率清军主力进军曲惠，开始进入南疆维吾尔族地区。清军两路并进，余虎恩率一军走小路进攻库尔勒，刘锦棠军走大路进攻喀喇沙尔。白彦虎掘开都河，并没有能够阻止清军的攻势。九月，刘锦棠军入喀喇沙尔，敌军已弃城逃走，迁和硕特蒙古数百户守城，而后越哈尔哈阿满沟，与余虎恩会合后，连下库尔勒、库车和阿克苏。一个月内，清军疾驰三千余里，收复南疆东部四城，招抚被裹胁的难民十万人，留提督陶生林安辑于各城之中。

十月，刘锦棠得知沦陷喀什噶尔汉城的原清朝官员反正，认为机不可失，遂三路进军，令余虎恩、黄万鹏分道抵喀什噶尔，自率一军进攻叶尔羌。十一月，余虎恩和黄万鹏两军分别到达喀什噶尔城北和城东，在汉城反正官员配合下，攻克喀什噶尔，斩叛回头目蓝得全，生擒余小虎、马元、白彦龙等头目，伯克胡里与白彦虎逃至俄国境内。刘锦棠军抵叶尔羌前一天，敌军弃城而走，于是令提督董福祥进攻和阗，自率军攻英吉沙尔。各路清军大获全胜，"俘戮帕夏（阿古柏）子女九人，逆回金相印父子、夷回悍党千余、获开花炮百余尊、战马万数千匹。军械无算。于是西四城肃清，红旗捷入"。

清军出兵仅20个月，收复了新疆除伊犁地区之外的全部国土。以后，逃至俄国境内的白彦虎残部和阿古柏余党，虽然几度想偷袭喀什噶尔，均被刘锦棠率军击败，南疆的国防大为巩固。

3. 对俄伊犁交涉

俄国自同治十年（1871）非法出兵强占伊犁之后，拒绝伊犁将军荣全代表清朝提出的退兵要求。俄国占领者让图尔根所居索伦人移居萨玛尔屯，又在金顶寺造屋，令汉、回分驻绥定城、清水河等处。俄人还派使者赴喀喇沙尔、晶河，劝居住当地的土尔扈特蒙古人投降俄国，并欺骗说，玛纳斯城人已经投降俄国，其欲占据新疆中国领土的野心暴露无遗。

同治十一年（1872）四月，伊犁将军荣全与俄官博呼策勒傅斯奇在俄国色尔贺鄂普勒会面，商议交还伊犁之事。俄官在会谈中闭口不提伊犁，大谈新疆各处如何平定，并以助兵为言，要求在科布多、乌里雅苏台、乌鲁木齐、哈密、阿克苏、喀什噶尔等处通商、设领事，并请让出科布多属喀喇额尔济斯河及厄鲁特游牧额尔米斯河归俄国，遭到荣全严厉拒绝，伊犁交涉因此中断。至八月，俄官又致书清廷，称伊犁所属土尔扈特游牧西湖、晶河、大沿子居民均归顺俄国，中国军队不得往西湖各村。中同以当初分界在伊犁迤西，并无西湖之名，西湖系乌鲁木齐所属军队，据理力争。同时，荣全带兵赴伊犁安设台站，又被俄军所阻。

同治十二年（1873）夏，俄军突然带领哈萨克及汉、回人众，入晶河土尔扈特蒙古牧地，以索要哈萨克失马为名，逮捕贝子及固山达保来绰罗木等人，又修治伊犁以东果子沟大路，更换驻守伊犁的锡伯八旗官员，阴谋东侵。光绪元年（1875），俄国官员索思诺等人米到兰州，"言奉国主之命，欲与中国永敦和好，俟中国克复乌鲁木齐、玛纳斯，即便交还"。清军收复新疆南北各城后，"回匪白彦虎等窜入俄，中国援俄约第八款，请其执送"，但俄国拒绝交还。

光绪四年（1878）五月，清朝在消灭阿古柏政权之后，派崇厚为出使俄国全权大臣，交涉俄国归还伊犁事宜。崇厚于年底到达俄国，次年（1879）二月，与俄国外长格尔斯开始谈判。当年八月，崇厚乘火车由俄京赴黑海之滨利伐第亚（又译里瓦几亚，即雅尔塔）谒见俄皇，随后与俄国外长格尔斯签订条约18款，主要内容有：自嘉峪关经西安、汉中达汉口，俄有通商权；自松花江至伯都讷，贸易自由；自蒙古及天山南北输入商品，不课税金；自两伯利亚至张家口，归俄敷设铁道；自陕甘至汉口，既榷常税，其杂税概免；嘉峪关、科布多、哈密、吐鲁番、乌鲁木齐、库车置领事官；凡俄国臣民旅华，许携铳器；伊犁及旁近地，凡俄所有土地及建筑物，不在还付例。从这些内容可知，崇厚不仅未能让俄国交还伊犁，还丧失了大量主权，因此引起清朝举国哗然。崇厚回国后即被逮捕入狱，处以斩监候，因俄国人为之说情，才免于一死。

光绪六年（1880）正月，清朝任命大理寺少卿曾纪泽为出使俄国大使，继续伊犁交涉。曾纪泽出国前上疏清朝，提出伊犁交涉有战、守和三途，而战、守皆不如和。议和问题有三：一分界、二通商、三军费。其谈判策略是分界力争权益，通商酌加更易，其余从权应允。他的这些主张，基本为朝廷所认可。

七月，曾纪泽抵达俄国首都，展开了极其艰苦的谈判。曾纪泽在谈判中，力主废除原定条约，俄方则坚持有约在先，屡次中断谈判。除了谈判之外，双方在伊犁都各自增加兵力。左宗棠令金顺出精河为东路，张曜沿特克斯河为中路，刘锦棠经布鲁特游牧为西路，三路大军合计四万余人。左宗棠本人从肃州启行，自备棺材抵达哈密，摆出不惜一战的态势。俄国则增兵伊犁、纳林河，并派军舰东来，以威胁清朝，双方随时有爆发战争的可能。

相持至十一月，俄国通知中国，允许更改条约。光绪七年（1881）正月二十六日，曾纪泽在俄京圣彼得堡与俄外务大臣格尔斯签署《中俄改订条约》20 款及专条 1 款，另有《陆路通商章程》17 款。主要内容如下：

俄国将伊犁交还中国，两国各派大臣办理交接；中国伊犁地方与俄国之分界，系沿霍尔果斯河往南至伊犁河交汇处再过伊犁河往南，沿同治三年塔城条约所定旧界，特克斯河流域及通往南八城要口皆属中国界内；新定交界及从前未立界牌之交界处，由两国特派大员安设界牌；中国南疆喀什噶尔地方与俄国费尔干纳省之交界，就现管之界查勘后再立界牌，同治三年所定塔城地方之界亦由特派大臣会同勘改。俄国得在伊犁、塔城、喀什噶尔、库伦、吐鲁番、嘉峪关设立领事；俄商由陆路贩货入中国内地，可照旧经张家口、通州至天津，其西路则至嘉峪关止。俄国商人在中国蒙古地方贸易不纳税，在天山南北两路贸易暂不纳税，俟将来议定税则。中国偿给俄国代收代守伊犁所用兵费等款 900 万卢布（合白银 500 万两）。

新约虽然也是不平等条约，但和旧约相比，还是挽回了一些主权和权力。英国公使赞扬曾纪泽说："凭外交从俄国取回已占领之土地，曾侯实为第一人。"

4. 左宗棠力主新疆设省

新疆古称西域，汉武帝反击匈奴后，置西域都护府，将该地正式纳入汉朝版图，成为中国统一的多民族国家的重要组成部分。乾隆年间，高宗平定准噶尔政权之后，为了加强国防，在北疆伊犁、乌鲁木齐、塔尔巴哈台、巴里坤、穆垒等地区大兴屯田，主要有兵屯（绿营兵及其家属）、回屯（从南疆迁移来的维吾尔族）、犯屯（内地充军流放罪犯）、民屯（官署招募的甘肃移民）和旗屯五种形式。屯田不仅解决了新疆驻军的粮食供应，促进了当地的农业开发，还推动了民治机构的设立。从乾隆三十八年（1773）起，清朝在巴里坤设镇西府，乌鲁木齐设迪化直隶州，以及阜康、昌吉、绥来、宜禾、奇台等县。

光绪三年（1877）五月，清军在新疆北、南网路告捷，阿古柏自杀。清廷即谕令左宗棠在乘胜收复南疆八城之后，统筹全局，制定新疆长治久安之策。六月，左宗棠上疏朝廷，正式提出新疆设立行省的计划。

左宗棠在奏疏中，首先指山新疆具有的重要战略地位："伊古以来，中国边患，西北恒剧于东南……我朝定鼎燕京，蒙部环卫北方，百数十年无烽燧之警。不特前代所谓九边，皆成腹地；即由科布多、乌里雅苏台以达张家口，亦皆分屯列戍，斥堠遥通，而后畿甸宴然。盖祖宗削平准部，兼定回部，开新疆立军府之所赅。是故重新疆者，所以保蒙古，保蒙古者，所以卫京师。西北臂指相联，形势完整，自无隙可乘。"他还特别提到北邻俄国对中国的野心，若失去新疆，俄国就会进一步侵略蒙古，威胁清朝首都的安全。

其次，新疆优越的自然条件，能够自身解决财政问题。李鸿章等主张放弃新疆论者多言自高宗定新疆，岁糜费数百万银两，因此得不偿失。这种观点完全是在歪曲历史。据乾隆二十六年（1761）清朝公布的新疆军费开支情况，清军在天山南北地区共驻马步兵 1.9 万人，所需粮食料豆 8.28 万余石，统由屯田供应，大臣养廉、官兵盐菜银岁需 33 万多两。清朝从南疆叶尔羌等城征收腾格钱合银 5.8 万余两外，每年从内地调入新疆 27.5 万两白银。而清朝统一新疆后，陕甘兵额裁员十分之一，加上裁减马匹、撤销西宁卡伦台站、哈密防兵，共节省银 66 万余两，除补足新疆驻军之外，仍有余额 39 万两。

再次，建立行省的时机已经成熟。左宗棠在奏疏中说，新疆全境水草丰饶，牲畜充盈，奇台、古城、济木萨等地商民散勇、土著民人聚集开垦，收获甚饶。官军高价收取，足供省运。南路以吐鲁番为膏腴之区，南八城虽广衍不及北路，而富裕实过之。若全境收复，军粮可以就地采运，饷需可以就近取资，"至省费节劳，为新疆划久安长治之策，纾朝廷西顾之忧，则设行省，改郡县，其事有不容已者"。

清朝对左宗棠建立行省的意见表示认可，谕令他审时度势，仔细斟酌，通盘筹划。光绪六年（1880）四月，左宗棠因新疆善后工作已经大致就绪，诸如修浚河渠、建筑城堡、广兴屯垦、清丈土地、整顿赋税、设立学校、更定货币等，均已取得明显成效，再次向清廷提出新疆设立行省一事。其具体方案是：乌鲁木齐为新疆总督治所，阿克苏为新疆巡抚治所，使之分别控制天山南北。此外，保留原有的军府制度，伊犁仍为将军驻地，塔尔巴哈台设八旗都统，统辖守卫新疆的八旗、绿营部队。

光绪十年（1884）十月，清朝正式在新疆设立行省，"以刘锦棠为甘肃新疆巡抚，仍以钦差大臣督办新疆事宜。调魏光焘为甘肃新疆布政使"。又以分巡镇迪道兼理按察使衔。改甘肃迪化州及镇西、哈密、吐鲁番三厅隶属新疆巡抚，不久升迪化州为府，作为省会所在地。又改阿克苏为温宿直隶州，喀喇沙尔、库车、乌什、英吉沙尔为厅，设分巡阿克苏道管辖。改喀什噶尔为疏勒直隶州、叶尔羌为莎车直隶州，英古沙尔、玛喇巴什为厅，及和阗为直隶州，设喀喇噶尔兵备道管辖。库尔喀喇乌苏改为直隶厅，归镇迪道管辖。伊犁改为府，精河、塔尔巴哈台为厅，设分巡伊塔道管辖。新疆自东而西，由北及南，全部建立起道府厅州县行政机构，极大地增强了抵御外国侵略的能力。

自强运动

两次鸦片战争的失败，使清朝统治者认识到西方列强船坚炮利的优势，支持曾国藩、李鸿章、左宗棠等地方大员，引进西方以武器制造为代表的现代工业，因此被称为"洋务"。同治九年（1870）七月，在镇压太平军和捻军起义之后，曾国藩上奏清廷，称"治海上水师与江卜水师截然不同，苟欲捍御外侮，徐图自强，非持以一二十年之久，未易收效"。故曾国藩提出的"捍御外侮，徐图自强"八字，可以视为洋务派官员的根本目的。

同治四年（1865），时任江苏巡抚的李鸿章报告清朝：在江南镇压太平军时，"习见西洋火器之精，乃弃习用之抬枪、鸟枪，而改为洋枪队"。他属下淮军五万余人，约有洋枪四万支，每月需要子弹上千万颗，各种洋火药数十万斤，均在香港、上海购买。淮军还有洋炮队四营，每座大炮重者千余斤，轻者数百斤，炮具精坚，药弹繁重，器械弹药均米自外洋。由于每年花费巨资采购，因此，李鸿章决定："就近没局制造，以省繁费。江苏先设三局，嗣因丁日昌在上海购得机器铁厂一座，将丁日昌、韩殿甲二局移并上海铁厂。"是为洋务派官员建立现代工业之始。

李鸿章所说"丁日昌在上海购得机器铁厂"，系指上海虹口美商旗记铁厂的机器设备。不久，曾国藩派容闳到美国购买的机器运回上海，也并入该厂，组成江南制造局。两年后，局址从虹口迁往高昌庙，以后逐年扩充，添购设备，发展成为江南机器制造总局，下辖机器厂、铸钢铁厂、轮船厂、枪厂、炮厂、火药厂、炼钢厂等。所制军火及军用物资，多调拨供应各地清军作战使用。

后来李鸿章出任两江总督，他将苏州洋炮局迁往总督驻地江宁，仍由英国人马格里督办，称金陵制造局。同治五年（1866），三口通商大臣崇厚奏请设立天津制造局，生产武器供应京城八旗、绿营之用。李鸿章任直隶总督之后，对该局进行扩充，增添设备，分为东西两局。

同治五年（1866）五月，闽浙总督左宗棠奏请在福州设立船政局，他在奏疏中说："自海上用兵以来，泰西各国火轮兵船直达天津，藩篱竟成虚设，星驰飙举，无足当之，非急造轮船不为功……先购机器一具，巨细毕备。觅雇西洋师匠，与之俱来。先以机器制造机器，积微成巨，化一为百。机器既备，成一具轮机，即成一船。成一船既练一船之兵。比及五年，成船稍多，可以布置沿河各省，遥卫津沽。由此更添机器，触类旁通，凡制造枪炮炸弹，铸铁治水，有益民生日用者，均可次第为之。"

得到清朝批准后，左宗棠于当年十一月动工兴建船厂。他派人去法国购买机器设备，聘法国人日意格和德克碑为正副监督，专门试造轮船。到同治十三年（1874），共造成炮船15艘。之后，日意格等外籍工程技术人员因合同期满解聘回国，船厂由中国技师工匠主持设计和生产，又造成大小船只21艘。而江南机器制造总局属下的轮船厂，自同治六年（1867）到光绪二年（1876）的十年间，仅造出6艘木壳船和1艘铁甲船，至光绪十一年（1885）又造出第一艘钢板兵船后，即停业达20年之久，其效率远不如福州船政局。

为了培养从事军事工业的人才，洋务派官员又设立一些新式学堂。左宗棠设立福州船政局时，即附设学堂，分前后两堂，前堂学法文练习造船技术，后堂学英文练习驾驶技术。沈葆桢任南洋大臣时，制订船政学堂章程，逐渐形成规模，因学堂设于马尾，故清末海军将士多出自福建。李鸿章任北洋大臣期间，先后开办天津水师学堂和天津武备学堂，以培养海陆军官员。

光绪二年（1876），直隶总督李鸿章、两江总督沈葆桢和山东巡抚丁宝桢联合上疏清廷，提出选派制造学生14人，制造艺徒4人，由出洋监督带赴法国学习制造。对留洋学生的要求是：凡所习之艺，均须新巧，勿循旧式。如有他厂新式武器，及炮台、兵船、营垒、矿厂、应行考订之处，由监督酌带生徒前往学习。

光绪十一年（1885），李鸿章奏称："近来德、粤、义各国，恐纯钢不尽合用，均改造硬铜后膛小炮，融炼别有新法。日本已聘洋匠仿造。中国亦宜踵行。各国后膛枪样式不一，新式改用连珠，或六七响，精利无匹。日本已设厂自造，中国亦宜专造，以应各省之用。约计造洋枪及小炮机器皆不过数十万金，尚不甚巨。水师所用之鱼雷、伏雷，与炮并重。各种伏雷，中国机器局多能自造。至鱼雷则理法精奥，别有不传之秘，只可向西洋订购。天津机器局已购备试雷修雷之具，仿照则未易言也。"由此可知，洋务派兴办的军事工业，仍然远远落在西方列强后面，甚至已经不如东邻日本，加上落后的封建制度，在对外战争中失败是必然的。

天津教案

天津教案是鸦片战争以来，中国人民反对西方侵略的一次规模最大的爱国斗争。这一次，列强的侵略披上了宗教的外衣。天津人民针对天主教堂和不法的外国传教士，以及首先开枪伤人的法国领事，进行了坚决的斗争，惹起了一场轩然大波，打击了帝国主义分子，吓坏了清朝廷，也震动了全国朝野上下。主其事者是曾国藩，协办者是李鸿章，左宗棠也没有置身事外。由这宗教案也暴露了这三位"中兴名臣"、19 世纪中下叶掌握中国命运的大人物，对待西方侵略的不同态度。

帝国主义对中国的侵略，除了军事外，还有经济和文化方面。宗教侵略就是文化侵略的一种。来华传教的西方人士，不乏善良之士；但是败类也不少。帝国主义就利用这些败类，派到国外作侵略者的先驱。少数披着宗教外衣的传教士，在中国各地勾结官府，欺压平民，干了许多坏事。国内也有一些市井无赖，以入教为名，倚仗外国人的势力，为非作歹。官府害怕外国人，因而包庇这些坏分子。老百姓平时敢怒而不敢言，积了一肚子怨气。

同治九年（1870 年），天津发生了多起拐骗儿童的事件，还发现幼儿幼女的尸体，城中人心惶惶。因为过去西方侵略分子经常勾结内地流氓、匪徒，诱骗和拐带中国穷人出洋做功，所谓"当猪仔"；加之经过鸦片战争和英法联军几次侵略，中国人对西方侵略者产生了普遍的仇恨和不信任感。正好天津府县拿获了两名迷拐幼童的匪徒；张拴和郭拐，讯明予以正法。民间就纷纷传说，两名凶犯和天主堂有联系。不久又拿获王三纪、安三等拐犯，他们供称与天津教堂有联系，因而天津人民对教堂疑惧万分，且充满仇恨。六月十八日，天津民团盘查到一名拐犯武兰珍，武犯供认是受法国教堂王三指示，麻药也是王三供给的。由于牵涉到外国人，清官府不敢轻率从事，由道员周家勋、知府张光藻、知县刘杰三位地方主管，带领众人押解武兰珍到天主堂，找王三对质。

天津市民听到消息后，纷纷赶来打听究竟，将教堂围得水泄不通，但是并没有出事。对质完毕，王三不肯招认，刘杰等就将武犯押解回署。教堂人员一向是倚仗洋人、欺压群众惯了的，这次被县官审问一番，教堂又被包围，老大不高兴。虽然围观人多，他们也全不放在眼下，竟动手殴打群众。不料这次群众竟不怕了，也用砖石回击，双方打起来。刘杰赶忙率领差役，又回来镇压，总算好歹将群众劝走。

本来群众殴打不过是件小事，可是法国驻津领事丰大业却以官方未认真弹压为借口，小题大做，竟携带两杆洋枪，和一批随从手持利刃，直闯进三口通商大臣崇厚的衙门。找到崇厚后，就开枪射击，幸而崇厚躲得快，逃进了内室，才幸免于难。丰大业这个帝国主义分子咆哮了一阵，将官署内的什物文件捣毁一空，才悻悻离开衙门。半路上正遇到从天主堂转回的刘杰，丰大业又向刘杰开枪，打伤了一名家丁。围观的群众怒不可遏，忍无可忍，哪能容许帝国主义分子在中国街道上任意开枪杀人？群众一哄而上，乱拳之下，将丰大业击毙。

天津人民和全中国人民一样，受外国人压迫好几十年，憋了一肚子气，这时突然发泄出来。一些市民立即鸣锣，把全城人民聚集起来，焚毁教堂和一些外国人的房屋，打死十余名法国人、三名俄国人，以及一些中国教民。这样事情就闹大了。

事件发生后，京畿和外省都受到震动。首先是法国公使向清政府提出抗议，并以武力威胁，随之英、美、俄、意等国也联合抗议，并出动军舰在沿海巡游示威。

清朝廷恐慌起来，它既怕全国各地群众效尤，"群起与洋人教民为难"，又怕法国借此出兵侵略，其他各国配合行动。一方面下令各直省督抚，严饬地方官随时保护外国通商、传教，弹压"愚民借端滋事"；一方面对天津道、府、县等地方官扣上"办理拐案操之过急，不能事先预防"的罪名，要分别惩治处分。

清廷根据总理衙门的建议，特派崇厚为钦差大臣出使法国，去赔礼道歉。其实法国当时国内局势不稳定，天津教案发生后一个月，普法战争开始，法军迅速战败，拿破仑第三在色当之役全军覆没。法国并没有能力在中国采取重大行动，因此法国驻华公使为国内形势忧心忡忡，对清朝廷的态度并不坚决。清廷对国外形势却毫不了解，总理衙门反而疑神疑鬼，认为法公使踌躇不决的态度是"凶兆"，说什么："查该使臣遇各省细故，皆暴躁异常，此次反若不甚着急，似伊已有定谋，恐成不测。"

在清廷掌权的是主持总理衙门的恭亲王奕䜣，他深恐得罪外国人，"后患不可胜言"，特委派德高望重的直隶总督曾国藩，立即由保定前往天津，处理教案。这是曾国藩一生中所办的最后一件大事，也是他办的唯一的一次重大外交事件。

曾国藩于六月初接得赴津谕旨后，诚惶诚恐，心情十分复杂。他那年已60岁，衰病侵寻，长期腹泻，头昏，胃口不开，两腿疲软无力，右目失明，左目也日渐昏蒙，经常卧床，实在已不适于承担如此重任。他对付外国人，首先有畏难、惧怕心理。他有自知之明，认为自己没有对付外国人的"机智肺肠"，曾说："与外国人交涉，别有一副机智肺肠，余固不能强也。"天津事情闹大了，他此去可能凶多吉少，因此写信给纪泽、纪鸿两个儿子，作为遗嘱，预先安排后事，连将来灵柩如何运回湖南，书籍、木器如何处理，都一一做了安排。信中还说："外国性情凶悍，津民习气浮嚣，……将来构怨兴兵，恐致激成大变。余此行反复筹思，殊无良策。"他害怕事态扩大，却又想不出对付的办法。

曾国藩在去津之前，先和奕䜣通过函件商定了几条原则：查清武兰珍与王三的关系，但即使查出洋人牵涉拐骗案件，也要掩饰过去，为法国人留有体面，不可激怒洋人；迅速严拿凶手，"弹压士民，以慰各国之意"；如果法国兵船开来挑衅，"立意不欲与之开衅"，决不与之"作战"，即一意妥协投降。

曾国藩到津后，立即大抓"人犯"。他虽然看到"天津人心汹汹，拿犯之说，势不能行，而非此又不能交卷"。崇厚要他撤去道、府、县三官之职，"以悦洋人之意"。他虽知"撤张守即大失民心，而不得不勉从以全大局"。一周后，法国兵船陆续开到天津，以武力要挟。崇厚害怕极了，曾国藩说他"事事图悦洋酋之意以顾和局"，但他自己也实在害怕，不禁说："目下洋船到者已八、九号，闻后来尚且不少，包藏祸心，竟不知作何究竟？"

在法国驻华代办罗淑亚的威胁下，他听从崇厚的意见，将府县官奏参革职，交部治罪。他自己也知道做得很不妥当，给曾纪泽的信中说：

"吾此举内负疚于神明，外得罪于清议，远近皆将唾骂，而大局仍未能曲全。""吾目昏头晕，心胆俱裂，不料老年遭此大难。""余自来津，诸事惟崇公之言是听，挚甫等皆咎余不应随人作计，名裂而无救于身之败。"

到了六月底，崇厚看到曾国藩身体不行，腹泻如故，又加上呕吐，头昏毛病也时常发作，就奏请朝廷加派了两名大员来津会办，一名是朝内的毛昶熙（煦和），另一名是江苏巡抚丁日昌（雨生）。那时曾国藩已命令道府抓获 11 人，丁日昌一到天津就说："大约如此大案，总须缉获四五十人，分别斩绞军流。"只有这样，外国人认为中国政府有"弹压百姓之威权"，他们的安全有了保障，才不至于联合起来对付清廷。后来曾国藩、丁日昌等陆续抓了 80 多人，又听从罗淑亚的无理要求，释放了罪犯王三、安三和武兰珍等。但是这次教案，丰大业等是在群众气愤之下，被大家你一拳、他一脚打死的，在几千人中要找出谁是主犯，哪能有确凿的证据？于是只有严刑逼供，熬不过酷刑的则屈打成招。曾国藩也承认："拿犯八十余人，坚不肯吐，其供认可以正法者不过七八人，余皆无供无证，将来不免驱之就戮。既无以对百姓，又无以谢清议。"

当时除了天津"人心汹汹"外，全国人民看到清政府对内采取高压手段，迫害无辜，也都义愤填膺，密切注视事态的发展。朝廷中也有一些人反对妥协投降，如内阁中书李如松说："天津人民是为保护官吏而击毙洋人的"，起因是"教匪迷拐幼孩，继因丰大业向官长开枪……斯时，民知卫官而不知畏夷，知效忠于国家而不知自恤罪戾。"李如松是属于极端守旧派的人物，他还以为可以"乘此机会，尽毁在京夷馆，尽戮在京夷酋。"这就出轨了。但是他替天津老百姓说的几句话，还是对的。醇亲王奕譞也是反对向外国人妥协投降的。慈禧太后使了两面手法：骨子里是要按奕䜣和曾国藩的办法，镇压群众反西方侵略的运动；一方面也要做出点姿态，以安抚百姓和朝中的抵抗派，包括守旧派。六月底朝廷下旨说："此后如洋人仍有要挟恫吓之语，曾国藩务当力持正论，据理驳斥，庶可以折敌焰而张国维。"同时做出姿态，在各地加强军事戒备。曾国藩趁此将李鸿章和他统率的淮军从陕西调回直隶，因为他从李鸿章信中，知道他不愿参与西北边事；回津加强兵力，也可防止民变。他仍然坚持对洋人妥协，回奏说："中国目前之力，断难遽启兵端，唯有委曲求全之一法。"他给曾纪泽的信也说："已抓获十一人，或可以平洋人之气。"

李鸿章到直隶后，对曾国藩严惩无辜人民以平洋人之气的办法，完全赞成。听说已抓获了一批人抵罪，十分高兴，得意扬扬地说："已有可正法者十余人，议罪二十余人，固觉喜出望外。"

同时，总理衙门也去函给左宗棠，征询对天津教案的意见。他和曾国藩、丁日昌、李鸿章的态度截然不同，回信首先指明不必害怕事态扩大，他认为外国人一般是通过威胁政府官员去压制老百姓，如群众起来闹事，他们会慎重考虑，不至遽尔挑起战争。他说："泰西各国与中国挑衅，类皆挟持大吏以钤束华民，至拂舆情，犯众怒，则亦有所不敢。"他指出事件的起因是丰大业首先向中国官员开枪，咎在法国，老百姓闹事是事出有因。如果只是索取点赔偿，可以允许。但反对以无辜百姓的性命抵偿。他说：

"法国教主，多半匪徒，其安分不妄为者实不多见。""津郡事变之起，由迷拐激成，百姓群起与之为难。虽受迷无据，而幼孩百许童贞女尸从何而来？王三虽不承招，武兰珍则生供俱在，不得谓无其人无其事也。百姓之哄起，事出仓促，非官司授意使然。丰领事且以洋枪拟崇大臣、天津令，从人已受伤矣；其时欲为弹压，亦乌从弹压之？愚见法使所称四层，如志在索赔了结，固无不可通融；若索民命抵偿，则不宜轻为允许。一则津郡民风强悍，操之过蹙，必起事端。万一如该公使所言，激成变乱，中国萧墙之忧，各国岂独无池鱼之虑？且津民哄然而起，事出有因，义忿所形，非乱民可比。正宜养其锋锐，修我戈矛，隐示以凛然不可犯之形，徐去其逼。未可以仓促不知谁何之人论抵，致失人和。彼如以必欲抵偿为言，则仓促莫得主名，在我本为有词。倘更滥及无辜，怨毒益深，即彼亦多不利。各国以通商为利，以众怒为畏，亦必自知设法转圜，无须另作计较也。"

他的意见合乎情理，既保护了人民利益，又捍卫了国家主权。他分析法国人并不至于轻易起兵。但是奕䜣和曾国藩等主意早已拿定，听不进这些，曾国藩还对左宗棠不应乱抓乱杀人民的意见进行反驳，说："以为津民义忿，不可查拿；府县无辜，不应讯究者，皆局外无识之浮议。稍达事宜，无不深悉其谬。"又说："天津枉杀教士，外国疑天津可杀20，其他口岸就能杀40；今日可杀20，异日即可杀200。洋人在中华几无可以容身之地。"他替洋人设想，做出毫无根据的推理，并以此作为处理外事的根据。因为害怕洋人"忽来攻战，则吾将获大戾"，虽然已抓了80余人，他认为，认供可以正法者只六七人，为数还太少，洋人未必肯结案，因此不能"拘守常例，要变通办理"；于是昼夜抓人，严刑拷打，最后结案共得正法之犯20人（后来实际处死17人），军徒各犯25人。张光藻、刘杰发往黑龙江充军，另赔偿法国四十六万两银，俄国三万两。他自认比较满意，说："办理不为不重，不惟足对法国，亦堪遍告诸邦。"

天津教案结束后，全国民情沸腾，认为是屈辱外交。天津人民原以为曾国藩此来，将一反崇厚所为，备兵抗法，至是大失所望。一些被冤屈的犯人家属纷纷去京告御状，当然不会有任何结果。

左宗棠得知教案办理情况后，很为不满，在给友人信中批评了曾国藩，说："曾侯相平日于夷情又少讲求，何能不为所撼！……彼张皇夷情，挟以为重，与严索抵偿，重赔恤费者，独何心欤？""数年以来，空言自强，稍有变态，即不免为所震撼，洵可忧也！"

曾国藩是六月初到津的，八月底结案，在津共3个月。案子办完，虽然自觉"足对法国和诸邦"，但究竟内心有愧，给兄弟的信中一再表示："内愧方寸，外干清议"，"心绪不免悒悒。"他旋奉诏调任两江总督，自己已不愿去，说："余目疾不能服官"，"趁此尽可引退，何必再到江南画蛇添足。"到任后也不高兴，想起"昔年所办之事，……贻人讥议。用是寸心焦灼，了无乐趣。境颇顺而心不适。"一年半后，同治十一年（1872年）二月，于南京任所去世，终年62岁。

曾国藩办理天津教案，但他事前事后还经常自责，"外惭清议，内疚神明"，表明他还是有良心、爱国的人，和李鸿章听到"已有正法者十余人，喜出望外"，还有所不同。但他明知事情不应这样办，终于屈服于朝廷和洋人的威力之下，主要原因是他对国家民族的力量失去了信心，害怕得罪洋人，大动干戈，惹出一场"大祸"。他的健康状况很差，体力脑力都已极度衰退，无力应付这样的大案，也是一项重要原因。他责怪崇厚误导于他，给曾纪泽信中一再说："诸事唯崇公之言是听……名裂而无救于身之败。""以前为崇公所误，失之太柔，以后当自主也。"将责任全推给崇厚，也不是实事求是。固然崇厚是一名昏庸腐朽的满族大臣，后来又成为大卖国贼，在天津教案上出了许多坏主意，但终究要怪曾国藩自己心中无主，"失之太柔"。他的声望地位远远超过崇厚，但他一贯害怕有皇室撑腰的满族大臣。几年前，曾国荃曾奏劾官文，他听了俨如大祸临头，赶紧去信责备。在这方面，左宗棠和他截然不同，左宗棠也知道满族大臣不宜得罪，曾向孝威说："与旗员闹口舌是吃亏事。"但在涉及国家利益大是大非问题上，却不相让。他曾与穆图善争论，并奏请将其部队遣撤，又曾奏参成禄几次，直至成禄被拿问。

左宗棠和曾国藩年轻时是好友，在太平军后期与胡林翼三人一德一心，形成坚固的湘军联盟；联盟瓦解后，又互相维护。曾国藩死后，左宗棠十分悲痛，写了一副"同心若金，攻错若石"的著名挽联，表明他们的生死之交。但是，他们二人在性格、志趣、能力、生活经历等方面都有明显的不同。在对待列强侵略的态度上，也有所不同，对天津教案出现分歧，后来在"海防塞防之争"上，也有不同意见，左宗棠与李鸿章的争议就更严重了。历史学家在评价这一段历史时说："在清政府中央和地方的当权派中，敢于正面提出办理天津教案应持的爱国立场，事后又敢于谴责曾国藩的投降外交，批判曾国藩等办理洋务运动是'空言自强'的，只有左宗棠一人。"（董蔡时）

皇帝韵事

一

按理说，同治帝的婚姻生活应该很美满。他对自己的皇后阿鲁特氏十分中意，他爱她端庄娴淑，爱她知书达礼，爱她雍容不俗。因此，小两口在婚后可谓互敬互重、相亲相爱。犹如鸳鸯戏水，甚为相洽相得。

据说，在大婚之夜的洞房花烛下，同治帝想试一下这名状元小姐的文才，便要新娘子吟诗助兴。皇后不愧状元之女，竟一气吟了杜甫的"秋兴"八首。她那清柔的嗓音恰如莺歌燕啼，娇脆宛转，喜得同治帝心花怒放，倍加怜爱，度过了一个无限缠绵的蜜月良宵。

大婚之后，同治帝和皇后如胶似漆，耳鬓厮磨，好不惬意。宫中没事时，他常和皇后谈文作诗。谈到兴起，共同吟诵几首都喜爱的唐诗，真是其乐无穷。同治帝对皇后的爱是一种深沉的敬爱，他把她当作姐姐那样敬重，在她面前从不轻佻浮薄，更无亵容狎语，就连打情骂俏也于心不忍。他从内心里敬重和爱慕皇后。和她在一起时，他感到心里非常充实，他把她当作自己的知心朋友。

看见这对新人感情这样好，极力促成此事的慈安太后感到由衷的高兴，她为他们婚后的幸福生活而感到欣慰。每当皇后到她那里侍膳时，她总是让皇后早点回宫，好多有时间陪皇上。

慈禧太后则恰恰相反。同治帝去看她的次数本来就不多。婚后又沉浸在幸福的新婚生活中，去看她的次数就更少了。慈禧由此生出无限的怨恨。她恨儿子娶了媳妇忘了娘，更恨把儿子对自己少得可怜的一点爱也全部夺走了的儿媳。当然，这其中也含有一丝对新人甜蜜幸福的嫉恨。当她自己孤寂地独守深宫时，一想到依偎欢爱的儿子、儿媳，慈禧的嫉妒之心便油然而生。

令慈禧最不能忍受的是，同治帝大婚后专宠皇后，对色冠后宫的瑜嫔也不错，而偏偏冷落了慈禧中意的慧妃。因此，她决定出面干预了。

她先是给皇后使脸子。每次皇后人见她都拉下那张原来就透着一股阴冷的老脸，说话时不冷不热，阴阳怪气，挟风带刺。这样一来，搞得皇后惶恐不安，不知自己在什么地方得罪了婆婆，天天提心吊胆，手足无措，这给她新婚的甜蜜生活蒙上了一层阴影。

这还不算，慈禧又把政界上用熟了的挑拨离间手腕用于处理家事，常在同治帝面前贬低皇后，赞扬慧妃。皇后体态较为丰满，走路四平八稳，慈禧便常指使她自己拿这拿那，故意让她来回奔走，稍慢了点儿，便责她动作笨拙，礼节不周，皇后面容端凝，平日不苟言笑，只是在见到皇帝时，才露出一丝让人回味无穷的微笑。正因为这笑千金难买，所以同治帝尤为珍爱。而慈禧最嫉恨的也是皇后那动人魂魄、倾国倾城的微笑，常骂皇后是"狐媚子"，让皇帝不要被她迷惑。

灵芝兰花粉彩金边碗

这对新人刚刚度完蜜月，慈禧便向同治帝摊牌了。一天，她把同治帝叫去冷嘲热讽地责备他婚后冷淡了自己，并把责任推给皇后的狐媚。最后她终于露出了自己的真意：

"慧妃非常贤明，你应该多加眷顾，好好待她。皇后年少，不懂礼节，皇帝不要总到她宫中去，妨碍了政务。"

同治帝听了心中十分气愤。这分明是无中生有，不让自己和皇后在一起。要讲贤明，皇后比慧妃强多了。至于"年少"，更是无稽之谈，谁都知道皇后比自己还大两岁，是后妃中年纪最大的。至于"不懂礼节"，那更是胡说八道了。皇后在礼仪修养方面，比你太后可强百倍。说我到皇后那里妨碍政务，到慧妃那里就有益于政务吗？你越不让我和皇后在一起，我偏和她在一起。同治帝虽然心里愤愤不平，但这些话怎敢向施惯了淫威的慈禧说。虽然嘴上诺诺答应了，但回去后仍然我行我素、和皇后的关系越发亲密。

慈禧一看自己的话没起作用，便采取了切实的干预措施。她常常派太监查看同治帝与后妃同房的记录。这些记录由敬事房太监掌管，按大清宫中制度，皇帝和皇后同房，由敬事房太监按日记录手册，以备推算受孕的日期。但皇帝和妃嫔同房则不然，一般是在每天晚膳时，太监把写有妃嫔的绿头牌（又称膳牌）装在一个大银盘中，跪奉给皇帝，皇帝如果无意和妃嫔同房，便说一声"去"。如果有意于某妃嫔，便把那张膳牌翻过去，太监下去，把该妃嫔的名字登记在"承幸簿"上，然后把该簿呈给皇后，由皇后钤印，方可召幸。晚上，那将被召幸的妃嫔先在自己宫中梳洗打扮，然后由太监用红毯裹体抬到皇帝寝宫，妃嫔赤身从皇帝脚下掀开被子，爬进皇帝的被窝。敬事房太监则退出寝宫，静候于窗下。如果等的时间长了，太监便高唱一声："是时候了！"皇帝不应，再唱一声，唱过三遍，皇帝须让太监进来，把蒙幸妃嫔从皇帝脚下拖出，仍用红毯包裹起来，送回妃嫔自己的宫中。去后，太监须跪下请旨："留不留"？皇帝如果说"不留"，太监便在妃嫔后股穴位上稍微一按，龙精便流出来了。皇帝如果说"留"，太监就在"承幸簿"上记下来"某月某日某时，皇帝幸某妃。"也是用来推算受孕日期。

这样一来，慈禧太后便对同治帝与后妃同房的情况摸得一清二楚。同治帝与妃嫔们同房时，慈禧便平安无事。一遇同治帝与皇后同房，第二天慈禧一定要找碴训斥皇帝或皇后一顿。皇后为了皇帝少挨几顿训，便有意对同治帝冷落起来。一天，在同治帝的一再追问下，善良的皇后才哭诉了其中的缘由。同治帝听了大怒，索性独住乾清宫，既不去皇后寝宫，也不召幸妃嫔了。

慈禧见同治帝很少与皇后同房了，自以为得计，暗中高兴。但听太监报告，说同治帝连妃嫔也不召幸了，就有些着急了。一天，她竟替皇帝做主，命敬事房太监把慧妃抬入同治帝寝宫，想让皇帝以后专宠慧妃。同治帝再也忍不下去了，他责问太监：

"朕没揭膳牌，谁让你把慧妃抬来！"

太监吞吞吐吐地说："太后怕万岁爷独居寂寞，让慧妃陪万岁爷说话。"

同治帝听了大怒，喝道："朕连召幸妃嫔也要别人做主吗？就是老祖宗来，也休想管朕的事！"

太监碰了一鼻子灰，讪讪退下，把慧妃送回宫去。

原来一对幸福的鸳鸯，被专横的慈禧强行拆散了。皇帝和皇后虽近在咫尺，却丝毫不得亲近，慈禧在他们中间硬是画上了条不可逾越的"天河"。同治帝美满的婚姻生活，就这样断送在自己的亲生母亲手里。

慈禧太后对皇后如此耿耿于怀，水火不相容，其缘由何在？早在同治帝选后时，人们便生出许多说法。

一种说法，是皇后生肖属相与慈禧相克。皇后生于咸丰四年甲寅，是属虎的，而慈禧太后出生于道光十五年乙未，是属羊的。如果属虎的人入选中宫，慈禧太后就变成了"羊落虎口。"这种冲克非同一般，因而慈禧极力反对选她为皇后，以避免克着自己的"贵命"。

另一种说法，是皇后的出身犯了慈禧的忌。阿鲁特氏的母亲是慈禧在"祺祥政变"

中杀死的顾命八大臣之一，郑亲王端华的亲女儿。也就是说，阿鲁特氏是慈禧仇敌的外孙女。让一个仇敌的至亲当皇后，日后一旦归政于皇帝，那皇后便成六宫之主，会不会报复自己呢？她以小人之心度君子之腹，便心生无限的警惕，颇有些忌讳，因而极力阻止阿鲁特氏入主中宫。

还有一个重要的因素，就是慈禧不喜欢皇后性格。皇后为人端凝方正，谨守礼节，品德贤厚，与慈安的性格颇为相近，而与水性杨花、好动不好静、骄奢淫逸、阴险狠毒的慈禧的个性格格不入。德行恶劣的人，往往会视德行高尚的人为眼中钉、肉中刺，因而慈禧太后对敦厚善良的皇后极为仇视。

婆媳性格不合，在看戏这个问题上发生了公开的对抗。慈禧喜欢看戏，她为大摆排场，常让皇后和各宫妃嫔们陪着。慈禧所点的剧目多是淫戏，皇后从小受礼仪贞节教育，尤其十分注重妇德，因而一看淫戏便脸红耳烧，浑身不自在。但她又不敢像同治帝那样劝谏，也不敢不陪同，只好眼不见，心不烦，在看戏时，或闭目养神，或面壁为净，反正是眼睛不往戏台上看。一来二去，皇后的举动便被慈禧发现了。她十分恼怒，她以小人之心，断定皇后这是在众人面前揭自己的短，是在向自己故意挑衅，因而多次借故呵斥皇后，让皇后也和自己一样欣赏淫戏。但皇后死活不依，每当演淫戏时，仍是照旧回首面壁不肯附和。慈禧为此对皇后更加痛恨。

还有一个原因，便是慈禧对皇后心存嫉妒。慈禧妄自尊大，嫉妒心特盛。她觉得皇后有许多地方使自己感到逊色。一是皇后出身高贵，是状元之女，比起自己没落的建州世仇叶赫家族来要显贵得多。二是皇后才貌双全，她精通诗文，尤其擅长用左手写大字，在当时便是有名的才女。状元崇绮从小便教皇后读书，皇后也很爱学习，又加上天性聪慧，因而学问日增月长。一次，状元父亲考她，让她背一段生书。只见她一目十行翻看一眼，合上书后，竟能一字不错地全部背诵出来，让这名状元郎叹为观止。因此，早在同治选皇后之前，满、蒙贵族都认定她肯定会入主中宫。慈禧入宫时大字尚识不得几个，后为干政，方下苦心学了点文化，但与皇后比起来，就差得远了。三是皇后一入宫便身居主位，与她入宫时仅是个贵人大不相同。最后一点，苦自己入宫多年，很少蒙受咸丰帝恩宠，更谈不上独得专宠了。而皇后一入宫便拥有一位英俊的青春天子，日夕专宠，这使她嫉妒得都有些发狂了，因而才如此这般残酷迫害皇后。

一次，贴身太监劝皇后要设法与慈禧亲昵一些，否则对自己没什么好处。皇后正色答道："让我尊重她可以，但要我讨她欢喜做不到。我是奉天地祖宗之命，由大清门迎入的正宫皇后，不是谁能轻易动摇的。"

不知哪个喜欢搬弄是非的太监，竟把皇后的这番话传给了慈禧。慈禧听了气个半死，心想，她言外意，不是说我不是正宫，只是个偏房，说我不是从皇宫正门入宫，而是从后门进来的吗？不给她点颜色看看，她眼中还有我这个婆婆吗！她咬牙切齿地自言自语道：

"这个狐媚子真是该死，看我怎么收拾她！"

但皇后平时谨守礼节，除了不愿陪慈禧看淫戏外，慈禧怎么也找不到她的毛病。她在听了慈禧骂她"狐媚"之后，知道慈禧不想让自己与皇帝亲近，为避嫌疑，她就主动有意与同治帝疏远一些，以减少别人关于自己狐媚和皇帝纵欲的闲话。这样一来，阴狠的慈禧竟无隙可乘，一时奈何不了她。

二

同治帝亲政后，在政治上郁郁不得志，在婚姻生活上横遭母后干预，一名青春旺盛的十八岁皇帝，竟被迫独寝乾清宫，不能和自己心爱的皇后在一起，这是多么巨大的痛苦啊！他整天闷闷不乐地呆在宫中，既懒得过问政事，也不同任何后妃往来。

在同治帝百无聊赖，百般苦闷之际，有两个人闯进了他的生活。一个是恭亲王的儿子载澄，一个是翰林院检讨王庆祺，正是这两个人把同治帝引向了邪道。

先说载澄。他是出了名的浪荡公子，他自恃父亲是权倾朝野的议政王，便恣意妄为，狂淫无度。一年夏天，他率一帮无赖恶少游十刹海，当他们在岸边的茶座上品茶时，隔座有一个打扮得十分妖艳的妇人向载澄频丢媚眼，好像认识他并想要和他讲话的样子。一向喜欢拈花惹草的载澄像猫闻到鱼腥一样，立即派手下的人给那妇人送去一束新鲜的荷花，对她说："这是大爷所赠，想和你约会，不知意下如何？"那妇人脸一红，面带羞色，悄声说："我家人杂，很不方便，请大爷选个地方！"

载澄听了大喜，便邀她到一家酒楼的密室相会。从此两人勾结成奸，常在一起寻欢作乐。那妇人知道他是载澄，而载澄却不知这妇人姓甚名谁。一天晚上，载澄与那妇人淫乐一番，意犹未尽，便对妇人说：

"我们俩人这般情投意合，却不能长相厮守，这可怎么办呢？我想要你，归我一个所有，行吗？"

那妇人娇滴滴地答道："我已是个有丈夫有婆婆的人了，那样是绝对不行的。"但她把媚眼狡黠地一转，神秘兮兮地说："不过，我倒是有个主意，你可以半路上把我抢走，凭大爷的威势，谁敢说你个不字！"

载澄听了大喜。立即张罗购买藏娇的"金屋"，置办各种家俱。然后约那妇人到十刹海，他率一群恶少一拥而上，把那妇人抢走了。一路上闹得沸沸扬扬，都以为是载贝勒又抢良家妇女了。

原来，那妇人的公爹曾是浙江布政使，咸丰十一年（1861年）杭州城被太平军攻破，他逃到普陀寺为僧，朝廷以为他已壮烈殉职，便按殉职的待遇进行抚恤，从此他再也不敢回家。他的儿子是个窝囊废，当了多年京曹小官，也得不到升迁，于是家道衰落，十分贫穷。他媳妇是个不安分的货色，贪图享乐，成了一名暗娼。他听说自己媳妇被载澄劫走，也不敢控告，积忿成颠，整天披发袒胸，在大街上胡言乱语。据说，这妇人出身于大清宗室，论起辈分来，还是载澄的姑姑呢，由此可见载澄的淫乱，简直行同禽兽。

尽管载澄人品恶劣，但因经常出没于市井声色之地，见多识广，知道很多同治帝未曾见识过的奇闻异趣，再加上载澄和他父亲一样长了副伶牙俐齿，把宫外的事讲得绘声绘色，给苦闷中的同治帝带来了无穷乐趣，成了皇上无话不谈的好朋友。同治帝为了能常见到他，特意让他充任自己的伴读，还给了他一个"御前行走"的差使。从此，他成了同治帝微服私游的伙伴。

再说那王庆祺，是个进士出身的翰林院检讨。他是京师人士，长得一表人才，又是天生一副唱曲的好嗓子，常在酒楼茶馆即兴高唱一曲，引来无数的行人驻足欣赏。

一天，王庆祺和另外一名叫张英麟的翰林在京师很有名气的宣德楼饭庄小酌。王翰林善唱二簧，张翰林长于昆曲，二人饮得兴起，便操起胡琴对板，当场献技，只听王翰林咬字运腔，歌喉刚健，颇得余音绕梁之韵。又有张翰林那把胡琴曲尽其妙，更把王翰林的唱技烘托得淋漓尽致。一曲既终，隔坐一名年轻听客，非常高兴地走上前去，与王、张二翰林亲热地攀谈起来。知音相遇，分外亲热。那听客细问二翰林的姓名、官阶后，便让二位再献一曲。王翰林见这青年衣着华丽，气度轩昂，言语间透出一股尊贵和威严，知他来历不凡，便不敢疏忽，更卖力气地再唱一曲。

当他唱得正起劲的时候，忽见门帘外出现两个仆人打扮的俊少年，他们正在向里张望，一见青年听客，立即拱手肃立于门外，不一会儿，只听得宣德楼外面车马喧阗，有人传呼恭亲王驾到。二位翰林吃了一惊，连忙停住歌声，向窗外望去。只见楼外已有数十辆车马簇拥着一辆高大华丽的朱轮马车停在楼下。恭亲王从容走下车来，进楼后与青年听客耳语了一会，那青年才怏怏跟他出了楼，当青年上车时，恭亲王为他扶鞍跨辕，然后这大队车马呼啸而去。一看这阵势，二翰林心惊不已，猜想刚才这位青年听客必是当今皇上。事后，他二人不免喜忧参半。喜的是皇上十分欣赏自己的演技，说不定会给自己带来好运气。忧的是身为翰林儒臣，在饭馆里随意唱曲，有失身份，会不会遭到皇上处罚。

事实证明，二翰林的担心是多余的。他们的时运好得让他们自己都不敢相信。同治十二年十一月十一日（1873年12月30日），同治帝竟明发一道上谕：

"翰林院编修张英麟、检讨王庆祺，着在弘德殿行走。钦此。"

从普通翰林一下子成了帝师，实乃一步登天之喜。张翰林平素谨慎，觉得这天大的好事来得太便宜了。颇有惴惴不安之感。而王庆祺机敏过人，野心不小，从此下定决心，一定投皇上之所好，极力奉迎巴结，前途自然不可估量。

于是，王庆祺四处搜罗民间西皮二簧剧本，托太监进奉给皇上。上课时也常讲些宫外奇闻趣事，逗皇上开心。他听太监说同治帝天天独宿乾清宫，十分清冷寂寞，便到琉璃厂书摊上买些描写风花雪月的小说，在授课之余呈给皇上，让皇上消愁解闷。有一次，王庆祺送给皇上一本名叫《品花宝鉴》的淫书，同治帝翻了几页，不禁被那诱人的描写搞得脸红心跳，不一会儿，便读得入了神，一看就是一宿，以致第二天起不了床，误了书房。

一天，一名随侍太监进去献茶，只见同治帝和师傅王庆祺并排坐在床上，正津津有味地看一本小册子。太监觉得奇怪，便悄悄走近他们，用眼一瞥，只见上面画着裸体男女，才知是一本"秘戏图"。这种图太监很熟悉，是丰润县淫书市场出售的那种画工精美的一种，图画极为细腻逼真，让人看了有身临其境的感觉。这师徒二人看得着了迷，竟连太监倒茶也全然不知。

不想这太监多嘴多舌，把这事儿告诉了王庆祺的同僚们。这班翰林儒本来对王庆祺得宠就心怀嫉恨，一听这事更加气愤，互相串通好了，都不搭理他。这样，王庆祺便被孤立起来。后来同治帝病逝，人们纷纷传说是王庆祺"词臣导淫"，勾引皇上逛窑子，致使皇上染梅身亡。于是，当时便流行起这样一副挽联：

"弘德殿、宣德楼，德业无疆，且喜词人工词曲；
进春方，献春洲，春光有限，可怜天子出天花"。

这幅挽联还有一种略有差异的写法：

"弘德殿，广德楼，德行何居？惯唱曲儿钞曲本。
献春方，进春册，春光能几？可怜天子出天花"。

十八岁的同治帝毕竟情窦已开，情欲正旺。虽因母后干预，不能过正常的夫妻生活，但压抑在体内的欲望并未因此而消失，反而日积月累，越抑越盛，一经近侍佞臣的撩拨勾引，便像火山一样勃然喷发，成了中国历史上罕见的荒淫天子。

少年时的同治帝，虽也经常微服私游，但只是逛逛街景，看看热闹，品品小吃。这时同治帝私游，却专以渔色猎味，纵淫取乐为目的。所去之处，多是藏污纳垢的烟花柳巷。同治帝一到这些地方，果然只见一个个娉婷弱女，妖艳温柔，眉目传情，卖弄风骚，灯红酒绿，玉软香柔。与枯燥乏味，压抑拘束的宫中生活比起来，真是别有一番天地。只有在那里，同治帝才能忘却宫中的苦恼，寄托那颗空虚无依的心灵。

从天安门往南，过前门以外的城区，称为南城，其中包括大栅栏、珠市口、琉璃厂、天桥等繁华区域。那里的酒馆林立，妓寮密集，声色甚盛。南城妓馆，分为三等，头等为清音小班，二等为茶室，三等为下处。清音小班集中在著名的"八大胡同"，家家妓馆都花灯辉煌，内部装修典雅，光顾者多是王公显宦，也有富商巨贾。二等茶室位于大森里、燕家胡同、青风巷等较偏僻街巷，房屋院落较狭小，陈设远不如清音小班，但其中也名妓不少，而且供应茶水小吃，跑堂应酬周到，方便实惠，是京城中小官宦及普通商绅出没之处。三等下处，俗称下三烂，是京中下人狎游之地，既无茶烟供应，也无点曲伴唱，摆设简陋，污秽不堪，只是费用便宜。

同治帝狎游，一般不去清音小班，怕在那里被认识自己的王公大臣撞见，惹来朝臣们的非议。因此，他经常浪迹之处，多是背街茶室小馆。有时为了猎奇，竟不惜染身于下三烂的暗娼小屋。这些地方王公大臣是不屑一顾的，却成了同治帝狎游的小天地。

当时京师一些有名的妓女，曾有幸蒙受皇帝雨露。其中名伶小六如、春眉，名妓小凤等，尤得同治帝青睐。有一名优伶，生于二月初旬，死于三月中旬，色冠群妓，多次蒙幸。她死后，曾有人送了一副挽联，云：

"生在百花先，万紫千红齐俯首；
春归三月暮，人间天上总销魂。"

后来，同治帝竟搞上了同性恋。有一名叫杜之锡的太监，长得像少女那样俊美，同治帝常和他在一起鬼混。杜之锡有个姐姐，是金鱼池一带有名的妓女，生得如花似玉，相貌出众。一天，杜之锡把姐姐介绍给同治帝，同治帝见了非常中意，从此便常和这姐弟俩在一起淫乱取乐。

同治帝逛窑子，一开始还十分谨慎，很少有人知道。但不久他的色胆越来越大，有时竟整天泡在温柔乡里，把一切都置之脑后。一天晚上，他在一家妓馆里与群花聚欢，彻夜不息，直到天亮还不肯离去。恰巧这天按例须召见军机大臣，恭亲王及众大臣早已上朝等候召见，但直到太阳高悬，也没见皇帝露面。向太监打听，都说不知，王公大臣感到十分诧异。很快，他寻花问柳的风流韵事便在京城传开了，有些大臣甚至曾亲眼目睹皇上在是非之地出没。

以九五之尊，临幸污秽之地，群臣无不感到震惊，朝野为之舆论大哗。恭亲王、醇亲王、李鸿藻、徐桐等一班王公大臣，纷纷上书劝谏，委婉地劝皇上珍重帝德。内务府有一名叫桂庆的大臣，平素为人耿介，这时不顾个人福祸安危，毫不隐讳地犯颜直谏。他在奏折中说：

"皇帝春秋方富，正在戒色之时。而好内多嬖，且轻万乘之尊，临污邪之地，非圣躬之福也。请将蛊惑太监一律驱逐，诛戮其重罪者，以儆其余。"

桂庆为了阻止皇上的艳游，便同时上书慈禧太后，想让慈禧管一管同治帝，以保护圣躬，毋令沉溺。其实，慈禧太后在宫中耳目甚多，同治帝的一举一动岂能逃过她的眼睛？她见儿子不理朝政，颓唐放浪，纵淫自戕，不以为忧，反而窃喜。这样一来，自己正可独揽朝纲，管他什么帝德受污，圣躬受损。因此，她对桂庆的诤言不予理睬。同治帝见了那通谏折，更是觉得刺眼，十分恼怒，下谕严谴。桂庆见自己诚挚剀切的谏言太后不理，皇帝不容，十分悲伤，便辞职回家了。

三

同治帝微服私游时所流连的地方，大多是一些普通妓馆，光顾的嫖客种类繁多，人物极滥，妓女接客也是毫无选择，兼收并蓄，因而最易于传染性病。同治帝不知深浅，纵淫无度，在这潭脏水里游来泡去，乐而忘忧。不知不觉，便染上了性病。

同治十三年九月的一天，太监在给同治帝洗澡时，发现他肩背等处，有许多玫瑰样的斑疹。同治帝立即传来太医来看，太医李德立诊视一会，眉头不禁一皱，问道：

"皇上，身上痒不痒？"

同治帝答道："没感到痒。"

李德立一听坏了，但嘴上却说："不要紧"。

根据李德立的经验，这斑疹十有八九是梅毒疹。但说皇上得淫病，事关帝德清名，这可是要掉脑袋的事，他无论如何，也不敢说出来。于是，他就草草地给皇上开了副清热解毒的药，同治帝喝了后，果然红斑渐退，大家便以为万事大吉了。

但是，不久之后，同治帝便知道自己是患了梅毒。据说，一天晚上，他在一家妓馆和一个妓女鬼混时，那个妓女竟拒绝了同治帝。她悄声告诉同治帝："大爷，您怕是得那个病了，还是好好治一治再来吧。"

同治帝听了一惊，忙问："什么？我得的是什么病？"

妓女诡秘地一笑："风流病呗！"

这种见不得人的淫病严重地损害着同治帝的身体。他少年时代喜好体育活动，身体也比较强健。随着年龄的增长，他出落成一个相貌英俊、体魄魁伟、威仪堂堂的青年天子，群臣见了无不生敬畏之心。有一名叫康祺的大臣，同治十年（1871 年）荣登进士高榜，参加了"大对"，并有幸亲眼目睹当朝真龙天子的风采，他在笔记中激动地记录下了自己的所见所感。

"（同治十年）四月二十一日，恭奉大对。越月，由翰林院带领引见。穆宗皇帝才御养心殿，时圣寿十有六岁，仰睹龙颜河目，如日方升，恭默中有严毅之色。私幸中兴令主，仪表端凝，他日景福洪祺，当与圣祖高宗接武。"

但在亲政以后，同治帝健康每况愈下。尤其在圆明园之争前后，他更加放纵地私游取乐，并借"查看园工""行围"和"校阅"之名，在京郊一带大尽游兴。但此时他已痛感性病的折磨。他时感下身痛痒难忍。同治十三年春天，他去西山扫墓踏青时，在路旁数以万计跪迎的官民面前，竟痛得他直不起腰来，让臣民见到的只是一个面色苍白、未老先衰、佝偻虚弱的病态天子。

这年秋天，署理伊犁将军荣全为讨好皇上，献上了一匹西域良驹。这匹骏马皮毛漆黑发亮，其间对称地点缀着几点白花，实乃世所罕见的良骥。同治帝平素喜欢骑马，得此良驹，龙心大悦，谕令内阁，赐马名"铁龙驹"，赏荣全大卷江绣二卷，小刀一把，大荷包一对，小荷包一对。他雅兴大发，带着这匹心爱的骏马到南苑行秋围。他本想骑着马多溜几天，但一天下来，那怪病折磨得他坐卧不宁，第二天便匆匆宣布撤围，回皇宫养病去了。同治十二年和十三年，那位名叫康祺的大臣，两次奉派陪祀郊坛，他曾这样记述同治帝的身体状况：

"凡圣躬拜献登降，均由甬道步行，咫尺天颜，瞻仰尤为亲切。窃见尧腊禹胼，丰采消铄。蚍蚁下土，谬抱杞忧。"

这是同治帝已失去往日风采，让这些大臣们感到无限忧虑。他们中许多人都不知内情，还以为他是"大政亲裁，日乾夕惕"而累病的呢？哪里知道同治帝纵欲自戕的内情？

同治帝患淫病后，身体素质很差，抵抗力大大降低。但他这时仍不自爱，还带病寻欢作乐，各种病毒乘虚而入。

同治十三年十月二十一日（1874年11月29日），同治帝在去西苑之后，突然得了感冒，从此一病不起，原先预备召见的都取消了。三十日，他突然头眩目涨，浑身发冷，胸痛烦闷，脸上出现了红疹。下午，急传太医院院判李德全和御医庄守和前来诊脉。

西宫太后听说后也着了慌，急忙赶到养心殿。只见同治帝两颊潮红，瘦如骷髅，令人心酸欲泪。

两名御医在龙床前轮流给同治帝切脉，但两人忙乎了半天，也没有诊出同治帝所患到底是何病症。他们知道同治患有梅毒，但何以发病这般凶猛！毒气如此之盛？让他们感到茫然，两人切完脉后，低语商量了一会儿，也没有拿定主意。

这时，性急的慈禧有些不耐烦了，问道："皇上到底患了什么病？"

李德立惶恐地回禀："皇上脉息浮数而细，系风瘟闭索，阴气不足，不能外透之慈禧听了他这一大套专业词汇，更是丈二和尚摸不着头脑了。她是个喜欢干脆利落、当断即断的女人。于是，她便根据自己知道的一点医药常识，试探着做了个判断："我看像是出天花?!"

听了慈禧这句话，两位太医未置可否，立即写下了脉案，并开了一副益阳清解的方剂，让皇上避风调理。当然，在脉案中并未明定病症为天花，只是含糊地写下了"发热头眩""皮肤发出疹形未透，有时气堵做绝"等病症，这既可看作天花，更可以看作是麻疹，反正是没有做出最后的诊断。

同治帝在吃了由小生地、元参、牛蒡子、葛根、荆芥、麦冬、金银花、连翘、枳壳、甘草、川郁金等十一味药配伍，以芦根五把作药引子的益阳清解饮后，第二天果然全身发出了花疹，尤其在头部和脖子上生出密密麻麻的紫色疮疹。下午四点多，两位御医终于做出诊断，在脉案中明确诊定同治的病症"系天花二朝之喜"。

按中医理论，出痘有"逆""顺"两种病症。如果颗痘一开始出得齐，痘内浆汁饱满，并由嫩红变为淡黄者，属于顺症，少有生命危险。如果痘颗出得不齐，灌浆顶平或塌陷，色呈现紫晦者，便是逆症。

同治帝圣体内百毒积蓄，湿热毒汁过盛，毒气先在头面和颈部爆发出来，痘粒出奇地密集，痘内颜色紫滞，同时伴有咽痛作呕，身颤口干，便秘溺赤等内症。这些病症用中医的话来说，便是"蒙头盖面，锁项咽关"，是一种非常危险的症状。御医诊断为"由气血为毒滞锢所致，症界于险"，是一种逆症天花。

十一月初二日（12月10日），清廷正式发布皇上遇有"天花之喜"的消息，让大臣们身着蟒袍补褂，上朝贺喜。这天，翁同龢等大臣入宫后，立即托近侍给皇上请安，送天喜，易花衣，都在胸前挂了一小条红绢。从这天起，群臣递折子皆用黄面花里，上朝穿花衣补褂，家家供痘母娘娘，向皇上递如意贺喜。一时满朝上下，就像遇到婚寿喜庆那样，一派色彩缤纷的景象。

但同治帝本人却仍然遭受病痛的折磨。稠密联络的痘颗虽然陆续表出，但病情也在恶化，除原有病症外，又感到腰疼胸堵，大便四日未行，觉得满腔浓臭，似乎内脏都化作浓汁了，直想呕吐，但咽喉疼痛难忍，怎么也吐不出来。御医们诊断为"此由毒滞熏蒸肺胃，阴分不足所致"。于是，他们在上午十一点给同治帝服了一剂"利咽化滞汤"。服药后经过一个时辰，下午一点多，皇上便"形色渐润，胃口渐开"。到下午三点多，四天未行的大便终于通行，闯过了"重险"大关。

在此后的五天里，经御医精心调治，皇上病症逐渐减轻。十一月初三那天痘颗渐长，紫滞稍化，胸堵烦吐的症状消退。初四日诸症皆退，眠膳皆安。初五日痘颗顶陷渐起，已有放白的势头，御医们诊断已有"由险渐化为平之象"。

四

正当同治帝病情好转之际，他那狠毒的母亲却迫不及待地开始策划一起罪恶的夺权阴谋。慈禧乘皇帝患病之际，导演了一出使自己重新出山垂帘听政的丑剧。

同治帝患天花后，曾谕令军机大臣兼帝师李鸿藻代自己批答奏章。李鸿藻并不擅越，只批"知道了""交该部议"等字样，实际朝政仍归恭亲王奕䜣掌管。十一月初五日，由谆亲王奕䜣领衔的王公大臣会奏，请除汉文批件仍由李鸿藻代笔外，满文折件由奕䜣代为批阅，这样，奕䜣的权力空前加强。

慈禧太后对权力暂时落入奕䜣手中十分不快，积极谋划把权力重新揽在自己手里。十一月初八这天，她精心安排了一次召见活动。

这天，她特意允许军机大臣、御前大臣及帝师们前往养心殿东暖阁探望同治帝。上午十点，当诸臣进入东暖阁时，只见两宫皇太后手持蜡烛，坐在龙床上，她们见诸臣进来了，便令他们上前瞻仰，皇上把手臂从被窝中伸了出来，让诸臣观看，他用微弱的声音问：

"是谁来此伏见？"

诸臣连忙给皇上叩头请安。抬头细看，只见同治帝面容憔悴，原先俊秀的面庞上长满了拥挤在一起的痘粒，已经面目全非，就连眼睛也难以睁开了，只是勉强地露出一线微光。诸臣看过后，说了几句安慰的话，便退下了。

不一会，慈禧又宣诸臣入殿。这次，只见慈禧面朝南端坐在御座上。她说，几天来心情焦虑，各项奏折的披览，政事的裁决，皇帝都不能躬亲进行。然后，她向诸臣亮出了底牌：

"你们赶快想个办法，应该有个公论！"

诸臣这时明白了慈禧的意图。她让他们看皇上，是想让他们知道皇上病症很重，难以再理政事。而不提皇帝已令李鸿藻和奕䜣代阅奏章之事，非要他们拿出"公论"，那不就是想要让她出来训政吗？

慈禧为了进一步证明皇上没有能力治理国家，压一压诸臣的气势，便当场追究起同治帝患病的责任来。慈禧首先直言不讳地宣称同治帝患病是由于在外寻欢作乐造成，并责问诸臣为何对此毫无议论？谆亲王等觉得十分委屈，便上前和慈禧理论起来，说话之间，不勉道出婆媳不和、帝后分居等宫闱秘事。慈禧一听把责任推给自己，不禁恼羞成怒，对谆亲王和诸臣大加呵责，诸臣只得叩头谢罪。慈禧一见把诸臣"镇"住了，就又玩起了她惯用的另一手，竟一把鼻涕一把泪地痛哭起来，边哭边向群臣诉说自己几天来怎样日夜操劳照料皇上，怎样为皇上的病忧心如焚，絮絮叨叨地说了数百句，表白只有自己才堪任皇帝的监护人，才能代替皇上批阅奏章。

奕䜣等人已吃过几次与慈禧争权失利的苦头，这时更不敢硬顶下去，便当场提出"请两宫皇太后权时训谕"。这次历经一个小时的争权斗争，方告结束。

当奕䜣等人在下面拟折子时，慈禧觉得同治帝毕竟不是小孩了，他现在名义上仍是大清的最高统治者，如果没有皇帝的明谕，她训政之举就不合法。因此，她又第三次把诸臣召入宫中，对他们说：

"此事重大，你们应该先奏明皇帝，不可直接奏请我们！"

于是，她的训政之举，由自己的谋取，变成了群臣请她出山。

当天晚上，她又对同治帝做了一番"工作"，她向同治帝提起了恭亲王劝阻园工之事，挑拨他切不可过于信任恭亲王他们。同治帝对恭亲王本来就耿耿于怀，一提起那件往事更令他万分伤感。因此，第二天恭亲王等把那份奏请太后训政的折子一递上去，同治帝当即批准了，然后他又召见诸重臣，面谕恭亲王：

"我说话不能太多，天下的事不可一日松懈。我拟清太后代阅奏折。等过了百日之喜，我再出来照常办事。"他话锋一转，以严厉的口气训诫恭亲王："你要敬事如一，不得再踏去年故习！"

这时坐在龙床上的慈禧发话了："昨天你们上折子，我因此事重大，不便答应，才让你们奏明皇帝。"她转脸又对同治帝解释说："昨天的召见，是出于诸臣之请，我怕你心烦，所以才没告诉你"。"你不要焦虑，我已同意诸臣的请求了。"经她这么一番"精彩"的表演，训政一事反而成了臣工和皇帝有求于她。让人家把权力给他，还得让人从心里感激她肯为人分忧。

十一月初十日，同治帝正式发布上谕，通知全国臣民，以后内外陈奏事件，均由皇太后披览裁定。并表示："仰荷慈怀曲体，俯允权宜办理，朕心实深感幸"。从此，慈禧又一次堂而皇之地公然执掌了大清的权柄，为她再度垂帘奠定了基础。

同治帝的病本来已有好转的迹象，但经过慈禧的这番折腾，病情突然发生逆转，他在十一月初八日那天"微感风凉"，以致咳嗽鼻塞，心虚不寐。尤为严重的是，痘粒浸浆皮皱，有停浆不靥之势。由于余毒发不出来，痘毒日渐侵蚀圣体，同治帝又出现了浮肿、失眠、气喘胀痛等症。到十六日，痘毒已侵入同治帝的筋络，他腰软肿痛，不易转坐，腿疼盘挛，屈而不伸，又有遗精尿血之症，天花逆险愈来愈重，同治帝生命垂危。

从十一月十八日起，同治帝的病症急剧恶化。由于他在烟花柳巷中早已被淘空了身子，肾亏阴虚极为严重。在痘毒肆虐的基础上，梅毒又出来逞凶了。十八日晚上，他感到自己腰肾部肿痛难忍，第二天，淫毒竟在腰部迸发出来，腰部的红肿迅速溃烂，从中流出了令人作呕的脓水。那脓水开始是从溃烂处往外漫浸流出，不久竟在腰部烂了一个洞，脓水像自来水一样，源源不断地从里面流了出来。

同治帝的溃烂发展之快之烈，说来令人咋舌。溃烂很快由腰部向全身漫延，在颈、胳膊、膝上都出现痘痛，这些痘痛又迅速溃破流脓。二十一日，虽然痘痂开始脱落，但腰部溃烂加重，竟烂出两个小洞，流脓不止。二十三日，翁同龢在内务府向李德立、庄守和打听皇帝病情，他们介绍说，皇上脉息均弱而无力，腰部两个烂洞不停地流着脓和腥水，而且溃烂根盘极大，浓水不仅向外流，而且向体内深处流，外面的烂口很大，而里面究竟烂了多深多广，还一时看不出来。反正十分难治，只能用"保元托里法"，在烂处敷用赛金拔毒及紫草膏之类的外用药。

更严重的是，这天在同治帝的左右臀部上又各烂出一个大洞，两个烂洞直冒脓汁，十分可怖。御医在脉案上忧心忡忡地写着："莫蔓溃陷透膜为要！"这句话的意思，是说千万别让这些洞烂穿了，那样皇帝就必然丧命。

可怕的事情很快就发生了。二十五日，同治帝腰部和臀部的溃烂连成一片，而且由外烂转成里烂。第二天，漫肿、串溃越来越大，越来越多，每天流出的脓汁多达一大茶碗。二十七日，腰部烂洞进一步扩大，其中流出秽臭不堪的脓汁，皇帝圣体简直变成了一个装满脓臭的桶，那脓水从几个烂洞里不住地向外流着。二十八日，当御医为同治帝换药时，一揭开贴在溃部的膏药，灰白色的脓汁竟像箭一样激喷而出，立时满宫都是一股令人作呕的腥臭气味。

二十九日，浑身溃烂的同治帝竟硬挺着召见了军机、御前、内务府及弘德殿等大臣。诸臣上午八点进入东暖阁，只见同治帝由一名太监扶着坐在龙床上，两宫太后也坐在上面。诸臣一一上前，只见皇上面容委顿，但目光仍然炯炯有神，痘痂已经掉了一大半。同治帝先问："今天是什么日子？"听到回答后，他便开始交代腊月应办的各项事宜。大臣们听了十分感动，纷纷表示皇上不必操心，一定把诸事办好。帝师翁同龢上前启奏：皇上"圣心宜静"，并问皇上的病情。同治帝说："我觉得胸中像火烧一样的灼热。"然后，诸臣便退到明间。太后也随着走了出来，流着泪问诸臣有没有什么好办法，翁同龢答道：

"最好挑个好医生。"

荣禄说："有个叫祁仲的，年已八十九岁，治外症很有效，可以传他来给皇上诊视一下。"

太后点头同意了。

不一会儿，又传诸臣入殿。只见皇上侧身躺着，御医正在开膏药往外挤脓，已挤了半盅多。只见皇上腰以上漫肿一片，皮肤都变成了紫色，看了让人感到十分可怕。然后，群臣和太后又退到明间，太后悲切地流着泪，群臣也悲哀地垂头不语。

上午十一点，祁仲被接入皇宫，诸臣也随他进殿。祁仲与李德立等御医进去给皇上诊视了半个多时辰，出来后两宫太后立即宣他到东暖阁问话。祁仲老说：

"皇上的痘痈来势虽凶，但幸亏不是发在肾俞穴，而是在贤俞穴之下，还有希望治好。"

随即，他便给开了一副十全大补汤。

但他的诊断和药方并未被采纳。慈禧命御臣李德立再次进去给皇上清脉，得出的结论截然相反，认为溃处的确是发在肾俞穴，所以主张仍用滋阴化毒法，开了一副用青膏、地骨、竹茹、花粉、银花等配伍的凉药。

三十日，同治帝的病情进一步恶化。病毒在下身肆虐一番后，竟又一路向上攻来。下身的脓水略有减少，但越来越粘稠难闻，上面则出现了牙浮面肿的新症状。十二月初一日，同治帝一昼夜大便二十一次，便下的东西都是白腻腻的脓状物，小便则是红色的脓血，这表明同治帝体内已全面溃烂。初二这天，同治帝的牙跟已烂成黑色，从嘴里喷出一股股臭气。上嘴唇和左腮肿成一个紫黑色硬快，嘴唇外翻，样子十分可怕。到初三，同治帝面部肿块胀得发亮，似乎马上就要流出脓来。第二天，当御医在肿块上敷药时，面皮一揭便破，但里面流出来的不是脓，而是血水。腮部都快烂透了，牙龈烂得糜黑一片，口中臭气令人作呕。

至此，同治帝已是无处不溃、无处不烂，即使请来神仙，也是回天乏术了。十二月初五（1875年1月12日），全身腐烂的同治帝已是神气衰微、精神恍惚，失去知觉，奄奄一息。下午五点，饱经病痛折磨的同治帝终于六脉断绝，牙关紧闭，瞑目而逝，结束了他那十九年短暂而痛苦的人生之旅。

后宫秘事

同治帝之死，除了皇后阿鲁特氏以外，几乎再没有真切的哀恸者了。倒是为热衷于街谈巷议的平民百姓，增加了不少茶余饭后的谈资，无聊者以此为素材，精心编造了一些逸闻趣事和花边新闻，以满足那些同样无聊者的耳目之需。自然，还给那些出入紫禁城的满洲宗亲、王公大臣们留下了一个疑问——谁将承继大统？

说起清朝的帝位继承制度，还经历了一个发展完善的过程。

清初，采用立储以贤的方法交接帝统，弊端逐渐暴露，并直接威胁到清廷的长治久安。雍正以后，鉴于前朝之失，除实行立储以贤的原则外，又采取秘密立储、鐍匣封名的形式，就是由在位皇帝对所有皇子进行长期考察，当圣意已决，选中自己理想的皇位继承人时，就用朱笔书写其名，立为储君，并将朱谕封于鐍匣之内，藏之于乾清宫"正大光明"殿匾额后。皇帝临终时，命御前大臣取下朱谕，共同拆视，当众宣布继位者，获得书名的皇子随即继位登基。这样，既可鼓励诸皇子建功立业、内修外治，努力创造充当储君的条件，又可避免储君成为众矢之的。这种帝位交接制度，其优点是显而易见的，所以以后几代相沿成习。

当年，咸丰帝驾崩于热河行宫，弥留之际，按继统成例将皇位传给了他唯一的皇子载淳。同治帝载淳继位登基是水到渠成、顺理成章的事情，可是，当他本人崩逝时，年方19岁，膝下无子，传位于何人就成了一个问题。

那么，同治帝临终时，有没有留下传位遗诏呢？答案是肯定的。

同治帝载淳六岁即位，17岁亲政，19岁因滥交而患性病，不到一年即崩逝。在他19岁患病前，青春鼎盛，精力强健，加之婚后一年尚无子嗣，所以，大病以前，同治帝根本不可能有立储的想法。

然而，同治十三年十一月以后，同治帝自知病情吃紧，来日无多，立嗣一事就成了他不得不考虑的一个重大问题。

在位皇帝预立储君，这是历朝统治者为国祚绵远，永葆社稷不传外姓的有效条件。清人关以来，历代帝王同样重视对皇储的培养和确立，以实现帝统的和平交接和国家的长治久安。

同治帝在考虑储君人选时，不由地回想起自己六岁即位以来的甜蜜与辛酸：幼年时，仅仅满足于吃喝玩乐，虽然对慈禧太后的求全责备，安德海的为虎作伥也心怀愤恨，但毕竟是小孩子，对权力这东西还没产生过多大欲望，任人摆布也浑然不觉。年长以后，他一心想行使皇帝的权力，匡济大清艰危的国运和时局，可是在慈禧的把持下，一再推迟归政日期。大婚以后，慈禧鉴于各方面的指责和压力，不得不与慈安太后撤帘归政。同治十二年正月二十六日，他在养心殿举行了亲政大典，接受文武百官和外国使节的朝觐与拜贺，梦寐多年的亲政夙愿终于变成了现实，他的心里甭提有多高兴，甚至在睡梦里，脸上都挂着欢乐的笑容，他梦见自己变成一只逃出樊笼的雄鹰，在湛蓝无际的天宇展翅飞翔，越飞越高，越飞越高，山在脚下，云在脚下，风在脚下，连眨眼睛的星星都在脚下呢！可是，好梦总是易醒也易碎的。他在亲政过程中逐渐觉察到：慈禧像一条阴冷的毒蛇，缠绕着自己的手脚，使他寸步难行。身为一国之君，竟然无权处理军国大事；名为九重天子，实为木偶傀儡，任人玩弄摆布。像他自己这样的挂名皇帝，于国于家又有何用？

同治帝想到这儿，长吁一声，便打定主意。为了遏制慈禧的权力膨胀，为了使自己的悲剧不再重演，一定要立一位年长而贤明的储君。

近支宗室当中，谁是合适的储君人选呢？

想到这儿，一张玉牒图谱（即清室家谱）在同治帝脑海中浮现出来。

原来，满清爱新觉罗氏起源于长白山，入关后规定：凡显祖宣皇帝（努尔哈赤之父）的嫡派子孙，称为宗室；叔伯兄弟的后裔，称为觉罗。给宗室子弟命名，自从康熙皇长子胤禔出生，开始有明文规定。即用胤、弘、永、绵、奕、载等字为近支宗室行派顺序。道光七年，又续拟了"溥、毓、恒、启"四字。咸丰七年再续拟"焘、闿、增、祺"四字，嗣后各宗室子弟都依照此辈数命名。到1937年，溥仪在东北又颁"上谕"，规定续选"敬志开端锡英源盛正兆懋祥"十二字，作为自"祺"以下宗室子弟字派。这是后话。

以上都是命名的前一字，此外，对后一字也规定了特定的偏旁。自康熙朝以后，命名派字如下：

一、雍正：前"胤"、后"示"字旁；

二、乾隆：前"弘"、后"日"字旁：

三、嘉庆：前"颙"、后"玉"字旁；

四、道光：前"锦"、后"竖心"旁；

五、咸丰：前"奕"、后"言"字旁；

六、同治：前"载"、后"三点水"旁。

七、光绪：同上。

八、宣统：前"溥"、后"人"字旁。

至道光以后，有一个不成文的规定，非帝系子孙命名，后一字不能用帝系子孙所用的偏旁。如道光帝的儿子辈：奕詝、奕䜣、奕譞，偏旁都从"言"字；孙子辈：载沣、载洵、载涛，偏旁都从"水"部；曾孙辈：溥仪、溥伟、溥任，偏旁都从"人"部。

而庆亲王府这一支，由乾隆之子永璘（嘉庆帝颙琰之兄）传下来的，命名后一字所用偏旁与道光帝子孙不同。绵字辈的绵悌、绵性，偏旁都从"竖心"部；奕字辈的奕劻、奕功，偏旁都从"力"部；载字辈的载振、载抡，偏旁都从"手"部；溥字辈的溥锐，溥铨，偏旁都从"金"部。

这样，根据这些人名的偏旁，就可以知道某人是某一支派，也可以区别出皇室支派的亲疏远近来。当然，这在清室"玉牒图谱"上是一清二楚的。

按照大清继位制度，一般传统是父死子继，同治帝是载字辈，应择溥字辈的人承嗣皇帝。

同治帝自己没有子嗣，他又是咸丰皇帝的独根独苗，这就意味着，先皇这一脉将从此终了。想到这，他不禁仰天长叹，泪如雨下。

无奈，只好追溯到道光帝谱系当中。

道光帝共生九子。长子奕纬、次子奕纲、三子奕继均早年夭折；四子奕詝即是咸丰皇帝；五子奕誴过继给嘉庆帝第三子绵恺为嗣子，袭惇郡王，后晋封惇亲王；六子奕䜣，在咸丰即位同时封为恭亲王；七子奕譞封醇郡王，同治十一年晋亲王；八子奕詥封钟郡王，同治七年薨；九子奕譓，封孚郡王。以上为道光帝谱系中奕字辈诸人。

同治十三年冬，当同治帝考虑储君人选时，道光帝子嗣中，溥字辈只有载治之子溥伦一人。当年，道光帝长子奕纬早亡，无嗣，就把乾隆帝第三子永璋之孙、奕纪之子载治，出嗣为奕纬之子。因此，溥伦虽为道光帝嫡长曾孙，实际为旁支疏宗之后。溥伦承嗣，恐怕难孚人望。这样，溥字辈就没有合适人选了。

如此一来，同治帝只好改变父死子继的嗣位传统，成为兄终弟及，从近支载字辈中挑选。

当时，载字辈当中，有奕纬的继子载治，奕誴虽有子多人，可是本身已出嗣为绵恺之后，均不能考虑；奕䜣长子载澄，次子载滢，虽年已长成，却浮浪成性，不堪帝位之任；奕譞长子载瀚，次子载湉，皆年幼无知，也在考虑之中；奕詥甫及成年而亡，更无子嗣；奕譓有子载澍，现为贝勒，渐至弱冠，聪明颖悟，志向鸿远，却是理想的人选。

同治帝在病榻上拥被而卧，经过一番细心的思考，决定立孚郡王奕譓之子、贝勒载澍继承皇位，承嗣其父咸丰帝。

祖宗托付的江山社稷，自己在撒手人寰之际，终于寻觅到了托付之人，同治帝想到这儿，连日来的郁闷心情顿时减少了许多。

到同治十三年十二月初一这天，同治帝感到呼吸困难，四肢不由地乱抖，生死只在几日之内，于是急忙命心腹太监传召皇后阿鲁特氏和帝师李鸿藻入宫。

皇后阿鲁特氏，当时正在坤宁宫默坐，眼看皇上病入膏肓，就要驾崩而去，她一个人束手无策，黯自神伤。这时，忽然养心殿太监进来口传圣旨，召她入内。

皇后听到皇上急召，内心猛地一紧，浑身一阵颤栗。这些天她提心吊胆惯了，一颗心总在嗓子眼，刚才差点儿从喉咙里跳出来。她那原本白里透红的粉脸儿，变得像窗户纸似的煞白，拧眉毛，瞪眼睛，把传旨的小太监吓了一大跳。

皇后急切地问："万岁爷出事了？"

"没，没事儿。万岁爷召皇后娘娘入内。"小太监分明有些紧张。

皇后这才定了定神，理理鬓发，迈着大步奔养心殿而来。

养心殿东暖阁内，这几天内侍在同治帝御榻周围吊了一匝儿幕帘，使他免受风寒，安心静养。

皇后挑帘入内，向同治帝行过大礼。同治帝见是皇后到来，急忙让她起来。

阿鲁特氏抬眼一看，不觉向后退了一小步。这就是当年英姿飒爽的皇上吗？只见他整个身体蜷缩在锦衾御被当中，只露出头脸和脖颈。这是一张怎样的脸啊，豌豆大小的紫色颗粒密密麻麻地铺在脸上；昔日炯炯有神、脉脉含情的一双大眼睛，在肿胀的上下眼睑挤压下，仅仅剩下了两道黑缝，隐隐透出一丝浑浊熹微的目光；往日两道浓眉也逐渐脱落，由浓墨重彩的工笔变成了淡淡的写意；嘴唇向外翻着，一张一翕，散发出一股令人眩晕的难闻气味。而脖颈这处地方，一些饱满的颗粒竟然绽开，流出点点白腻的脓汁……

皇后看到这副惨状，痛苦地要闭上眼睛，两行清泪已夺眶而出，她忍住哭声，俯身扑倒在御榻上。

同治帝原本以为见到皇后会欣慰许多，没想到，自己这副狼狈相已经让皇后惊惧不已。他的心在滴血，皇后的泪水在肆意奔流……

这样，过了约莫一袋烟功夫。

只听帘外有人叩问："臣李鸿藻叩问圣上金安。"这是李鸿藻奉旨入宫来了。

同治帝听到帝师的声音，便令他启帘入内。

这时，皇后阿鲁特氏自觉不妥，正准备退避，同治帝向她摆了摆手，吃力地说："李师傅是先帝股肱老臣，又是朕的启蒙恩师，你就是李师傅的门生媳妇，自然不必拘礼。况且，朕还有要事对你说，你就不必回避了！"

李鸿藻入觐，见阿鲁特氏在旁，急忙免冠伏地，给皇上和皇后行礼请安。

同治帝恳切地说："师傅快起，这个时候，就不必讲什么虚礼了！"他握住李鸿藻的手，目视良久，哽咽着说："朕病势危重，恐怕再也起不来了。"

李鸿藻听了，不禁失声痛哭，一旁的阿鲁特氏方才勉强止住眼泪，这时又哀恸起

摆手，示意道："这还不是哭泣的时候。"接着，他转向阿鲁特氏，开

不讳，必定立嗣君，你看谁可以继承皇位呢？现在，把你的想法说

了把眼泪，平静地说："国家四方不靖，亟须自强，需要立有为的君

王。宁愿皇上立长立贤，也不愿贪图太后这个虚位。"

听到这些话，同治帝脸上浮现出一丝笑意，他欣慰地说："你这么识大体，顾大局，朕不讳之后，也可以瞑目了。"

接下来，同治帝面对帝师李鸿藻和皇后阿鲁特氏，把自己这些天关于立储的想法和决定和盘托出，两人听了，一致赞同。

随后，同治帝口授遗诏，命李鸿藻笔录，遗诏共有一千来字，大意就是立贝勒载澍入承大统。

李鸿藻笔录遗诏完毕，同治帝接过来又浏览了一遍，对李鸿藻说："这算是一张草诏，上面用语有不妥当之处，还望师傅代为斟酌，下去重新拟好后，明日亲自呈上来。"

这个李鸿藻，原本是一个胆小怕事、拘谨畏难的人。由于他的拘谨小心，所以仕途一帆风顺，成为同治帝的师傅，官至军机大臣兼侍郎，也正是由于他的胆小怕事，致使同治帝的遗诏流产，立载澍为储君的计划半途夭折。

李鸿藻步出养心殿，捏一捏怀里揣放的圣上遗诏草稿，感到无比恐慌和焦躁。他做梦也不会想到，大清皇帝的遗诏，这份帝统交接时唯一可信的证明书，为得到它而引发多少刀光剑影的遗诏，居然现在会握在自己手里。他甚至可以像当年雍正帝和隆科多所干的勾当一样，信手涂改遗诏，不过，他李鸿藻激动了半天，还是李鸿藻，他没有隆科多那么大的胆量和野心。

他激动地想：我李鸿藻到了人生的十字路口了，大清朝也到了命运攸关的十字路口了。

东南西北，前后左右，该往哪儿走呢？

历史，一个王朝的历史，一个民族的历史，甚至整个人类的历史，许多时候竟然操纵在一两个人手里，这是一个简单的历史逻辑，然而，演绎出这个简单的历史逻辑，需要多少错综复杂的历史事实呀！

历史选择了李鸿藻，李鸿藻又该选择谁呢？是尊敬他信任他敢于把江山社稷托付于他的行将就木的皇上？还是可以让你死可以让你活又可以让你求生不能求死不成的慈禧太后？

站在人生与历史的十字路口，李鸿藻苦思冥想，苦思冥想，苦思冥想。

凭着多年宫廷斗争的经验，李鸿藻深知，同治帝远远不是慈禧太后的对手，况且，这会儿慈禧太后借训政之名，已经重新把持朝政，而同治帝不过是一堆行尸走肉，拟定的遗诏也不过是一纸空文，立载澍为储君不过是同治皇帝一场不醒的春梦罢了。

李鸿藻心中盘算：虽然，同治帝与自己在弘德殿朝夕相伴，十几年来师生情深，然而，师生情谊与自己项上这颗头颅相比，又算得了什么呢？还有自己的功名富贵、万贯家财、妻儿老小……。与其为一个行将就木的空头皇帝卖命，倒不如以此作为向慈禧太后邀功请赏的特殊礼物。

李鸿藻打定主意，便一不做，二不休，急匆匆来到慈禧太后居住的长春宫。

他入宫见过慈禧，随即从怀中抽出那份遗诏，呈递给慈禧。慈禧看看李鸿藻那副神色慌张的样子，气喘吁吁，就掂量出这张纸的分量非同寻常，于是一字一句地认真读下去。

当慈禧读到立载澍为帝、以抵制太后扶立幼主并再度垂帘的词句时，内心不禁升起一股无名业火，她草草看完，立即将它撕得粉碎，顺势摺进取暖的炭火里，付之一炬了。

慈禧猛地回转身，阴森森的目光宛如两把冰雪凝铸的利剑，直刺向目瞪口呆的李鸿藻。这位背叛皇帝来效忠太后的奴才，顿时毛骨悚然，浑身筛糠。

慈禧逼问道："这份遗诏，是万岁爷口授，是你代为执笔的吧?!"

"是，是。万岁爷旨意，奴才不敢违抗。"

"那么说，你敢违抗哀家的旨意喽?"

"奴才不敢，奴才不敢。"李鸿藻俯伏在地，叩头如捣蒜。黄豆大的汗珠，从他多皱的额上滚落下来。

"李鸿藻，你和皇上私立遗诏，可知罪吗?"

"奴才知罪，奴才罪该万死，奴——"李鸿藻全身瘫作一团，竟说不上话来。

"你把立遗诏的事情，原原本本地向我交代清楚，尚可网开一面，哀家甚至毫不计较；否则，哀家将免你官爵，抄你家产，还要将你全家满门处斩！"

李鸿藻早已吓得半死，隐隐听说尚有缓和余地，方才勉强支撑，一五一十地将密立遗诏的前后经过交代出来。

慈禧太后上前一步，追问道："当时，在场的只有万岁爷、皇后和你三个人吗?"

"是！"

"拟定的遗诏，只此一份草稿吗?"

"是！"

看着李鸿藻那战战兢兢、冷汗交流的狼狈相，慈禧脸上露出一丝不易觉察的笑容，她真想仰天长笑，放声大笑，可是笑容刚刚出现，还没有荡漾开来，在嘴角停留了一会儿，竟消失了。

慈禧转身看着炭盆里翩然起落的几只灰蝴蝶，停了半响，冷冷地抛出一句："你给我下去吧！今后有什么消息，及时向我禀报。"

李鸿藻正要退下，慈禧又补充说："五天之内，不准你在任何公开场合抛头露面，当然，决不能把遗诏一事泄露出去。"

接下来的几天，同治帝再也没有见到李鸿藻，据传旨的太监回来禀报，他最敬重最信赖的这位帝师一病不起，并且有先他而去的可能。同治帝有一种不祥的预感，可是他已经寸步难行、气若游丝了。

乌金釉地珐琅彩双福耳梅瓶

养心殿内，仍有御医们进进出出，可是，弥留之际的同治帝再也没有服过一次药，用过一次膳，甚至喝过一口水。他竭尽全力在坚持着，苦熬着，抗争着，等待着。结果，没有多久，死神降临了。

同治帝含恨而死，他的遗诏没有来得及公诸于世，就被慈禧太后毁掉了。

同治帝去世的当天晚上，慈禧命令心腹太监传出懿旨，召集王公、军机大臣及皇族近亲入宫议事。

众人闻旨，知道事情紧急，便火速赶来。惇亲王奕誴、恭亲王奕䜣、醇亲王奕譞、孚郡王奕譓、惠郡王奕详、贝勒载治、载澄，御前大臣、军机大臣奕劻、景寿、李鸿藻、荣禄等二十余人，按班侍立于养心殿西暖阁门外。

近日，慈禧太后已谕令众位王公大臣：同治帝病体沉重，宜安心静养，务请诸臣不必进宫探视问疾。因此，大臣们半夜闻太后召见，心中不免揣测，皇上病情如何，两宫太后夜半急召，有何用意，自己又将如何应对呢？大家在门外候旨时，内心像十五个吊桶打水，七上八下，揣摩太后旨意，考虑应对之策。

过了一盏茶功夫，只见一位御前太监从阁内出来，这张脸儿永远是那么平静、呆板，大臣们都是察言观色的行家里手，却始终找不出任何带有预兆意味的表情符号。

这位太监在阁门口站定，手执拂尘，尖声叫道："两宫太后有旨，宣诸臣一起进见。"

王公大臣们整整衣冠朝服，便鱼贯而入，进入阁内，向两宫太后行礼后分两班侍立，一班是皇室宗亲，一班是朝廷重臣，全都敛声屏息，静候懿旨。

还是左边御座上的慈禧开口发话了："今日召诸位前来，非为别事。只因皇上病势愈加沉重，看来将要不起了。国不可一日无君，民不可一日无主。为防不测，当务之急是议立嗣君。诸位有何建议，可速速禀奏上来。"

恭亲王出班奏道："皇上春秋正富，谅龙体不致有变。况且风闻后妃中已有皇上骨血在身，不妨到时再立不迟。"

慈禧听到这里，声音哽咽着说："诸位王公大臣，哀家不妨实言相告，皇上今日已经晏驾了！"

王公大臣们听说皇上殡天，不啻平地起了一声炸雷，纷纷惊绝在地。暖阁之内，顿时一片唏嘘哀恸之声。

这时，只听慈禧太后斩钉截铁地说："此处并非哭灵之地，况且，现在还不是哭灵的时候，诸位应议立嗣皇帝才对。后妃有孕，实系风闻。况且眼下国事繁重，边疆不靖，一天也耽搁不得，诸位应快速议来！"

这时，军机大臣文祥提出了自己的看法："若为皇上立嗣皇帝，按照我朝家法承袭次序，应立载治之子，溥伦为帝。"

慈安太后一直守口如瓶，惜言如金。听到文祥这番话，接连颔首赞许。看来，她也有意于此。

室内一时没有人出班陈言，慈禧内心不由得"咯噔"了一下，她正要开口，只见贝勒载治走出班来，俯首叩头，力谏不可。

紧接着，惇亲王奕誴也驳斥道："我看立溥伦不妥，帝位人选应从近支宗室内择贤而立，溥伦在血统上毕竟远了一层。"

此时此刻，王公大臣们在下边议论纷纷，有人坚持认为，按大清父死子继的承袭正序，溥伦在溥字辈居长，又是道光帝嫡长曾孙，宜承嗣同治帝为君；有人认为眼下国家危难，不应拘于统绪之囿，拥立年长且贤的人为储君。这些人的建议一出，很快又遭到另一些人的争论。一时间，暖阁内各抒己见、众说纷纭，气氛异常激烈。

慈禧太后放眼看去，诸臣中只有两个人一直低头不语，谁呢？恭亲王奕䜣和醇亲王奕譞。这兄弟俩深知自己子孙为嗣君的可能性很大，怕遭嫌疑和忌妒，心里非常担心，所以采取了最稳妥的一招，这就是《三国演义》里徐庶进曹营——一言不发。刚才两人听到"皇室近支"几个字，分外惊慌起来，将头埋得更低些，装作抽泣，一个劲儿地抹眼泪。在外人看来，这两人还沉浸在同治帝驾崩的巨大悲痛当中呢。

慈禧见两人沉默不语，便以攻为守，劈头直问奕䜣："不知恭亲王意下如何？"

奕䜣急忙止住哭声，推诿道："愚臣尚无浅虑，还望太后定夺。"这些年来，前有议政王头衔被夺，后有谏止修园一事被责，他对慈禧的毒辣手段已经多有领教，俗话说："吃一堑，长一智"，与过去那个妄自尊大的恭亲王相比，现在的奕䜣乖巧的多了，也聪明得多了。

听到恭亲王这句话，慈禧心中无比惬意。本来，她最担心朝中大臣推举恭亲王奕䜣的子孙入嗣皇位，一旦选定，无论从血统的亲疏，还是从恭亲王对朝廷的功勋哪一方面说，都是无可挑剔的。如果选立奕䜣之子为帝，那么，奕䜣就可能"挟天子以令诸侯"，以恭亲王的名声和威望，群臣定然一呼百应，到那时，自己这个太后就得靠边站了。

此时此刻，看到奕䜣俯首帖耳，诸位大臣一时没有反应，慈禧太后能不心花怒放吗？

即便如此，慈禧还是装出无可奈何的样子，说，"看来恭亲王是不想担当天下重任啊！"随即，她以庄重严肃的目光，扫视了一周，眼光罩在了奕譞身上，用不容置喙的口吻，字斟句酌地说："看来，溥字辈无合适的人选。而先皇又没有次子，现在遭遇如此大的变故，如若承嗣年长者为帝，实有心有不甘。年龄幼小的皇帝易于教育，将来才好御极四海。刚才，东宫太后与哀家已计议妥当，一言既出，永无更改，请诸位大臣静听。"

慈安听到这话，神色茫然地看着慈禧，心里暗自思忖："西边多会儿与哀家计议来着，怎么就计议妥当了呢？"

没等慈安反应过来，慈禧就高声宣布："醇亲王奕譞之子载湉，年方四岁，敦厚聪慧，天生龙凤之仪，且是至亲，使之继统十分妥当。兹着醇亲王奕譞之子载湉为嗣君，承继大统。"

这番言语，字字都如一声声闷雷炸响在奕譞耳畔，他吓得浑身颤抖，倒地谏阻说："启奏太后，犬子无知，况且不合建储祖制。臣诚惶诚恐. 还望两宫太后再作他议。"

"这是社稷所需，岂容得你推三阻四，统绪既定，大宝有归，众位有何异议？"慈禧声色俱厉地说。

诸位王公大臣久经世宦，深谙慈禧为人，眼下只有附和的余地，哪敢吐半个"不"字。大家纷纷说："皇太后圣明，悉听皇太后圣裁。"

在立储问题上，慈安太后本来与慈禧意见相左，刚才听慈禧说议立嗣君载湉是两人共同计议的结果，心中便生出许多怨恨，她想等王公大臣们与慈禧争执起来时，自己再反戈一击，不想大臣们一律随声附和，一致同意慈禧的私自主张。自己天生是少言寡语的一个人，电就只好缄口不言了。

议定奕譞之子载湉为嗣皇帝后，慈禧传旨令军机处速拟诏旨。同时，为防止变乱，慈禧在召集群臣开立嗣会议时，已经密令直隶总督李鸿章亲统重兵，驻防京师。

第二天，清廷首先将同治帝遗诏公布于众。遗诏大意是："慈安端裕康庆皇太后，慈禧端祐康颐皇太后御养心殿西暖阁，召惇亲王奕誴、恭亲王奕䜣、醇亲王奕譞、孚亲王奕譓、惠郡王奕详、贝勒载治、载澄，公奕谟，御前大臣伯彦讷谟祜、奕劻、景寿。军机大臣宝鋆、沈桂芬、李鸿藻；内务府大臣英桂、崇伦、魁龄、荣禄、明善、贵宝、文锡；弘德殿行走徐桐、翁同龢、王庆祺；南书房行走黄钰、潘祖荫、孙贻经、徐郙、张家骧入，钦奉懿旨，醇亲王奕譞之子（载湉）着承继文宗显皇帝为子，入承大统为嗣皇帝。"

当然，这份遗诏并非同治帝亲拟的原诏，而是慈禧等出台的一份伪诏。至此，清代自雍正以来鐍匣密诏传位的家法被废止。

接着，内阁在同一天正式颁行上谕："钦奉两宫皇太后懿旨，皇帝龙驭上宾，未有储贰，不得已以醇亲王奕譞之子载湉承继文宗皇帝为子，入承大统为嗣皇帝，俟嗣皇帝生有皇子，即承继大行皇帝为嗣。"

上谕颁行后，朝野一片哗然。

按理，嗣皇帝应承继同治皇帝，为何却又为文宗皇帝过继子嗣？

原来，若依清朝承袭次序，正如慈安太后和文祥的主张，应立溥字辈之长溥伦为嗣皇帝。可是，这样一来，皇太后将由同治皇后阿鲁特氏担当，慈禧太后就成了太皇太后，如此一来，名不正则言不顺，就失去了继续干政的资格。因而，她为了把持太后宝座，竟然破天荒地为咸丰帝过继了一个儿子。至于亲生儿子同治帝，有无子嗣对她来说是无关紧要的。

不过，也有人认为，慈禧之所以不为同治帝立嗣，是因为她想把皇后阿鲁特氏置于死地。即使慈禧太后成了太皇太后，也并不影响她干涉朝政。因为，北宋宣仁故事，传为美谈；即使在大清一朝，孝庄皇太后虽没有垂帘的形式，可是大政皆由她裁决；及至康熙早年，身为太皇太后的孝庄何尝不可垂帘？所以，有无垂帘之名，是太后还是太皇太后，关键要有听政、摄政的实权。

当然，载字辈众多子弟中唯独选中载湉，其中又蕴藏着慈禧的一番苦心。

首先，载湉是一个四岁的吃奶孩子，懵懂无知，极易受慈禧的摆布和指使。这样一来，慈禧借皇帝年幼之名促成垂帘；揽权干政就更为方便直接。

其次，载湉与慈禧有双重血缘关系，身份最为特殊。一方面，载湉是咸丰帝的亲侄子，同治帝的叔伯兄弟，在宗室谱系上同属道光帝一脉，自然在继统人选中占据优势。另一方面，载湉的母亲是慈禧的胞妹，这样，载湉不仅是慈禧的内侄，又是慈禧的外甥，亲上加亲，非比寻常。在慈禧看来，载湉自然是承继大统的理想人选。

此外，载湉的父亲奕譞在辛酉政变中，为慈禧翦除政敌肃顺立下了汗马功劳，为人又谨慎保守，对慈禧言听计从，关系融洽。比起恭亲王奕䜣来，奕譞这个未来皇帝的亲生父亲野心不大，容易对付。这当然是慈禧事先看好载湉的重要原因。

在议立载湉为帝的当天晚上，四岁的载湉被太监们迎入宫中，继承大清皇帝之位，并按照慈禧的旨意，定年号为光绪，取光大统绪之意。

由于新君年幼，两宫皇太后得以再度垂帘，年方39岁的慈禧太后重新把持了朝政。为了掩人耳目，慈禧重演当年把戏，于同治驾崩后第四天，又发布垂帘诏书：

垂帘之举，本属一时权宜。唯念嗣皇帝此时尚在冲龄，且时事多艰，王、大臣等不能无所秉承，不得已姑从所请，一俟嗣皇帝典学有成，即行归政，钦此。祗承懿训，寅感实深，因思朕以薄德藐躬，钦承两宫皇太后懿旨入承大统，诞膺景命，仰荷大行皇帝付托之重，遗大投艰，茕茕在疚，幸赖两宫皇太后保护朕躬，亲裁大政。尔王、大臣暨中外大小臣工，惟当翼为黾勉，各矢公忠，共襄郅治，以上慰大行皇帝在天之灵，下孚薄海臣民之望，朕实有厚望焉。所有垂帘一切事宜，著该王公大臣等，妥议章程，详细具奏，特此通谕中外知之。

这样，慈禧终于实现了再度垂帘的野心。

慈禧再度垂帘，大权在握，应该是志得意满的时候，可是在她内心深处，不时掠过一阵不安和莫名的烦躁。

原来，慈禧绞尽脑汁促成今日垂帘局势，是建立在销毁同治帝遗诏前提下的。在知晓同治遗诏内幕的三个人当中，同治帝已经命丧黄泉，李鸿藻已经成为垂帘体制下一名忠实奴才，只有皇后阿鲁特氏，是慈禧不得不顾忌的。

同治帝临终前几天，慈禧以皇上病体沉重、安心静养为名，阻拦皇后和王公大臣入内探问病情；皇帝崩逝后，慈禧立即召开议立新君会议，并粗暴无礼地将皇后排挤出参会人员名单；议立新君时，她又一口否决了皇后成为皇太后的可能性。这样，她终于胜利了。

然而，慈禧一直担心，万一皇后阿鲁特氏把同治遗诏的真相公之于众，戳穿自己销毁遗诏的恶行，自己不仅无法再掌权柄，恐怕也无法立身于世了。

阿鲁特氏存在一天，慈禧在世上就局促一天，难受一天。慈禧把心一横，咒骂道："这个狐媚子，我一定要让你立即从这个世界上消失，消失得越快越好！"

其实，早在同治帝在世以前，慈禧就对同治皇后忌恨不满，想把她废掉。

据史籍《道咸以来朝野杂记》记载："穆宗后阿鲁特氏，尚书崇绮女。被选入宫，不得孝钦太后（即慈禧）欢，孝贞（即慈安）从中敷衍之。某年，以事欲废之，诏惇王奕譞欲发表焉（时惇王为宗人府宗令，凡有大事须宗人府宗令以诏令行之。）召对之际，惇王对曰：'欲废后，非由大清门入者，不能废大清门入之人，奴才不敢奉命。'盖饥两后（孝贞、孝钦）皆由妃正位者。由此，遂中止，而孝钦大愠。"

由于惇亲王奕譞为人耿介率直，慈禧废掉同治皇后阿鲁特氏的预谋没有得逞。可是，她对皇后进行惩处的恶毒念头一天也没泯灭过。

这天，慈禧在长春宫用过早膳，离早朝还有一阵儿功夫，她不由地又盘算起这个问题来：怎样才能置皇后于死地呢？

她想起了儿子同治帝的死，同治帝病逝，是不是与皇后有密切的联系呢？对了，正因为阿鲁特氏狐媚惑主，才导致了同治帝得了不治之症，英年早逝，那么，就给她定个狐媚惑主的罪名吧。

慈禧正为自己的锦囊妙计出笼而暗暗得意的时候，只听值班太监进来禀报："启奏太后，皇后阿鲁特氏来见。"

慈禧正在诧异不已，门帘"刷"地掀开了，大步跨进来的正是皇后阿鲁特氏。

皇后阿鲁特氏，这些天为丈夫的崩逝悲痛欲绝，简直不愿再存活下去，忽然又传来慈禧要以咸丰帝嗣子身份立载湉为新君的消息，这无疑在她那正在滴血的心田上又撒了一把盐，使她陷入极度的痛苦和绝望之中。她为丈夫死后无嗣而悲愤，为自己以寡嫂身份处于慈禧淫威下而绝望，更为慈禧毁弃同治帝遗诏而痛恨，因此，她抱着不顾生死的决心，毅然来见慈禧，拼自己全力与慈禧作坚决的抗争。

阿鲁特氏见到慈禧，第一句话就是："无论如何，不能让大行皇帝无后！"

慈禧阴沉着脸，阴阳怪气地说："如果我有个好儿媳妇，大行皇帝早就有后了！"这分明是讥讽同治帝无后的根源在于皇后不贤，没有给丈夫生个皇子。

这句话像利剑一样，刺中了皇后内心深处的隐痛。自己正是在慈禧的强行干涉下，不能与年青的丈夫长相厮守，才没有为他生个儿子。但细想起来，也怪自己屈服于慈禧的压力，故意与皇帝疏远，多次借故拒绝了皇帝临幸，才造成了同治帝私游，以至于早逝的悲剧。想到这儿，皇后悲从中来，不禁伏地痛哭。

只听她捶胸顿足地哭诉道："是我没有福分，辜负了大行皇帝的恩宠，是我没有照顾侍奉好大行皇帝，才有不幸的结局。我的罪过万死莫辞。只是，可恨那大行皇帝遗诏——"

慈禧哪里容得阿鲁特氏再说下去，她张牙舞爪地大声咆哮："遗诏已经颁行，立储之事由我和慈安太后做主，哪里有你插嘴的余地！再信口雌黄，胡言乱语，该论死罪！"

　　皇后平时为人平和谦逊，绝不愿轻易招是搬非。虽然对慈禧专横不满，但仍能以礼相待，不愿顶撞。到这个时候，她再也忍耐不住了，一股积压已久的怨愤之气，从内心喷涌而出，用沙哑的嗓子哭喊着："随大行皇帝而死，是我的心愿。只是因皇嗣未定，所以才隐忍至今，苟且偷生。我现在已决定去死，我死了也能从大清门出殡。我死不足惜，只请为先帝立嗣，这是我分内应说的话，怎能因此加罪于我呢？"

　　慈禧一听到"大清门"三个字就头痛，这等于揭她宫嫔出身的老底。慈禧恼羞成怒，声嘶力竭地大叫起来："你这贱货，害死了我儿子，还想当太后不成！来人啊，给我掌嘴！"

　　恰巧这时慈安太后赶到，连忙喝住太监，才使皇后免遭一顿毒打。

　　皇后跟跟跄跄回到坤宁宫，从此以后，她整天不吃不喝，只是一个劲儿地痛哭，两只眼睛肿得像水蜜桃似的。

　　皇后的父亲崇绮得知女儿痛不欲生的情况，便把这件事奏闻慈禧。慈禧对皇后的一举一动都清清楚楚，只不过谅她也掀不起多大风波，急切下毒手怕引起嫌疑，故而不加理睬，准备让她自生自灭。

　　现在，慈禧见皇后生父崇绮奏请此事，心中灵机一动，何不假崇绮之手将皇后早日铲除呢？想到这，她便冷冰冰地抛出一句话："皇后如此悲哀，看来从殉大行皇帝之志已决，就让她随大行皇帝去吧！"

　　崇绮领会了慈禧的旨意，知道女儿必死无疑，与其消极对抗慈禧，不如让女儿认命算了，这样还能保住自己的官职和全家的性命。因此，他便托太监给皇后送去一个食品盒。皇后打开一看，里面空无一物，她顿时明白了父亲的意思，为了不连累家族，她就绝食而死了。当然，也有人说皇后阿鲁特氏是吞金而逝的。

　　皇后阿鲁特氏崩于光绪元年（1875 年）二月二十日，距同治帝宾天才七十多天，死时年仅 22 岁。同治十三年十二月，同治帝死后不久，慈禧发出懿旨："皇后作配大行皇帝，懋著坤仪，著封为嘉顺皇后。"以下称阿鲁特氏为嘉顺皇后。

　　皇后自杀后，随即有两道上谕发出。第一道是："钦奉懿旨：嘉顺皇后，孝敬性成，温恭夙著，兹于本日寅刻遽尔崩迅，距大行皇帝大丧未逾百日，复遭此变，痛何可言！着于寿康宫行殓奠礼，择期移至永思殿暂安。所有一切事宜，著派恭亲王奕訢，会同恭理丧仪，王大臣暨各该衙门，查照例案，随时妥筹具奏。"

　　第二道是："嘉顺皇后于同治十一年作配大行皇帝，正位中宫，淑慎柔嘉，坤仪足式，侍奉两宫皇太后，承颜顺志，孝敬无违。上年十二月痛经大行皇帝龙驭上宾，毁伤过甚，遂抱沉疴，兹于本日寅刻崩逝，哀痛实深。着礼亲王世铎、礼部尚书万青藜、内务府大臣魁龄、工部右侍郎桂清，恭理丧仪。其余典礼，着各该衙门酌核案例，敬谨办理。"

这两道上谕，用词冠冕堂皇，对嘉顺皇后评价较为中肯。从两道谕旨中，人们只知道皇后由于哀痛不过而从殉同治帝。

至于慈禧相逼之事，则缄口不言。可是，若要人不知，除非己莫为。无论怎样巧于掩饰，即便使出瞒天过海的伎俩，又岂不是掩耳盗铃，贻笑大方？

对嘉顺皇后的死，后人多对她从殉同治帝表示同情和哀悼。因为在中国历史上，上下五千年，只有三皇五帝时代，舜帝崩于苍梧，他的两位妻子娥皇、女英双双以殉，这也仅仅是远古传说。稽考历朝信史，皇后殉帝之举，唯有嘉顺皇后一例，她创下了一个空前绝后的纪录。

附录：同治大事记

公元	年号	大事记
1856	咸丰六年	三月二十三日，同治帝爱新觉罗·载淳在北京紫禁城储秀宫出生。
1861	咸丰十一年	七月，咸丰帝病危，召御前大臣怡亲王载垣、郑亲王端华、协办大学士户部尚书肃顺及军机大臣穆荫、匡源、杜翰、焦祐瀛代写诛谕，立载淳为皇太子，并命上述大臣赞襄政务。载淳生母那拉氏和钮祜禄氏尊为皇太后。第二天咸丰帝去世，年仅六岁的载淳登基，依照咸丰帝遗诏，由肃顺等八位大臣辅政。九月两宫太后与恭亲王奕䜣发动"辛酉政变"，八大臣等被奕䜣与慈禧捕杀夺权，两太后垂帘听政，改年号为同治。
1864	同治三年	六月，清军攻陷太平天国首都天京。
1865	同治四年	四月，科尔沁亲王僧格林沁为捻军所杀。十一月十一日开始，在咸丰朝获状元，同治朝担任詹事府右中允的翁同龢受命教皇帝读书。
1867	同治六年	十二月，东捻军被平定。
1868	同治七年	七月，西捻军主力被平定。
1870	同治九年	七月，两江总督马新贻被刺杀。
1871	同治十一年	九月，同治帝大婚，册立皇后阿鲁特氏（孝哲毅皇后）。
1872	同治十二年	正月，同治帝亲政。六月十三日，他在紫光阁接见日本特派大使。之后，俄国、美国、英国、荷兰等国公使向他递交了国书。十二月，应越南国王要求，同治帝派遣两广总督瑞麟帮助越南抗法。同年由于台湾高山族人误杀漂流到台湾的琉球人，日本以此为借口侵略台湾。陕甘回乱及云南回乱大致平定。
1873	同治十三年	三月二十九日，同治帝派福建船政大臣沈葆桢赴台湾部署防务，少年同治帝写字想抵御日本侵略。后来通过谈判，订立《北京专款》，日本撤出台湾，清政府赔偿白银 50 万两。
1873	同治十三年	九月，同治帝以方便太后颐养为名，实为自便，降旨兴修颐和园。由于众多大臣反对，同治帝终于于八月一日下令停工。
1873	同治十三年	十二月，同治帝崩，享年十九岁。